RITA ELISA SÊDA

VIVER NA
ALEGRIA DO SENHOR

Dom Raymundo
Cardeal Damasceno Assis

DIREÇÃO EDITORIAL: Pe. Fábio Evaristo R. Silva, C.Ss.R
CONSELHO EDITORIAL: Ferdinando Mancilio, C.Ss.R.
Marlos Aurélio, C.Ss.R.
Mauro Vilela, C.Ss.R.
Ronaldo S. de Pádua, C.Ss.R.
Victor Hugo Lapenta, C.Ss.R.
COORDENAÇÃO EDITORIAL: Ana Lúcia de Castro Leite
COPIDESQUE: Bruna Vieira da Silva
REVISÃO: Sofia Machado
DIAGRAMAÇÃO: Junior dos Santos
CAPA: Rafael Domiciano
FOTO DA CAPA: Thiago Leon

Dados Internacionais de Catalogação na Publicação (CIP)
(Câmara Brasileira do Livro, SP, Brasil)

Sêda, Rita Elisa
 Viver na alegria do Senhor: Dom Raymundo Cardeal Damasceno Assis / Rita Elisa Sêda. – Aparecida, SP: Editora Santuário; Cachoeira Paulista, SP: Canção Nova, 2018.

 ISBN 978-85-369-0559-4 (Editora Santuário)

 1. Assis, Raymundo Cardeal Damasceno, 1937-2. Cardeais - Biografia 3. Igreja Católica - Brasil - História 4. Vida religiosa I. Título.

18-19982   CDD-922.281

Índices para catálogo sistemático:
1. Brasil: Cardeais: Biografia 922.281

Iolanda Rodrigues Biode - Bibliotecária - CRB-8/10014

1ª impressão

Todos os direitos reservados à **EDITORA SANTUÁRIO** – 2018

Rua Padre Claro Monteiro, 342 — 12570-000 — Aparecida-SP
Tel.: 12 3104-2000 — Televendas: 0800 16 00 04
www.editorasantuario.com.br
vendas@editorasantuario.com.br

Rua João Paulo II, s/n - Alto da Bela Vista
Cachoeira Paulista-SP - Cep: 12630-000
Tel.: [55] (12) 3186-2400
E-mail: editora@cancaonova.com | loja.cancaonova.com
Twitter: @editoracn

SUMÁRIO

Raimundo S.R.E. Cardilani Damasceno Assis 5

Raymundo Damasceno Assis 7

Apresentação 9

Explicações 11

I Parte 13

Apresentação 15

1. Nas trilhas das Minas... 17

2. O nascimento para o mundo.. 43

3. Juvenato São José 91

4. Seminário.. 129

5. O Sacerdote 239

II Parte.. 351

Apresentação da II parte.. 353

Bloco 1 – Bispo Auxiliar.. 355

Bloco 2 – CELAM.. 373

Bloco 3 – CNBB 429

Bloco 4 – Seminário Bom Jesus.. 467

Bloco 5 – Papas em Aparecida... 521

Bloco 6 – Cardinalato.. 571

Bloco 7 – Conclave.. 593

Bloco 8 – Sínodos.. 623

III Parte 645

Apresentação da III parte 647

Bloco 1 – Arcebispo de Aparecida 649

Bloco 2 – Santuário Nacional de Aparecida 711

Bloco 3 – Embaixador de Nossa Senhora 785

Homenagens a Dom Raymundo Cardeal Damasceno Assis 849

Agradecimentos 855

Acervos 861

Entrevistas 863

Referências Bibliográficas 865

Venerabili Fratri Nostro

RAIMUNDO S.R.E. Cardinali DAMASCENO ASSIS

Archiepiscopo emerito Apparitiopolitano

En ecce tibi adsumus laeti, Venerabilis Frater Noster, atque mentem, Christi caritate moti, ad te convertimus in felici tuae eventu vitae: nam die undevicesimo proximi mensis Martii, in sollemnitae s. Ioseph, Sponsi Beatae Mariae Virginis, recoles feliciter quinquagesimum annum expletum a suscepta sacerdotali ordinatione. Et quoniam novimus te sacro in ministerio obeundo prompta ac frugifera navitate esse operatum, hac data occasione cupimus tibi peractos ob labores gratulari tecumque frater frati colloqui.

Ortus in archidioecesi Marianensi in dilecta Brasilia, iuvenis intrasti antea in Seminarium Minus postea in Maius eiusdem Sedis, ubi explevisti philosophica studia. Dein cursus theologicos Romae frequentasti apud Pontificiam Universitatem Gregorianam atque specifice studuisti catechesim apud Institutum Monacense in Germania necnon philosophiam scientiae apud Studiorum Universitatem Brasiliensem.

Anno MCMLXVIII ordinatus es sacerdos pro metropolitana Sede Brasiliapolitana in qua variis functus es officiis ut coordinator catechesis, parochus, cancellarius curiae, professor in Seminario Maiore et in

Studiorum Universitate. Anno MCMLXXXVI Decessor Noster s. Ioannes Paulus II, respiciens ad tuas mentis et cordis comprobatas dotes rerumque ecclesialium peritiam et munera navitate ac scientia expleta, te nominavit Episcopum titulo Novapetrensem atque Auxiliarem Brasiliapolitanum. Postea promotus es ad metropolitanam Sedem Apparitiopolitanam et anno MMX a Summo Pontifice Benedicto XVI cardinalicia dignitate es insignitus.

In obeundo episcopali ministerio spiritu servitii, firmitudinis, capacitatis dialogi praeditus, efficere es conatus ut fideles tui sequerentur Christum, Magistrum vitae. Insuper fuisti fidelis Magisterio Ecclesiae et fraterna coniunctus es caritate cum Episcopis Brasiliae in cuius Conferentia Episcolpali magni momenti munia sustinuisti, etiam Secretarii Generalis et Praesidis.

Ceterum adlaborasti um Consilio Episcopali Latino Americano, Romae in Pontificia Commissione pro America Latina et in Synodis Episcoporum sive peculiaribus sive ordinariis.

In tam fausto igitur eventu tuae vitae, accipe laetus Nostra quoque prosperrima amina hisce cum precibus coniuncta: Paracliti Spiritus dona, praestite Domina Nostra Aparecida, te, benemeritum Pastorem iugiter sustineant atque laetificent. Quorum nuntia et conciliatrix ac benevolentiae et communionis Nostrae testis Apostolica sit Benedicto, quam tibi, Venerabilis Frater Noster, atque omnibus quos caros habes memori animo impertimur, petentes preces pro Nobis ac Nostro Pretrino Ministerio.

Ex Aedibus Vaticanis, die XV mensis Februarii, anno MMXVIII, Pontificatus Nostri quinto.[1]

Franciscus

---

[1] Carta do Papa Francisco em comemoração ao Jubileu de Ouro de Ordenação Sacerdotal de Dom Raymundo Cardeal Damasceno Assis, 15 de fevereiro de 2018.

TRADUÇÃO

Ao nosso Venerável Irmão

RAYMUNDO DAMASCENO ASSIS

Cardeal da Santa Igreja Romana
Arcebispo Emérito de Aparecida

Eis que, alegres, vimos à tua presença, Venerável Irmão, e, movidos pela caridade de Cristo, no feliz acontecimento de tua vida, dirigimos o pensamento a ti, pois, no dia dezenove do próximo mês de março, na Solenidade de São José, Esposo da Bem-Aventurada Virgem Maria, recordas jubilosamente o quinquagésimo aniversário de tua ordenação sacerdotal. E porque sabemos que, ao exercer o sagrado ministério, agiste com pronto e frutuoso empenho, queremos, por essa ocasião, congratular-nos contigo pelos trabalhos realizados e falar contigo de irmão para irmão.

Nascido na arquidiocese de Mariana, no querido Brasil, ainda jovem entraste primeiramente no Seminário Menor e, depois, no Seminário Maior da mesma Sede, onde realizaste os estudos filosóficos. Depois, frequentaste o curso teológico em Roma, na Pontifícia Universidade Gregoriana, e te dedicaste especificamente à catequese no Instituto de Munique, na Alemanha, e também à Filosofia da Ciência na Universidade de Brasília.

No ano de 1968, foste ordenado sacerdote para a Sede metropolitana de Brasília, onde exerceste vários encargos, tais como Coordenador da Catequese, Pároco, Chanceler da Cúria, Professor no Seminário Maior e na Universidade. No ano de 1986, considerando teus comprovados dotes da mente e do coração, a tua experiência em assuntos eclesiais e os encargos desempenhados com disposição e ciência, nosso Antecessor São João Paulo II nomeou-te Bispo Titular de Nova Petra e Bispo Auxiliar de Brasília. Depois, foste promovido para a Sede metropolitana de Aparecida e, no ano de 2010, foste distinguido com a dignidade cardinalícia pelo Sumo Pontífice Bento XVI.

Dotado de espírito de serviço, de força e de capacidade de diálogo no exercício do ministério episcopal, conseguiste fazer que teus fiéis seguissem a Cristo, Mestre da vida. Além disso, foste fiel ao Magistério da Igreja e, por caridade fraterna, estás unido aos Bispos do Brasil, em cuja Conferência Episcopal assumiste encargos de grande importância, inclusive os de Secretário Geral e de Presidente.

E ainda colaboraste no Conselho Episcopal Latino-Americano, e, em Roma, na Pontifícia Comissão para a América Latina e nos Sínodos dos Bispos, os extraordinários e os ordinários.

Por isso, em tão feliz acontecimento de tua vida, recebe alegremente também os Nossos mais auspiciosos cumprimentos, unidos às nossas preces: os dons do Espírito Paráclito, sob a proteção de Nossa Senhora Aparecida, sempre te sustentem e alegrem, benemérito Pastor. A Bênção Apostólica que, de espírito agradecido, invocamos para ti, Venerável Irmão, e para todos os que te são caros, seja mensageira, mediadora e testemunha da Nossa benevolência e comunhão, pedindo preces para Nós e para Nosso Ministério Petrino.

Dado na Cidade do Vaticano, no dia 15 do mês de fevereiro do ano de 2018, quinto de Nosso Pontificado.

Franciscus

APRESENTAÇÃO

Este livro, a biografia de Dom Raymundo Damasceno Assis, apresenta um pouco da história primordial da Igreja Católica em Brasília.

Em suas páginas, sua família e sua infância, seu batismo e crisma. O postulado e noviciado com os Maristas. Sua vocação ao sacerdócio. Seus estudos no Seminário Menor e Maior de Mariana.

Estudos, especialmente no Pontifício Colégio Pio Brasileiro, em Roma, e no Instituto Catequético de Munique, Alemanha.

Ao regressar ao Brasil, em janeiro de 1968, recebeu de Dom José Newton de Almeida Baptista, arcebispo de Brasília, o diaconato, em 7 de março de 1968. E em Conselheiro Lafaiete, o presbiterato, em 19 de março de 1968.

O livro registra também os primórdios de seu sacerdócio em Brasília como vigário-paroquial de Mons. Geraldo Ávila, pároco da Catedral Nossa Senhora Aparecida. Também, pároco da paróquia do SS. Sacramento e Reitor do Seminário Menor. Professor da Universidade de Brasília, no Departamento de Filosofia.

Narra, por fim, sua ordenação episcopal como bispo auxiliar de Brasília, bem como eleição para o Conselho Episcopal da América Latina (Celam).

Em seu ministério presbiteral e episcopal, Dom Damasceno tem encontrado em seu caminho vidas cansadas do mundo, cobertas da poeira do pecado, as quais tem procurado voltá-las para Deus, fiel lema de seu episcopado: *Na alegria do Senhor*.

Vale a pena ler este relato de fatos e vidas, um pouco também a história de Brasília e de sua arquidiocese.

Cardeal José Freire Falcão
Arcebispo emérito de Brasília

EXPLICAÇÕES

Esta é uma obra na qual estão costuradas a voz do protagonista Dom Raymundo Cardeal Damasceno Assis e as de seus parentes, amigos e conhecidos. Essas vozes foram alinhavadas por meio de uma costura biográfica em que fiz questão de deixar, pelo menos, uma parte de suas falas.

A Primeira Parte evolui cronologicamente em cinco capítulos. Depois de cada um deles existe uma série de curiosidades inerentes à época.

A Segunda e a Terceira Partes são apresentadas em blocos fechados. Para fluir melhor a leitura e torná-la dinâmica nessas duas partes, onde aparecer o símbolo [*], procure no rodapé da página a referência à parte e ao bloco onde encontrará mais informações a respeito do assunto.

Todas as compilações de antigas publicações em jornais, revistas, atas, diários, cartas estão na íntegra, mantendo a escrita do português da época.

As referências bibliográficas (livros, diários, atas, homilias, discursos, textos avulsos, cartas, opúsculos, artigos, teses, periódicos, sites, blogs etc.), que constam nos rodapés, estão completas (editora, cidade, ano de publicação etc.), na parte final do livro, em "Referências Bibliográficas".

Os textos transcritos dos documentos estão em um box.

Há códigos que aparecem em forma de siglas em alguns rodapés:

EPEO: Especialmente Para Esta Obra.

APDRCDA: Acervo Particular de Dom Raymundo Cardeal Damasceno Assis.

Este é um modelo atual de escrever biografia, fugindo do acadêmico, para que esteja acessível aos leitores em uma linguagem mais coloquial.

Aprecie sem moderação, leia quantas vezes quiser; anote as informações inéditas (são muitas); viaje por várias épocas no Brasil e na Europa; deixe-se surpreender pela vida de Dom Raymundo Cardeal Damasceno Assis.

Rita Elisa Sêda

I

PARTE

"Meu irmão Raymundo Damasceno Assis é um enviado de Deus por meio de minha santa mãe Carmen, privilegiada com o encantador 'menino de Deus' que nos fez uma família feliz, na maior simplicidade de seus atos, tornamo-nos pessoas com amor pela vida, na fé cristã! Sem dúvida alguma, ele mostra para o mundo que a felicidade existe em todos, mas para tal, é necessário elevar nossos pensamentos a Deus que tudo provê a cada momento e no tempo certo!"

Marcelino José de Assis[1]

---

[1] Irmão caçula de Dom Raymundo Cardeal Damasceno Assis.

APRESENTAÇÃO

Esta primeira parte tem cinco capítulos distintos, compreendendo desde os primórdios da região onde Dom Raymundo Cardeal Damasceno Assis nasceu, em Minas Gerais, até sua ordenação episcopal.

Capítulo 1 – Leva o leitor ao conhecimento da região da Pedra Menina, os índios predominantes, as primeiras colonizações, os tropeiros, a Lagoa do Rancho, a imagem de Nossa Senhora das Dores e os Lopes de Faria, ascendência do Cardeal Damasceno.

Capítulo 2 – Apresenta a genealogia Damasceno/Assis, o nascimento de Raymundo Damasceno Assis, sua infância e o chamado vocacional.

Capítulo 3 – O ingresso do menino Raymundo ao Juvenato marista em Mendes-RJ, o cotidiano dos juvenistas maristas, estudos, lazer, cultura, religiosidade e a decisão do jovem Damasceno.

Capítulo 4 – Os estudos de Damasceno Assis no Seminário de Mariana, a ida dele como seminarista para Brasília e, também, sua transferência para Roma. Seus estudos no Pontifício Colégio Pio Brasileiro, suas férias, o Curso Superior de Catequese em Munique, sua volta ao Brasil e a sua Ordenação Sacerdotal.

Capítulo 5 – O começo das atividades do padre Raymundo Damasceno Assis na arquidiocese de Brasília, na Vila Planalto, na Paróquia Santíssimo Sacramento, o VIII Congresso Eucarístico Nacional – CEN, a fundação do Seminário Maior e Menor de Brasília, alguns aspectos a respeito de Tancredo Neves e Juscelino Kubitscheck. O tempo em que monsenhor Raymundo Damasceno Assis foi professor na Universidade de Brasília e a sua ordenação episcopal.

1

NAS TRILHAS DAS MINAS

I. Campos Gerais dos Cataguases

"Vou lhe contar uma história. (...) Uma história sobre o tempo da paz e o tempo das cinzas, sobre como os jovens e os velhos aprendem sobre aquilo que não pode morrer nunca."[2]
(Clarissa Pinkola Estés)

Os ponteiros do tempo não enferrujam, são eternamente lubrificados por meio de relatos deixados pelos que insuflam a chama do conhecimento. O rico fluxo das lembranças é essencial para o movimento rítmico do tempo. Esse sopro que traz fôlego ao conhecimento torna patente a passagem humana pelo planeta, por meio de relatos escritos e da oralidade. Para passar esse conhecimento, os pesquisadores investem dias e noites na procura de documentos, rompendo as fronteiras do tempo e do convencional que coexistem com o passado, estabelecendo novos paradigmas, emergindo fatos que ainda estavam submersos no grande oceano da história.

Muitas bandeiras apareceram quando o sonho do enriquecimento foi semeado na mente dos astutos portugueses e em alguns meses ger-

---

[2] ESTÉS, Clarissa Pinkola. *O Jardineiro que tinha Fé: uma fábula sobre o que não pode morrer nunca*, p. 49.

Viver na alegria do Senhor

minou, cresceu e frutificou em expedições sertanistas. "Não havia paulista que, mais ou menos, deixasse de afagar o pensamento de 'descobrir minas'."[3]

Era no *Campos Gerais dos Cataguases*, grande faixa territorial que ia de Jaguamimbaba[4] ao sertão, "sem limites apontados sobre o interior do continente".[5] Região habitada pelos cataguases[6], índios que impunham respeito, temidos pelos conquistadores; pois, além de ótimos guerreiros, eles tinham a fama de devorarem seus prisioneiros de guerra. Foi nessa região que os portugueses mais audaciosos sonhavam achar muito ouro e esmeraldas. Porém, como jamais estiveram nessas paragens, alimentavam audaciosas fantasias, sonhando que, por detrás da cordilheira de montanhas provavelmente existiriam rios caudalosos e matas intocadas, onde havia um grande tesouro virgem, intacto, tão grande que se tornou inesgotável, guardado por dragões ou por misteriosas deusas... o misterioso *El-Dorado*. Lenda que permitia os mais bravos aventureiros sonhar, dando-lhes enormes e irrefreáveis alucinações, avultando a cobiça dos aventureiros.

Respondendo ao apelo de Portugal, que precisava de divisas para a Coroa Portuguesa, vários homens se uniram e criaram identidade sertanista. "Cada potentado tinha o seu corpo de armas, disciplinado e pronto, sob uma bandeira simbólica, de onde veio o nome de *Bandeiras* às expedições."[7] A corrida era para encontrar tesouros e, também, com o ensejo de resgatar índios para auxiliá-los nessa procura.

---

[3] D'OLIVEIRA, Brigadeiro José Joaquim Machado. *Quadro Histórico da Província de São Paulo até o anno de 1822*, p. 105.
[4] Uma das primeiras citações sobre a Serra de Jaguamimbaba (Serra da Mantiqueira) foi em 1560-1561, Brás Cubas, partindo de Santos, alcançou o planalto e seguiu pelo vale do Rio Paraíba do Sul até à serra da Jaguamimbaba.
[5] VASCONCELOS, Diogo de, 1843-1927. *História antiga das Minas Gerais*, p. 139.
[6] Tribo indígena brasileira. Descendentes da tribo teremembé, os cataguases eram considerados guerreiros valentes. O predomínio dos cataguases foi tão grande que o território de Minas Gerais ocupado pela tribo era conhecido como "País dos Cataguá" ou até "Campos Gerais dos Cataguases". A palavra "cataguá" é de origem indígena e a tradução mais aceita é "gente boa", sendo "catu-auá" a forma original do termo.
[7] VASCONCELOS, Diogo de, 1843-1927. *História antiga das Minas Gerais*, 1974, p. 134.

Admiravelmente, algumas bandeiras começaram a escalar os montes da antiga Serra Jaguamimbaba que, essa época, tonou-se Serra da Mantiqueira[8], foram em direção a Campos Gerais dos Cataguases.

Picadas nas matas eram abertas todos os dias, em várias direções, ora se emparelhavam, ora se cruzavam. Os líderes sertanistas eram homens brancos, geralmente portugueses; pelos lugares que despontavam na mata, vinham de facões em punho, alanhando troncos, arbustos e cipós, a qualquer barulho diferente eles disparavam tiros, falavam em voz alta, na maioria do caminho acompanhando o leito dos rios. Faziam barulho para espantar os animais e os nativos. Os ameríndios sondavam de cima das árvores, escondidos e, a maioria, recuava. As feras, os animais silvestres e os pássaros se aquietavam e se escondiam espavoridos ante aquelas aparições de homens vestidos, "com uma bandeira levada à frente do grupo, flabelante ao sabor do vento sertanejo".[9] Era o começo de uma era em que o desbravador, incansável, despia-se do medo para revestir-se de coragem.

A febre das Bandeiras deu novo impulso à esperança de retomada da economia lusitana, a fama aurífera dos Campos dos Cataguases ecoava por toda Pindorama[10]. Os bandeirantes encontravam grandes quantidades de ouro em lugares diferentes; grãos de riqueza brincavam de se esconder nos lacrimais das grotas, de se lavar no leito dos rios, de se enterrar nas terras adubadas pela floresta, para serem encontrados pelos bandeirantes. Além do ouro, havia os cristais que fulguravam nas serras e a luminosidade constante de pedras nas lagoas de águas translúcidas. Pela rica mineração, a região ficou denominada como Minas dos Cataguases.

---

[8] A montanha foi chamada de Mantiqueira, *A-man-ti-kir*, que quer dizer "Serra que Chora", devido à grande quantidade de nascentes que brotam em suas encostas.

[9] FONSECA, L. Gonzaga da. *Histórias de Oliveira*, p. 21.

[10] Terra das Palmeiras, derivada do Tupi-guarani, é o nome que os nativos chamavam as terras brasileiras antes da chegada dos portugueses.

Na região leste das Minas dos Cataguases havia aldeamento de índios puris[11] que, acuados pelos portugueses, atravessaram a Mantiqueira e se embrenharam à densa floresta; pois a única opção de sobrevivência era a de se adaptar às matas fechadas e ao frio da Serra. Em 1680, o Capitão Antônio Raposo de Barretos, em uma de suas Bandeiras na caça aos índios, escrevendo ao correspondente comercial no Rio de Janeiro, expressava receio de perder os 40 (quarenta) *puris* que seu filho tinha trazido da Serra da Mantiqueira.

II. A colonização

Os bandeirantes foram em busca de riqueza e a encontraram. Essa procura pelo ouro modificou a estrutura da sociedade que se formava no Brasil. Então... a comarca dos Cataguases começou a se desenvolver.

Em expedição, o bandeirante Manuel de Borba Gato[12] "nos albores de 1698, retornou a Minas, em companhia do governador Arthur de Sá e Menezes"[13] e quando chegaram à região de Congonhas, a comitiva dividiu-se e Arthur de Sá seguiu o caminho para *Itaverava*, caminho do Carmo e ficou uns dias no "Arraial dos Bandeirantes (Carmo), onde expediu a provisão, em 17 de novembro de 1698, nomeando o Mestre-de-campo Domingos Bueno, Guarda-mor em ausência do Capitão Manuel Lopes de Medeiros para esta região e dali a três dias nomeou Domingos Teixeira como escrivão das *Minas dos Cataguases* em ausência de Manuel Antunes de Carvalho"[14]. Região que prosperava rapidamente.

---

[11] Os índios *Puris* eram hábeis pescadores que viviam originalmente no litoral do Espírito Santo e Rio de Janeiro. No entanto, eles tiveram que se adaptar às regiões serranas a partir de 1500, em consequência da chegada dos portugueses e a consequente escravização, algo que os Puris não suportaram.

[12] Manuel Borba Gato nasceu em 1649, foi um bandeirante paulista que iniciou suas atividades com o sogro, Fernão Dias Pais. Quando faleceu, em 1718, com quase 70 anos de idade, ocupava o cargo de juiz ordinário da vila de Sabará.

[13] In: *Anais da Biblioteca Nacional do Rio de Janeiro*, p. 25.

[14] VASCONCELOS, Diogo de, 1843-1927. *História antiga das Minas Gerais*, p. 204.

III. A capitania de Minas

Toda a região da comarca dos Cataguases foi emancipada da capitania de São Paulo e passou a ser Capitania das Minas, em 1710[15]. "O povoamento atingiu tão alto, que o distrito das Minas, em 1720, contava já cerca de 80 mil habitantes, domiciliados em vilas e arraiais opulentos."[16]

A corrida pelo ouro traçava um novo caminho por entre as florestas, cortando montanhas, desbravando campos e abrindo picadas para que, os bravos sertanejos, pudessem passar. As lavras exigiam muito trabalho e não havia pensamento em outro subsídio alimentar que não fosse a comida vinda por meio dos tropeiros[17]. Raramente se preocupavam em fazer grandes ou, até mesmo, pequenas plantações. Em virtude dessas transformações, os índios ficaram mais expostos.

IV. Os índios

Na obra "Pioneiros Visionários" o pesquisador e historiador Ivon Luiz Pinto explica que "os índios brasileiros estavam divididos em tribos, de acordo com o tronco linguístico ao qual pertenciam: tupis-guaranis (região do litoral), macro-jê ou tapuias (região do Planalto Central), aruaques (Amazônia) e caraíbas (Amazônia)".[18] Os índios carijós pertenciam ao grupo linguístico tupi-guarani, tinham vindo do litoral fluminense, fugindo das hostilidades de outras tribos e das maldades dos caçadores que desejavam fazer deles escravos. Os carijós "desde o

---

[15] Há uma divergência entre os historiadores a respeito dessa data, alguns alegam que foi em 1720. Uso aqui o registro deixado por Diogo de Vasconcelos, em *Histórias antigas de Minas Gerais* em que ele explica que o nome Cataguá, dado a princípio ao sertão, serviu até 1710 para designar, também, as minas dos Cataguases.

[16] VASCONCELOS, Diogo de, 1843-1927. *História antiga das Minas Gerais*, p. 140.

[17] Designação dada aos condutores de tropas ou comitivas de muares e cavalos entre as regiões de produção e os centros consumidores no Brasil a partir do século XVII.

[18] PINTO, Ivon Luiz. *Pioneiros Visionários: Fragmentos da História de Santa Rita do Sapucaí*, p. 52

início aceitaram o contato pacífico com os europeus, assimilando o cristianismo com muito entusiasmo e bons resultados de mútua integração cultural".[19]

Outro grupo de bandeirantes liderado por Bartolomeu Bueno de Siqueira também encontrou ouro em Itaverava da Pedra Resplandencente ou dos Relâmpagos, e por toda a região que ia desde São João e São José até Vila Rica, acarretando uma grande procura por lavra naquelas terras. Os primeiros exploradores e os índios se uniram em aldeiamento denominado Campo Alegre dos Carijós [1694]. Esse arraial tornou-se importante local de parada para os tropeiros e garimpeiros. Por essa época teria sido erigida uma capela ou igreja de pau a pique, dedicada ao culto da Imaculada Conceição[20].

Na região havia, também, os índios puris que se tornaram dóceis, amigos, e conviviam em harmonia com os portugueses. Os conquistadores, principalmente os paulistas, quando chegavam ao Vale do Guarapiranga, não iam mais longe, porque encontravam uma região exausta e despovoada de homem branco. Ao passar por Itaverava, seguiam para "Campo Alegre dos Carijós, penetravam e tinham um ponto de encontro onde as várias turmas, que se espalhavam, afinal, juntavam-se para voltarem. O que, porém, procuravam nessas paragens eram os índios de boa índole e medrosos (os *puris*), que apertados por inimigos de todos os lados, convergiam para tal distrito, embora pouco vantajoso, para um longo reinado de tribos, terrenos alpestres, frios e baldos de rios e lagos piscosos".[21]

---

[19] VICENTE, César José. *História de Capela Nova 1790-1990*, p. 26.

[20] Provavelmente onde hoje é a Praça Nossa Senhora do Carmo, de acordo com o que se deduz da Carta de Sesmaria concedida a Jerônimo Pimentel Salgado que, juntamente com Amaro Ribeiro, tiveram reconhecidas as posses de várias léguas de terra, no ano de 1711.

[21] VASCONCELOS, Diogo de, 1843-1927. *História antiga das Minas Gerais*, p. 234.

V. Os novos caminhos

A principal porta de entrada e saída para pessoas que queriam chegar e partir das regiões auríferas era o porto do Rio de Janeiro; ponto de exportação do ouro de Minas. O trajeto de Minas até Rio de Janeiro, até 1709, era feito somente por Paraty por meio de um trajeto costeiro, por mar. A partir de 1709, abriram um novo caminho que começava no Rio e terminava perto de Vila Rica, logo após, o trajeto dava continuidade pelo Caminho Velho. A região de Campo Alegre dos Carijós era cortada de norte a sul pelo Caminho Novo.

Com o novo caminho, o arraial de Carijós tornou-se passagem obrigatória para Itaverava, Guarapiranga, Mariana e Catas Altas, sendo pouso para os viajantes e empório de mercadorias. Naquela época, os bandeirantes e os índios se uniram para construir uma primitiva ermida[22] no Campo Alegre dos Carijós.

Por causa do progresso local o padre Gaspar Ribeiro Fonseca, enviado pelo bispo do Rio de Janeiro Dom Frei Francisco de São Jerônimo, instituiu, naquele mesmo ano de 1709, o *Arraial de Nossa Senhora da Conceição* do Campo Alegre dos Carijós, criando a paróquia de Nossa Senhora da Conceição.[23] Mandaram buscar de Portugal, da cidade de Porto, uma imagem da padroeira, esculpida em madeira, uma verdadeira obra de arte.

VI. Os tropeiros

Os caminhos percorridos pelos tropeiros eram inóspitos, mesmo assim seguiam desbravando matas e florestas, criando novos caminhos. Per-

---

[22] Provavelmente, onde se localiza hoje o Colégio Estadual "Narciso de Queirós", em Conselheiro Lafaiete, na rua Barão de Suassuí; foram encontrados ossos naquele local durante a construção do prédio e, antigamente, enterravam-se as pessoas nas igrejas ou nas suas proximidades.

[23] O culto à Virgem reunia dentro da igreja a população constituída de nobres (alguns descendentes de D. Afonso Henrique, fundador de Portugal) e do povo; ficando, do lado de fora da igreja, os escravos.

corriam estradas estreitas e cheias de galhos; ultrapassavam enormes rios com fortes correntezas, subiam grandes barrancos e desciam escarpas com pedras escorregadias, para levar o sustento alimentar aos habitantes de lugares onde a busca pelo ouro e pedras preciosas era trabalho constante. Feijão, sal, açúcar, farinha de milho, farinha de mandioca, cereais e carne seca eram levados em bruacas bem acomodadas nos lombos das mulas.

Foto: pouso de Tropeiro[24], gravura; s/d.

Além de transportar alimentos, os tropeiros levavam notícias para os mineiros isolados na região das Minas. Geralmente, os tropeiros sabiam os principais fatos ocorridos nas cidades do Rio de Janeiro e São Paulo do Piratininga. Eles eram mensageiros de notícias, cartas e recados de um lugar ao outro. Por não haver produção de alimentos na área mineradora, a importância dos tropeiros cresceu e eles "passaram a abastecer a região tanto de produtos de necessidade básica para a alimentação, quanto para o trabalho; assim como o de produtos de luxo procurados pelos novos ricos no auge da febre mineradora"[25].

---
[24] In: site *As Minas Gerais*; acesso em 15 de março de 2017.
[25] PASSETI, Gabriel. *A ação dos tropeiros no Brasil dos Séculos XVIII e XIX*. Gabriel Passetti, 1999.

Mesmo com a frequência dos tropeiros, a população na zona de extração de ouro passou por grandes momentos de necessidades; porque era difícil "abastecer centros populacionais nascidos quase da noite para o dia. Havia gente demais para ser alimentada, vestida, calçada e abrigada. O abastecimento das minas tornou-se um problema que, por vezes, apresentou-se quase insolúvel, sobrevindo crises agudíssimas de fome, decorrentes da total carência de gêneros mais indispensáveis à vida".[26] Além disso, havia pestes e doenças tropicais que acamavam e matavam os índios e, com isso, diminuía a mão de obra.

VII. A fome

Grandes crises de fome afligiram a zona mineradora da Capitania de Minas Gerais (1697 a 1698; 1700 a 1701), inclusive, interrompendo os trabalhos extrativistas. As primeiras crises aconteceram por causa da precariedade das rotas de Minas Gerais para os núcleos urbanos. Uma nova e grande crise surgiu no ano de 1713, devido à omissão e ganância da Coroa que, em diversos momentos, prejudicou drasticamente a população para defender determinados monopólios lucrativos como o do sal, por exemplo.

Por causa dessas crises de fome houve muita dispersão dos mineradores. A população que resistiu viu-se diante de uma nova realidade, era preciso implantar uma medida de subsistência na região. Então, apareceram pequenas áreas com pecuária, principalmente de suínos nos quintais das casas, até mesmo nas residências das vilas.

Também, uma grande área agrícola se desenvolveu no entorno dos principais centros e, em meados do século XVIII, a proporção de agricultores em relação a mineradores era bem maior do que havia na maioria das outras localidades da região aurífera de Minas Gerais.

---

[26] ZEMELLA, Mafalda P. *O abastecimento da capitania das Minas Gerais no século XVIII*, p. 191.

VIII. O pouso Lagoa do Rancho

Os tropeiros eram respeitados pelo poder econômico e político que possuíam. O local de descanso era definido antes da viagem, era o Pouso[27]. Pouso era um galpão modesto, em nada se parecia com algum tipo de hotel. Os melhores apresentavam-se, mais ou menos, limpos e cobertos de telhas. Os péssimos tinham coberturas menos confiáveis, eram imundos e desconfortáveis. Mesmo assim, representavam para o caminheiro um abrigo de que ele e sua tropa necessitavam para refazer as forças e continuar em caminhada. Quando acordavam para seguir viagem já tinham ideia de onde seria o próximo pouso; depois de um dia de marcha, calculado em mais ou menos dez léguas para muares, os tropeiros precisavam de um novo pouso.

No pouso, alguns tropeiros, em local abrigado do vento, juntavam um punhado de lenha seca, coletada durante a viagem ou nas cercanias, e acendiam o fogo. Logo que ele estivesse aceso, a primeira providência era a de levar o *oratório bala*; um pequeno oratório, entalhado em madeira maciça (geralmente de uma árvore da região onde era o ponto de partida da tropa), na maioria das vezes cedro (por ser madeira de lei), para ser colocado em um local mais alto do pouso; mas que fosse dentro das mediações do abrigo. O oratório era desamarrado às tiras de couro[28], aberto as três partes, onde no centro era a imagem de Jesus Crucificado e, nos outros dois lados, de santos de predileção, onde, na maioria das vezes, figurava Nossa Senhora.

---

[27] O pouso foi a primeira manifestação de abrigo praticado pela mão do homem. Surgiu à beira dos caminhos, nos ermos das travessias, em locais mais propícios à ronda e guarda dos animais da tropa, como também a sua alimentação.

[28] Ao desamarrar as tiras de couro, fazia-se uma marca nela com a ponta de uma faca esquentada na fogueira, marcando o dia e local da passagem. É daí que vem nosso costume de usar fitinhas bentas escritas como devocionário de Santos e as que estão presas às imagens e que, os devotos, escrevem pedidos e agradecimentos.

Foto: Oratório Bala[29].

Enquanto o sertanista destinado à prática do *oratório bala* fazia o ritual de orações, outro tropeiro armava em cima do fogo a trempe de ferro, onde pendurava o caldeirão com o feijão e, ao lado, outra panela com toucinho, para o torresmo. Deixava perto uma grande chaleira com água para o café. Aproveitava a brasa para assar pedaços de carne. E os tropeiros sentavam-se perto da fogueira para se alimentarem. O tempo de dormir era revezado, enquanto uma parte da comitiva dormia, a outra vigiava, mantendo as fogueiras acesas e prestando atenção à mata, por causa de cobras, feras e assaltos. A partida era de madrugada.

Os tropeiros "se no princípio da era mineradora teve qualquer cousa do antipático, pela especulação que fazia dos gêneros, aos poucos foi adquirindo, ao lado da função puramente econômica de abastecedor das Gerais, um papel mais social e simpático de portador de notícias, mensageiro de cartas e recados. Representava um verdadeiro traço de

---

[29] Raro oratório bala esculpido em madeira policromada. Interior com tríptico apresentando ao centro Santo não identificado, à direita "Nossa Senhora", à esquerda "São José". Com 23 cm. Brasil. Século XIX. In: site *Espaço das Artes Miguel Salles*; acesso em 4 de março de 2017.

união entre centros urbanos afastadíssimos, levando de uns para outros as novidades políticas, as informações sobre as cousas de uso, correspondências, modas etc".[30] Ao redor desses núcleos agregadores, brotavam diversas cidades e vilas. Um dos lugares em que os tropeiros se reuniam para o pouso era em um rancho... à beira de uma lagoa.

Naquele lugar de pouso, surgiu, então, o povoamento denominado Lagoa do Rancho, lugar de clima ameno e solo fértil. Ali se encontravam portugueses, índios puris e mestiços. Os mestiços conversavam em um linguajar que lhes era peculiar, composto em grande parte de palavras indígenas misturadas com poucas palavras de português, sendo sempre usado como um dialeto próprio. O povoado da Lagoa do Rancho experimentou notável progresso. Vários fazendeiros e sitiantes já possuíam, embora rústicas e singelas, algumas moradias ao redor da lagoa; por causa de ser ali uma encruzilhada, passagem obrigatória de tropeiros e viajantes.

IX. O oásis

"Pedra menina
Flor e cristal
Água escondida no chão
Toda tarde desce atrás de seus cabelos
Vem cobrir a noite com o luar..."
(José Geraldo Castro Moreira, o Vermelho[31], e Flávio Venturini)

Calcula-se que por volta de 700.000 pessoas tenham imigrado para o Brasil tendo como destino as Minas Gerais, entre os anos de

---

[30] ZEMELLA, Mafalda P.: *O abastecimento da capitania das Minas Gerais no século XVIII*, p. 10.

[31] Música gravada pelo conjunto "14 BIS". O compositor José Geraldo Castro Moreira (Vermelho) é parente de Dom Raymundo Cardeal Damasceno Assis. O pai do compositor é sobrinho do senhor Francisco Solano, pai de Dom Damasceno.

1720 e 1750, consequentemente, povoou-se rapidamente a região das nascentes do Rio Piranga, Serra da Mantiqueira acima. No lugar onde havia os puris, perto da lagoa, era um ponto de encontro, um rancho para abrigar e dar pouso aos tropeiros; porque nessa lagoa convergiam estradas que vinham de Barbacena e Campo Alegre dos Carijós[32], continuando para São José do Xopotó[33] e Rio Espera. No entorno desse lugar de encontro, ergueram-se várias capelas e ermidas: Santo Amaro[34]; Nossa Senhora das Dores de Carandaí, Santana do Morro do Chapéu; Nossa Senhora da Glória; Nossa Senhora dos Remédios; Rio Espera; Alto Rio Doce e Nossa Senhora Mãe dos Homens do Bom Jardim.

As lavras de ouro eram abundantes naquelas paradas da Capitania de Minas Gerais, a extensão da exploração do ouro empreendida na região "foi considerada por longo tempo uma das mais ricas do Brasil, devido à abundância do precioso metal achado em seu solo".[35] Os leitos dos rios foram sulcados de uma forma irregular, toda camada vegetal foi arrastada pela água, restando apenas terra vermelha, formando quadriláteros separados por pequenos montes de terra. As partículas mais leves eram levadas pela água, permanecendo apenas o ouro; assim ficava a terra cada vez mais estéril, ao qual nenhum processo de recuperação foi capaz de devolver a fertilidade perdida, deixando uma terra pobre e totalmente inútil.

No povoado da Lagoa do Rancho no Sertão da Pedra Menina, onde os tropeiros se encontravam, os moradores viram a necessidade iminente de que houvesse mantimentos para a sua manutenção física e a dos que trabalhavam nas minas do entorno. Especialmente porque nem sempre havia tropeiros à disposição para a compra desses gêneros e, alguns alimentos, eram difíceis de serem armazenados, outros ven-

---

[32] Atualmente Conselheiro Lafaiete.
[33] Atualmente Alto Rio Doce.
[34] Atualmente Queluzito.
[35] WALSH, R. *Notícias do Brasil 1828-1829*, p. 63.

didos a preço de ouro. Alguns moradores resolveram aproveitar suas terras de outra maneira... em vez de nelas procurarem ouro, fizeram nelas plantações.

Homens transformaram suas terras em produtivas chácaras que lhes proporcionavam duradoras fontes de riquezas. Plantaram pomares e hortas extensos, onde colhiam frutas e legumes em abundância; ao redor das casas, vastos campos de milho que resultavam em ótimas colheitas. A região das chácaras era prova concreta da enorme vantagem de se explorar a terra cultivando-a e não exaurindo suas riquezas minerais. A região das chácaras ficava "plantada no meio de uma vasta extensão de terras empobrecidas pela lavagem do ouro, e lembra um oásis verdejante no meio de areias vermelhas de um deserto".[36]

X. A ermida

Em Campo Alegre dos Carijós, em 1752, iniciou-se a construção da igreja de Santo Antônio e, doze anos depois, em 1764, a igreja de Nossa Senhora do Carmo. Na época em que já não havia tanta extração de ouro e, ainda havia a cobrança dos quintos, os habitantes ficaram descontentes. Por isso, o movimento da Inconfidência se fortaleceu naquela região.

Durante a visita do governador de Minas Gerais, Luís Antônio Furtado de Mendonça[37] àquela região, ele atendeu ao pedido dos habitantes do arraial Carijós e, com permissão da Rainha Dona Maria I, criou a Real Vila de Queluz, por meio de ato, assinado *in loco*, na própria vila recém-criada, em 19 de setembro de 1790.

No mesmo ano, no dia 27 de outubro, como resultado da visita do Governador foi despachada a provisão de Dom Domingos da Encarna-

---

[36] Ibidem.
[37] Visconde de Barbacena.

ção Pontével[38], da Ordem de São Domingos, com licença para construir uma capela dedicada a Nossa Senhora das Dores atrás da Serra da Pedra Menina na Aplicação do Morro do Chapéu, da Freguesia de Queluz. E no mês de outubro de 1790, na freguesia da recém Real Vila de Queluz, começava a construção de uma ermida, atrás da Serra e dos Sertões da Pedra Menina, em Lagoa do Rancho.

Os puris em Lagoa do Rancho

Mesmo antes da ida dos sertanistas, à região da Lagoa do Rancho, havia aldeamento de índios puris[39], muito numerosos. Os puris eram índios de porte baixo, pele de cor vermelho-parda, cabelo negro-carvão, rosto largo e anguloso com olhos pequenos, oblíquos e "inconstantes". Além disso, alguns grupos puris raspavam a cabeça, de sorte que outros deixavam o cabelo crescer até a altura da nuca.[40]

Eles viviam da caça e da pesca. Dominavam a técnica da linha sem anzol, apenas com algumas minhocas amarradas e quando queriam pegar peixes maiores "em águas mais volumosas, recorriam à rede, feita com o fio de tucum ou embira que se tira da embaúba branca".[41] Eram exímios caçadores. Armados de arco e flechas feitas de pontas de taquaras, quicé e ubá, facilmente conseguiam acertar a caça: veados, antas, porcos-do-mato, capivaras, cutias, jacus etc.

Os puris não eram adeptos da agricultura, nada plantavam, comiam as frutas que encontravam nas árvores e algumas raízes. Esses índios

---

[38] Dom Frei Domingos da Encarnação Pontével, eleito bispo de Mariana e confirmado pelo Papa Pio VI em 1779. Pontével nasceu em Santarém, Portugal, em 1722. Faleceu em Ouro Preto no ano de 1793.

[39] Relatos de escavações arqueológicas na região de Capela Nova auxiliaram na formulação de hipóteses sobre os primeiros povos que ali habitavam, os quais se fixaram muito antes da chegada dos bandeirantes paulistas em território mineiro, as primeiras bandeiras datam do século XVII. As peças encontradas nas diversas escavações apontam, muito possivelmente, para diferentes objetos do cotidiano indígena: machados, cachimbos, vasos de cerâmica, fogões e igaçaba são apenas alguns exemplos do rico acervo local. In: site *Prefeitura Municipal de Capela Nova – Achados Arqueológicos Índios à vista?*; acesso em 26 de fevereiro de 2017.

[40] FREIRE, José Ribamar Bessa; MALHEIROS, Márcia Fernanda. *Aldeamentos Indígenas do Rio de Janeiro*, p. 22.

[41] MERCADANTE, Paulo. *Os Sertões do Leste, estudo de uma região a Mata Mineira*, p. 24.

gostavam da caratinga, uma espécie muito dura de cará que arrancavam da terra com as mãos ou com qualquer instrumento que aparecesse. Também se alimentavam com o mel de abelha.

Porém, ao ter contato com o homem branco, os puris se adaptaram às novidades, aprenderam a plantar favas mangalê, batatas doces, bananas da terra, rasgando a terra com cavadeira de pau. Mas de tudo davam cabo ainda em estado verde. Rapidamente aprenderam a manejar as facas e as foices. Dessa forma, garimpeiros e colonizadores, por certo período de tempo, conviveram mais pacificamente com os índios puris.

Nessa época, na bacia do Doce a colonização atinge, na fase mineradora, os altos afluentes do rio. Von Martius[42] descreveu em seu Diário que a ocupação fazia-se, sobretudo, pelo aldeamento de índios, muito numerosos, os quais, uma vez contidos, praticavam a agricultura e eram aproveitados como mão de obra nas fazendas onde se estabeleciam. "Por outro lado, também ficou conhecida a vocação que índios e negros sempre tiveram para as crenças, para as danças e para as músicas."[43]

XI. A capela

O progresso foi notório em Lagoa do Rancho, durante os últimos anos da segunda metade do século XVIII. Tornou-se encruzilhada obrigatória para tropeiros e viajantes. Vários fazendeiros e sitiantes já possuíam, embora rústicas e singelas, algumas moradias ao redor da lagoa.

---

[42] Carl Friedrich Philipp Von Martius nasceu na cidade bávara de Erlangen, em 17 de abril de 1794. Chegou ao Brasil na comitiva da grã-duquesa austríaca Leopoldina, que viajava para o Brasil para casar-se com Dom Pedro I. Acompanhado do cientista Johann Baptiste Von Spix (1781-1826), recebera da Academia de Ciências da Baviera o encargo de pesquisar as províncias mais importantes do Brasil e formar coleções botânicas, zoológicas e mineralógicas. Devido a doença do cientista Johann Von Spix, o retorno da expedição foi antecipado e em 1820 retornaram à Alemanha.
[43] In: site *scielo*; acesso em 23 de fevereiro de 2017.

Lugar agradável, de clima temperado e ameno, onde raramente a temperatura no inverno ficava abaixo dos 10 graus centígrados e, no verão, não ultrapassava os 28 graus. Permitindo uma vida salubre aos habitantes. Ao redor do povoado, a várzea, sete córregos forneciam água à região: "dos Patrícios, do Carangola, do Abreu, do Norberto, do Pedrosa, da Chácara com açude e fonte da Custódia, e o da Nicota".[44]

Índios vagavam pelos arredores da Lagoa do Rancho, os habitantes conviviam pacificamente no povoado que tinha um estreito e sinuoso planalto, em meio à mata. E uma pequena lagoa que, quando chovia, aumentava tanto de tamanho que não permitia a passagem de transeuntes. Alguns fazendeiros desejavam uma ermida, em 1790, um local onde pudessem participar de cultos religiosos. Moradores decidiram sair à procura, dentre eles, o fazendeiro Senhor Manuel de Souza Maia[45], munidos de facões e algumas foices, abriram caminho por entre a mata para que o padre Jacó Henriques Pereira encontrasse o local onde seria construída a Ermida Nossa Senhora das Dores. Nessa época, na região, havia mais de setenta famílias em pleno progresso e "desejavam uma capela definitiva, com licença do senhor bispo, curada, com direito a capelão e serviços religiosos permanentes".[46]

Em lugar de destaque, de frente à lagoa, em área composta de dois alqueires de terra, começaram as obras para erguer uma singela ermida [1791], promovidas por Souza Maia, Bernardo Coelho e João Antônio Henriques. No intuito de "diferenciar o templo dos demais construídos nos arraiais das redondezas, os fiéis começaram a chamá-la de Capela Nova".[47] Ao final dos trabalhos, a ermida media quase 20 metros de comprimento por doze de largura e cinco ou seis metros de altura, do frontispício até o arco-cruzeiro. Com essas medidas ficou definida como *Capela* e não uma simples ermida.

---

[44] CÉSAR, José Vicente. *História de Capela Nova*, p. 30.
[45] Manuel de Souza Maia e Dona Isabel Álvares foram os principais promotores da construção da Ermida da Senhora das Dores.
[46] Ibidem, p. 35.
[47] *Minas, são Muitas. Cidade Capela Nova*. In: Revista *Veja BH*, p. 20.

A capela continha uma capela-mor na mesma altura e largura, tendo oito metros de comprimento. A base era de pedra. As paredes da frente e de trás, que davam maiores sustentações, eram de adobes; as paredes laterais eram feitas de pau a pique firmadas com ripas de coqueiros. Para iluminação natural constavam duas janelas na fachada de frente e, abaixo do nível do coro, nas tribunas laterais, outras janelas. Para acesso às tribunas uma escada de madeira. À esquerda do altar-mor a capelinha do Santíssimo Sacramento. O piso era feito de pranchas de madeira braúna, enumeradas, destinadas aos sepultamentos[48], onde as galerias eram sustentadas por grossas colunas de madeira. "O único altar existente achava-se em um arranjo modesto da capela-mor, em que se venerava uma antiga imagem de 15 cm de altura por 10 cm de largura, de cedro, tida como representando a Virgem das Dores."[49] A licença de funcionamento era renovada periodicamente junto à cúria diocesana.

XII. A imagem de Nossa Senhora das Dores

Para a Capela Nossa Senhora das Dores, no Rancho da Lagoa, a pia batismal foi providenciada após cinco anos dos primórdios da capela, o primeiro capelão foi padre Jacó Henriques Pereira (1795 a 1800) e o segundo capelão foi padre Antônio Pereira Lopes (1800 a 1803). Durante a atuação do terceiro capelão, padre Antônio Campos Maciel atendeu à petição dos devotos de Nossa Senhora das Dores, filial da vila de Queluz, e emitiu a licença para benzer a nova imagem no dia 6 de março de 1805, destinada à entronização no altar-mor de Capela Nova.

---

[48] Local onde eram sepultados os que tinham mais posses. Aos benfeitores, era destinado um lugar acima do arco-cruzeiro, na capela-mor.

[49] CÉSAR, José Vicente. *História de Capela Nova*, p. 36.

Foto: Imagem de Nossa Senhora das Dores[50], igreja Matriz de Capela Nova, 2011.

A nova imagem que seria esculpida em tamanho natural, provavelmente, teve como modelo aquela pequena imagem que há muitos anos era venerada no altar-mor da capela e que era de posse de religiosa família. Provavelmente foi nesse dia da bênção da imagem, em 1805, que a antiga e pequena imagem que serviu de modelo para a nova voltou à posse do casal "Luís Henriques dos Reis e Maria Joaquina, e com seus descendentes da família Lopes de Assis Monteiro".[51]

Para o feitio da imagem, rezava a tradição de que a "madeira teria de ser talhada no próprio arraial, de um cedro colhido no local da ermida".[52] Então... a imagem foi trabalhada em uma única peça de cedro, dos ombros até os pés, composição de uma arte um pouco tosca, ventre muito saliente, em estado de gravidez, pés inchados calçados por sandálias sem tiras que as amarrassem aos pés.

---
[50] Foto: site *Prefeitura Municipal de Capela Nova*; acesso em 26 de fevereiro de 2017.
[51] CÉSAR, José Vicente. *História de Capela Nova*, p. 49.
[52] Ibidem, p. 48.

Sendo que a cabeça (contendo rosto cheio, pescoço, os olhos naturais e sem lágrimas[53]), as mãos e o manto, são partes diferentes, provavelmente feitas em outro lugar[54], "podendo ser atribuídos à Escola de Aleijadinho, cujos artistas esculpiam naquela região durante todo o decênio do século XIX".[55] O resultado final consta de uma linda imagem de Nossa Senhora assentada em seu trono. Ela mede 1,30 m de altura e o máximo de 75 cm de largura.

Para tornar a peça mais leve[56], seguindo a tradição da época, na parte de trás de seus pés, o escultor fez uma abertura e deixou uma parte oca[57] dentro da imagem[58]. Depois fez uma tampa que hermeticamente se ajustava em um "caixilho retangular de 45 por 32 cm, presa internamente por dois cravos de 45 a 55 mm, respectivamente, quadrados, rústicos"[59], de ferro batido embutidos na madeira, de modo que ficassem escondidos depois da pintura feita em toda peça.

A Madona em nada parecia em sofrimento. Por que levaria o nome de Nossa Senhora das Dores? Na tradição consta: Nossa Senhora das Dores, Nossa Senhora da Consolação, Nossa Senhora da Boa Hora, Nossa Senhora do Bom Parto, Nossa Senhora do Bom Sucesso, Nossa Senhora do Bom Despacho, Nossa Senhora do Ó, Nossa Senhora da Expectação do Parto[60], são todas padroeiras das futuras mamães, são retratações da Santa Madona ansiosa pelo momento feliz... o nascimento de seu Filho.[61]

---

[53] As lágrimas atuais na imagem foram forjadas em 1941.

[54] "Especialmente na primeira metade do século XVIII as imagens eram feitas em um só bloco, em geral; com uma das mãos, ou ambas e um atributo, executado separadamente." In: COELHO, Beatriz. Organizadora. *Devoção e Arte, Imaginária Religiosa em Minas Gerais*, p. 216.

[55] CÉSAR, José Vicente. *História de Capela Nova*, p. 50.

[56] Na Europa desde a Idade Média, escavavam-se as esculturas de madeira para que as peças rachassem menos e ficassem mais leves.

[57] Nos séculos XVII e XVIII, as esculturas de santos que vinham de Portugal eram feitas de madeira e muitas delas, ocas por dentro, por assim serem, acabavam escondendo dinheiro falso que era trazido para o Brasil. Esse procedimento *pouco católico*, deu origem à expressão 'santo do pau oco'

[58] Mesmo com essa parte oca, a imagem ficou pesando 57,6 kg.

[59] CÉSAR, José Vicente. *História de Capela Nova*, p. 50.

[60] Imagem igual a Nossa Senhora das Dores, do Rancho da Lagoa, existia na igreja de Nossa Senhora das Mercês em Mariana-MG, com o nome de Nossa Senhora da Expectação do Parto.

[61] CASCUDO, Luís da Câmara. *Superstições e Costumes*, p. 129.

Não muito longe da Capela Nova da Lagoa do Rancho, na cidade de Sabará, em Minas Gerais, a família do bandeirante Bartolomeu Bueno, construiu ainda no século XVIII, uma igreja para Nossa Senhora do Ó, devoção que se fez presente nessa região de Capela Nova da Lagoa.

A imagem foi entronizada na capela e o povoado passou a ser chamado de Capela Nova das Dores na Lagoa do Rancho. A imagem era puramente a Virgem-Mãe da Expectação do Parto, cuja festa padroeira se celebra em 15 de setembro. A imagem da Expectação do parto não é, simplesmente, a mostra de uma ansiedade, natural de uma jovem mãe à espera do primogênito, antes precisamos ver nela o sobrenatural que vem da saudação de Santa Isabel: "Bendita és tu, entre as mulheres e bendito é o fruto de seu ventre" (Lc 1,42), enxergando a figura da Mãe do Redentor dos homens, tornando-a corredentora da humanidade; mulher que contribuiu ao plano divino de salvação do mundo por meio de seu "Sim".

No começo do século XIX, mudanças no culto mariano começavam a estimular o dogma da Imaculada Conceição, o que não combinava com aquela santa em estado de adiantada gravidez, como a retratava a iconografia, estimada pelas mulheres à espera da hora do parto. A imagem de Nossa Senhora de Capela Nova das Dores, tem seu legado nessa época, 1805, e ao invés de ser batizada com da Expectação do Parto, resolveram dar-lhe o nome de Nossa Senhora das Dores, mesmo que sorrisse. Nessa época, em todo território nacional muitas imagens foram vestidas de freira, pois assim a roupa disfarçava o ventre, ou foram trocadas pelas imagens de Nossa Senhora da Imaculada Conceição, mais condizente com os ventos moralistas de então; porém, outras imagens simplesmente... sumiram.[62] Algumas apenas mudavam o nome para Nossa Senhora das Dores. Mesmo que no semblante dela, não havia mostra de tristeza ou de dor.

---

[62] Somente no fim do século XX voltaram a falar e a pesquisar o assunto, tendo-se encontrado imagens antigas enterradas sob o altar das igrejas.

XIII. De povoado à cidade

Capela Nova das Dores, pertencente ao município de Queluz, ou ao distrito e curato de Espera no município de Mariana (dependia de como seria mais cômodo aos habitantes), já era distrito de ordenança desde 9 de abril de 1836[63] possuindo serviço religioso regular.

> **CAPELLA NOVA DAS DORES.**
>
> *Criada pela Lei provincial n. 767 de 21 de Maio de 1856.*
>
> Dista da Séde do termo 7 leguas, e da Capital da Provincia 14, de seus pontos extremos ao N. 2 ao S. 1 1/2 à Leste 2 e a O. 1. Sua extensão de N. à S. é de 3 1/2 e de Leste á Oeste 3 leguas. Confina ao N. com Santa Anna e Itaverava pela ponte do Rio Guararà e Piranguinha, ao Sul com a Freguezia de Prados pelo Rio Carandahy: á Leste com a da Espera e S. José do Chopotó pelo lugar chamado os—Cunhas—e Serra dos Carvalhos e á Oeste com Santo Amaro pelo corrego dos Pinheiros. Tem sómente uma capella filial, a de Nossa Senhora da Gloria.
>
> | *Juizes de paz.* | *Escrivão.* |
> |---|---|
> | 1.º Antonio Henriques Pereira. | João José Lopes Coimbra. |
> | 2.º Manoel Lopes de Faria. | |
> | 3.º Manoel Gualberto de Oliveira e Silva. | *Subdelegado* |
> | 4.º Bento José de Paiva. | Luiz Henriques dos Reis. |

Foto: publicação da Lei Provincial n. 767, criação da freguesia de Capella Nova das Dores.[64]

Vinte anos depois, no dia 21 de maio de 1856[65] foi com grande alegria que os habitantes receberam a notícia de que a Assembleia Legislativa Provincial decretou que Herculano Ferreira Penna[66] sancionou a Lei n. 767, que elevou à paróquia o curato de Capela Nova do município de Queluz, compreendendo a nova freguesia, o distrito de Nossa Senhora da Glória com as mesmas divisas da época.

---

[63] CÉSAR, José Vicente. *História de Capela Nova*, p. 70.
[64] Foto: acervo *Arquivo Público Mineiro*.
[65] *Almanak Administrativo Civil e Industrial da Província de Minas Gerais do Anno de 1874 para servir no de 1875*, p. 116.
[66] Conselheiro do Imperador.

No mesmo mês de maio, no dia 21, Dom Antônio Ferreira Viçoso[67] nomeou o padre Agostinho Cesário de Andrade como o primeiro vigário da paróquia de Nossa Senhora das Dores. Para que ficasse distinta qual era a capela destinada a Nossa Senhora das Dores, pois muitas eram as capelas na região, recebeu o nome de Capela Nova das Dores. No entanto, para melhor entendimento, com o passar dos anos abreviaram o nome para Dores de Queluz.

Seguindo o regime do padroado português, que exigia a instituição da Irmandade canônica e juridicamente nas matrizes das sedes paroquiais, no ano de 1857, os paroquianos da Capela Nova da Senhora das Dores de Queluz criaram a Irmandade do Santíssimo Sacramento. Irmandade com estatuto assinado pela Mesa Diretiva: um provedor, um escrivão, um tesoureiro, um procurador e o reverendo pároco. Constando Antônio Lopes de Faria componente da Mesa e José Lopes de Faria um dos confrades.

Foto: matriz Nossa Senhora das Dores e casario no entorno da igreja, Capela Nova-MG[68], s/d.

---
[67] Antônio Vicente Ferreira Viçoso nasceu dia 13 de maio de 1787, Peniche, Portugal e faleceu dia 7 de julho de 1875, Mariana, Minas Gerais.
[68] Foto: Acervo de Hélio Damasceno.

Curiosidades

– A Capela Nova nasceu e cresceu em função de uma lagoa, cercada de tabas indígenas e de um rancho de tropeiros, rodeada em seus pés por sete córregos. (In: *História de Capela Nova*, p. 147)

– Em 1826, dia 2 de novembro, nasceu Manuel Basílio Furtado, na freguesia de Capela Nova das Dores. Tornou-se grande naturalista, cientista, vereador, deputado. Sua produção científica abrange desde pesquisas sobre morcegos (sua especialidade), achados paleontológicos, até cemitérios de novos índios no município de Ubá. Faleceu dia 13 de maio de 1903. (In: *O INESPERADO*. Capela Nova, 25 de julho de 1988, Ano LXI, n. 24, p. 4.)

– Em 1864, Ana Maria de Jesus Camundonga (Sinhana Camundonga) recebeu de padre José Duarte o nome de Ana Francisca de Jesus, de cor parda, da família Paula de Rio Espera; nas transações de seu boteco, surrupiava no troco. Por isso, atualmente o apelido pejorativo camundongo, pequeno rato doméstico, originou-se de Sinhana Camundonga. (In: *História de Capela Nova*, pp. 75,76).

– No Almanak de 1872 tem o registro de que na freguesia e distrito de Capela Nova das Dores atuava o Juiz de Paz: Capitão Luiz Antônio de Souza Damasceno – tetravô materno de Dom Raymundo Cardeal Damasceno Assis. (In: *História de Capela Nova*, p. 76)

– Em 22 de maio de 1900, Dom Benevides foi visitar Capela Nova das Dores, saiu do Glória (atualmente Caranaíba) e gastou quatro horas de viagem para percorrer 24 km, por causa das chuvas. Entrando em Capela Nova com grande acompanhamento de cavaleiros. Na praça, música, fogos e flores. Porém, não conseguiu chegar à igreja Nossa Senhora das Dores, por causa da grande chuva. Diante da Matriz, havia um lago muito vasto que, com a água da chuva, tornou-se uma verdadeira lagoa. (In: *História de Capela Nova*, pp. 88,89)

– Em 1910, no Anuário Histórico de Minas, foi publicado o apanhado geral sobre o distrito de Capela Nova, no município de Queluz:

Capela Nova é o melhor arraial e mais bem situado e com melhores prédios dentre os demais municípios de Queluz. Contendo ótima biblioteca, agência de Correio (1886), duas escolas primárias e várias particulares pelas fazendas, Juízes de Paz, duas bandas de música, teatro e 26 casas comerciais. (In: *História de Capela Nova*, pp. 98,99)

– Em 1919, Dona Luíza Clara de Jesus Assis, cumprindo o voto de ter se recuperado de um acidente na vista, ao parecer uma estoucada, fez colocar olhos de vidro e lágrimas na Imagem da Padroeira de Capela Nova, Nossa Senhora das Dores – Expectação do Parto. (In: *História de Capela Nova*, p. 96)

– O poeta capela-novense José Roque dos Passos, era quem dirigia a Biblioteca Pública do distrito de Capela Nova das Dores, em 1919. (In: *História de Capela Nova*, p. 99)

– Em 1923, quando fundado o cine-teatro Santa Cecília, nas noites de sessões, iluminava com energia elétrica a rua do Taquaral. (In: *História de Capela Nova*, p. 99)

– Padre Francisco Ferreira Rodrigues foi sistemático a vida inteira, escravo de ideia fixa a respeito do asseio, micróbios e contaminações. Cumprimentava à distância, sem nunca estender a mão. Antes da missa, na sacristia, lavava muito as mãos com sabão do reino, enxugando sem esfregá-las na toalha. Não se assentava no confessionário, atendia os penitentes, de pé, protegendo o rosto com um lenço branco cheirando à naftalina (1938). Porém, ao ser exonerado por Dom Helvécio Gomes de Oliveira, em 1939, preferiu morar na pensão do Senhor Florêncio de Souza Damasceno e Dona Flora Manuela de Faria. (In: *História de Capela Nova*, p. 104)

– Em 1934, nos tempos da seca a água era pouca para movimentar o pesado maquinário alemão que fornecia energia para alguns locais de Capela Nova das Dores, sem sequer alimentar a lâmpada de arco-voltaico nas noites de sessões cinematográficas. No tempo das águas a luz parecia melhor e mais clara. A imaginação dos capelães explicava na época: "era que as chuvas, lavavam as poeiras das lâmpadas". (In: *História de Capela Nova*, p. 145)

– O periódico *O INESPERADO* originou no ano de 1927, tendo por diretor: A. C. Cezar, J. Paulino e J.L. de Assis. Na década de 1980 tinha como redator: P. Dr. J. V. César, SVD e gerente: J. B. de Assis. Recebeu esse nome porque ele não tem periodicidade, sempre publicado quando não é esperado.

***

2

O NASCIMENTO PARA O MUNDO

I. Genealogia

"Não podemos esquecer o nada que somos e o tudo que somos. Mas é a ligação que temos de refazer."[69]
(Jean-Yves Leloup)

Fotos: Matriz Nossa Senhora das Dores, Capela Nova-MG[70], s/d. Municípios que pertenciam à Comarca de Queluz, dentre eles, Capela Nova das Dores, Nossa Senhora da Glória, Santo Antônio da Itaverava e Espírito Santo do Lamim.[71]

---

[69] LELOUP, Jean-Yves. In: *Terapeutas no Deserto, de Fílon de Alexandria e Francisco de Assis a Graf Dürckheim*, p. 64.
[70] Captura de imagem. In: site *Youtube Capela Nova*; acesso em 20 de março de 2017.
[71] *Almanak Administrativo Civil e Industrial da Província de Minas Gerais do Anno de 1874 para servir no de 1875*, p. 21.

Assis

A numerosa família Lopes de Assis, que tem destaque em Capela Nova, resulta da fusão das famílias *Lopes de Faria*, procedente do povoado Nossa Senhora da Glória (Glória); dos Rodrigues Pereira, que moravam na Fazenda dos Macacos, próximo de Queluz (Conselheiro Lafaiete[72]); e dos Chagas, do povoado de Espírito Santo do Lamim (Lamim)[73].

> "Os Rodrigues Pereira descendem de José da Costa Oliveira, casado com Leonor Pereira, morador na fazenda do Lençol. Seu filho Ten. Felisberto da Costa Pereira, casou-se na freguesia de Itaverava[74] com Eufrásia Maria de Jesus, filha de Luiz Rodrigues Milagres. Deste consórcio procedem os Rodrigues Pereira, da fazenda dos Macacos."[75]

Filhos do tenente Felisberto e Eufrásia: José Rodrigues Pereira, o barão de Pouso Alegre; Antônio Rodrigues Pereira era pai do conselheiro Lafaiete; padre Felisberto Rodrigues Milagres foi vigário colado de Prados e deputado pela assembleia mineira; padre Francisco Pereira de Assis foi vigário colado de Itaverava e, também, deputado pela assembleia mineira.

"Padre Assis (1777-1815) tomou esse nome por ter nascido no dia 4 de outubro, festa de São Francisco de Assis."[76] Ele teve duas filhas

---

[72] A Lei n. 1276 elevou a Real Vila de Queluz à categoria de cidade e, em 1872, foi criada a Comarca de Queluz. O nome Conselheiro Lafaiete passou a vigorar a partir de 27 de março de 1934, em homenagem ao Conselheiro Lafayette Rodrigues Pereira, quando se comemoravam o centenário de seu nascimento.

[73] O povoado que deu origem a essa cidade surgiu em 1710, de uma expedição formada por três bandeirantes, entre eles se destaca José Pires Lamim. Eles se instalaram na cidade à procura de ouro. Com sua morte, os amigos decidiram dar seu nome ao lugar. Hoje, emancipado, o município tem território pequeno e sua economia é baseada, exclusivamente, na agropecuária.

[74] Sua colonização teve início no séc. XVII, sendo um dos primeiros arraiais auríferos da região. Após a formação do arraial de Itaverava, foi edificada a sua primeira igreja, dedicada a Santo Antônio de Lisboa, em 1726, que se transformou em matriz da localidade. A palavra Itaverava tem origem indígena: "pedra brilhante" ou "pedra reluzente". O município foi criado em 1962, com território desmembrado de Conselheiro Lafaiete.

[75] Pesquisa feita por Stella da Costa César, membro do Conselho Consultivo do CEMEG – Centro Mineiro de Estudos Genealógicos. Documento: APDRCDA, inédito.

[76] *O Inesperado*. Ano LIX, n. 22, p. 4. Jornal: APDRCDA.

com Cândida, conhecida como Nhanhá da Cachoeira; ela era filha de Francisco Chagas e Mariana Cândida de Jesus, que moravam perto de Santana. As filhas eram: Henriqueta Cândida, que se casou com Joaquim Tavares Coimbra, natural do Glória; e Adelaide Cristina de Assis, que se casou com José Lopes de Faria, da fazenda do Cruzeiro. Assim deu-se o início ao sobrenome: ASSIS.

Damasceno

A origem da família Damasceno procede de João de Souza Damasceno, neto do Coronel Manoel de Souza Freitas (1730, morava em Congonhas, Minas Gerais) que, por nascer no dia 4 de dezembro, tomou para si o sobrenome DAMASCENO, dia da festa de São João Damasceno, presbítero e doutor da Igreja.

João de Souza Damasceno, cerca de 1785, casou-se com Francisca Rosa da Conceição, na Capela Nossa Senhora da Glória, filial da freguesia de Carijós, Vila de Queluz, atualmente Conselheiro Lafaiete. "Deste consórcio nasceram filhos e filhas".[77] Um deles, Serafim Antônio de Souza, que nasceu em 1800. Com mais ou menos 23 anos de idade, Serafim casou-se com Maria Rita do Céu.

Damasceno & Assis

Serafim Antônio de Souza, filho de João de Souza Damasceno e Francisca Rosa da Conceição, casado com Maria Rita do Céu, em Palmital da Pedra Menina, cerca de 1823; tiveram os seguintes filhos: José de Souza Damasceno, casado com Maria Antônia, da fazenda de Car-

---

[77] Pesquisa feita por Stella da Costa César, membro do Conselho Consultivo do CEMEG – Centro Mineiro de Estudos Genealógicos. Documento: APDRCDA, inédito.

ranca; Luiz Antônio de Souza, conhecido como capitão Luiz, casou-se com Maria Bárbara, cerca de 1852; João de Souza Damasceno casou-se com Francelina que era filha de José Gonçalves Pereira; Narciso de Souza Damasceno, casado com Floriana Maria do Céu que era filha de José Gonçalves Pereira, da fazenda de Carranca; Herculano de Souza Damasceno[78] que estudou no Caraça, foi contemporâneo de Dom Silvério Gomes Pimenta. Herculano casou-se com sua sobrinha, Maria José Damasceno[79]. Ela era filha de José de Souza Damasceno e Maria Antônia Gonçalves Pereira, da fazenda da Vargem Grande.

Da aliança de Narciso de Souza Damasceno e Floriana Maria do Céu, nasceu Maria Cândida que se casou com Francisco Lopes de Assis, filho de José Lopes de Faria e Adelaide Cristina de Assis. Desse casamento nasceu *Francisco Solano de Assis*.

Do matrimônio entre Herculano de Souza Damasceno, e sua sobrinha, Maria José Damasceno, tiveram o filho Antônio Damasceno Sobrinho. Em 30 de julho de 1898, casaram-se Antônio Damasceno Sobrinho, com 23 anos de idade e Maria Cândida da Silva Damasceno[80], com 17 anos de idade. Os pais de Maria Cândida da Silva Damasceno eram tenente *Antônio Cândido da Silva* e *Eufrásia Augusta de São José*[81].

Tenente Antônio Cândido da Silva

Para ajudar o Exército Brasileiro durante as batalhas nas Fronteiras entre Brasil e Paraguai (1864-1870), a então província de Minas Gerais recrutou voluntários em diversas cidades, inclusive em Conselheiro Lafaiete, onde Antônio Cândido da Silva se alistou e, no dia 10 de maio de 1865, integrante ao 17º Batalhão de Voluntários da Pátria de Minas

---

[78] Faleceu em julho de 1920.
[79] Faleceu no dia 20 de junho de 1935.
[80] Faleceu no dia 23 de setembro de 1916.
[81] Faleceu no dia 25 de dezembro de 1940.

Gerais, partiu de Ouro Preto para o campo de batalha. Consta no *Diário do Exército em Operações da República do Paraguay. Sob o comando em chefe de todas as forças de S. Ex. Sr. Marechal do Exército, Duque de Caxias*, 1868, reimpresso por ordem do governo em 1877, que o tenente Antônio Cândido da Silva, no Quartel General de Pare-Cué, pela Ordem do Dia n. 237, no dia 18 de julho de 1868, quando combatia nas muralhas de Humaitá, foi contuso em batalha[82]; e que, no Quartel General de Surubi-Hy, pela Ordem do Dia n. 262, no dia 14 de novembro de 1868, o Sr. Marquez[83], marechal e comandante chefe, nomeou o tenente Antônio Cândido da Silva para o 8º Provisório da Cavalaria[84].

Ao terminar a guerra, com a vitória da Tríplice Aliança (Brasil, Argentina e Uruguai), o batalhão de Minas Gerais foi para o Rio de Janeiro e, no dia 3 de março de 1870, retornou para a capital mineira. O 17º Corpo de Voluntários chegou a Ouro Preto, às 10h da manhã, do dia 21 de março de 1870, onde foram recebidos como heróis: "Uma salva de morteiros annunciou a chegada dos – martyres heróes – e pela estrada do funil desfilavão os bravos voluntários. Não havia uma eminencia da cidade que não estevesse ocuppada pelo povo, que queria saudar o parente, o amigo, o esposo, o filho, enfim o soldado da pátria".[85]

No dia 26 de março, o 17º Corpo de Voluntários marchou para a vizinha cidade de Mariana a fim de depositar a sua bandeira na Catedral daquela cidade. O 17º Corpo de Voluntários da Pátria foi dissolvido no dia 1º de abril de 1870, com base no Art. 4º do Decreto 3.371.

> "Cinco mezes depois da guerra, o Governo Imperial concedeu uma medalha geral ao Exército, por Decreto n. 4.560 de 6 de Agosto de 1870, referendado pelo Barão de Muritiba, Ministro de Estado· dos

---

[82] *Diário do Exército em Operações da República do Paraguay. Sob o comando em chefe de todas as forças de S. Ex. Sr. Marechal do Exército, Duque de Caxias*, 1868, p. 118; reimpresso por ordem do governo em 1877.

[83] Marquez de Caxias, comandante e chefe.

[84] *Diário do Exército em Operações da República do Paraguay. Sob o comando em chefe de todas as forças de S. Ex. Sr. Marechal do Exército, Duque de Caxias*, 1868, p. 272; reimpresso por ordem do governo em 1877.

[85] Jornal *O Conservador de Minas*, março de 1870 (a compilação é na íntegra, respeitando o português da época).

Negocios da Guerra, atendendo aos relevantes serviços prestados pelo Exército em Operações na Guerra contra o Governo do Paraguay, pelos officiaes generaes, officiaes superiores, capitães e subalternos, e pelas praças de pret que formaram o mesmo Exercito. Feita de bronze dos canhões tomados ao inimigo, pendia a medalha de uma fita, representando as cores nacionaes e dos Alliados, em cinco listas de egual largura e verticaes, na seguinte ordem: verde, branca, azul, branca e amarela."[86]

Todos os heróis brasileiros que lutaram e voltaram da Guerra do Paraguai foram condecorados com a *Medalha Geral do Exército*, dentre eles, Antônio Cândido da Silva que, também, foi condecorado pelo Imperador Dom Pedro II, com o título de *Veterano do Paraguai*[87]. Ele viveu mais 58 anos, falecendo no dia 25 de junho de 1928, em Capela de Nossa Senhora das Dores (Capela Nova).

Antônio Damasceno Sobrinho e Maria Cândida da Silva Damasceno tiveram os filhos: Santina Damasceno, nascida dia 25 de abril de 1899 e, aos 16 anos de idade, no dia 28 de julho de 1915, casou-se com Antônio da Costa César de 21 anos de idade; Antônio Cândido Damasceno nasceu dia 13 de junho de 1900 e, com 25 anos de idade, casou-se com Waldemar Lopes Assis, filha de José Lopes de Assis e Luíza Clara de Jesus, no dia 15 de junho de 1925; Esther Damasceno nasceu dia 30 de novembro de 1901 e, no dia 15 de maio de 1918, aos 16 anos de idade, casou-se com João Augusto da Costa de 39 anos; Maria José Damasceno nasceu no dia 16 de agosto de 1905 e, aos 18 anos de idade, no dia 17 de setembro de 1923, casou-se com João Bento de Oliveira de 31 anos; Odilon Cândido Damasceno nasceu no dia 12 de fevereiro de 1909 e, aos 29 anos de idade, casou-se com Maria José Henriques de 18 anos, no dia 30 de novembro de 1933; Geraldo Cândido Damasceno nasceu dia 16 de agosto de 1907 e, aos 27

---

[86] SANTOS, Francisco Marques dos. *A Guerra do Paraguay na Medalhística Brasileira*, 1937, p. 51 (a compilação está igual à ortografia da época).

[87] Inscrição feita no Álbum de Família Damasceno, atrás da fotografia "piquenique Família unida dos Damasceno, Photographia tirada aos 10 de Maio de 1914".

anos de idade, casou-se com Dagmar de Faria Souza de 21 anos, no dia 30 de setembro de 1935; *Carmen Damasceno* nasceu no dia 3 de dezembro de 1911 e, aos 16 anos de idade, casou-se com *Francisco Solano de Assis*, no dia 25 de julho de 1928; Herculano Damasceno Neto nasceu no dia 8 de dezembro de 1914 e, dois dias antes de completar 22 anos de idade, casou-se com Lucy Gonçalves de 19 anos, no dia 6 dezembro de 1937; José Miguel Damasceno, que nasceu no dia 10 de setembro de 1916, ficou solteiro.[88]

Foto: Praça de Capela Nova-MG;1920.[89]

Os jovens: *Francisco Solano de Assis* e *Carmen Damasceno* casaram-se em Capela Nova. "Nada obstante, partiu o jovem casal para a luta da vida, alimentado por fé inabalável e total confiança em Deus, uma verdadeira maratona de sacrifícios e heroísmo."[90]

---

[88] Pesquisa feita por Stella da Costa César, membro do Conselho Consultivo do CEMEG – Centro Mineiro de Estudos Genealógicos. Documento: APDRCDA, inédito.
[89] Foto: arquivo da Escola Estadual "Chiquinho de Paiva". SABINO, Claudia de Vilhena Schayer; DAMASCENO, Ana Maria. Artigo: *O Hino de Capela Nova – MG como ferramenta na Educação e Resgate da Cultura*. In: site *Revista Brasileira de Educação Básica*; acesso em 28 de março de 2017.
[90] *O Inesperado*. Ano LIX, n. 23, p. 1. Jornal: APDRCDA.

O começo da vida do casal foi muito difícil. Eles moraram, inicialmente, no Largo da Igrejinha, à rua do Taquaral. O casal não ficou muito tempo morando nessa casa, logo transferiu-se para a Chácara, onde residiram em uma casa mal atijolada.

Foto: sítio que pertenceu a família Damasceno/Assis, região da Chácara[91], Capela Nova-MG, janeiro de 2018.

II. A promessa

> "Mas, assim como a hora do parto se passa atrás da cortina, assim o heroísmo todo da vida da mãe transcorre em profunda simplicidade. Sofre e cala. Chora escondido. De noite vela. De dia, trabalha. Ela é candelabro, os filhos são luz. Dá a vida como a terra: silenciosamente. Aí está a raiz de sua grandeza e beleza."[92]
> (Inácio Larrañaga)

Dona Carmen, durante sua quinta gestação, sempre que ia à Capela Nova das Dores, comparecia à igreja, diante da imagem de Nossa

---
[91] Foto: crédito de *Rita Elisa Sêda*.
[92] LARRAÑAGA, Inácio. *O Silêncio de Maria*, p. 137.

Senhora, pedia à Santa Mãe a graça de que aquela sua gravidez evoluísse com saúde e, principalmente, na hora do parto, tudo transcorresse na mais santa paz. Com certeza foram pedidos constantes; ajoelhada perante Nossa Senhora da Expectação do Parto, era uma Santa Mãe escutando o que a outra mãe dizia.

Possivelmente, no olhar materno e aflito de dona Carmen passava toda inquietação que estava dentro de sua alma e, certamente, seu coração se acalmava enquanto olhava a imagem de Nossa Senhora. Pedindo ali, pela criança que crescia em seu ventre, entregando à Santa Mãe, o destino de seu filho, sentia a paz que vinha por meio do sorriso extasiante de servir a Deus, que surgia da imagem de Nossa Senhora.

As gestantes capela-novenses sempre tiveram piedosa devoção a Nossa Senhora das Dores, ou da Expectação do Parto e, por isso, criou-se a linda tradição de as "mães em estado de gravidez, cingirem-se de fitas e cordas nas medidas da sagrada imagem, na esperança de tranquila gestação e parto feliz".[93]

A quinta gestação de dona Carmen decorreu em paz. Realizou os afazeres domésticos: a casa limpa, a comida na mesa, as roupas lavadas... ajudava seu marido Francisco em tudo que ele lhe pedisse e, também, cuidava dos filhos: Maria[94] com sete anos de idade, Diva[95] com cinco anos de idade, Antônio[96] com quase quatro anos de idade e Jairo[97] com um ano e seis meses de idade, educando-os com muito carinho.

Fim do dia...

> "Os esmaecidos raios do sol permitiam que as sombras abraçassem o grande vale da Chácara, onde reside a família Damasceno/

---

[93] VICENTE, César José. *História de Capela Nova*; 1790-1990, p. 49.
[94] Maria de Assis Pereira: nasceu dia 30 de julho de 1929.
[95] Diva de Assis Costa: nasceu dia 26 de outubro de 1931.
[96] Antônio Damasceno de Assis: nasceu dia 30 de junho de 1933.
[97] Jairo Damasceno Assis: nasceu dia 26 de julho de 1935.

Assis. No céu, os últimos reflexos dourados do astro-rei, cedem lugar ao aparecimento das primeiras estrelas. As mais tímidas, vêm chegando silenciosamente e tomam os seus lugares nas respectivas constelações. O brilho cintilante do céu noturno era de indizível encantamento."[98]

Foto: região da Chácara[99], Capela Nova-MG; s/d.

Começo de noite, no primeiro domingo depois do Carnaval, dia 14 de fevereiro, noite de lua nova. A parteira Sá Malvina de Oliveira (Samalvina do Soterto[100]) era uma presença que transmitia confiança e anunciava que não tardaria para a chegada de um novo membro à família Damasceno/Assis. Sá Malvina desde a mudança de lua compareceu a casa, acompanhando os afazeres de dona Carmen[101]. A presença da

---

[98] J.C. César. In: Jogral *O Presépio do Menino que é do Menino Jesus – Fantasia do Nascimento de Dom Raymundo Cardeal Damasceno Assis*. Vídeo: APDRCDA.
[99] Foto: APDRCDA, inédita.
[100] J.C. César. In: Jogral *O Presépio do Menino que é do Menino Jesus – Fantasia do Nascimento de Dom Raymundo Cardeal Damasceno Assis*. Vídeo: APDRCDA.
[101] "A preocupação de não deixar a mulher sozinha, referência ao perigo presente no parto, bem como a realização de várias tarefas que o envolvem". In: TORNQUIST, Carmen Suzana. *Parteiras Populares, entre o folclore e a escuta*. Revista *Gênero*, p. 73, 74.

———————————— O nascimento para o mundo ————————————

parteira era verdadeira fonte de segurança à parturiente[102], por causa de suas formas de assistência.

A magia da noite produzia harmonia sonora no sítio; sapos, rãs e pererecas coaxavam no brejal e o trinado de algumas aves noturnas, formavam uma orquestra regida pelas estrelas. O friozinho da noite era um convite para um abrigo.

Foto: região da Chácara[103], Capela Nova-MG; setembro de 2011.

A casa simples e ampla, apenas atijolada, incrustrada no chão da Chácara, não possuía vidraças e, à noite, com as janelas fechadas, tinha pouca iluminação interior; apenas algumas lamparinas ou lampiões à base de querosene. No quarto, dona Carmen deitada na cama, em cima do colchão de palhas, esperava a hora do nascimento de seu filho... ou seria filha?! Isso não importava.

A única preocupação que, de vez em quando, assaltava dona Carmen durante os meses de gravidez era a da hora do parto; inquietação proveniente de um resquício do susto em ocasião do nascimento

---
[102] Para a parteira, a mulher grávida está "incomodada".
[103] Captura de imagem. In: Vídeo Jogral *O Presépio do Menino que é do Menino Jesus – Fantasia do Nascimento de Dom Raymundo Cardeal Damasceno Assis*. Vídeo: APDRCDA.

53

de seu terceiro filho, Antônio de Assis, quando uma tempestade surgiu, de repente, e o aguaceiro lavou o ar. Geralmente, as tempestades eram assustadoras por causa dos relâmpagos e trovões que traziam medo aos moradores da cidade e região do entorno, pois não havia para-raios... nem mesmo nas torres da igreja; Padre Ferreira[104] não era nada a favor das invenções e progresso da técnica moderna, dizia que "rezar e confiar mais na providência de Deus"[105] era o mais certo. Para ele, até mesmo a luz elétrica[106] não deveria ser utilizada. A tempestade avançou para a região da Chácara, os *cúmulus nimbus* escureceram o céu. Eis que, de repente, o clarão que veio de uma faísca atingiu a casa, rachando até a parede perto da janela; destelhando ela toda. Dona Carmen levou um susto, "era véspera do nascimento do Antônio, então ele nasceu doente; sofreu paralisia infantil, não cresceu, não andou, não falou; ele ficou assim por causa do susto que ela levou"[107]. Antônio sempre recebeu muito carinho e atenção dos familiares, o que deu a ele, embora deficiente, alguma qualidade de vida. Por causa da "faísca" que destelhou e danificou a casa, tiveram de se mudar para a casa dos avós e só voltaram para a roça quando o telhado estava restaurado. Antônio não falava, não andava... "certo dia, em um determinado momento em que ele estava sentado no chão da sala e como ali era uma chácara, portanto havia mato, gado, era natural que houvesse cobras de várias espécies e, uma delas entrou na casa e passando perto de Antônio, ele colocou a mão nela e a cobra foi saindo, não fez nada contra ele".[108]

Passaram-se quase quatro anos do nascimento de Antônio, dona Carmen, com 25 anos de idade, novamente estava em trabalho de parto.

---

[104] Padre Francisco Ferreira Rodrigues foi exonerado por Dom Helvécio Gomes Oliveira em 1939, recusou assumir a nova paróquia em São Miguel do Cajuru (hoje Arcângelo), permaneceu ainda três anos em Capela Nova, residindo na pensão do senhor Florêncio de Souza Damasceno e de dona Flora Manuela de Faria. Faleceu em São João del Rei no dia 3 de janeiro de 1952, sepultado no cemitério do Pilar.

[105] VICENTE, César José. *História de Capela Nova*; 1790-1990, p. 103.

[106] Capela Nova já tinha luz elétrica desde 22 de dezembro de 1933, mas não foi permitida sua instalação na igreja.

[107] Maria de Assis Pereira, Conselheiro Lafaiete-MG, 18 de abril de 2017; EPEO.

[108] Dom Raymundo Cardeal Damasceno Assis, Brasília-DF, 14 de setembro de 2017; EPEO.

Menos apreensiva, porque desde que soube da nova gravidez apegou-se a Nossa Senhora e a São Raimundo Nonato; ele também passou a ser seu santo de devoção. Pela contagem de tempo, o parto era para fevereiro, mês de muitas tempestades, e isso fez aumentar a preocupação de dona Carmen. A cada dia em que a criança crescia no ventre, ela orava pedindo proteção ao santo. Afinal, São Raimundo Nonato é o patrono das parteiras e dos obstetras.

São Raimundo Nonato

Sim, dona Carmen era devota de São Raimundo Nonato. Ela conhecia a vida desse santo que nasceu no século XIII, por volta do ano 1204, na cidade de Portel, na Catalunha, Espanha, cujo nascimento aconteceu de modo trágico: sua mãe morreu por causa de complicações no trabalho de parto e, Raimundo, foi retirado do ventre de sua mãe por meio de uma incisão que a parteira fez com uma faca, como se fosse uma cesariana de emergência. Por isso, Raimundo recebeu o nome de Nonato[109], que significa "não-nascido" de mãe viva, ou seja, fora extraído vivo do corpo sem vida.[110]

O menino Raimundo cuidava do rebanho da fazenda de seu pai. Piedoso, ele visitava uma ermida de São Nicolau, onde se venerava uma imagem de Nossa Senhora. Conta-se que, durante as horas que passava aos pés de Maria, um anjo guardava o rebanho destinado aos seus cuidados.

Em 1224, Raimundo Nonato ingressou na Ordem das Mercês, e foi ordenado sacerdote. Conseguiu libertar cento e cinquenta escravos e devolvê-los às suas famílias. Muitas pessoas foram convertidas por ele,

---

[109] *Nonatus* vem do Latim: *non–natus* (não nascido) e escapou.
[110] Alguns estudiosos acham que ele foi retirado com uma navalha e apresentava nas costas pequenas marcas de cortes do referido instrumento.

o que despertou a ira dos magistrados muçulmanos, que mandaram que lhe perfurassem a boca e nela colocassem cadeados, para que Raimundo nunca mais pudesse falar e pregar a doutrina de Cristo. Raimundo sofreu durante oito meses essa tortura até ser libertado.

Com a saúde debilitada pelos sofrimentos do cativeiro, Raimundo Nonato acabou morrendo, em 31 de agosto de 1240. Passou a ser considerado patrono das parturientes e, por essa razão, dona Carmen recorreu a ele em orações.

III. O nascimento de Raymundo

> "Raymundo nasceu à sombra da Pedra Menina, o Itacolomi de nossos índios, e sob o manto de Nossa Senhora das Dores de Capela Nova: tudo é novo, tudo é pedra e rocha da Igreja, tudo são presságios dos insondáveis desígnios do Altíssimo."[111]

O amanhecer do dia 15 de fevereiro foi iluminado pelos raios dourados que teciam na mata da Chácara uma roupagem branca de névoa, como se fosse um manto imaculado que subisse ao céu. Ao longe uma siriema[112] em cima do cupinzeiro cantava sem parar. Os mais velhos daquelas paragens mineiras sempre dizem que esse canto é o anúncio de um nascimento e que, se a siriema estiver em cima do cupinzeiro, é sinal de nascimento com proteção; pois se alguma cobra (mal) aparecer, ela o devora em um instante. Os roceiros definem o canto da siriema como um aviso de que a ave está em estado de atenção... então, como quase sempre o homem ou mulher escutam o canto quando trabalhando no campo, ficam descansados a respeito de ataques de cobras. É como um alarme: "Tudo está bem, tem siriema por perto!"

---

[111] *O Inesperado*. Ano LIX, N. 22, p. 1. Jornal: APDRCDA, inédito.

[112] Etimologicamente, siriema vem do Tupi – *Si ri ema* – pequena ave Ema com topete. A siriema é uma ave que tem o símbolo de resistência; ela come cobras; não tem vida solitária, vive sempre em par.

O nascimento para o mundo

Naquela manhã de meados do mês de fevereiro, o canto da siriema foi ouvido em toda a Chácara e nos arredores, acolhida como anúncio de um dia de paz.

Nesse raiar do dia, Sá Malvina, parteira experiente, já está a postos para auxiliar nos trabalhos de parto; preparou os apetrechos, pois sabia que era a hora, pegou o vidro e desinfetou suas mãos com álcool. Provavelmente, na trempe do fogão à lenha, havia uma grande chaleira com água borbulhante; panos brancos e limpos foram esticados em cima da cama e, ao lado, Sá Malvina colocou um vidrinho com azeite e ervas, um chumaço de algodão, uma tesoura de ferro e um vidrinho com álcool, para serem usados na hora certa. A parturiente, dona Carmen, ajeitava-se... deitada na cama, com a cabeça recostada no travesseiro de tabôa[113]; provavelmente orava pedindo proteção de Nossa Senhora da Expectação do Parto e a de São Raimundo Nonato. "O quarto fora varrido usando-se uma vassoura de alecrim e na jarra sobre a mesa foram acrescentados alguns ramos de arruda, para perfumar o ambiente"[114] e, segundo tradição mineira, usada pela parteira para benzer[115] o aposento e pedir que Deus envie Anjos para ajudar no trabalho de parto.

Como é costume das parteiras, o senhor Francisco, marido de dona Carmen, é convidado a permanecer fora de sua casa, pois "os homens são ditos como atrapalhados, nervosos e medrosos diante do parto, assunto de mulheres na qual elas são protagonistas".[116]

As primeiras horas da manhã foram passando, a parteira Sá Malvina ajeitou os panos perto de dona Carmen. Sempre foi costume, nessa região do Alto Paraopeba, a parteira fazer massagens na barriga da par-

---

[113] Tipo de planta hidrófita, *Thypha domingensis*, conhecida pelos nomes de: bucha, capim-de-esteira, erva-de-esteira, espadana, landim, paina, paina-de-flecha, paineira-de-flecha, paineira-do-brejo.

[114] J.C. César. In: Jogral *O Presépio do Menino que é do Menino Jesus – Fantasia do Nascimento de Dom Raymundo Cardeal Damasceno Assis.* Setembro de 2011, p. 1. Acervo particular de Dom Raymundo Damasceno Assis.

[115] É comum entre as parteiras o uso de um galho de arruda atrás da orelha quando estão ajudando no trabalho de parto, também colocam um galho em uma jarra no quarto da parturiente.

[116] TORNQUIST, Carmen Suzana. *Parteiras Populares, entre o folclore e a escuta.* Revista Gênero, p. 74.

turiente com um pouco de álcool e ervas, junto às preces que usam para dar uma "chamadinha no bebê"[117]; talvez Sá Malvina tenha chamado pelo nome que há alguns meses todos sabiam... Raymundo.

Exatamente às nove horas, dona Carmen deu à luz a um menino, saudável. Como de costume, Sá Malvina "aparou"[118] o menino e o forrou com panos brancos, derramou azeite no algodão e, carinhosamente, foi passando no recém-nascido, enquanto rezava. Depois de limpá-lo, ela pegou a tesoura que foi desinfetada com álcool e cortou o cordão umbilical. Em seguida, embrulhou a criança com cueiro e a levou para os braços de dona Carmen que, naquele momento, conheceu seu mais novo filho, o Raymundo. O recém-nascido recebeu o primeiro aconchego de infinito amor, emoção e lágrimas[119]. Menino que, com a graça de Deus, de Nossa Senhora e intercessão de São Raimundo Nonato, nasceu robusto, com plena saúde. "Mais do que nunca se cumpre a profecia da Virgem de Nazaré: Deus se voltou para a humildade de um menino nascido em uma chácara de roça, acolhido nos braços de uma carinhosa parteira."[120]

Na devoção a São Raimundo Nonato ainda ficava a intenção da saúde da mãe. Nesse sentido de saúde era preciso eliminar a placenta. Época em que o desfecho do parto era "demarcado pela expulsão da placenta e o reconhecimento de que a mãe está fora de perigo"[121]. A placenta foi eliminada e mais uma prece de agradecimento deve ter ecoado dentro daquele quarto. A mãe e o filho estavam fora de perigo, com as bênçãos de São Raimundo Nonato. "Ela estava rezando para este santo e, por isso, colocou-lhe o nome de Raymundo."[122]

---

[117] Diz-se, na região de Minas Gerais, que para o bebê nascer é preciso dar uma "chamadinha", por meio da intervenção da parteira. TORNQUIST, Carmen Suzana. *Parteiras Populares, entre o folclore e a escuta*. Revista Gênero, p. 74.

[118] Nessa região mineira, o nascimento é denominado entre as parteiras como "aparar a criança".

[119] J.C. César. In: Jogral *O Presépio do Menino que é do Menino Jesus – Fantasia do Nascimento de Dom Raymundo Cardeal Damasceno Assis*. Setembro de 2011, p. 1. Acervo particular Dom Raymundo Damasceno Assis.

[120] *O Inesperado*. Ano LIX, N. 22, p. 1. Jornal: APDRCDA.

[121] TORNQUIST, Carmen Suzana. *Parteiras Populares, entre o folclore e a escuta*. Revista Gênero, p. 73.

[122] Maria de Assis Pereira, Conselheiro Lafaiete-MG, 18 de abril de 2017; EPEO.

O nascimento para o mundo

Ficou marcado no calendário da família Damasceno/Assis que, na manhã de 15 de fevereiro de 1937, o pequeno Raymundo veio ao mundo sob a bênção de Nossa Senhora da Expectação do Parto, consagrado a ela por meio das preces de dona Carmen, em tantas visitas à imagem na Capela das Dores e às preces feitas enquanto acariciava a barriga pela vinda do filho saudável. E, segundo a promessa de dona Carmen, o menino foi consagrado a São Raimundo Nonato, em agradecimento ao santo.

No universo de cultura popular mineira, a lógica camponesa articulava em distinção à necessidade da parturiente, a parteira jamais deixava a gestante sozinha e, mesmo depois do parto, passava uns dias com a recém-mãe. No quarto, aconchegante no "berço modesto com colchãozinho de palhas, lençóis, fronha e um cobertor artesanalmente"[123] confeccionado, Raymundo dormia tranquilo, sob a bênção de Deus.

No entorno do sítio, na região da Chácara, a notícia correu ligeira até a Fonte da Custódia[124], entre os coletores de água que, enquanto arrumavam a rodilha[125] no alto da cabeça para colocar as latas com água, comentavam: "Oi Nega. A Carmen do Solano teve um minino. Vamo dá um pulinho até lá. A gente vai num pé e volta no outro". Se entusiasmam em visitar a família Damasceno/Assis: "É minino home! Vamo lá prá vê essa criança".[126]

IV. O batismo

Na igreja Nossa Senhora das Dores, em Capela Nova das Dores, no dia 6 de março, do lado esquerdo da entrada principal da igreja, na

---

[123] J.C. César. In: Jogral *O Presépio do Menino que é do Menino Jesus – Fantasia do Nascimento de Dom Raymundo Cardeal Damasceno Assis*. Setembro de 2011. Acervo particular Dom Raymundo Cardeal Damasceno Assis.

[124] De onde provinha água cristalina para os moradores da Rua do Taquaral. In: J.C. César. Jogral *O Presépio do Menino que é do Menino Jesus – Fantasia do Nascimento de Dom Raymundo Cardeal Damasceno Assis. Setembro de 2011*. Vídeo: APDRCDA, inédito.

[125] Pano enrolado que colocam na cabeça para equilibrar a lata e, também, para não machucar o couro cabeludo.

[126] J.C. César. In: Jogral *O Presépio do Menino que é do Menino Jesus – Fantasia do Nascimento de Dom Raymundo Cardeal Damasceno Assis*. Setembro de 2011, p. 3. Vídeo: APDRCDA, inédito.

pia batismal talhada em pedra, o pequeno Raymundo, quinto filho de Francisco Solano de Assis e Carmen Damasceno de Assis, recebia o sacramento do Batismo.[127]

Foto: pia Batismal onde foi batizado Raymundo Damasceno Assis,[128]
Capela Nova-MG, janeiro 2018.

No rito essencial, o pároco Padre Francisco Ferreira Rodrigues derramou água sobre a cabeça da criança, invocando o Nome do Pai e do Filho e do Espírito Santo, anunciando à igreja que o batizando recebeu o nome de Raymundo Damasceno Assis.

Daquele momento em diante, Raymundo teve participação na vida trinitária de Deus, mediante a graça santificante e a incorporação em Cristo e na Igreja. Recebendo, também, as virtudes teologais, e os dons

---

[127] O termo é a transliteração do grego "βαπτισμω" (*baptismō*) para o latim (*baptismus*), conforme se vê na Vulgata em Colossenses 2:12.
[128] Foto: crédito de *Rita Elisa Sêda*.

do Espírito Santo. Tornou-se, para sempre, um filho de Deus, membro inalienável da Igreja e pertencente a Cristo. Momento de muita alegria para a família Damasceno/Assis.

Os pais Francisco e Carmen, junto aos padrinhos Hilário Moreira e Madalena de Assis Moreira, sentiam-se felizes pelo pequeno Raymundo receber o primeiro sacramento cristão. Madalena era irmã de Francisco Solano Assis, então "Raymundo teve como padrinhos seus tios por parte de pai".[129] Era costume na época ter uma Madrinha de Representação[130] e "a de Raymundo foi a Candinha, lavadeira de roupa do povo da vila, ela tinha uns 80 anos de idade".[131]

Naquela igreja, onde dona Carmen e senhor Francisco sempre iam orar pedindo graças pela família, Raymundo Damasceno Assis foi batizado, aos pés de Nossa Senhora, imagem que simboliza a pureza de uma gravidez e o encantamento do "Sim" aos desígnios de Deus para o ser humano. Nossa Senhora, com um leve sorriso, em que transfere ao espectador o êxtase de servir a Deus, de ser "a serva do Senhor", ela que se permitiu confiar, pois a confiança é fruto do Espírito Santo que plasmou em seu ventre o Messias. Imagem que há tantos anos foi entronizada no altar da Matriz de Capela Nova das Dores, que foi talhada seguindo os moldes de uma mais pequenina, pertencente aos Lopes de Assis Santos Monteiro, família da qual era descendente o pequenino Raymundo que, naquele dia, deixou de ser pagão para tornar-se um verdadeiro cristão.

***

A partir do ano de 1937, acontecimentos políticos e religiosos impulsionaram o desenvolvimento material e espiritual de Capela Nova das Dores. Aquela modesta Ermida de Nossa Senhora das Dores no

---

[129] Maria de Assis Pereira, Conselheiro Lafaiete-MG, 18 de abril de 2017; EPEO.
[130] Atualmente tem o nome de Madrinha de Consagração.
[131] Maria de Assis Pereira, Conselheiro Lafaiete-MG, 18 de abril de 2017; EPEO.

arraial de Lagoa do Rancho, situada atrás da Pedra Menina, ficara para trás, começava um novo período de relevante progresso.

O ano de 1937 foi edificante para a história de Capela Nova das Dores. Padre Ferreira que não era "afeito às manifestações religiosas de cunho popular"[132] celebrou com pompa e solenidade os atos externos da Semana Santa.

E, também, houve o resgate das cavalhadas[133], uma festa "de sedas e veludos"[134] que, em Capela Nova das Dores, distingue-se pela parte religiosa, dramatizada com grande gala em que mostra a influência portuguesa – luta pela conversão dos infiéis, sob as bênçãos de Nossa Senhora de Nazaré. A festa tem duração de quatro dias.[135]

No último mês do ano de 1938, dia 17, por meio do decreto-lei número 148, a denominação de Capela Nova das Dores passou a ser somente Capela Nova.

Em 31 de março de 1939, o padre José Duarte de Souza Albuquerque, "em pleno ardor de seus 40 anos de idade, de vigorosa compleição física e invejável saúde"[136], chegava a Capela Nova para tomar posse como pároco na Matriz de Nossa Senhora das Dores, foi saudado com discurso oficial do farmacêutico José Lopes de Assis Filho.

Com a posse de padre José Duarte de Souza, várias festas religiosas foram incorporadas ao calendário litúrgico de Capela Nova. "O povo estava desabituado a esse tipo de devoção."[137]

O largo da igreja foi totalmente modificado. O novo vigário convocou voluntários para um desaterro em frente à casa paroquial. A Praça

---

[132] VICENTE, César José. *História de Capela Nova*; 1790-1990, p. 103.
[133] Em Capela Nova, as Cavalhadas surgiram na Fazenda Vargem Grande, graças aos esforços dos ricos fazendeiros Manuel Pereira e José de Souza Damasceno, ainda no tempo do IIº Império. Na listagem de honra onde estão os nomes dos antigos cavaleiros consta que os fundadores são Manuel Pereira de Souza e José de Souza Damasceno Pereira. A família Damasceno fulgura na lista dos participantes às Cavalhadas.
[134] VICENTE, César José. *História de Capela Nova*; 1790-1990, p. 198.
[135] Poucas cidades brasileiras conservam a Cavalhada com o mesmo esplendor de antigamente, entre elas: Montes Claros, Caeté, Amarantina, Capela Nova e Senhora dos Remédios, em Minas Gerais. In: *História de Capela Nova*, p. 198.
[136] VICENTE, César José. *História de Capela Nova*; 1790-1990, p. 108.
[137] Ibidem, p. 109.

encheu-se de operários e de carros de boi, muitos homens, entusiasmados pela mudança no cenário principal de Capela Nova. Animados, revezavam em dois turnos para retirarem toneladas de terra. Também, foi demolido o adro de pedras e lajes maciças junto com o Santo Cruzeiro, chantado sobre artístico pedestal de pedra-sabão e a igreja recebeu pintura nova. Por causa dessa reforma, a Matriz ficou mais em destaque, podendo ser vista de longe.

Em agosto foi instituída a Associação de São José, mais conhecida como Obra das Vocações Sacerdotais (O.V.S.), para suscitar novos padres e mantê-los no seminário.

Em setembro, festa do Santíssimo Nome de Maria, fundou-se a congregação Mariana com apenas 14 rapazes. Em novembro, padre José Duarte assistiu aos exames orais finais dos alunos do quarto ano primário, dentre eles: Sílvio Damasceno de Oliveira[138]. Em dezembro, estabelecia a Pia União das Filhas de Maria, sendo a primeira presidente a senhorita Geralda Damasceno César[139]. Também houve o resgate da Missa do Galo, no Natal, de uma maneira que há muitos anos não acontecia em Capela Nova. Inclusive, para montar o presépio, compareceu o professor Rezende[140] de Juiz de Fora-MG.

V. O sítio

A região chamada Chácara era perto de Capela Nova e o sítio da família Damasceno/Assis ficava a uma distância de um pouco mais de um km. No sítio, a família, com ajuda de alguns empregados, cultivava:

---

[138] Que mais tarde se tornou sacerdote pela Congregação do Verbo Divino.
[139] Geralda Damasceno César ingressou na congregação religiosa das Pequenas Irmãs da Divina Providência, em 1941; pronunciou votos perpétuos no dia 11 de janeiro de 1950, na capela de Nossa Senhora de Nazaré, em Conselheiro Lafaiete-MG.
[140] "Antônio do Padre."

"arroz, milho, amendoim e feijão, sempre tinha comida na horta"[141], e havia um belo pomar, que lhes garantia frutas fresquinhas. "Tudo em pequena escala; pois era um sítio pequeno, de apenas oito alqueires."[142] Também havia criação de galinhas, porcos e vacas. No pomar as frutas mais comuns eram bananas, laranjas e limões. Uma área bastante rural onde a necessária alimentação diária era suprida com a produção no sítio. Raymundo ajudava o pai na lavoura, "na plantação de milho, arroz, feijão e hortaliças. Ele era muito novo ainda, mas ajudava".[143]

A casa era atijolada, "não havia massa e nem pintura dentro, também. Era forrada com esteira de bambu"[144], que deixava que alguns raios de sol infiltrassem pelos vãos das telhas de cerâmica... ao raiar e ao fim do dia. "Eram três quartos, duas salas, uma cozinha"[145] e banheiro no quintal. Os quartos eram grandes e tinham camas separadas. No quarto do casal havia mais uma cama para um dos meninos dormir sempre perto dos pais. "O quarto era comprido. Os colchões das camas eram de palha rasgada."[146]

A Capela Nova não era emancipada; um povoado tão perto do sítio, que os membros da família Damasceno/Assis iam a pé, sem precisar de montaria, pois somente cavalgavam quando eles visitavam algum parente que morava mais longe, em momento de festa, casamento, aniversário. Algumas vezes, Raymundo acompanhava uma prima que dava aula em escola rural, um pouco longe de Capela Nova das Dores, para que ela não fosse sozinha, ele ia à garupa do cavalo, para fazer companhia.

No curral, logo cedo, as ordenhas em oito a dez vacas eram feitas manualmente e garantiam a fabricação de: queijos, manteiga, além da alegria das crianças em tomar o leite direto da vaca, quentinho, espumante.

---

[141] Jairo Damasceno Assis, Conselheiro Lafaiete-MG, 17 de abril de 2017; EPEO.
[142] Dom Raymundo Cardeal Damasceno Assis, Aparecida-SP, 22 de janeiro de 2017; EPEO.
[143] Maria de Assis Pereira, Conselheiro Lafaiete-MG, 18 de abril de 2017; EPEO.
[144] Idem.
[145] Jairo Damasceno Assis, Conselheiro Lafaiete-MG, 17 de abril de 2017; EPEO.
[146] Idem.

Quase todos os dias havia sobra na horta, "nas plantações de hortaliças: repolhos, quiabos, alfaces, couves, tomates"[147]; no pomar, ou na fabricação de derivados de leite; que eram divididos e destinados à venda em Capela Nova. A cidade era tão perto que ao anunciar uma ida até lá, falava-se em ir à rua, ao invés de ir à cidade, "era essa a maneira de dizer que ia à Capela Nova"[148] para vender produtos hortifrutigranjeiros como: "inhame, batatas, taioba etc".[149]; de porta em porta, para ir à igreja, à escola ou qualquer outro compromisso.

Com o passar dos anos, criou-se uma cooperativa de laticínios em Capela Nova para onde o senhor Francisco enviava uma parte da produção de leite proveniente das ordenhas das vacas da Chácara.

Raymundo crescia em uma atmosfera salubre, onde o clima temperado permitia o saudável desenvolvimento para o corpo da criança. A Chácara, com sua várzea, o pasto, as plantações. Também o açude e fonte da Custódia[150], de onde provinha água para os moradores, afazeres da casa, plantações e para as criações. "Tinha uma mina d'água perto da casa"[151], que abastecia os reservatórios com água para o consumo diário das tarefas domésticas e higiene pessoal.

Para a saúde do espírito, a religiosidade era marcante, na casa havia quadros com estampas de santos, em cima de móveis algumas imagens religiosas; eles rezavam o Rosário e o Terço frequentemente. A família era unida pela graça cristã. Senhor Francisco e dona Carmen catequizavam os filhos por meio das orações diárias.

O menino Antônio, que era cuidado ao extremo, dormia no mesmo quarto que os pais, todos se revezavam para cuidar dele. Partiu para a casa do Pai, "faleceu aos onze anos de idade, ele morreu novo"[152] em decorrência de sua paralisia.

---

[147] Maria de Assis Pereira, Conselheiro Lafaiete-MG, 18 de abril de 2017; EPEO.
[148] Dom Raymundo Cardeal Damasceno Assis, Aparecida-SP, 22 de janeiro de 2017; EPEO.
[149] Idem.
[150] VICENTE, César José. *História de Capela Nova*; 1790-1990, p. 30.
[151] Jairo Damasceno Assis, Conselheiro Lafaiete-MG, 17 de abril de 2017; EPEO.
[152] Maria de Assis Pereira, Conselheiro Lafaiete-MG, 18 de abril de 2017; EPEO.

Todos os dias, podia estar chovendo ou com sol, Marizita[153] tinha de levar o irmão Raymundo para visitar Candinha, "ela morava em uma casa coberta de sapé"[154], muito simples. Raymundo fazia questão de conversar um pouco, todos os dias, com sua madrinha. Ela era pobre e simples.

***

VII. A crisma

O cristão deve viver em plenitude. Essa plenitude do Espírito é um legado para todo o povo de Deus. Várias vezes, Cristo prometeu essa efusão do Espírito, promessa que realizou primeiramente no dia da Páscoa (Jo 20,22) e, depois, no dia de Pentecostes. Repletos do Espírito Santo, os Apóstolos começaram a proclamar "as maravilhas de Deus" (At 2,11), e Pedro começou a declarar que essa efusão do Espírito Santo é o "sinal dos tempos messiânicos". Os que, então, creram na pregação apostólica e que se fizeram batizar também receberam o dom do Espírito Santo. O sacramento da Crisma quer reavivar em cada fiel, essa plenitude do Espírito Santo para que ele seja testemunha de Cristo no mundo.

Na família Damasceno/Assis os irmãos mais velhos cuidavam dos mais novos. Assim, Marizita cuidava do irmão Raymundo. Foi ela quem o levou no colo do sítio até a igreja Nossa Senhora das Dores, em Capela Nova, para receber o Crisma[155].

Geralmente, administra-se esse sacramento quando se atinge a idade da razão. Ensina a Igreja que a celebração desse sacramento seja a

---

[153] Marizita é o modo carinhoso que os familiares da família Damasceno/Assis tratam Maria de Assis Pereira; irmã de Dom Raymundo Cardeal Damasceno Assis.

[154] Maria de Assis Pereira, Conselheiro Lafaiete-MG, 18 de abril de 2017; EPEO.

[155] Crisma ou Confirmação, segundo a doutrina da Igreja Católica, é um sacramento da Igreja Católica em que o fiel recebe, por meio da ação do bispo (ou deve ser ministrado por delegação especial, um padre), uma unção com o Crisma (óleo de oliveira). É uma confirmação do Batismo.

efusão especial do Espírito Santo, da mesma maneira com que foi concedido aos apóstolos em Pentecostes; para maior crescimento da graça batismal e do sentido de filiação divina.

O Sacramento da Confirmação é conferido pela imposição das mãos e unção do óleo. Raymundo foi selado para Cristo por meio do Espírito Santo quando o bispo Dom Helvécio Gomes de Oliveira, arcebispo de Mariana, estendeu as mãos sobre ele e disse: "Deus Todo-Poderoso, Pai de nosso Senhor Jesus Cristo, que pela água e pelo Espírito Santo, fizestes renascer este vosso servo Raymundo, enviai-lhe o Espírito Santo Paráclito; dai-lhe, Senhor, o Espírito da sabedoria e inteligência, o Espírito de conselho e de fortaleza". Perpetuando um gesto que vem dos apóstolos e significa o dom do Espírito do Cristo ressuscitado.

Para melhor significar o dom do Espírito Santo, a Igreja acrescentou à imposição das mãos uma unção com óleo perfumado. Sendo que o "cristão" é aquele "ungido" e que deriva a sua origem do próprio nome de *Cristo*... que "Deus ungiu com o Espírito Santo" (At 10,38). O bispo ungiu a fronte do pequeno Raymundo Damasceno Assis com óleo sagrado e perfumado.

Na Escritura Sagrada, o óleo é símbolo de alegria, dá beleza ao rosto e traz saúde e força em abundância; ele também purifica o ungido e o torna ágil no combate... é sinal de cura. Significa, especialmente, a consagração do crismado a Cristo: como Jesus, ele é ungido e participa da missão do Senhor. Afinal, a palavra *Cristo*[156] significa: ungido para a missão. Daquele momento em diante, Raymundo estava preparado espiritualmente para a grande missão, ele recebeu a marca, o selo do Espírito Santo: ele pertence a Cristo e é participante da missão do Senhor. "É Deus mesmo que nos confirma em Cristo, juntamente convosco, e nos conferiu a unção, imprimindo em nós o selo, dando-nos o penhor

---

[156] Cristo é o termo usado em português para traduzir a palavra grega Χριστός (Khristós) que significa "Ungido". O termo grego, por sua vez, é uma tradução do termo hebraico מָשִׁיהַ (Māšîaḥ), transliterado para o português como Messias.

do Espírito nos nossos corações" (2Cor 1,22). Antigamente, depois da unção, o bispo dava um tapinha na face do crismado, significando que ele passou a pertencer ao Exército de Cristo. Após a unção, o bispo diz ao crismado: "A paz esteja contigo!", significando a comunhão na Igreja entre o que foi crismado e o bispo, pai de todo o rebanho.

Após o Crisma, o pequeno Raymundo reagiu de uma maneira incomum. "Ele tinha uns seis anos de idade. Ele chorou muito lá na igreja"[157], então Marizita perguntou-lhe a razão de tanto choro, ele respondeu que era porque seu padrinho era muito feio. "Mas, não era nada disso, não... ele falou isso só porque estava emocionado com a Crisma."[158] Ficou comovido demais com a confirmação do seu Batismo. A confirmação aperfeiçoa a graça batismal; é o sacramento que dá o Espírito Santo para enraizar mais profundamente à filiação divina, incorporar mais a Cristo; solidificar a vinculação do crismado com a Igreja, dar testemunho da fé cristã pela palavra e fazer boas obras. A missão do Cristão, em Raymundo, tomava forma, ele chorava de emoção, dentro dele o coração batia forte impulsionado pelo Espírito Santo.

VIII. O carneirinho

Uma bela surpresa teve Raymundo quando Hilário e Madalena, seus padrinhos de batismo, o chamaram a comparecer em outra fazenda, do outro lado de Capela Nova, para receber um presente. Lá foi o menino Raymundo com o ajudante Mundinho, era seu xará, buscar o presente... um lindo carneirinho. Ele carregou nos braços o pequeno carneirinho, até o sítio de seus pais.

---

[157] Maria de Assis Pereira, Conselheiro Lafaiete-MG , 18 de abril de 2017; EPEO.
[158] Idem.

—————— O nascimento para o mundo ——————

Foto: Menino e Carneiro[159], gravura adquirida por Dom Raymundo Cardeal Damasceno Assis no aeroporto de Jamaica.

Raymundo tinha atenção especial pelo seu carneirinho, cuidava dele com muito carinho. Tratado como um bichinho de estimação, o animalzinho foi crescendo, "ficou um carneirinho muito caseiro, travesso; às vezes entrava na casa, jogava os sacos de milho no chão, assustava as pessoas, ficou mesmo um animal doméstico, esse carneirinho".[160] Um elo na corrente de amizade criou liga de aço, todos os dias, a alegria de Raymundo era cuidar de seu carneirinho. Como um bom pastor, mantinha seu carneirinho saudável, bonito e alegre. Dava água e comida diariamente, escovava a lã, cuidava dos cascos; deixava-o pastando ao ar livre e passeava com ele.

Cinco dias por semana, durante a parte da manhã, Raymundo ia com alguns de seus irmãos para a escola. Eles iam a pé pela estrada de terra. A escola era em um casarão, em Capela Nova. "Na casa de

---
[159] Foto: gravura de *J. Macdonald Henry*. APDRCDA, inédita.
[160] Dom Raymundo Cardeal Damasceno Assis, Aparecida-SP, 22 de março de 2017; EPEO.

dois andares, um sobrado particular, onde a sala da casa se transformava em uma escola."[161]Ali os alunos recebiam os primeiros ensinamentos de escrita, leitura e matemática. Nesse primário, Raymundo aprendeu "a métrica da tabuada: somar, multiplicar e dividir".[162] Era o primórdio de sua alfabetização, aprendia a ler e a escrever.

Quando Raymundo voltava da escola, ia correndo ver seu carneirinho. Brincavam. Ele tosquiava o carneiro na época certa e "vendia a lã na cidade, para dona Polônia, uma senhora de origem italiana, que tinha uma loja em Capela Nova. O carneirinho passou a ser uma peça chave na fazenda, tornou-se muito conhecido"[163], a criançada gostava de conviver com ele, especialmente, Raymundo, o seu dono. O carneirinho foi crescendo e os meninos "brincavam muito com ele de maneira que ele se acostumou a dar cabeçadas".[164]

O carneirinho, por causa de ser criado como um animal de estimação ficou muito travesso, em suas brincadeiras era normal que jogasse a pessoa no chão para lamber, como forma de carinho. O que passou a ser um problema, "porque quando chegava uma visita ele queria brincar com a visita e a jogava no chão para brincar"[165], o que nem sempre era compreendido e, às vezes, assustava um pouco. Por isso, tiveram de se desfazer do carneirinho, "venderam-no porque ele ficou agressivo"[166].

***

Em Capela Nova, algumas vezes a "escola" mudava de endereço, eram cinco classes que funcionavam de maneira combinada, algum tempo no sobrado do senhor Lafaiete e dona Assunção, onde a profes-

---

[161] Idem.
[162] Idem.
[163] Idem.
[164] Jairo Damasceno Assis, Conselheiro Lafaiete-MG, 17 de abril de 2017; EPEO.
[165] Dom Raymundo Cardeal Damasceno Assis, Aparecida-SP, 22 de março de 2017; EPEO.
[166] Jairo Damasceno Assis, Conselheiro Lafaiete-MG, 17 de abril de 2017; EPEO.

sora de Raymundo foi dona Júlia Marques de Miranda, esposa do Liberato, farmacêutico da cidade. Houve um tempo em que as aulas eram na residência do casal senhor Jair e dona Maria Martins; também na casa de dona Josina. Dona Ilda Pinto foi a última professora de Raymundo em Capela Nova. Essas classes tinham como diretor o inspetor escolar Antônio da Costa César[167] que mantinha a sentença de que: "Criança não ir à escola, aqui em Capela Nova, é pecado mortal"[168].

Foto: Escolas Reunidas[169], Capela Nova-MG, s/d.

Quando não estava na escola, Raymundo "ficava naquele mundo rural. Ajudava no que precisasse. Às vezes, acompanhava algum empregado

---

[167] 1894-1980. A Biblioteca da *Escola Estadual* de Capela Nova possui seu nome; é patrono da Cadeira que representa Capela Nova na *Academia Municipalista de Letras de Minas Gerais*.
[168] VICENTE, César José. *História de Capela Nova*; 1790-1990, p. 249.
[169] Foto: arquivo da Escola Estadual "Chiquinho de Paiva". SABINO, Claudia de Vilhena Schayer; DAMASCENO, Ana Maria. Artigo: *O Hino de Capela Nova – MG como ferramenta na Educação e Resgate da Cultura*. In site: *Revista Brasileira de Educação Básica*; acesso em 28 de março de 2017.

para plantar arroz, colher milho, levar milho para o moinho".[170] No sítio havia um moinho onde era feito o fubá, uma parte desse fubá era consumido pela família Damasceno/Assis e, a outra parte, era vendida na cidade, "para os de fora, também".[171] "O moinho era um pouco longe, tinha um açude a mais ou menos 1 km da casa, onde represava-se a água, de uma maneira que estivesse sempre cheio para tocar o moinho."[172] Garantindo, assim, a moagem do milho e a produção de fubá.

Foto: sítio Chácara[173], Capela Nova-MG; janeiro de 2018.

No sítio não havia eletricidade, "quando anoitecia, dormia-se à luz de lamparina"[174] abastecida com querosene; quando se levantavam, tão cedo, algumas vezes escuro ainda, era a luz da lamparina que clareava a casa. Acordavam com o cantar dos galos, o carcarejar das galinhas

---

[170] Dom Raymundo Cardeal Damasceno Assis, Aparecida-SP, 22 de janeiro de 2017; EPEO.
[171] Maria de Assis Pereira, Conselheiro Lafaiete-MG, 18 de abril de 2017; EPEO.
[172] Jairo Damasceno Assis, Conselheiro Lafaiete-MG, 17 de abril de 2017; EPEO.
[173] Foto: casa onde nasceu Dom Raymundo Cardeal Damasceno Assis. Crédito de *Rita Elisa Sêda*.
[174] Dom Raymundo Cardeal Damasceno Assis, Aparecida-SP, 22 de janeiro de 2017; EPEO.

O nascimento para o mundo

e o mugir das vacas. A casa despertava para o mundo; dona Carmen "cozinhava no fogão à lenha"[175], ajeitava as madeiras no fogão e acendia o fogo; arrumava a chaleira com água na trempe do fogão, colocava pó de café no coador de pano, enquanto os filhos se levantavam para um sagrado dia na Chácara. Na cozinha tinha, também, um forno para assar quitandas. "Não tinha água encanada dentro da casa."[176]

Ao lado da casa, no curral, podia-se ouvir o mugido das vacas que eram chamadas para a ordenha. Essa era a vida normal, levantar cedo, ao som da natureza. "Não havia energia elétrica"[177], por isso, não havia rádio, nem mesmo à pilha, muito menos televisão. Ir à escola, ajudar nos trabalhos no sítio, fazer tarefas, orar e dormir ao começo da noite, era a rotina da família. Senhor Francisco fez um curso de eletrotécnico por correspondência, "se interessava muito por conserto de rádio, pela eletricidade", mesmo que no sítio não tivesse rádio. Mas, na cidade já havia luz elétrica[178], gerada por uma usina da região, muito precária, produzia uma luz muito fraca. Senhor Francisco também era proprietário de um bar; "foi ele quem inaugurou o primeiro bar em Capela Nova".[179]

***

A família Damasceno/Assis era unida e trabalhadora. As crianças ajudavam os pais desde pequenos. Os irmãos sempre juntos nos afazeres do sítio. De vez em quando, havia alguma desavença por um quase nada; e senhor Francisco ficava bravo quando via os filhos brigando, não admitia; o mais velho era quem tinha de tomar conta, por isso, Jairo vez ou outra era repreendido.

---

[175] Maria de Assis Pereira, Conselheiro Lafaiete-MG, 18 de abril de 2017; EPEO.
[176] Idem.
[177] Idem.
[178] A instalação de luz elétrica em Capela Nova se deu no ano de 1939 e se realizou durante a noite, pois a usina não trabalhava de dia.
[179] Jairo Damasceno Assis, Conselheiro Lafaiete-MG, 17 de abril de 2017; EPEO.

Houve uma vez em que os meninos Jairo e Raymundo foram ao moinho buscar fubá e tinha uma caixa de marimbondos bem grande, à beira do caminho. Então, Jairo falou a Raymundo "para que ele fosse lá e batesse na caixa de marimbondos..."[180] Raymundo obedeceu, partiu a caixa de marimbondos ao meio. "Daí todo bando de marimbondos juntou em cima dele."[181] Jairo correu para ajudar, tirou muitos marimbondos do rosto do irmão Raymundo, "o rosto dele inchou tanto que ele quase morreu".[182]

Jairo era irmão mais velho, ele sonhava em ser carreiro de boi, "porque o carreiro ficava sentado no carro indo tocando os bois. Para a cantoria do carro, é preciso apertar o eixo e o carro vai cantando, só não pode cantar dentro da cidade, fora da cidade a gente deixava cantar bastante".[183] Era um sonho que pretendia realizar.

IX. Religiosidade

A vida no sítio era agradável, saudável e tranquila, mas havia um dia sagrado. Um dia em que, mesmo morando na região da Chácara, ouvia-se o badalar do sino da igreja chamando para a missa... era o dia de domingo. Eles estavam "acostumados com a Igreja, nunca perdiam a Missa de domingo".[184] Senhor Francisco, dona Carmen e seus filhos "vestiam-se um pouco melhor do que as roupas comuns do dia a dia"[185] para participarem da santa Missa. Era sagrado o domingo; no caminho da igreja tinha uma ponte muito fraca e que sempre enchia d'água"[186], por isso eles "iam descalços para a missa, atravessavam dentro d'água e, só quando chegavam à rua, na cidade, é que calçavam os sapatos"[187], para então... chegarem à praça da igreja.

---

[180] Idem.
[181] Idem.
[182] Idem.
[183] Idem.
[184] Maria de Assis Pereira, Conselheiro Lafaiete-MG, 18 de abril de 2017; EPEO.
[185] Dom Raymundo Cardeal Damasceno Assis, Aparecida-SP, 22 de janeiro de 2017; EPEO.
[186] Maria de Assis Pereira, Conselheiro Lafaiete-MG, 18 de abril de 2017; EPEO.
[187] Dom Raymundo Cardeal Damasceno Assis, 22 de janeiro de 2017; EPEO.

A família Damasceno/Assis, já com os calçados nos pés, seguia feliz em direção à igreja. Subia a grandiosa escadaria em forma de arco e entrava na igreja para participar da missa. Esse era um momento de intensa alegria para o menino Raymundo que, com os olhos atentos e ouvidos bem abertos, prestava atenção em tudo que o padre José Duarte de Souza Albuquerque falava. No altar, a imagem de Nossa Senhora das Dores era a mesma onde, de joelhos, dona Carmen pedira à Santa Mãe, que intercedesse a Deus com bênçãos pela vinda do filho.

Realmente, o amor de Deus invadiu a alma do menino Raymundo, sua maior alegria era estar na igreja, na missa. "Desde criança, Raymundo gostava muito de rezar."[188] O dia de domingo passou a ser o melhor dia da semana para ele. Contava as horas para estar diante do altar; escutar a homilia do padre era um verdadeiro contentamento. Entendia cada palavra, era como se elas ficassem impressas em seu coração que batia forte, radiante de alegria. A religiosidade familiar aquecia o coração de Raymundo com amor a Cristo e Nossa Senhora. A família unida "rezava em casa, também, o Terço".[189]

Com o tempo, aos domingos, todas as vezes que a família voltava para a casa depois da missa, o menino Raymundo, no caminho, subia em cima de um cupinzeiro, "ou do lugar mais alto que havia por lá"[190] e deixava-se levar pela alegria que invadia seu coração. Ele, tão pequeno ainda, tão menino, tornava-se tão grande, tão adulto, quando ali... em cima de um cupinzeiro, pregava à família. Raymundo reproduzia fielmente "o sermão do padre"[191]. Inebriado pela alegria de viver na alegria do Senhor. Seus pais e irmãos escutavam felizes em ver o quanto o pequeno Raymundo "pegou gosto pela religião".[192]

---

[188] Maria de Assis Pereira, Conselheiro Lafaiete-MG, 18 de abril de 2017; EPEO.
[189] Idem.
[190] Jairo Damasceno Assis, Conselheiro Lafaiete-MG, 17 de abril de 2017; EPEO.
[191] Idem.
[192] Dom Raymundo Cardeal Damasceno Assis, Aparecida-SP, 22 de janeiro de 2017; EPEO.

Foto: região da Chácara, um cupinzeiro à beira da estrada de terra que segue morro acima até Capela Nova[193] (à direita de quem olha de frente); janeiro de 2018.

A empatia pelo divino floresceu... o amor pela religião invadiu o coração de Raymundo que sentiu necessidade de dividir a alegria que tinha dentro de si. Por isso, muitas vezes, em sua casa, Raymundo convocava os familiares a participarem da sua encenação, em que "imitava a celebração da missa"[194], o que não era assim tão fácil por se tratar de Missa Tridentina[195]. "Ele gostava de celebrar a missa para a meninada na casa, e a comunhão era banana cortada."[196] Os seus pais e irmãos assistiam com atenção e carinho, pois eles viam o quanto Raymundo se identificava com a vida religiosa.

A família Damasceno/Assis aumentou com a chegada dos filhos: Levy Damasceno Assis, que nasceu no dia 30 de setembro de 1938, e de Ronaldo Damasceno Assis, que nasceu no dia 7 de janeiro de 1942; uma bênção para o casal Francisco e Carmen.

---

[193] Foto: crédito de *Rita Elisa Sêda*.
[194] Dom Raymundo Cardeal Damasceno Assis, Aparecida-SP, 22 de janeiro de 2017; EPEO.
[195] *Missa Tridentina* ou *Missa de São Pio V* é a liturgia da Missa do Rito Romano contida nas edições típicas do Missal Romano, que foram publicados de 1570-1962. Chama-se tridentina (gentílico de Trento, na Itália) porque é baseada em uma revisão do Missal Romano pedida pelo Concílio de Trento aos Papas, e aplicada pelo Papa São Pio V, em 1570.
[196] Maria de Assis Pereira, Conselheiro Lafaiete-MG, 18 de abril de 2017; EPEO.

X. Cidade

Francisco Solano de Assis e Carmen Damasceno de Assis decidiram que o tempo de permanência na Chácara havia chegado ao fim. Eles a venderam para o senhor Jaci de Paiva, também fazendeiro. A família mudou-se para a cidade. "Ali tiveram duas moradas, primeiro uma casinha e depois outra casa, na rua do Taquaral, creio que tinha esse nome porque era um lugar de muita taquara."[197] Era "uma casa com dois quartos, duas salas e uma cozinha bem grande".[198]

Senhor Francisco Solano continuou com o bar e, pôde também, exercer seu ofício de eletrotécnico, consertando aparelhos eletrônicos.

Foto: a segunda casa (onde tem, do lado de fora da casa, uma mulher se apoiando na janela) era a moradia do casal Francisco Solano Assis e Carmen Damasceno Assis[199], Capela Nova-MG, s/d.

A escola em Capela Nova era "Escola Reunida, não havia grupo escolar"[200], tudo muito precário. Mudavam sempre o lugar das aulas. Morar na cidade facilitou aos filhos do casal Francisco e Carmen o comparecimento às aulas.

---
[197] Dom Raymundo Cardeal Damasceno Assis, Aparecida-SP, 22 de março de 2017; EPEO.
[198] Jairo Damasceno Assis, Conselheiro Lafaiete-MG, 17 de abril de 2017; EPEO.
[199] Foto: Acervo de Hélio Damasceno, inédito.
[200] Maria de Assis Pereira, Conselheiro Lafaiete-MG, 18 de abril de 2017, EPEO.

XI. Coroinha

Para o menino Raymundo, morar na cidade foi uma alavanca para que participasse das atividades religiosas, missas, novenas, festas, catecismo. Foi com grande alegria que Raymundo aceitou o convite para ser coroinha. Levantava cedo para participar da missa que regularmente começava às 6h da manhã. Era bem cedo, "por causa dos operários que iam trabalhar e, antes, queriam ir à missa, que terminava antes das 7h, às 6h45, para que pudessem comparecer ao trabalho".[201] Estava em plena primavera de sentimentos religiosos, tudo era lindo, como um jardim que florescesse em seu coração.

O coroinha Raymundo Damasceno Assis participava de quase todas as missas na igreja Nossa Senhora das Dores, trajando batina preta e sobrepeliz branca. A missa Tridentina[202] era caracterizada, especialmente, pelo uso do latim, como língua litúrgica, e a posição do sacerdote, de costas para os fiéis. O acompanhamento litúrgico, por meio dos coroinhas era importantíssimo.

> Precedendo a principal missa de domingo, havia aspersão com água benta, *Asperges*, acompanhada do Salmo 51,3-9, sendo um rito penitencial em que o sacerdote exorcizava o sal e abençoava a água, em seguida, colocava o sal abençoado na água por três vezes, polvilhando-o na forma de uma cruz, enquanto dizia uma vez: "*Commixtio salis et aquæ pariter fiat in nomine Patris, et Filii et Spiritus Sancti*"[203]. Depois disso, o sacerdote, investido com uma capa de asperges da cor do dia, enquanto um coro de jovens entoava uma antífona e um versículo do Salmo 118; ou do Salmo 51,3-9, asperge com a água benta o altar três vezes e, em seguida, o clero e a assembleia. Esse rito precedia as orações ao pé do altar.

---

[201] Dom Raymundo Cardeal Damasceno Assis, Aparecida-SP, 22 de março de 2017; EPEO.

[202] Na Missa Tridentina havia o sacerdote, o sacristão (ou ajudante) e os coroinhas, que profeririam os textos da missa, exceto em alguns lugares, em que todos os fiéis presentes profeririam os textos destinados ao ajudante. Os assistentes da Missa Tridentina, muitas vezes, acompanham a cerimônia por meio de um livro que apresenta os textos litúrgicos com a respectiva tradução. Outras vezes, porém, os fiéis iam fazendo outras orações, tais como a reza do Terço. Alguns usavam o Missal Quotidiano dos Fiéis para acompanhar a missa.

[203] "Que essa mistura de sal e água agora seja feita em nome do Pai, do Filho, e do Espírito Santo."

A missa continuava assim, em *latim*, com a participação constante dos coroinhas. Dentre eles estava Raymundo. Como coroinha vestia a batina apropriada, ajudava sempre nas novenas, nas missas e procissões. "O Padre Duarte era muito bravo, nós os coroinhas tínhamos certo pavor dele, mas estávamos sempre ajudando. Ele era muito exigente, a gente saía correndo na missa à frente dele, para ele não dar um empurrão na gente."[204] Os coroinhas corriam para fazer cada um a sua parte, mas com muita disciplina e amizade, "eram parentes, primos, amigos, cada um ajudando o outro".[205]

Era importantíssimo que os coroinhas aprendessem toda a liturgia. Havia um grande treino para ser coroinha. Tinha um instrutor só para ensinar um grupo de meninos, treinando como deveriam fazer para servir na missa. O grupo treinava mesmo, decoravam as respostas em latim e passavam por teste para saber quem estava apto a ser coroinha; "saber quem seria escolhido e o teste era difícil"[206]. Raymundo ficou, mais ou menos, um mês decorando as frases em latim, uma das partes mais difíceis para ser decorada era: Orai, irmãos!... Quando o Padre se vira para a assembleia diz as duas primeiras palavras: «*Orate, fratres*"[207], em um tom elevado e então se vira novamente para o altar, enquanto termina a exortação em tom secreto: "*ut meum ac vestrum sacrificium acceptábile fiat apud Deum Patrem omnipoténtem*"[208]. Os coroinhas respondem com a oração denominada *Suscipiat*, em que unem suas intenções ao do sacerdote: "*Suscipiat Dominus sacrificium de manibus Tuis, ad laudem et gloriam Nominis sui, ad utilitatem quoque Nostram, totiusque Ecclesiae suae Sanctae*"[209], em seguida o padre secretamente responde: *Amém*.

---

[204] Dom Raymundo Damasceno Assis, Aparecida-SP, 22 de março de 2017; EPEO.

[205] Idem.

[206] Idem.

[207] "Orai Irmãos."

[208] "Para que o meu sacrifício e o vosso possa ser aceitável a Deus Pai todo-poderoso."

[209] "Aceite este sacrifício por meio de suas mãos, para louvor e glória do Seu nome, para nossa utilidade, e de toda a Sua Santa Igreja."

A cerimônia da missa era complexa até para o padre, "tinha o número de bênçãos que deveriam ser dadas, até a posição das mãos como deveriam ser colocadas, o ritual marcava tudo"[210]. Os coroinhas acompanhavam todo cerimonial, respondendo em latim, "às vezes nem sabiam o que diziam, tinham de bater a campainha; o padre posicionado de costa para os fiéis, quando levantava a Hóstia o coroinha pegava a casula dele." [211] Só a pregação era feita em português, no púlpito[212]. Ser coroinha era uma das realizações de Raymundo... "isso era a minha alegria, ser coroinha e participar da missa"[213].

XII. O sagrado

Ainda menino, Raymundo procurava pelo sagrado, crescia em seu coração, a cada missa, o sonho de tornar-se, quem sabe um dia... um sacerdote. Servir a Deus, ajudar na Igreja, trabalhar pelos mais necessitados. Cuidar das pessoas, como cuidou de seu carneirinho lá no sítio; visitar os mais necessitados, como fazia com sua madrinha Candinha, tão idosa e trabalhadeira. Quem sabe, até poderia ser um verdadeiro pastor... levar seu rebanho para verdes pastagens, onde a Palavra de Deus seria transmitida com alegria.

O sonho do menino Raymundo crescia a cada missa que participava, sendo projetado para além da fronteira humana, ultrapassando o limite do Ser; possuindo a dimensão do infinito, pairando no oceano das possibilidades, porque, perante Deus, o sonho é uma profecia que sempre acontece.

---

[210] Dom Raymundo Cardeal Damasceno Assis, Aparecida-SP, 22 de março de 2017; EPEO.

[211] Idem.

[212] Púlpito: lugar alto, de onde fala um orador; tribuna, estrado, tribuna geralmente elevada, situada lateralmente dentro de uma igreja, de onde o sacerdote faz o sermão aos fiéis. Em forma de balcão, ger. cilíndrica ou prismática, com corrimão para apoio, freq. coberta por uma cúpula que concentra a voz do orador, dirigindo-a para baixo; pode ser de madeira ou pedra e, nas catedrais e paróquias mais prósperas, costuma ser ricamente decorada.

[213] Dom Raymundo Cardeal Damasceno Assis, Aparecida-SP, 22 de março de 2017; EPEO.

Além das missas, Raymundo participava das festas religiosas em Capela Nova. Todas lhe davam sustento para o seu espírito que ansiava por mais conhecimento cristão. Em maio, mês de Maria, havia a coroação de Nossa Senhora, "geralmente feita por meninas"[214], vestidas de Anjos, cantavam e coroavam a Mãe do Céu.

No mês de junho, havia a cerimônia de reparação dos pecados cometidos contra o Sagrado Coração de Jesus, geralmente somente os meninos tomavam parte. Colocava-se na imagem de Jesus um grande coração cheio de espinhos e, um menino cantava enquanto retirava um espinho do Coração de Jesus. O menino Raymundo participava atento ao ato de reparação à honra divina, ultrajada por meio dos pecados da humanidade. "Muito significativo o ato da reparação"[215] pelos pecados cometidos contra o Sagrado Coração de Jesus. A espiritualidade pela reparação ao Coração de Jesus se fez presente em Raymundo, de uma maneira muito especial, potencializando sua religiosidade.

O dia da padroeira Nossa Senhora das Dores, em 15 de setembro do ano de 1946, um domingo, foi marcada por grandiosa festa religiosa. A presença do Excelentíssimo arcebispo metropolitano de Mariana, Dom Helvécio Gomes de Oliveira, abrilhantou a festa. Dentre a cerimônia litúrgica o arcebispo recebeu, no Sólio, os paramentos arquiepiscopais. "O Pontifical é das mais belas e impressionantes cerimônias do Culto Divino. É aí que se apresenta o Bispo aos fiéis em toda a majestade e grandeza do Sumo Sacerdote: *Sacerdos Magnus.*"[216]

Ao meio dia do dia 15 de setembro, aconteceram as bênçãos: da caixa de água, com capacidade para 50.000 litros; do chafariz da Praça da Matriz, de onde jorrou o precioso líquido; da nova casa paroquial e da estação rodoviária, pequena e simples. O progresso chegava até Capela Nova.

---

[214] Idem.
[215] Idem.
[216] VICENTE, César José. *História de Capela Nova*; 1790-1990, p. 116.

"Tinha um chafariz na Praça da igreja, onde todos podiam pegar água. E Raymundo tinha como obrigação ir buscá-la toda manhã",[217] para dona Carmen fazer almoço. Então, o que ele fazia: deixava a lata escondida e ia primeiro à missa. Só depois que ela acabava, ele levava a água para fazer almoço."[218] Para Raymundo, participar da missa era mais importante do que fazer suas obrigações familiares, muitas vezes, de manhã bem cedo, ao invés de desempenhar seu serviço de buscar água no chafariz da praça para abastecer a casa, "pois ainda não havia água nas casas"[219] de Capela Nova... Raymundo encontrava-se "dentro da igreja ajudando na missa"[220], como coroinha. O servir a Deus era mais forte do que a tarefa humana.

Todo fim de tarde, naquele distrito de Capela Nova das Dores, era de praxe as famílias rezarem o Terço.

> "Quando terminava o trabalho, os pequenos trabalhadores da cidade, da agricultura, era costume o povo sentar-se na soleira da porta, juntar as famílias ali, as crianças brincando muitas vezes numa praça, e os adultos; depois de rezarem o Terço, iam conversar sobre os fatos do dia, antes de dormir; contavam histórias e estórias."[221]

Durante aqueles anos na cidade, aquela fonte de amor a Cristo que brotou em Raymundo, quando ainda morava na Chácara, tornou-se um rio de águas cristalinas, típica de uma nascente no alto da montanha, que desce sinuosa, abrindo caminho, até chegar ao vale da esperança. Seu desejo maior era o de ser sacerdote, tinha ciência dessa vontade que, aos poucos, foi tomando lugar em seu coração. Um desejo lento, silencioso e, ao mesmo tempo, intenso. Raymundo abriu espaço em seu

---

[217] Maria de Assis Pereira, Conselheiro Lafaiete-MG, 18 de abril de 2017; EPEO.
[218] Idem.
[219] Dom Raymundo Cardeal Damasceno Assis, Aparecida-SP, 22 de março de 2017; EPEO.
[220] Idem.
[221] Dom Raymundo Cardeal Damasceno Assis. In: Entrevista adjunta a Dom Cláudio, Aparecida, 2016.

coração para acolher o mistério divino, o terreno das bem-aventuranças ficou preparado para quando necessária a grande revelação da fé em Cristo. A Fé que toca o solo estéril e o torna rico, sem precedentes, sem tempo marcado pelo calendário humano.

A família Damasceno/Assis cresceu com a vinda de Vera Lúcia de Assis, que nasceu no dia 25 de maio de 1945 e de Carmen de Assis, cujo nascimento foi no dia 5 de outubro de 1948. Raymundo estava, então, com oito irmãos. Uma alegria para o casal Francisco e Carmen, ver a família unida nas orações, nos serviços e nas atividades escolares. A escola era muito importante para Raymundo, "de 1945 até meados de 1947, ele frequentou a escola primária de Capela Nova".[222]

XIII. O chamado

Naquele dia, durante a aula de catequese preparatória à Primeira Comunhão, o coroinha Raymundo Damasceno Assis estava presente, quando o espanhol recrutador[223] Irmão marista Anselmo Pio, à frente da classe, falou a respeito da Congregação Marista e perguntou aos catequizandos: "Vim à procura de novas vocações para o Juvenato Marista. Quem quer ir comigo?"[224] Sem pensar duas vezes, o menino Raymundo, que já estava vivendo "todo esse clima de coroinha, de participação

---

[222] *O Inesperado*. Ano LIX, N. 22, p. 1. Jornal: APDRCDA.

[223] Os futuros juvenistas eram recrutados tanto de Minas Gerais, como do Espírito Santo. Os Irmãos encarregados de fazer isso eram apelidados de *recrutadores*. "O mais antigo que conheci, foi o Ir. Frumêncio que ia tanto para o estado do Espírito Santo, como para Paraná e Santa Catarina. Os de Minas e Espírito Santo iam para Mendes. Os do Paraná e de Santa Catarina iam para o Juvenato de Curitiba-PR. O Ir. Exuperâncio também andou fazendo o recrutamento em São Paulo, Paraná e Santa Catarina. Mais tarde, esses Irmãos tornaram-se também promotores vocacionais, trazendo para a vida marista parentes e outros jovens. Posso citar meu Irmão Helvídio Loss que me conduziu (Ir. Roque Loss) para a vida marista em 1948, assim como meu outro Irmão Nilo Loss. Conheci também como recrutadores os Irmãos Anselmo Pio, Geraldo Macedo, Paulo Portugal, Sulpício José e, eu... e mais alguns esporadicamente. Esse trabalho, iniciou-se em 1903, quando o primeiro Irmão Marista, José Antonio Batalha, aluno do Colégio Diocesano de Uberaba, foi para Mendes iniciar a vida marista. Depoimento do Irmão Roque Plínio Loss, Marista, em maio de 2017. A/C do *CEM – Centro de Estudos Maristas*, Belo Horizonte-MG; EPEO.

[224] Dom Raymundo Cardeal Damasceno Assis, Aparecida-SP, 22 de março de 2017; EPEO.

na igreja, de catequese"[225], entusiasmou-se e, imediatamente, levantou a mão dizendo seu "Sim".

O Irmão marista olhou para o pequeno Raymundo, que tinha apenas 10 anos de idade, com poucas palavras explicou que "iria até Itabira procurar outro menino e quando voltasse passaria na estação de trem em Carandaí[226], dali a uma semana, e se Raymundo estivesse lá o levaria com ele, se não estivesse... não esperaria"[227]. Disse isso e seguiu viagem, provavelmente pensou: "ele é uma criança e certamente vai se esquecer". Ele podia levar Raymundo junto, mas não o levou; primeiro porque seria precipitado, pois Raymundo não saiu preparado para isso, "segundo ele deve ter pensado... esse é um impulso de criança, quem sabe daqui um ano ou dois, ele amadurece essa opção e eu passo aqui de novo e levo ele comigo".[228]

Quando o chamado, *Kaleo*[229], ao serviço do Senhor bate à porta do coração humano, se a porta for aberta, nada mais existirá além da alegria em servir ao Senhor. A alegria do Senhor Jesus toma conta de todos os espaços, no corpo, na mente e no espírito. O vocacionado sempre tem Nossa Senhora como intercessora, pois "no seguimento de Jesus ela viveu a simplicidade própria dos vocacionados plenamente conscientes de servirem o Senhor"[230] com alegria. Ela que humildemente despojou-se de si e disse o Sim... para tornar-se Mãe do Filho do Altíssimo; sem medo, entregando-se a Deus em um amor totalmente puro, plasmado pelo Espírito Santo. Nossa Senhora da Expectação do Parto, que há tantos anos é ícone à família Damasceno/Assis, certamente iluminava os desígnios do menino Raymundo que aten-

---

[225] Idem.

[226] Carandaí é um município brasileiro do estado de Minas Gerais. Conhecido como o Celeiro de Minas Gerais, o município é o maior horticultor de Minas Gerais e está a 1057 metros acima do nível do mar.

[227] Dom Raymundo Cardeal Damasceno Assis Aparecida-SP, 22 de março de 2017; EPEO.

[228] Idem.

[229] *Kaleo* é um vocábulo grego (καλεω) encontrado mais de cem vezes no Novo Testamento e quer dizer "chamar" ou "chamado".

[230] *Quando a Vocação se torna Profissão*. Pe. Antonio Clayton Sant'Anna, C.Ss.R, 21 de Agosto de 2015 às 17h39. In: site *A12*; acesso em 27 de março de 2017.

deu ao chamado em seu coração quando levantou a mão e disse: "EU VOU!"

Ao ouvir o chamado, Raymundo certamente escutou o que era inaudível à maioria dos meninos naquela catequese, o Amor a Cristo que ressoou em seu coração. Quem assim escuta quer ouvir mais, pois é fonte de seu desejo "que entra em contato com seu coração"[231], e Raymundo soube responder com alegria, na força de uma nascente que deseja tornar-se mar.

Chegando a casa, Raymundo contou aos seus pais a sua decisão de ir com o Irmão marista para integrar-se à congregação, no estado do Rio de Janeiro. Senhor Francisco e dona Carmen, provavelmente, pensaram que era um ímpeto de criança; Raymundo certamente mudaria de ideia, por isso, ficaram quietos a respeito, na esperança de que o menino se esquecesse do compromisso.

Mesmo criança, Raymundo sabia que a sua vocação era a de servir a Cristo. Por esse motivo, encontrou naquela oportunidade uma maneira de viver o *chamado* de Deus com alegria. Jesus, no Novo Testamento, chama-nos para a salvação (2Pd 1,10), para a liberdade (Gl 5,13), para sermos de Jesus Cristo (Rm 16), para a ceia das bodas do Cordeiro (Ap 19,9). Ele ensina que somos todos chamados segundo o Seu propósito (Rm 8,28), encoraja-nos a permanecer firme no chamado (1Cor 7,20) e a mantermos dignidade na vocação (Ef 4,1). Mais ainda, incentiva-nos a viver nossa vocação junto com outros que, também, foram chamados a Cristo (Ef 4,4). Esses ensinamentos cresceram rápidos em solo fértil do coração de Raymundo que, com poucos anos de vida, já se tornaram árvores que precisavam ser adubadas, regadas, cuidadas com carinho para desenvolverem, florescerem e frutificarem, no tempo certo.

---

[231] GRÜN, Anselm. *Seja fiel aos seus sonhos*, p. 55.

XIV. A hora

O tempo certo de Deus nem sempre é o mesmo apropriado aos humanos. Para os pais de Raymundo, ainda não deveria ser o tempo de o filho ir para longe de casa; para Raymundo o tempo era aquele, o agora; porém Deus é atemporal... já havia plasmado na alma de Raymundo a vocação de seguir o caminho de Cristo.

Então, depois de uma semana na expectativa da partida, à noite, Raymundo precisava dormir, acomodou-se na cama, em cima do colchão de palha, ajeitou o "travesseiro feito com painas de taboa"[232], recostou-se e dormiu na esperança de um novo dia.

Acordou de madrugada, "ele arrumou a mala para partir"[233] pegou algumas das poucas roupas e as colocou dentro de uma sacola de pano, tipo embornal... à noite lhe veio aquela emoção, preparando a sacola de roupas para ir embora. Os pais dormindo, pois pensavam que a ida do filho não seria real, que era algo imaginário, que ele não levantaria de manhã... "creio que imaginavam tudo isso".[234]

O menino Raymundo estava decidido, havia nele uma certeza espiritual que é moldada à alma que se reveste de amor a Cristo; ele foi até os pais e disse: "tenho de ir embora, prometi ao Irmão que eu ia embora, vou encontrar com ele no trem". Senhor Francisco e dona Carmen não sabiam nem como reagir, eles ficaram muito surpresos, mesmo que há dias tivessem conversado a respeito, mas para eles era apenas uma conversa de criança, tudo ia passar, dali a pouco a criança nem ia querer mais...

Senhor Francisco ficou admirado em ver o filho ali, "firme, dizendo que ia ao compromisso"[235]; não queria que Raymundo fosse embora, "porque ele estava muito novo para sair de casa".[236] No entendimento de

---

[232] Dom Raymundo Cardeal Damasceno Assis, Aparecida-SP, 22 de março de 2017; EPEO.
[233] Maria de Assis Pereira, Conselheiro Lafaiete-MG, 18 de abril de 2017; EPEO.
[234] Dom Raymundo Cardeal Damasceno Assis, Aparecida-SP, 22 de março de 2017; EPEO.
[235] Idem.
[236] Maria de Assis Pereira, Conselheiro Lafaiete-MG, 18 de abril de 2017; EPEO.

― O nascimento para o mundo ―

Francisco, o filho deveria esperar, pelo menos, mais dois anos para saber se essa era mesmo sua vocação. A família ficava escassa; dos seis filhos, três já não ficavam mais em casa: a Marizita estudava em Conselheiro Lafaiete no Colégio Nossa Senhora de Nazaré; Antônio falecera; Jairo não morava mais na casa, "com 12 anos foi para o Seminário do Verbo Divino, em Antônio Carlos".[237] E, pelo jeito, a família ia ficar sem Raymundo, também!

Senhor Francisco e dona Carmen viram a determinação do filho Raymundo em partir com o Irmão marista; ficaram meio sem jeito, mas aceitaram a decisão. Raymundo notou que foi uma decisão simples e impetuosa, sem controle... nem de seus pais, nem dele. "Não é normal uma criança tomar uma decisão dessa, ainda mais morando em uma cidadezinha pequena, longe das cidades maiores, não conhecia nem mesmo um trem, o trem passava longe dali."[238] O chamado era maior do que os receios da vida nova, a vocação urgia no coração de Raymundo. "A estrada de ferro ficava longe, era em Carandaí"[239]; porém, isso não era um obstáculo à decisão de quem atendia a um chamado de Cristo.

Foto: Ônibus tipo jardineira[240], Capela Nova-MG, década de 1940.

---
[237] Jairo Damasceno Assis, Conselheiro Lafaiete-MG, 17 de abril de 2017; EPEO.
[238] Dom Raymundo Cardeal Damasceno Assis, Aparecida-SP, 22 de março de 2017; EPEO.
[239] Maria de Assis Pereira, Conselheiro Lafaiete-MG, 18 de abril de 2017; EPEO.
[240] Foto: Acervo de Hélio Damasceno, inédito.

Os pais levaram Raymundo até a jardineira e recomendaram ao Chiquinho, dono da jardineira: "Olha, você leva meu filho até a estação ferroviária em Carandaí e, se o Irmão marista aparecer, você entrega o menino; mas se ele não aparecer você volta com ele para trás, à noite".[241] Despediram-se e Raymundo embarcou no ônibus. "Então ele teve de ir de ônibus até Carandaí para pegar o trem."[242] Chegando a Carandaí, o senhor Chiquinho levou Raymundo para a casa dele que era perto da estação ferroviária e deu almoço para ele. Depois eles foram para a Estação Ferroviária[243]... "ele ficou comigo esperando, e eu lá sentado, aguardando o trem chegar, sem saber se o Irmão marista viria mesmo no trem".[244]

Foto: estação de parada de trem Carandaí-MG[245], janeiro de 2018.

Eis que surge o trem e faz uma parada; quando a porta abriu, o Irmão marista apareceu, com guarda-pó branco por cima da batina (por causa da

---
[241] Dom Raymundo Cardeal Damasceno Assis, Aparecida-SP, 22 de março de 2017; EPEO.
[242] Maria de Assis Pereira, Conselheiro Lafaiete-MG, 18 de abril de 2017; EPEO.
[243] A estação ferroviária de Carandaí foi inaugurada em 1881.
[244] Dom Raymundo Cardeal Damasceno Assis, Aparecida-SP, 22 de março de 2017; EPEO.
[245] Foto: crédito de *Rita Elisa Sêda*.

sujeira que a fumaça causa dentro do trem), pegou Raymundo pela mão, puxou-o para dentro do vagão e fechou a porta. Raymundo partiu para novas paragens..."Era a vontade dele, arrumou tudo e foi".[246] Enquanto o motorista Chiquinho voltava para sua casa, Raymundo Damasceno Assis seguia viagem para o Rio de Janeiro. "Era por volta das 14h, duas horas da tarde; "[247] e chegaram a Mendes quase à meia-noite. Atendendo ao chamado em seu coração, o menino Raymundo chegou com expectativa de se colocar a serviço de Deus. Seu sonho era o de, depois dos votos, celebrar missas... e ter um rebanho de carneirinhos para cuidar.

***

Curiosidades

– Muito antes do capela-novense, padre José Duarte, ser pároco em Capela Nova das Dores, ele participava ativamente dos empreendimentos em favor ao progresso e da emancipação política de sua terra natal. Em 1934, padre Duarte e o senhor Antônio da Costa César assumiram a direção da Empresa Força e Luz, para que Capela Nova não ficasse privada de iluminação elétrica. (In: *História de Capela Nova*, p. 111)
– Em 1939, sexta-feira do Domingo da Paixão, antes de Ramos, era consagrada às Sete Dores de Nossa Senhora, no antigo calendário litúrgico. (In: *História de Capela Nova*, p. 106)
– Em 1939, em menos de seis meses, padre José Duarte preparou a Capela Nova das Dores, tornando-a apta a receber o senhor arcebispo metropolitano de Mariana. (In: *História de Capela Nova*, p. 109)
– O único automóvel existente em Capela Nova das Dores, em 1939, era o do Senhor Romildo Gomes. (In: *História de Capela Nova*, p. 110)

---

[246] Maria de Assis Pereira, Conselheiro Lafaiete-MG, 18 de abril de 2017; EPEO.
[247] Dom Raymundo Cardeal Damasceno Assis, Aparecida-SP, 22 de março de 2017; EPEO.

Viver na alegria do Senhor

– Também em 1939, coroinhas acompanhavam a missa na igreja Nossa Senhora das Dores, de Capela Nova, onde celebrava Dom Helvécio Gomes de Oliveira, arcebispo de Mariana, e havia mais oito sacerdotes presentes. Um deles era encarregado de manter-se continuamente com uma almofada à mão, sempre de prontidão para colocá-la no chão onde quer que o senhor prelado fosse dobrar o joelho. (In: *História de Capela Nova*, p. 109)

– Em setembro de 1941, a festa da Padroeira foi abrilhantada pela presença de 12 sacerdotes, inclusive quatro deles eram capela-novenses: padre José Antônio Henriques; padre Rodolfo Henriques dos Reis; padre Geraldo Majela Pereira; padre José Duarte. (In: *História de Capela Nova*, p. 112)

– O antigo necrotério era atrás da Matriz. Ele ficou pequeno e condenado pela saúde pública, por causa do mau cheiro, principalmente em dias de calor. Em 1941, foi murado um terreno afastado do centro urbano e monsenhor Alípio Odier de Oliveira benzeu a pedra fundamental da capela a ser ali construída, dedicada a Nossa Senhora do Carmo. (In: *História de Capela Nova*, p. 113)

– A festa da Padroeira de Capela Nova, em 1946, teve início no sábado à noite, dia 7 de setembro, com ladainha e levantamento de mastro, ao som festivo dos sinos e da queima de fogos; com música e dança de Congo, pelos dançantes de Nossa Senhora da Glória de Caranaíba. (In: *História de Capela Nova*, p. 115)

***

3

JUVENATO SÃO JOSÉ

I. São Marcelino Champagnat

"Virgem Santíssima, minha Mãe, aqui fui enviado para fazer o bem. Mas bem sabeis que nada posso sem a assistência de vosso divino Filho e a vossa. Eis por que vos peço que me ajudeis, ou, melhor, que tudo façais por mim."
(São Marcelino Champagnat)

Para entendermos a ordem religiosa dos Maristas é preciso conhecer um pouco da vida de São Marcelino Champagnat, que nasceu em Marlhes - França, no dia 20 de maio de 1789, em plena Revolução Francesa. Sua mãe, Maria Teresa Chirat era doméstica e se dedicava à educação dos filhos: alfabetização e ensino religioso. Ela os doutrinava a amar Jesus e Maria; diariamente rezava o terço em família, anualmente levava os filhos ao santuário marial de Puy[248]. Foi nos braços dela que Marcelino aprendeu a pronunciar os nomes de Jesus e Maria[249]. Maria Teresa tinha afeição especial pelo pequeno Marcelino, vá-

---

[248] O culto no Santuário de Nossa Senhora começou antes da era cristã, por uma pedra milagrosa que existia no alto de um morro, que na construção da igreja foi colocada diante do altar-mor. No decorrer dos séculos, os peregrinos rezavam diante da pedra e queriam sentar-se, ou mesmo, deitar-se sobre ela, procurando a cura das mais variadas doenças, por isso ela foi colocada, em 1784, na porta principal do Santuário. O atual santuário é uma basílica romana do século XII, e a imagem milagrosa está no altar-mor, sendo muito venerada. Como Puy era a cidade mais próxima da montanha onde foi construído o santuário, deram a Nossa Senhora o título de Nossa Senhora de Puy. In: site *Maria Mãe da Igreja*; acesso em 15 de março de 2017.
[249] HÜTTNE, Édison. *São Marcelino Champagnat: dos Braços ao Coração de Maria*, p. 14.

rias vezes, ao aproximar-se do berço em que ele dormia, "ela percebeu uma chama luminosa que parecia sair-lhes do peito e, após rodear-lhe a cabeça, elevava-se e se espalhava pelo quarto".[250] João Batista Champagnat, pai de Marcelino, era agricultor e comerciante, foi ele quem ajudou Marcelino a ter senso das responsabilidades e abertura às novas ideias.

O jovem Marcelino passava muitas horas cuidando do rebanho, nos verdes campos de Marlhes. Nessa época, o professor sulpiciano[251], padre Jean-Jacques Caltral, recrutava jovens inteligentes interessados à vida sacerdotal e visitou a família Champagnat para saber se algum dos meninos queria ser seminarista; o filho mais velho disse que não e Marcelino disse que sim. Porém, não era um bom estudante. Aprendeu a ler e escrever depois de muitas dificuldades, por falta de professores competentes. Aos 15 anos de idade, ficou órfão de pai e, aos 16 anos de idade, entrou para o seminário de Verrières. Mas, a conselho do padre Périer, o jovem Marcelino desistiu de ser padre... devido ao seu péssimo desempenho nos estudos. Voltou para sua casa, abatido e triste. Sua mãe, com muita fé, peregrinou ao túmulo de São Francisco Régis em La Louvesc[252] , conseguindo a graça de Marcelino voltar para o seminário.

Ao terminar os estudos em Verrières, Champagnat foi enviado ao Seminário Maior de Santo Irineu de Lião, no dia 1º de novembro de 1813, dirigido pelos sulpicianos, para estudar teologia. Já não era mais um menino, tinha 24 anos de idade. Marcelino Champagnat foi ordenado sacerdote, junto com outros 52 companheiros, na catedral de Lião, em 22 de julho de 1816. No dia seguinte de suas ordenações, eles se consagraram a Maria, colocando seu projeto sob proteção mariana no

---

[250] FURET, Jean-Baptiste. *Vida de São Marcelino José Bento Champagnat*, p. 3.

[251] Os sulpicianos eram um grupo de sacerdotes que tinham a missão da direção espiritual dos sacerdotes. Foram fundados por Jean-Jacques Olier em 1642 devido a sua conversão, e por ter elaborado um método de formação espiritual para os sacerdotes. Denominavam-se sulpicianos porque fora no Seminário de São Sulpício que se originara o movimento de reforma dos sacerdotes. In: HÜTTNE, Édison. *São Marcelino Champagnat: dos Braços ao Coração de Maria*, p. 20.

[252] HÜTTNE, Édison. *São Marcelino Champagnat: dos Braços ao Coração de Maria*, p. 18.

Santuário de Nossa Senhora de Fourvière[253], começando assim, o projeto de fundação da *Sociedade de Maria*. Marcelino foi designado para missão sacerdotal em La Valla.

Depois de seis meses de sua chegada a La Valla [2 de janeiro de 1817], Marcelino, reuniu seus dois primeiros discípulos e fundaram a *Congregação dos Irmãozinhos de Maria*, ou *Irmãos Maristas*, que nasceu na pobreza e humildade, na total confiança em Deus, sob a proteção de Maria. Além de garantir seu ministério paroquial, formou seus Irmãos, preparando-os para a missão de mestres cristãos, de catequistas, de educadores dos jovens. Passou a viver com eles.[254]

Depois de 131 anos de fundação marista, o menino Raymundo Damasceno Assis, atendendo ao chamado para a vida religiosa, acompanhou o Irmão marista em uma longa viagem de trem, até o estado do Rio de Janeiro, onde desembarcaram no distrito de Mendes.

II. Mendes

No ano de 1948, quando Raymundo Damasceno Assis chegou ao Centro de Formação Marista, Mendes[255] ainda não era município, mas sim o quarto distrito que pertencia à cidade Barra do Piraí, os moradores dependiam das decisões dos políticos dessa cidade para qualquer melhoria. As ruas ainda não eram calçadas, quando chovia havia muita lama; pouca água tratada para abastecer o consumo nas residências, iluminação precária, raras casas comerciais etc. Mas havia muito ar puro, pois Mendes situa-se após a escarpa da Serra do Mar, na borda do planalto fluminense, rodeado de montanhas, dominado pelo verde, em uma área de florestas.

---

[253] In: site *Vaticano*; acesso em 12 de abril de 2017.

[254] Idem.

[255] Mendes está localizado no Centro-Sul do estado do Rio de Janeiro, distante a apenas 98 Km da capital, é terra de vales, montanhas e rios. Seus habitantes compõem o ambiente agradável e interiorano marcado por tradições e qualidade de vida.

A partir de 1951 começou uma campanha para que Mendes tivesse autonomia administrativa; a vontade do povo pegou força, inclusive, houve plebiscito que resultou em "sim" à emancipação. Um ano depois [11 de junho de 1952], o Governador Ernâni Amaral Peixoto promulgou a Lei n. 1.559, tornando Mendes município. Quando, então, começaram as melhorias na cidade. Nessa época, Raymundo Damasceno Assis já se encontrava em Mendes, lugar de clima agradável.

III. Centro de Formação Marista

Foi por causa do clima ameno e bastante agradável de Mendes, que normalmente estava em torno dos 19 graus e a umidade relativa do ar era de 80%, que os franceses idealizaram e fizeram um internato marista para jovens nessa região. Os Irmãos maristas buscavam tranquilidade para fugir da agitação da cidade do Rio de Janeiro, onde fundaram um colégio marista. Nessa procura, eles encontraram uma linda fazenda em Mendes, local apropriado para edificação do Centro de Formação Marista, junto à natureza e ar puro.[256] O nome original era Fazenda São José e, mais tarde, recebeu a denominação Fazenda São José das Paineiras[257]. Adquiriram a fazenda que foi vendida por seu antigo proprietário, senhor Antero Roxo, por volta de 1880, a fazenda pertenceu às Irmãs de Caridade (1880-1899) e à Mitra Arquidiocesana do Rio de Janeiro (1899-1903). Foi adquirida em 5 de abril de 1903, pelo Irmão Adorator, então Visitador, por 40 contos de réis, pagáveis em três anos. A compra foi autorizada pelo Irmão Teofânio Durand, superior geral do Instituto Marista, por meio de telegrama datado de 5 de maio de 1903, vindo de Saint-Genis-Laval.[258]

---

[256] Segundo a Organização das Nações Unidas para a Educação, a Ciência e a Cultura – Unesco, Mendes é considerado o quarto melhor clima do mundo.

[257] Também era muito conhecida, na região, sob a denominação "Fazenda dos Padres", na época em que a fazenda foi comprada pelos Irmãos Maristas.

[258] Informações cedidas pelo *CEM – Centro de Estudos Marista*, Belo Horizonte, Minas Gerais; em 8 de junho de 2017.

———————— Juvenato São José ————————

Foto: fazenda São José das Paineiras, antes de ser adquirida pelos Irmãos Maristas[259], Mendes-RJ, s/d.

A média da idade de ingresso no Centro de Formação Marista, no fim da década de 1940, era de 14 anos. Foram raros os casos de novatos com menor idade, fora da média, incluindo o menino Raymundo Damasceno Assis, que tinha apenas 10 anos de idade. Faz sentido que "os que ingressaram nas décadas de 1930 e 1940 fossem quase crianças. Nesse período a maior parte da população brasileira vivia na zona rural e, portanto, com maior dificuldade de acesso à educação e outros benefícios que eram oportunizados pelo ingresso numa congregação religiosa".[260]

Durante esse período de formação marista "os vocacionados cursavam as séries da educação básica e tinham aulas e atividades específicas da etapa, que incluíam, dentre outras: música, literatura, formação bíblico-teológica, liturgia, espiritualidade, retórica e conhecimento sobre o Instituto Marista e seu fundador, Marcelino Champagnat".[261]

---
[259] Foto: site *facebook Centro Marista São José das Paineiras*, acesso em 9 de junho de 2017.
[260] GUIMARÃES, Eder D´Artagnam Ferreira. *Desejo que todo mundo seja idoso – o processo de envelhecimento na vida religiosa Consagrada Marista*, p. 63.
[261] Ibidem.

Os Irmãos maristas, na década de 1940 e 1950, eram quase exclusivamente preparados para exercer o magistério nas escolas maristas; até 1960, todos os professores dos colégios maristas eram Irmãos. "Para essa geração, o exercício do magistério era inerente à missão do Irmão marista. Vale lembrar que o nome original da congregação é *Fréres Maristes de Écoles* (Irmãos Maristas nas Escolas)."[262]

IV. Novo lar

Logo nos seus primeiros dias no colégio marista, Raymundo Damasceno Assis conheceu as várias partes do prédio. O salão nobre era bem grande, usado para apresentações teatrais, em geral sobre a vida de São Marcelino. As salas de aulas eram arejadas e funcionais. A biblioteca era no fundo do salão de estudos, bem equipada com livros editados pelos próprios professores maristas, munida de enciclopédias, manuais para consultas e livros de leitura apropriados às várias faixas etárias. "Uma opção válida para o lazer era a leitura das obras de autores clássicos."[263]

Foto: salão de reuniões e de apresentações festivas, Casa de Formação Marista, Mendes-RJ, s/d.[264]

---
[262] Ibidem, p. 65.
[263] GIORDANO, Mario Gáspare. *Memórias de um Convento: Conquistas de uma Educação e Formação Maristas*, p. 90.
[264] Foto: acervo do *CEM – Centro de Estudos Marista*, Belo Horizonte-MG.

A área externa trazia o ar puro e o verde da floresta. Havia um campo gramado para futebol e um ginásio para exercícios físicos. "As modalidades esportivas principais eram: vôlei, futebol, 'bandeira'[265] e outras."[266] Os vocacionados tinham a liberdade de escolher em qual modalidade tomar parte; porém era obrigatório participar. A ociosidade não era aceita pelos Irmãos maristas e, para estimular os alunos, programavam campeonatos com premiação aos vitoriosos.

Para tratamento dentário, o Irmão Luiz Marcelino fez um curso prático e até improvisava obturações usando aparelhos bem simples. Havia uma enfermaria, onde o Irmão Veríssimo[267] era o enfermeiro. Tanto os Irmãos idosos e os doentes eram atendidos nessa enfermaria ou no hospital de Mendes ou Vassouras, assim como os juvenistas, postulantes e noviços.[268]

No entorno do colégio havia uma viçosa floresta. Logo de manhã o canto dos pássaros era como uma orquestra saudando o criador. O ar puro penetrava por todo colégio dando vitalidade a todos que ali moravam. O lugar era apreciado não apenas pelos maristas, mas pela população do entorno. Os Irmãos atendiam a comunidade local para as celebrações litúrgicas e, também, a pastoral catequética. Os maristas na Fazenda São José das Paineiras eram mantenedores de bons momentos de convivência, espiritualidade e lazer dos alunos e davam assistência espiritual aos que não moravam ali e surgiam para um conselho, oração, missa.

As normas educacionais dos maristas são baseadas no princípio da autoridade. Essa *autoridade* não tem conotação de despotismo. "É saber impor 'limites', quando necessário: 'liberdade com responsabilidade'."[269]

---

[265] A modalidade bandeira era muito concorrida. Querelas surgiam, raras e eventualmente, mas eram, de pronto, apaziguadas pelos superiores. In: GIORDANO, Mario Gáspare. *Memórias de um convento: conquistas de uma educação e formação maristas*, p. 90.

[266] GIORDANO, Mario Gáspare. *Memórias de um Convento: Conquistas de uma Educação e Formação Maristas*, p. 90.

[267] Alfredo Moretti, irmão do Irmão Maurício Moretti.

[268] Irmão Roque Plínio Loss, Irmão Marista, em maio de 2017. A/C do *CEM – Centro de Estudos Maristas*, Belo Horizonte-MG; EPEO.

[269] GIORDANO, Mario Gáspare. *Memórias de um Convento: Conquistas de uma Educação e Formação Maristas*, p. 69.

Regra que comandava diariamente as atividades no centro de formação marista, em Mendes, onde Raymundo foi acolhido para seu crescimento espiritual.

Foto: dormitório da Casa de Formação Marista, Mendes-RJ, década de 1950.[270]

Os alojamentos dos alunos eram grandes salões compostos de diversas camas com a mesma distância umas das outras. Raymundo Damasceno Assis recebeu seu lugar no dormitório junto aos demais internos juvenistas. Ao se deitarem para o repouso à noite, o silêncio era via de regra; proibida qualquer conversa entre eles. Se alguém desrespeitasse essa lei, o Irmão regente (dormia no quarto contíguo) aparecia para manter a ordem. Geralmente, não precisavam de uma intervenção do regente, os alunos tinham tantas atividades durante o dia que, depois de devidamente arrumados para o descanso da noite, "em cinco ou dez minutos todos estavam entregues a profundo sono reparador".[271]

---

[270] Foto: acervo, *CEM – Centro de Estudos Maristas*, Belo Horizonte-MG.
[271] GIORDANO, Mario Gáspare. *Memórias de um Convento: Conquistas de uma Educação e Formação Maristas*, p. 91.

V. Saudade

A rotina diária de Raymundo junto com os maristas era a de levantar cedo, dormir cedo e viver em comunidade. No dia a dia havia os afazeres matinais, preces e faxinas.[272] No começo tudo era novidade para o recém-chegado Raymundo Damasceno Assis que aprendeu a cumprir rigorosamente os horários. Exatamente às 4h30 os sinos repicaram anunciando o início de um novo dia... hora de Raymundo acordar. Junto com os colegas, tinha 20 minutos para a higiene pessoal e para colocar o dormitório em ordem, arrumar os lençóis, travesseiros e deixar o pijama pronto para a noite. Depois, os meninos seguiam para o oratório, para as preces próprias da congregação, com um tempo dedicado à meditação. Mais ou menos às 6h30 participavam da santa missa. Depois da missa era servida a primeira refeição do dia[273], café com leite (da própria fazenda) e pão fresquinho, fornecido por uma padaria próxima.

O isolamento no meio da Mata Atlântica e a disciplina rigorosa foram motivos para que a saudade chegasse cedo demais e pedisse retorno à casa paterna; Raymundo "quis voltar, mas ele não tinha dinheiro para a passagem de volta. Ele foi muito pequeno e não podia voltar, era muito longe, tinha que pegar trem para voltar".[274] Foi ficando, e nesse ficar, foi fazendo amigos.

> "Nos dois primeiros dias fiquei chorando para voltar para casa. Então os amigos chegavam e chamavam para jogar bola. Com alguns dias a gente se enturma, e o esporte, os estudos e a vida de comunidade foram ocupando o tempo e a saudade foi passando."[275]

---

[272] José Paulo Chinelate. *Memórias de um ex-seminarista. Ex-Juvenista Marista* (Mendes-Rj-1960 e 1961 – 1963 e 1964). In: site *Só queria entender*; acesso em 10 de abril de 2017.

[273] Em dias de festa tinha leite achocolatado e manteiga para passar no pão.

[274] Maria de Assis Pereira, Conselheiro Lafaiete-MG, 18 de abril de 2017; EPEO.

[275] Dom Raymundo Cardeal Damasceno Assis. In: *Cardeal Damasceno: A Providência sempre nos surpreende (1) Arcebispo de Aparecida narra a sua história*; 18 de novembro de 2010, por Alexandre Ribeiro. In: site *ZENIT O mundo visto de Roma*, acesso em 10 de abril de 2017.

Com apenas 10 anos de idade, Raymundo Damasceno Assis teve de superar seus limites emocionais, vencer a saudade que tinha dos pais, dos irmãos, da vida simples do campo, onde não existiam rigorosas regras! Havia resolvido que seria "padre" e, para isso, colocou-se a serviço do Senhor; aceitar a Cruz de Cristo era uma determinação em sua alma. Aguentaria a saudade. Com o passar dos dias "ele aprendeu a gostar de lá".[276]

Foto: a turma de juvenistas que ingressaram juntos no Centro de Estudos Maristas, Mendes-RJ, fim da década de 1940.[277] 3ª fila: Irmão Anselmo Pio; Raymundo Damasceno Assis, 1ª fila: 3º da esquerda para a direita.

VI. Juvenato

No começo do ano letivo de 1948, Raymundo Damasceno Assis foi matriculado no Primário do Juvenato Marista de Mendes. Era um internato de meninos, onde existiam "ótimos estudos, intensos, onde a vida se reduzia a estudos, esportes, trabalhos manuais e orações".[278] Para o controle dos alunos no Juvenato São José, as normas estabelecidas eram disciplinadas por meio do Irmão diretor e, também, do Irmão regente.

---
[276] Maria de Assis Pereira, Conselheiro Lafaiete-MG, 18 de abril de 2017; EPEO.
[277] Foto: APDRCDA, inédita.
[278] Dom Raymundo Cardeal Damasceno Assis, Aparecida-SP, em 22 de março de 2017; EPEO.

———— Juvenato São José ————

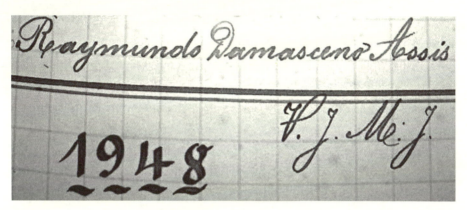

Foto: caderno de Registro de ingresso no Curso Primário, Seminário São José, Centro de Formação Marista, Mendes-RJ, 1948.[279]

"A legislação escolar daquela época dividia os períodos de estudos nas seguintes etapas; a) Primário: compreendia os primeiros anos escolares. Não havia maternal. b) Admissão: preparava o aluno para cursar os quatro anos do curso ginasial. Após os quatro anos ginasiais, o aluno passava para o científico que compreendia três séries. Terminadas as três séries do científico, os jovens Irmãos iam para um colégio e davam aulas; como ainda não tinham curso superior (Faculdade), continuavam vivendo os votos temporários durante seis anos, após os quais emitiam os votos perpétuos e faziam o vestibular para cursar a faculdade."[280]

Com o passar dos meses, Raymundo estava completamente inserido à rotina do colégio marista. Alguns dias da semana os alunos tinham trabalhos manuais; quando não havia essa atividade, as aulas começavam às 8h e terminavam por volta as 11h30. Logo depois do almoço, antes das aulas, existia o intervalo de uma hora para recreação; com jogos obrigatórios. Retornavam às aulas a partir das 14h, finalizando às 17h;

---
[279] Foto: acervo do *CEM – Centro de Estudos Maristas*, Belo Horizonte-MG.
[280] Irmão Roque Plínio Loss, Irmão Marista, em maio de 2017. A/C do *CEM – Centro de Estudos Maristas*, Belo Horizonte-MG; EPEO.

logo após acontecia o banho diário. Perto das 18h era servido o jantar e, então, tinha uma hora de atividade recreativa. Para finalizar o dia, as orações vespertinas eram às 20h e, às 21h todos deveriam estar acomodados em suas camas, para uma agradável noite de descanso. Esses horários eram flexíveis em dias de festa; porém nos dias normais eram obedecidos rigorosamente.[281] Essa passou a ser a rotina de Raymundo, um dia a dia muito diferente daqueles que vivia na Chácara, junto aos seus pais e irmãos. Só não era novidade para ele os horários de dormir e levantar, na casa de seus pais ele levantava bem cedo e dormia cedo, também.

> "Tanto no Primário como na Admissão, os jovens entre 10 a 14 anos, aprendiam e vivenciavam as práticas religiosas que consistiam na oração da manhã, missa, terço, oração e silêncio para meditar a oração. Aos domingos, havia missa cantada em canto gregoriano, como também em francês e latim. Juntando alunos do primário, admissão ao ginásio e ginásio, chegava-se a 150 jovens. A roupa era marcada com números."[282]

Uma das grandes novidades para Raymundo era a exigência nos estudos, a educação marista era reconhecida pela Secretaria de Educação do Estado do Rio de Janeiro, rígida em horários e tarefas; muito diferente da escola na sala da casa da professora em Capela Nova. As disciplinas eram: português, história, geografia, doutrina cristã, catecismo de Nossa Senhora, iniciação à história do Instituto Marista. No exame de Admissão as provas eram das mesmas matérias do primário, além do francês. Raymundo se dedicou, com gosto e persistência, aos estudos de todas as matérias.

Era dada muita importância e empenho no aprendizado e na prática do francês, e logo Raymundo começou a dominar esse idioma. Estudou

---

[281] GIORDANO, Mario Gáspare. *Memórias de um Convento: Conquistas de uma Educação e Formação Maristas*, p. 84.
[282] Irmão Roque Plínio Loss, Irmão Marista, maio de 2017. A/C do *CEM – Centro de Estudos Maristas*, Belo Horizonte - MG; EPEO. O número do Irmão Loss era 116.

e aprendeu com facilidade, tinha gosto pelo francês. Era regra geral que os alunos quando terminassem o 4º ano colegial devessem saber escrever corretamente e falar fluentemente o francês. Uma língua obrigatória, imposta pela congregação. Os que não levassem a sério, ou não conseguissem aprender o francês passavam por algumas penalidades, "castigo próprio para criança: privar de um recreio, de um momento de diversão, decorar uma poesia em francês, ou ler um texto em francês na hora do recreio".[283] Essa era a língua oficial dos maristas, base para leitura dos livros que, geralmente, vinham da França. Era uma necessidade básica para os internos no Juvenato São José. Por isso, ao longo do mês, uma semana eles só podiam falar francês e, na outra, voltavam ao português. "Quem se distraísse e falasse português, na semana de francês, recebia um toquinho chamado 'signon' (sinal). Aí devia procurar quem cometesse o mesmo erro e falasse português para poder passá-lo para frente. No final do dia, na hora que íamos para o refeitório comer bananas, quem estava com o *signon* tinha que ficar de pé e não comia. Se repetisse o erro ganhava umas linhas em francês para decorar, de frente para a parede, durante o tempo de recreio."[284] Esse era um castigo básico para os que se distraíssem falando outra língua que não a estipulada pela regra dos maristas. Para não ser punido, Raymundo estudou bastante o francês e, depois, tomou gosto pelo idioma.

Os professores viam o potencial de aprendizado do vocacionado Raymundo Damasceno Assis; um exemplo é o Irmão Egídio Luiz Setti que, anos depois, escreveu ao antigo aluno: "particularmente me alegro por tê--lo tido como dirigido, no Juvenato de Mendes, isso me dá muita alegria e honra".[285] Sabia que o jovem Raymundo baseava sua espiritualidade por meio da intercessão mariana: "por ter sido marista quando, certamente,

---

[283] Dom Raymundo Cardeal Damasceno Assis, Aparecida-SP, 22 de março de 2017, EPEO.
[284] Professor Manoel Martins Falqueto, ex-marista, juvenista de Mendes-RJ, na década de 1940. A/C do *CEM – Centro de Estudos Maristas*, Belo Horizonte-MG; EPEO.
[285] Carta de Irmão Egídio Luiz Setti, fms, a Dom Raymundo Cardeal Damasceno Assis, 29 de janeiro de 2004, São Paulo. Documento: APDRCDA, inédito.

hauriu aquela devoção à Virgem Maria, tão querida de São Marcelino Champagnat".[286] Raymundo vivia sob a proteção de Nossa Senhora, não era por acaso que sua primeira inserção ao aprimoramento religioso fosse sob o domínio dos maristas, que tanto cultivam o amor por Maria.

Outra novidade era a disciplina de educação física, ao ar livre, que era ministrada por um sargento do Exército Brasileiro. Uma rotina tão diferente da que Raymundo vivia em Capela Nova, aliás, tudo era novidade: as acomodações, as roupas, os estudos, as brincadeiras, os horários.

Foto: internos do Marista, em atividade de ginástica, Centro de Formação Marista, Mendes-RJ, s/d.[287]

VII. Jogos e teatro[288]

Depois do almoço, os alunos iam para o recreio onde se dividiam em grupos para os jogos; formavam três divisões: os maiores e os médios, que eram chamados de 'quadrados', e os pequenos, que eram de-

---
[286] Idem.
[287] Foto: acervo do *CEM – Centro de Estudos Marista*, Belo Horizonte-MG.
[288] Informações enviadas pelo professor Manoel Martins Falqueto, ex-Marista, juvenista de Mendes-RJ na década de 1940; maio de 2017. A/C do *CEM – Centro de Estudos Maristas*, Belo Horizonte-MG; EPEO.

nominados 'caranguejos'. Não havia uniforme específico, alguns usavam bermudas e, outros, usavam calças compridas. Sempre calçando sapatos e meias. Os juvenistas tinham ao dispor o jogo de salão "totó", futebol de mesa, que era uma das alegrias dos alunos. Eles se uniam no entorno da mesa para participarem com torcidas e na espera da vez de jogar.

Outro jogo que gostavam era o "bete"[289], que funcionava assim: dois grupos com um chefe de cada lado. Um grupo ficava na base e batia na bola com a raquete (taco) depois corria até a primeira base, podia percorrer todas até entrar novamente na base. O campo adversário tinha que atingir o corredor antes de tocar a base ou pegar a bola antes de cair no chão. No caso de acontecer uma das opções, os campos eram invertidos. O jogo de bola ao mastro, ou espirobol, era durante os recreios mais curtos. Também, havia o jogo da "bandeira" que consistia em dois campos: um procurava buscar a bandeira enquanto o outro tinha que o impedir. Os pontos da partida eram marcados pelo chefe, em uma tabuleta. Eles riam, corriam, sentiam-se felizes e cultivavam a união.

Foto: jogo de espirobol, Centro de Formação Marista, Mendes-RJ, década de 1950.[290]

---

[289] Jogo de taco, ou bete, como é conhecido, jogo extremamente popular no Brasil. É, inclusive, objeto de uma expressão muito comum no Paraná, "largar os betes", que significa desistir de algo.
[290] Foto: acervo do *CEM – Centro de Estudos Marista*, Belo Horizonte-MG.

A cultura artística era incentivada por meio do teatro. Como forma de aprimorar a educação dos internos, os Irmãos maristas escalavam alguns alunos para apresentar peças teatrais como operetas, comédias, dramas etc. O salão de festas era debaixo da capela primitiva, no bloco B. O figurino criado para as peças encenadas era rico em ornamentos, os juvenistas ensaiavam com alegria e disciplina.

Com muita satisfação o juvenista Raymundinho (jeito carinhoso como era chamado pelos professores e colegas) recebeu a visita de Francisco Solano Assis (1949); podendo então matar a saudade de seu pai e receber notícias de sua mãe e irmãos. Momento de grande apreço para o pai, o filho e o primo Geraldo; encontro que ficou marcado por meio de uma lente fotográfica, em que tem o registro de Raymundo sorrindo... vivendo na alegria do Senhor.

Foto: Raymundo Damasceno Assis, Francisco Solano Assis, Irmão Geraldo Damasceno (primo de Raymundo Damasceno); Centro de Formação Marista, Mendes-RJ; 1949.[291]

---

[291] Foto: APDRCDA.

VIII. Capela Sacratíssimo Coração Eucarístico de Jesus

O edifício para alojamento e as salas de aulas estavam em ampliação; havia muito espaço na fazenda para construção. Raymundo chegou bem na época em que estavam reformando o local, construindo a capela, arrumando o jardim, plantando e cuidando das árvores. As obrigações eram de acordo com a idade dos internos: alguns cuidavam da horta, outros colhiam frutas, regavam o jardim, transportavam as pedras para construir a gruta etc, Raymundo participava de todos os trabalhos, até mesmo no da construção da capela e da gruta.

Foto: capela do Sacratíssimo Coração de Jesus,
Centro de Formação Marista, Mendes-RJ, 1949.[292]

A capela do Sacratíssimo Coração de Jesus foi um marco da espiritualidade marista [1949], com vitrais que contam a história de São

---
[292] Foto: acervo do *CEM – Centro de Estudos Marista*, Belo Horizonte-MG.

Marcelino Champagnat. Para as missas havia necessidade de uma grande capela... com um belo altar.

> "O altar e a imagem de Maria estavam presentes no cotidiano dos primeiros discípulos de Champagnat. Era o compromisso dos primeiros discípulos de Champagnat, ter como lugar de meditação o Altar onde se vive o mistério da Eucaristia por meio da adoração do Santíssimo Sacramento, da celebração da Missa e da comunhão na presença de Maria que está em contínua sintonia."[293]

Quando a capela ficou pronta foi uma festa. Raymundo muito se alegrou em tomar parte da inauguração, pois era um marco de sua participação nos trabalhos, junto com seus colegas, para a bela construção. A primeira atividade na capela ficou a cargo de Dom Rodolfo das Mercês de Oliveira Penna[294], bispo de Valença-RJ, que presidiu a solenidade de inauguração e bênção do majestoso santuário dedicado ao Sagrado Coração Eucarístico de Jesus, no dia 30 de outubro de 1949. Dom José Coimbra[295], bispo de Barra do Piraí-RJ, presidiu a missa e cônego Medeiros Neto proferiu a homilia. Nesse mesmo ano (em 3 de dezembro), a capela[296] foi consagrada por Dom José Coimbra.[297]

---

[293] HÜTTNE, Édison. *São Marcelino Champagnat: dos braços ao coração de Maria*, p. 49, 50.

[294] Dom Rodolfo das Mêrces de Oliveira Pena nasceu aos 24 de setembro de 1890, na cidade mineira de Congonhas. Fez seus estudos primários em sua terra natal e depois ingressou no seminário de Mariana, fazendo lá seus estudos de filosofia e teologia. Foi ordenado sacerdote em 14 de abril de 1914, em Mariana. Exerceu seu ministério sacerdotal em várias paróquias da arquidiocese de Mariana.

[295] Dom José André Coimbra nasceu em Carbonita, no dia 10 de novembro de 1900 e faleceu em Araxá, no dia 16 de agosto de 1968; foi bispo católico brasileiro, o segundo bispo de Barra do Piraí-Volta Redonda-RJ e o primeiro bispo de Patos de Minas-MG.

[296] A Capela passou por reforma e restauração da pintura interna, em 1997. A reinauguração foi por ocasião da celebração do Centenário da Presença Marista no Brasil, em 15 de outubro de 1997, com a participação do Ir. Benito Arbués, então superior geral, de 300 Irmãos e de uma representação de leigos vindos de todas as províncias do Brasil. Informações cedidas pelo *CEM – Centro de Estudos Marista*, Belo Horizonte-MG; em 8 de junho de 2017.

[297] Informações cedidas pelo *CEM – Centro de Estudos Marista*, Belo Horizonte-MG; em 8 de junho de 2017.

Foto: placa de Inauguração da Capela do Sacratíssimo Coração de Jesus, Centro de Formação Marista, Mendes-RJ, 1949.[298]

Dados da placa de inauguração:
Irmão Mário Cristóvão – Superior Provincial
Eurico Tavares da Silva e Atílio Macário – Engenheiros
Paulo Kohl – Pintor
Geluídio Frazzoli – Decorador
Ernesto Magini – Vitralista[299]

Para o aprimoramento da espiritualidade Cristã dos internos, uma vez por ano existia um retiro, com pregação pelos padres redentoristas do Rio de Janeiro. Também, a participação nas procissões era momento sagrado para os Irmãos, padres, juvenistas, postulantes e noviços.

---

[298] Foto: acervo do *CEM – Centro de Estudos Marista*, Belo Horizonte-MG.
[299] Informações cedidas pelo *CEM – Centro de Estudos Marista*, Belo Horizonte-MG; em 8 de junho de 2017; EPEO.

IX. Curso Ginasial

No ano de 1950, o juvenista Raymundo passou no exame de Admissão com bom resultado. Ingressando, então, no Curso Ginasial.

As disciplinas do Curso Ginasial realizado por Raymundo Damasceno, no Ginásio São José, no período de 1950 a 1953, de acordo com o Livro de Registro do Ginásio[300]; turma única diurna, Curso Secundário, 1º Ciclo, foram:

– 1950 – 1ª Série: português, latim, francês, matemática, história geral, geografia geral, trabalhos manuais, desenho e canto orfeônico;

– 1951 – 2ª série: português, latim, francês, inglês, matemática, história geral, geografia geral, trabalhos manuais, desenho e canto orfeônico;

– 1952 – 3ª Série: português, latim, francês, inglês, matemática, ciências, história do Brasil, geografia do Brasil, desenho e canto orfeônico;

– 1953 – 4ª Série: português, latim, francês, inglês, matemática, ciências, história do Brasil, geografia do Brasil, desenho e canto orfeônico.[301]

Para incentivar o estudo, praticava-se a emulação, que consistia em dividir a turma em dois grupos. Essa divisão era realizada pela escolha de dois alunos que seriam os chefes. Esses, cada um por sua vez, escolhiam a sua equipe. A "guerra", como era denominada, consistia em perguntas para ver se a matéria foi bem aprendida. O chefe fazia uma pergunta a alguém da outra equipe; se esse acertava, podia fazer uma

---

[300] As Atas de 1950 vêm assinadas pelo secretário, irmão Crispim Edgard; Oriolando Bove, inspetor federal e Irmão Exuperância, diretor do estabelecimento. As Atas de 1951 – idem. As Atas de 1952 vêm assinadas pelo Secretário, Irmão Modesto Pedro; Oriolando Bove, inspetor federal e Irmão Exuperância, diretor do estabelecimento. As Atas de 1953 vêm assinadas pelo Secretário, Irmão Edgar Inácio; Oriolando Bove, inspetor federal e Irmão Exuperância, diretor do estabelecimento. In: *Livro de Registro das Atas das Provas Parciais*, Ginásio São José, Mendes-RJ, p. 6, verso a 33.

[301] Informações cedidas pelo *CEM – Centro de Estudos Marista*, Belo Horizonte-MG; em 8 de junho de 2017; EPEO.

pergunta a alguém da outra equipe. Quem errasse (foi "morto", como diziam), ia sentar-se. Assim, a equipe que derrubasse ("matasse") mais, vencia como a que sabia melhor a matéria.[302]

No fim de cada mês, todos os juvenistas recebiam um boletim com as notas de cada matéria. Havia julgamento do comportamento, disciplina, indicada nessa avaliação: *Ótimo, Muito Bom, Sofrível*. Quem recebesse dez ou nove era considerado bom aluno. A nota oito já era considerada como aprendizagem fraca ou indisciplina. Nota 7, então... era a pior. Isso tanto para as disciplinas estudadas como a avaliação do comportamento, aplicação e regência (disciplina). Os que tivessem os melhores resultados recebiam pequenos presentes ou o "passeio de bom comportamento", como um piquenique.[303] As maiores notas de Raymundo Damasceno Assis eram nas disciplinas de: português, latim, francês e inglês. Dominava os idiomas. No final do ano de 1953, o aluno Damasceno foi aprovado na 4ª série do Curso Ginasial Secundário. Mais uma vitória adquirida por meio de vida disciplinada.

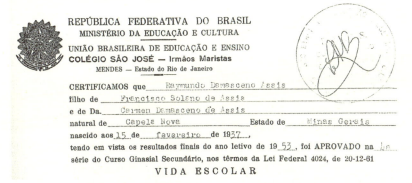

Foto: diploma de finalização do Curso Ginasial Secundário, Colégio São José, Centro de Formação Marista, Mendes-RJ, 1972.[304]

---
[302] Irmão Roque Plínio Loss, Marista, em maio de 2017. A/C do *CEM – Centro de Estudos Marista*, Belo Horizonte-MG; EPEO.
[303] Idem.
[304] Documento: APDRCDA, inédito.

X. Postulado e noviciado

Os que quisessem continuar sua experiência de vida marista eram admitidos no Postulado. Havia uma repartição para essa vivência no *Postulado* e também no *Noviciado*; presididos pelo Irmão mestre. "Acima de todos havia o comando do Irmão Provincial."[305]

O Postulado fazia-se junto à 4ª série ginasial. O vocacionado Raymundo Damasceno Assis, um dia depois do Natal de 1952, passou para a etapa do Postulado.[306] Momento de grande alegria para ele que a cada dia alimentava seu desejo de ser padre.

Disciplinas do 1º Trimestre – 1953: orações; catecismo; perfection; constituições; história do Instituto; história Sagrada; catecismo de Nossa Senhora.

Disciplinas do 2º Trimestre – 1953: orações; catecismo; perfection; constituições; regras comuns; história do Instituto; história Sagrada; catecismo de Nossa Senhora.

Quadro de disciplinas com notas a partir do 3º Trimestre:

Disciplinas do 3º Trimestre – 1953: orações: 10; catecismo: 9; perfection: 9; constituições: 9; regras comuns: 10; manual dos noviços: 9; história do Instituto: 10; história Sagrada: 8; catecismo de Nossa Senhora: 8.

Disciplinas do 4º Trimestre – 1953: orações: 7; catecismo: 10 ; perfection: 8; constituições: 9; regras comuns: 9; história do Instituto: 8; história Sagrada: 7; catecismo de Nossa Senhora: 10.

Como os postulantes e noviços tinham uma área própria para seus estudos, aulas, esportes, dormitórios e trabalhos, residiam em outra parte do prédio, ao lado do Juvenato. Participavam da missa pela manhã na mesma capela com os juvenistas, mas era só. Para as refeições e esportes usavam outros locais.[307]

---

[305] GIORDANO, Mario Gáspare. *Memórias de um Convento: Conquistas de uma Educação e Formação Marista*, p. 91.

[306] Dados retirados do Caderno de Notas – Hebdomadárias e Concursos – do Noviciado São José de Mendes. Informações cedidas pelo *CEM – Centro de Estudos Marista*, Belo Horizonte-MG.

[307] Informações cedidas pelo *CEM – Centro de Estudos Marista*, Belo Horizonte-MG; em 8 de junho de 2017.

Juvenato São José

Até a década de 1950, o colégio marista continuou com a formação que trouxera da França. O último diretor do Juvenato de Mendes foi o Irmão Clóvis Elias. A partir de 1953 houve a transição para um tipo de formação brasileira, sendo que o Irmão Egídio Setti, tornou-se o primeiro diretor brasileiro.[308]

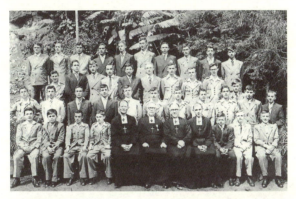

Foto: turma dos Postulantes, Casa de Formação Marista, Mendes-RJ, 1953.[309]

Última fila, da esquerda para a direita: Vital Darós, Januário Francisco Megale, Bernardino Custódio, Antônio Luiz da Costa, Floriano Tescarolo, Rafael Bertolin, Antonio Bruno da Silveira Sobrinho, Lindolfo Sebastião Marques, Silvério de Oliveira, Newton Carlos Grillo. Terceira fila: José Francisco de Medeiros, Salvador Borges de Andrade, Demóstenes Pio Fernandes, Luiz Gonzaga Moreira, Eloy Epiphanio Guerra, Paulo Tonini, Antonio Teixeira do Carmo, José Laudecy Teixeira, Mário Gáspare Giordano, Altino Dal-Ri, Aníbal Schiochet. Segunda fila: Paulo de Amorim Monteiro, Rafael Gonçalves Boaventura, Pedro Felício Zimmermann, Ariovaldo Antonio Afonso, Walter Tomáz, Carlos Avancini, Guilherme Hohl, Sér-

---
[308] Irmão Egídio Setti escolheu sua equipe para realizar essa transição para o "estilo brasileiro".
[309] Foto: APDRCDA, inédita.

gio Mesquita Lage, Cupertino Zandonade. Primeira fila: José Carlos Matilde dos Reis, Erley Odino Gusso, *Raymundo Damasceno Assis*, Pedro Leonir Prest, Irmão Egídio Luiz Setti[310], Irmão Aloysio[311], Irmão Marcos Severino[312], Irmão Ismael Antônio[313], José Rodrigues dos Santos, Cristiano Ferreira dos Santos, José Luiz Desordi. Obs: Irmão Marcos Severino, queria que o Raymundinho a todo custo fosse "Petit Fréré de Marie".

No final do Postulado, os alunos passavam para o Noviciado, que durava um ano. Começavam, nessa época, a usar batina. No final desse ano emitiam os primeiros votos e continuavam a formação em Curitiba-PR, onde estudavam os três anos do curso científico. Foi no dia 22 de dezembro de 1953, que Raymundo Damasceno Assis foi inserido ao Noviciado.[314]

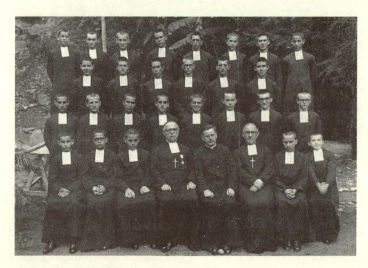

Foto: noviços do Noviciado São José, Centro de Formação Marista, Mendes-RJ, 1953.[315]

---

[310] Nascido em 1919.
[311] Primeiro Irmão francês que chegou ao Brasil em 1987, faleceu em 1959, com 80 anos de idade.
[312] Era o mestre de noviços, faleceu em 1982, com 82 anos de idade.
[313] Foi diretor do Juvenato Marista Curitiba, faleceu em 1967, aos 51 anos de idade.
[314] Informações cedidas pelo CEM – *Centro de Estudos Marista*, Belo Horizonte-MG; em 8 de junho de 2017.
[315] Foto: acervo do *CEM – Centro de Estudos Marista*, Belo Horizonte-MG.

No colégio marista de Mendes, no alto de um rochedo, em uma altitude de 692 m do nível do mar, local com maravilhosa paisagem, havia uma cruz de madeira. Depois de 20 anos[316] que ela esteve ali fixada foi substituída por uma cruz de concreto, no dia 15 de outubro de 1953. A cerimônia de inauguração da nova cruz foi presidida por Dom José Coimbra, bispo de Barra do Piraí e contou com a presença do prefeito de Barra, do padre Secondi, dominicano; do vigário de Mendes, capelão da comunidade e habitantes da casa.[317] Hastearam a bandeira do Brasil... cantaram o Hino Nacional, foi um dia de muita alegria. Dentre os internos estava presente Raymundo Damasceno Assis, que ali chegara com 10 e que contava, então, com 16 anos de idade. Tempo marcado para sempre em seu coração, ocasião em que recebeu as primeiras lições de educação para a vida religiosa que sonhava.

Foto: inauguração do Cruzeiro, Centro de Formação Marista, Mendes-RJ, 1953.[318]

---

[316] Em 14 de outubro de 1933 foi erigida uma grande cruz de madeira, medindo 4 m de altura no rochedo do Cruzeiro. O Irmão José Lourenço, com os mais fortes da turma dos postulantes e noviços, no ano de 1933, trabalharam na perfuração da rocha. Padre Antônio, capelão, com a assistência de toda a comunidade, benzeu a cruz construída com lenho da própria mata. Informações cedidas pelo Centro de Estudos Marista, CEM, Belo Horizonte, Minas Gerais; em 8 de junho de 2017
[317] Informações cedidas pelo *CEM – Centro de Estudos Marista*, Belo Horizonte-MG; em 8 de junho de 2017.
[318] Foto: acervo do CEM – *Centro de Estudos Marista*, Belo Horizonte-MG.

No mesmo dia da elevação da Cruz de concreto, no fim da tarde, *Hora do Ângelus*, houve a inauguração da gruta de Nossa Senhora de Lourdes, em uma encosta do pátio do então noviciado. A obra, um dos marcos da celebração do cinquentenário da fundação da casa, foi arquitetada e executada pelo Irmão Crispim Edgard[319] (Helvídio Loss).[320] Aconteceu a bênção seguida de terço, cântico, discursos, depois feéricos fogos de artifício.[321] Momento de grande emoção para o jovem Raymundo que se deixava guiar pela cruz de Cristo.

Dois meses depois, foi entronizado no jardim interno o monumento dedicado a Marcelino Champagnat, sendo que a inauguração foi presidida pelo bispo de Barra do Piraí, no dia 22 de dezembro de 1953. Além de várias comunidades da casa, uma centena de Irmãos, reunidos para o retiro provincial, participou da festa da inauguração. Esse Monumento é comemorativo do cinquentenário da chegada dos Irmãos no Brasil.[322] O jovem Raymundo ali estava de batina, ao lado de seus colegas, também noviços.

Foto: inauguração do Monumento a São Marcelino Champagnat,
Centro de Formação Marista, Mendes-RJ, 1953.[323]

---

[319] Irmão Crispim Edgard nasceu em 24 de abril de 1917, no lugarejo denominado S. Pedro, distrito de S. Júlia, no município de Santa Teresa, no Espírito Santo. Entrou para o Juvenato de Mendes, RJ, em 05 de março de 1929. Fez o Postulado aos 16 anos e entrou para o Noviciado, em 22 de dezembro de 1933. O Escolasticado foi realizado entre 1934 e 1936. Irmão Crispim Edgard era um homem de grandes prendas intelectuais. Bom músico, bom pintor, bom cenógrafo. Tocou na Banda Fraternelle desde 1936 até 1956, ora tocando pistão, ora clarineta e saxofone, ora dirigindo-a.
[320] Informações cedidas pelo *CEM – Centro de Estudos Marista*, Belo Horizonte-MG; em 8 de junho de 2017; EPEO.
[321] Idem.
[322] Narração que consta nos Anais de Mendes, de 1950 a 1979. Informações cedidas pelo *CEM – Centro de Estudos Marista*, Belo Horizonte-MG; em 8 de junho de 2017; EPEO.
[323] Foto: acervo do *CEM – Centro de Estudos Marista*, Belo Horizonte-MG.

XI. Férias e dias festivos

Para aqueles jovens juvenistas havia maior tempo livre nos feriados, ocasião em que eram organizados jogos e campeonatos. "Passeios pelos extensos recantos da Casa de Formação (antiga fazendo de plantio e cultivo de café) e pela periferia da cidade, com visitas às antigas casas coloniais, aos museus. Caminhadas por paisagens naturais eram outras opções."[324]

Em alguns feriados que tivessem temas sócio-cultural-religiosos mais expressivos, existiam sessões teatrais com apresentação de peças de renomados escritores, ou ainda, algumas clássicas peças musicais.

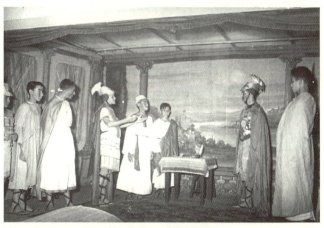

Foto: apresentação de melodrama romano pelos alunos do Colégio São José, Centro de Formação Marista, Mendes-RJ, s/d.[325]

Nas férias, os internos tinham um pouco mais de folga, evidentemente não havia as aulas regulares, mas eles aproveitavam o tempo para a leitura; então, o período das férias era um bom convite para ler.

---

[324] GIORDANO, Mario Gáspare. *Memórias de um Convento: Conquistas de uma Educação e Formação Maristas*, p. 90.
[325] Idem.

"Tinha uma biblioteca e os Irmãos sugeriam livros para leitura, sem aquela obrigação das aulas, livros em francês, inglês e português."[326] Não existia férias com saída para casa, durante esse período, os vocacionados ficavam no internato, fechados, sem poder ir para casa; participavam de atividades esportivas, passeios pela região e muita literatura. "Leitura obrigatória era a biografia do Venerável Padre Marcelino Champagnat."[327]

Alguns dos meninos que entravam no juvenato, "depois de algum tempo acordavam para outros sentimentos que não o do celibato e o da reclusão".[328] Quando chegavam a esse entendimento, eles conversavam com o reitor a respeito... e o reitor convidava os vocacionados a fazerem mais oração e mais reflexões. Dessa forma, eles acabavam permanecendo ainda o restante do ano em observação, deixando o tempo passar. "Ao final do período em nova conversa decidiriam, os dois, o melhor caminho a tomar."[329]

***

XII. A volta

> "(...) sorrio, não só com a boca, mas com a alma, com os olhos, com todo meu ser me ofereço para essa terra, cujo perfume sobe até mim, sentimentos bem diversos dos de outrora, mais sensíveis, mais perspicazes e experientes, porém mais calmos e mais agradecidos."[330]
>
> (Hermann Hesse)

---

[326] Dom Raymundo Cardeal Damasceno Assis, Aparecida-SP, 22 de março de 2017; EPEO.
[327] Irmão Roque Plinio Loss. In: artigo *Comemorando os 120 anos dos Maristas.*
[328] José Paulo Chinelate. *Memórias de um ex-seminarista. Ex-Juvenista Marista (Mendes-Rj-1960 e 1961 – 1963 e 1964).* In: site Só queria entender; acesso em 10 de maio de 2017.
[329] Idem.
[330] HESSE, Hermann. *Caminhada*, p. 21.

Os anos foram se passando e a maturidade desabrochou na alma de Raymundo; já não era mais aquela criança que aos 10 anos de idade, por meio de um singelo impulso, deu o "Sim", deixou sua terra natal, seu lar, seus pais, seus irmãos, para ir a um lugar desconhecido, com uma pessoa desconhecida... tendo em seu coração o chamado do conhecido DEUS. A força da juventude foi ganhando presença, o amadurecimento intelectual chegou rápido e a disciplina criou raiz em sua personalidade. Mas, o Deus conhecido era o mesmo, foi por Ele e com Ele que Raymundo conseguiu seguir em frente. Chegou criança e com os maristas tornou-se jovem. Ali ele superou a saudade, enfrentou os temores e praticou as novas regras de educação; enfrentando tudo e vencendo... sim... Raymundo "passou a gostar de lá".[331]

> "Na cidade fluminense de Mendes, Dom Damasceno completou os anos do Primário, frequentados no torrão natal, assim como seguiu e concluiu os estudos do antigo ginásio. Beneficiou-se neste período, 1948 – 1954, do sólido tirocínio proporcionado pelos exímios pedagogos Irmãos Maristas..."[332]

Nessa atmosfera em que o verde era presença marcante, em que os estudos dominavam as horas, em que as orações eram fermento para que o espírito crescesse em paz, Raymundo permanecia com seu sonho sacerdotal de celebrar missa, principalmente fazer homilias edificantes.

Porém, logo depois dos votos, Raymundo questionou a congregação marista a respeito da celebração eucarística e ficou ciente de que existe uma grande diferença entre ser Irmão e ser padre. Foi como se uma nova luz viesse iluminar e esclarecer seu interior sobre seus anseios vocacionais. O Irmão marista não pode celebrar missa. É outra sua missão, também

---

[331] Maria de Assis Pereira, Conselheiro Lafaiete-MG, 18 de abril de 2017; EPEO.
[332] ALEIXO, Padre José Carlos Brandi, SJ. *Discurso de Recepção do Acadêmico Padre José Carlos Brandi Aleixo*, p. 45.

muito digna: a educação leiga e religiosa. Ele não recebe o sacramento da Ordem. Esse é reservado ao sacerdote, cuja missão é anunciar o Evangelho, presidir a Eucaristia, absolver os pecados e ungir os doentes.

Raymundo pensou nos anos de comprometimento espiritual e físico que se dedicou no Centro de Formação Marista para poder um dia realizar seu sonho: *celebrar a Eucaristia do Senhor!...*consagrando o pão e o vinho. Era seu tratado de Amor a Cristo e a Nossa Senhora; seria mais simples terminar seus estudos e fazer os votos como Irmão marista. Sim, seria; porém sua alma ansiava pela celebração Eucarística. Aprendera muito naqueles anos no Juvenato, Postulado e Noviciado, foi forjado e confirmado para uma vida religiosa e, sabia que não era tão simples. A melhor parte vivia latente em seu coração, era a de que devia acreditar que seu sonho se realizaria, um dia seria sacerdote e celebraria missa; seria um pastor que buscaria os carneirinhos perdidos... que cuidaria dos carneiros feridos e os levaria pelo caminho santo do Senhor. Sua fidelidade ao primeiro Amor cobriu como um manto as dúvidas em ser Irmão marista ou sacerdote. Refletiu a respeito e concluiu que seu coração ansiava pelo sacerdócio e, para isso, teria de ir embora de Mendes.

O noviço Raymundo Damasceno Assis resolveu que era tempo de voltar para sua casa. Era mês de novembro, fim de ano letivo, havia se preparado para a despedida. Sua "família havia se mudado para Conselheiro Lafaiete[333], mas ele não sabia nem mesmo onde era a casa".[334] Não tinha receio em mudar o caminho, sabia que Deus, só Deus, dava sentido a sua vida. Não ia desistir de seu sonho.

Quando ele pediu para sair da congregação marista e voltar para a casa de seus pais, a sensação dele era a "de um menino que tinha conhecimentos, formação básica fundamental, benfeita; mas era ingênuo no meio do mundo. Nunca viveu fora, não tinha rádio, não tinha televisão, vivia em um ambiente com Irmãos que proviam tudo, acom-

---

[333] Antigo Campo Alegre dos Carijós. In: *História de Capela Nova*, p. 189.
[334] Maria de Assis Pereira, Conselheiro Lafaiete-MG, 18 de abril de 2017; EPEO.

panhavam os mínimos detalhes. Em uma vida regular, disciplinada, em um ambiente sadio, de esporte, estudo e oração, de convivência entre amigos..."[335] Seria natural viver ali, onde a religiosidade tinha um pouco de zona de conforto, quase isolado do mundo exterior, inserido às orações, educação, trabalhos e obediência. "Só quando ele tirou o ginásio é que ele voltou."[336]

A decisão de Raymundo de ir embora da congregação marista não agradou aos Irmãos; ele saiu de Mendes "de certo modo a contragosto dos superiores maristas",[337] atendendo ao chamado de seu coração para que seguisse a vocação sacerdotal. Ele era muito querido, sabiam do seu grande potencial. Para a congregação, perdê-lo deveria ser causa de decepção. Mesmo a contragosto, aceitaram a sua decisão.

Geralmente, "era de praxe não ter oportunidade para despedidas, para que não fosse motivo ou estímulo a outras deserções".[338] Por isso, Raymundo, em silêncio, quieto, arrumou suas poucas roupas em uma sacola; confiando, incondicionalmente, em Deus para a mudança da rota para atingir o caminho sonhado. Do mesmo jeito que partiu para Mendes, ele partiu de Mendes, com uma pequena sacola de roupas. E, quando ele saiu, deparou "com o mundo totalmente diferente daquele em que vivera até então".[339]

Eles o levaram até Barra do Piraí e "o colocaram no trem, sozinho... ele foi embora para Lafaiete".[340] O caminho era longo, muitas horas de viagem. Pela primeira vez, depois de muitos anos, viajava sozinho. Precisava prestar atenção em tudo. Quando finalmente o chefe do trem anunciou: "Próxima parada: Conselheiro Lafaiete", Raymundo ficou à espera do trem parar. Para quem viveu durante seis anos acostumado a

---

[335] Dom Raymundo Cardeal Damasceno Assis, Aparecida-SP, 22 de março de 2017; EPEO.

[336] Maria de Assis Pereira, Conselheiro Lafaiete-MG, 18 de abril de 2017; EPEO.

[337] Dom Raymundo Cardeal Damasceno Assis, Aparecida-SP, 30 de abril de 2017; EPEO.

[338] José Paulo Chinelate. *Memórias de um ex-seminarista. ex-juvenista marista (Mendes-Rj-1960 e 1961 – 1963 e 1964)*. In: site *Só queria entender*, acesso em 10 de maio de 2017.

[339] Dom Raymundo Cardeal Damasceno Assis, Aparecida-SP, 22 de março de 2017; EPEO.

[340] Maria de Assis Pereira, Conselheiro Lafaiete-MG, 18 de abril de 2017; EPEO.

obedecer, com poucas oportunidades de manifestar vontade, ele ouviu e ficou à espera da parada; pois seria nela que precisaria descer. Pegou sua bagagem, deixou-a perto de si e, com o coração batendo mais rapidamente, pela emoção da chegada, esperou... não demorou muito tempo, dali a pouco o trem parou. Pronto, com muita alegria, Raymundo pegou sua bagagem e desceu à plataforma, sozinho. Aquele trem que o trouxera para a esperança de um recomeço fez uma manobra e seguiu viagem.

O jovem Raymundo não conhecia Conselheiro Lafaiete, tudo era estranho para quem ficou isolado em um internato no meio da Mata Atlântica, sem comunicação com o mundo exterior, sem nem mesmo visitar seus pais; por isso, teria de pedir informações a respeito da rua onde sua família morava. Olhou em volta e viu que o lugar era pequeno, aliás, pequeno demais para uma cidade. Era por volta das seis horas da manhã, havia uma senhora na janela de uma das casas, Raymundo foi até perto da casa, olhou para a mulher e indagou a ela: "Minha senhora, sabe onde fica a Rua Francisco Lobo?"

Ela olhou para aquele jovem, sorriu e gentilmente informou: "a Rua Francisco Lobo fica em Conselheiro Lafaiete". Raymundo, sem entender a resposta, perguntou espantado: "Mas, aqui não é Conselheiro Lafaiete?" E a senhora, olhando demoradamente para aquele jovem, com simples bagagem na mão, respondeu-lhe: "Não!... aqui não é Conselheiro Lafaiete... aqui é Buarque de Macedo".[341]

XIII. Buarque de Macedo

Aquela estação onde o trem parou ficava à distância de 10 km, em linha reta, da cidade de Conselheiro Lafaiete, e pelos trilhos, a 11,8 km. Ela faz parte do município de Conselheiro Lafaiete, não era uma parada obrigató-

---

[341] A estação de Buarque de Macedo foi inaugurada em 1893 e está erradicada há tempos.

ria; aconteceu que o maquinista precisou fazer uma manobra no trilho, por isso parou o trem! Mesmo por poucos minutos, mas parou; e Raymundo Damasceno Assis "obedeceu a ordem, afinal ordem é ordem"[342], se foi avisado que a próxima parada era Conselheiro Lafaiete, ele só podia obedecer, tinha de descer, afinal o trem havia parado. Uma questão de lógica.

Foto: estação Ferroviária de Buarque Macedo-MG, 2012.[343]

Raymundo sabia que encontraria algumas diferenças... a localidade; novos membros na família; novo horizonte; mas sua comunhão com Cristo lhe dava condições para tomar decisões importantes, para continuar a caminhada, para servir a Deus dentro do propósito que sonhava desde seus seis anos de idade; àquele menino que imitava rezar a missa em casa para os familiares, seu sonho em ser sacerdote continuava latente em seu coração. Estava feliz, nada poderia lhe tirar essa felicidade.

---

[342] Dom Raymundo Cardeal Damasceno Assis, Aparecida-SP, 22 de março de 2017; EPEO.
[343] Foto: site *Panoramio*; crédito de *Jairo Nunes Ferreira*, Ribeirão das Neves-MG; acesso em 25 de junho de 2017.

Olhou para cima, em direção à janela e perguntou para aquela mulher se a cidade de Conselheiro Lafaiete se encontrava muito longe; ela informou que seria pelo menos uma hora de caminhada; mas que ele podia esperar, pois passaria por ali um trem... lá pelas dez horas da manhã.

Para quem esperou seis anos para voltar ao ninho materno, poderia sim, esperar mais um pouco. O que são quatro horas de espera? Porém, para quem tem vontade própria, para quem vive na alegria do Senhor, andar pelos trilhos do trem até Conselheiro seria apenas uma aventura a mais que decidiu enfrentar.

Ciente de que estava no caminho certo, Raymundo agradeceu as informações da mulher e seguiu viagem... "eu, jovem, fui a pé, seguindo pelos trilhos do trem, correndo o risco de ter morrido, atropelado por um trem, levando minha sacolinha, pois do mesmo jeito que eu fui... eu voltei!"[344]

O jovem Raymundo a cada passo voltava para casa, andando pelos trilhos de uma malha ferroviária onde o movimento era constante, que de tão grande empregava mil trabalhadores nos mais diversos setores, um perigo. Condições físicas ele tinha, as aulas de educação física, os jogos de futebol e outras atividades esportivas, fizeram da pequena criança Raymundinho, o jovem e forte Raymundo Damasceno Assis. As condições psicológicas superavam a normalidade, ele sempre sabia o que queria. Condições espirituais foram potencializadas nos anos em que viveu entre os maristas; tinha muita fé!

De carro, a distância entre Buarque de Macedo e Conselheiro Lafaiete seria percorrida em 15 minutos; de trem, 25 minutos; a pé levou uma hora.

> "Lafaiete era uma cidade com entroncamento muito grande de trilhos de trem, tinha uma estação ferroviária muito importante. Dali seguiam os trens para o Rio de Janeiro e São Paulo. Eu entrei na

---

[344] Dom Raymundo Cardeal Damasceno Assis, Aparecida-SP, 22 de março de 2017; EPEO.

cidade andando por aqueles emaranhados de trilhos e nem sei como escapei, consegui passar e chegar à rua, do outro lado. Lá... encontrei meu primo, que tinha sido também, Marista; mas tinha deixado a congregação. Ele me reconheceu. E foi me levando, a pé, até minha casa, porque meus pais se mudaram de Capela Nova para Carandaí e de Carandaí para Conselheiro Lafaiete durante o período em que eu fiquei em Mendes."[345]

O senhor Francisco Solano Assis teve um bar movimentadíssimo em Carandaí, na época em que Raymundo esteve no Centro de Formação Marista, depois vendeu o bar e foi com toda a família morar em Conselheiro Lafaiete. Raymundo sabia o nome da rua e o número da casa, mas era só isso. "Eu fiquei seis anos fora e ainda não conhecia meus irmãos mais novos:"[346] Carmen Damasceno Assis que nasceu no dia 25 de outubro de 1948, e o caçula Marcelino José de Assis, cujo nascimento foi no dia 3 de novembro de 1952 (dona Carmen intercedeu ao fundador dos Maristas para que essa gestação transcorresse com paz e com saúde; por isso, quando o neném nasceu recebeu o nome de Marcelino). Ao chegar a casa foi uma grande festa, uma alegria para os familiares ao reverem Raymundo. Ele estava feliz, pois se encontrava novamente no aconchego familiar.

XIV. Conselheiro Lafaiete

"Nunca se convença de que não é capaz de fazer isso ou aquilo; nunca seja negativo a ponto de afirmar que é impossível. Pense apenas que é capaz. Primeiro pense que é capaz, depois trate de tentar e tentar de novo e, por fim, verificará que é mesmo capaz."[347]
(Norman Vincent Peale)

---

[345] Idem.
[346] Dom Raymundo Cardeal Damasceno Assis, Aparecida-SP, 22 de março de 2017; EPEO.
[347] PEALE, Norman Vincent. *Você pode se acha que pode*. São Paulo: Editora Cultrix, 1981, p. 55.

A freguesia de Nossa Senhora da Conceição do Campo Alegre dos Carijós foi instituída no ano de 1709. Prosperou por causa do desenvolvimento da agricultura em uma região onde a mineração aurífera era principal fonte de renda. Em 1752 foi criado o distrito de Carijós. Após 38 anos aconteceu o seu desmembramento da Vila de São José del-Rei, sendo constituída Vila Real de Queluz, no dia 19 de setembro de 1790. Por meio da Lei Provincial n. 1276, em 1866, foi elevada à categoria de cidade e, em 1872, foi criada a Comarca de Queluz. Para homenagear o conselheiro Lafayette Rodrigues Pereira, por meio do Decreto Estadual n. 11.274, a partir de 27 de março de 1934, Queluz teve seu nome trocado para *Conselheiro Lafaiete*, em comemoração ao centenário do nascimento dele.

Novamente, Raymundo Damasceno Assis estava em uma cidade que nasceu sob a sombra do manto protetor de Nossa Senhora e ainda mais... Conselheiro Lafaiete Rodrigues Pereira foi tio-trisavô de Raymundo Damasceno Assis, pela linha paterna dos Lopes Assis, dos Henriques e dos Pereiras Rodrigues[348]. Os alinhavos de amor mariano davam sustento ao espírito do jovem Raymundo.

***

Logo que chegou a Conselheiro Lafaiete, Raymundo ficou ciente de que não muito longe da sua casa moravam Ester e Ruth, irmãs do bispo auxiliar de Mariana, Dom Daniel Tavares Baeta Neves.[349] Sem perda de tempo, com o apoio do pároco de Conselheiro Lafaiete, cô-

---

[348] VICENTE, César José. *História de Capela Nova*; 1790-1990, p. 189.

[349] Dom Daniel Tavares Baeta Neves nasceu na cidade mineira de Conselheiro Lafaiete, aos 11 de março de 1911. Fez seus primeiros estudos em sua cidade natal e mais tarde ingressou no seminário de Mariana. Foi ordenado presbítero aos 30 de novembro de 1935, por Dom Helvécio Gomes de Oliveira. No dia 29 de março de 1947 foi eleito bispo titular de Parnasso e bispo auxiliar de Mariana, sendo sagrado no dia 29 de junho deste mesmo ano, por Dom Helvécio, tendo como consagrantes: Dom Rodolfo das Mercês de Oliveira Pena e Dom João Batista Cavati. Após grande trabalho evangelizador faleceu aos 8 de julho de 1980, em Sete Lagoas, aos 69 anos.

nego José Sebastião Moreira, Raymundo se apresentou ao bispo e se candidatou ao seminário, pediu assistência para seguir sua vocação sacerdotal. Com muita cordialidade Dom Daniel se responsabilizou de encaminhar Raymundo para o Seminário Menor de Mariana.

O senhor Francisco Solano "não podia pagar seus estudos, trabalhava bastante, mas vivia com muita dificuldade, tinha muitos filhos para tratar. Era um tempo difícil".[350] Passados poucos meses, o bispo conseguiu o ingresso de Raymundo naquele seminário.

> "Cheguei a Lafaiete em meados de novembro e em fevereiro eu entrei no seminário. Não cheguei a passar um ano em Conselheiro Lafaiete. Eu já fui com esse objetivo muito claro: eu não quero ser 'Irmão', eu quero ser 'Padre'; tomei essa decisão e, também, fui procurando meios de ir para o seminário. Conhecia bem o bispo, cuja família era vizinha, eu o procurei e ele me encaminhou para o seminário."[351]

Os familiares de Raymundo achavam que era muito cedo para ele ingressar no seminário, diziam que deveria realizar uma formação profissional, pois a garantia de uma profissão iria proporcionar-lhe rendas para se manter. Falavam que ele deveria antes "fazer um curso técnico e depois faculdade em Ouro Preto"[352], mas Raymundo já havia experimentado o dom de viver na alegria do Senhor. Nada iria mudar sua decisão. A felicidade que trazia dentro do coração não tinha preço, nem podia ser medida por meio da percepção humana. Ele sabia o que queria... "a decisão era muito clara... SEMINÁRIO".[353] Então, o jovem Raymundo, novamente, arrumou sua pequena mala e foi para Mariana.

***

---

[350] Maria de Assis Pereira, 86 anos, Conselheiro Lafaiete-MG, 18 de abril de 2017; EPEO.
[351] Dom Raymundo Cardeal Damasceno Assis, Aparecida-SP, 22 de março de 2017; EPEO.
[352] Idem.
[353] Idem.

Curiosidades

– Devido à grande expansão de suas escolas, os Irmãos maristas tiveram a necessidade de criar livros didáticos que apresentassem as concepções da congregação. O primeiro livro didático marista foi escrito na França em 1828 por Marcelino Champagnat, intitulado como "Princípios de Leitura".[354]

– O Irmão Adorator, fundador da obra marista em Mendes–RJ, em 1903, ao começar a lecionar no Colégio Marista disse aos maristas: "Não estamos preparados. Não temos livros. Como os primeiros dias serão penosos!"[355]

– O livro *Vingt Ans de Brésil, 1897-1917*, publicado em 1917 pelo Ir. Adorator, em comemoração aos cem anos da Congregação Marista e também ao vigésimo aniversário da presença marista no Brasil. É uma publicação mimeografada para uso interno dos colégios maristas. São 640 páginas escritas em estêncil, relatando, em forma de diário, sobre a vida dos maristas, de seus alunos, colaboradores e escolas.

– Cada vez que o governo central Marista autorizava a publicação de alguma obra da *FTD* francesa, no Brasil ou em outros países, sempre solicitava que se tomasse todo o cuidado para adequar rigorosamente os livros europeus à cultura e aos usos locais.[356]

***

---

[354] CAMARA, Alexsandra. Artigo *Um cenário de dias penosos e a entrada dos primeiros livros didáticos da congregação marista no Brasil*, p. 3.

[355] ADORÁTOR, Ir. Vingt ans Brésil – 1897 – 1917. *Fondation et developpement de la Province du Brésil Central*, p. 13.

[356] CAMARA, Alexsandra. Artigo *"Um cenário de dias penosos e a entrada dos primeiros livros didáticos da congregação marista no Brasil"*, p. 12.

4

SEMINÁRIO

I. Mariana

"Fé. Eu vejo, que rompendo
Da noite o manto escuro
Vem cintilando a chama,
Que sobre o mundo todo a luz derrama."[357]
(Cláudio Manoel da Costa)

Com determinação de quem busca o sacerdócio, o jovem Raymundo Damasceno Assis ingressou no seminário em Mariana. Uma cidade importante no cenário histórico brasileiro, que vale uma breve retrospectiva.

No dia 16 de julho[358] do ano de 1696, Salvador Fernandes Furtado de Mendonça[359], bandeirante natural de Taubaté, liderando uma bandeira paulista, encontrou ouro no ribeirão que foi batizado: *Nossa Senhora do Carmo*. Às margens desse ribeirão ergueram cabanas. O lugar cresceu e deu origem ao arraial Nossa Senhora do Carmo. Local estratégico, dominado pela mineração de ouro, transformou-se em um dos principais fornecedores desse minério para Portugal. Houve prosperidade e, pouco tempo depois, tornou-se a primeira vila na Capitania de

---

[357] COSTA, Cláudio Manoel da. *Poemas*, p. 59.

[358] Data oficial da fundação de Mariana.

[359] Nasceu na, então, vila de São Francisco das Chagas de Taubaté, era filho de Manuel Fernandes Vieira e Maria Cubas, paulistas. Casou-se com Maria Cardoso de Siqueira, de Taubaté, filha de Antônio Cardoso e Maria Rodrigues de Siqueira.

São Paulo e Minas de Ouro, onde foi estabelecida, também, a primeira capital da Capitania.

Em 1711, o arraial de Nossa Senhora do Carmo foi elevado à *Vila de Nossa Senhora do Ribeirão do Carmo de Albuquerque* e, durante todo período colonial, manteve sua configuração territorial. Em 1745 o rei de Portugal, Dom João V, elevou a vila à categoria de cidade, nomeada como *Mariana*[360], uma homenagem à rainha Maria Ana D'Áustria, sua esposa. Transformada no centro religioso do estado, nessa mesma época, a cidade passou a ser sede do primeiro bispado mineiro para cuidar da administração eclesiástica da região.

Era necessário um projeto urbanístico para a nova cidade, que foi elaborado pelo engenheiro português militar José Fernandes Pinto de Alpoim[361]. Ruas em linhas retas e praças retangulares são características de Mariana[362], primeira cidade planejada de Minas e uma das primeiras do Brasil.

Além de guardar relíquias e casarios coloniais que contam parte da história do país, em Mariana nasceram personagens representativos à cultura brasileira. Entre eles estão o poeta e inconfidente Cláudio Manuel da Costa[363] e o pintor sacro Manuel da Costa Ataíde[364].

---

[360] Cidade do Estado de Minas Gerais. Os habitantes se chamam marianenses. Situado a 718 metros de altitude, tem as seguintes coordenadas geográficas: Latitude: 20° 22' 41" Sul, Longitude: 43° 25' 0" Oeste. Município do Parque Estadual do Itacolomi.

[361] José Fernandes Pinto Alpoim nasceu em Viana do Castelo, Portugal, dia 14 de julho de 1700; faleceu no Rio de Janeiro, Brasil, em 1765. Era militar português; um dos principais nomes da arquitetura do século XVIII no Brasil colonial, particularmente no Rio de Janeiro.

[362] Primeira capital, primeira vila, sede do primeiro bispado e primeira cidade a ser projetada em Minas Gerais. A história de Mariana, que tem como cenário um período de descobertas, religiosidade, projeção artística e busca pelo ouro, é marcada também pelo pioneirismo de uma região que há três séculos guarda riquezas que nos remetem ao tempo do Brasil Colônia.

[363] Cláudio Manuel da Costa nasceu em Vila do Ribeirão do Carmo – Mariana, Minas Gerais, no dia 5 de junho de 1729; faleceu em Vila Rica, Minas Gerais, no dia 4 de julho de 1789. Destacou-se pela sua obra poética e pelo seu envolvimento na Inconfidência Mineira.

[364] Manuel da Costa Ataíde, mais conhecido como Mestre Ataíde, nasceu em Mariana-MG, batizado em 18 de outubro de 1762; faleceu em Mariana, no dia 2 de fevereiro de 1830, foi um militar e celebrado pintor e decorador brasileiro.

── Seminário ──

Foto: cidade de Mariana-MG; s/d.[365]

II. Seminário de Mariana

Importante saber um pouco a respeito da criação do Seminário[366] de Nossa Senhora da Assunção/Boa Morte[367], em Mariana. Cuja fundação foi porque a Igreja Católica da Contrarreforma teve na instituição dos seminários uma de suas plataformas, visando aprimorar a formação

---
[365] Foto: site *Juninho Jornalismo*; acesso em 2 de maio de 2017.
[366] A palavra seminário significa "sementeira", um lugar onde a política da corporação é plantada profundamente. Alguém é ordenado quando é claramente um homem da corporação.
[367] Hoje sede do Instituto de Ciências Humanas e Sociais da UFOP.

dos clérigos.[368] O Papa Bento XIV,[369] ao se dirigir a Dom Manuel da Cruz[370], primeiro bispo de Mariana, afirmou: "Queremos, finalmente, que ponhas particular empenho em dotar a tua diocese de um seminário, como exige o *Sagrado Concílio de Trento*".[371]

Outros propósitos também tinham peso para a criação do seminário em Mariana. Dom frei Manuel da Cruz escreveu ao rei Dom José I, em 1747, alertando que, com a criação do seminário, evitariam as "grandes despesas, que fazem os moradores daquela Capitania[372] para mandarem seus filhos aos estudos no Rio de Janeiro e na Bahia".[373] Anos mais tarde, em 1757, o austero prelado marianense explicou que a fundação do seminário dera-se em razão de sua preocupação com a pequenez de Mariana e com a "rudeza de meninos incultos"[374]; por isso, foi necessário um seminário onde o estudo e a disciplina seriam normas para forjar homens com nobre caráter. Criou-se um forte vínculo entre o seminário e as elites locais. O seminário passou a ser apreciado por "alguns mineiros ricos que desejavam educar seus filhos, sem precisar enviá-los à Europa".[375]

No dia 20 de dezembro de 1750, frei Manuel da Cruz fundou o seminário de Mariana. Posteriormente, o seminário desmembrou-se em dois institutos: o *Seminário Menor Nossa Senhora da Assunção / Boa Morte* e o *Seminário Maior São José*.

---

[368] VILLALTA, Luiz Carlos. (Ex-Diretor do ICHS-UFOP) In: Artigo *A criação do seminário de Mariana, a Contrarreforma e as elites de Minas.*

[369] PAPA BENTO XIV, nascido Prospero Lorenzo Lambertini, em Bologna, no dia 31 de março de 1675 e faleceu em Roma, no dia 3 de maio de 1758. Foi Papa de 17 de agosto de 1740 até sua morte.

[370] Dom frei Manuel Ferreira Freire da Cruz foi um prelado católico português, bispo das dioceses de São Luís e de Mariana. Doutor em teologia pela Universidade de Coimbra, em 1726, foi nomeado lente da mesma em 1728, por Dom João V.

[371] In: *Bula Papal* de 15 de dezembro de 1745.

[372] Minas Gerais.

[373] AEAM – CRUZ, Dom Frei Manuel da. *Relatório do Episcopado de Mariana à Sagrada Congregação do Concílio de Trento*, p. 17.

[374] Ibidem.

[375] SAINT-HILAIRE, Auguste. *Viagem pelas Províncias do Rio de Janeiro e Minas Gerais*, p. 80.

O seminário de Mariana, igual aos colégios jesuíticos, atendia não só aqueles que queriam seguir a carreira eclesiástica, como também os que não o desejavam[376]; por isso, tornou-se muito importante para a formação intelectual não só de clérigos; mas, também, de leigos, de Minas Gerais. O bispo Dom frei José da Santíssima Trindade, em 1827, registrou a importância do seminário: "em época anterior, tanto resplandeceu a ponto de numerosos alunos, formados nas suas disciplinas, fulgirem com singular brilho não só em dignidades eclesiásticas, mas ainda profanas".[377]

O seminário de Mariana teve seu período áureo a partir do episcopado de Dom Antônio Ferreira Viçoso, que confiou a direção do seminário aos seus confrades da Congregação da Missão, os Lazaristas, que se dedicaram ao referido trabalho a partir do ano de 1853.[378]

Em 1955, quando o jovem Raymundo Damasceno Assis foi estudar em Mariana, era a Congregação Lazarista que atuava na direção do Seminário Menor Nossa Senhora da Assunção /Boa Morte.

III. Seminário Menor Nossa Senhora da Assunção

No Seminário Menor Nossa Senhora da Assunção/Boa Morte[379], o estudo de ensino médio era obrigatório para todos. Essa etapa da formação destinava-se a uma intensa experiência de vida comunitária, à suplência dos estudos, ao aprimoramento integral, a um maior discernimento vocacional e ao conhecimento da realidade sócio-econômico-religiosa da arquidiocese de Mariana.

---

[376] CARRATO, José Ferreira. *Igreja, iluminismo e escolas mineiras coloniais*, 1968.
[377] TRINDADE, Dom Frei José da Santíssima. *Relatório Decenal à Santa Sé*, 1827.
[378] Até 1966, durante 113 anos.
[379] Dentro da história brasileira, existem famosos ex-alunos desse Seminário de Nossa Senhora da Boa Morte: o cônego Luís Vieira da Silva, Inconfidente de 1789; o padre Domingos dos Santos Xavier, irmão e preceptor de Tiradentes; e o padre Antônio Caetano Vilas Boas, célebre orador e irmão de José Basílio da Gama.

Foto: Seminário Menor Nossa Senhora da Assunção/Boa Morte, Mariana-MG, s/d.[380]

Nas acomodações de alojamento, os seminaristas dormiam separados em áreas diferentes. No Seminário Menor, os novatos de um modo geral ficavam em um amplo dormitório, comum a todos. Nesse dormitório era exigido absoluto silêncio às horas destinadas ao estudo. Existia um curso mais avançado, os chamados "maiores", quarto, quinto e sexto ano que também ficavam em um outro dormitório comum.

No Seminário Maior, filosofia e teologia, o dormitório era separado por biombos. Conforme os seminaristas chegavam à conclusão da teologia, na medida em que existissem lugares (com a primeira preferência dos que eram ordenados diáconos), sobrando quartos, os que estivessem no terceiro ou quarto ano de teologia podiam ir para quartos individuais, até preencherem os quartos; os demais ficavam em biombos.[381]

---

[380] Foto: site *flickr.com*. Crédito: Artur Vitor Iannini; acesso em 18 de maio de 2017.
[381] Dom Raymundo Cardeal Damasceno Assis, Brasília-DF, 14 de setembro de 2017; EPEO.

Ao entrar no Seminário Menor, em Mariana, no ano de 1955, por ter concluído o curso ginasial[382], seria normal Raymundo Damasceno Assis ingressar no Curso Clássico, quinto e sexto ano, em que predominavam o latim, o grego, o português, o inglês; disciplinas mais humanistas; porém, ficou decidido pela reitoria que o novo seminarista Damasceno deveria repetir o quarto ano que, de certo modo, corresponderia à quarta série que ele fez com os Irmãos maristas em Mendes. "O motivo principal era o latim."[383] O latim foi uma disciplina que o jovem Raymundo estudou em Mendes, mas que não era muito valorizada pelos maristas, sem tanta apreciação, como acontecia no seminário em Mariana onde o latim era disciplina obrigatória diária do primeiro ao sexto ano, durante o Seminário Menor. Dizia-se que o latim era como o feijão com arroz: tinha todo dia.

Logo nos primeiros dias, Raymundo Damasceno notou que havia uma grande diferença entre os juvenistas maristas e os seminaristas. Nos maristas, os internos estavam sendo preparados para serem "Irmãos", para viver a vida religiosa marista, destinado no futuro, ao terminar a formação intelectual, em ser professor... esse era o carisma dos maristas. No seminário de Mariana, o vocacionado não era preparado para ser professor e, sim, para ser "padre". Outro estilo de formação, sendo determinante a força do latim; também a parte litúrgica e os formadores eram sacerdotes. Tudo isso fazia uma diferença muito grande. Os candidatos ao sacerdócio deveriam ter conhecimento muito profundo do latim.[384] Por isso, o recém-seminarista Damasceno repetiu o quarto ano no Seminário Menor de Mariana.

No Seminário Menor, cada seminarista possuía como diretor espiritual um sacerdote; os padres formadores eram lazaristas, auxiliados por algum sacerdote diocesano. A convivência entre os seminaristas era como

---

[382] Corresponde atualmente ao Ensino Fundamental da oitava série.
[383] Dom Raymundo Cardeal Damasceno Assis, Aparecida-SP, 30 de abril de 2017; EPEO.
[384] Idem.

em qualquer internato, com a diferença de que, enquanto no marista o regime de férias era fechado, no seminário, durante as férias de julho e de fim de ano, os seminaristas podiam sair para passar as férias em sua casa.

Damasceno era reconhecido pelos seus colegas seminaristas "como um colega inteligente, discreto, estudioso, muito estimado pela turma. Foi eleito em referendo como regente, como um colaborador do disciplinário".[385] Além dos estudos normais, o seminarista Damasceno se aprimorava em aprender novos idiomas. Na hora do recreio ele aproveitava para estudar a língua russa. "Ele tinha facilidade, nas aulas, no estudo do latim, do grego, em português... em todas as matérias."[386]

No Seminário Menor Nossa Senhora da Boa Morte havia a prática de esportes. O preferido era o futebol. Os seminaristas ansiavam por um grande campo de futebol nas imediações do seminário. Houve um período em que o governo desapropriou, como utilidade pública, uma parte do terreno que pertencia à arquidiocese, para fazer a estrada ligando Belo Horizonte a Viçosa, passando por Ponte Nova e pelo terreno do seminário. Por causa da desapropriação desse pedaço de terra, Dom Helvécio ficou um pouco bravo, pois ele era contra; mas não teve outro jeito, a não ser ceder o espaço. As máquinas apareceram abrindo caminho. Os engenheiros traçavam mapas de acordo com a nova estrada. Os seminaristas olhavam de longe e não sabiam do detalhe de que aquele pedaço da estrada estava sendo aberto a contragosto do arcebispo de Mariana. Em uma conversa no recreio, entre o padre regente disciplinário e alguns seminaristas, dentre eles Damasceno, o padre comentou: "Estamos precisando de um campo de futebol aqui no seminário, logo embaixo, perto de onde estão abrindo a estrada. Por que alguém não vai lá e pede para ele fazer para nós, gratuitamente?"

O que nunca faltou a Raymundo Damasceno Assis é o poder de decisão. Saiu da roda de conversa e foi resolver essa questão. Chegou à área

---

[385] Doutor Rafael Andrade Leite, Divinópolis-MG, 25 de abril de 2017; EPEO.
[386] Idem.

das obras e conheceu o engenheiro que era de origem belga. Damasceno domina a língua francesa, cumprimentou o engenheiro e solicitou que ele levasse o trator para mais embaixo do terreno e fizesse um campo de futebol para o seminário. Precisava somente aplainar a área e aterrar um local de declive.

O engenheiro se prontificou a atender ao pedido de Damasceno, mandando que uma das máquinas descesse ao terreno indicado. Porém, o arcebispo nesse momento viu o trator adentrar ao terreno particular do seminário e, imediatamente, chamou o engenheiro para pedir satisfações: "Quem deu ordem ao senhor para descer com a máquina e mexer naquela área?" O engenheiro respondeu que o pedido foi feito por um seminarista. Depois da conversa com o engenheiro, Dom Helvécio chamou os padres e quis saber quem foi o seminarista que agiu daquela maneira. O arcebispo era muito severo, certamente tomaria uma medida muito drástica.

Mas, como o seminarista Damasceno tinha acatado a sugestão de um padre, eles ficaram quietos, porque não podiam denunciá-lo, porque provavelmente, seria expulso do seminário. Com o passar dos dias, o disciplinário foi enrolando e acabou não dizendo ao arcebispo quem era o autor do pedido. O engenheiro belga voltou para o país de origem e o fato caiu no esquecimento. Os padres sabiam que Damasceno não tinha culpa, que ele só ouviu uma sugestão e, como era um pouco arrojado, decidido, foi falar com o engenheiro.

No seminário, a vida transcorria normalmente para o seminarista Damasceno. Bastante disciplinado com esportes, sobretudo o futebol e o teatro que era bem valorizado. Raymundo Damasceno Assis sempre primava pela linguagem, seus discursos eram poéticos, caprichava nos versos, por isso foi eleito "presidente do *Centro Acadêmico* do Seminário Menor; encarregado de fazer os discursos e saudações àqueles que chegavam ou que faziam alguma visita ao seminário".[387]

---

[387] Dom Raymundo Cardeal Damasceno Assis, Aparecida-SP, 22 de janeiro de 2017; EPEO.

IV. Recepção da Santa Batina

"... fazei Jesus que se torne realidade, o que é apenas um sonho."[388]
(Raymundo Damasceno Assis)

No fim do ano de 1957, quando o seminarista Damasceno estava concluindo o Seminário Menor, época em que o padre lazarista Ézio Rodrigues de Lima[389] era o reitor do seminário em Mariana, havia a cerimônia de tomada da batina, denominada *Recepção da Santa Batina*.

Foto: seminarista Raymundo Damasceno Assis[390], Mariana-MG, 1957.

---
[388] Frase impressa no santinho pessoal da *Recepção da Santa Batina* de Dom Raymundo Cardeal Damasceno Assis, em 27 de novembro de 1957.
[389] Padre lazarista Ézio Rodrigues de Lima, nasceu em Campina Verde, Minas Gerais, no dia 22 de setembro de 1918; faleceu dia 9 de março de 2012, em Belo Horizonte, Minas Gerais. Foi padre lazarista; em 1945 Irati-PR (Colégio); 1949 Mariana-MG (Seminário); 1950 São Luiz-MG (Seminário); 1954 Mariana-MG (Seminário); 1960 Diamantina-MG (Missões); 1963 Rio de Janeiro-RJ (Ecônomo Provincial); 1970 Paris, França (Estudos); 1972 Palestina (Estudos); 1973 Campina Verde-MG (Missões); 1977 Limeira do Oeste-MG (Missões); 1982 Rio de Janeiro-RJ (Ecônomo Provincial); 1988 Iturama-MG (Paróquia); 1994 Campina Verde-MG (Missões); 2009 Belo Horizonte-MG (Casa Dom Viçoso).
[390] Foto: APDRCDA, inédita.

—————————— Seminário ——————————

A cerimônia da "Tomada da Batina" ou "Recepção de Batina" tem profundo significado: destingue os jovens seminaristas do resto do mundo, por meio da vestimenta. A batina é um traje sóbrio e austero que simboliza o desprendimento dos seminaristas ao mundo; em tudo o que pode ser frívolo, leviano e superficial. A Batina, também indica outro aspecto positivo: a estreita relação entre o seminarista e Cristo.[391]

Na cerimônia, geralmente a Batina era abençoada pelo arcebispo e assistida por todo o seminário, antes das férias de fim de ano, para que, quando os seminaristas saíssem de férias, já usassem a batina. Sabendo que, ao voltarem das férias, iam para o Seminário Maior.

Foto: seminaristas com o bispo Dom Helvécio, depois da cerimônia da Recepção da Santa Batina, o seminarista Raymundo Damasceno Assis está ao lado direito do bispo; Mariana – MG, 27 de novembro de 1957.[392]

---

[391] *La Porte Latine*. In: site *catolicosribeiraopreto*; acesso em 10 de maio de 2017.
[392] Foto: APDRCDA, inédita.

Foi o arcebispo Dom Helvécio[393] quem presidiu a cerimônia de *Recepção de Batina* onde participava o seminarista Damasceno[394]; junto estavam seus parentes: a mãe, dona Carmen e, também, sua prima Carmelita de Assis Moreira. O senhor Hilário e a senhora Madalena, seus tios e padrinhos de batismo, que, gentilmente, mandaram confeccionar e ofereceram ao jovem afilhado a primeira batina.

Foto: lembrança da Recepção da Santa Batina, com os nomes dos seminaristas formaram o acróstico: *DUC NOS QUO TENDIMUS* (conduza-nos para aonde queremos chegar); o primeiro da lista é Raymundo Damasceno Assis; Mariana-MG, 1957.

---

[393] Dom Helvécio Gomes de Oliveira, nasceu em Anchieta, 19 de fevereiro de 1876, faleceu dia 25 de abril de 1960 em Coronel Fabriciano e foi sepultado na cripta da catedral de Mariana. Era salesiano, foi bispo de Corumbá e de São Luís do Maranhão, foi arcebispo de Mariana de 1922 a 1960.

[394] Maneira singela como Raymundo Damasceno Assis era conhecido no seminário.

Era normal dar uma lembrancinha aos que estavam assistindo à cerimônia, para que marcasse a importância desse dia. Os seminaristas mandavam imprimir santinhos com os nomes de todos que receberam a batina àquela cerimônia. "Também, individualmente, podia fazer seu próprio santinho, como lembrança da recepção da batina."[395] Para comemorar essa grande data, pois a partir daí o seminarista Damasceno teria a batina como sua vestimenta oficial, ele mandou confeccionar santinhos em que escreveu uma frase poética e profética: *A seara loureja ao longe.*

> "Por que colocar essa frase? Não sei... veio à minha cabeça e eu a coloquei. Longe poderia ser uma paróquia no interior de Mariana. Pensava que meu ministério aconteceria somente depois de minha ordenação, no Seminário Maior eu teria ainda mais sete anos de estudos. Será que era isso que eu queria dizer com a 'seara amadurecia ao longe?' Não sei. Mas, de certo modo, havia uma intuição."[396]

Em uma citação ao Evangelho de São Lucas, Jesus recomenda: "A seara é grande, mas os trabalhadores são poucos. Rogai, pois, ao Senhor da plantação que mande obreiros para fazerem a colheita" (Lc,10-2), O seminarista Damasceno nutria em seu coração o amor em seguir a vida religiosa, ser obreiro de Cristo, trabalhar para que o campo de trigo fosse fecundo e pudesse, com a colheita, fazer e distribuir o Pão Nosso, que mata a fome espiritual dos seres humanos.

Singular foi a oração que Raymundo Damasceno Assis mandou imprimir na lembrancinha... um lindo pedido a Nossa Senhora: "*Ó Maria, a mais meiga das mães, eu sei que jamais ecoam inutilmente em vossos ouvidos, as súplicas dum filho. Guardai a pérola de minha vocação*".

---

[395] Dom Raymundo Cardeal Damasceno Assis, Aparecida-SP, 30 de abril de 2017; EPEO.
[396] Idem.

Foto: lembrança da *Recepção da Santa Batina* de Raymundo Damasceno Assis, Mariana-MG, 1957.[397]

Com muita emoção, naquele fim de ano de 1957, o seminarista Damasceno utilizou, pela primeira vez, sua batina de seminarista, com a recomendação de que ela deveria ser sempre usada. Logo estava de férias e Raymundo Damasceno Assis pela primeira vez, na casa de seus pais, usava uma batina, motivo de alegria para eles. Mudou um pouco o seu regime de férias, porque o seminarista maior se vinculava mais à paróquia onde passava as férias, ao lado do pároco que precisava de auxílio na missa, participando como coroinha, no cuidado com a igreja, enfim, ajudando nos serviços próprios do sacerdócio.[398] Também, du-

---
[397] Documento: APDRCDA, inédito.
[398] Dom Raymundo Cardeal Damasceno Assis, Aparecida-SP, 30 de abril de 2017; EPEO.

rante as férias, o seminarista Damasceno ministrava aulas particulares na casa de seus pais. Dona Carmen se encarregava de matricular os alunos que precisavam de reforços escolares.

V. Seminário Maior São José

Mariana era um seminário tradicional, antigo, recebia seminaristas das dioceses de Minas Gerais: Pouso Alegre, Campanha, Juiz de Fora, Caratinga; da diocese de Goiás: Goiânia; Porto Nacional, e das dioceses do estado do Rio de Janeiro, Niterói e Campos dos Goitacazes, portanto era um seminário regional e nacional.

Foto: Seminário Maior São José, Mariana – MG, s/d.[399]

---
[399] Foto: site *pinterest*, acesso em 17 de maio de 2017.

Alguns dos companheiros de Damasceno Assis que estavam juntos na caminhada no Seminário Menor, voltaram para essa nova etapa, outros desistiram; mas os que receberam a batina... esses continuaram.

O seminarista Damasceno começou seus estudos no Seminário Maior São José em 1958 e, no mesmo ano, terminou o seu primeiro ano de filosofia. Entusiasmado em obter a formação superior, o seminarista Damasceno se aprimorou nas disciplinas curriculares. Muito estudo, principalmente o latim, todo voltado para o sacerdócio, pois havia necessidade de treinamento para pregação, para a oratória.

Também, participava dos jogos de futebol:

> "Todos usavam batina, continuava a prática de esporte, sendo que, por causa de serem maiores de idade, no esporte eram mais aguerridos, disputavam com outros times de fora; inclusive foram jogar em Viçosa, com o time da Universidade, na comemoração do aniversário dessa cidade, e da sagração da igreja de Santa Rita, àquela época. Faziam, também, passeios ao Caraça, que pertencia à congregação lazarista; e passeios às cidades próximas."[400]

O futebol era muito apreciado pelos seminaristas. No seminário Menor, eles tinham de jogar futebol vestidos com batina ou guarda-pó; criaram um estilo próprio: levantavam as batinas (ou os guarda-pós) até os joelhos e corriam pelo campo em um jogo irreverente, com muita alegria. No seminário Maior, já usavam os trajes próprios dos jogadores. Criaram também um time de futebol para participar de campeonatos e, para apresentação em festividades; esse time usava uniforme: camiseta listrada no sentido vertical, short, meia e chuteira.

O time participava de campeonatos e de jogos comemorativos em diversas cidades. Uma delas foi a cidade de Barão de Cocais[401] onde

---

[400] Dom Raymundo Cardeal Damasceno Assis, Aparecida-SP, 30 de abril de 2017; EPEO.
[401] Barão de Cocais é uma cidade histórica de Minas Gerais, com muitos acessos turísticos. Localizada próximo ao Caraça, antigo colégio de padres lazaristas, ponto turístico de exuberante beleza natural.

o seminarista Damasceno conheceu o metalurgista russo, professor Dimitry Ivannovitch Gavrillof[402] e ficaram amigos. Damasceno mostrou seu interesse em aprender o idioma russo e fez a proposta de se corresponderem; o professor Gavrilloff incentivou: "pode me escrever sempre, em russo, que eu responderei as cartas, corrigidas em russo".[403] E assim, Damasceno e Dimitry começaram um período de correspondência.

Os professores dos seminaristas, de vez em quando, faziam intercâmbio, revezando períodos de aulas em seminários como o de Diamantina[404]-MG, o do Caraça[405]-MG, o da Prainha[406] -Fortaleza-CE, todos esses seminários dirigidos pelos padres lazaristas.

---

[402] Professor Dimitry Ivannovitch Gavrillof foi casado com a professora e educadora Gercina Roscoe Gravillof. Atualmente, em Barão de Cocais, existe a comenda em homenagem à educadora Gercina, para incentivar e prestigiar o aprendizado, estimulando o estudante a acreditar e desenvolver o seu próprio potencial – com o indispensável apoio dos professores e da escola.

[403] Dom Raymundo Cardeal Damasceno Assis, Aparecida-SP, 30 de abril de 2017; EPEO.

[404] Aos 12 de fevereiro de 1867, chegavam à cidade os primeiros padres lazaristas, enviados pelo visitador para tomar conta do seminário, que a pedido de sua Ex.ª Rev.ma foram recebidos na antiga casa da Rua do Contrato, hoje Palácio Episcopal. Só aos 19 de julho de 1867 é que tomaram posse da nova casa construída no Largo do Curral, o qual tomou o nome de Largo Dom João.

[405] Em 1810, Dom João VI fez a doação do Caraça aos padres lazaristas. Em 1854, é feita a transferência do seminário de Mariana para o Caraça. Em 1856, faz-se reabertura do Colégio. Em 1904, ocorre a reabertura da Escola Apostólica (Seminário Menor). Em 1912, é fechado o Colégio, ficam apenas os seminaristas. Em 1926, construção da primeira estrada de rodagem. Em 1955, o Santuário do Caraça é tombado pelo IPHAN. E em 1968, um incêndio destrói o prédio dos alunos.

[406] Em 26 de outubro de 1839, Antônio Joaquim Batista de Castro, morador no Outeiro da Prainha, requereu uma licença à Câmara Municipal para que ele e outras pessoas pudessem construir uma capela de invocação a Nossa Senhora da Conceição. A primeira missa foi celebrada dia 8 de dezembro de 1841. Dom Luís Antônio dos Santos, primeiro bispo de Fortaleza, procurou montar o seminário em setembro de 1860 sob a invocação da Imaculada Conceição e de São Vicente de Paulo. O seminário foi inaugurado em 10 de outubro de 1864. Os padres lazaristas ficaram responsáveis pelo seminário no período de 1864 a 1963. Os nomes que, inicialmente, recebeu foi: seminário Episcopal do Ceará e Seminário Provincial da Prainha. Nesse seminário estudaram diversos ilustres do episcopado brasileiro tais como: Dom Helder Câmara, Dom Eugênio de Araújo Sales, Dom José Freire Falcão, padre Romão Batista (padre Cícero).

Foto: padre Antônio da Cruz, diretor espiritual. Ex-reitor do Caraça-MG, s/d.[407]

VI. Calendário semanal

Aos domingos e em dias santos, os seminaristas participavam da missa, vésperas e bênção solene. Podiam se confessar semanalmente. Estudavam, particularmente, à noite. Durante dois dias da semana (terças e quintas-feiras) se reuniam na sala de teologia para avisos e conferências. Havia um dia livre quando tinham autorização aos passeios ou programação cultural: aulas de música, ensaios de orquestra e do grupo teatral.

Nos dias normais, os seminaristas levantavam às 5h15 e se preparavam para *Laudes* e meditação às 5h45. Logo após, às 6h25, participavam da santa missa. O café era servido às 7h10. O começo das aulas era às 8h40, com recreio de 10 minutos entre a primeira, a segunda (9h25) e a terceira (10h30). Depois da terceira aula, às 11h15, os seminaristas tinham um tempo livre de 5 minutos, mantendo silêncio. Logo após, reuniam-se à capela para a leitura do Novo Testamento, exame de consciência e oração do *Ângelus*.

---

[407] Foto: APDRCDA, inédita.

O tempo era bem cronometrado e os seminaristas seguiam as normas estabelecidas.

Almoçavam às 11h30 e havia recreio ou sesta livre do meio dia às 13h05. Retornavam aos estudos às 13h15, com aulas de canto ou música até às 13h45. A quarta aula do dia acontecia às 14h15, com duração de 45 minutos. Depois era o período de lazer: merenda, recreio, esportes, banho, piscina. O retorno às atividades de estudo era às 16h15 e o jantar começava às 18h. Depois do jantar, das 19h15 às 20h30 era tempo de estudo, com leitura espiritual, as completas e o chá. A hora de dormir era sempre às 21h30, quando as luzes eram apagadas e os seminaristas já estavam bem acomodados em suas camas.[408]

No 2º ano de filosofia, em 1959, o seminarista Damasceno continuava se destacando nos estudos. "Tanto que, no dia de São Tomás de Aquino, 28 de janeiro, foi escolhido para dissertar sobre a *Teoria do Conhecimento*, uma tese muito difícil e ele foi o único escolhido entre os alunos do seminário inteiro."[409]

Foto: histórico Escolar de padre Raymundo Damasceno Assis, emitido pelo Seminário Maior São José, Mariana-MG, 1971.[410]

---

[408] VITAL, J.D. *A revoada dos anjos de Minas (ou a diáspora de Mariana)*, p. 69.
[409] Doutor Rafael Andrade Leite, Divinópolis-MG, 25 de abril de 2017; EPEO.
[410] Documento: APDRCDA, inédito.

As disciplinas durante essa etapa foram:

1º Ano (1958): introdução à filosofia; lógica; filosofia da natureza (cosmologia); história da filosofia; conhecimentos de ciências.

2ª Ano (1959): teoria do conhecimento; psicologia filosófica (antropologia); psicologia geral e experimental; psicologia dinâmica; história da filosofia; sociologia; cultura religiosa, didática catequética; arte sacra e arqueologia.

3º Ano (1960): metafísica; teodiceia; estética; ética; cultura religiosa; sociologia; história da filosofia; história geral; hebraico; psicologia experimental; música; patrologia. Já sacerdote, surgiu oportunidade de revalidar o diploma de filosofia do Seminário Maior de São José. Padre Raymundo obteve a licenciatura em filosofia na Faculdade Dom Bosco em São João del-Rei-MG.

No global dos exames de avaliação dos estudos filosóficos, o seminarista Raymundo Damasceno Assis ficou com a média 9,0 (nove)[411]. Resultado de um estudo altamente disciplinado.

***

Desde o início da construção de Brasília (1957), no Seminário São José em Mariana, os alunos acompanhavam a política brasileira, com foco diferenciado para a nova Capital Federal. Comentavam a respeito de pessoas de Mariana que partiam para trabalhar em Brasília, outros que voltavam de Brasília e iam trabalhar no seminário. "Os seminaristas eram bem informados, discutiam, trocavam ideias, sabiam que Brasília estava sendo construída, com Juscelino e suas metas: *Energia e Transportes*."[412]

---

[411] In: Histórico Escolar da Faculdade Dom Bosco de filosofia, ciências e letras. Licenciatura em Filosofia.

[412] Dom Raymundo Cardeal Damasceno Assis, Aparecida-SP, 30 de abril de 2017; EPEO.

———————————— Seminário ————————————

O seminarista Damasceno participava dessas conversas, visualizando uma futura capital brasileira, tão longe; em seu entendimento "nunca iria conhecer Brasília... porém, gostava de saber das novidades que vinham da construção de Brasília, porque Juscelino foi um presidente que despertou muitas esperanças no povo brasileiro, começou a industrialização, as grandes metas de hidroelétricas, a abertura de estradas".[413]

Era importante para os seminaristas estarem a par dos acontecimentos políticos da época. Juscelino Kubitschek, logo após sua posse, anunciou a arrancada para o desenvolvimento da nação brasileira, seu slogan era: *50 em 5* (50 anos em 5 de governo), com 31 objetivos em que constavam: energia, transporte, alimentação, indústria de base, educação e mudança da Capital Federal. "E de fato fez muitas coisas."[414]

***

O time de futebol Fiorentina, do Seminário Maior de Mariana, destacava-se nos campeonatos; tornou-se CAMPEÃO em 9 de junho de 1960.

Foto: time de futebol Fiorentina, Campeão em 1960.[415]

---
[413] Idem.
[414] Idem.
[415] Foto: APDRCDA, inédita.

Time Fiorentina. 1) Em pé, da esquerda para a direita: Vinícius – Pouso Alegre; Borelli – Caratinga; Anchieta – Pouso Alegre; José Martins da Silva,[416] Sacramentino; Sebastião – Leopoldina; Arnaldo Penna[417] – Juiz de Fora. 2) Abaixados, da esquerda para a direita: *Raymundo Damasceno Assis* (nessa época pertencia à arquidiocese de Brasília); Jair Moreira, Mariana; Bine, São João del-Rei; Inácio, Juiz de Fora; Oswaldo Henrique, Campanha.

VII. Seminarista para a nova capital brasileira

Dom Helvécio renunciou, em 1960, e foi para a cidade de Anchieta-ES, seu berço natalício. Quem assumiu o seu lugar na diocese de Mariana foi o então bispo de Pouso Alegre, Dom Oscar de Oliveira.[418] O seminário de Mariana continuou com a direção da congregação lazarista. Época em que o seminarista Damasceno começava o 3º ano de filosofia.

Foto: seminaristas em frente ao Seminário São José, Mariana-MG, década de 1960. O seminarista Raymundo Damasceno Assis é o quinto, da direita para a esquerda, na primeira fila.[419]

---

[416] Arcebispo emérito de Porto Velho.
[417] Ex-prefeito e deputado estadual de Minas Gerais.
[418] Dom Oscar de Oliveira nasceu em 9 de janeiro de 1912, na cidade mineira de Entre Rios de Minas. Fez seus estudos primários no Grupo Escolar Ribeiro de Oliveira e, logo depois, seguiu para o seminário de Mariana, onde estudou até o terceiro ano de teologia. Em outubro de 1933, foi enviado pelo arcebispo Dom Helvécio Gomes de Oliveira para Roma a fim de cursar direito canônico na Pontifícia Universidade Gregoriana. Tornou-se assim, o primeiro doutor em direito canônico do Pio Brasileiro. Ordenado bispo na Sé Metropolitana de Mariana no dia 22 de agosto de 1954.
[419] Foto: jornal *O Estado de São Paulo*, 2009.

Nessa época, a construção da nova Capital Federal era um ideal da maioria dos brasileiros. A Diocese de Brasília, *Dioecesis Brasiliapolitana*, foi criada canonicamente, no dia 16 de janeiro de 1960, pelo Papa João XXIII, por meio da bula *Quandoquidem Nullum*, com desmembramento da arquidiocese de Goiânia; três meses antes da inauguração da Capital Federal. Com a criação da nova arquidiocese, no dia 12 de março de 1960, o Vaticano nomeou Dom José Newton de Almeida Baptista[420] para o cargo de primeiro arcebispo de Brasília, empossado em singelo barracão, nas dependências da futura capital.[421] Porém, havia necessidade de padres e de um seminário.

Fotos: posse do 1º arcebispo de Brasília-DF[422], Dom José Newton de Almeida Baptista, no dia 21 de abril de 1960.

---

[420] Nascido em 16 de outubro de 1904 em Niterói-RJ, Dom Newton governou a arquidiocese de 21 de abril de 1960 a 14 de fevereiro de 1984. Seu lema episcopal era: *Adveniat Regnum Tuum*, "Venha a Nós o Vosso Reino". Além de ser o primeiro arcebispo de Brasília, foi também o primeiro arcebispo do Ordinariado Militar no Brasil. Dom Newton faleceu aos 97 anos, em 11 de novembro de 2001 e está enterrado na cripta da Catedral de Brasília. Primo do arquiteto Oscar Niemeyer.
[421] ALEIXO, Padre José Carlos Brandi, SJ. *Discurso de recepção ao acadêmico Dom Raymundo Cardeal Damasceno Assis à Academia Brasiliense de Letras*, p. 41.
[422] Fotos: APDRCDA, inéditas.

Em Mariana, os seminaristas sempre estavam atentos e conversavam a respeito da política brasileira, "alguns nomes polarizavam os debates entre os jovens, entre eles sobressaía o de Juscelino Kubitschek. O que empolgava em JK era o idealismo, a coragem e sua confiança na capacidade de realização dos brasileiros".[423] O seminarista Damasceno nem mesmo sonhava que um dia pudesse conhecer Brasília, pensava que ia ser ordenado sacerdote em Mariana e ficar em uma paróquia de uma cidade daquela região mineira.

O assunto era de repercussão nacional e internacional. A nação brasileira estava em festa por causa da inauguração pelo presidente Juscelino Kubitschek, como capital da República, em 21 de abril de 1960. A instalação da arquidiocese, como Sede Metropolitana, ocorreu no mesmo dia. A capital foi batizada de "Brasília" por opinião de um cardeal.

> "Foi o cardeal Motta quem propôs o nome Brasília para a nova capital, em lugar de Vera Cruz, primeira denominação de nossa terra, mas designação de cidade do México. Temeroso de possíveis confusões entre as cidades, JK telefonou para o cardeal que, diante da dúvida, como se já tivesse um nome escolhido, ponderou: E por que não Brasília, o nome do Brasil em latim? Juscelino considerou inspirada a sugestão e a acatou imediatamente."[424]

Compondo o projeto arquitetônico da nova Capital Federal quase não havia espaços para edificações paroquiais, porém havia projeção para uma belíssima Catedral Metropolitana de Nossa Senhora Aparecida, popularmente conhecida como Catedral de Brasília, projeto de Oscar Niemeyer, construída a partir do ano de 1959. Irmão Paulo Lachenmayer, OSB, beneditino do Mosteiro de Salvador-BA, trabalhou no projeto da catedral, no que se refere ao espaço litúrgico da celebração.

---

[423] Dom Raymundo Cardeal Damasceno Assis. In: *Correio Brasilienze*, 2002, p. 5.
[424] Idem. In: *Correio Brasilienze*, 1º Caderno, maio de 2002, p. 5.

―――――― Seminário ――――――

Foto: Dom Paulo Lachenmayer, OSB,[425] trabalhando no projeto da catedral Nossa Senhora Aparecida,[426] Brasília-DF, 1960.

Seis meses após a criação da arquidiocese de Brasília, no dia 12 de outubro, dia de Nossa Senhora Aparecida,[427] foi lançada a pedra fundamental do Seminário Arquidiocesano. Na cerimônia, o arcebispo Dom José Newton disse que o seminário seria a fonte de vida da arquidiocese; havia, porém, a necessidade de seminaristas.

Ele precisava de seminaristas que estivessem terminando a filosofia para começar a teologia, não um seminarista formado, se quisessem mandar um padre ele aceitaria, mas necessariamente "queria acompanhar o processo de formação desse candidato e, também, para o candidato conhecer a realidade de Brasília".[428] Por isso, seria melhor um seminarista que estivesse em vias de formação teológica.

Nesse mesmo ano, Dom Oscar participou da *Assembleia dos Bispos do Brasil* em Curitiba-PR, quando foi realizado o *Congresso Eucarístico*

---
[425] Mosteiro da Ordem de São Bento, Bahia.
[426] Foto: APDRCDA, inédita.
[427] A Conferência Nacional dos Bispos do Brasil, CNBB, em sua assembleia geral de 1953, determinou que a festa de Nossa Senhora Aparecida fosse celebrada, definitivamente, no dia 12 de outubro de cada ano.
[428] Dom Raymundo Cardeal Damasceno Assis, Aparecida-SP, 22 de janeiro de 2017; EPEO.

Nacional. Nesse congresso o arcebispo de Brasília fez um apelo aos bispos presentes à assembleia...

> "solicitou que eles o ajudassem a começar a arquidiocese de Brasília, que tinha sido inaugurada há um mês, e que ele não tinha clero, não tinha seminário e precisava de ajuda; pois se tratava de uma diocese situada na nova capital, portanto uma cidade que era importante para o país, que crescia e que a igreja em Brasília estava em fase de consolidação".[429]

O pedido surtiu efeito nos bispos ali presentes, entre os que se comprometeram em ajudar, Dom Oscar de Oliveira se pronunciou: "vou mandar para o senhor um seminarista do 3º ano, que está concluindo a filosofia".[430]

No final do mês de maio, ao voltar para Mariana, Dom Oscar procurou o reitor do Seminário São José, o padre lazarista Belchior Cornélio da Silva C.M.[431], e informou-lhe que prometeu ao arcebispo de Brasília que mandaria para a arquidiocese de Brasília um seminarista que estivesse no 3º ano, concluindo a filosofia, no Seminário Maior de Mariana.

O arcebispo, o reitor e demais formadores, padres Lazaristas, reuniram-se para decidirem qual seminarista estaria apto para a importante missão, tinham de escolher o melhor. Escolheram o seminarista Raymundo Damasceno Assis. Então, o reitor padre Belchior Cornélio Silva chamou o seminarista para uma conversa: "Damasceno, o arcebispo prometeu um seminarista para Brasília, reunimo-nos em conselho dos formadores e ficou decidido que você é quem deverá ir para Brasília".[432]

---

[429] Idem.

[430] Dom Raymundo Cardeal Damasceno Assis, Aparecida-SP, em 30 de abril de 2017; EPEO.

[431] Belchior Cornélio da Silva, foi sacerdote da C.M., nasceu em 14 de fevereiro de 1925, em Saúde de Perdigão-MG. Entrou para o seminário do Caraça-MG em 1938, fez o Seminário Maior em Petrópolis-RJ, foi ordenado padre dia 8 de setembro de 1949. Padre Cornélio, em 1968, saiu da congregação da Missão, obteve dispensa do ministério sacerdotal e casou-se em 1970. In: VITAL, J.D. *A revoada dos anjos de Minas (ou a diáspora de Mariana)*, p. 60, 61, 70.

[432] Dom Raymundo Cardeal Damasceno Assis, Aparecida-SP, 30 de abril de 2017; EPEO.

> "Eu nem pensava que um dia iria a Brasília, sabia que estava sendo construída; mas, não pensava que um dia iria para lá."[433]

O jovem seminarista Damasceno, sempre pronto para cumprir ordens, sabendo que eram desígnios de Deus em sua vida, respondeu: "Está bem, eu aceito". Porém, o reitor, sabendo que era uma decisão muito importante, pediu que Damasceno pensasse um pouco:

> "Eu não estou querendo resposta agora, essa é uma decisão importante e vai mudar a sua vida, você estará deixando o seu estado, para morar em outro estado; você deixará sua arquidiocese, para uma arquidiocese nova que está começando agora. Você nem mesmo conhece o arcebispo de Brasília. Será uma mudança radical em sua vida."[434]

Padre Cornélio insistiu para que o seminarista Damasceno pensasse um pouco mais, argumentou que não sabiam se o projeto da nova capital iria se concretizar plenamente. Pediu que ele consultasse os seus pais, refletisse e, acima de tudo isso, para que ele... rezasse.

Realmente, era uma mudança radical. O seminarista Damasceno sairia de uma arquidiocese tradicional, a primeira de Minas Gerais, histórica, constituída ao longo de 200 anos, sólida; para morar em uma diocese que ainda estava em construção. A diferença era que, para uma nova construção é necessário que se faça uma base forte, que aguente firme as intempéries do caminho, para que o vento não a derrube; ao decidirem pelo seminarista Damasceno, certamente estavam em oração, pediram discernimento ao Espírito Santo e a bênção de Nossa Senhora; acertaram na escolha.

O seminarista Damasceno foi para a casa de seus pais e contou a eles a notícia. Novamente os pais "não interferiram nas decisões do filho,

---

[433] Idem.
[434] Idem.

sempre respeitaram a caminhada vocacional"[435] de Raymundo; sabiam pela lembrança de um certo dia, quando um menino de apenas 10 anos de idade teve a firme decisão de ir para o Juvenato Marista, tão longe de casa. Acolheriam o que Raymundo decidisse, acompanhariam a nova trajetória, sempre um pouco preocupados, contudo, aceitando a determinação do filho.

Decisão que era ponto de perseverança para Raymundo Damasceno Assis. Iria para Brasília. Aceitaria o novo desafio; como aconteceu em suas decisões em 1948 e 1955, não tinha medo de enfrentar as novidades. Seu coração é forjado na coragem de quem teme a Deus e está à disposição para novas empreitadas vocacionais. Em sua alma, o brilho de Nossa Senhora ilumina qualquer que seja o caminho a seguir. São desígnios de uma criança que, durante seu crescimento no seio materno, foi consagrado pela sua mãe terrena à Mãe Celeste. Tantas vezes, dona Carmen, diante da imagem de Nossa Senhora da Expectação do Parto, na Capela de Nossa Senhora das Dores, acalentou oração de entrega de seu filho a qualquer que fosse o destino... desde que fosse traçado por Jesus Cristo, por meio da intercessão de Nossa Senhora.

Contente, vivendo na alegria do Senhor, na certeza de servir a Deus, o seminarista Damasceno apresentou-se ao padre Belchior Cornélio e disse: "não há problema, volto a confirmar que aceito esse desejo do arcebispo e dos meus diretores de que eu devo ir para Brasília. Eu vou com esse espírito de serviço e de missão".[436] Assim, ao ver a determinação de Damasceno, o reitor explicou ao seminarista que escreveria uma carta ao arcebispo de Brasília e, Dom Oscar, arcebispo de Mariana, escreveria outra carta ao mesmo destino. Finalizou pedindo que o seminarista Damasceno escrevesse, também, uma carta ao arcebispo de Brasília.

O seminarista Damasceno escreveu para Dom Newton, em maio de 1960:

---

[435] Idem.
[436] Idem.

Seminário

V.J.M.J. Mariana, 31 de Maio de 1960

Exmo. e Rvdmo. D. José Newton de Almeida

Laudetur Jesus Christus.

Há vários dias, recebi de Sua Excelência D. Oscar de Oliveira, por intermédio do Rvdmo. Pe. Superior, um amável convite para colaborar na difusão do reino de Cristo, na nova capital do país, da qual V. Excia. é o digno Arcebispo.

Após alguns dias de meditação, como requeria a seriedade do assunto, confiado na Divina Providência, dei meu assentimento ao Sr. Arcebispo D. Oscar de Oliveira, do qual faço ciente, neste momento, a V. Excia.

É com espírito de abandono e de entrega a Deus que parto para a nova Arquidiocese, para auxiliar V. Excia. na construção da Cidade de Deus que deve erguer-se em perfeita harmonia com a nova capital.

Seu seminarista.
Raymundo Damasceno Assis

Foto: carta.

> V.J.M.J Mariana 31 de Maio de 1960
> Exmo e Revmo D. José Newton de Almeida
> Laudetur Jesus Christus!
> Há vários dias, recebi de Sua Excelência D. Oscar de Oliveira, por intermédio do Rvdmo. Pe. Superior, um amável convite para colaborar na difusão do reino de Cristo, na nova capital do país, da qual V. Excia é o digno Arcebispo.
> Após alguns dias de meditação, como requeria a seriedade do assunto, confiado na Divina Providência, dei meu assentimento ao Sr. Arcebispo D. Oscar de Oliveira, do qual faço ciente, neste momento, a V. Excia. É com espírito de abandono e de entrega a Deus que parto para a nova Arquidiocese, para auxiliar V. Excia. na construção da Cidade de Deus que deve erguer-se em perfeita harmonia com a nova capital.
> Este ano estou concluindo meu 3º ano de Filosofia.
> Seu seminarista
> Raymundo Damasceno Assis[437]

Assim, no dia 30 de maio de 1960, o reitor padre Belchior Cornélio, CM, escreveu uma carta a Dom José Newton:

Foto: carta de padre Belchior Cornélio a Dom José Newton [438], maio de 1960.

---

[437] Documento: Carta de Raymundo Damasceno Assis, seminarista em Mariana-MG, para Dom Newton Oliveira, arcebispo de Brasília-DF; em 31 de maio de 1960. Acervo da Cúria da arquidiocese de Brasília-DF. Inédito.

[438] Documento: Carta de padre Belchior Cornélio da Silva, C.M., reitor do seminário de Mariana-MG, para Dom Newton, arcebispo de Brasília-DF; em 30 de maio de 1960. Acervo da Cúria da arquidiocese de Brasília-DF. Inédito.

> Exmo e Revmo Sr. Arcebispo
> Dom José Newton de Almeida Batista,
> Laudetur Jesus Christus!
> Autorizado pelo Exmo. Sr. Dom Oscar de Oliveira, nosso estimado Arce-
> bispo Metropolitano, cumpro o agradável dever de levar ao conhecimento de
> V. Excia. Revma, sua intenção de ofertar à nova e promissora Arquidiocese de
> Brasília um de seus melhores seminaristas.
> O seminarista chama-se Raymundo Damasceno Assis. Foi escolhido una-
> nimemente, pelos Srs. Padres, em atenção ao generoso desejo de S. Excia, o me-
> lhor aluno do atual 3º ano de Filosofia. Pareceu-nos, realmente, que esse satisfaz
> ao desejo do Sr. Arcebispo e será motivo de muita alegria e conforto para V.
> Excia. Considerada sua piedade, amor à vocação, saúde, dotes intelectuais. Acei-
> tou com muita satisfação sua escolha e irá animado das melhores disposições.
> De V. Excia. Revma., humilde servo e amigo, em N.S.,
> Padre Belchior Cornélio da Silva, i.s.c.m.
> Reitor

A partir da confirmação da aceitação de Raymundo Damasceno Assis em ir para a nova Capital Federal, começaram as correspondências entre ele e Dom Newton. O arcebispo de Brasília informava ao seminarista Damasceno as notícias do lugar, o que estava acontecendo na nova capital e, principalmente, deixava Raymundo a par da vida na nova arquidiocese em Brasília. E, Raymundo enviava notícias suas, do seminário e dos preparativos para sua ida à nova capital do país. Informou a Dom Newton que passaria o período de férias de julho junto com seus pais, em Conselheiro Lafaiete e, que até o final de ano, concluiria o curso de filosofia na esperança de ingressar em Brasília, na nova arquidiocese, no curso de teologia.

O seminarista Damasceno vivia entre o espaço e o tempo de uma mudança radical em sua vida. Não sabia como era Brasília e nem mesmo se o seminário da nova capital estaria pronto em tempo de começar seus estudos teológicos. Sua força era a fé constante em servir ao Senhor, com alegria. Sempre confiante nos desígnios de Cristo para com sua vida e na intercessão de Nossa Senhora, Raymundo Damasceno Assis se entregou sem reservas ao caminho que Deus havia lhe preparado. Sempre sorrindo, feliz, vivendo na alegria do Senhor. Confiante em Deus em Nossa Senhora, como registrou na carta que escreveu ao arcebispo de Brasília, no dia 31 de maio de 1960:

Foto: carta do seminarista Damasceno a Dom Newton, maio de 1960.

Peço a Deus e a Nossa Senhora todos os dias que me tornem digno desta missão.

É com este sentimento de entrega a Deus, nas mãos de V. Excia. que irei para sua Arquidiocese.

Osculando, respeitosamente, o anel de V. Excia. peço-lhe a bênção.

Seu Seminarista,

Raymundo Damasceno Assis[439]

---

[439] Documento: Carta de Raymundo Damasceno Assis, seminarista em Mariana-MG, para Dom Newton Oliveira, arcebispo de Brasília-DF; em 31 de maio de 1960. Acervo da Cúria da arquidiocese de Brasília-DF. Inédito.

─────── Seminário ───────

No dia 3 de agosto de 1960, diretamente de Brasília, Dom Newton enviou uma correspondência para Dom Oscar, demonstrando sua emoção e reiterando agradecimento pela disponibilidade do seminarista Raymundo Damasceno Assis, afirmando ser ele um dos maiores presentes à arquidiocese de Brasília:

Brasília, 3 de agôsto de 1960

G. 418/60

Exmo. e Revmo. Sr.
Dom Oscar de Oliveira,
DD. Arcebispo de Mariana,

Laudetur Iesus Christus!

    Com viva emoção agradeço a Vossa Excelência a generosidade com que deu à nova arquidiocese de Brasília, o esperançoso Seminarista Raimundo Damasceno Assis. Recebi carta do Revmo. Padre Reitor e dele. Mariana, pelo gesto fidalgo de seu grande Antístite, dá à Capital da República o maior presente que ela poderia receber, o de maior valor, o de que mais necessitava. A atitude de Vossa Excelência torna a Arquidiocese de Mariana credora, para sempre, diante do Brasil e de Deus, e, pois, da Igreja, e não deixará de ser, por isso mesmo, cada vez mais abençoada com a floração de muitas e ótimas vocações.

    Estamos prestes a dar início às obras do Seminário, contando que Nosso Senhor nos conceda a graça de tê-lo a funcionar em 1961, embora não inteiramente acabado.

+ José Newton,
Arceb. de Brasília.

Foto: carta.

> Brasília, 3 de Agosto de 1960,
> Exmo. e Revmo. Sr.
> Dom Oscar de Oliveira
> DD. Arcebispo de Mariana,
> Laudetur Jesus Christus!
> Com viva emoção agradeço a Vossa Excelência a generosidade com que deu à nova arquidiocese de Brasília, o esperançoso Seminarista Raimundo Damasceno Assis.
> Recebi carta do Revmo. Padre Reitor e dele. Mariana, pelo gesto fidalgo de seu grande Antístite, dá à Capital da República o maior presente que ela poderia receber, o de maior valor, o de que mais necessitava. A atitude de Vossa Excelência torna a arquidiocese de Mariana credora, para sempre, diante do Brasil e de Deus, e, pois, da Igreja, e não deixará de ser, por isso mesmo, cada vez mais abençoada com a floração de muitas e ótimas vocações.
> Estamos prestes a dar início às obras do seminário, contando que Nosso Senhor nos conceda a graça de tê-lo a funcionar em 1961, embora não inteiramente acabado.
> † José Newton, Arcebispo de Brasília [440]

No fim do segundo semestre de 1960, ao concluir o 3º ano de filosofia, Raymundo Damasceno Assis foi de férias para a casa de seus pais, sabendo que pertencia à arquidiocese de Brasília. Porém, sem saber exatamente se voltaria para Mariana para começar a teologia ou se sua vida teria outro rumo. Ele não estava mais sob o domínio da reitoria do Seminário Maior São José e nem da arquidiocese de Mariana; mas sim, do arcebispo de Brasília.

Para deixar Dom Newton informado a respeito das notas do seminarista Damasceno, o reitor do seminário de Mariana enviou a correspondência ao arcebispo:

---

[440] Documento: Carta de Dom José Newton, arcebispo de Brasília-DF, para Dom Oscar Oliveira, arcebispo de Mariana-MG; em 3 de agosto de 1960. Acervo da Cúria da arquidiocese de Brasília-DF. Inédito.

Seminário

Foto: carta.

> Exmo. Sr. Arcebispo.
> L.J.C.
> Osculando o santo anel, peço a bênção a V. Excia.
> Tenho hoje o prazer de passar a V. Excia as notas obtidas pelo seminarista Raimundo Damasceno Assis e seus exames finais de 1960. Saiu-se muito bem.
> Confirmo o que disse em outra carta a V. Excia., sobre o mesmo Seminarista piedoso, estudioso, seriamente aplicado à sua preparação para o Sacerdócio.
> Desejando toda sorte de felicidade a V. Excia., em sua importante missão, recomendo nosso seminário à caridade de suas fervorosas preces.
> Servo humilde e amigo muito grato pelas gentilezas e bondades de V. Excia.[441]

***

[441] Documento: Carta de padre Belchior Cornélio Silva, C.M., reitor do seminário de Mariana-MG, para Dom José Newton, arcebispo de Brasília-DF; em 26 de novembro de 1960. Acervo da Cúria da arquidiocese de Brasília-DF. Inédito.

Mesmo que geograficamente as cidades de Mariana e Brasília fossem distantes; por meio de correspondências, o seminarista Raymundo Damasceno e o arcebispo Dom José Newton mantiveram constantes informações e criaram um forte vínculo de amizade. Havia em Damasceno uma crescente alegria de mudança para a nova capital do Brasil. Certamente, o seminário ficaria pronto a tempo para que ele ingressasse na teologia e, em alguns anos, realizaria o sonho de ser sacerdote. Seu destino sempre traçado por Deus.

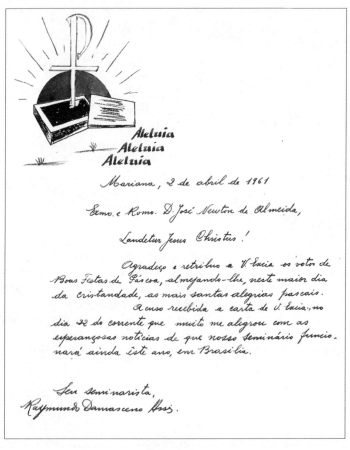

Foto: carta.

> Mariana, 2 de abril de 1961.
>
> Exmo, e Rvmo. D. José Newton de Almeida,
>
> Landetur Jesus Christus!
>
> Agradeço e retribuo a V. Excia os votos de Boas Festas de Páscoa, almejando-lhe, neste maior dia da cristandade, as mais santas alegrias pascais.
>
> Acuso recebida a carta de V. Excia., no dia 22 do corrente que muito me alegrou com as esperançosas notícias de que nosso seminário funcionará ainda este ano, em Brasília.
>
> Seu seminarista,
>
> Raymundo Damasceno Assis.[442]

VIII. Novo destino

Nessa etapa, depois de concluir o 3º ano, o seminarista Damasceno recebeu uma correspondência de Dom José Newton dizendo: "Você terminou a filosofia, ainda não temos Seminário Maior em Brasília, por isso não tem condições de continuar seus estudos em Brasília. Meu desejo é o de que você não volte para Mariana. Gostaria, se você aceitar, de enviá-lo a Roma para fazer o curso de teologia na Universidade Gregoriana. Consulte seus pais e tome sua decisão".[443]

Raymundo consultou seus pais e, eles disseram que sim. Não havia problemas, eles sempre respeitaram a caminhada do filho Raymundo, "nunca impulsionaram a vocação, mas também nunca o proibiram; nenhuma intervenção no sentido de facilitar... nem, também, de

---

[442] Documento: Carta do seminarista Raymundo Damasceno Assis, Mariana-MG, para Dom Newton, Brasília-DF, em 2 de abril de 1961. Acervo da Cúria da arquidiocese de Brasília-DF. Inédito.

[443] Dom Raymundo Cardeal Damasceno Assis, Aparecida-SP, 30 de abril de 2017; EPEO.

dificultar".[444] O seminarista tinha decidido que sim; informou ao arcebispo de Brasília a sua determinação. Logo recebeu uma resposta em carta, em que o arcebispo explicou: "Você volta a Mariana e começa a estudar teologia, sem compromisso de prova e de exames, como aluno ouvinte do curso, sem prestar exames. Antes de terminar o semestre[445], por volta do mês de maio, virá para Brasília para preparar seus documentos para sua ida a Roma".

O seminarista Damasceno tinha plena consciência da responsabilidade pela qual impetravam a ele. Em uma de suas cartas a Dom Newton, ele escreveu:

V.J.M.J. Mariana, 7 de março de 1961

Exmo. e Rvmo. D. José Newton de Almeida,

Laudetur Jesus Christus!

É uma graça e uma responsabilidade estudar em Roma.

"Deo invante", procurarei corresponder, do melhor modo possível, a èste gesto de confiança que V. Excia. depositou em minha humilde pessoa. A esse respeito, aguardo as orientações de V. Excia.

Seu seminarista,
Raymundo Damasceno Assis.

Foto: carta.

---

[444] Idem.
[445] Essa fase do curso de teologia terminava em junho.

V.J.M.J Mariana, 7 de março de 1961
Exmo e Revmo D. José Newton de Almeida,
Laudetur Jesus Christus!
É uma graça e uma responsabilidade estudar em Roma.
'Deo iuvante', procurarei corresponder, do melhor modo possível, a este gesto de confiança que V. Excia. depositou em minha humilde pessoa. A esse respeito, aguardo as orientações de V. Excia.
Seu Seminarista
Raymundo Damasceno Assis [446]

Preocupado com gastos por causa de sua viagem, o seminarista Damasceno poupava, até mesmo, na compra de material didático às primeiras aulas de teologia. Sabendo que, possivelmente, começaria novamente em Roma o mesmo curso, talvez com outros livros; em Mariana ele emprestava dos colegas os manuais referentes às disciplinas. Enquanto que padre Belchior consultava Dom Newton sobre a possibilidade de começarem os preparativos para a viagem do seminarista Damasceno à Itália.

Foto: carta.

---

[446] Documento: Carta de Raymundo Damasceno Assis, seminarista, Mariana-MG, para Dom Newton de Almeida, arcebispo de Brasília-DF; em 7 de março de 1961. Acervo da Cúria da Arquidiocese de Brasília-DF. Inédito.

Exmo. e Revmo. Sr. Arcebispo
D. José Newton,
L.J.C.
Pedindo a bênção a V. Excia., tenho o prazer de comunicar-lhe que o Sem. Raimundo Damasceno vai muito bem.
Estive recentemente no Rio, com o Mons Castro Pinto[447], a quem falei sobre os alunos que deverão seguir para Roma, no segundo semestre. Irá um da Arquidiocese de Mariana. Quanto ao Seminarista de V. Excia., disse eu a Monsenhor que V. Excia. já me manifestara sua intenção de mandá-lo, mas que eu ia escrever a V. Excia. perguntando se podemos dar início à preparação dos papéis para a viagem. É o que faço, por esta. Enquanto esperamos, o Seminarista (Damasceno) vai preparando normalmente os seus exames, na inteira disposição de fazer como V. Excia. achar melhor.
Reitor Pe, Belchior Cornélio da Silva, C.M. [448]

Também, em correspondência, padre Belchior Cornélio disse a Dom José Newton o quanto ficou satisfeito com o propósito de enviar o seminarista Damasceno à cidade de Roma: "quer por partir da pessoa de V. Excia. que muito estimamos e reverenciamos, quer pela certeza que temos de que o Damasceno saberá auferir o máximo proveito, se lhe for dada a grande graça de poder concluir seus estudos em Roma".[449]

IX. Conhecer Brasília

Estava traçado o novo destino de Raymundo Damasceno Assis: ir para Brasília e ficar um tempo na nova Capital Federal para preparar os documentos e, depois, seguir para o Rio de Janeiro e embarcar em um

---

[447] Monsenhor Castro Pinto, Rio de Janeiro, era o encarregado de preparar os alunos destinados ao Colégio Pio Brasileiro em Roma.
[448] Documento: Carta de padre Belchior Cornélio da Silva, Reitor do seminário de Mariana-MG, para Dom José Newton, arcebispo de Brasília-DF, em 17 de maio de 1961. Acervo da Cúria da arquidiocese de Brasília-DF. Inédito.
[449] ALEIXO, José Carlos Brandi. *Discurso de recepção ao acadêmico Dom Raymundo Cardeal Damasceno Assis à Academia Brasiliense de Letras*, p. 43.

navio para a Europa, à cidade de Roma. Quando o seminarista Damasceno saiu definitivamente do Seminário Maior São José, seus "colegas seminaristas da teologia sentiram muito a falta dele".[450]

Novamente era preciso fazer as malas. Raymundo Damasceno Assis ajeitou seus poucos pertences, lembrando a sacola de pano em que colocou suas parcas roupas quando foi para junto dos maristas, desta vez, arrumou tudo em uma pequena mala e embarcou em um ônibus para Brasília. A estrada BR 040 estava pronta, mas não tinha um serviço significativo ao longo da rodovia, apenas um cafezinho em um bar muito precário. Nessa viagem, em Três Marias, onde estava sendo construída uma grande barragem, houve uma pane no motor do ônibus; o motorista informou a respeito do problema e que o motor precisaria de conserto, pediu para todos descerem do veículo e que tirassem as malas do veículo avariado, porque não sabia quanto tempo duraria o reparo do motor.

Raymundo, usando batina, pegou sua mala e a deixou na casa paroquial daquela cidadezinha. Ele sabia que ali estava em construção uma grande barragem. Muito curioso foi ao local da construção da famosa hidrelétrica de *Três Marias*[451], um pouco distante da rodoviária. Ao chegar lá, ele conversou com os engenheiros e, depois, contemplou aquela imensa barragem, linda, represando o Rio São Francisco.[452] Quando voltou, depois de algumas horas... o ônibus já tinha ido embora. Ao o avistarem disseram: "seu vigário, eles o chamaram, mas o senhor não compareceu; então, eles foram embora. Mas, não se preocupe não, nós vamos dar um jeito do senhor chegar a Brasília".[453] Atenciosos, chamaram um policial para auxiliar, não havia posto de Polícia Rodoviária Federal à margem da rodovia, por isso, quando era necessário parar um veículo, eles ficavam à beira da estrada com uma lanterninha, pois já anoitecia. O policial levou Raymundo até a rodovia e

---

[450] Dr. Rafael Andrade Leite, Divinópolis-MG, em 25 de abril de 2017.

[451] A Usina Hidrelétrica de Três Marias-MG, inaugurada em 1962.

[452] O rio São Francisco é um dos mais importantes cursos d'água do Brasil e da América do Sul. O rio passa por cinco estados e 521 municípios, sendo sua nascente geográfica no município de Medeiros-MG e sua nascente histórica na serra da Canastra, no município de São Roque de Minas, região centro-oeste de Minas Gerais.

[453] Dom Raymundo Cardeal Damasceno Assis, Aparecida-SP, 22 de janeiro de 2017; EPEO.

disse: "Nós vamos parar o primeiro ônibus que passar e o senhor entra..." Passou o ônibus Araguaína[454], o policial acenou com a lanterna e perguntou se havia lugar para o 'reverendo'. O motorista disse que sim, o seminarista Damasceno entrou, acomodou-se no ônibus e, em vez de chegar a Brasília à noite, como havia previsto, chegou no outro dia, de manhã... por causa desse atraso em Três Marias.

Ao chegar à nova Capital Federal, ele ficou admirado com a imensa rodoviária, bem no centro da cidade e nela havia apenas o ônibus do qual ele desceu. Logo pensou: "para que uma rodoviária tão grande para um ônibus só?!"[455] Aquele primeiro contato com a nova capital ficou marcado em seu coração, foi em uma fria manhã de inverno, no dia 30 de junho de 1961.

> "Ao desembarcar, impressionaram-me as dimensões avantajadas da Estação Rodoviária, contrastantes com a rala movimentação de gente em seus gigantescos espaços. Depois, compreendi: Brasília cresceria aos poucos; porém, não mais pararia de crescer."[456]

Foto: Rodoviária de Brasília-DF, 1961.[457]

---

[454] Na época, a empresa Araguaína era a único transporte rodoviário que oferecia linhas diárias, entre Belo Horizonte e Brasília e, também, entre Goiânia e Anápolis-GO.
[455] Dom Raymundo Cardeal Damasceno Assis, Aparecida-SP, 22 de janeiro de 2017; EPEO.
[456] Dom Raymundo Cardeal Damasceno Assis. *Discurso da Posse à Academia Brasiliense de Letras*, em 23 de junho de 2004, p. 12.
[457] Foto: blog *Classical Buses*; acesso em 27 de abril de 2017.

Damasceno pegou um táxi e, chegando à residência do arcebispo[458], "foi, afavelmente, acolhido e hospedado por Dom José Newton".[459] O arcebispo vestia batina, tinha uma distinta postura, foi amigável e recebeu com alegria o seminarista. A partir daquele momento, Damasceno, o jovem seminarista, começou a partilhar as preocupações e inquietudes do Pastor que havia recebido uma arquidiocese onde tudo estava por fazer: seminário, paróquias, colégios... Compreendeu que, dificuldades de toda ordem, teriam de ser enfrentadas e superadas, paulatinamente.[460] Dom Newton confidenciou ao seminarista Damasceno que ele só aceitou sua nomeação para arcebispo de Brasília, após insistência do núncio apostólico, Dom Armando Lombardi, pois receava que sua nomeação pudesse ser interpretada como injunção política por ser arcebispo de Diamantina.

Ficaram convivendo em três casas individuais geminadas, Dom Newton na do meio, o padre Demerval Montalvão CM, e o seminarista Damasceno na casa onde funcionava também a Cúria e, na terceira, a Comunidade das Irmãs Franciscanas, uma delas era alemã. O seminarista Damasceno se tornou coroinha do arcebispo; ajudando nas missas, diariamente, e nas bênçãos. Brasília estava em construção, por isso havia muitas inaugurações. O seminarista acompanhava o bispo e levava a caldeirinha de água benta, para benzer um estabelecimento de comércio, um colégio, uma agência bancária, como a primeira agência do *Banco da Lavoura*, no Gama, a Pedra Fundamental da *Casa do Candango*, L2 Sul. A missa de inauguração das obras da Asa Norte etc. Damasceno também se preparava para ir para Roma, providenciando os documentos, na chamada *Cidade Livre*[461]. A movimentação de Brasília se dava, sobretudo, nessa área.

---

[458] Quadra 707 sul, Bloco H, casa 162.

[459] ALEIXO, José Carlos Brandi. *Discurso de recepção ao acadêmico Dom Raymundo Cardeal Damasceno Assis à Academia Brasiliense de Letras*, p. 43.

[460] Dom Raymundo Cardeal Damasceno. *Discurso da Posse à Academia Brasiliense de Letras*, Brasília-DF, Academia Brasiliense de Letras, 23 de junho de 2004, p. 12.

[461] Como parte das obras de infraestrutura necessárias à construção de Brasília, a Companhia Urbanizadora da Nova Capital (Novacap) abriu, no fim de 1956, as principais avenidas do Núcleo Bandeirante, mais tarde conhecido como Cidade Livre. Onde era a Cidade Livre, hoje é o Núcleo Bandeirante.

A preparação dos documentos para a estadia de Raymundo Damasceno Assis em Roma foi durante o breve governo de Jânio Quadros,[462] cujo surgimento no cenário político nacional foi meteórico, em menos de uma década, conseguiu eleger-se vereador, prefeito, governador e deputado federal pelo Estado de São Paulo. Em 1960, lançou sua candidatura à presidente utilizando um slogan que empolgou a população "*varre, varre, vassourinha; varre, varre a bandalheira*", garantindo o fim da corrupção no país, compensar as finanças públicas e acabar com a inflação. Foi eleito e, em pouco tempo de exercício presidencial, Jânio desagradou os segmentos sócio-político-militares da nação brasileira. No dia 25 de agosto de 1961, após a cerimônia militar no *Dia do Soldado*, quando houve a condecoração de várias personalidades, entre as quais, Dom José Newton. Jânio Quadros viajou para São Paulo e os brasileiros ficaram surpreendidos com o seu pedido de renúncia, por meio de carta enviada ao Congresso Nacional, na qual dizia que "forças terríveis" o levaram a abdicar de seu cargo de presidente. O Congresso aceitou o pedido e assumiu, interinamente, o presidente da Câmara, Ranieri Mazilli, até o retorno de João Goulart, vice-presidente que oficialmente visitava a China. Jânio governou o Brasil por apenas sete meses. Foi nessa época tumultuada do governo brasileiro que Raymundo Damasceno esteve em Brasília, acompanhando o arcebispo em atividades religiosas e arrumando seu passaporte. O Colégio Pio Brasileiro recomendou a Dom Newton como deveriam ser as providências para o embarque do seminarista Damasceno para Roma.

---

[462] Jânio Quadros nasceu em Campo Grande, no dia 25 de janeiro de 1917, e faleceu em São Paulo, no dia 16 de fevereiro de 1992. Foi advogado, professor e político brasileiro. Foi o vigésimo segundo presidente do Brasil, entre 31 de janeiro de 1961 e 25 de agosto de 1961. Em 1985, elegeu-se prefeito de São Paulo, pela segunda vez, tomando posse em 1º de janeiro de 1986, tendo sido esse seu último mandato eletivo.

Seminário

> Sociedade Pro Colégio Pio Brasileiro
>
> Av. Paulo de Frontin, 568
> s. 206 - Rio de Janeiro - Gb.
>
> Rio de Janeiro, 5 de setembro de 19 61
>
> Exmo. e Revmo. D. José Newton
> DD. Arcebispo de Brasilia
> Laudetur Jesus Christus!
> Peço a V.E. o favor de avisar ao candidato de Brasilia ao Colegio Pio
> Brasiliero que sua passagem já está comprada para o dia 22/9/61, devendo
> ele estar aqui no Rio uns dois ou três dias antes. Deverá trazer além do
> passaporte o atestado de vacina com formulário para viagem internacional.
> Já comuniquei o número com que deverá levar a roupa marcada, mas se-
> ria bom lembrar mais uma vez. Raimundo Damasceno de Assis tem o nº 94.
>
> Queira abençoar o servo em N.S.J.C.
>
> Mons. Castro Pinto.

Foto: carta.[463]

> " Exmo. e Revmo. D. José Newton
> DD. Arcebispo de Brasília
> Laudetur Jesus Christus!
> Peço a V. E. o favor de avisar ao candidato de Brasília ao Colégio Pio Bra
> sileiro que sua passagem já está comprada para o dia 22/9/61, devendo ele estar
> aqui no Rio uns dois ou três dias antes. Deverá trazer além do passaporte o
> atestado de vacina com formulário para viagem internacional.
> Já comuniquei o número com que deverá levar a roupa marcada, mas seria
> bom lembrar mais uma vez. Raimundo Damasceno de Assis tem o n. 94.
> Queira abençoar o servo de N.S.J. C.
> Monsenhor Castro Pinto. "

Assim que os documentos ficaram prontos, o seminarista Damasceno voltou para Conselheiro Lafaiete, para a casa de seus pais, para se despedir deles e, também, porque ali ficaria mais perto do Rio de Janeiro. Viajaria

---

[463] Documento: Carta de monsenhor Castro Pinto, Colégio Pio Brasileiro, Roma-ITA, para Dom Newton de Almeida, arcebispo de Brasília-DF; em 5 de setembro de 1961. Acervo da Cúria da arquidiocese de Brasília-DF. Inédito.

de navio, o embarque estava previsto para o mês de setembro. De Lafaiete, Raymundo enviou seus agradecimentos a Dom Newton de Almeida:

Foto: carta.[464]

> Cons. Lafaiete, 3 de setembro de 1961
> Exmo. e Revmo. Sr. D. José Newton,
> Laudetur Jesus Christus!
> Não poderia deixar de aproveitar também esta oportunidade para agradecer a V. Excia. a paternal acolhida que tive em Brasília.
> Beijando respeitosamente o anel de V. Excia., peço-lhe a bênção.
> Seu seminarista,
> Raimundo Damasceno Assis

---

[464] Documento: Carta de Raymundo Damasceno Assis, seminarista, Conselheiro Lafaiete-MG, para Dom Newton de Almeida, arcebispo de Brasília-DF; em 3 de setembro de 1961. Acervo da Cúria da arquidiocese de Brasília-DF. Inédito.

X. Navio

Foto: bilhete de Passagem do seminarista Raymundo Damasceno Assis para o Navio Anna C, 22 de setembro de 1961.[465]

O navio *Anna C*[466] era relativamente pequeno, no qual mais ou menos 30 jovens, todos de batina, embarcaram rumo à Itália, no dia 22 de setembro de 1961. "No cais do porto, para minha despedida, estavam presentes minha irmã Diva e seu esposo Antônio Moacir, seus filhos Vinícius (criança), Valéria (criança de colo) e a mãe de Antônio Moacir, dona Maria."[467]

> "No navio a despedida é triste, porque você entra no navio e o pessoal fica ali no cais do porto... o navio demora a sair; tem música, pessoas soltando serpentina, tem despedida, pessoas acenando com a mão, o navio vai saindo lentamente; então é uma despedida sempre triste. Você continua vendo as pessoas e elas vendo você, ainda a 1 km de distância, o navio vai aos poucos saindo..."[468]

---

[465] Documento: APDRCDA, inédito.
[466] O navio Southern Prince, da Companhia Prince Line, construído na Escócia e lançado ao mar em 1929, foi comprado pela companhia Costa Armator e rebatizado como "Anna C". A Costa realizou algumas modificações internas que o deixaram com a capacidade de transportar 202 passageiros na primeira classe e 864 na classe turística. Por um período, fez a linha turística entre a Europa e o Caribe. Em 1972 foi demolido no estaleiro de La Spezia, na Itália.
[467] Dom Raymundo Cardeal Damasceno Assis, Aparecida-SP, 30 de abril de 2017; EPEO.
[468] Idem.

Momento de grande emoção para o seminarista Damasceno que, pela primeira vez, viajava em uma embarcação marítima. Dentro do navio a banda de música tocava *A ponte do Rio Kwai*[469]. O navio impressionou o seminarista por causa do tamanho, parecia uma cidade, havia cinema, academia, piscina, restaurantes, salão de baile, cabines etc.

Fotos: cartão postal do navio "Anna C", setembro de 1961[470].

> Este é o navio em que estou viajando. Comporta 1.200 passageiros. Tem capelão e médico. O dono desta companhia é católico. É o presidente da ação católica de Gênova. O navio em que o Pe. José Vicente viajou é um pouco maior e mais moderno.
> Dia 6 de outubro chegarei em Roma.
> Abraços do filho que muito lhes quer,
> Raimundo.

---
[469] *The Bridge on the River Kwai* é um filme anglo-americano de 1957, dirigido por David Lean. É baseado no romance de Pierre Boulle *Le pont de la rivière Kwai*, de 1952.
[470] Documento: APDRCDA, inédito.

A embarcação balançava bastante, de modo que causava um mal--estar a muitas pessoas, principalmente depois das refeições. Os 30 jovens seminaristas foram se acostumando com o balanço do navio. No segundo dia dentro da embarcação, todos os seminaristas trocaram as batinas por roupas normais, para poderem viver no navio como qualquer outro passageiro e terem a comodidade de andar pelo navio, subir e descer escadas. Começaram a participar das brincadeiras, jogos, atividades nas piscinas, diversões promovidas pela tripulação para que os passageiros ocupassem o tempo com alegria. No navio, havia outro grupo de estudantes brasileiros, cujo destino era os países da União Soviétiva, onde iriam estudar. O navio parou em Las Palmas, ilhas espanholas.

Foto: carta.[471]

---

[471] Documento: Aerograma de Raymundo Damasceno Assis, seminarista, Roma-ITA, para Dom Newton de Almeida, arcebispo de Brasília-DF; em 17 de outubro de 1961. Acervo da Cúria da arquidiocese de Brasília-DF. Inédito.

> Roma, 17 de outubro de 1961
> Exmo. e Revmo. D. José Newton de Almeida Batista,
> Laudetur Jesus Chistus!
> O pior trecho da viagem foi do Rio a Las Palmas. A ausência da terra duran-
> te nove dias, a adaptação à comida e ao balanço do navio, tudo isto nos deixou
> um pouco indispostos nos primeiros dias. Chegamos em Las Palmas no dia
> primeiro onde paramos cinco horas.
> Pedindo-lhe a bênção, me despeço de V. Excia.
> Seu seminarista,
> Raimundo Damasceno Assis

Depois de Las Palmas, Damasceno ansiava por conhecer a capital de Portugal, porém, o navio ficou pouco tempo no porto de Lisboa e o seminarista conseguiu apenas dar uma volta de táxi pela cidade. Deixando Lisboa, o navio partiu para Nápoles.

Ao anúncio de chegada em Nápoles, os seminaristas vestiram a batina e se prepararam para descer do navio; ao passarem pelos outros passageiros, vários deles comentaram: "Quantos padres tinham aqui dentro e a gente nem sabia..."[472]

No porto as pessoas estavam animadas, alegres, aguardavam o desembarque de familiares e amigos. Os seminaristas foram "recebidos por colegas do Pio juntamente com o padre Prefeito, padre Pedreira, SJ, para levá-los de ônibus até o colégio."[473] Naquele momento, o seminarista Damasceno foi acometido de certa nostalgia, pensou: "E agora?!... Não posso voltar, tenho de dar conta de meu recado, vou estudar, vou fazer teologia."[474] Era um mundo novo que o acolhia para mais uma jornada, convidado sempre a viver na alegria

---

[472] Dom Raymundo Cardeal Damasceno Assis, Aparecida-SP, dia 30 de abril de 2017; EPEO.

[473] Aerograma de Raymundo Damasceno Assis, seminarista, Roma-ITA, para Dom Newton de Almeida, arcebispo de Brasília-DF; em 17 de outubro de 1961. Acervo da Cúria da arquidiocese de Brasília-DF; Inédito.

[474] Dom Raymundo Cardeal Damasceno Assis, Aparecida-SP, em 30 de abril de 2017, EPEO.

do Senhor. O primeiro contato com a cidade de Roma ficou eternizado em um aerograma:

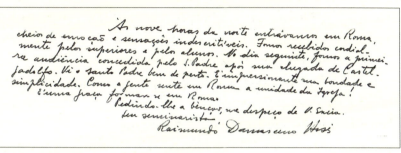

Foto: carta.[475]

"Às nove horas da noite entrávamos em Roma, cheios de emoção e sensações indescritíveis. Fomos recebidos cordialmente, pelos superiores e pelos alunos. No dia seguinte, fomos a primeira audiência concedida pelo S. Padre, após sua chegada de Castel Gandolfo. Vi o santo Padre bem de perto. É impressionante sua bondade e simplicidade. Como a gente sente em Roma a unidade da Igreja!
Pedindo-lhe a bênção, me despeço de V. Excia.
Seu seminarista,
Raimundo Damasceno Assis."

XI. A Pontifícia Universidade Gregoriana

A Universidade Gregoriana de Roma – PUG[476] tem sede à Praça della Pilotta, n. 4, é especializada em ciências humanas, principalmente nas teológicas e filosóficas; sucessora do Colégio Romano, fundado por

---
[475] Documento: Aerograma de Raymundo Damasceno Assis, seminarista, Roma-ITA, para Dom Newton de Almeida, arcebispo de Brasília-DF; em 17 de outubro de 1961. Acervo da Cúria da arquidiocese de Brasília-DF. Inédito.
[476] Atualmente, a PUG conta com aproximadamente 3.000 estudantes, vindos de mais de 130 países. Essa universalidade da Gregoriana está representada também entre os professores, provenientes de, pelo menos, 40 países. Existem vários colégios em Roma cujos alunos frequentam a Pontifícia Universidade Gregoriana.

Santo Inácio de Loyola[477] em 1551, fundador da *Companhia de Jesus* (jesuítas), em um palácio (demolido) situado na base do Capitólio. Foi a primeira escola jesuíta que teve uma biblioteca anexa. A instituição recebeu o nome *Gregoriana*, em homenagem ao Papa Gregório XIII[478] que, em 1584, inaugurou a nova casa do Colégio Romano.

Quando houve a supressão da Companhia de Jesus, em 1773, o Colégio passou a estar sob a tutela do Clero Secular Romano. Voltou a pertencer aos jesuítas, após sua refundação, em 17 de maio de 1824, pelo Papa Leão XII.[479]

Em 1873, o Colégio Romano foi transferido para o Palácio Borromeu.[480] Nesse mesmo ano, o Papa Pio IX[481] permitiu ao Colégio assumir o título de *Pontificia Università del Collegio Romano*; e conferiu ao reitor o direito de assinar sob o título de *Rettore della Pontificia Università Gregoriana*[482]. Pio IX registrou em um quirógrafo seu apoio à construção do prédio da universidade e, mostrando sua intimidade com ela, escreveu: "A nossa Universidade Gregoriana".

O Papa Pio XI[483] queria que o *Pontifício Instituto Bíblico* e o *Pontifício Instituto Oriental* fossem associados à Universidade. Inicialmente, o Pontifício Instituto Bíblico – PIB, preparava os alunos aos exames da Pontifícia Comissão Bíblica. Em seguida, a Carta Apostólica '*Cum Biblia sacra*' autorizou o Instituto a conferir o grau acadêmico de 'licença' em nome da Comissão e, enfim, o motu proprio "*Quod maxime*" e Pio XI concedeu-lhe a independência acadêmica e a possibilidade de conferir

---

[477] Inácio de Loyola, nascido Íñigo López, foi o fundador da Companhia de Jesus, uma ordem religiosa católica romana que teve grande importância na Reforma Católica, cujos membros são conhecidos como os jesuítas.

[478] Gregório XIII, nascido Ugo Buoncompagni, em Bolonha, no dia 7 de janeiro de 1502; faleceu em Roma, no dia 10 de abril de 1585. Foi Papa de 13 de maio de 1572 até à data da sua morte.

[479] Leão XII, Annibale Francesco Clemente Melchiore Girolamo Nicola della Genga, nasceu em Genga, perto de Ancon, dia 22 de agosto de 1760; faleceu em Roma, em 10 de fevereiro de 1829. Foi Papa de 28 de setembro de 1823 até a data da sua morte.

[480] Hoje, onde se situa o Colégio Bellarmino, nome provindo do cardeal Roberto Bellarmino.

[481] Pio IX, Giovanni Maria Mastai-Ferretti, nasceu em Senigália, no dia 13 de maio de 1792, faleceu em Roma, no dia 7 de fevereiro de 1878; foi Papa durante 31 anos, 7 meses e 22 dias, entre 16 de junho de 1846 e a data de seu falecimento.

[482] Dando origem ao nome pelo qual hoje é conhecida.

[483] Pio XI, Ambrogio Damiano Achille Ratti, nasceu dia 31 de maio de 1857 e faleceu na cidade do Vaticano em 10 de fevereiro de 1939, foi o 259º Bispo de Roma, da Igreja Católica de 1922 até sua morte em 1939.

o "doutorado" a seus alunos. Com esse mesmo documento, o PIB foi consociado à "Pontifícia Universidade Gregoriana" e ao "Pontifício Instituto Oriental".[484] Em 1932, foram criadas as faculdades de Missiologia e de História da Igreja, em 1951, e a de Ciências Sociais.

Foto: Pontifícia Universidade Gregoriana, PUG, Roma – Itália; s/d.[485]

O objetivo da PUG hoje é o de dar uma formação cultural e humana aos homens e às mulheres de todas as partes do mundo, a fim de aprofundar e difundir, sempre mais, por meio do ensino, a reflexão e a pesquisa, o conhecimento e o sentido da fé cristã. Sendo uma Universidade Católica sob a responsabilidade dos jesuítas, ela caracteriza-se pela sua total disponibilidade às orientações da Santa Sé. Como tal, promove o diálogo com o mundo cultural e científico, o encontro com as demais denominações cristãs e outras religiões, e o conhecimento do valor e da dignidade da pessoa humana.[486]

***

---
[484] Pontifício Instituto Oriental (PIO), fundado por Bento XV, em 1917, o Pontifício Instituto Oriental tem dois poderes distintos: Faculdade de estudos eclesiásticos orientais, com seções patrísticos e litúrgicos históricos, teológicos; e Faculdade de Direito Canônico Oriental (para o estudo do direito canônico das Igrejas Orientais). O Instituto desde 1922 pertence a Companhia de Jesus.
[485] Foto: site *ficheiro*; acesso em 16 de maio de 2017.
[486] In: site *wikipedia*; acesso em 16 de maio de 2017.

A ida de Raymundo Damasceno Assis para um período de estudos teológicos em Roma foi uma grande conquista também para a diocese de Mariana, que nutria a mais alta estima pelo seminarista. A alegria foi tanta que Dom Oscar registrou-a em carta para Dom Newton:

Foto: carta.[487]

> Mariana, 3 de novembro de 1961
> Prezado Exmo. Arcebispo D. José Newton
> Laudetur Jesus Christus.
> De regresso encontrei aqui a estimada carta de V. Excia., de 14 de outubro, na qual gentilmente relembra o 'inestimável presente' do Seminarista que tive o prazer e honra de oferecer-lhe. V. Excia. mandou-o a cursar Teologia em Roma. Verá mais tarde que o Damasceno, um dos melhores alunos que lhe ofereci, há de proporcionar-lhe satisfação.
> † Oscar, Arceb. de Mariana

---

[487] Documento: Carta de Dom Oscar, arcebispo de Mariana-MG, para Dom Newton, arcebispo de Brasília-DF; em 3 de novembro de 1961. Acervo da Cúria da arquidiocese de Brasília-DF. Inédito.

Em Roma, em 1961, novamente Raymundo Damasceno teve uma mudança de mestres, a universidade era dirigida por jesuítas. O estudo era forte, na antiga Universidade Gregoriana, todas as disciplinas eram feitas em latim e, os exames, também. O seminarista Damasceno dirigia-se para a universidade de manhã, passageiro de um ônibus colocado à disposição do Colégio pelo Vaticano, na placa do ônibus estavam as letras SCV – Estado da Cidade do Vaticano, era ônibus da II Guerra, doado pelo exército americano ao Vaticano. O seminarista só retornava à tarde para o *Pontifício Collegio Pio Brasiliano.*[488]

O estilo dos jesuítas era um pouco diferente dos maristas e dos lazaristas. Porém, a vida de orações e comunidade era igual a que Raymundo Damasceno vivenciou.

O seminarista Damasceno continuou sua correspondência com Dom Newton de Almeida, deixando-o informado de suas atividades. Nos cursos da Universidade Gregoriana as aulas e provas eram em latim, não se aceitava outra língua. Os alunos seminaristas tinham direção espiritual e também havia o que eles chamavam de "repetidor". Na época tinha o repetidor de filosofia e o repetidor de teologia. Tratava-se de um padre que acompanhava os alunos no colégio, na caminhada acadêmica e os orientavam nos temas, nos tratados e nas bibliografias. Sobretudo, os temas de teologia que eram tratados na universidade, destacando a cada semestre os pontos-chave, dos tratados, e orientando leituras sobre eles. Ajudando em uma espécie de introdução para melhor aproveitamento das aulas da universidade; tanto na filosofia quanto na teologia. O reitor era o padre João Bosco Rocha, jesuíta; depois passou o cargo para o padre Luiz Gonzaga Monnerat, também jesuíta.

O seminarista Damasceno teve como repetidor em teologia, nos dois primeiros anos, o teólogo e antropólogo padre Marcello de Carva-

---

[488] O Pontifício Colégio Pio Brasileiro foi construído no ano de 1928, em terreno doado por Pio XI aos bispos brasileiros; na sua edificação, houve o gasto de um milhão de liras. Foi inaugurado no dia 3 de abril de 1934, para receber os primeiros 35 estudantes brasileiros.

lho Azevedo[489], depois foi a vez do escritor e teólogo padre João Batista Libânio, SJ,[490] o repetidor de filosofia era o padre Luciano Mendes de Almeida, SJ, e Diretor Espiritual, o padre Oscar Müller SJ. "Todos os professores eram jesuítas, nessa época não havia professores de fora da Companhia de Jesus. A residência era no Colégio Pio Brasileiro, também dirigida pelos jesuítas."[491] Não se podia optar por outra universidade além da Gregoriana, dirigida pelos jesuítas.[492]

Foto oficial do seminarista Raymundo Damasceno Assis,
Pontifícia Universidade Gregoriana, Roma, 1962.[493]

---

[489] Padre Marcello de Carvalho Azevedo nasceu em Belo Horizonte-MG, no dia 18 de abril de 1927 e, faleceu, no dia 24 de fevereiro de 2009, em Belo Horizonte-MG. Teólogo e antropólogo, foi ordenado sacerdote pelo núncio da Alemanha, Dom Edmundo Munck. Em 1958 ele foi convocado para assumir interinamente o Programa Brasileiro da Rádio Vaticano. De 1963 a 1971 foi Provincial da Vice-Província Goiano-Mineira e de 1968 a 1977 foi presidente Nacional da Conferência dos Religiosos do Brasil (CRB). Depois foi diretor e pesquisador do Centro João XXIII e IBRADES.

[490] João Batista Libânio nasceu em Belo Horizonte-MG, no dia 19 de fevereiro de 1932, e faleceu em Curitiba, no dia 30 de janeiro de 2014. Fez seus estudos de Filosofia na Faculdade de Filosofia de Nova Friburgo-RJ, e também cursou Letras Neolatinas pela Pontifícia Universidade Católica do Rio de Janeiro (PUC-Rio). Seus estudos de Teologia Sistemática foram efetuados na Hochschule Sankt Georgen, em Frankfurt, Alemanha. Foi Diretor de Estudos do Pontifício Colégio Pio Brasileiro, em Roma, durante os anos do Concílio Vaticano II. Retornou ao Brasil em 1968. Em 1982, retornou a Belo Horizonte-MG, onde lecionou Teologia, até seu falecimento, na Faculdade Jesuíta de Filosofia e Teologia, antigo Instituto Santo Inácio, em Belo Horizonte.

[491] Dom Raymundo Cardeal Damasceno Assis, Aparecida-SP, 30 de abril de 2017; EPEO.

[492] Hoje é diferente, o aluno pode optar entre várias Universidades. Também, não é mais predominante o latim, outras línguas foram incorporadas, dependendo muito da disciplina e do professor.

[493] Foto: APDRCDA, inédita.

― Seminário ―

Consciente de que seus estudos eram muito importantes para que tivesse a melhor formação, mesmo durante as pequenas férias de Páscoa, o seminarista Damasceno ficava estudando para que o resultado de suas notas nos exames fossem as melhores.

Nas férias de 1962, Damasceno e um grupo de colegas foram convidados a irem para a Alemanha. Em carta, ele pediu autorização ao arcebispo de Brasília: "Essas férias foram organizadas pela direção do colégio e serão dirigidas pelo nosso repetidor de teologia. Creio que serão muito proveitosas, pois o Pe. que nos acompanhará está organizando um programa que possibilite, de fato, o aproveitamento desse período de descanso".[494]

Fotos: cartão-postal que Raymundo Damasceno Assis enviou para seus pais, Berlim, agosto de 1962.[495]

---
[494] In: Carta de Raymundo Damasceno Assis, seminarista, Roma-ITA, para Dom Newton de Almeida, arcebispo de Brasília-DF; em 16 de abril de 1962. Acervo da Cúria da arquidiocese de Brasília-DF. Inédito.
[495] Documento: APDRCDA, inédito.

> "Berlim, 5 de agosto de 1962
> Queridos Pais
> Já estou em Berlim quase uma semana. A parte ocidental está ótima, quase toda reconstruída. A parte oriental está péssima. Há poucas reconstruções. A cidade de Berlim está dividida agora por um muro e arame farpado, como vocês podem ver pela foto. Segue carta.
> Abraços do filho,
> Raimundo"

XII. Concílio Vaticano II

Foi o Papa João XXIII quem convocou e iniciou o *Concílio Vaticano II*. Acompanhou seus primeiros embates, a partir da solene abertura no dia 11 de outubro de 1962, com a presença de 2540 padres conciliares, além de representantes de numerosas igrejas cristãs da Ortodoxia e da Reforma, observadores leigos e teólogos peritos convocados pelo Papa. Ao longo de toda a 1ª sessão, encerrado no dia 8 de dezembro de 1962, o carisma pessoal do "Bom Papa João garantiu a liberdade dos debates, a rejeição dos documentos da fase preparatória, e o clima de cooperação fraterna em meio aos ingentes trabalhos conciliares. Dizia aos bispos: 'Debatam, divirjam, dialoguem. O Papa está aqui para garantir essa liberdade. Mas só lhes peço uma coisa: não saiam da caridade para não sair de Deus'".[496]

Não pôde, porém, levar adiante sua grande iniciativa, chamado por Deus na noite de 3 de junho de 1963, coube ao Papa Paulo VI, Giovanni Battista Montini, seu sucessor, dar continuidade ao Vaticano II, até sua conclusão, dia 8 de dezembro de 1965. A riqueza incomum dos trabalhos conciliares ofereceu à Igreja quatro grandes constituições, *Lumen Gentium*, sobre a própria Igreja; *Sacrossanctum Concilium*, sobre a Liturgia;

---

[496] Depoimento pessoal de Dom Helder Câmara, no Recife, a um grupo que o visitava no dia 28 de janeiro de 1973.

Dei Verbum, sobre a Revelação Divina e *Gaudim et Spes*, sobre as relações da Igreja com a sociedade. Além desses documentos, temos nove decretos, entre os quais *Ad gentes*, sobre a atividade missionária da Igreja; *Presbyterorum ordinis*, sobre a vida e o ministério dos presbíteros; *Apostolicam actuositatem*, sobre o apostolado dos leigos; *Perfectae caritatis*, sobre a Vida Consagrada; *Unitatis redintegratio*, sobre o ecumenismo etc. Ainda, no conjunto dos textos conciliares, temos três declarações, em que sobressai *Nostra aetate* sobre as relações da Igreja com as religiões não cristãs.

João XXIII anunciou sua intenção de convocar o Concílio após a missa celebrada na Basílica de *São Paulo Fora dos Muros*, em Roma, no dia 25 de janeiro de 1959, três meses após sua eleição como sucessor do Papa Pio XII. Na festa de Pentecostes, em maio do mesmo ano, constituiu a Comissão ante preparatória, encarregada de iniciar um grande diálogo com os bispos do mundo inteiro, as Universidades Católicas, as organizações de fiéis para pedir orações, sugestões e pareceres sobre o evento anunciado. Desde o início, afirmou a necessidade de voltar às Fontes da Revelação e à grande tradição da Igreja para o necessário *"aggiornamento"* (palavra italiana que significa atualização) da linguagem da fé, não para mudar a doutrina, mas para torná-la conhecida e compreensível para o homem de hoje. Deu assim, ao Concílio, um caráter eminentemente pastoral, voltado para as necessidades presentes de renovação do agir eclesial. Entre elas, João XXIII destacou a questão do ecumenismo, a busca efetiva da reconciliação e da unidade dos cristãos. Ao mesmo tempo, as questões ligadas à vida interna da Igreja e de suas relações com o mundo contemporâneo. A abertura do grande evento aconteceu na Basílica de São Pedro, na *Festa Litúrgica da Maternidade Divina de Maria*, que se celebrava no dia 12 de outubro.

Durante a permanência de Raymundo Damasceno Assis em Roma, aconteceu o Concílio Vaticano II[497]. Ele pôde viver a experiência de ser

---

[497] Ao todo, foram realizados vinte e um concílios ecumênicos em toda a história da Igreja. Este último, o Vaticano II, visava, segundo João XXIII, guardar o depósito sagrado da doutrina cristã e ensiná-lo de forma mais eficaz ao mundo moderno.

estudante na Universidade Gregoriana, acolhido no Colégio Pio Brasileiro, dirigido pelos jesuítas, e acompanhar, de perto, o Concílio. "Foram quatro sessões que era de dois meses por ano cada sessão."[498]

Foto: carta.[499]

> "Roma, 7 de fevereiro de 1962
> Exmo. e Revmo. Sr. D. José Newton
> Laudetur Jesus Christus!
> É, realmente, uma graça estar em Roma neste período de preparação para o Concílio. Aqui, sempre se nos oferece a oportunidade de ouvir os membros das diversas comissões e assim ficamos a par dos diversos problemas que serão tratados no próximo Concílio. Há poucos dias, esteve entre nós o Mons. Glorieux, secretário da comissão encarregada dos leigos.
> Pensando no Concílio, penso também na alegria que terei de poder encontrar-me com V. Excia aqui em Roma, ainda este ano.
> Beijando, respeitosamente, o anel de V. Excia, peço-lhe a bênção.
> Seu seminarista, Raimundo Damasceno Assis"

---
[498] Dom Raymundo Cardeal Damasceno Assis, Aparecida-SP, 22 de janeiro de 2017; EPEO.
[499] Documento: Aerograma de Raymundo Damasceno Assis, seminarista, Roma-ITA, para Dom Newton de Almeida, arcebispo de Brasília-DF; em 7 de fevereiro de 1962. Acervo da Cúria da arquidiocese de Brasília-DF. Inédito.

"O Concílio Vaticano II começou no dia 11 de outubro de 1962 que, naquela época, celebrava a *Festa da Maternidade Divina de Maria.*"[500] A abertura foi na Basílica de São Pedro, em Roma. No discurso de abertura o Papa João XXIII expressou suas intenções:

> "O que mais importa ao Concílio Ecumênico é o seguinte: que o depósito sagrado da doutrina cristã seja guardado e ensinado de forma mais eficaz. Essa doutrina abarca o homem inteiro, composto de alma e corpo, e a nós, peregrinos nesta terra, manda-nos tender para a pátria celeste."[501]

Durante os anos de 1962 a 1965, a época preferida pelos seminaristas brasileiros que moravam em Roma, inclusive para o seminarista Raymundo, era o final do ano, os meses de outubro, novembro e começo de dezembro; por causa da convivência com os bispos brasileiros que iam a Roma para participarem do Concílio.

O Concílio fez com que muitos bispos, pela primeira vez, se ausentassem do Brasil; o convívio aos novos costumes, outros idiomas, clima diferente e alimentações diversas eram compensados com a convivência dos brasileiros na *Domus Mariae,* e do Pio Brasileiro, próximos um do outro, no mesmo lado da calçada da Via Aurelia. Na primeira sessão do Concílio, em 1962, os bispos brasileiros viajavam todos juntos no avião da *Panair.* Houve uma pane e o avião regressou ao aeroporto de Recife. Desaconselhados a viajar juntos, para as sessões seguintes viajaram separados, em aviões diferentes. "Imaginem a grande perda para a Igreja se houvesse a queda de um avião com mais de duzentos bispos a bordo!"[502]

---

[500] Antigamente, no Calendário Litúrgico, a festa da Maternidade da Santíssima Virgem Maria era uma festa de segunda classe que se celebra hoje. Foi no dia 11 de outubro de 431, durante o I Concílio de Éfeso, que foi definido o primeiro dos quatro Dogmas Marianos: o Dogma da Divina Maternidade de Maria. Papa Pio XI, em 1931, por causa do 15º Centenário do Concílio, instituiu a Festa litúrgica.

[501] PAPA JOÃO XXIII.

[502] Dom Raymundo Cardeal Damasceno Assis, Conselheiro Lafaiete-MG, 5 de janeiro de 2018; EPEO.

O Colégio Pio Brasileiro sempre foi significativo ao episcopado brasileiro, "muitos bispos, arcebispos e cardeais haviam estudado no antigo Pio Latino Americano ou no próprio Pio Brasileiro, a partir de 1934, o que criou laços estreitos e fecundos entre eles e o local, que já lhes era bastante familiar, gostavam de se hospedar nesse colégio e de conversar com os seminaristas".[503] Mesmo antes de começar o Concílio, alguns bispos brasileiros que eram membros de comissões conciliares ficavam hospedados no Pio Brasileiro para suas reuniões, e continuaram nele durante o Concílio. Inclusive o consultor da comissão teológica, o teólogo frei Boaventura Kloppenburg[504].

Por causa da proximidade entre a *Domus Mariae* e o Colégio Pio Brasileiro houve favorecimento de interação entre os alunos do colégio e os bispos brasileiros, permitindo que os estudantes acompanhassem melhor os trabalhos do Vaticano II. Nessa época, o número de estudantes seminaristas passava de cem no Colégio Pio Brasileiro.

Foto: residência Domus Marie, durante o Concílio Vaticano II, com a chegada dos bispos brasileiros, 1965.[505]

---

[503] *Padres Conciliares Brasileiros no Concílio Vaticano II Participação e Prosopografia 1959-1965*; padre José Oscar Beozzo. In: Site: *News.va*; acesso em 19 de maio de 2017.
[504] Karl Josef Bonaventura Kloppenburg conhecido como Dom Frei Boaventura Kloppenburg, nasceu dia 2 de novembro de 1919, em Molbergen, Alemanha; faleceu dia 8 de maio de 2009, em Novo Hamburgo, Rio Grande do Sul, foi bispo católico brasileiro, nascido na Alemanha, sendo o segundo bispo da Diocese de Novo Hamburgo.
[505] Fotos: APDRCDA, inéditas.

Foto: residência Domus Marie, durante o Concílio Vaticano II. Conversas de bispos e seminaristas no jardim, 1965.[506]

Foi no Pio Brasileiro, durante o Concílio, que aconteceu a primeira reunião dos bispos brasileiros, na manhã de 14 de outubro de 1962, com a celebração de uma missa pelo cardeal Dom Jaime de Barros Câmara.[507] Após a missa, por sua vez, o cardeal Dom Carlos de Vasconcelos Motta falou sobre o significado espiritual do Concílio para o mundo e para o Brasil.

> "Foi uma época fecunda para os estudantes seminaristas, pois os bispos e teólogos que estavam de passagem por Roma proferiam palestras aos estudantes, colocando-os a par da situação vivida no Brasil, assim como do andamento dos trabalhos de preparação do Concílio, respeitados, naturalmente, os regulamentos em relação ao segredo inerente à função."[508]

***

---
[506] Fotos: APDRCDA, inéditas.
[507] Dom Jaime de Barros Câmara, nasceu em São José-SC, dia 3 de julho de 1894; faleceu em Aparecida-SP, dia 18 de fevereiro de 1971. Foi cardeal brasileiro de ascendência açoriana e madeirense.
[508] Padre José Oscar Beozzo. In site: *News.va*; acesso em 19 de maio de 2017.

No ano de 1963, o seminarista Raymundo Damasceno Assis recebeu as duas últimas ordens menores na Capela dos Irmãos Lassalistas, em Roma.

Fotos: Raymundo Damasceno Assis recebendo as duas últimas ordens menores na Capela dos Irmãos Lassalistas, perto do Colégio Pio Brasileiro, em Roma, 1963.[509]

XIII. Regime militar no Brasil

O Brasil foi destaque mundial por causa da instauração do Regime Militar na madrugada do dia 31 de março de 1964, que foi deflagrado contra o governo legalmente constituído por João Goulart.

A partir do dia 30 de março o governo federal viveu uma autêntica guerra psicológica. "Mas ainda não se conhecia a verdadeira intenção do comandante de Brasília, onde 'candangos' estavam sendo alistados para formar milícia. Nesse caso, estaria ameaçando a integridade do Congresso, e a Capital Federal seria ferida naquilo que lhe é mais peculiar: um mar de tranquilidade."[510] Era preciso parar esse aliciamento e garan-

---
[509] Fotos: APDRCDA, inéditas.
[510] Revista *O Cruzeiro*, 1964, p. 56.

tir a paz à nação brasileira. O meio de comunicação mais eficaz era o rádio e, por meio dele, os políticos, sociólogos e jornalistas se pronunciavam levando informações aos ouvintes. Um bispo da "Igreja brasileira" incitou o povo da capital a defender o presidente João Goulart. Seu pronunciamento foi tomado como sendo o do arcebispo de Brasília, o que lhe custou indiciamento, um Inquérito Policial Militar IPM. Dom Newton, também por meio da rádio, falou aos fiéis católicos, mas em um outro tom.

Quando o presidente João Goulart chegou inesperadamente a Brasília (estava no Rio de Janeiro para receber uma homenagem de sargentos no Automóvel Clube) foi para o Palácio do Planalto onde declarou que controlaria a rebelião e mandaria prender o governador Carlos Lacerda; Jango tinha o dever de mostrar segurança no seu exercício da Presidência da República. Uma hora depois, João Goulart abandonou o Palácio do Planalto e se dirigiu à Granja do Torto, residência oficial do presidente, tendo convocado para uma reunião o deputado Doutel de Andrade, o senador Artur Virgílio e o deputado Tancredo Neves. Então, Dom Newton visitou-o na Granja do Torto, antes de Jango partir para Porto Alegre. O presidente havia perdido todo o apoio militar, já não tinha mais condição de resistir a sua deposição. Emocionou-se e agradeceu a visita de Dom Newton, em um importante momento de sua vida, em que muitos o haviam abandonado. Jango ia para Porto Alegre onde contava com o apoio do governador Leonel Brizola que tentou mobilizar o povo a seu favor, com a chamada *Rádio da Legalidade*. Enquanto isso, no Congresso Nacional, em sessão relâmpago de apenas 10 minutos, ao "ler um ofício do senhor Darcy Ribeiro, que anunciava a partida do presidente João Goulart para o Rio Grande do Sul, o senador Moura Andrade considerou vaga a Presidência da República e proclamou o deputado Ranieri Mazzilli novo chefe do Poder Executivo".[511] Jango deixou o país e se exilou no Uruguai para a paz do país.

---

[511] Idem, p. 57.

A repressão chegou à Igreja Católica e os religiosos eram vigiados e censurados. Dentro desse contexto, até mesmo Dom Newton em relação ao seu pronunciamento na *Rádio Nacional* em Brasília, no dia em que os militares depuseram o presidente da República, escreveu e enviou uma circular aos sacerdotes, religiosos, religiosas e participantes das paróquias da arquidiocese de Brasília, expondo a verdade do seu pronunciamento, que havia sido confundido com o discurso de um "bispo" da "Igreja brasileira"; precisou fazê-lo por causa da matéria injuriosa que foi publicada no jornal *O Globo* no dia 4 de abril de 1964, e das deturpações ocorridas às suas respostas à entrevista que ele concedeu, no dia 22 de abril, ao mesmo jornal; em que disseram, até mesmo, que ele havia se recusado a celebrar missa pela "libertação" do Brasil. Dom Newton levou ao clero e aos fiéis católicos da arquidiocese de Brasília os esclarecimentos:

Foto: carta.[512]

---

[512] In: *Circular Reservada*. Dom José Newton, Brasília, 26 de abril de 1964. Documento: APDRCDA, inédito.

Circular Reservada

Quando, ao entardecer daquele dia, chegava a Brasília, praticamente deposto e, pois, derrotado, o presidente da República, e os populares dominavam a Rádio Nacional, pareceu-me chegada a hora para o apelo ao povo. Pelas 19 horas, em companhia de Mons. Vigário-Geral, dirigi-me para a Rádio Nacional. Ao entrar no gabinete do Diretor, verifiquei, para surpresa minha, que o sr. Darci Ribeiro estava a ocupar o microfone. Recusei-me então, a penetrar no estúdio, a fim de somente falar após a retirada do referido sr. Este, porém, sabendo da minha intenção, permaneceu propositadamente junto ao microfone. Já anunciado, comecei o meu apelo, dizendo textualmente que a minha presença ali, e a minha palavra, <u>eram diferentes</u>, pois levava apenas uma exortação em prol da ordem e da serenidade, com um insistente pedido para que não transformasse a Capital num lamentável teatro de vergonhosas depredações. E, para que não deixassem de ficar documentadas minhas palavras, li a 'Mensagem de Páscoa' (bastante a propósito), que escrevera aos Fiéis, dois dias antes. Renovado o apelo de ordem, retirei-me, certo de ter cumprido pertinente dever. E, em Brasília, como todos sabem, graças a Deus, não houve quebra-quebra.

– Mas, V. E. se recusou a celebrar Missa pela "libertação" do Brasil?

– Deus sabe o quanto rezo, até todos dos dias, pela libertação deste estremecido Brasil. E faço desinteressadamente, porque não tenho dinheiro nem terras nem casas nem indústrias. Rezo pela grandeza do Brasil, pelas suas instituições cristãs e democráticas, pelos responsáveis por seus destinos, por todos os meus Irmãos brasileiros, principalmente pelos humildes e deserdados. E tudo isto está de pleno acordo com o Evangelho. Naquela mesma manhã do dia 21 de abril, celebrei a santa Missa, diante do povo e das autoridades, pelo Brasil e por Brasília. Mas, não vi presentes nessa Missa os zelosos críticos...

Comentário. O modelo de como se deve rezar pela Pátria, é a bela Oração, composta pelo Episcopado, e que os fiéis brasileiros repetem após as Bênçãos do SS. Sacramento. O texto dessa Oração, mais do que nunca, merece ser meditado. Verifica-se, nesta hora de confusão, muita exploração, em torno da Missa, do Terço, de Religião e da Igreja. Não confundamos alho com bugalho. Nossa responsabilidade é diante de Deus, que nos julgará, e a Quem devemos lealdade e amor. Os homens passam...

Brasília, aos 23 de abril de 1964
† JOSÉ NEWTON, Arcebispo de Brasília.

Então, as duas últimas sessões do Concílio, dos anos de 1964 e 1965, foram em um período em que o Brasil encontrava-se sob o regime militar. Os alunos do Colégio Pio Brasileiro esperavam ansiosos a chegada dos bispos brasileiros e aproveitavam para se informarem melhor da situação política-social-econômica do Brasil.[513]

***

Em Roma, além das notícias trazidas pelos arcebispos e bispos do Brasil, também eram esperadas pelos seminaristas do Pio Brasileiro, as visitas de brasileiros ilustres que passavam por Roma. Como ocorreu em junho de 1963, quando o colégio foi visitado pelo presidente João Goulart[514] e o marechal Teixeira Lott[515], por ocasião dos funerais do Papa João XXIII, "o marechal começou a cumprimentar os alunos, um por um. Um aluno mais atirado disse ao marechal: basta dizer um 'oi', não precisa cumprimentar cada um. O marechal retrucou: 'já cumprimentei tanta gente que não merecia, vocês merecem os cumprimentos'".[516] Juscelino Kubitschek, possível candidato em 1965, também esteve no Colégio, por ocasião do início do Pontificado do Papa Paulo VI, na ocasião, apresentou o seu plano de governo para o "novo mandato"[517], pretendia fazer uma revolução na agricultura,[518] alguns seminaristas deram uma

---

[513] Dom Raymundo Cardeal Damasceno Assis, Aparecida-SP, 22 de janeiro de 2017; EPEO.
[514] João Belchior Marques Goulart, ou simplesmente 'Jango', como era conhecido, governou o país de setembro de 1961 a março de 1964. Nasceu em São Borja, no Rio Grande do Sul. Entrou para a política com o apoio de seu conterrâneo e amigo particular, Getúlio Vargas.
[515] Na eleição presidencial brasileira de 1960, o Marechal Lott, já na reserva, foi postulado candidato à Presidência da República pela coligação governista PTB/PSD que elegera Juscelino Kubitschek em 1955 e dera sustentação ao governo deste e recebeu apoio de Juscelino.
[516] Dom Raymundo Cardeal Damasceno Assis, Brasília-DF, em 1 de setembro de 2017; EPEO.
[517] Dom Raymundo Cardeal Damasceno Assis. In: *Correio Brasilienze*, 2002, p. 5.
[518] Em discurso na convenção realizada em Brasília, em 21 de março de 1964, Juscelino Kubitschek reafirmou que seu futuro governo daria prioridade à agricultura. "A reforma agrária está hoje incorporada ao contexto das plataformas autenticamente democráticas. Com seu duplo caráter social e econômico, é inevitável". Apresentou programa de noventa metas, concentrado na questão social. In: COUTO, Ronaldo Costa. *Juscelino Kubitscheck*, p. 174.

risada de deboche. Ele parou um pouco e retrucou: "Quando anunciei a construção de Brasília, a risada foi bem maior".[519]

Em 1964, após a Revolução, Carlos Lacerda[520] e Abreu Sodré[521] visitaram Roma e passaram pelo Pio Brasileiro, com a missão de justificar, na Europa, a Revolução. Visitou, também, o colégio, o político e escritor Plínio Salgado[522], e tantas outras personalidades brasileiras que faziam questão de visitar o colégio.

As sessões do Concílio Vaticano II aconteciam na Basílica de São Pedro onde se reuniam 2.500 bispos, elas eram somente de manhã; à tarde os bispos ficavam em casa, preparando a sessão do dia seguinte, lendo documentos; porque tinham que votar, que intervir... eram assessorados por grandes teólogos da época, nesse período, ficavam em Roma.

O seminarista Damasceno, assim como os seus colegas seminaristas, tiveram a gratificante experiência em acompanhar de perto o Concílio.

> "Tudo isso tinha uma incidência muito grande sobre nós, primeiramente porque éramos jovens. Tínhamos um idealismo como que fôssemos renovar a Igreja. Havia aquela ansiedade durante as aulas, uma inquietação, certo desejo de aguardar o que o Concílio iria decidir, ao invés de só aceitar o que estava escrito nos livros... ou o que era exposto pelo professor. 'Será que o que ele está dizendo hoje vai mudar amanhã?', pensávamos."[523]

---

[519] Dom Raymundo Cardeal Damasceno Assis, Brasília-DF, 1º de setembro de 2017; EPEO.

[520] Lacerda chegava à maturidade de seus 50 anos em 1964. Aspirava à presidência, queria ser o candidato da "revolução", nas eleições de 1965.

[521] Abreu Sodré atuou no cenário político estadual e nacional em quatro décadas marcadas por crises institucionais, como o Estado Novo, entre 1937 e 1945, e o regime instaurado com a intervenção militar de 1964.

[522] Durante o governo de Goulart, Plínio Salgado aliou-se à UDN e ao PSD na luta contra as chamadas reformas de base nos termos pretendidos pelo governo. Em 19 de março, foi um dos oradores da Marcha da Família com Deus pela Liberdade, realizada em São Paulo com a participação de cerca de trezentas mil pessoas, em protesto contra o governo. Apoiou o movimento político-militar de 31 de março de 1964, que depôs João Goulart, e a eleição, pelo Congresso, do general Humberto Castelo Branco como chefe do governo, em 11 de abril seguinte.

[523] Dom Raymundo Cardeal Damasceno Assis. In: *Cardeal Damasceno: A Providência sempre nos surpreende (1) Arcebispo de Aparecida narra sua trajetória*; em 18 de novembro de 2010, por Alexandre Ribeiro. In site: *ZENIT O mundo visto de Roma*; acesso em 13 de maio de 2017.

Os bispos brasileiros decidiram convidar vários teólogos para dar palestras para eles, à noite, na Residência *Domus Mariae*. Como o Colégio Pio Brasileiro era vizinho, os jovens alunos seminaristas brasileiros, de certo modo, davam um jeito de entrar para conhecer os renomados teólogos e ouvir suas conferências. Inclusive o seminarista estudante de teologia, Raymundo Damasceno Assis, tinha curiosidade e assistia às conferências.

Foto: Seminaristas na Universidade Gregoriana. Em destaque, na segunda fileira, o seminarista Raymundo Damasceno Assis. O segundo da esquerda para a direita, o reitor do colégio Pio Brasileiro, padre Monerat, SJ, Roma, 1963.[524]

Existia nos alunos seminaristas a esperança de uma renovação à Igreja, "eles queriam saber o que os teólogos estavam falando, apresen-

---
[524] Foto: APDRCDA.

tavam os mais diversos temas abordados pelo Concílio; então, às noites em que havia conferência, os seminaristas do Pio Brasileiro davam um jeito de entrar, era perto... iam e voltavam a pé".[525]

> "Foi um período muito rico. Tivemos a experiência de ver os pastores da Igreja reunidos em Roma, ao redor de Pedro, tratando de temas importantíssimos para toda a Igreja."[526]

Ao acompanhar essas conferências, Raymundo Damasceno Assis teve o prazer de conhecer e ouvir os teólogos: Karl Rahner, Yves Congar, Henri de Lubac, Jean Daniélou, Joseph Ratzinger, Marie-Dominique Chenu, Hans Küng, Johann Baptist Metz, Bernard Häring, Hans Urs von Balthasar etc. Para Damasceno foi um momento muito especial, de contato com grandes teólogos da época, realizou o desejo, pois eram teólogos citados nos livros que usavam para seus estudos e, também mencionados pelos professores em salas de aula, e eles estavam ali, em Roma. Uma riqueza de informações, para o seminarista foi mais um período, em que viveu intensamente na alegria do Senhor.

No início do 4º período, última etapa do Concílio Vaticano II, a Procissão Penitencial[527] partiu da Basílica Sessoriana, *Santa Croce in Gerusalemme*,[528] e foi presidida pelo Santo Padre.

Na célebre homilia pronunciada por Paulo VI, aos participantes do Concílio, no dia 8 de dezembro de 1965, Festa Litúrgica da Ima-

---

[525] Dom Raymundo Cardeal Damasceno Assis, Aparecida-SP, 22 de janeiro de 2017; EPEO.

[526] Dom Raymundo Cardeal Damasceno Assis. In: *Cardeal Damasceno: A Providência sempre nos surpreende (1) Arcebispo de Aparecida narra sua trajetória*; em 18 de novembro de 2010, por Alexandre Ribeiro. Site: *ZENIT O mundo visto de Roma*, acesso em 13 de maio de 2017.

[527] No dia 14 de setembro de 1965.

[528] *Santa Croce in Gerusalemme* ou Basílica da Santa Cruz em Jerusalém, é uma basílica menor, uma igreja titular e uma das sete igrejas de peregrinação em Roma-Itália. Está localizada no rione Esquilino, no vértice do «tridente» formado pela *viale Carlo Felice, via di Santa Croce in Gerusalemme* e *via Eleniana*. Segundo a tradição, a basílica foi consagrada por volta de 325 para abrigar as relíquias da Paixão de Cristo trazidas a Roma da Terra Santa pela imperatriz Santa Helena, mãe do imperador romano Constantino I.

culada Conceição, o Papa encerrou solenemente o Concílio, desejando que o Vaticano II acendesse nova fagulha da caridade divina nos corações que, inflamados de caridade, renovariam os pensamentos, atividades, costumes, força moral, alegria e esperança, gerados pelo Concílio.

> "Mandamos também e ordenamos que tudo quanto foi estabelecido conciliarmente seja observado santa e religiosamente por todos os fiéis, para glória de Deus, honra da santa mãe Igreja, tranquilidade e paz de todos os homens."[529]

Fotos: Basílica Sessoriana, Santa Croce in Gerusalemme, Procissão Penitencial, setembro de 1965.[530]

---
[529] PAPA PAULO VI. Carta Apostólica *In Spiritu Sancto*, conclusão do Concílio Ecumênico Vaticano II.
[530] Fotos: APDRCDA, inéditas.

XIV. Os estudos e as férias

"Seja o homem nobre, caridoso e bom. São as únicas coisas que o distinguem dos demais seres."[531]
(Johann Wolfgang von Goethe)

O estudo na Universidade Gregoriana de Roma era rígido, exigente. Com atenção especial para as matérias curriculares, o seminarista Damasceno dedicava-se, também, em aprimorar outros idiomas. Dominava o francês (aprendeu com os maristas), o latim (aprendeu no seminário em Mariana), o inglês (dedicou-se ao aprendizado curricular), o russo (iniciou o estudo de russo com o professor Dimitry Ivannovitch Gavrillof), o alemão (iniciou com o seminarista João Göetz,) e, mesmo assim, Raymundo Damasceno Assis tinha necessidade de aprender outros idiomas, ou aprimorar aqueles que ele sabia. A Universidade Gregoriana era o lugar ideal para esse aprendizado, "como era uma universidade internacional, havia alunos de todas as partes do mundo e, nos intervalos os alunos tinham o hábito de aproveitar a amizade de um com o outro para exercitar-se na prática da língua daquele companheiro".[532] O seminarista Damasceno, nos intervalos das aulas, alternava, conversava com o amigo inglês do Colégio Americano e, também, com o amigo alemão Josef Voss[533] do Colégio Germânico, praticando esses dois idiomas.

Durante as férias na universidade, no primeiro e segundo ano (1961 e 1962), Damasceno e outros amigos seminaristas acompanhavam o re-

---

[531] Johann Wolfgang von Goethe, nasceu em Frankfurt, Main, no dia 28 de agosto de 1749; faleceu no dia 22 de Março de 1832, Weimar. Foi escritor e estadista alemão que também fez incursões pelo campo da ciência natural.

[532] Dom Raymundo Cardeal Damasceno Assis, Aparecida-SP, 30 de abril de 2017; EPEO.

[533] Josef Voss estudou de 1958 a 1968 em Roma, onde recebeu sua licenciatura em filosofia. Em 10 de outubro de 1964, recebeu na igreja romana de Santo Inácio de Loyola, em Campo Maezio, o sacerdócio por Julius Kardinal Döpfner. Josef Voss morreu em 16 de dezembro de 2009, em Münster e, no dia 22 de dezembro, foi enterrado na catedral Münster.

petidor padre Marcello de Carvalho Azevedo[534] em viagens pela Alemanha. Padre Azevedo havia estudado na Alemanha e gostava daquele país. Eles ficavam hospedados em casas de famílias. "Hospedei-me com a família, Hennies, senhor German e senhora, em Brühl, Rheinstrasse, 105.[535] O marido havia participado das guerras mundiais (1914 e 1939). Casal muito acolhedor, religioso, muito austero e disciplinado. Nas refeições tudo era feito sob medida, não poderia sobrar nada. Era fruto de experiência da fome durante a guerra."[536]

Depois dessa viagem para a Alemanha, foi criada a oportunidade dos seminaristas trabalharem durante as férias. O seminarista Damasceno fez a opção de trabalhar em uma montadora de automóveis, na Alemanha. Seu primeiro emprego foi perto de Frankfurt, na fábrica Opel[537], em Rüsselsheim, em 1963. Em que um teólogo podia trabalhar em uma fábrica de automóveis? Damasceno foi trabalhar... contando e encaixotando peças de carro. Trabalhou durante dois meses e recebeu seu primeiro salário em marco alemão, com o desconto do imposto eclesiástico *kirchensteuer*[538]. Teve a experiência de viver no mundo do trabalho e de conviver com operários turcos, espanhóis, portugueses, gregos e alemães, que moravam nessa região da Alemanha.

---

[534] Padre Marcello de Carvalho Azevedo, nasceu em Belo Horizonte-MG, no dia 18 de abril de 1927, e faleceu no dia 24 de fevereiro de 2010, em Belo Horizonte. Foi padre jesuíta. Em 1958 foi convocado para assumir interinamente o programa brasileiro da Rádio Vaticano e foi o primeiro a anunciar a todo Brasil a morte do Papa Pio XII. Fez mestrado em teologia na Universidade Gregoriana.

[535] Brühl é uma cidade da Alemanha, localizada no distrito de Rhein-Erft-Kreis, estado da Renânia do Norte-Vestfália. Fica 20 km ao Sul de Colónia. Fica localizada na margem da reserva natural "Naturpark Kottenforst-Ville".

[536] Dom Raymundo Cardeal Damasceno Assis, Aparecida-SP, 30 de abril de 2017; EPEO.

[537] A *Opel* foi fundada por Adam Opel na Alemanha, em 21 de janeiro de 1863. A empresa começou como uma fábrica de máquinas de costura; em 1886, passou a produzir bicicletas; em 1899, passou a produzir automóveis e vem mantendo esse tipo de produção até os dias de hoje. Os primeiros carros a partir de design próprio foram fabricados em 1906. Foi subsidiária da General Motors de 1929 até 2017, quando foi adquirida pelo grupo PSA Peugeot-Citroën.

[538] O imposto da Igreja é um imposto que as comunidades religiosas coletam de seus membros para financiar os gastos com a comunidade.

Foto: Fábrica Opel, Rüsselsheim – Alemanha; s/d.[539]

Nas férias do ano seguinte, o seminarista Damasceno optou por trabalhar na França, região de Lorena, em Nancy[540], onde passou alguns dias de férias com o casal Bernard Antone e Marie Cécile, a rua Jeanne D'Arc, 282; o casal tinha quatro filhos: Dominique, Bruno, Benedicte e Anne. (Após 40 anos, estando em Paris, Dom Damasceno telefonou para Anne e ela o reconheceu, imediatamente, pela voz, e comentou: "É o Raymundo? Até hoje tenho o dicionário de alemão que o senhor me deu de presente".) Em seguida, Damasceno foi trabalhar na lavoura, em Maizéres Les Toul, na família Drouard, no recolhimento do feno para o inverno. "Era um trabalho bem rural"[541] que desempenhou nesse segundo ano de trabalho nas férias.

---

[539] Foto: site *P5.focus*; acesso em 11 de maio de 2017.
[540] Nancy, ou, na sua forma portuguesa, Nanci, é uma cidade francesa situada em Meuthe-et-Moselle, na região da Lorena.
[541] Dom Raymundo Cardeal Damasceno Assis, Aparecida-SP, 30 de abril de 2017; EPEO.

Foto: carta.

"Roma, 25 de agosto de 1963,
Exmo. Sr. Arcebispo,
Laudetur Jesus Christus!
Regressei a Roma dia 20pp. Minhas férias foram realmente aproveitadas. Dediquei-me de modo especial, ao estudo e ao contato com organizações agrícolas da Lorena, pois a agricultura é atualmente o problema crucial do Brasil. Creio que o pouco que aprendi, poderá ser útil em meu futuro apostolado.
Desejando para V. Excia. uma ótima viagem, despeço-me pedindo-lhe a bênção.
Seu seminarista
Raimundo Damasceno Assis"[542]

Para melhorar seu conhecimento do idioma alemão, em 1964, Damasceno fez o curso no *Goethe-Institut*[543], na cidade de Grafing, a 30 km de Munique.

---

[542] In: Carta de Raymundo Damasceno Assis, seminarista, Roma-ITA, para Dom Newton de Almeida, arcebispo de Brasília-DF; em 25 de agosto de 1963. Acervo da Cúria da arquidiocese de Brasília-DF. Inédito.
[543] O *Goethe-Institut* é o instituto cultural de âmbito internacional da República Federal da Alemanha, promovendo o conhecimento da língua alemã no exterior e o intercâmbio cultural internacional.

```
        GOETHE-INSTITUT
ZUR PFLEGE DEUTSCHER SPRACHE UND KULTUR
           IM AUSLAND E.V.
              MÜNCHEN


            ZEUGNIS
           (Zweitschrift)

Herr Raimundo D a m a s c e n o   A s s i s
```

Foto: cabeçalho do certificado de Raymundo Damasceno Assis à conclusão de curso no Goethe-Institut, 1964.[544]

Damasceno ficou hospedado em uma casa de família, e isso muito o ajudou a ampliar seu conhecimento da língua alemã, por meio dos contatos com a família e outras pessoas da cidade.

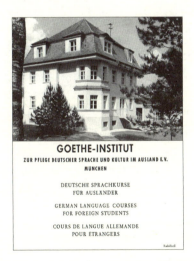

Foto: imagem do edifício e o folder de propaganda do Goethe-Institut, 1964.[545]

---

[544] Documento: APDRCDA, inédito.
[545] Idem.

Nas férias de 1965, Raymundo Damasceno decidiu-se por outra atividade na Alemanha. Há uma prática nesse país de que os seminaristas devem fazer uma experiência de serviços nos hospitais. O seminarista Damasceno trabalhou, a convite das Irmãs Franciscanas de Olpe, durante dois meses no *Karoline-Hospital*[546] em Neheim-Hüsten,[547] perto de Dortmund,[548] onde tinha uma escola de enfermagem.

> "O que foi muito importante, porque ali eu me deparei com os problemas concretos do ser humano, as limitações da vida humana, o sofrimento... e isso fez com que amadurecesse a minha vocação."[549]

Foto: *Karoline-Hospital* em Neheim-Hüsten – Alemanha; vista aérea; s/d.[550]

Ao chegar para trabalhar no Karoline-Hospital, Raymundo Damasceno Assis recebeu o jaleco de enfermeiro, com *bip* no bolso. Logo no primeiro

---

[546] Hospital dirigido por freiras franciscanas. Um dos focos da assistência ao paciente no local é fornecer diagnóstico e tratamento de doenças do trato gastrointestinal, incluindo câncer. In: site *klinikum-arnsberg*; acesso em 13 de maio de 2017.
[547] Neheim e Hüsten são dois bairros da cidade Arnsberg em Hochsauerlandkreis, em North Rhine-Westphalia, Alemanha. De 1941 ao final de 1974, eles formaram juntos a cidade Neheim-Husten; desde 1º de janeiro de 1975 entre Arnsberg. Neheim-Husten tem 33,944 habitantes, cerca de 40% da população total da cidade de Arnsberg.
[548] Dortmund é uma cidade da Alemanha localizada no estado da Renânia do Norte-Vestfália. Uma das maiores cidades do Vale do Ruhr, fazendo parte da Megalópole renana.
[549] Dom Raymundo Cardeal Damasceno Assis, Aparecida-SP, 30 de abril de 2017; EPEO.
[550] Foto: site *golocal*; acesso em 22 de maio de 2017.

momento foi convocado para auxiliar um médico a fazer um exame em um senhor que tinha câncer na próstata; por meio da introdução de um cateter pelo canal da uretra. Ele tinha de segurar o aparelho com um alicate enquanto o médico ia examinando. Quando o médico olhou para o lado e viu que seu ajudante estava quase desmaiando, disse: "Vai lá fora, respira fundo e depois o senhor volta".[551] Realmente, Raymundo Damasceno estava transpirando muito, passando mal. Saiu, respirou fundo e logo voltou para ajudar.

Foto: relatório médico-hospitalar de Raymundo Damasceno Assis, para admissão ao trabalho no Karoline-Hospital em Neheim-Hüsten, Alemanha, setembro de 1966.[552]

A partir desse primeiro contato, o seminarista Damasceno começou a gostar do hospital. Sua rotina era assistir às cirurgias; acompanhar o médico às visitas aos internos pela manhã; dar banho nos doentes, sobretudo em pessoas dependentes, vítimas da Segunda Guerra Mundial. Ele tratava todos com dignidade, conversava com os médicos, fez muitas amizades. Importante aprendizado.

---

[551] Dom Raymundo Cardeal Damasceno Assis, Aparecida-SP, 30 de abril de 2017; EPEO.
[552] Documento: APDRCDA, inédito.

As freiras franciscanas que dirigiam o hospital gostaram da atuação de Damasceno e o convidaram para permanecer ali e cursar a escola de enfermagem: "termine o curso de catequese e volte para cá para fazer o curso de enfermagem, porque será muito útil para o senhor no Brasil".[553] Elas tinham uma ideia de que o Brasil era muito atrasado e que seria necessário, depois de ordenado sacerdote, receitar remédios, cuidar de doentes etc. O seminarista fez as contas do tempo que já estava fora do Brasil: quatro anos em Roma, mais dois anos na Alemanha, teria de ficar ainda mais dois anos para se formar como enfermeiro, pensou: "desse jeito não voltarei mais para o Brasil... então... desisto da enfermagem".[554] Ele agradeceu o convite e respondeu que não. Resolveu que faria somente uma experiência de trabalho hospitalar. Ficou algum tempo residente, dormia no hospital, seu quarto era ao lado da sala de partos, toda noite escutava o choro de um neném... ele pensava... "nasceu mais um!"

O seminarista Damasceno continuou informando Dom Newton sobre suas atividades escolares e de férias.

Foto: carta de Raymundo Damasceno Assis a Dom Newton.

---

[553] Dom Raymundo Cardeal Damasceno Assis, Aparecida-SP, 30 de abril de 2017; EPEO.
[554] Idem.

―――――――― Seminário ――――――――

> Roma, 8 de julho de 1965
> Prezado Sr. Arcebispo,
> Peço-lhe a bênção!
> Amanhã partirei para a Alemanha.
> Na volta da Alemanha, espero, se Deus quiser, encontrar-me pessoalmente com V. Excia., por ocasião do Concílio.
> Despeço-me de V. Excia., desejando-lhe saúde e pedindo-lhe sua bênção para minhas férias.
> Seu seminarista
> Raimundo Damasceno Assis [555]

Na mesma carta do dia 8 de julho, o seminarista Raymundo Damasceno expressou sua vontade de encontrar com o arcebispo de Brasília, em Roma, na época do Concílio. Período para matar as saudades e receber notícias da Igreja de Brasília.

Foto: carta.

> O encontro com os Srs. Bispos é para todos nós um motivo de profunda satisfação. Esta foi, sem dúvida, uma das grandes graças para nós que tivemos a felicidade de assistir de perto o Concílio. [556]

---
[555] Foto: carta de Raymundo Damasceno Assis, seminarista, Roma-ITA, para Dom Newton de Almeida, arcebispo de Brasília-DF; em 8 de julho de 1965. Acervo da Cúria da Arquidiocese de Brasília-DF. Inédito.
[556] Idem.

No meio do ano de 1965, o seminarista Raymundo Damasceno Assis finalizou suas provas de teologia, na certeza de que os ensinamentos preciosos e importantes deveriam ser multiplicados.

Foto: carta.

> Roma, 19 de junho de 1965
> Exmo. Sr. Arcebispo,
> Peço-lhe a bênção!
> Desejo que V. Excia. esteja bem de saúde.
> Ontem, terminei meu exame de licença em teologia. Consegui um resultado suficiente. Este é o menos importante, pois o essencial é viver e comunicar aos outros as riquezas que se aprendeu.
> Aguardando a resposta de V. Excia. despeço-me pedindo-lhe mais uma vez sua bênção.
> Seu seminarista
> Raimundo Damasceno Assis
> PS: O meu endereço após o dia 10: 6415 Petersberg bei Fulda
> 44 Bergstr Alemanha"[557]

---

[557] Documento: carta de Raymundo Damasceno Assis, seminarista, Roma-ITA, para Dom Newton de Almeida, arcebispo de Brasília-DF; em 19 de junho de 1965. Acervo da Cúria da arquidiocese de Brasília-DF. Inédito.

XV. Ordens menores

Raymundo Damasceno Assis, no ano de 1965, terminou seus estudos de teologia. Recebeu as quatro ordens menores[558]: *Acolitato*, *Exorcista*, *Leitorato e Ostiário*. Recebeu também a Tonsura.

Foto: carta.[559]

---

[558] Após as reformas litúrgicas do Concílio Vaticano II, o Papa Paulo VI extinguiu as quatro *Ordens Menores* e o subdiaconato. Pelas Cartas Apostólicas *Ministeria Quædam*, de 15 de agosto de 1972, o Papa Paulo VI manteve o *leitorato* e o *acolitato* como ministérios da Igreja Latina, podendo ser concedidos a leigos e sendo obrigatórios aos candidatos ao diaconato e ao presbiterado.
[559] Documento: APDRCDA, inédito. Certificados conferidos a Raymundo Damasceno Assis, pelo Pontifício Colégio Pio Brasileiro, em dia 21 de dezembro de 1965, Roma-ITA: Exorcista e Acolitato; Leitor e Ostiario; Tonsura. Inédito.

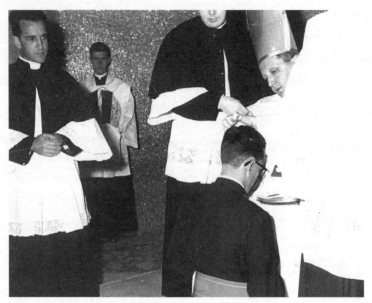

Foto: primeira Tonsura em Raymundo Damasceno Assis, 1965.[560]

O caminho estava aberto para o filósofo e teólogo Raymundo Damasceno Assis dar o passo para o *Diaconato* e a *Ordenação Sacerdotal*, cabia a ele decidir o que fazer. Em virtude das mudanças que testemunhou durante o Concílio Vaticano II, havia nele uma preocupação com aquelas renovações... inclusive, conviveu com muitos padres que deixaram o sacerdócio para exercer outras funções, outras atividades no mundo. Damasceno recebeu a orientação de seu diretor espiritual para que esperasse amadurecer mais sua vocação ao sacerdócio. O bispo quis que ele complementasse seus estudos de teologia e deixou a seu critério a escolha; podia fazer um doutorado ou outra pós-graduação que quisesse, no país que escolhesse.

---

[560] Foto: APDRCDA, inédita.

Foto: certificado de teologia pela Pontifícia Universidade Gregoriana, Raymundo Damasceno Assis, Roma, 1965.[561]

Os estudos em Roma e o acompanhamento ao Concílio fomentaram em Damasceno um grande amadurecimento espiritual. Seu destino estava em suas mãos, precisava decidir. Ponderou as alternativas: "volto para o Brasil, para conhecer melhor Brasília, e me preparar para o Diaconato em Brasília; ou continuo meus estudos em Roma; ou irei para algum outro lugar?"[562] Refletiu que precisava, sim... fazer uma experiência maior, amadurecer mais sua opção vocacional. Vivenciou o Concílio Vaticano II, aprendeu muito com os teólogos que ampliaram nele o horizonte da espiritualidade cristã. Um período fecundo para o seminarista Damasceno. A Santa Madre Igreja passava por transformações e, ele, que participou desde criança na missa celebrada no rito Tridentino, o uso constante de

---

[561] Documento: APDRCDA, inédito.
[562] Dom Raymundo Cardeal Damasceno Assis, Aparecida-SP, 30 de abril de 2017, EPEO.

batina e outras práticas religiosas, precisava de um tempo salutar para que sua vontade de tornar-se sacerdote não desmoronasse, como viu acontecer com amigos seminaristas e, até mesmo, com padres, depois do Concílio Vaticano II. Em oração, naquela época de transformações, Damasceno tinha autodomínio em relação a sua união com Cristo e queria que sua vida fosse consagrada totalmente a serviço da construção do reino de Deus. Porém, desde seus 10 anos de idade, foi aprimorando, cada vez mais, sua caminhada para o sacerdócio. Por isso, decidiu que precisava amadurecer sua opção vocacional. Com o aval de seu conselheiro espiritual, deveria adiar por um tempo sua ordenação sacerdotal.

Quando foi questionado a respeito de qual seria sua meta para esse amadurecimento, Raymundo Damasceno Assis disse que desejava fazer o *Curso Superior de Catequese*, na Alemanha.

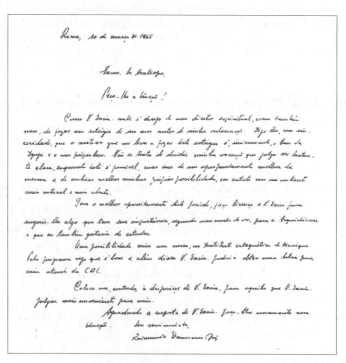

Foto: carta.

> Roma, 10 de março de 1965
> Exmo. Sr. Arcebispo,
> Peço-lhe a bênção!
> Como V. Excia. sabe é desejo de meu diretor espiritual, como também meu, de fazer um estágio de um ano antes de minha ordenação. Digo-lhe, com sinceridade, que o motivo que me leva a fazer este estágio é, inicialmente, o bem da Igreja e o meu próprio bem. Não se trata de decidir minha vocação que julgo ser bastante clara, enquanto isto é possível, mas sim de um aprofundamento melhor da mesma e de conhecer melhor minhas próprias possibilidades, em contato com o ambiente mais natural e mais aberto.
> Para o melhor aproveitamento deste período, peço licença a V. Excia. para sugerir-lhe algo que tem sua importância, segundo meu modo de ver, para a Arquidiocese e que eu também gostaria de estudar.
> Uma possibilidade seria um curso no Instituto Catequético de Munique. Pelo programa vejo que é bom e além disso V. Excia. poderia obter uma bolsa para mim por meio da CAL.[563]
> Coloco-me, contudo, à disposição de V. Excia., para aquilo que V. Excia. julgar mais conveniente para mim.
> Aguardando a resposta de V. Excia. peço-lhe novamente sua bênção.
> Seu seminarista,
> Raimundo Damasceno Assis[564]

O pedido foi aceito e providenciada para ele uma bolsa de estudos junto à Adveniat[565], em Munique, com o objetivo de complementar seus estudos teológicos. No mês de julho, época de férias, Raymundo Damasceno Assis viajou por alguns países europeus, inclusive Inglaterra e Alemanha.

---

[563] Pontifícia Comissão para a América Latina.
[564] Documento: carta de Raymundo Damasceno Assis, seminarista Roma-ITA, para Dom Newton de Almeida, arcebispo de Brasília-DF; em 10 de março de 1965. Acervo da Cúria da arquidiocese de Brasília-DF. Inédito.
[565] Em agosto de 1961, no dia da festa de Santa Rosa de Lima, padroeira da América Latina, fundou-se a Ação Episcopal Adveniat. Com o bispo de Essen, Franz Hengsbach, na frente dele, decidiu-se alocar a coleta das missas de véspera de Natal, realizada em todas as Igrejas Católicas na Alemanha, para as necessidades pastorais da América Latina.

Fotos: cartões-postais enviados por Raymundo Damasceno Assis aos seus pais, Londres-Inglaterra e Hamburgo-Alemanha, julho de 1965.[566]

> Londres, 17/7/65
> Queridos Pais.
> Estou lhes enviando um cartão de Londres. Estou escrevendo do estádio de Wembley onde vai ser jogado a Copa mundial de foot-ball. Já estou pensando no Pelé e nos outros jogadores que jogarão aqui onde estou agora. Amanhã sigo de navio para a Holanda. De lá mandarei outro cartão para vocês.
> Um abraço do filho,
> Raimundo

> Hamburgo, 22/7/65
> Queridos Pais
> Peço-lhes a bênção!
> Estou em Hamburgo, a maior cidade da Alemanha, estou hospedado num grande hospital de freiras. Não querem cobrar nada. Amanhã sigo para Berlim onde volto pela 2ª vez. E assim termina meu giro pela Europa. Espero que vocês tenham recebido os outros cartões. Um abraço do filho
> Raimundo

---
[566] Documento: APDRCDA, inédito.

XVI. Alemanha

"A alma do homem
É como a água:
Do céu vem,
Ao céu sobe,
E de novo tem
Que descer à terra,
Em mudança eterna."
(Johann Wolfgang von Goethe)

Foto: carteira de Identificação Estudantil do Instituto Alemão de Catequese, 7 de outubro de 1965.[567]

O curso superior de catequese teve a duração de dois anos (1966 e 1967). O filósofo e teólogo Raymundo Damasceno Assis mudou-se para Munique, comparecia às aulas e aproveitava para ir às conferências de renomados teólogos alemães, na *Academia Católica da Baviera* em Munique, Bayerische Katholische Akademie, inclusive do padre profes-

---
[567] Documento: APDRCDA, inédito.

sor Joseph Aloisius Ratzinger[568]. Também fez amigos em outras cidades e sempre recebia convites para passar férias, feriados e festas de fim de ano nas residências desses amigos, junto às famílias.

Foto: cartão-postal que Raymundo Damasceno Assis enviou para seus pais, Alemanha, janeiro de 1966.[569]

> "Queridos Pais.
> Peço-lhes a bênção!
> Estou lhes enviando uma vista do lugar onde passei meu Natal este ano. Amanhã, regresso a München para continuar meus estudos. A família onde fiquei hospedado tem um moinho de moer trigo. Vivem deste trabalho. Espero que vocês tenham recebido os presentes que enviei: Binóculos, sombrinha, despertador, fotos, caneta e uma camisa. Abaixo segue a minha assinatura e a do pai da casa.
> Raimundo. Anton Eichinger"

---

[568] PAPA BENTO XVI, nascido Joseph Aloisius Ratzinger, é Papa Emérito e Romano Pontífice Emérito da Igreja Católica. Foi Papa da Igreja Católica e bispo de Roma de 19 de abril de 2005 a 28 de fevereiro de 2013, quando oficializou sua abdicação.
[569] Documento: APDRCDA, inédito.

Foto: certificado de finalização de um seminário no Instituto Catequese na Alemanha, Raymundo Damasceno Assis, 18 de maio de 1967. Também finalização de cursos nos dias: 23 de junho; 12, 17 e 20 de julho, 1967.

Por meio de cartas o seminarista Raymundo Damasceno sempre deixava o arcebispo de Brasília ciente de seus estudos, em Munique, e do seu aprendizado para servir na catequese brasileira.

Foto: carta.

> "München
>
> Caríssimo Sr. Arcebispo
> Peço-lhe a bênção!
> A medida que vou refletindo, vou vendo melhor a importância da catequese no Brasil. Às vezes as notícias que leio são alarmantes" (a respeito da catequese brasileira).
> Sr. Arcebispo, termino formulando votos de saúde para V. Excia. e pedindo-lhe que me abençoe.
> Seu seminarista,
> Raimundo"[570]

A moradia de Damasceno era em uma república de estudantes, *Willy Graf Heim*, na rua Hiltenspergerstrasse. Ele ainda não era padre, nem diácono, era um seminarista leigo à procura de sua identidade vocacional dentro do sacerdócio. Desejava, desde sua infância, ser um sacerdote e precisava decidir qual seria o caminho a trilhar para realizar a vocação para o qual se sentia chamado, e precisava de mais um pouco de tempo para colher o que foi plantado em seu coração.

A república onde ele morava era um prédio que abrigava estudantes de diversas partes do mundo, de ambos os sexos, para estudar as mais variadas disciplinas como: engenharia, medicina, psicologia, teologia etc.

> "Vivia nessa república e fazia o curso de catequese. Uma república muito organizada, estilo alemão, muito disciplinada, tudo muito limpo; as moças viviam na parte de cima do prédio, os rapazes ficavam na parte de baixo; não havia mistura, não havia confusão, tudo transcorria normalmente. Durante a semana eu almoçava fora e, às vezes, no domingo fazia comida em casa, com outros colegas,

---

[570] Documento: Carta de Raymundo Damasceno Assis, seminarista, Munique-GER, para Dom Newton de Almeida, arcebispo de Brasília-DF; em 19 de março de 1966. Acervo da Cúria da arquidiocese de Brasília-DF. Inédito.

dividindo o trabalho na cozinha; pois todo andar tinha sua cozinha própria onde cada um podia fazer sua comida, ou se juntar a um grupo e preparar sua refeição. Nessa república residia também um capelão[571] que dava assistência religiosa aos residentes."[572]

Durante os primeiros meses da estadia de Damasceno em Munique pareceu-lhe "que os dias encurtaram e o trabalho aumentou, tendo uma média de seis aulas por dia, incluindo seminários de estudos e prática nas escolas, sobrando-lhe apenas meia hora para uma sesta e um pouco de tempo à noite, para estudar e refletir".[573] De maneira que o seminarista aproveitava todo tempo para aprimorar seu aprendizado catequético e o domínio da língua alemã. No início de 1967, Raymundo voltou a visitar Berlim, junto com os colegas do curso de Catequese. Para visitarem uma paróquia em Berlim Ocidental a chegada deveria acontecer em horários diferentes, e cada um por si, não podia ser em grupo, devido o controle da Polícia.

Foto: Raymundo Damasceno Assis, Berlim, Alemanha, março de 1967.[574]

---
[571] Padre Karl Josef Romer, que se tornou bispo auxiliar da arquidiocese do Rio de Janeiro. Foi sucedido por um frei franciscano.
[572] Dom Raymundo Cardeal Damasceno Assis, Aparecida-SP, 30 de abril de 2017, especialmente para esta obra.
[573] In: Carta de Raymundo Damasceno Assis, seminarista, Munique-GER, para Dom Newton de Almeida, arcebispo de Brasília-DF; em 25 de maio de 1966. Acervo da Cúria da arquidiocese de Brasília-DF. Inédito.
[574] Foto: APDRCDA, inédita.

Damasceno integrou-se às atividades dos alemães, estava inserido àquela sociedade, falava bem o alemão; tanto que seus amigos alemães não se importavam de fazer, perto dele, alguma crítica aos estrangeiros; eles olhavam para ele e diziam: "o senhor já é nosso... já é quase alemão".[575] Na república, no primeiro ano, teve como colega de quarto um seminarista austríaco Max Eichinger[576], que muito o ajudou a dominar o idioma, pois de manhã e à noite a língua falada era o alemão.

Foto: Raymundo Damasceno Assis, Áustria, 1967.[577]

Durante sua estadia na Alemanha, Damasceno fez amizades com colegas de curso; os laços de simpatia se estreitaram e ele viajou para a Áustria, em 1967, para visitar seu colega de quarto e passar o Natal com a família, em Waldhausen, Ober-Osterreich. O pai de Max, senhor Anton Eichinger, era moleiro. O frio desse período era intenso, cerca de 15º C negativos. Também o padre Werner Sterger[578] tornou-se grande amigo de Damasceno.

---

[575] Dom Raymundo Cardeal Damasceno Assis, Aparecida-SP, 30 de abril de 2017; EPEO.
[576] Mais tarde deixou o seminário. Dedicou-se aos estudos das línguas eslavas e ingressou na carreira diplomática.
[577] Foto: APDRCDA, inédita.
[578] Padre Werner Sterger foi professor na Pedagogische Hochschule, em Colônia, Alemanha.

———————— Seminário ————————

Foto: ao centro Raymundo Damasceno Assis, no fundo, sem óculos, padre Werner Stenger, Áustria, junho de 1967.[579]

XVII. Viagem de férias

Após a conclusão do curso superior de catequese, em 1967, o colega e amigo de curso, padre Werner Stenger,[580] convidou Raymundo Damasceno Assis para aproveitar as férias de julho/agosto e viajarem para a Grécia e Turquia.

Foto: Raymundo Damasceno Assis, viagem de férias, nos alpes no sul da Baviera, agosto de 1967.[581]

---

[579] Foto: APDRCDA, inédita.
[580] Padre Sterger foi professor na Pedagogische Hochschule, em Colônia, Alemanha.
[581] Epidauro, cidade da Grécia antiga, situada na Argólida, às margens do mar Egeu e célebre pelo santuário de Esculápio, deus da Medicina, que atraía doentes de todo o mundo.

223

Foto: Raymundo Damasceno Assis, viagem de férias, no teatro Epidauro, Grécia, 1967 [582]

O Plano, inicialmente, era ir mais longe e visitar a Síria, a Jordânia e Israel. A "Guerra dos Seis Dias" entre árabes e judeus não permitiu que realizassem esse plano ambicioso e desistiram de visitar os países árabes; depois que a Alemanha havia colaborado com Israel nessa guerra, seria correr risco de morte.

Foto: cartão-postal que Raymundo Damasceno Assis enviou aos seus pais quando visitava Istambul, Turquia, agosto de 1967.[583]

---

[582] Fotos: APDRCDA, inéditas.
[583] Documento: APDRCDA, inédito.

> "1-8-1967
> Queridos Pais!
> De Istambul onde o Papa esteve há poucos dias, envio-lhes muitas saudades e abraços. Os jornais falam muito de terremotos, mas vocês não precisam de se preocupar pois comigo está correndo tudo bem.
> Raimundo"

Foram quarenta dias de viagem e treze mil quilômetros percorridos nesses dois países dentro de um carro *Volkswagen* (fusquinha) e foram de embarcação até a ilha de Creta. O padre Werner era da diocese de Trier, e sua família residia em Bad Kreuznach; a mãe era viúva, o pai havia lutado na invasão da Rússia e não mais retornou. O padre Werner, um apaixonado pela Grécia, levou o amigo Raymundo Damasceno para essa magnífica excursão. "Sou lhe grato por este presente que me deu antes de eu regressar ao Brasil."[584]

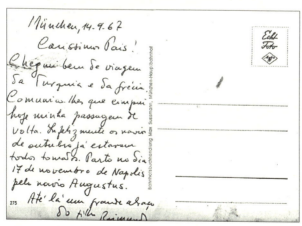

Foto: cartão-postal enviado por Raymundo Damasceno Assis aos seus pais, quando chegou da viagem da Turquia e da Grécia, setembro de 1967.[585]

---

[584] Dom Raymundo Cardeal Damasceno Assis, Brasília-DF, 14 de setembro de 2017; EPEO.
[585] Documento: APDRCDA, inédito.

> München, 14 -9-67
> Caríssimos Pais!
> Cheguei bem de viagem da Turquia e da Grécia. Comunico-lhes que comprei hoje minha passagem de volta. Infelizmente os navios de outubro já estavam todos tomados. Parto no dia 17 de novembro de Nápolis pelo navio *Augustus*.
> Até lá um grande abraço do filho
> Raimundo

No final do ano de 1967, a última experiência de trabalho para o seminarista Damasceno, na Alemanha, foi a de entregar o jornal *Süddeutsche Zeitung*[586] pela cidade de Munique, com Max Eichinger.

SZ-Serie: Jugend auf dem Land – fünf Tagebücher / Bayern

Süddeutsche Zeitung

MÜNCHNER NEUESTE NACHRICHTEN AUS POLITIK, KULTUR, WIRTSCHAFT UND SPORT

Foto: cabeçalho do jornal *Süddeutsche Zeitung*, setembro de 2017.

Damasceno e Max saíam muito cedo, às quatro horas da manhã, levando um carrinho lotado de jornais que eram distribuídos apenas aos assinantes que pegavam seus jornais à porta, bem cedo, na hora do café. O filósofo e teólogo Raymundo Damasceno Assis entregava o jornal na certeza de executar bem seu trabalho. "Foi uma experiência muito rica, do ponto de vista humano, esse período na Alemanha."[587]

---

[586] *Süddeutsche Zeitung* (SZ) é o maior jornal diário de qualidade na Alemanha e de circulação nacional. Fundado em 1945 após a Segunda Guerra Mundial, com permissão especial dos Aliados, o *Süddeutsche Zeitung* foi publicado, pela primeira vez, em 6 de outubro de 1945. É publicado diariamente pela editora *Süddeutscher Verlag*, tendo sua sede em Munique.
[587] Dom Raymundo Cardeal Damasceno Assis, Aparecida-SP, 30 de abril de 2017; EPEO.

O seminarista Damasceno, durante o Concílio Vaticano II, acompanhou intensamente os debates e assistiu a diversas palestras de teólogos que a maioria dos seminaristas conhecia somente por meio de obras publicadas. Período em que o conhecimento alargou sua alma, vislumbrando um horizonte de possibilidades para seu futuro. Viu alguns amigos mudarem de rumo, largarem o seminário; outros permanecerem firmes na vocação para o sacerdócio. Também, sentiu o vendaval pós-Concílio. Uma árvore forte pode envergar, mas não quebra e nem cai. O fluxo sonoro em seu coração era o mesmo: "Viver na alegria do Senhor". O som de sua prece era forte; Deus havia semeado Raymundo Damasceno Assis em terras férteis e cuidou para que a semente vingasse, brotasse, crescesse e se tornasse árvore frondosa.

Aqueles dois anos na Alemanha ajudaram-no a definir sua vocação; trabalhou, viajou, estudou, frequentou casas de família. Vida normal de estudante. Ele tinha muitos amigos, participava de festas, durante o período em que trabalhou no hospital teve amigas que cursavam enfermagem, tinha a opção de namorar, noivar e se casar... ou seguiria a opção vocacional inicial? Decidiu seguir o que seu coração pedia desde criança – o Sacerdócio! Queria mesmo é ser "padre!" Sem nem perceber, ele estava começando a realizar seu escrito profético, impresso na sua lembrança de tomada de batina: *A seara loureja ao longe.*

XVIII. Ordenações

> "Não basta dar os passos que nos devem levar um dia ao objetivo, cada passo deve ser ele próprio um objetivo em si mesmo, ao mesmo tempo que nos leva para diante."
> (Johann Wolfgang von Goethe)

No tempo determinado por Deus, ciente de que sua vocação era mesmo o sacerdócio, o filósofo e teólogo, com especialização em catequese, Raymundo Damasceno Assis, em novembro de 1967, voltou ao Brasil a bordo do navio *Augustus*. Diferente do primeiro navio com que foi para Itália, voltou em um transatlântico, tranquilo. Ao chegar ao Brasil foi para a Capital Federal.

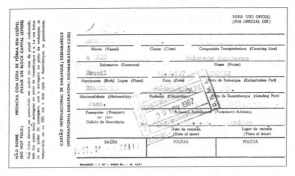

Foto: bilhete de Passagem de Raymundo Damasceno Assis, navio Augustus, novembro de 1967.[588]

A volta de Raymundo Damasceno foi motivo de grande alegria ao clero, à família e aos amigos do seminarista. O arcebispo de Brasília mostrou-se em pleno contentamento porque, depois de seis anos de estudos na Europa, finalmente seu seminarista estava de volta ao Brasil. "Raimundo Damasceno Assis, recém-chegado de Munique, em cujo Instituto Catequético se diplomou",[589] vivendo na alegria do Senhor por mais uma etapa vencida. Dom José Newton entrou em contato com Dom Oscar de Oliveira, muito agradecido: "E, com essa comunicação renovo a expressão de minha imorredoura gratidão, pela generosidade com que, em 1960, Vossa Excelência ofereceu a Brasília esse bom seminarista".[590]

---

[588] Documento: APDRCDA, inédito.
[589] Carta de Dom José Newton, arcebispo de Brasília-DF a Dom Oscar de Oliveira, arcebispo de Mariana-MG, em 30 de janeiro de 1968. Acervo da Cúria da arquidiocese de Brasília-DF. Inédito.
[590] Idem.

Foto.

> "Brasília,
> 30 de janeiro de 1968,
> Prezado Senhor Arcebispo Dom Oscar,
> Louvado seja N. S. Jesus Cristo!
> Escrevo a V. Excia para comunicar, com muito prazer, que, finalmente, está entre nós o Raimundo Damasceno Assis, recém-chegado de Munique, em cujo Instituto Catequético se diplomou. E, com esta comunicação, renovo a expressão de minha imorredoura gratidão, pela generosidade com que, em 1961, Vossa Excelência ofereceu a Brasília esse bom seminarista.
> O Subdiaconato e o Diaconato vão ser conferidos no seminário de Brasília, onde o Damasceno está fazendo uma preparação imediata para as Ordens Maiores. Mas, ele deseja receber o Presbiterato em Conselheiro Lafaiete, onde residem os pais, no próximo dia 19 de março.
> Sua santa bênção Senhor Arcebispo. Em união de muitas preces, rogo queira aceitar a expressão de minha gratidão, estima e veneração em Nosso Senhor.
> † José Newton, Arcebispo de Brasília"[591]

---
[591] Idem.

Uma das primeiras providências de Raymundo Damasceno Assis para dar início ao processo de sua ordenação sacerdotal foi o *DE VITA ET MORIBUS*, com deferimento, no dia 21 de fevereiro de 1968.

Foto: documento. [592]

Seguindo os trâmites legais clericais para que Raymundo Damasceno Assis em poucos meses fosse ordenado diácono e presbítero, precisou de uma autorização de interstício entre uma ordenação e a outra; dispensa pedida pelo seminarista Raymundo e aceita pelo arcebispo Dom José Newton de Almeida.

Foto: documento – "Rogo etiam ab ipso Revmo Ordinario dispensationem observationis interstitiorum ac exercitti illorum Ordinum scillicet Subdiaconatus et Diaconatus". [593]

---

[592] Documento: Carta pedido de *VITA ET MORIBUS,* 21 de fevereiro de 1968. Acervo da Cúria da arquidiocese de Brasília-DF.
[593] Documento: APDRCDA, inédito.

No dia 7 de março, em Brasília, proferiu e assinou o juramento supra, no qual disse que era por livre e sincera vontade que recebia a sagrada Ordem de DIACONATO, que experimentava e sentia ser chamado por Deus.[594]

Diariamente, durante o mês de março, o diácono Raymundo Damasceno Assis preparava-se para sua ordenação sacerdotal. Nutriu durante décadas a essencialidade do amor a Cristo que brotou em seu coração quando criança, amalgamando sua espiritualidade aos trabalhos e estudos, ele permaneceu firme na fé de que chegaria ao Sacerdócio.

Foi determinado que a ordenação sacerdotal de Raymundo Damasceno Assis seria na cidade de Conselheiro Lafaiete. O arcebispo de Brasília argumentou a Raymundo quando questionado se seria ordenado em Roma ou no Brasil: "uma vez que já esperava tanto tempo valia a pena ordenar-se aqui (no Brasil) para dar à família a grande satisfação".[595] Atendendo o desejo de Damasceno de que a cerimônia de Presbiterato[596] fosse perto da família.

O arcebispo de Mariana, no dia 6 de fevereiro de 1968, demonstrou a Dom Newton a sua alegria pela volta de Raymundo Damasceno:

---

[594] Juramento Supra, Raymundo Damasceno Assis, Brasília-DF, em 7 de março de 1968; recebido por padre Célio M. Dell'Amore, C.M., Reitor do Seminário Nossa Senhora de Fátima, em *Brasília*; e pelo padre Carlos Zanatta, CM.

[595] In: Carta de Dom José Newton, arcebispo de Brasília-DF a Dom Oscar de Oliveira, arcebispo de Mariana-MG, em 30 de janeiro de 1968. Acervo da Cúria da arquidiocese de Brasília-DF. Inédito.

[596] O sacerdócio ministerial é exercido pelos epíscopos e pelos presbíteros. Esses nomes provêm da língua grega e significam, respectivamente, "supervisor" e "ancião". No NT, eles são usados para designar funções específicas dentro da comunidade de fé (cf. 1Tm 3,2; 5,17). Assim, os presbíteros eram os anciãos das primeiras comunidades, ou seja, responsáveis pela sua manutenção e crescimento (cf. At 20,17). Na tradição latina, esse nome grego foi sendo substituído por um latino: Padre – que significa Pai – ressaltando o mesmo caráter de "responsabilidade amorosa, paterna" pela comunidade. Inspirada na Escritura Sagrada, o Concílio Vaticano II entendeu que o encargo dos presbíteros é o ministério da Palavra, dos Sacramentos e da Pastoral. Diz a *Presbyterorum Ordinis*, n° 4, "os presbíteros têm como primeiro dever anunciar a Palavra de Deus. O padre ensina não a sua própria sabedoria, mas a Palavra de Deus, convidando a todos à conversão e à santidade" (cf. PO n. 4).

Foto: carta.[597]

"Mariana, 6 de fevereiro de 1968.
Meu caro amigo, Exmo. Sr. Arcebispo
Dom José Newton
Laudetur Jesus Christus!
Minha afetuosa visita com votos de saúde e paz.
Tenho em mãos a prezada carta de V. Excia., de 30 de janeiro.
Fico contente de saber que já regressou ao Brasil o seminarista que com satisfação ofereci ao Sr. Arcebispo de Brasília, tão necessitado de Clero. E agora irá ele ser ordenado por V. Excia., a 19 de março, em sua terra natal, Conselheiro Lafaiete.
V. Excia., Sr. Arcebispo, manda em nossa Arquidiocese.
O gesto de V. Excia. conferindo o Sacerdócio em C. Lafaiete é uma ajuda à nossa OVS.
Confortam-me as palavras de V. Excia. sobre nossos Seminários Maior e Menor. Vão realmente muito bem, graças a Deus! Tenho ótimos colaboradores de toda confiança, do clero e leigos nos seminários.
Com veneração e estima envio a V. Excia. fraternal abraço,
† Oscar, Arc. de Mariana"[598]

---

[597] Carta: APDRCDA, inédito.
[598] In: Carta de Dom Oscar de Oliveira, arcebispo de Mariana-MG, para Dom José Newton, arcebispo de Brasília, em 6 de fevereiro de 1968. Acervo da Cúria da arquidiocese de Brasília-DF. Inédito.

Desde o começo do ano de 1968, Raymundo Damasceno Assis começou a receber de amigos(as) brasileiros(as) e europeus(eias) variados cartões, cartas e telegramas, em que havia congratulações pela sua ordenação sacerdotal. Como a do padre Vicente Afonso, amigo residente em Munique, que enviou uma carta escrita a punho, no dia 4 de janeiro de 1968.

Foto: carta.[599]

"Tomei conhecimento de sua intensão de se ordenar ao 19 de março, desde já meus calorosos votos de felicidade. Afinal é tempo de você desfrutar o imenso esforço de uma formação prolongada e até longe dos entes queridos."

Carta escrita pelo doutor Alfred Barth, professor no Instituto de Catequese de Munique, felicitando o aluno Raymundo Damasceno Assis pela ordenação.

Foto: cabeçalho da carta de Dr. Alfred Barth, Munique, março de 1968.[600]

---
[599] Documento: APDRCDA, inédito.
[600] Idem.

Telegrama dos amigos e amigas do *Karoline-Hospital* em Neheim-Hüsten, Alemanha.

Foto: cabeçalho do telegrama enviado pelos amigos e amigas de Neheim-Hüsten, março de 1968.[601]

Telegrama enviado pelo padre Luiz Gonzaga Monnerat, SJ, em nome dele e dos amigos seminaristas e professores do Colégio Pio Brasileiro, Roma.

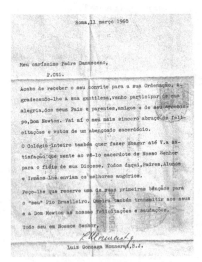

Foto: aerograma de padre Monnerat, março de 1968.[602]

---

[601] Idem.
[602] Idem.

Seminário

> "Roma, 11 de março de 1968
> Meu caríssimo Padre Damasceno,
> P.Cti.
> Acabo de receber o seu convite para sua Ordenação. Agradecendo-lhe a sua gentileza, venho participar de sua alegria, dos seus Pais e parentes, amigos e de seu arcebispo, Dom Newton. Vai aí o meu mais sincero abraço de felicitações e votos de um abençoado sacerdócio.
> O Colégio inteiro também quer fazer chegar até V. a satisfação que sente ao vê-lo sacerdote de Nosso Senhor para os fiéis de sua Diocese. Todos aqui, Padres, Alunos e Irmãos lhe enviam os melhores augúrios.
> Peço-lhe que reserve uma de suas primeiras bênçãos para o 'seu' Pio Brasileiro. Queira também transmitir aos seus e a Dom Newton as nossas felicitações e saudações.
> Todo seu em Nosso Senhor.
> Luiz Gonzaga Monnerat, S.J."

Com muita emoção, no dia 10 de março de 1968, ao aproximar-se da sagrada ordenação, depois de séria reflexão diante de Deus, Raymundo Damasceno Assis proferiu e assinou seu juramento para receber a Ordem do Presbiterato.

Os ritos centrais da Ordenação Presbiteral são a imposição das mãos do bispo e a oração de consagração. Nessa oração, o celebrante pede ao Pai, em nome de Cristo, que constitua o ordenando um presbítero, renovando no coração dele a efusão do Espírito de Santidade, para que possa ser cooperador da Ordem episcopal; exercer o ministério da Palavra; tornar-se um dispensador dos sacramentos (Batismo, Eucaristia, Reconciliação e Unção dos Enfermos); e consagrar-se à oração e ao serviço dos fiéis cristãos e por todos os homens.

No dia 19 de março de 1968, na Matriz de Nossa Senhora da Imaculada Conceição, aos 31 anos de idade, Raymundo Damasceno Assis foi ordenado sacerdote[603] pelo arcebispo de Brasília, Dom José Newton de Almeida Batista. Presentes Dom Daniel Tavares Baeta Neves, bispo de Sete Lagoas-MG; Dom Rodolfo das Mercês Pena, bispo emérito da diocese de Valença-RJ. Padre José Vicente César, SVD; padre Silvio Damasceno de Oliveira, primos do neossacerdote; pároco Cônego José Sebastião Moreira; padre Acrísio de Assis Reis; padre Hermenegildo de Carvalho, pároco da paróquia do Sagrado Coração de Jesus e locutor da transmissão da cerimônia pela Rádio Carijós de Conselheiro Lafaiete; padre Carlos Zanatta, CM, representando o clero da arquidiocese de Brasília; padre José Duarte, de Capela Nova; Irmãs do Colégio de Nossa Senhora de Nazaré; alunas, autoridades civis e militares.

Os pais de Raymundo Damasceno Assis, senhor Francisco Solano e dona Carmen, irmãos (ãs), cunhados (as), sobrinhos (as), primos (as), compareceram e participaram dessa data tão festiva, em Conselheiro Lafaiete.

Fotos: imposição das mãos e bênção de Dom Newton a Raymundo Damasceno Assis; o neossacerdote e seus pais, senhor Francisco e dona Carmen, Conselheiro Lafaiete-MG, março de 1968.[604]

---

[603] Do latim *Sacerdos* – sagrado; e *otis* – representante, portando "representante do sagrado" é uma autoridade ou ministro religioso, habilitado para dirigir ou participar em rituais sagrados de uma religião em particular.
[604] Fotos: APDRCDA, inéditas.

A Matriz de Conselheiro Lafaiete ficou lotada com familiares, amigos, conhecidos, religiosos e clero que participaram do emocionante momento da ordenação sacerdotal de Raymundo Damasceno Assis. O registro histórico está estampado em uma bela fotografia.

Foto: ordenação Sacerdotal de Raymundo Damasceno Assis,[605] familiares, clero, religiosos e amigos, Conselheiro Lafaiete-MG, março de 1968.

Dentre os presentes que padre Damasceno recebeu, um foi o Cálice ofertado pelas irmãs franciscanas do Karoline-Hospital, de Neheim--Hüsten, Alemanha.

A primeira atividade como padre Raymundo Damasceno Assis, no mesmo dia de sua ordenação, foi celebrar o batizado de seu sobrinho, "Geovanni de Assis Pereira, o caçula do casal Raimundo Moreira Pereira e Maria de Assis Pereira (Marizita)",[606] irmã de padre Damasceno.

Aquele menino, de apenas 10 anos de idade, que almejava o sacerdócio, caminhou por diversas estradas; obediente... sempre na humilde condição

---
[605] Fotos: APDRCDA, inéditas.
[606] Maria de Assis Pereira, Conselheiro Lafaiete-MG, 18 de março de 2017, EPEO.

de fazer a vontade de Deus; confiante... ao chamado para servir a Cristo; protegido... sob a assistência de Nossa Senhora da Expectação do Parto. Depois de tantos anos passando por decisões difíceis e provações; por várias realizações e alegrias; recebeu o sacramento da ordem que lhe confere o poder e a graça de exercer o sacerdócio ministerial tornou-se o "Padre Raymundo". Onze anos e quatro meses depois da Tomada de Batina, no dia 27 de novembro de 1957, realmente *a seara loureja ao longe.*

***

Curiosidades

– Fundada em 1711 como Vila Leal de Nossa Senhora do Carmo, Mariana foi a primeira vila de Minas Gerais e abrigou os dois primeiros governadores, Dom Braz Baltazar e Dom Pedro de Almeida, mais conhecido como Conde de Assumar.

– Mariana foi sede do primeiro bispado, em 1745. O primeiro bispo foi Dom frei Manoel da Cruz, que levou um ano e dois meses para vir do Maranhão até a cidade.

– Mariana ficou conhecida por projetar talentos como Manuel da Costa Ataíde (pintor sacro), Cláudio Manuel da Costa (poeta e inconfidente), frei Santa Rita Durão (autor do poema, entre muitos outros, "Caramuru") e padre Joaquim da Rocha (inconfidente).

– Alguns apelidos do município de Mariana: "Cidade dos Bispos", "Atenas Mineira", "Primeira Capital".

– Foi no Natal de 1961 que o Papa João XXIII deu início à convocação do *Concílio Vaticano II*, ano marcado pelo ateísmo militante, sucessão de guerras e a exploração científica para o desenvolvimento de artefatos bélicos de extrema destruição, o avanço do ateísmo e crise moral.

***

5

O SACERDOTE

I. Brasília no ano de 1968

"Sim, era o Homem,
Era finalmente, e definitivamente, o Homem.
Viera para ficar."[607]

Foto: Asa Sul de Brasília, 1968.[608]

---

[607] *Brasília, Sinfonia da Alvorada*. Letra e música de Vinícius de Moraes e Tom Jobim.
[608] In: site *Pinterest*; acesso em 4 de agosto de 2017.

Em 1968, Brasília comemorou aniversário de oito anos. Era uma cidade nova, com diversificação em moradias, denominadas núcleos e cidades satélites. A nova Capital Federal tinha 400 mil habitantes, "cidade planejada para o trabalho ordenado e eficiente, mas, ao mesmo tempo, cidade viva e aprazível, própria ao devaneio e a especulação intelectual, capaz de se tornar como centro, além de base do governo e administração, foco de cultura dos mais lúcidos e sensíveis do país".[609] No plano piloto residiam 150 mil habitantes, em Taguatinga havia 100 mil residentes.

Na orla do lago evitou-se a aglomeração de casas para que ficasse com bosque e campos em mata nativa e para que a população pudesse usufruir de passeios bucólicos. A Praça dos Três Poderes e a Esplanada dos Ministérios eram pontos predominantes à visitação de turistas; o trânsito não era complicado, com recorde mundial à perigosa velocidade dos automóveis em tráfego urbano, mas a capital se gabava por não possuir semáforos. A estação rodoviária, em 1968, atingiu a meta de um milhão de passageiros interestaduais.

Brasília crescia fisicamente, além da necessidade de casas populares e comerciais, precisava de 15 mil novas moradias para os servidores federais e seus dependentes. A massificação corporativa imobiliária foi por meio de 14 empreiteiras, em 20 frentes de trabalho que contavam com 10 mil operários para realizações de obras, sob intensa fiscalização e arbitragem da Coordenação do Desenvolvimento de Brasília – CODE-BRÁS, destinada a orientar, planejar, coordenar, executar e controlar as atividades de imóveis construídos com financiamento do Banco Nacional da Habitação ou com recursos do Fundo Rotativo Habitacional de Brasília, criado pelo § 4º do art. 65, da Lei n. 4.380, de 21 de agosto de 1964 e regulamentado pelo Decreto n. 56.793, de 27 de agosto e 1965.[610] O empreendimento era gigante, a logística usada pelas empreiteiras era

---

[609] *Aniversário de 8 anos de Brasília*. In: *Youtube*; acesso em 4 de agosto de 2017.

[610] DECRETO N. 62.615 DE 26 DE ABRIL DE 1968. Dispõe sobre novos imóveis construídos pela CODEBRÁS, com recursos do Fundo Rotativo Habitacional de Brasília e financiamentos do Banco Nacional da Habitação. Decreto do presidente da República, usando da atribuição que lhe confere o artigo 83, item II da Constituição.

diversificada em modernas práticas de construção, eficientes processos artesanais e, até mesmo, os computadores já entraram em ação, no auxílio de tantas edificações.[611]

No ano da comemoração do seu oitavo aniversário, muitos acontecimentos foram relevantes à história de Brasília. A primeira fase do plano de transferência e quase metade do plano global estava concluída rigorosamente em apenas um ano, seis mil apartamentos com moradores, ou em fase final de construção.

Inaugurando a ferrovia, no dia 21 de abril de 1968, três trens[612] chegaram à estação Bernardo Sayão. Três estradas de ferro da RFFSA e duas do estado de São Paulo se conjugaram para assegurar a interligação perfeita, com uma única baldeação. Autoridades políticas e públicas, jornalistas de diversas mídias, fizeram pelos trilhos, a viagem do Rio de Janeiro a Brasília. "Malas prontas, máquinas preparadas, cadernetas nas mãos, militares, fotógrafos, repórteres, todos começaram a ficar agitados na altura do quilômetro 20. Muita gente dos dois lados dos trilhos. Gente do povo, endomingada, mulheres com crianças no colo, escolares com bandeirolas, homens que andaram de ônibus, de caminhão e de carro para saudar o primeiro trem, tão esperado, em Brasília".[613] O trem chegou no horário previsto, às 10h17, a banda de música começou a tocar e o foguetório anunciou festividades na estação provisória, na fronteira ao Núcleo Bandeirante. O ministro dos transportes, coronel Mário Davi Andreazza, discursou: "com a chegada do primeiro trem, Brasília consolida-se, definitivamente, como Capital da República".[614]

---

[611] *Aniversário de 8 anos de Brasília*, 1968. Filme de Alda Borges.

[612] Três estradas de ferro da RFFSA e duas do estado de São Paulo se conjugaram para assegurar a interligação perfeita, com uma única baldeação, por qualquer desses percursos: via Barra Mansa (1.536 km) e via Campinas (1.749 km).

[613] Revista *Centro-Oeste*, n. 87, 1° de fevereiro de 1994. Apud: Revista *Ferroviária*, junho de 1968.

[614] Ibidem.

Viver na alegria do Senhor

Foto: a ferrovia chegou a Brasília no dia 21 de abril de 1968. Locomotiva e vagões, composição em aço inox, Cia Mogiana de Estradas de Ferro. Curva da Vila Nova Divineia, no Núcleo Bandeirante.[615]

A integração das ferrovias até Brasília deu novo impulso comercial para a Capital Federal. Pela malha ferroviária, começou um constante fluxo de mercadorias: toras de madeira de lei (20 gôndolas por mês), postes de aroeira (6 gôndolas por mês), manganês de São João da Aliança para Belo Horizonte e Santos, cereais e, até mesmo, gado.[616] Além do importante meio de comunicação que foi inserido junto com a nova ferrovia, o telégrafo. A ferrovia incentivou o desenvolvimento socioeconômico do Distrito Federal, levando qualidade de vida por meio da mobilidade e alavancando a economia nacional.

***

Durante o Regime Militar havia uma repressão a toda oposição ao governo, os estudantes levantaram a bandeira de luta em nome do povo,

---

[615] Foto: *acervo do Arquivo Nacional*, Fundo *Correio da Manhã*, Rio de Janeiro.
[616] In: site *Doc Brasília*; acesso em 23 de novembro de 2017.

contra o governo Costa e Silva. Os governantes brasileiros rotularam os estudantes de subversivos, revolucionários e comunistas; impetrando mandatos e prisão de líderes dos movimentos estudantis. Como consequência, tivemos a falta de formação de líderes da nação brasileira.

Vários acontecimentos antimilitarismo liderados por estudantes tiveram repercussão em Brasília. "Os estudantes da Universidade de Brasília, UnB, fundada pelo antropólogo Darcy Ribeiro, achavam-se no dever de contestar e lutar contra a ditadura."[617] Por isso, antes do ano de 1968, ocorreram duas grandes invasões à UnB: em 9 de abril de 1964 e outra em 11 de outubro de 1965.

Naquele ano de 1968, em agosto, na UnB "os alunos protestavam contra a morte do estudante secundarista Edson Luis de Lima Souto, assassinado por policiais militares no Rio de Janeiro. Cerca de três mil alunos se reuniram na praça localizada entre a Faculdade de Educação e a quadra de basquete".[618] Esse foi o estopim para que, novamente, a UnB fosse invadida por agentes das polícias: Militar, Civil, Política (Dops) e do Exército portando um decreto de prisão para sete universitários. Nessa época, a universidade estava com áreas em construção e "o 'minhocão' tinha entulhos e pedras, todos alunos saíram na mesma hora e fizeram uma barricada para resistir, utilizando os restos da obra".[619] Alguns desistiram, outros resistiram.

Também foi em 1968 que a rainha Elizabeth II, o príncipe Philip e demais membros da comitiva real chegaram a Brasília, no dia 5 de novembro, uma terça-feira. Ao pisarem no solo brasiliense, na base aérea, a soberana e o príncipe foram recebidos com honras militares e devidamente saudados pelo presidente marechal Costa e Silva e sua esposa Yolanda. "O público aplaudiu a soberana, agitando bandeirinhas dos dois países."[620]

---

[617] In: site *Indiraefel*, acesso em 4 de agosto de 2017.
[618] In: site *UnB*; acesso em 4 de agosto de 2017. Cedoc/UnB Agência
[619] In: site *Indiraefel*, acesso em 4 de agosto de 2017.
[620] *Correio da Manhã*, 1968, p. 13.

A rainha Elizabeth e o príncipe Philip visitaram as dependências do Palácio da Alvorada;[621] na biblioteca, fizeram as trocas de presentes, como manda o protocolo. O príncipe ficou admirado com o volume de títulos presentes nas estantes, comentou que a biblioteca dele, em Londres, era bem menor do que aquela. Ao caminharem para a saída do Palácio, a rainha mostrou-se curiosa diante da parede em dourado onde está escrito: "Deste Planalto Central, desta solidão que em breve se transformará em cérebro das altas decisões nacionais, lanço os olhos mais uma vez sobre o amanhã do meu país e antevejo esta alvorada com fé inquebrantável em seu grande destino. Juscelino Kubitschek de Oliveira, 2 de outubro de 1956".[622] O intérprete fez a tradução e marechal Costa e Silva aproximou-se e comentou: "Isso é uma profecia..."[623]

Foto: parede dourada na sala de entrada do Palácio da Alvorada, Brasília, s/d.[624]

---

[621] Esta frase está, também, no Museu na Praça dos Três Poderes, Brasília-DF.
[622] A frase histórica que a poesia de Augusto Frederico Schmidt criou para o discurso de lançamento da pedra fundamental da nova capital da República ocupa a parede dourada do hall de entrada do palácio e descreve, com exatidão, o espírito que acompanhou os pioneiros construtores das obras liderados por Juscelino Kubitschek.
[623] *Correio da Manhã*, 1968, p. 13.
[624] Foto: site *Planalto*; acesso em 5 de agosto de 2017.

O sacerdote

No discurso da rainha Elizabeth, na Câmara dos Deputados, ela disse que o crescimento de Brasília acompanhava a velocidade de desenvolvimento do país e que o relacionamento entre os dois países poderia florescer e crescer no futuro, em benefício para os dois povos, a estabilidade e a paz no mundo. A visita oficial da rainha terminou no dia 11 de novembro de 1968. Depois de 32 dias, no dia 13 de dezembro de 1968, o governo Costa e Silva endureceu o regime de força, decretou oficialmente o *Ato Institucional n. 5*, dando assim, início aos chamados anos de chumbo do Regime Militar.

O ano de 1968[625], especialmente em Brasília, tornou-se memorável para a história do Brasil e, também, para o neossacerdote Raymundo Damasceno Assis. Depois de sua ordenação presbiteral, viajou para Brasília para iniciar seu ministério. Junto com ele, nessa viagem feita em um carro Gordini, estavam cônego José Sebastião Moreira e o senhor Fausto Giacomin, dono da concessionária *Chevrolet*, em Conselheiro Lafaiete. Chegaram um dia antes das comemorações do 8° aniversário de Brasília.

> "Eu me ordenei em 1968, no período crítico do governo militar, quando se promulgou o Ato Institucional número 5, que endureceu muito mais o regime. Isso teve como consequência uma censura muito rigorosa aos meios de comunicação e um combate duro a todo tipo de oposição. Eu cheguei nesse contexto."[626]

O clero, em geral, era vigiado pelas forças de segurança, até mesmo nas homilias; havia controle do Serviço Nacional de Informações[627] – SNI, com infiltração, junto aos encontros do Cursilho, encontros de jo-

---

[625] Na verdade, o ano de 1968 durou vários anos, como disse o jornalista Zuenir Ventura. Tanto no Brasil como fora dele, 1968 representou um ano decisivo e repleto de consequências para o final do Século XX. In: site *câmara*; acesso em 4 de agosto de 2017.
[626] Dom Raymundo Cardeal Damasceno Assis. In*: Cardeal Damasceno: A Providência sempre nos surpreende (1) Arcebispo de Aparecida narra sua trajetória*; 18 de novembro de 2010, por Alexandre Ribeiro. Site: *ZENIT O mundo visto de Roma*, acesso em 13 de maio de 2017.
[627] O Serviço Nacional de Informações (SNI) foi criado pela lei n. 4.341, em 13 de junho de 1964, com o objetivo de supervisionar e coordenar as atividades de informações e contrainformações no Brasil e exterior.

vens, encontros de casais. O engajamento pelos valores morais e pelos direitos humanos, com base no Evangelho e na doutrina social da Igreja, era incompreendido por alguns membros do governo. Houve uma reunião extraordinária da *Conferência dos Bispos do Brasil*, no Rio de Janeiro, na qual compareceram: o cardeal arcebispo de Aparecida, o cardeal arcebispo do Rio de Janeiro, o arcebispo de João Pessoa, o arcebispo de Fortaleza, o arcebispo de Niterói, o arcebispo de Belém, o arcebispo de Brasília, o arcebispo de Olinda e Recife, o arcebispo de Manaus, o arcebispo de Goiânia, o arcebispo de Cuiabá, o arcebispo-coadjutor de Belo Horizonte, o arcebispo de Botucatu, o arcebispo de Vitória, o arcebispo de Diamantina, o arcebispo de Aracaju, o arcebispo de Uberaba, o arcebispo de Teresina, o arcebispo de Juiz de Fora, o arcebispo de Pouso Alegre, o arcebispo de Ribeirão Preto, o administrador apostólico de Natal, que estiveram orando e refletindo para discernir a respeito da atual conjuntura sócio-politica-religiosa da nação brasileira. No final dirigiram uma carta de esclarecimento aos sacerdotes, religiosos, organizações católicas e fiéis das dioceses. Dom Newton esteve presente e comunicou a sua arquidiocese o resultado dessa conferência, por meio de um documento no qual, entre outros assuntos, aparece este comunicado:

D E C L A R A Ç Ã O

Por outro lado, não aceitamos, nem jamais poderemos aceitar a acusação injuriosa, generalizada ou gratúita, velada ou explícita, de que Bispos, Sacerdotes e Fiéis ou organizações, como, por exemplo, a Ação Católica e o Movimento de Educação de Base, sejam comunistas ou comunizantes. Isto se deve, às vêzes, à própria tática comunista, outras vêzes a certos elementos inconformados com a atitude aberta e corajosa de verdadeiros apóstolos da Igreja – do Clero e do Laicato –, que pregam a sã doutrina, seja contra o comunismo, seja contra gritantes injustiças sociais e focos de corrupção e de degradação dos valores morais. É profundamente lamentável que tradicionais e acirrados inimigos da Igreja e alguns órgãos da imprensa do País levem ao pelourinho da difamação e da calúnia Bispos e Sacerdotes, e cheguem ao extremo de se vangloriarem do título de defensores e orientadores da consciência católica. Contra esta abominação levantamos nossa voz de autênticos Pastores.

Foto: documento[628]

---

[628] Comunicado elaborado pela *Conferência Extraordinária dos Bispos do Brasil*, no Rio de Janeiro, nos dias 27 e 29 de maio de 1964. Inédito.

—————————— O sacerdote ——————————

DECLARAÇÃO

Por outro lado, não aceitamos, nem jamais poderemos aceitar a acusação injuriosa, generalizada ou gratuita, velada ou explícita, de que Bispos, Sacerdotes e Fiéis ou organizações, como, por exemplo, a Ação Católica e o Movimento de Educação de Base, sejam comunistas ou comunizantes. Isto se deve, às vezes, à própria tática comunista, outras vezes a certos elementos inconformados com a atitude aberta e corajosa de verdadeiros apóstolos da Igreja – do Clero e do Laicato –, que pregam a sã doutrina, seja contra o comunismo, seja contra gritantes injustiças sociais e focos de corrupção e de degradação dos valores morais. É profundamente lamentável que tradicionais e acirrados inimigos da Igreja e alguns órgãos da imprensa do País levem ao pelourinho da difamação e da calúnia Bispos e Sacerdotes, e cheguem ao extremo de se vangloriarem do título de defensores e orientadores da consciência católica. Contra esta abominação levantamos nossa voz de autênticos Pastores.

A maioria do povo brasileiro orou pedindo a intercessão de Nossa Senhora Aparecida, junto a Deus, para proteger o Brasil. Nesse sentido, um apelo foi registrado no final do documento da Conferência Extraordinária dos Bispos do Brasil, em 1964, como se lê adiante:

Agradecemos à Virgem Imaculada Aparecida a maternal proteção que nos tem dispensado e rogamos a nossa excelsa Padroeira continue a alcançar de Nosso Senhor Jesus Cristo, seu divino Filho, para o Brasil, aquela paz que se fundamenta na verdade, na justiça, na liberdade e na caridade.

Rio de Janeiro, 29 de maio de 1964.

(Seguem-se as assinaturas de todos os Senhores Arcebispos acima mencionados).

Foto: documento[629]

---
[629] Idem.

> (...). Agradecemos à Virgem Imaculada Aparecida a maternal proteção que nos tem dispensado e rogamos a nossa excelsa Padroeira continue a alcançar de Nosso Senhor Jesus Cristo, seu divino Filho, para o Brasil, aquela paz que se fundamenta na verdade, na justiça, na liberdade e na caridade.
> Rio de Janeiro, 29 de maio de 1964.[630]

Quatro anos depois dessa carta de Declaração, em 1968, padre Raymundo Damasceno Assis, recém-chegado da Europa, principalmente da Alemanha, também foi inserido ao rol dos que eram vigiados. Ele não tinha algo a esconder, assim como todos os religiosos que tinham a certeza de que estavam em defesa dos sagrados direitos da pessoa humana e desejavam, com urgência, a restauração da ordem social em base democrática no Brasil. Seguindo os ensinamentos de Cristo Jesus.

> "Vindo do exterior, como padre novo, na Capital Federal, percebe-se que está sendo vigiado. Havia uma procura de querer informar sobre quem é você, e quais as suas posições teológicas, políticas. Não tive nenhum problema direto, de confronto, mas sentia que havia um controle, seja das pregações ou das atuações. Havia, por exemplo, infiltração de elementos militares em organizações da Igreja, em movimentos jovens, em cursos para leigos, para reportar as informações aos oficiais. Nesse período, havia palavras tabus que você não podia usar. Por exemplo, a palavra 'tortura', era praticamente proibido usar essa palavra."[631]

A nova Capital Federal era uma cidade diferente das que o padre Raymundo Damasceno Assis morou no Brasil: Capela Nova-MG, Mendes-RJ, Mariana-MG; Brasília era uma cidade nova, que crescia assustadoramente,

---

[630] Seguiram-se as assinaturas de todos os arcebispos e bispos mencionados na Declaração.
[631] Dom Raymundo Cardeal Damasceno Assis. In: *Cardeal Damasceno: A Providência sempre nos surpreende (1) Arcebispo de Aparecida narra sua trajetória*; em 18 de novembro de 2010, por Alexandre Ribeiro. Site: ZENIT O mundo visto de Roma, acesso em 13 de maio de 2017.

a sociedade local era vanguardista, "formada de uma maneira diferente, audaciosa, fraternal, fermento de um novo conceito de unidade nacional"[632], correspondendo a idade média de seus moradores, em 1968, a 20 anos.

> "Fui para Brasília começar meu trabalho no ministério como padre. Exerci esse ministério trabalhando primeiramente com o arcebispo, na Cúria[633], morando com ele na Cúria, no endereço W3 Sul Quadra 707, Casas HIGS. Onde já havia residido em 1961, como seminarista, antes de ir para Roma."[634]

II. Vila Planalto

A Vila Planalto[635] é um símbolo da resistência dos "pioneiros" que arregaçaram as mangas e, efetivamente, ergueram a cidade de Brasília. Ela foi criada no ano de 1957 para abrigar os trabalhadores de muitos acampamentos e de diversas construtoras que se instalaram na cidade para a construção de Brasília. Construtoras como *Rabelo* e *Pacheco Fernandes* foram as primeiras firmas a se instalarem, ainda em 1956, para construírem, respectivamente, o *Palácio da Alvorada*[636] e o *Brasília Palace Hotel*[637], onde aos domingos se celebrava a missa dominical participada pelos parlamentares, funcionários e outras autoridades. Hotel que recebeu engenheiros, arquitetos e importantes políticos que visitavam a recém-nascida Brasília.

Os acampamentos que contribuíram para a formação da Vila Planalto foram do: Rabelo, Pacheco Fernandes, Mineiros, Tamboril e das seguintes companhias: Adil, Atlas, Consispa, CVB, DFL, DTUI, EBE, Ecisa, Emul-

---

[632] *Aniversário de 8 anos de Brasília*, In: *Youtube*; acesso em 4 de agosto de 2017.
[633] A Cúria Metropolitana de Brasília é o conjunto de organismos administrativos nas mãos do Arcebispo Metropolitano.
[634] Dom Raymundo Cardeal Damasceno Assis, Aparecida-SP, 22 de janeiro de 2017; EPEO.
[635] É o núcleo urbano mais íntegro e característico dos remanescentes da época da construção de Brasília e de reconhecido valor histórico no processo de ocupação do território do Distrito Federal e, por isso, tombado em 1988.
[636] 1ª obra entregue para a cidade de Brasília-DF.
[637] 2ª obra entregue para a cidade de Brasília-DF, aberto em 1958.

press, ESOL, Nacional, Pederneiras, Planalto (que deu nome à vila), Telebrás, WSK, entre outras. Os anexos Mocó, Maracujá e Dó-ré-mi também tiveram sua origem nos primeiros tempos da Vila, cujos moradores eram trabalhadores de algumas dessas firmas, além de acampamentos de outras áreas como Torto, Bragueto, Paranoá, Saturnino Brito etc.

> "Era uma vila constituída de funcionários dessas grandes empresas construtoras, era grande o grupo de pessoas que morava nessa vila, ela era muito movimentada, muito cheia de pessoas que trabalhavam para essas grandes construtoras, eles moravam ali, perto do Palácio da Alvorada, chamado, hoje, Vila Planalto."[638]

Em 12 de julho de 1970, o padre Garcia Isidoro tomou posse como vigário-cooperador na Catedral. Em novembro de 1972, ele foi transferido para a paróquia de Nossa Senhora de Fátima, em Taguatinga e, no ano seguinte, no dia 27 de maio, padre João Arlindo Mombach foi nomeado vigário-cooperador da paróquia da Catedral.[639]

Foto: Vila Planalto, Brasília-DF, s/d.[640]

---
[638] Dom Raymundo Cardeal Damasceno Assis, Aparecida-SP, 22 de janeiro de 2017; EPEO.
[639] *I Livro do Tombo da Catedral de Brasília*, 1962, p. 7. Inédito
[640] In: site *Correio Braziliense*; acesso em 5 de agosto de 2017.

Uma das primeiras missões de Raymundo Damasceno Assis como padre foi cuidar espiritualmente desses trabalhadores que construíam a nova capital da nação brasileira. Designado vigário-cooperador da Capela Nossa Senhora do Rosário, da paróquia da Catedral, sendo pároco o vigário-geral da arquidiocese o monsenhor Geraldo do Espírito Santo Ávila.[641]

Padre Raymundo Damasceno Assis cuidava das ovelhas mais necessitadas de atenção, os imigrantes que labutavam de dia e de noite. "Comecei meu trabalho pastoral como vigário-paroquial na paróquia Nossa Senhora do Rosário, na Vila Planalto, capela da Catedral. Era uma região onde havia muitos acampamentos de grandes construtoras."[642]

Os imigrantes eram oriundos de vários estados brasileiros, especialmente do Nordeste, que sofria com a grande seca. "Os funcionários da Companhia Urbanizadora da Nova Capital – NOVACAP, moravam em tendas e barracas de madeira. Trabalhavam em regime de oito horas diárias, revezando-se durante a madrugada para que o trabalho nunca parasse."[643] O número de trabalhadores aumentava a cada ano, em 1957, era de 2.500 homens, saltou para 65 mil em dois anos e atingiu a marca de 80 mil, na década de 1960. Em apenas três anos uma única enfermeira fez 800 partos nos acampamentos das construtoras. Famílias inteiras migravam para Brasília, morando em acampamentos e, depois, transferidas para onde, atualmente, é a Vila Planalto. Abrigadas em casas de madeira, "a Vila Planalto era muito movimentada".[644]

A igreja da Vila Planalto era uma capela da Catedral Nossa Senhora Aparecida, onde as celebrações eram diárias e funcionava mais, propriamente, como uma paróquia do que como uma capela, porque a Catedral ainda estava em construção e, por isso, pouco frequenta-

---

[641] Dom Raymundo Cardeal Damasceno Assis. In: *Síntese do Ministério Sacerdotal Brasília (1968 a 1986)*, p. 1.

[642] Dom Raymundo Cardeal Damasceno Assis, Brasília-DF, 1º de setembro de 2017; EPEO.

[643] In: site *No Minuto*; acesso em 5 de agosto de 2017.

[644] Dom Marcony Vinícius Ferreira, bispo-auxiliar de Brasília, Brasília-DF, 24 de agosto de 2017, EPEO.

da. "As atividades paroquiais se realizavam mais na capela Nossa Senhora do Rosário na Vila Planalto, onde havia um grande número de paroquianos."[645]

III. Congregação Irmãs Clarissas Franciscanas Missionárias do Santíssimo Sacramento. [646]

Da capital de Minas Gerais, Belo Horizonte, as Irmãs Franciscanas[647] foram para Brasília e fundaram o *Instituto Madre Serafina*, localizado no acampamento da ECISA, na área da Marinha. O instituto foi inaugurado em 1965, com a missa presidida por Dom José Newton. "A primeira comunidade era composta de quatro religiosas e a superiora, Irmã Inês Maria Viana."[648]

As Irmãs mantinham, na Vila Planalto, um Jardim de Infância e, também, um Curso de Alfabetização para as pessoas mais carentes. A mensalidade era apenas simbólica. Na Vila Planalto, as Irmãs foram um grande apoio para Dom Ávila e para o padre Raymundo Damasceno Assis, elas colaboravam na catequese, na liturgia, no canto e na pastoral social.

O pároco monsenhor Geraldo do Espírito Santo Ávila[649] e o padre Damasceno davam acompanhamento espiritual para essas famílias da

---

[645] Dom Raymundo Cardeal Damasceno Assis, Brasília-DF, 14 de setembro de 2017; EPEO.

[646] A Congregação das CFMSS – Clarissas Franciscanas Missionárias do Santíssimo Sacramento – foi fundada em 1898, na cidade de Bertinoro, Itália, por Madre Serafina Farolfi. Encontra-se em oito países e conta com oitocentos membros. O carisma da congregação é eucarístico-missionário. O lema "Porto i Misteri", "Carrego os Mistérios", indica o programa de ação, expresso por Madre Serafina pouco antes de falecer: "Ide, filhas, e levai a todos o amor de Jesus Eucaristia".

[647] As Irmãs, talvez, precipitaram-se e mudaram-se para a Asa Norte, no local da atual paróquia São Francisco. Lá, construíram sua residência e um pensionato e se mudaram em 1978. Devido a dificuldade em manter o pensionato e em realizar trabalhos pastorais, venderam a propriedade aos Franciscanos Conventuais e deixaram, definitivamente, Brasília. Dom Raymundo Cardeal Damasceno Assis, Brasília-DF, 1° de setembro de 2017; EPEO.

[648] Dom Raymundo Cardeal Damasceno Assis, Brasília-DF, 1° de setembro de 2017; EPEO.

[649] Dom Geraldo do Espírito Santo Ávila nasceu em Datas-MG, no dia 10 de abril de 1929 e faleceu em Brasília no dia 14 de novembro de 2005. No dia 29 de novembro de 1953, foi ordenado sacerdote. Em 1971, o padre Ávila recebeu do Santo Padre, o título de *Monsenhor*. Em 27 de junho de 1977 o Papa Paulo VI nomeou monsenhor Ávila como bispo auxiliar de Brasília, cuja ordenação, na Catedral Nossa Senhora Aparecida, ocorreu no dia 3 de setembro de 1977. Recebeu a sede titular de *Gemellae in Numidia*.

O sacerdote

Vila Planalto, com celebrações litúrgicas, batizados, casamentos, confissões e aconselhamentos. Aquele menino que cuidou com tanto esmero de seu carneirinho na Chácara em Capela Nova, que subia no cupinzeiro para imitar a celebração do padre, esteve sempre no coração do padre Raymundo Damasceno Assis, que cuidava das famílias dos trabalhadores, dos candangos[650], com a intensidade de viver na alegria do Senhor.

Padre Damasceno sabia que aqueles trabalhadores e suas famílias eram ovelhas oriundas de algum lugar deste Brasil; nenhum trabalhador era natural de Brasília, todos eram de outras localidades, algumas muito distantes. Famílias inteiras que foram em busca de dignidade por meio do trabalho[651]. A passagem bíblica ressoou no Planalto Central: "Reunirei o que restar das minhas ovelhas, espalhadas pelos países em que as exilei e as trarei para as pastagens em que se hão de multiplicar. Escolherei para elas pastores que as apascentarão, de sorte que não tenham receios nem temores, e já nenhuma delas se extravie – oráculo do Senhor" (Jer 23,1-6). Os propósitos de Deus para o sacerdote Damasceno começavam a frutificar.

Na Vila Planalto havia sempre um vai e vem de familiares. Algumas se tranferiam para apartamentos ou casas melhores. A função da paróquia foi mais que preparar pessoas para as outras paróquias e lançar o primeiro anúncio para a conversão. Essa foi sempre a tônica da pastoral na Vila Planalto. Dom Geraldo Ávila dizia que tinha uma grande consolação ao ver, nas outras paróquias, pessoas que foram iniciadas na vida cristã na Vila Planalto.

As transferências dos barracos e seus moradores da Vila Planalto foram em três etapas: em 1964 foram transferidos 1.200 barracos da Vila Planalto, com cerca de 6.000 pessoas; houve resistência. Em

---

[650] Candango (dicionário *Michaelis*): trabalhador vindo de fora da região. Nome com que se designam os trabalhadores comuns que colaboraram na construção de Brasília. A Capital Federal ainda possui menos de cinquenta por cento de brasilienses nascidos em Brasília, a maior porcentagem é de candangos antigos ou novos candangos.

[651] Muitas famílias que permaneceram na Vila Planalto e não saíram na época, estão lá até hoje, em um lugar privilegiado. Dom Raymundo Cardeal Damasceno Assis, Brasília-DF, 1º de setembro de 2017; EPEO.

Viver na alegria do Senhor

1966 foram transferidos vários alojamentos, dessa vez, com menos violência. Em 1968, no mês de janeiro, cerca de 1.000 pessoas do alojamento do *Iate Clube*, e a mudança continuou. Atualmente, somente algumas famílias foram contempladas com a escritura da casa onde moram. O governo, a passos lentos, está regularizando os lotes dos pioneiros.

Em março de 1968, as missas aos domingos estavam assim distribuídas: três na capela central, igreja Nossa Senhora do Rosário; uma no Brasília Palace Hotel; uma na EBE e outra na Rabelo. Além dessas, no terceiro domingo era na Nacional, no segundo domingo, na COERS-CISA[652] e no primeiro e quarto na invasão do Iate Clube.[653]

IV. Paróquia Santíssimo Sacramento

No começo, a paróquia se localizava na L2 Sul, Quadra 601[654], estava sob os cuidados pastorais da *Congregação do Santíssimo Sacramento*[655], cuja missão é a de promover o culto à Eucaristia por meio da adoração ao Santíssimo. O primeiro pároco dessa paróquia foi o padre Roque Colombo, sacramentino, e a igreja[656], uma das primeiras no plano piloto, foi construída com a ajuda de dona Coracy Uchôa Pinheiro[657], esposa do engenheiro Israel Pinheiro, construtor de Brasília.

Por causa das superquadras Sul 402 e 403 e das superquadras Sul 202 e 203 não estarem ainda completamente construídas, a pedido dessa Congregação, Dom Newton transferiu a sede da paróquia para a sede na 606, Sul; onde tinha mais habitantes nas superquadras 407,

---

[652] Era um dos acampamentos das empresas que estavam construindo a Esplanada dos Ministérios e o Palácio da Alvorada.

[653] *I Livro do Tombo da Catedral de Brasília, Nossa Senhora Aparecida*, Brasília-DF, 1968, p. 7. Inédito.

[654] Atual paróquia do Bom Jesus.

[655] A *Congregação do Santíssimo Sacramento*, um instituto religioso da Igreja Católica, foi fundada no ano de 1856, em Paris, por São Pedro Julião Eymard. Trata-se de uma Congregação Apostólica, de direito universal (pontifício), composta de Presbíteros, Diáconos e Irmãos.

[656] Atual igreja do Bom Jesus.

[657] Coracy Uchôa Pinheiro nasceu em Paracatu-MG, 1906, faleceu em Belo Horizonte-MG, em 2013. Viveu até os 107 anos.

6, 5 e 4; 207, 6,5 e 4. Enquanto que a antiga paróquia Santíssimo Sacramento, L2 Sul, Quadra 601, passou a ser capela do Bom Jesus, filial da Catedral.

O padre Luigi Miani, sacramentino, responsável pela nova igreja do Santíssimo Sacramento, L2 Sul Quadra 606, ali permaneceu pouco tempo e no dia 13 de maio de 1969, às 5h30, foi embora de Brasília. Então, a paróquia passou a pertencer ao *Clero Secular*, sendo cooperadores de monsenhor Geraldo Ávila, "os Revmos. Srs. Padres Monsenhor João Batista Balker e Raymundo Damasceno Assis".[658]

Foto: altar da igreja Santíssimo Sacramento, Brasília, 2017.[659]

Pouco tempo depois, no dia 16 de junho de 1969, padre Raymundo Damasceno Assis, sucedeu monsenhor Geraldo Ávila[660], tornando-se pároco da Santíssimo Sacramento.

---

[658] Dom Geraldo Ávila. In: *Livro do Tombo Paróquia Santíssimo Sacramento*, 1969, p. 11. Inédito.
[659] Foto: crédito de *Rita Elisa Sêda*.
[660] Monsenhor Geraldo Ávila ficou morando na paróquia Santíssimo Sacramento, junto com o pároco Raymundo Damasceno Assis, até o fim do ano de 1969, mudando-se, em seguida, para a igreja do Bom Jesus na L 2 Sul 601, perto do Colégio Santa Rosa, que era a antiga paróquia dos sacramentinos.

Viver na alegria do Senhor

Foto: livro do Tombo Paróquia Santíssimo Sacramento, 1969, p. 11.

> No dia dezesseis (16) de junho, o Revmo. Pe. Raymundo Damasceno Assis foi nomeado pároco da igreja do Santíssimo Sacramento, substituindo assim monsenhor Geraldo Ávila, vigário-geral da arquidiocese. A provisão de pároco foi dada por D. José Newton de Almeida Batista, arcebispo de Brasília. Mons. Geraldo de Ávila continuou residindo juntamente com o novo vigário até o fim do ano, mudando-se em seguida para a igreja do Bom Jesus, Asa L 2 Sul, Q.601, perto do Col. Santa Rosa.[661]

Com muita alegria, padre Damasceno enviou aos paroquianos uma circular apresentando suas saudações e colocando como seu lema de trabalho a frase de São Paulo: "Operários com Deus, no anúncio de sua Palavra e distribuição de seus Mistérios". Brasília era uma cidade, essencialmente de operários e funcionários públicos, no seu começo de existência. A infraestrutura da paróquia era mínima, um salão pequeno serviu de igreja e no fundo do salão, uma residência muito precária. O resto da área era totalmente mato.

---

[661] Padre Raymundo Damasceno Assis. In: *Livro do Tombo Paróquia Santíssimo Sacramento*, 1969, p. 11. Inédito.

O sacerdote

Em 1969, depois de nove anos de sua inauguração, Brasília ainda crescia assustadoramente. Planejada para ser uma cidade de pequenas proporções, porém, era grande e intenso o fluxo migratório. Milhares de operários foram em busca de trabalho, impulsionados pela divulgação das constantes propagandas das magníficas construções em Brasília. "A população do Distrito Federal que era de quase 140 mil passou para 537 mil com apenas nove anos de sua fundação."[662]

Havia uma carência a ser provida na paróquia Santíssimo Sacramento: a catequese[663]. Para suprir essa necessidade, no dia 15 de agosto, padre Damasceno deu início, mesmo que de uma maneira precária, à catequese paroquial. "Os meninos reuniam-se em volta de seu professor, assentados no passeio ou debaixo das árvores. Tudo era simples, mas a Palavra de Deus começava a dar seus primeiros frutos, com as crianças e seus pais."[664] Na alegria do Senhor, padre Raymundo Damasceno Assis compartilhava às suas ovelhas o aprendizado que recebeu em seus estudos na Alemanha. Partilhava a Palavra de Deus saciando a fome espiritual dos paroquianos, convertendo-os e os fortalecendo na fé, despertando nas crianças e nos jovens o desejo de seguir Jesus Cristo. Culminou no dia 7 de dezembro, às 9h30, em uma missa com a realização da Primeira Comunhão de vários catequizados. "As meninas usavam túnica branca, véu e sapatos simples. Os meninos trajavam calça azul marinho comprida, camisa branca e gravata borboleta. Todos traziam nas mãos uma vela de cera e o livro com o ritual da missa."[665] Momento de grande júbilo para as crianças que, pela primeira vez, aproximaram-se da Ceia do Senhor, recebendo, com o Corpo e Sangue de Jesus, a graça em seu coração.

---

[662] MONTEIRO, Bruno da Costa. *Planejamento e Vulnerabilidade na Nova QNR, Ceilândia*. Monografia de Bacharelado Departamento de Geografia, da Universidade de Brasília – UnB. Brasília, Distrito Federal, junho de 2009, p. 11.
[663] Catequese, do latim tardio *catechesis*, por sua vez do grego κατήχησις, também derivado do verbo κατηχέω que significa "instruir a viva voz"; é a parte principal do rito de iniciação cristã, em que a pessoa iniciada ouve o anúncio do Evangelho.
[664] Padre Raymundo Damasceno Assis. In: *Livro do Tombo Paróquia Santíssimo Sacramento*, p. 11. Inédito.
[665] Idem.

Posteriormente, a catequese era no colégio Imaculada Conceição. As Irmãs Passionistas, vendo as condições precárias da paróquia, abriram as salas de aulas do colégio aos sábados para a catequese das crianças. A catequese era também ministrada às crianças do ensino fundamental nas escolas públicas das 406 e 204, Sul.[666]

A Semana Santa de 1970 foi marcada pela cooperação no canto e nas cerimônias litúrgicas, em geral, pela presença e participação marcantes das Irmãs Passionistas do Colégio Imaculada Conceição e das Religiosas de Maria Imaculada do Instituto Vicenta Maria[667].

Em época da Páscoa, em 1969, funcionários do Banco Regional de Brasília, estiveram atentos à Conferência no Auditório da Agência W3 preparada pelo "padre Damasceno, sobre o tema: 'O século XX e a materialização do Homem'".[668]

***

V. Preparativos para o VIII Congresso Eucarístico Nacional – CEN

A primeira proposta de realização de um Congresso Eucarístico em Brasília foi "determinado para 1965, porém, por motivos político-sociais[669], adiou-se sabiamente para 1970".[670] Em 1969, iniciou-se uma preparação e ficou estipulado que, no ano de 1970, em Brasília, haveria a realização do VIII Congresso Eucarístico Nacional[671] – CEN, com o lema: "À mesa do Senhor", e o tema: "Batismo, Crisma e Eucaristia, os três sacramentos da iniciação cristã".

---

[666] Dom Raymundo Damasceno Assis, Aparecida-SP, 22 de novembro de 2017, EPEO.

[667] Atualmente SGAS 606, Bloco A Asa Sul, Brasília-DF.

[668] Jornal *Correio Braziliense*, 1969, p. 2.

[669] No ano anterior, no dia 31 de março de *1964*, foi posto em prática o *Golpe Militar* ao governo brasileiro, deixando para trás a República Populista.

[670] Jornal *Correio Braziliense*, 1970, p. 2.

[671] O Congresso Eucarístico Nacional acontece em cada país católico no mundo, no Brasil, ocorre desde 1933. O ano em que acontece e a cidade que sedia o evento é sempre escolhido pela Conferência Episcopal do país; tendo em conta as cidades que se apresentam para sediar o evento, no caso do Brasil, é sempre escolhido pela CNBB em sua assembleia geral.

"Ano de 1970, décimo aniversário da capital da República, nova arrancada rumo à concretização de Brasília como única e soberana sede do Governo. Uma terra que teve sempre a religião como a sua história e tem a Cruz como símbolo inicial do esquema urbanístico de sua capital, só pode ver como otimista a expectativa do VIII Congresso Eucarístico."[672]

A logomarca e o hino do VIII CEN foram feitos por Dom Marcos Barbosa[673], OSB, do Mosteiro do Rio de Janeiro.[674] Para a realização do Congresso, no dia 11 de março de 1970, por meio do Decreto-Lei n. 66.310, ficou determinada de utilidade pública uma Junta Executiva do VIII Congresso Eucarístico Nacional, com sede em Brasília[675], sendo Dom José Newton de Almeida Batista, arcebispo de Brasília, o presidente e, o secretário executivo o engenheiro Cláudio Oscar de Carvalho Sant'Anna[676], sócio da *Solomaque Eletrodoméstico*, W 3 Sul 504.

Pelas manchetes dos jornais dava-se a impressão que os preparativos para o VIII CEN transcorria sem problemas, normalmente, como deveria ser em um Congresso Eucarístico. Porém, para sua preparação e, também, realização, houve muitas dificuldades: era "período do regime militar sendo presidente o general Emílio Garrastazu Médici[677]; Brasília tinha apenas 10 anos de vida; e havia resistência, principalmente, em alguns ambientes de Igreja".[678]

Alguns problemas enfrentaram a direção do VIII CEN e a arquidiocese de Brasília, principalmente pelo fato de uma grande massa de católicos confirmarem presença. Muitas pessoas iam aproveitar para conhecer a nova capital.

---

[672] Jornal *Correio Braziliense*, 1970, p. 2.

[673] Dom Marcos Barbosa, OSB, (Lauro de Araújo Barbosa), nasceu em Cristina-MG, no dia 12 de setembro de 1915, e faleceu no Rio de Janeiro-RJ, no dia 5 de março de 1997. Foi monge beneditino brasileiro, padre católico, escritor, poeta e membro da Academia Brasileira de Letras.

[674] Dom Raymundo Cardeal Damasceno Assis. In: *Síntese do Ministério Sacerdotal Brasília (1968 a 1986)*, p. 2.

[675] Decreto feito pelo presidente Emílio Garrastazu Médici: "O PRESIDENTE DA REPÚBLICA, usando da atribuição que lhe confere o artigo 81, item III, da Constituição e atendendo ao que consta do Processo M.J. 63.818, de 1969".

[676] Formado em engenharia civil e elétrica, diretor da Kosmos Engenharia.

[677] 30 de outubro de 1969 até 15 de março de 1974 (4 anos e 136 dias).

[678] Dom Raymundo Cardeal Damasceno Assis. In: *Síntese do Ministério Sacerdotal Brasília (1968 a 1986)*, p. 1.

Se fosse em uma capital comum, o número de fiéis seria calculado em 100 mil, porém o interesse que Brasília despertava, e por ser a capital da República, fez com que se esperasse um número calculado em 200 mil peregrinos[679] no começo do mês de maio, havia estimativa de 300 mil, caso ficasse confirmada a ida de Sua Santidade, o Papa Paulo VI, aí então poderia se esperar umas 400 mil pessoas. No ano de 1970, a cidade de Brasília tinha o número estimativo de 450 mil habitantes.

O maior problema para os organizadores era referente à hospedagem dos visitantes. A Junta Executiva do VIII CEN, depois de rigorosa análise, concluiu que 100 mil deles ficariam em casas de parentes ou amigos, quer no Plano Piloto ou em cidades Satélites. Os que não encontrassem mais hotéis poderiam ficar em uma espécie de camping, com licença numerada para estacionamento do veículo nessa área, onde teriam serviços essenciais como sanitários e cozinhas. Outra medida que a equipe gestora do Congresso poderia programar, seria a construção de alojamentos de madeira e aproveitamento das casas e apartamentos recém-concluídos.[680]

Outro grande problema era a falta de combustível para os veículos automotores, a junta executiva articulou junto aos órgãos: SUNAB, COBAL e CIBRAZEM para que houvesse abastecimento de combustível, não só na cidade de Brasília, mas também nas cidades vizinhas: Anápolis, Formosa e Goiânia. "O Batalhão Ferroviário trabalhou intensamente no sentido de fazer chegar à ponta dos trilhos no setor de Indústria e Abastecimento possibilitando o transporte de combustível por via férrea, reforçando bastante o transporte rodoviário".[681]

Para ter controles mais específicos da quantidade de pessoas presentes no VIII Congresso Eucarístico Nacional, a Junta Executiva recebia relatórios de empresas de turismo e agências de viagem, do número de peregrinos confirmados; com essas informações tinha como organizar, de modo mais eficiente, a logística de apoio ao peregrino.

---

[679] Jornal *Correio Braziliense*, 1970, p. 2.
[680] "Estava prevista a conclusão, na época, de 10 mil casas de madeira no Guará." In: *Correio Braziliense*, 1970, p. 2.
[681] *Correio Braziliense*, 1970, p. 2.

Outra dificuldade que incomodava a Igreja de Brasília era a prisão do padre João Rutges, holandês, da paróquia do Sagrado Coração de Jesus, na L2 Sul. Como poderiam celebrar um Congresso Eucarístico Nacional com um sacerdote preso?! Uma autoridade de alta patente militar permitiu que o padre "fugisse" da prisão e embarcasse de volta ao país de origem. Evidentemente, o sacerdote não pôde mais retornar ao Brasil até a aprovação da Lei da Anistia[682].

Dentro da composição de eventos do VIII Congresso Eucarístico Nacional, padre Damasceno foi encarregado da Coordenação da Comissão Pastoral e Catequese que, contou com a colaboração do padre Manuel Eduardo Iglesias, SJ, frei Bernardo Cansi, Ofm cap, e com a ajuda do padre Miguel Popoaski, Saletino.

"A comissão preparou 500 líderes de formação religiosa e vivência cristã, além de técnica de dinâmica de grupo, para preparação de fiéis em residências, colégios e paróquias"[683]; forneceu subsídios para as homilias às missas dominicais, sobre o tema do VIII CEN, publicados nos folhetos *O Povo de Deus*.

O primeiro semestre de 1970 tornou-se religiosamente dinâmico na Capital Federal. Coincidindo, no mesmo mês, sob a presidência do cardeal Alfredo Vicente Scherer e do secretário geral Dom Aloísio Lorsheider, foi realizada a *XI Assembleia Geral da Conferência dos Bispos do Brasil*, também em Brasília, de 16 a 27 de maio[684], nas instalações do atual Santuário Dom Bosco, na W3 Sul.[685]

O tema principal da XI Assembleia foi a *Teologia do Laicato e o engajamento dos leigos nas realidades temporais e o relacionamento entre bispos e os leigos*. "O aprimoramento de uma política global, na qual a

---

[682] A Lei da Anistia Política foi promulgada em 1979, no governo do presidente João Baptista Figueiredo, para reverter punições aos cidadãos brasileiros que, entre os anos de 1961 e 1979, foram considerados criminosos políticos pelo regime militar.

[683] *Jornal do Brasil*, 1970, p. 30.

[684] Jornal *Correio da Manhã*, 1969, p. 7.

[685] Dom Raymundo Cardeal Damasceno Assis. In: *Síntese do Ministério Sacerdotal Brasília (1968 a 1986), p. 2.*

pessoa humana seja o centro dos objetivos e preocupações deve ser tarefa fundamental e específica dos leigos cristãos que integram o Governo, o Poder Executivo, Legislativo e Judiciário, os Orgãos técnicos de planejamento e execução, os Estabelecimentos de produção e as Representações sindicais de classe. É missão da Igreja que lhes incumbe, por força de seu batismo, enquanto são Igreja e responsáveis, portanto, no mundo por procurar e salvar o homem."[686]

Uma questão polêmica que foi debatida pela Comissão Pastoral e amplamente comentada pelos bispos foram as lamentáveis manifestações de violência e a incidência de casos de torturas no Brasil. Afirmaram que não havia como comprovar juridicamente a procedência das denúncias, mas como pastores responsáveis pela missão evangelizadora seriam omissos se não declarassem, com firmeza, que condenavam qualquer forma de tortura física ou moral, onde quer que ela se manifeste no Brasil ou em qualquer outro país do mundo. Os bispos condenaram, também, certas manifestações de violência produzidas em forma de assaltos, sequestros, mortes, porque não se pode responder à violência com outra violência, porque então se instaura uma escalada insustentável de guerra interior, cuja vítima principal é o povo.

Um dos pontos centrais da XI Assembleia, foi a reforma dos estatutos da Conferência que passaram por uma reestruturação: a criação de dois órgãos executivos, a Presidência e a Comissão Episcopal de Pastoral – CEP, para a Pastoral Orgânica.[687]

VI. Realização do Congresso Eucarístico Nacional

A Secretaria Executiva do VIII CEN foi instalada no *Touring Club*, ao lado da rodoviária, na Esplanada dos Ministérios, próximo da Praça

---

[686] Citação de uma parte da Ata da XI Assembleia Geral da Conferência Nacional dos Bispos do Brasil.
[687] Esses dois órgãos executivos acompanharam e dinamizaram a vida cotidiana da CNBB, até 2001, quando se deu uma reforma profunda desses estatutos. Os atuais estatutos foram aprovados em 2001 e promulgados em 2002.

do Congresso Eucarístico.[688] Toda e qualquer informação deveria ser endereçada ao arcebispo de Brasília, presidente da Junta Executiva, que a repassava aos seus assessores e colaboradores. O mês de maio foi o mais esperado em Brasília, durante o ano de 1970:

> "Brasília estará com uma nova vida. Suas ruas repletas de carros e gente de todas as partes e todos com a mente voltada um pouco para Deus. O Congresso Eucarístico, uma ponte de união entre o homem e seu Criador. Respirar-se-á fé em Brasília. E, mais perto de Deus, poder-se-á admirar melhor o que o homem criou."[689]

Mesmo recebendo convite da arquidiocese Metropolitana de Brasília e do presidente da República do Brasil, o Papa Paulo VI não pôde comparecer ao VIII Congresso Eucarístico Nacional, "o legado pontifício para o Congresso foi o cardeal Dom Eugênio de Araújo Sales[690], arcebispo de Salvador".[691]

Foto: cardeal Dom Eugênio Sales caminha escoltado por guardas da presidência quando seguia para o Congresso Eucarístico[692], Brasília-DF, maio de 1970.

---

[688] Dom Raymundo Cardeal Damasceno Assis. In: *Síntese do Ministério Sacerdotal Brasília (1968 a 1986)*, p. 2.
[689] *Correio Braziliense*, janeiro de 1970, p. 2.
[690] Dom Eugênio de Araújo Sales nasceu em Acari-RN, no dia 8 de novembro de 1920, e faleceu no Rio de Janeiro-RJ, no dia 9 de julho de 2012. Foi nomeado cardeal no dia 1º de junho de 1954 e arcebispo do Rio de Janeiro, no dia 29 de outubro de 1968, com o lema: *IMPENDAM ET SUPERIMPENDAR*; "Gastar e me Gastar".
[691] Dom Raymundo Cardeal Damasceno Assis. In: *Síntese do Ministério Sacerdotal Brasília (1968 a 1986)*, p. 2.
[692] Foto: crédito de *Adão Nascimento*/AE.

Viver na alegria do Senhor

"A paróquia do Santíssimo Sacramento participou ativamente na preparação desse ato público de fé, tendo sido o pároco Pe. Raymundo Damasceno Assis o Coordenador da Comissão Pastoral do VIII CEN. A ideia mestre do oitavo Congresso Eucarístico foi a vivência dos três sacramentos de iniciação à vida cristã, sendo o cume deles a Eucaristia."[693]

O Santíssimo Sacramento foi levado por um sacerdote e um pequeno grupo de passageiros em adoração, de avião, de Porto Seguro, na Bahia, até o aeroporto de Brasília, e, do aeroporto, foi levado de helicóptero até a Praça do Congresso Eucarístico, na Esplanada dos Ministérios,[694] onde era celebrado. Transportado da Bahia em recordação da Primeira Missa no Brasil, celebrada por Henrique de Coimbra, frade e bispo português, no dia 26 de abril de 1500, na praia da Coroa Vermelha, em Santa Cruz Cabrália, no litoral sul da Bahia. Em Brasília o Santíssimo Sacramento foi acolhido pela multidão de fiéis que se encontrava reunida na Praça do Congresso Eucarístico.[695] Na praça foi plantada uma cruz de concreto projetada por Oscar Niemeyer construída pela Construtora Rabello.[696]

A abertura do Congresso foi na quarta-feira, dia 27 de maio, às 16h45, presidida pelo legado papal cardeal Eugênio de Araújo Sales, arcebispo da Bahia e primaz do Brasil, com a entoação do Hino Pontifício e do Hino Nacional Brasileiro. Em seguida, Dom Newton, arcebispo de Brasília, pediu as luzes do Espírito Santo sobre os trabalhos do Congresso. Depois, houve a leitura da bula pontifícia em que o Papa Paulo VI delega poderes ao primaz do Brasil para representá-lo no congresso.

---

[693] Dom Raymundo Cardeal Damasceno Assis. In: _Livro do Tombo, Paróquia do Santíssimo Sacramento_, p. 12. Inédito.

[694] Onde atualmente se localiza o Museu da República e a Biblioteca Nacional, no espaço entre a rodoviária e a catedral. Ao pé da cruz encontra-se uma placa, lembrando seu idealizador e o evento do CEN.

[695] Dom Raymundo Cardeal Damasceno Assis. In: _Síntese do Ministério Sacerdotal Brasília (1968 a 1986)_, p. 2.

[696] A cruz ainda está no local onde se realizou o VIII CEN, como recordação desse grande evento religioso na capital da República; onde também estão o Museu Nacional e a Biblioteca Nacional de Brasília.

"(...) Pedindo pois a Deus para que advenham desse Congresso Eucarístico abundantes frutos espirituais, a ti, venerável irmão, e demais antístites, entre os quais relembramos o arcebispo de Brasília, aos magistrados, ao clero e sodalícios religiosos, e a todo povo de Deus, participantes desse santo Congresso, como testemunho de nossa predileção e benevolência, afetuosamente concedemos a bênção apostólica."[697]

Brasília, em seu décimo aniversário, comungou no plano espiritual, com o legado de uma dimensão humana e social, impregnada de união pela fecundidade da Eucaristia, sol da vida religiosa, fortalecendo a Igreja dos mártires e dos santos, a Igreja de sempre é igual a Igreja de nosso tempo.

"Mudam os homens e as circunstâncias, em todas as latitudes, mas o Pão que vive e dá vida ao mundo é um só. E é em torno desse Pão, de um divino banquete que se reúne hoje, em Brasília, o Congresso Eucarístico, na mais moderna cidade do mundo, cujas formas já se projetam sobre o futuro e o anunciam, a Igreja de sempre dá testemunho de sua vitalidade e de sua atualidade."[698]

A Comissão Pastoral, coordenada pelo padre Raymundo Damasceno Assis, "preparou vários subsídios sobre o tema do VIII CEN para ajudar os párocos, catequistas, agentes de pastoral e religiosos no aprofundamento do tema. Foi um período de verdadeira missão em toda arquidiocese".[699]

Os participantes da Comissão Pastoral que iam redigir um documento final tiveram um período para se aprofundarem no estudo de aspectos essenciais da teologia do laicato; fundamentada nos sacramentos da iniciação cristã: Batismo, Crisma e Eucaristia. Comentaram que são "pontos que o Novo Testamento e a mais antiga reflexão da Igreja cla-

---

[697] PAPA PAULO VI. *Carta Apostólica* de 5 de maio de 1970.
[698] *Jornal do Brasil*, 28 de maio 1970, p. 8.
[699] Dom Raymundo Cardeal Damasceno Assis. In: *Síntese do Ministério Sacerdotal Brasília (1968 a 1986)*, p. 2.

ramente firmaram"[700]. Eles dão ênfase à participação dos leigos na obra de evangelização, reconhecendo que uma faixa especial do mundo leigo está a exigir uma pastoral peculiar: a juventude.

As conferências sobre o tema do Congresso foram realizadas no colégio popularmente chamado de Elefante Branco[701], na W5 sul, com a participação de grande público. Houve um domingo, durante o Congresso, em que todos os bispos e sacerdotes, vindos de fora de Brasília, puderam celebrar a Eucaristia nas paróquias da arquidiocese de Brasília.[702]

Dia 28 de maio, primeiro dia do VIII CEN, dia consagrado ao batismo; a paróquia Santíssimo Sacramento administrou o Batismo a 15 crianças, dentro da missa celebrada por Dom Oscar de Oliveira, arcebispo de Mariana-MG. "A cerimônia recebeu os elogios de D. Oscar, sobretudo pela participação dos presentes, supondo, é claro, uma longa preparação."[703]

Dia 29 de maio, segundo dia Congresso Eucarístico, dia consagrado à Crisma, a paróquia Santíssimo Sacramento convidou Dom José de Almeida Pereira, bispo de Guaxupé, "irmão do arcebispo de Brasília, a presidir a missa e, também administrar o Crisma a mais de 100 (cem) pessoas, entre jovens e adultos".[704]

No dia 30 de maio, terceiro dia do Congresso, dia dedicado a Eucaristia, não houve atividades diferentes na paróquia Santíssimo Sacramento, "tendo todos os atos realizados na Praça do Congresso, ao lado da Catedral".[705]

No quarto e último dia, 31 de maio, o VIII CEN teve magnífico encerramento. A sagração da Catedral e do altar-mor de mármore de Carrara, que foi doado pelo Papa Paulo VI. O revestimento interno da Catedral é todo de mármore de Carrara. Dentro da celebração Eucarís-

---

[700] Revista O Cruzeiro, junho de 1970, p. 20.
[701] Criado em 1960, o Centro Educacional Elefante Branco (CEEB) surgiu como um espaço para a educação de qualidade. Foi o primeiro colégio de ensino médio público de Brasília.
[702] Dom Raymundo Cardeal Damasceno Assis. In: Síntese do Ministério Sacerdotal Brasília (1968 a 1986), p. 2.
[703] Padre Raymundo Damasceno Assis. In: Livro do Tombo, Paróquia do Santíssimo Sacramento, p. 12. Inédito.
[704] Idem.
[705] Idem.

—————— O sacerdote ——————

tica presidida pelo cardeal-legado Dom Eugênio de Araújo Salles, houve a chegada gloriosa e acolhida da imagem de Nossa Senhora Aparecida, a mesma imagem entronizada durante a primeira missa em Brasília, em 3 de maio de 1957, em que foi proclamada Madrinha de Brasília.

Foto: livro do Tombo Paróquia Santíssimo Sacramento, Brasília-DF, 1970, p. 12.

> Dia 31 de maio, último dia do VIII do CEN e solene encerramento. Foi uma verdadeira demonstração de fé pública à solene passagem do Ss. Sacramento entre a multidão que cantava e rezava. O Congresso Eucarístico de Brasília, embora realizado com tantas dificuldades, deixou maravilhosos frutos de vida cristã na nova capital do Brasil, que pela primeira vez, sentiu a manifestação tão empolgante de fé.[706]

Para a finalização do VIII CEN, no dia 31 de maio, Papa Paulo VI enviou uma radiomensagem dirigindo-se aos brasileiros como "Amados Irmãos e Filhos", disse que Brasília é monumento e símbolo da esperança viva de um Povo presente à Mesa do Senhor. Colocou-se espiritualmente saudoso e emocionado às gratas lembranças de Brasília. Regozijou-se com o povo brasileiro pela "vitalidade da Igreja no Brasil, fruto do empenho e

---
[706] Idem.

generosidade dos seus Pastores e fiéis, a secundarem a graça divina". Convidou os brasileiros a estarem sempre unidos em Cristo, à Mesa do Senhor, lembrando a todos do nosso legado de eternidade: "aquele que vive e crê em mim, não morrerá jamais" (Jo 11, 25). Viver na plenitude do Evangelho.

> "Sabemos que procurar para os homens Irmãos o reconhecimento e a defesa dos seus direitos de pessoas humanas, é dever de todos; que, pôr de parte a violência é imperativo de consciência e condição de êxito; mas, fazê-lo com amor, à dimensão do amor de Deus, isso é apanágio de quem crê e vive em Cristo, continuamente a Ele adere, com a fé e com as obras, porque, sem Ele, nada podemos fazer (cf. Jo 15,6).
> Que o Pão da Vida da Eucaristia, recebido com frequência, sirva-nos a alimentar e vivificar em nós, este amor, donde brotará o anelo e o empenho pelo desenvolvimento social, a ser por todos desfrutado, na ordem na prosperidade e na paz; e que o presente Congresso Eucarístico Nacional fique assinalado, para cada brasileiro, por uma estável aproximação de Deus e de todos entre si, em Cristo, na justiça, na verdade e no amor.
> A terminar, 'muito obrigado', Irmãos e Filhos caríssimos, pelas preces e homenagens, por motivo do cinquentenário do Nosso Sacerdócio. Tudo queremos entender como feito, nesta hora, pelo sacerdócio ministerial da Santa Igreja, que participamos, e como Sumo Pontífice, humildemente, nos é dado representar. Que Deus vos pague![707]

Dom José Newton afirmava que Brasília foi batizada na 1ª missa do início dos trabalhos da construção da cidade, no dia 3 de maio de 1957, presidida pelo cardeal Motta,[708] arcebispo de São Paulo; fez a 1ª Comunhão na missa de inauguração da cidade, em 21 de abril de 1960, presidida pelo cardeal Manuel Gonçalves Cerejeira,[709] patriarca de Lisboa e legado do Papa João XXIII; crismada, no Congresso Eucarístico

---

[707] PAPA PAULO VI. Radiomensagem para o encerramento do Congresso Eucarístico Nacional, maio de 1970.
[708] Cardeal Mota afirmava que Brasília era o segundo descobrimento do Brasil.
[709] Manuel Gonçalves Cerejeira GCC,GCSE,GCIH, nasceu no dia 29 de novembro de 1888, em Vila Nova de Famalicão, Lousado, Portugal, e faleceu no dia 2 de agosto de 1977, Amadora, Buraca, Portugal.

de 1970. Pode-se dizer que a Igreja em Brasília atingiu sua maturidade com o Congresso Eucarístico.[710] O Congresso Eucarístico deu ao Brasil e ao mundo uma demonstração de vitalidade da fé cristã brasileira.

A preparação e execução do VIII CEN custaram muito trabalho aos coordenadores que, mesmo diante das dificuldades, tiveram fé em Cristo, enfrentaram as batalhas e venceram. "A partir do Congresso Eucarístico, a Igreja de Brasília tomou um novo impulso. Começaram a surgir e crescer os movimentos leigos: Cursilho de Cristandade, Treinamento de Liderança Cristã – TLC, Eureka, Pastoral da Juventude, Serra Clube, Encontro de Casais com Cristo – ECC, Equipes de Nossa Senhora, Pronto Socorro Espiritual – PROSE e, assim por diante, muitos outros foram florescendo."[711]

Em reconhecimento pelos trabalhos de coordenação da Comissão Pastoral, em preparação ao VIII Congresso Eucarístico Nacional, no dia 22 de agosto de 1970, o vigário da paróquia Santíssimo Sacramento, padre Raymundo Damasceno Assis, foi agraciado com o título de Monsenhor[712].

Foto: livro do Tombo Paróquia Santíssimo Sacramento, Brasília-DF, 1970, p. 13.

---

[710] Dom Raymundo Cardeal Damasceno Assis. In: *Síntese do Ministério Sacerdotal Brasília (1968 a 1986)*, p.2.

[711] Dom Geraldo do Espírito Santo Ávila. In: FIGUEIREDO, Jadilney Pinto de. *Dom José Newton de Almeida Batista, 50 anos de sacerdócio*, p. 23.

[712] O título Monsenhor é um título eclesiástico honorífico conferido, independentemente da idade, a determinados presbíteros (padres), bispos, patriarcas... ligados ao serviço domésticos do Papa. A palavra tem origem francesa e, em português, pode ser abreviada como "Mons." apesar de somente o Papa conferir o título de Monsenhor, ele o faz a pedido do bispo diocesano por meio de Nunciatura Apostólica.

"No dia 22 de agosto de 1970 o vigário da paróquia, Pe. Raymundo Damasceno Assis, foi agraciado com o título de Capelão do Papa Paulo VI, em reconhecimento pelos trabalhos de coordenador da comissão de pastoral, em preparação ao VIII Congresso Eucarístico Nacional. Além do vigário, várias autoridades locais foram também condecoradas pelos trabalhos desempenhados na preparação do Congresso Eucarístico."[713]

***

VII. Bênçãos aos novos empreendimentos em Brasília

Foto: Dom Newton benzendo a pedra fundamental da nova igreja da paróquia Santíssimo Sacramento. Brasília-DF, s/d.[714]

A Capital Federal crescia sem tempo de descanso. Semanalmente, havia inaugurações e Dom José Newton, monsenhor Ávila e, às vezes, monsenhor Raymundo Damasceno Assis eram convidados para benzer

---

[713] Padre Raymundo Damasceno Assis. In: *Livro do Tombo paróquia do Santíssimo Sacramento*, p. 13. Inédito.
[714] Foto: APDRCDA, inédito.

as novas residências. Quando requisitado, monsenhor Damasceno sempre ia acompanhando ou representando Dom José Newton.

> "Era muito comum em Brasília, benzer os novos edifícios, sobretudo os edifícios destinados às funções oficiais como os tribunais, ministérios, autarquias. Sempre que me convidavam eu ia, abençoei vários desses edifícios."[715]

Monsenhor Raymundo Damasceno Assis fazia questão de atender o pedido de benzer novos estabelecimentos brasilienses. Como aconteceu no dia 9 de fevereiro de 1971. Sua bênção era sempre motivo de alegria pascal para os proprietários e trabalhadores que iam usufruir desse novo empreendimento.

> "O Tribunal Superior Eleitoral inaugurou, ontem, em Brasília, sua nova sede situada na Praça dos Tribunais. A solenidade contou com o hasteamento da bandeira, bênção litúrgica dada pelo monsenhor Raimundo Damasceno e do corte, na entrada principal, da fita simbólica."[716]

Mesmo distante e com muitas atividades na paróquia, monsenhor Damasceno nutria afinidades com sua família em Minas Gerais, enviando cartas e conversando via telefone. No começo do ano de 1971, em janeiro, ele "ausentou-se da paróquia para atender seu pai Francisco Solano Assis, que se encontrava enfermo em Conselheiro Lafaiete".[717]

No dia 24 de outubro de 1973, às 19h, foi inaugurado o Eron Brasília Hotel, com coquetel oferecido aos presentes, precedido de bênção às instalações pelo monsenhor Damasceno, representando o arcebispo Dom Newton.[718]

---

[715] Dom Raymundo Cardeal Damasceno Assis, 10 de agosto de 2017, Brasília-DF, EPEO.
[716] *Diário do Paraná*, 1971, p. 3.
[717] Monsenhor Raymundo Damasceno Assis. In: *Livro do Tombo Paróquia do Santíssimo Sacramento*, p. 13. Inédito.
[718] *Correio Braziliense*, outubro de 1973, p. 2.

VIII. Pedra fundamental igreja Santíssimo Sacramento

Em deferimento ao pedido formal do arcebispo Dom Newton ao superintendente da Novacap, foi asfaltada a área interna da paróquia Santíssimo Sacramento, "conforme projeto de urbanização dos arquitetos da obra da paróquia".[719]

Com grande alegria foi criado o Grupo Jovem do Santíssimo Sacramento, SANSA. Jovens paroquianos que, uma vez mais conscientes de sua missão cristã no mundo, seriam apóstolos dos outros jovens. Tinham a responsabilidade da preparação da missa dominical, das 18h30, após a tarde de estudo e convivência do grupo.

Do dia 1º ao dia oito de outubro, Dom José Newton de Almeida Batista fez visita pastoral à paróquia do Santíssimo Sacramento e cumpriu um vasto programa elaborado pelo monsenhor Damasceno. O último dia da visita pastoral, culminou com a missa celebrada pelo senhor arcebispo, às 9h30, tendo administrado o sacramento do Crisma a várias pessoas. A seguir, houve o lançamento das futuras instalações do conjunto paroquial futuro Santuário da Adoração Perpétua, momento solene, diante da Cruz na Avenida L 2 Sul, Quadra 606, em que decorreu a bênção do local:

> "O Sr. Arcebispo, acompanhado de monsenhor Raymundo Damasceno Assis, pároco, e dos ajudantes Pe. José Vicente César e Irmão Salvador Rica, todos paramentados, deu início ao ofício religioso diante da Cruz e, em procissão, foi aspergindo o local onde serão assentados os alicerces da futura igreja".[720]

A Ata do dia, um texto de oração e um outro documento foram colocados em uma urna que foi depositada na Pedra Fundamental. Terminando a bênção, o arcebispo Dom José Newton, com a mitra e o báculo,

---

[719] Monsenhor Raymundo Damasceno Assis. In: *Livro do Tombo Paróquia do Santíssimo Sacramento*, p. 13. Inédito.
[720] Idem.

tocou com a mão a Primeira Pedra e disse solenemente: "Confio em Nosso Senhor Jesus Cristo, colocamos essa Pedra Fundamental neste alicerce. Em nome do Pai, do Filho e do Espírito Santo, para que floresça aqui a verdadeira fé, o temor de Deus e o amor fraterno, e este lugar seja destinado à oração e à invocação do Nome de Nosso Senhor Jesus Cristo, que vive e reina com o Pai e o Espírito Santo, Deus por todos os séculos dos séculos".[721]

Dia festivo para o senhor arcebispo Dom Newton, o pároco monsenhor Damasceno e significativo número de paroquianos do Santíssimo Sacramento. As obras paroquiais foram programadas pelos arquitetos Airton Magalhães Santos, Geraldo Jorge Estrela e Rômulo de Marchi, projeto que necessitou de espírito comunitário para ser levado adiante, tendo em vista a importância desse trabalho para a coletividade e, também, para a cidade que estavam ajudando a construir.

Foto: começo das obras de construção do primeiro salão da igreja Santíssimo Sacramento, L2 Sul Q 606, Brasília-DF, 1970.[722]

---
[721] Idem.
[722] Foto: APDRCDA, inédita.

IX. Seminário Menor de Brasília

Desde a criação da arquidiocese pelo Papa João XXIII, aparece o projeto de um seminário. O novo arcebispo vê isso como uma de suas primeiras tarefas pastorais.[723] Seis meses depois da inauguração da arquidiocese de Brasília, no dia 12 de outubro, dia de Nossa Senhora da Conceição Aparecida, ano de 1960, foi lançada a Pedra Fundamental do Seminário Arquidiocesano. No pronunciamento, Dom José Newton disse que o seminário seria a "fonte da vida da arquidiocese de Brasília".[724]

O Seminário Menor de Brasília foi inaugurado parcialmente no dia 1º de março de 1962 e confiado aos padres lazaristas. O primeiro reitor foi padre Demerval Montalvão CM, o segundo reitor foi o padre José Paulo Salles CM, o terceiro reitor foi o padre Tobias Zico CM; os colaboradores do primeiro reitor eram padre José Domingos Zanatta, padre Domingos Faria e padre Luiz Gonzaga. A imagem de Nossa Senhora de Fátima foi entronizada na entrada do seminário. "Ao caríssimo padre frei Demétrio e à paróquia de Fátima, somos devedores da linda imagem titular do seminário, já aqui abençoar e proteger as obras desde o seu início. Imagem colocada no pórtico da entrada."[725]

O local e o terreno do seminário foram escolhidos por Dom José Newton. O senhor Israel Pinheiro, presidente da Novacap, convidou o arcebispo para percorrer com ele, de carro, a orla do Lago Sul, para que Dom Newton pudesse escolher o local mais adequado para a formação do futuro clero da arquidiocese. O terreno foi dado com essa finalidade.

---

[723] In: site *Companhia dos Padres de São Sulpício* Província do Canadá; acesso em 5 de agosto de 2017.
[724] In: site *Seminário Maior de Brasília*; acesso em 5 de agosto de 2017.
[725] *Notas Históricas do Seminário de Brasília*, Discurso da Pedra Fundamental, p. 6.

Foto: primeira Imagem de Nossa Senhora de Fátima do Seminário. [726]

"Nós tínhamos somente o Seminário Menor, os nossos seminaristas concluíam o Seminário Menor e iam estudar em Belo Horizonte-MG. Mas, acontece que não ficavam, desistiam porque não havia acompanhamento. Eles saíam de Brasília, outro mundo, e iam para Belo Horizonte, acabavam desistindo."[727]

Mundialmente, houve uma crise nos seminários após o Concílio Vaticano II. O Seminário Menor de Brasília esteve dentro desse contexto:

"Vieram, porém, os anos de crise quando até árvores mais antigas e resolutas não resistiram ao vendaval destruidor, que obrigou também o nosso seminário a passar por um tenebroso túnel."[728]

Não houve outra solução, em 1972, Dom José Newton suspendeu, temporariamente, o funcionamento do Seminário Menor Nossa Senhora

---

[726] Foto In: *Notas Históricas do Seminário de Brasília*, p. 6.
[727] Dom Raymundo Cardeal Damasceno Assis, Aparecida-SP, 22 de janeiro de 2017; EPEO.
[728] Dom Newton no discurso da *Semana Vocacional* de 1976. In: *Palavra do pastor* n. 9. Notas Históricas do Seminário de Brasília, p. 7.

de Fátima. Confiou ao monsenhor Raymundo Damasceno Assis "a missão de celebrar a Eucaristia de encerramento das atividades do Seminário Menor e receber as chaves das mãos do último reitor, Pe. Célio Del'amore, CM (Congregação da Missão), no dia 15 de fevereiro de 1972, data do seu aniversário".[729] Dom Newton fazia questão de afirmar: "O seminário não foi fechado, teve uma parada para avaliação e recomeçar renovado".[730]

A Santa Missa foi presidida pelo monsenhor Damasceno, concelebrada pelo bispo de Formosa, Dom Vitor Tielbeek[731], o reitor e mais alguns sacerdotes; entre os quais um primo de monsenhor Damasceno, "padre José Vicente Cesar[732] que residia em Brasília, na paróquia do Verbo Divino. Os seminaristas já tinham sido avisados do encerramento das atividades do seminário e se encontravam em férias desde dezembro de 1971".[733] Depois de fechado o seminário de Brasília, "procurou-se uma solução para o problema da formação de sacerdotes em sua jovem arquidiocese".[734]

***

X. Imagem de Nossa Senhora Aparecida em Portugal

> "Maria recebeu a graça desde o seio materno. Recebeu-a num grau que excede ao de todos os santos e Anjos.
> E a recebeu suscetível ainda de aumento constante dos dons de Deus. Tal o grande privilégio com que Deus preparou sua futura Mãe e mãe de todos os resgatados."[735]
> (Dom Antônio Affonso de Miranda)

---

[729] Dom Raymundo Cardeal Damasceno Assis. In: *Síntese do Ministério Sacerdotal Brasília (1968 a 1986)*, p. 2.

[730] Dom Raymundo Cardeal Damasceno Assis, Aparecida-SP, 22 de novembro de 2017; EPEO.

[731] Dom Victor Tielbeek, nasceu em Raalte, Holanda, no dia 16 de agosto de 1919 e faleceu no dia 16 de outubro de 1979. Foi ordenado presbítero no dia 4 de agosto de 1946; ordenado bispo no dia 9 de março de 1961; naturalizado brasileiro no dia 3 de março de 1967. Foi bispo prelado de Formosa do ano de 1961 a 1979; bispo diocesano de Formosa – 16 de outubro de 1979, seu lema de bispo diocesano era: Zelus Domus Tuae "O zelo por tua casa".

[732] Padre José Vicente César, antropólogo e escritor.

[733] Dom Raymundo Cardeal Damasceno Assis. In: *Síntese do Ministério Sacerdotal Brasília (1968 a 1986)*, p. 2.

[734] In: site *Companhia dos Padres de São Sulpício Província do Canadá*; acesso em 5 de agosto de 2017.

[735] MIRANDA, Antônio Affonso de. *Maria, Mãe da Divina Graça*, p. 37.

O sacerdote

A imagem de Nossa Senhora Aparecida, a Virgem da Conceição, faz lembrança à imagem da Virgem Mãe da Expectação do Parto, a que foi benzida e entronizada na nova capela das Dores na vila Lagoa do Rancho, dia 6 de março de 1805, pelo capelão, padre Antônio Campos Maciel. Lagoa do Rancho que se tornou Capela Nova, berço de Raymundo Damasceno Assis, menino que veio ao mundo depois que sua mãe, Carmen Damasceno Assis, quando ainda gestante, várias vezes, foi orar diante dessa imagem, pedindo a proteção para a criança em seu ventre, principalmente na hora do parto.

A Virgem Conceição de Aparecida e a da Expectação do Parto, na verdade, são as mesmas na tessitura da espiritualidade imaculista. Dentro da hierarquia de Raymundo Damasceno Assis, a religiosidade tem base forte e a veneração a Nossa Senhora da Conceição é muito antiga; tanto que, para dar forma ao cedro colhido no local da ermida onde, com o passar dos anos, tornou-se a igreja Matriz de Capela Nova, foi usada como modelo a pequena imagem que há muitos anos era de posse à religiosa família *Lopes de Assis Monteiro* e que, passou para os descendentes dessa família[736], raiz de onde brotou Raymundo Damasceno Assis.

O pedido de dona Carmen à Virgem Conceição foi atendido com a dimensão do infinito e sempre ecoa no coração de seu filho. Como aconteceu naquele seu 37º aniversário, quando monsenhor Damasceno passando alguns dias em Conselheiro Lafaiete, junto de seus pais, e foi questionado se queria participar "da comissão que levaria uma réplica da imagem de Nossa Senhora Aparecida até Vila Viçosa, em Portugal".[737]

---

[736] CÉSAR, José Vicente. *História de Capela Nova*, p. 49.
[737] Monsenhor Raymundo Damasceno Assis. In: *Livro do Tombo Paróquia do Santíssimo Sacramento*, p. 21. Inédito.

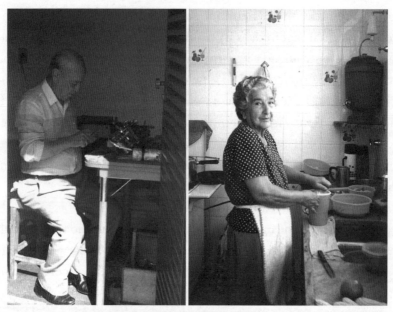

Fotos: Sr. Francisco Solano Assis trabalhando na oficina de conserto de eletrodomésticos; Sra. Carmen Damasceno Assis em serviços domésticos, Conselheiro Lafaiete-MG, s/d.[738]

O chamado de Raymundo Damasceno Assis ao sacerdócio sempre teve a intercessão de Nossa Senhora desde o dia de seu "Sim" ao ouvir a convocação ao serviço do Senhor, por meio do Irmão marista. Esse chamado sempre ecoa em seu coração em um constante apelo ao sagrado e, naquele dia 15 de fevereiro de 1974, Raymundo Damasceno Assis disse "Sim" a sua participação em levar uma réplica da imagem da Virgem da Conceição Aparecida até Portugal. Fazer o reverso da história. Completar o ciclo do infinito. Nossa Senhora da Conceição venerada em Portugal, levada para o Brasil colônia, voltaria a Portugal como Padroeira do Brasil republicano.

[738] Fotos: APDRCDA, inéditas.

Foto: bilhete de passagem de monsenhor Raymundo Damasceno Assis à Comissão da 1ª Peregrinação Mariana Luso-Brasileira, 1974.[739]

XI. Imaculada Conceição e Portugal

A fecundidade que vem da espiritualidade e da cultura lusitana deu formação religiosa à maioria dos brasileiros. Consta que a "Imaculada Conceição é patrona primária de Portugal desde 1646".[740] A festa da Imaculada Conceição está enraizada na fé dos portugueses e na história de Portugal, que passou por momentos de grandes conflitos que solidificaram essa ligação dos portugueses com Nossa Senhora da Conceição, consolidando a identidade e nacionalidade aos lusitanos com a proclamação da independência portuguesa sob a vigência de Dom João IV.

O Santuário de Nossa Senhora da Conceição de Vila Viçosa é também conhecido por Solar da Padroeira, por nele se encontrar a imagem de Nossa Senhora da Conceição, Padroeira de Portugal.

---

[739] Documento: APDRCDA, inédito.
[740] LEITE, José. *Santos de cada dia*, p. 416-418.

XII. Primera peregrinação mariana luso-brasileira

Por meio da história do Brasil, sabemos que a devoção mariana brasileira tem base nos colonizadores portugueses que atravessaram o oceano Atlântico, muitas vezes, trazendo a imagem de Nossa Senhora da Conceição. Como foi em 1549, quando a imagem da Conceição foi retirada da nau capitânia do governador, também dedicada a ela, e Thomé de Sousa, logo após, em 29 de março de 1549, mandou construir a igreja de Nossa Senhora da Conceição da Praia, Salvador-BA.

Foto: Imagem Peregrina de Nossa Senhora da Conceição Aparecida.

O destino mariano traçado para monsenhor Raymundo Damasceno Assis era de grande responsabilidade. No dia 4 de março de 1974, no Rio de Janeiro, ele embarcou no Cruzeiro, navio *Funchal*. "Tudo foi patrocinado pela colaboração mútua entre Brasil e Portugal, significava muito bem a amizade entre Brasil e Portugal."[741]

---
[741] Dom Antônio Affonso de Miranda, Taubaté-SP, 6 de setembro de 2017, EPEO.

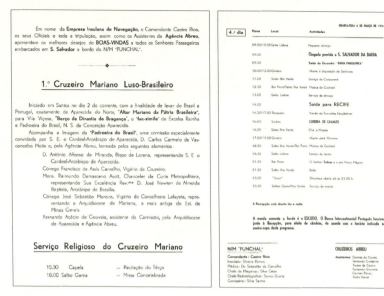

Foto: programa da Empresa Insulina de Navegação, navio Funchal, 1º Cruzeiro Mariano Luso-Brasileiro, 1974.[742]

Essa primeira peregrinação foi iniciativa do cardeal arcebispo de Aparecida, Dom Carlos Carmelo de Vasconcelos Motta,[743] e pela Agência Abreu. Presidida por Dom Antônio Affonso de Miranda,[744] bispo de Lorena-SP e representante de Dom Motta; cônego Francisco de Assis Carvalho, vigário de Cruzeiro-SP; cônego José Sebastião Moreira, vigário de Conselheiro Lafaiete, representando a arquidiocese de Mariana-MG; e pelo chanceler da cúria metropolitana, "monsenhor Damasceno, representando a arquidiocese de Brasília-DF, a pedido de Dom Newton.[745]

---

[742] Documentos: APDRCDA, inédito.
[743] Dom Carlos Carmelo Cardeal de Vasconcelos Motta nasceu em Bom Jesus do Amparo-MG, no dia 16 de julho de 1890; faleceu em Aparecida-SP, no dia 18 de setembro de 1982.
[744] Dom Antônio Afonso de Miranda, SDN, nasceu no dia 14 de abril de 1920, em Cipotânea-MG. Em 1942, foi para Seminário do Coração Eucarístico de Jesus, em Belo Horizonte-MG, onde concluiu a teologia, em 1945. No dia 1º de novembro do mesmo ano recebeu, em Belo Horizonte, a ordenação presbiteral. Em 1977, Dom Antônio foi nomeado coadjutor com direito à sucessão e administrador apostólico da Diocese de Campanha-MG. Em 1981 foi nomeado bispo diocesano de Taubaté. Atualmente, Dom Antônio reside em Taubaté, como bispo emérito, e escreveu mais de 30 livros.
[745] Dom Antônio Affonso de Miranda, Taubaté-SP, 6 de setembro de 2017, EPEO.

Com a presença marcante do clero brasileiro, "o *Funchal* constitui-se, assim, o primeiro Cruzeiro Mariano Luso-Brasileiro".[746]

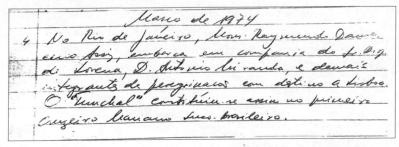

Foto: Livro do Tombo Paróquia do Santíssimo Sacramento, Brasília-DF, 1974, p. 21.

> "No Rio de Janeiro, Mons. Raymundo Damasceno Assis, embarca em companhia do Sr. Bispo de Lorena, D. Antonio Miranda, e demais integrantes da peregrinação com destino a Lisboa. O 'Funchal' constituiu-se assim o primeiro Cruzeiro Mariano Luso-brasileiro."[747]

Porém, quase que o *Funchal* não conseguiu atracar no Porto de Lisboa, pois três dias antes houve um levante[748] do Regimento Caldas da Rainha, perto de Lisboa e havia uma preocupação se o *Funchal* poderia ou não atracar em Lisboa. Felizmente, os militares retornaram ao quartel e o navio atracou; a tripulação, os passageiros e, especialmente, a delegação, que presidia a peregrinação com a imagem de Nossa Senhora da Conceição Aparecida, conseguiram desembarcar em paz. Depois soube-se que o

---

[746] Monsenhor Raymundo Damasceno Assis. In: *Livro do Tombo Paróquia do Santíssimo Sacramento*, p. 21. Inédito.
[747] Idem.
[748] "Depois nos disseram que o levante foi um teste para verificar o sistema de segurança do governo e constataram que a segurança do governo era frágil, por isso estourou a Revolução dos Cravos, um mês depois, em abril. Era o fim da era do Salazarismo." Dom Raymundo Cardeal Damasceno Assis, 31 de agosto de 2017, Brasília-DF, EPEO.

levante do regimento Caldas da Rainha foi somente um teste para verificar a capacidade de resistência do governo. Em abril houve a Revolução dos Cravos que marcou o fim da era Salazarista. Marcelo Caetano[749] era o presidente de Portugal, último presidente da era salazarista.

> "A imagem foi recebida no Porto de Lisboa solenemente e levada com batedores à frente até o Mosteiro dos Jerónimos, onde pernoitou na Capela. No dia seguinte, após celebração eucarística presidida pelo Patriarca Cardeal Antônio Ribeiro a imagem foi levada em carro aberto até Vila Viçosa, onde foi entronizada solenemente, após a celebração eucarística presidida pelo arcebispo de Évora e nós, concelebrantes."[750]

A entrega da imagem de Nossa Senhora Aparecida teve, realmente, um caráter amplo: o Brasil oferece a imagem de sua padroeira para ficar ao lado da padroeira de Portugal, Nossa Senhora da Conceição, um gesto muito bonito. O povo de Portugal recebeu a imagem da Conceição e a comissão brasileira de uma maneira estupenda, uma quantidade enorme de portugueses aguardava e saudou a imagem aclamando: *Viva Nossa Senhora Aparecida do Brasil*, com muito entusiasmo, uma vibração incomparável. Foi organizada, então, uma grande procissão para levar Nossa Senhora até o Santuário Nossa Senhora da Conceição, na Vila Viçosa. A imagem de Aparecida era levada pelas mãos de Dom Antônio Affonso de Miranda e acompanhada por toda a comitiva.

> "Havia uma grande quantidade de gente e teve horas em que eu chorei... para dizer a verdade! Eu chorei em ver aquela amizade do povo português e a apoteótica recepção para Nossa Senhora. Pensei que era apenas uma cortesia entre dois países, mas foi uma participação popular. Foi muito bonito."[751]

---

[749] Marcelo José das Neves Alves Caetano foi o político e professor de Direito que ocupou, pela última vez, a Presidência do Conselho do Estado Novo, entre 1968 e o 25 de abril de 1974.

[750] Dom Raymundo Cardeal Damasceno Assis, 31 de agosto de 2017, Brasília-DF, EPEO.

[751] Dom Antônio Affonso de Miranda, Taubaté-SP, 6 de setembro de 2017, EPEO.

A igreja Nossa Senhora da Conceição, Santuário Nacional da Padroeira de Portugal, é simultaneamente Matriz de Vila Viçosa, fica situada dentro dos muros medievais do castelo da vila, não tem como precisar com exatidão a data da sua fundação, sendo que a existência da matriz é já assinalada na época medieval.

No dia após a entronização da Imagem de Aparecida, houve um almoço de gala oferecido à comitiva brasileira, em uma das dependências do castelo, onde tudo evocava os tempos antigos. Nesse almoço, os portugueses e os brasileiros festejaram felizes a chegada de Nossa Senhora da Conceição Aparecida em Portugal, unidos por causa da fé. O povo, entusiasmado com o jeito do brasileiro falar, pediu novo pronunciamento ao presidente da comitiva, Dom Antônio; e alguns portugueses gravaram as falas dos brasileiros.

Durante sua estadia em Portugal, monsenhor Raymundo Damasceno Assis visitou o Carmelo onde vivia a Irmã Maria Lúcia de Jesus e do Coração Imaculado [752], uma das videntes de Nossa Senhora em Fátima--PT. Ele escreveu pedidos de orações, sobretudo, pelo Moacir, esposo de Diva, sua irmã; ele estava muito doente. A graça foi alcançada, seu cunhado melhorou e viveu por muitos anos.[753] Os pedidos foram entregues para a Irmã Lúcia; mas, monsenhor Raymundo não pôde vê-la, "pois somente cardeais, o bispo local e seu confessor podiam conversar com ela ou, então, alguém que tivesse licença da Santa Sé".[754]

De Lisboa, o monsenhor seguiu para a cidade de Fátima, onde celebrou na Capela das Aparições, ao lado da azinheira, no dia 19 de março, em comemoração ao seu 6º aniversário de ordenação sacerdotal. "Além de Portugal, o pároco visitou Lourdes onde celebrou, também na gruta

---

[752] Nasceu em Aljustrel, Fátima, Ourém, no dia 26 de março de 1907 e faleceu em Coimbra no dia 13 de fevereiro de 2005. Era freira da Ordem das Carmelitas Descalças, conhecida no Carmelo como Irmã Maria Lúcia de Jesus e do Coração Imaculado e pela maioria dos portugueses, simplesmente, como Irmã Lúcia, que, juntamente com os seus primos, Santa Jacinta e São Francisco Marto, assistiu às aparições de Nossa Senhora na Cova da Iria, em Fátima.
[753] Dom Raymundo Cardeal Damasceno Assis, 31 de agosto de 2017, Brasília-DF, EPEO.
[754] Idem.

das aparições. De Lourdes regressou a Lisboa passando por Madri. Na cidade de Madri, hospedou-se no colégio da Sagrada Família."[755] Ao retornar ao Brasil, um grupo de saudosos paroquianos esperava monsenhor Damasceno no saguão do aeroporto de Brasília.

***

XIII. Confraternização paroquial

Na paróquia Santíssimo Sacramento, todo mês de junho "era celebrada solenemente a festa do Padroeiro da Paróquia".[756] Dentro da programação havia espaço garantido para missa explicada às crianças com 'slides', encontro de casais, vigília e adoração Eucarística[757], barraquinhas de pescaria, churrasco; procissão solene do Santíssimo e churrasco de confraternização.

Foto: livro do Tombo Paróquia do Santíssimo Sacramento, Brasília-DF, década de 1970, p. 22.

---

[755] Monsenhor Raymundo Damasceno Assis. In: *Livro do Tombo Paróquia do Santíssimo Sacramento*, p. 21. Inédito.

[756] Idem.

[757] A adoração ao Santíssimo Sacramento nessa paróquia, na década de 1970, começou uma vez por mês, com o tempo passou a uma vez por semana, depois foi uma hora por dia, paulatinamente, até chegar nos dias de hoje que é adoração perpétua. Dom Raymundo Cardeal Damasceno Assis, 24 de agosto de 2017, Brasília-DF, EPEO.

> Domingo realizou-se o primeiro churrasco do ano. Neste dia os paroquianos comemoraram o aniversário natalício e de ordenação do vigário, uma vez que nessas datas, isto é, dia 15 de fevereiro e 19 de março, o pároco encontrava-se ausente da paróquia. A homenagem foi espontânea, familiares e sinceras.[758]

Para maior confraternização dos paroquianos da Santíssimo Sacramento, monsenhor Damasceno programava um churrasco a cada mês, unindo as diversas regiões de onde emigraram as famílias que foram para Brasília em busca de trabalho. Os churrascos mensais eram bem concorridos e ajudaram o entrosamento da comunidade paroquial. O objetivo era integrar as famílias à comunidade; crianças, adultos, avós, bisavós, todos iam para o churrasco. Havia uma equipe coordenada pelo senhor Günther Tautz, gaúcho de Santa Maria-RS, para preparar a carne, outra para arrumar as mesas. Os participantes pagavam entrada, o dinheiro era revertido para as obras da comunidade.

A nobre razão do churrasco era para os paroquianos se conhecerem melhor. Brasília era cidade com alto índice de imigrantes que, mesmo chegando à Capital Federal com toda família, ou até mesmo por causa de chegar com a família, muitos habitantes da nova capital não conheciam seus vizinhos de casa ou de apartamento. "As paróquias foram integrando as pessoas, muitas amizades se formaram nelas, casamentos se deram a partir dessa iniciativa e dos movimentos jovens; interessante o começo de uma cidade igual Brasília. As paróquias, foram um grande instrumento de integração de seus habitantes vindos de todas as partes do Brasil."[759]

---

[758] Monsenhor Raymundo Damasceno Assis. In: *Livro do Tombo Paróquia do Santíssimo Sacramento*, p. 22. Inédito.
[759] Dom Raymundo Cardeal Damasceno Assis, Brasília-DF, dia 24 de agosto de 2017, EPEO.

─── O sacerdote ───

Foto: na frente: casal Gilson Pontes e esposa Zoé Pontes, presidente do Cursilho de Cristandade de Brasília, interior da igreja Santíssimo Sacramento, Brasília-DF, durante uma missa, fevereiro de 1972.[760]

XIV. Convite à reitoria do Seminário Menor

Em setembro de 1974, no dia 3 de agosto, na comemoração do 30º aniversário da sagração episcopal de Dom José Newton, o arcebispo de Brasília convidou monsenhor Damasceno "para ser o Reitor do Seminário Menor de Brasília",[761] que, para glória de Deus e da Igreja, deu seu "Sim" ao convite. No dia 5 de outubro desse mesmo ano, no folheto da arquidiocese: "O povo de Deus" teve publicação oficial à "nomeação de monsenhor Raymundo Damasceno Assis, para reitor do Seminário Menor da arquidiocese".[762] A reabertura do Seminário Menor ficou marcada para o ano de 1976. Embora já preparado para abrir o seminário e aguardando outro substituto na paróquia, o pároco monsenhor Damasceno continuou "suas funções com alegria e confiança"[763] na paróquia Santíssimo Sacramento.

---
[760] Foto: APDRCDA, inédita.
[761] Monsenhor Raymundo Damasceno Assis. In: *Livro do Tombo Paróquia do Santíssimo Sacramento*, p. 23. Inédito.
[762] Idem.
[763] Idem.

287

Foto: *livro Tombo Paróquia do Santíssimo Sacramento*, Brasília-DF, 1974, p. 24.

> O folheto da arquidiocese "O povo de Deus" publicou oficialmente a nomeação do Mons. Raymundo Damasceno Assis, para reitor do Seminário Menor da arquidiocese."[764]

No mesmo ano de 1974, dos dias 9 a 12 de outubro, aconteceu em Brasília o 1º Congresso Sacerdotal Nacional, com a participação de muitos sacerdotes e leigos vindos de todo o Brasil. Monsenhor Damasceno participou ativamente.

Foto: 1º Congresso Sacerdotal em Brasília-DF,[765] Dom Oscar de Oliveira, arcebispo de Mariana-MG, monsenhor Raymundo Damasceno Assis, padre Arnaud, de Conselheiro Lafaiete-MG, outubro de 1974.

---

[764] Idem.
[765] Foto: APDRCDA, inédita.

XV. Movimento de Cursilhos de cristandade de Brasília

Foto.

Foi na Espanha, durante as décadas de 1930-1940, que surgiu o Movimento de Cursilhos de Cristandade, por meio da iniciativa da Juventude da Ação Católica Espanhola (JACE), Diocese de Palma de Maiorca, Ilha Maiorca, encorajada pelos assistentes eclesiásticos e o bispo Dom Juan Hervás. Aqueles *cursillos*[766] eram feitos em preparação à peregrinação, ministrados a milhares de jovens por toda Espanha. Com base doutrinária constituída pelo anúncio do Evangelho, por meio do Kerigma[767], o cursilho destacou-se por ser um movimento eclesial voltado a um primeiro anúncio do ideal evangélico, com o propósito de despertar novas lideranças, de preferência cristãos batizados, que estejam afastados da Igreja, a fim de que se tornem evangelizadores de suas realidades particulares.

Esse anúncio é feito por meio de palestras, proferidas por pessoas[768] que já passaram pela experiência do retiro, sempre com acompanhamento de, pelo menos, um sacerdote, com a autorização eclesial.

O Cursilho utiliza, em sua estrutura, do método: *Ver – Julgar – Agir*, inspirado no contexto da Ação Católica pelo cardeal belga Josef-Léon Cardijn. Toda a dinâmica de acontecimento dos fatos é reservada, cujo conteúdo deve ser mantido em sigilo pelos participantes. Durante a

---
[766] Em espanhol: cursinhos.
[767] *Kerigma* ou querigma, significa o primeiro anúncio da Boa-Nova do acontecimento Jesus de Nazaré realizado na força do Espírito Santo, baseado no testemunho pessoal dos apóstolos.
[768] Equipe de "responsáveis", formada em geral, por cristãos de caráter leigo.

realização do Cursilho as comunidades cursilhistas do mundo inteiro permanecem em oração, pedindo a Deus, pelo sucesso das atividades do retiro.[769]

O Cursilho em 1967 já dava seus primeiros passos no Brasil e, em 1968, foi implantado em Brasília, com o apoio e entusiasmo do arcebispo Dom José Newton de Almeida Batista.[770] Desde o dia 30 de outubro de 1972, por indicação de Dom Newton, monsenhor Raymundo Damasceno Assis, participava como "um dos membros da Equipe de Diretores Espirituais do Cursilho"[771], já no mês seguinte, novembro, coordenou o 20º Cursilho, realizado no Seminário Nossa Senhora de Fátima. Em dezembro, no dia 7, foi realizado o 21º Cursilho Masculino, o pároco do Santíssimo Sacramento foi convidado a ajudar nas palestras, chamadas de *rollo*.

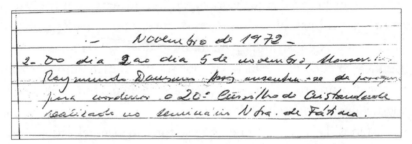

Foto: livro do Tombo Paróquia Santíssimo Sacramento, 1972, p. 16.

"Do dia 2 ao dia 5 de novembro, monsenhor Raymundo Damasceno Assis ausentou-se da paróquia para coordenar o 20º Cursilho de Cristandade, realizado no Seminário N. Sra. de Fátima."[772]

---

[769] Essa prática é conhecida, no meio cursilhista, como "Alavanca".
[770] Dom Geraldo do Espírito Santo Ávila. In: FIGUEIREDO, Jadilney Pinto de. *Dom José Newton de Almeida Batista, 50 anos de sacerdócio*, p. 23.
[771] Monsenhor Raymundo Damasceno Assis. In: *Livro do Tombo Paróquia do Santíssimo Sacramento*, p. 16. Inédito.
[772] Idem.

De 1972 a 1975, os Cursilhos foram realizados nas dependências do Seminário Menor Nossa Senhora de Fátima, na Q 117 Lago Sul, em uma época em que a arquidiocese planejava a abertura do Seminário Maior. "Realizávamos ali o Cursilho, prática de renovação e aprofundamento da fé, para homens e mulheres, já mais entrados nos anos, experientes da vida, que procuravam, em um retiro muito dinâmico, reencontrar a fé simples de sua infância."[773] Nesse tempo de reencontro espiritual, na prática da vida cristã, resgate da simplicidade religiosa, monsenhor Raymundo Damasceno Assis era um dos coordenadores do Cursilho, no qual colaborava como "rollista".

XVI. JK no Cursilho de Cristandade

> "A justiça de Deus, no meu caso, tenho-a comigo, na intimidade de minha fé."[774]
> (Juscelino Kubitscheck)

A saudade de Brasília bateu fundo no coração de seu idealizador. Por causa da pouca visibilidade causada pela chuva, um velho e desbotado caminhão Ford trafegava devagar na BR-040. Era dia 7 de janeiro de 1972, uma sexta-feira. Na direção do veículo, um engenheiro agrônomo e no banco de passageiro, ao lado do motorista, um homem de quase 70 anos de idade. Esse senhor, com chapéu de palha na cabeça e roupa cáqui, estava animadíssimo em comprar uma fazenda em Luziânia-GO. Porém, ao chegarem perto de Brasília, o passageiro impulsivamente pede ao motorista para entrar na Capital Federal.

---

[773] Dom Raymundo Damasceno Assis. *Homilia na missa do Centenário do Nascimento de Juscelino Kubitschek*. Igreja da Candelária-RJ, 6 de setembro de 2002.
[774] Citação de Juscelino Kubitschek. In: COUTO, Ronaldo Costa. *Juscelino Kubitscheck*, p. 291.

"A chuva não para. Seguem para a catedral, entram discretamente. Três beatas rezam junto ao altar. O homem repara em tudo, completamente deslumbrado. Não tinha visto a catedral pronta. Sente-se como se, na Roma antiga, entrasse no Coliseu. Para ele, ela é o símbolo maior da grandiosidade de Brasília. Um marco de fé, antes de tudo. Senta-se. Demora na contemplação das grossas paredes de vidro e das estruturas de concreto. E, na paz daquele isolamento, rememora a própria vida. Pálpebras semicerradas, medita profundamente, avalia. Conclui que valeu a pena, apesar de tudo."[775]

E, apesar da chuva, os dois homens vão até a Esplanada dos Ministérios. Quando chegaram à Praça dos Três Poderes, diante da entrada do Museu da Cidade, o magro homem parou para ler a frase ao lado da escultura de 1,4 m do criador de Brasília:[776] *Ao presidente Juscelino Kubitschek de Oliveira, que desbravou o sertão e ergueu Brasília com audácia, energia e confiança, a homenagem dos pioneiros que o ajudaram na grande aventura.* A emoção foi demais para aquele homem... Juscelino Kubitscheck!... o seu coração acelerou, olhou para cima e deixou que gotas da chuva lavassem as lágrimas mornas em sua face. Uma catarse sentimental pela cidade que não via desde o dia 3 de junho de 1964, mais de sete anos e meio havia se passado. "Veio também a sensação de que visitara uma cidade-fantasma. Amplos espaços vazios, poucas pessoas na tarde chuvosa. Não reconhecera ninguém, nem havia sido reconhecido. Como se fosse um fantasma em uma cidade real."[777] Juscelino não poderia viver muito longe de Brasília, comprou uma fazenda ali perto, em Luziânia.

Por morar perto de Brasília, Juscelino foi convidado e aceitou o convite para participar do Cursilho de Cristandade. Ele sofria com o isolamento político-intelectual que lhe fora imposto. Aceitou par-

---

[775] COUTO, Ronaldo Costa. *Juscelino Kubitscheck*, p. 230.
[776] Datada de 1960, esculpida por José Pedrosa.
[777] COUTO, Ronaldo Costa. *Juscelino Kubitscheck*, p. 231.

O sacerdote

ticipar do Cursilho, almejando um avivamento àquele menino pobre que, descalço, percorria as ruas de Diamantina; o garoto que "frequentava igreja, ajudava a celebrar missa, rezava muito, apesar da falta de vocação para o sacerdócio"[778], resolveu que participaria do retiro e se tornaria um cursilhista, porque "no fundo, sentia que a experiência encontrava nele certa nostalgia dos tempos do seminário, quando fazia habitualmente os retiros regulares".[779] Seu amigo Carlos Heitor Cony deixou registrado que JK fizera um Cursilho, uma espécie de retiro espiritual,[780] que foram dias marcantes para Juscelino e, também, para os que participaram daquele Cursilho, no qual monsenhor Raymundo Damasceno Assis era, com monsenhor Ávila, um dos coordenadores e palestrante *rollista*.

Nessa época do Cursilho, Juscelino morava na fazenda, mas ele "não era fazendeiro, era dono de fazenda. Comprou-a para poder ir a Brasília,"[781] visitar a Capital Federal que havia planejado, mas mantinha-se na penumbra, sem se mostrar; sua predileção era o sossego da fazenda onde podia ler muito e, também, olhar o céu estrelado. Aos 73 anos de idade, resolveu dedicar um tempo ao resgate de sua religiosidade "depois de ter vivido toda uma vida, a intimidade com o mundo espiritual, o diálogo com a própria alma, parecia-lhe interessante".[782] Diálogo que comentava com amigos e, até mesmo, em seus pronunciamentos, como foi no discurso de posse à Academia Mineira de Letras em 1975: "Agradeço a Deus o dom de me haver permitido recolher os frutos da escassa seara que pude plantar".[783]

---

[778] Ibidem, p.42.
[779] CONY, Carlos Heitor. In: *JK Memorial do Exílio*. Revista *Manchete Color*, p. 2.
[780] Ibidem.
[781] Segundo César Prates, conforme citado por Ronaldo Costa Couto, (2011, p. 246) COUTO, Ronaldo Costa. *Juscelino Kubitscheck*.
[782] CONY, Carlos Heitor. In: *JK Memorial do Exílio*. Revista *Manchete Color*, p. 2.
[783] KUBITSCHEK, Juscelino. In: Discurso ao ingressar na *Academia Mineira de Letras*, 1975. Fonte: Academia Mineira de Letras.

Foto: 37º Cursilho Masculino, da direita para a esquerda, monsenhor Raymundo Damasceno Assis é o segundo na segunda fileira e o ex-presidente Juscelino Kubistchek é o sétimo da última fileira, 1975.[784]

O ilustre Juscelino participou, atentamente, do Cursilho em Brasília. Foram três dias em que compartilhou com os demais participantes, as refeições, os momentos de oração, as palestras e, à noite, o mesmo dormitório. "Nenhuma regalia foi dispensada a ele."[785] Porém, espontaneamente, todos os participantes o chamavam carinhosamente de "presidente".

A maneira simples de Juscelino foi marcante; monsenhor Damasceno ficou atento ao jeito simples do ex-presidente que, durante as palestras, mantinha pés descalços, sempre com um copo de água do lado, fazendo anotações. A tranquilidade de Juscelino, unida à humildade, era refletida em cada gesto.

---

[784] Foto: APDRCDA, inédita.
[785] Dom Raymundo Damasceno Assis. *Homilia na missa do Centenário do Nascimento de Juscelino Kubitschek*, 2002.

———————— O sacerdote ————————

Foto: Juscelino Kubitschek em sua casa, descalço, s/d.[786]

O ex-presidente fez o cursilho no seminário, ouvia as palestras muito atentamente. "Juscelino era cassado politicamente, por isso, muito reservado, discreto, não podia aparecer muito, era o período do regime militar."[787] Ele participou ativamente, confessou-se e comungou durante o Cursilho, em que monsenhor Damasceno foi um dos dirigentes, junto com Dom Geraldo Ávila, que na época, era vigário-geral da arquidiocese.

Como era de costume, foi no Plano Piloto, no ginásio de esportes do Colégio Santo Antônio, W 5 Sul, o encerramento do Cursilho. Mesmo sem propagação externa, por parte do MCC, a respeito da participação do ex-presidente no Cursilho; no Ginásio de Esportes, além dos cursilhistas, estava presente uma grande massa de admiradores do ex-presidente. A primeira leitura da missa foi proclamada por Juscelino Kubitschek. Ele acompanhou a celebração atentamente e comungou. A

---
[786] In: site *ficheiro Wikipédia*; acesso em 14 de agosto de 2017.
[787] Dom Raymundo Cardeal Damasceno Assis, 10 de agosto de 2017, Brasília-DF, EPEO.

missa foi presidida por Dom José Newton.

Ao finalizar a celebração, saindo do ginásio de esportes, Juscelino foi ovacionado e carregado pelos presentes que, emocionados, cantavam a música de Roberto Carlos e Erasmo Carlos: *A Montanha*: "Eu vou seguir uma luz lá no alto, eu vou ouvir uma voz que me chama... eu vou subir a montanha e ficar bem mais perto de Deus e rezar. Eu vou gritar para o mundo me ouvir e acompanhar toda minha escalada e ajudar a mostrar como é o meu grito de amor e de fé".

Entoando essa canção, os participantes da missa agradeciam pelo sol, pelas estrelas, pelo sorriso e, também...

> "agradeciam ao Senhor pelo sorriso de Juscelino, ainda presente em seu semblante, malgrado todos os sofrimentos por ele vividos. Na verdade, a canção, verdadeira expressão do entusiasmo da fé de quem tem um grande ideal, era muito própria para a ocasião, na homenagem espontânea prestada ao presidente que soube despertar, no povo brasileiro, tantos e profundos sentimentos de esperança e autoestima."[788]

Nesse encerramento do Cursilho, aconteceu uma manifestação que, provavelmente, foi a única homenagem pública que o fundador de Brasília recebeu em vida, após a cassação de seus direitos políticos. Ficou marcante para monsenhor Damasceno a alegria estampada na face de Juscelino:

> "Seu sorriso constante, seu coração magnânimo, incapaz de guardar ódio, até mesmo, dos que o perseguiram injustamente, sua confiança no futuro do país, seu amor e dedicação ao bem comum, fazem de Juscelino um farol para as gerações que o sucederam".[789]

Ao finalizar todas as atividades do Cursilho, monsenhor Raymundo

---

[788] Dom Raymundo Damasceno Assis. *Homilia na missa do Centenário do Nascimento de Juscelino Kubitschek,* 2002.
[789] Idem.

O sacerdote

esteve com Juscelino Kubistchek e o presenteou com o livro "O Meu Cristo Partido"[790], leitura muito apreciada na época. O Cursilho da Cristandade impulsionou Juscelino à procura de maior conhecimento espiritual, começou a ler Teilhard de Chardin[791], autor muito em moda nos anos 1960. "Mas, Juscelino jamais seria um místico, muito menos um asceta. Daqueles dias de reclusão em Cursilho, ficou com tudo a ambivalência espiritual na frase: estava feliz, mas estava alegre, talvez fosse ao contrário: estava alegre, mas estaria feliz?"[792], questionou seu amigo Carlos Heitor Cony. O próprio Juscelino respondeu ao anotar o legado de um cursilhista que avançou espiritualmente por meio de leituras, citando Chardin em seu diário, mostrando-se à compreensão ao ser humano... "Sei, portanto, perdoar as falhas. De vez em quando uma ingratidão mais forte desequilibra a nossa crença, com o tempo a refazemos".[793] A espiritualidade potencializou no ex-presidente a paz de quem desenferrujou a alma.

Chegava ao fim o ano de 1975 que, para Juscelino Kubistchek, fora um ano de renovação espiritual, do encontro querigmático com o amor primeiro, no abandono à cristandade que renovou a paz em seu coração, ao começar o novo ano, Juscelino deixou registrado em seu diário: "vimos nascer 1976. Sentia-me bem. Uma sensação de inutilização, de abandono, dominava-me no instante supremo da mudança. O céu carregado de estrelas atraiu os meus olhos. O que procurava eu nos mundos infinitos que piscavam para mim? O que trará 1976? Até a morte pode trazer".[794] Uma profecia que não tardaria a acontecer.

Realmente, no dia 22 de agosto de 1976, a morte espreitava na rodovia Presidente Dutra, às 17h55, na curva do quilômetro 165; quando, em alta velocidade, o Opala cinza-metálico atravessou o canteiro de divisa

---

[790] Escrito por Ramon Cue; Editora Perpétuo Socorro.

[791] Pierre Teilhard de Chardin nasceu dia 1º de maio de 1881 em Orcines, França, e faleceu no dia 10 de abril de 1955 em Nova Iorque, foi padre jesuíta, teólogo, filósofo e paleontólogo francês, que tentou construir uma visão integradora entre ciência e teologia.

[792] Carlos Heitor Cony. In: *JK Memorial do Exílio*, p. 2.

[793] Ibidem.

[794] COUTO, Ronaldo Costa. *Juscelino Kubitscheck*, p. 245.

entre as duas pistas e colidiu com uma carreta contendo 30 toneladas de gesso. O Opala se transformou em ferros distorcidos, vidros espatifados, assentos ensanguentados... onde o passageiro e ex-presidente Juscelino Kubistchek[795], junto com o seu eterno motorista Geraldo Ribeiro, morreram instantaneamente.[796]

Quando o caixão contendo o corpo de Juscelino chegou à Capital Federal, milhares de carros e motos acompanharam o féretro desde o aeroporto até a catedral, onde foi celebrada a missa de corpo presente, presidida por Dom Newton, monsenhor Raymundo estava presente à celebração. Milhares de pessoas compareceram, lotaram a catedral e, até mesmo, o espelho d'água; dentro da catedral as pessoas não ficaram quietas, unidas pelo sentimento de perda do ex-presidente, falavam, choravam.

Depois da emocionada missa, a multidão invadiu o carro do corpo de bombeiros e pegou o caixão para ser levado pelo povo, que fazia questão de carregá-lo pelas próprias mãos. Mais de 60 mil pessoas ovacionando, emocionadas, prestando uma última homenagem ao fundador de Brasília, acompanharam o funeral em uma marcha de 15 quilômetros; alguns cantavam estrofes de "Peixe vivo", a canção que, para os mineiros, simboliza Juscelino. "Saíram da catedral depois das 18h e chegaram ao Campo da Esperança lá pelas 23h, quando, então, deu-se o sepultamento em uma área reservada aos pioneiros"[797]; debaixo do coro popular: "Viva JK! Viva a democracia!"

***

O mês de agosto do ano de 1975 teve datas históricas no calendário da vida do monsenhor Damasceno. No dia 17 ele representou o arcebispo, Dom José Newton, "no almoço de inauguração do Centro Cultural

---

[795] Juscelino Kubistchek foi enterrado em Brasília, no Campo da Esperança, até ser transferido para o Memorial JK. Eixo Monumental, Lado Oeste, Praça do Cruzeiro.
[796] COUTO, Ronaldo Costa. *Juscelino Kubitscheck*, p. 252.
[797] Dom Raymundo Cardeal Damasceno Assis, Aparecida-SP, 22 de novembro de 2017, EPEO.

e Pastoral 'Martins Correia' dos padres jesuítas, na Av. L 2 Norte".[798] E deixou registrado que o Centro Cultural era uma grande promessa para Brasília. Também, no mês de agosto de 1975, nos dias 29, 30 e 31, monsenhor Damasceno ajudou no Cursilho de Homens, no seminário.[799]

Novamente, no mês de outubro, monsenhor Damasceno participou da liderança de mais um Cursilho da Cristandade; no dia 21 celebrou a "missa de entrega" na igreja de Santa Cruz, na W 5 Sul.

Foto: livro do Tombo Paróquia do Santíssimo Sacramento, Brasília-DF, 1975, p. 29.

> Início do 40º Cursilho de Homens, sendo o vigário Mons. Raymundo Damasceno Assis, Diretor Espiritual deste Cursilho e Coordenador o Sr. Menezes. A duração do Cursilho é de três dias.[800]

Para aprimorar seu domínio no movimento Cursilho de Cristandade, no dia 30 de outubro de 1975, monsenhor Damasceno viajou para Belo Horizonte em companhia do presidente do Secretariado de Cursilho de Brasília, doutor Maurício Duzzi, para tomar parte do Cursilho de Dirigentes, na Casa São José, ministrado pelo Nacional.[801] E, em

---
[798] Monsenhor Raymundo Damasceno Assis. In: *Livro do Tombo Paróquia do Santíssimo Sacramento*, p. 28. Inédito. Acervo da Cúria Metropolitana de Brasília-DF.
[799] Idem.
[800] Idem.
[801] Idem, p. 30.

dezembro, participou novamente de um Cursilho de Dirigentes no Seminário Menor de Brasília. Foi atuante nas atividades do Cursilho de Cristandade.

XVII. Centro Vocacional – Seminário Menor

Como havia planejado por Dom Newton, em 1976, monsenhor Damasceno tomaria posse da reitoria do Seminário Menor de Brasília. Portanto, no dia 12 de janeiro, monsenhor Damasceno recebeu a comunicação do término de suas atividades de vigário, sendo provisoriamente seu substituto o padre Angelo Pigatto, capelão do 1º Hospital Distrital.[802]

No começo do mês de fevereiro, dia nove, houve a abertura do *Centro Vocacional Arquidiocesano* – Seminário Menor, matriculados 28 alunos, dia memorável para Dom Newton que deixou registrada a profecia: "Que nunca mais se feche!"

Foto: dia de abertura do Centro Vocacional Arquidiocesano – Seminário Menor, Irmãs Franciscanas da Sagrada Família, Irmãs Angélicas, Dom José Newton, monsenhor Raymundo Damasceno, monsenhor Vitório Luchesi, Irmã Glória, padre José Galia, Brasília-DF, 9 de fevereiro de 1976.[803]

---

[802] Idem, p. 31.
[803] Foto: APDRCDA, inédita.

— O sacerdote —

No dia 14 de fevereiro de 1976, véspera de seu aniversário natalício, monsenhor Damasceno escreveu e apresentou sua despedida aos paroquianos, agradecendo os seis anos de acolhimento, respeito e amizade na caminhada da fé. Informando que não tinha nem leve lembrança de que, durante esse período, teria sido ali magoado e acrescentou: "A quem tiver queixa do vigário que parte, ele suplica perdão e orações para que no futuro seja melhor".[804] Explicou que somente a causa das vocações sacerdotais foi capaz de fazê-lo deixar a paróquia Santíssimo Sacramento.[805]

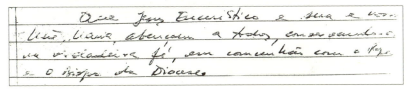

Foto: livro Tombo Paróquia do Santíssimo Sacramento, Brasília-DF, 1976, p. 32.

> Que Jesus Eucarístico e Sua e nossa Mãe, Maria, abençoem a todos, conservando-os com verdadeira fé, em comunhão com o Papa e o Bispo da Diocese.[806]

XVIII. Seminário Maior Nossa Senhora de Fátima

A pedido de Dom Newton, monsenhor Damasceno foi também designado para ajudar na fundação do Seminário Maior de Brasília. "Fui encarregado de fundar o Seminário Maior de Brasília, que ainda não existia."[807]

---

[804] Monsenhor Raymundo Damasceno Assis. In: *Livro do Tombo, Paróquia do Santíssimo Sacramento*, Brasília-DF, Brasília-DF, p. 32. Inédito. Acervo da Cúria Metropolitana de Brasília-DF.
[805] Idem.
[806] Idem.
[807] Dom Raymundo Cardeal Damasceno Assis. In: *Cardeal Damasceno: A Providência sempre nos surpreende (1), Arcebispo de Aparecida narra sua trajetória*; 18 de novembro de 2010, por Alexandre Ribeiro. Site: *ZENIT O mundo visto de Roma*, acesso em 13 de maio de 2017.

Foto: monsenhor Raymundo Damasceno Assis, construção da nova ala do Seminário Maior, Brasília-DF, s/d.[808]

Raymundo Damasceno Assis foi o primeiro seminarista destinado à diocese da nova Capital Federal. Logo depois, ele foi enviado para completar seus estudos na Pontifícia Universidade Gregoriana, em Roma. Se permanecesse em Brasília, talvez seu destino seria diferente, nessa época não havia Seminário Maior em Brasília e teria de completar seus estudos em outra aquidiocese.

Então, em meados da década de 70, monsenhor Damasceno foi encarregado de ajudar a fundar o Seminário Maior de Brasília. Na lembrança de que, em 1961, Deus dirigiu os passos do seminarista Raymundo Damasceno Assis, levando-o para Roma. Tempo em que sedimentou ainda mais sua decisão de ser sacerdote... forjado por Cristo Jesus. Na entrega da vida a Deus não deve existir questionamentos do que virá pela frente, é questão de fé, caminhar sem resistência... a verdadeira alegria de viver é estar plenamente com o Senhor.

---

[808] Foto: APDRCDA, inédita.

XIX. Companhia dos padres de São Sulpício

No outono de 1639, o padre Jean-Jacques Olier[809] entrou em um período de grandes provações. Essa experiência notável começou ao final de sua fase missionária e terminou no período de seus esforços para estabelecer um seminário. Durante esse deserto, Olier experimentou sua própria pequenez e seu estado de pecador, como também um sentido progressivo de comunhão com Deus no Espírito de Jesus Cristo. Segundo as descrições de suas memórias, fica claro que esse foi o momento mais terrível de sua vida e, ao mesmo tempo, um período de profunda graça. Quando voltou desse deserto, reuniu-se com os padres de Ferrier e de Foix em Vaugirard para a fundação de um seminário. Seu esforço deu frutos e eles inauguraram o projeto, no dia 29 de dezembro de 1641.[810]

Para isso, em 1641, estabeleceu um pequeno seminário nos arredores de Paris. Depois de ser nomeado pároco da igreja de São Sulpício, em Paris, mudou o seminário para a paróquia e convidou vários outros sacerdotes a se juntar a ele e a *Companhia dos Padres de São Sulpício* foi estabelecida. "A companhia foi aprovada civilmente por Luís XVIII da França, no dia 3 de abril de 1816 e, no ano de 1863, o Papa Pio IX confirmou a aprovação feita no ano de 1664. A aprovação final da Santa Sé veio em 8 de julho de 1931."[811]

Os padres de São Sulpício ficam a serviço dos sacerdotes e dos futuros sacerdotes, com a força da espiritualidade vivida e formulada pelo padre Jean-Jacques Olier. Principalmente, "é uma sociedade para cuidar da

---

[809] Jean-Jacques Olier estudou com os jesuítas de 1617 a 1625, tornou-se sacerdote incentivado por São Francisco de Sales. Estudou filosofia em Harcourt e teologia escolástica e patrística na Sorbonne. Foi ordenado em 21 de maio de 1633. Em 1642, foi nomeado Cura da paróquia da igreja de São Sulpício. Olier estabeleceu uma verdadeira comunidade de padres no seio dessa paróquia, que desenvolvera uma atividade no domínio da liturgia, do catecismo e obras de caridade. Assim nasceu o Seminário de São Sulpício dedicado à formação do clero. Tomou posição contra o movimento Jansenista, fundou a Sociedade de Notre-Dame de Montréal com Jérôme Le Royer de la Dauversiére, destinada à evangelização da "Nova França" e foi um dos principais atores do movimento de renovação espiritual e sacerdotal católico na França, no século XVII.

[810] In: site *Sulpc*; acesso em 4 de agosto de 2017.

[811] In: site *Wikipedia*; acesso em 7 de agosto de 2017.

formação dos futuros padres. Não tendo seminários próprios, eles dirigem seminários das variadas dioceses e recebem seminaristas ou padres que sentem vocação para trabalharem na formação,"[812] onde são convidados a participarem. Isso não quer dizer que irão impor a espiritualidade de uma escola particular aos seminaristas que se tornarão sacerdotes diocesanos.

XX. A Vinda dos Sulpicianos para o Brasil

Em 1973, no jornal *L'Osservatore Romano* foi publicada uma carta do Papa Paulo VI que, em 26 de agosto daquele ano, dirigiu-se ao superior geral dos padres de São Sulpício, padre Constant Bouchaud[813], manifestando confiança na Companhia Sulpiciana e reconhecendo os serviços prestados por essa Companhia à Igreja no campo da formação dos futuros sacerdotes.

> "Então, Dom Newton leu o discurso do Papa Paulo VI por meio do jornal *L'Osservatore Romano* e gostou muito das palavras do santo padre a respeito dessa sociedade de São Sulpício que tem como carisma formar futuros presbíteros e viu a possibilidade de convidar o superior geral para ver se aceitava abrir um seminário em Brasília."[814]

Sem perder tempo, Dom Newton escreveu ao Núncio Apostólico da época, Dom Carmine Rocco, pedindo sua colaboração para que pudesse intervir ou solicitar a colaboração do cardeal Gabriel-Marie Garrone,[815] prefeito da *Congregação para a Educação Católica e os Seminários*, e que

---

[812] Dom Raymundo Cardeal Damasceno Assis, Aparecida-SP, 22 de janeiro de 2017; EPEO.

[813] Constante Bouchaud, sulpiciano, nasceu dia 15 de fevereiro, 1920 em Tilliéres, França e faleceu dia 23 de outubro de 2010, com 90 anos de idade. Estudou no Seminário Maior e na Universidade Católica de Angers. Foi ordenado sacerdote para a diocese de Angers no dia 10 de maio de 1945, um ano antes de entrar para os Sulpicianos. Em 2001, depois de ter preocupações de saúde Bouchaud retirou-se para a casa de retiro da Província da França, o Foyer da Solidão em Issy-les-Moulineaux, até que se tornou necessário transferir para um lar de idosos.

[814] Dom Raymundo Cardeal Damasceno Assis, Aparecida-SP, 22 de janeiro de 2017; EPEO.

[815] Foi o 3º prefeito, de 1966 a 1980, da Congregação para a Educação Católica, para os Seminários e Institutos de Estudos; *Congregatio Institutione Catholica (de Seminariis atque Studiorum Institutis)* é um organismo da Cúria Romana.

também falasse com o cardeal Agnelo Rossi, prefeito da *Congregação para a Evangelização dos Povos*, para que, também, se interessasse por essa causa. De fato, além do convite formal feito pelo arcebispo Dom Newton ao geral dos sulpicianos, a ajuda e colaboração desses dois cardeais, Dom Agnelo Rossi e do cardeal Garrone, tiveram uma grande influência na decisão dos sulpicianos, que aceitaram o pedido de Dom Newton para abrir e fundar o Seminário Maior na arquidiocese de Brasília.[816]

> "O Núncio toma contato com o Superior dos sulpicianos, primeiro por meio do Cardeal Garrone e, depois, pessoalmente, por correspondência episcopal. 'Quanto à direção (do Seminário Maior), desde que li a expressiva carta de Paulo VI... ao superior geral dos sulpicianos... pensei que, talvez, pudéssemos recorrer a esses beneméritos formadores a respeito dos quais o Santo Padre manifesta toda a sua confiança.'"[817]

Por meio do núncio apostólico, Dom Carmine Rocco, Dom José Newton entrou em contato com o superior geral de São Sulpício, padre Constant Bouchaud, PSS, no dia 18 de abril de 1974, pedindo-lhe oficialmente, por carta, a colaboração dos Sulpicianos na fundação de um novo seminário. Cinco meses depois, nos dias 24 a 30 de setembro, o superior provincial dos Sulpicianos do Canadá, padre Roland Dóris e o reitor do Seminário Maior de Bogotá, padre Rodrigo Arango, vieram a Brasília para uma visita. "Nessa visita ficou estabelecido um projeto de fundação do Seminário Maior de Brasília. O projeto devia ser submetido às ulteriores aprovações das duas partes após novo exame."[818]

No dia 30 de junho de 1975, o arcebispo escreveu ao superior provincial dos sulpicianos do Canadá, quando então, deu-se a aprovação definitiva a fundação do seminário.

---

[816] Dom Raymundo Cardeal Damasceno Assis, Brasília, 22 de agosto de 2017; EPEO.

[817] Pequeno folheto da inauguração 1976. In: *Notas Históricas do Seminário de Brasília*, p. 10.

[818] *Notas Históricas do Seminário de Brasília*, p. 10.

> "Com esta carta, confirmamos expressamente a aceitação, por parte de esta arquidiocese, dos Padres Sulpicianos, dentro do espírito característico de seu Instituto, e segundo quando assinamos aqui oralmente com V. Revma... Expresso meu agradecimento ao Conselho Provincial e ao Conselho Geral da Sociedade de São Sulpício por ter aceitado e deferido nosso pedido de fundação de um Seminário Maior em Brasília."[819]

Os sulpicianos aceitaram o convite e a fundação do novo seminário ficou, definitivamente, aprovada por uma carta do arcebispo de Brasília, no dia 30 de junho de 1975. Dom José Newton estava ausente de Brasília na ocasião dessa primeira visita que fizeram ao Brasil. Monsenhor Raymundo Damasceno Assis foi quem recebeu os padres Doris e Rodrigo nesse primeiro contato pessoal. "Mas eles pediram que houvesse um padre diocesano com eles, porque eles eram estrangeiros e precisavam de um diocesano para auxiliá-los a aculturarem-se, para conhecerem a realidade de Brasília."[820] Para ajudar os padres sulpicianos terem mais familiaridade da língua portuguesa e entenderem o regime sócio-político-econômico brasileiro, Dom Newton destinou o monsenhor Raymundo Damasceno Assis para participar do grupo fundador do Seminário Maior de Brasília.

Dom José Newton ficou animado com a abertura do seminário e, em agosto, escreveu uma carta circular que enviou para várias dioceses do Brasil:

> "Venho oferecer a Vossa Excelência nosso Seminário Maior, isto é, o seu Primeiro Ano de filosofia, a iniciar-se em março de 1976. Em 1977, teremos também o segundo ano de filosofia, e assim por diante, até completar o curso dos três anos de filosofia e quatro de teologia... Sentimo-nos felizes por ter obtido da Sociedade de São Sulpício, Província do Canadá, a direção e, pois, a formação de nossos futuros sacerdotes... O sistema sulpiciano tem a vantagem de larga e exclusiva experiência e beneficia-se de criteriosa atualização de seus métodos."[821]

---

[819] Trecho da carta do arcebispo ao provincial anunciando aprovação da fundação por parte da arquidiocese. In: *Notas Históricas do Seminário de Brasília*, p. 10.

[820] Dom Raymundo Cardeal Damasceno Assis, Aparecida-SP, 22 de janeiro de 2017; EPEO.

[821] In: site *Seminário Maior de Brasília*; acesso em 7 de agosto de 2017.

───────────── O sacerdote ─────────────

O primeiro reitor chegou a Brasília no dia 10 de fevereiro do mesmo ano, era o padre Rodrigo Arango Velásquez,[822] PSS, de Bogotá, "porque os sulpicianos já atuavam na Colômbia, dirigiam vários seminários nesse país; então, mandaram um colombiano que tinha experiência de reitoria; e um padre canadense, o padre Telésforo Gagnon PSS, porque a província que abriu o seminário era do Canadá e o novo seminário precisava de um professor de filosofia".[823] Essa equipe, no dia 8 de março de 1976, acolheu os primeiros alunos do primeiro ano de filosofia e o início das aulas se deu no dia 9 de março. Eram seis alunos, logo chegaram mais três, completando para início, um grupo de nove.[824]

Foto: monsenhor Raymundo Damasceno Assis, padre Roland Doris e padre Telésforo Gagnon, PSS, Canadá, s/d.[825]

---

[822] Rodrigo Arango Velásquez nasceu na cidade de Betânia, Antioquia, no dia 4 de março de 1925, e faleceu no dia 27 de dezembro de 2008.
[823] Dom Raymundo Cardeal Damasceno Assis, 22 de janeiro de 2017; EPEO.
[824] In: *Notas Históricas do Seminário de Brasília*, p. 11.
[825] Foto: APDRCDA, inédita.

XXI. Inauguração do Seminário Maior

Foto: folder do programa de inauguração do Seminário Maior
Nossa Senhora de Fátima, Brasília-DF, 1976.[826]

A abertura oficial da nova casa aconteceu no dia 25 de março de 1976, na solenidade da Anunciação do Senhor, cuja direção foi confiada aos padres da Sociedade de São Sulpício, da Província de Montreal, Canadá. "A solenidade contou com a presença do arcebispo Dom José Newton; monsenhor Geraldo Ávila, vigário-geral; o geral dos padres Sulpiciano, padre Bouchaud; o provincial, padre Doris; vários sacerdotes, dentre eles, monsenhor Damasceno, religiosos, religiosas e leigos da arquidiocese."[827]

---

[826] Documento: APDRCDA.
[827] Dom Raymundo Cardeal Damasceno Assis. In: *Síntese do Ministério Sacerdotal Brasília (1968 a 1986)*, p. 2.

O sacerdote

Em clima de alegria e confraternização, foi inaugurado "com uma Santa Missa solene, concelebrada por mais de 50 sacerdotes, o Seminário Maior Nossa Senhora de Fátima de Brasília. Seguida de um almoço para umas 200 pessoas".[828] Na homilia da missa, Dom Newton ressaltou a providência divina para que se fizesse realidade aquele momento histórico da abertura do Seminário Maior de Brasília:

> "Ora, momento acentuadamente histórico, '*hic et nunc*', é o da instituição de um Seminário Maior. Muito pedimos que nos ajudassem, com orações, opiniões, sugestões. Procuramos confiantes dialogar com os homens que nos fizeram sentir o problema na sua complexidade. Usamos de paciência, de discernimento e até de coragem... na verdade, há 16 anos estávamos a esperar este dia! Buscávamos a orientação do Papa, do Concílio, e encontramos – permita-se nos a ousadia de dizê-lo – os meios adequados. Tudo se deve à Providência Divina, que escolheu hora e modo de dar resposta às preces e os anseios não só do arcebispo, mas dos presbíteros, dos religiosos e dos fiéis em geral. E fez surgir no caminho um homem: o senhor Núncio Apostólico Dom Carmine Rocco, um homem de Igreja, com particular sensibilidade para esse problema fundamental e urgente. 'Repetimos, neste momento, o que um dia dizíamos a Sua Excelência: o trabalho que realiza no Brasil, em favor da formação do clero, mediante o apoio aos seminários, tornará verdadeiramente benemérito sua passagem pela nunciatura neste país, e muitos outros merecimentos enriquecerão o serviço que presta à Santa Igreja na qualidade de embaixador do vigário de Cristo, mas a ação em prol dos seminários ser-lhe-á a mim parece a maior auréola, mais brilhante e de repercussão mais dilatada e mais rica no presente e no futuro."[829]

Reitor do Seminário Maior de Bogotá, padre Rodrigo Arango Velásquez, enfatizou que estavam entusiasmados com as atividades

---

[828] In: *Notas Históricas do Seminário de Brasília*, p. 12.

[829] BAPTISTA, José Newton de Almeida. *Palavra do Pastor IX. Notas Históricas do Seminário de Brasília*, p. 12,13.

do seminário: "Faz apenas duas semanas que iniciamos as atividades normais do seminário, isto é, no dia 9 de março. Nossa vida é, portanto, recente; mas almejamos uma juventude perene. O número é pequeno, mas o entusiasmo é grande. Os recursos não são abundantes, mas o futuro é promissor. A organização é simples e modesta, mas compensada por plena confiança em Deus e por grande amor à Igreja. São estas as características do clima em que se lança a pequena semente deste Seminário Maior. Por isso, temos o otimismo de acreditar que essa semente converter-se-á em árvore frutuosa, colheita de frutos ótimos e benefícios para a própria Igreja de Deus que peregrina em Brasília".[830]

O superior provincial sulpiciano do Canadá, padre Roland Doris, em seu discurso ressaltou: "Vocês estão começando o seminário em Brasília, exatamente como o fundador, monsenhor Olier começou o seminário em Paris, em São Sulpício, com três padres; exatamente como vocês estão começando aqui".[831] Essa frase marcou a solenidade.

A direção do Seminário Maior ficou assim definida: reitor, o padre Rodrigo Arango, PSS; o monsenhor Raymundo Damasceno Assis; o padre Telésforo Gagnon, PSS, professor de filosofia; e como ecônomo, o padre José Galia, de origem maltês, primeiro pároco da paróquia São Pedro de Alcântara, Lago Sul.

---

[830] Arquivo do seminário, p. 14.
[831] Dom Raymundo Cardeal Damasceno Assis, Aparecida-SP, 22 de janeiro de 2017; EPEO.

———————— O sacerdote ————————

Foto: monsenhor Raymundo Damasceno Assis e padre Telésforo Gagnon, PSS.[832]

Os alunos fundadores foram: Álvaro Rodrigues Meneses, Palmeiras dos Índios-AL; Itamar de Almeida Machado, Patos de Minas-MG (sacerdote); Joaquim Benedito da Silva, Brasília-DF (sacerdote); Joaquim José Neto, Rubiataba-GO (sacerdote); José Belo de Morais Filho, Brasília-DF (sacerdote); José Tarcísio Gomez Lemos, Vitória da Conquista-BA; Manuel Luiz Souza, Pinheiros-MA; Maurilton José Franco, Anápolis-GO; Tobias Patriota Feitosa, Vitória da Conquista-BA (sacerdote).

No dia 28 de outubro de 1976, o cardeal Gabriel-Marie Garrone, prefeito da Sagrada Congregação para a Educação Católica, visitou o Seminário Maior de Brasília. Em agradecimento, Dom Newton proferiu as seguintes palavras:

---
[832] Foto: APDRCDA, inédita.

"Em vossa Eminência temos sentido o cumprimento e a solicitude, da que nós vos agradecemos infinitamente. Estamos agradecidos pelas boas orientações de Vossa Eminência para a vinda dos padres da Companhia de São Sulpício e pela orientação constante dos documentos da Sagrada Congregação."[833]

Foto: Afresco Santa Ceia, refeitório do Seminário Maior, obra de Nardi[834], 1961.

Durante a estadia do cardeal Garrone em Brasília, monsenhor Damasceno atuou como intermediário entre o cardeal e as pessoas que não falavam o francês, traduzindo o idioma de um para a língua do outro, como intérprete. Inclusive no encontro para religiosos de Brasília para a educação católica, no auditório das Irmãs Salesianas, em Brasília, no Colégio Nossa Senhora Auxiliadora. O auditório estava repleto, monsenhor Damasceno foi o tradutor oficial de Garrone. Muitas vezes quando o arcebispo necessitava receber uma visita estrangeira, chamava monsenhor Raymundo Damasceno "para ajudar na tradução de alguma língua para ele, principalmente o francês e o alemão".[835]

O Seminário Menor foi reaberto e funcionou no mesmo prédio com o Seminário Maior por um breve período. Nessa época, monsenhor Damasceno trabalhou no Seminário Maior e, também, era reitor do Seminário

---

[833] BAPTISTA, José Newton de Almeida. *Palavra do Pastor IX. Notas Históricas do Seminário de Brasília*, p. 15. Site *Seminário de Brasília*; acesso em 7 de agosto de 2017.
[834] Antonio Maria Nardi nasceu em 1897, em Ostellato, Itália, e faleceu em Bolonha, Itália, em 1973. Foi artista figurativo, muralista à maneira clássica, passou poucos anos no Brasil, mas deixou obra extensa em templos católicos.
[835] Dom Raymundo Cardeal Damasceno Assis, 10 de agosto de 2017, Brasília-DF, EPEO.

Menor.[836] Algum tempo depois, o Seminário Menor foi transferido para a igreja do Bom Jesus, na L2 Sul, 601,[837] passando à reitoria o padre Joaquim Del'amare da diocese de Pelotas-RS, acompanhado por Dom Aloísio Sinésio Bohn[838], bispo auxiliar de Brasília,[839] monsenhor Raymundo continuou na equipe de formadores do Seminário Maior a pedido de Dom Newton.

Foto: placa comemorativa ao décimo ano de fundação do Seminário Maior. Brasília-DF, 1986.[840]

Na direção do Seminário Maior de Brasília, "monsenhor Damasceno era um bom amigo, uma pessoa de caráter muito estável, muito querido, preencheu uma boa parte da história do seminário e da cidade de Brasília. Afinal ele foi o primeiro seminarista desta cidade",[841] comenta o padre Oscar Duque Estrada,[842] sulpiciano.

***

---

[836] Idem.
[837] Local onde se encontra hoje a igreja do Bom Jesus.
[838] Aloísio Sinésio Bohn OFS, nasceu em Montenegro no dia 11 de setembro de 1934, é bispo católico brasileiro. Bispo emérito da diocese de Santa Cruz do Sul.
[839] Dom Raymundo Cardeal Damasceno Assis. In: *Síntese do Ministério Sacerdotal Brasília (1968 a 1986)*, p. 2.
[840] Foto: crédito de *Rita Elisa Sêda*.
[841] Padre Oscar Duque Estrada, sulpiciano, Brasília-DF, 23 de agosto de 2017, EPEO.
[842] Padre José Oscar Duque Estrada, PPS, colombiano, Sulpiciano, nasceu em Aguadas, Colômbia, no dia 27 de janeiro de 1931, naturalizado brasileiro. Foi ordenado sacerdote no dia 21 de novembro de 1955, pela imposição das mãos de Dom Luis Concha Córdoba, bispo de Manizales. No ano de 1980, foi transferido para ser formador no Seminário Maior de Brasília, onde foi e é diretor espiritual e deu formação a inúmeros padres de Brasília e de dioceses vizinhas, inclusive bispos. Em 2015, recebeu várias homenagens pelo seu Jubileu de Diamante, sessenta anos de vida presbiteral.

XXII. Fundação da Universidade de Brasília

No dia 21 de abril de 1960, Juscelino Kubitschek enviou ao Congresso Nacional o Projeto de Lei para a criação da *Universidade de Brasília*, com seu Plano Diretor elaborado pela comissão especial presidida por Darcy Ribeiro, criada por decreto presidencial, em 20 de julho de 1960, à Lei de criação n. 3.998 aprovada na crise da renúncia do presidente Jânio Quadros, em 25 de agosto de 1961 e assinada, em 15 de dezembro de 1961, ao Decreto presidencial n. 500 de constituição como fundação pública.[843]

Com a posse de João Goulart na Presidência da República, em 1961, Darcy foi nomeado Ministro da Educação. Dois anos depois, assumiu o gabinete da Casa Civil da Presidência. A partir disso, Darcy Ribeiro trabalhou para conseguir a aprovação de uma lei libertária à criação de uma universidade inovadora em Brasília, junto às comissões da Câmara dos Deputados. Esteve com ele para dar forma ao Projeto de Lei, San Tiago Dantas, estabelecendo a universidade como uma organização de caráter experimental, cheia de recursos, autônoma, não-governamental, pronta para constituir-se e para funcionar. A UnB foi criada de acordo com os preceitos administrativos, sendo um tipo de fundação. Estrategicamente para que não sofresse com a burocracia ministerial, igual as recorrentes universidades federais.

> "Os meses e anos seguintes foram os da alegria de dar nascimento à Universidade de Brasília, transfigurando a ideia em coisa concreta. Dela tive de afastar-me, primeiro para ser Ministro da Educação e depois para ser Chefe da Casa Civil. Anísio assumiu a reitoria fazendo Frei Mateus Rocha, que levava adiante com todo entusiasmo a edificação do Instituto de Teologia Católica, o seu vice-reitor."[844]

---

[843] In: Diretório Central dos Estudantes DCE UnB Honestino Guimarães.
[844] *Darcy Ribeiro, fundador da Universidade de Brasília.* Texto escrito em 1995. Originalmente publicado no site: Fundação Darcy Ribeiro; acesso em 2 de setembro de 2017.

A inauguração da Universidade de Brasília aconteceu no dia 21 de abril de 1962, projeto que Darcy Ribeiro costumava chamar de *utopia concreta*. "Então a UnB já nasceu como Universidade, foi aprovada pelo presidente João Goulart como Universidade; como também Brasília nasceu arcebispado, coisa raríssima, fazendo parte de uma província eclesiástica, juntaram dois bispados próximos e criaram a arquidiocese de Brasília."[845]

Foto: composição da mesa na cerimônia de Fundação da Universidade de Brasília, 1962.[846]

As mobilizações dos estudantes foram muito importantes para a época que, "por meio dos seminários nacionais de reforma universitária da União Nacional dos Estudantes (UNE) em 1961 e 1962, pressionaram com muita mobilização pela criação da Universidade de Brasília".[847]

Durante todo o processo de fundação da UnB esteve à frente o antropólogo Darcy Ribeiro que se tornou o primeiro reitor; também contribuiu o educador Anísio Teixeira que ficou sendo o segundo reitor; "o pensador português Agostinho da Silva; o frei dominicano Mateus

---

[845] Padre José Carlos Brandi Aleixo, SJ, Brasília-DF, 24 de agosto de 2017, EPEO.
[846] Foto: site *notícias UnB*; acesso em 1º de setembro de 2017.
[847] In: Diretório Central dos Estudantes DCE UnB Honestino Guimarães.

da Rocha, entre outros atraídos pelo desafio da oportunidade, política única, de construírem uma universidade com a cidade".[848]

> "No governo João Goulart, o clima era favorável à esquerda, então para mostrar que não havia preconceito à Igreja, frei Mateus Rocha, dominicano, calhava muito bem, religioso respeitado, vinha de uma congregação de uma ordem que tinha um discurso de uma ordem social que era reforma de base. Frei Mateus era muito religioso, sério e respeitado, não tinha as mesmas ideias que Dom Newton, mas tinha o cuidado de sempre visitá-lo e explicar o que estava acontecendo."[849]

Frei Mateus Rocha foi reitor da Universidade entre setembro de 1962 e janeiro de 1963. Depois, vice-reitor na gestão de Anísio Teixeira[850], junho de 1963 a abril de 1964.[851] "No movimento de 1964, frei Mateus viu que não havia mais espaço para ele e tomou a iniciativa de sair da Universidade, pediu seu desligamento."[852]

Dentro desse contexto histórico, existe o entendimento de que a Universidade de Brasília tem e teve, ao longo de sua história, pelo menos dois ou três sacerdotes na composição de seu quadro docente.

XXIII. Professor Monsenhor Raymundo Damasceno Assis

Reitor da Universidade de Brasília, José Carlos de Almeida Azevedo[853] era um militar, e para mostrar boa relação com a Igreja, desde

---

[848] In: site *Universidade de Brasília*, acesso em 1º de setembro de 2017.
[849] Padre José Carlos Brandi Aleixo, SJ, Brasília-DF, 24 de agosto de 2017, EPEO.
[850] Anísio Spínola Teixeira nasceu em Caetité-BA, no dia 12 de julho de 1900 e faleceu no Rio de Janeiro-RJ, no dia 11 de março de 1971, foi um jurista, intelectual, educador e escritor brasileiro. Considerado o principal idealizador das grandes mudanças que marcaram a educação brasileira no século 20.
[851] *Frei Mateus Rocha, dominicano que driblou a pressão dos jesuítas* In: *Jornal do Brasil*, 2012.
[852] Padre José Carlos Brandi Aleixo, SJ, Brasília, 24 de agosto de 2017, EPEO.
[853] José Carlos de Almeida Azevedo nasceu no dia 11 de janeiro de 1932, em Salvador-BA, e faleceu em Brasília no dia 23 de fevereiro de 2010; foi militar, físico e professor brasileiro.

o início de sua reitoria, determinou que no meio acadêmico da UnB deveria ter dois ou três padres.

Na Universidade de Brasília, em 1976, havia uma lacuna no quadro docente, que precisava ser preenchida, e "recorreram ao Seminário Maior de Brasília para substituir esse professor no departamento de filosofia, sobretudo na disciplina de metodologia científica".[854] Monsenhor Damasceno, por insistência do reitor do seminário, padre Rodrigo, aceitou o convite para substituir esse professor por um semestre, mas foram renovando o contrato na composição do quadro de docentes da Universidade. O estimado padre José Carlos Brandi Aleixo,[855] SJ, explica que o professor Raymundo Damasceno Assis foi requisitado "por ele ter boa preparação, bom conhecimento de línguas, boa vivência internacional, boa didática, seu currículo era impecável. Ele sempre se relacionava bem com as pessoas, por isso, seu contrato era sempre renovado. O professor monsenhor Damasceno era muito querido por todos."[856]

Professor Damasceno sempre foi "muito competente, com uma excelente presença no departamento",[857] com vastos conhecimentos linguísticos, fluente em alemão, francês, espanhol, italiano, lê latim e tem conhecimentos básicos de russo. Teve disposição em assumir as cadeiras de estágio de licenciatura, deslocava-se com os alunos, até mesmo, às escolas distantes do centro de Brasília. Sempre disponível para ensinar, não poupava esforços quando a questão era a formação intelectual de seus alunos.

---

[854] Dom Raymundo Cardeal Damasceno Assis, Aparecida-SP, 22 de janeiro de 2017; EPEO.

[855] Padre José Carlos Brandi Aleixo, SJ, nasceu no dia 28 de setembro de 1932, em Belo Horizonte-MG. Filho do escritor Pedro Aleixo. Fez mestrado e doutorado em Ciência Política, licenciado em teologia, filosofia e letras clássicas. Professor universitário, chefe de departamentos, diretor da Faculdade de Estudos Sociais Aplicados da UnB, vice-presidente da Sociedade Bolivariana de Brasília, diretor do Instituto Brasileiro de Relações Internacionais. Pertence à Academia Marianense de Letras, à Academia Brasiliense de Letras, à Academia Mineira de Letras, à Associação Nacional de Escritores, ao Instituto Histórico e Geográfico do Distrito Federal, à Academia Norte-Americana de Língua Espanhola, ao Instituto Histórico e Geográfico Brasileiro. Cidadão Honorário de Brasília. Colaborador em periódicos e autor de várias obras literárias.

[856] Padre José Carlos Brandi Aleixo, SJ, Brasília-DF, 24 de agosto de 2017, EPEO.

[857] Professor Nelson Gomes. In: site *Terra Notícias*; acesso em 10 de setembro de 2017.

"A minha presença na UnB permitiu-me fazer um intercâmbio do Seminário Maior com professores do departamento de filosofia da UnB. Vários deles colaboraram com o curso de filosofia do Seminário Maior, como, os professores Estêvão de Rezende Martins e Nelson Gonçalves, padre Astério Campos, (Salesiano já falecido) e outros."[858]

No tempo em que participava do corpo docente da Universidade de Brasília, o professor Damasceno se destacava por ser um homem simples, acessível, que fazia o trabalho que lhe era designado, seja ele qual fosse, e o fazia de bom grado. É uma marca de sua personalidade; faz questão de "conversar com todos, sempre com grande simplicidade. Ele é um homem acessível e realmente muito agradável";[859] comentam os seus ex-alunos e colegas professores da UnB.

***

XXIV. Nomeação Episcopal de Dom Geraldo do Espírito Santo Ávila

O Papa Paulo VI, no dia 27 de junho de 1977, nomeou monsenhor Geraldo do Espírito Santo Ávila como bispo-auxiliar de Brasília e a ordenação ocorreu no dia 3 de setembro de 1977, na Catedral Nossa Senhora Aparecida, em Brasília. Muitos padres, Irmãos religiosos, freiras, bispos e uma verdadeira multidão de fiéis compareceram à cerimônia. Dom Ávila recebeu a sede titular de *Gemellae in Numidia*. Monsenhor Raymundo Damasceno foi um dos presbíteros-assistentes na ordenação episcopal de Dom Ávila, junto com monsenhor Geraldo do Nascimento Lúcio, de Diamantina.

---

[858] Dom Raymundo Cardeal Damasceno Assis. *In: "Cardeal Damasceno: A Providência sempre nos surpreende" (1), Arcebispo de Aparecida narra sua trajetória*; em 18 de novembro de 2010, por Alexandre Ribeiro. Site: ZENIT O mundo visto de Roma, acesso em 13 de maio de 2017.
[859] Professor Nelson Gomes. In: site *Terra Notícias*; acesso em 10 de setembro de 2017.

———————————— O sacerdote ————————————

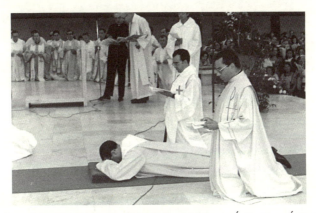

Foto: ordenação episcopal de Dom Geraldo do Espírito Santo Ávila. Dom Ávila ladeado pelos presbíteros-assistentes: monsenhor Raymundo Damasceno e monsenhor Geraldo do Nascimento Lúcio, Brasília-DF, 3 de setembro de 1977.[860]

***

XXV. Bodas de Ouro

"Guardastes fielmente vossas promessas, edificando o lar cristão no temor de Deus e respeito aos homens e ao dom da vida."[861]
(Monsenhor Raymundo Damasceno Assis)

A família Damasceno/Assis, no dia 22 de julho de 1978, comemorou as Bodas de Ouro de Francisco Solano de Assis e Carmen Damasceno Assis. A missa jubilar foi presidida pelo filho do casal, monsenhor Raymundo Damasceno Assis, e concelebrada por padre José Vicente César, sobrinho do casal. "É, portanto, com muita razão e acerto que aqui, nesta bicentenária Matriz de Nossa Senhora da Conceição do outrora Arraial do Campo Alegre dos Carijós, reúne-se hoje, essa assembleia de fiéis, família e povo de Deus, para, de coração e alma, unidos – *corde uno et anima una*[862] – elevar

---
[860] Foto: APDRCDA, inédita.
[861] Bênção do casal jubilado, proferido por monsenhor Raymundo Damasceno Assis, Capela Nova-MG, 22 de julho de 1978. Inédito.
[862] Latim: coração unido, alma unida.

aos céus agradecimentos e louvores por graça tão seleta e insigne, conferida à família do Sr. Solano e Dona Carmen, tios meus estimados."[863]

Nessa homilia, padre José Vicente, relembrou a caminhada do casal desde a época em que moravam na região da Chácara, depois passando para cidade de Capela Nova, mudando para Carandaí e depois Conselheiro Lafaiete. A alegria de formar uma numerosa prole que aumentou com a vinda dos netos, em meio século de lutas e vitórias emocionou os familiares ao recordar, 50 anos atrás, o dia do enlace, em Capela Nova, em 1928. Época em que aquela igreja estava em reforma para melhoramentos, ia ser ampliada, e diante do altar de Cristo, sob a proteção de Nossa Senhora das Dores, os nubentes, com as mãos entrelaçadas na estola que pendia do colo do padre Francisco Ferreira Rodrigues, juraram amor e fidelidade.

Senhor Francisco e dona Carmen, em 1978, novamente entrelaçaram suas mãos, para renovar os votos de união, e foram abençoados. Havia uma grande diferença daquela cerimônia que ficara meio século para trás; pois naquele dia 22 de julho de 1978, diante deles se encontrava aquele garotinho, que um dia receberam das mãos da providência por intercessão da Virgem Maria, e que em seus primeiros anos de vida já subia em cima do cupinzeiro para pregar a homilia que ouviu do padre na missa, aquele filho querido que, em casa, imitava celebrar a missa com todo esmero, sem nem mesmo entender o latim, mas celebrava com alegria e amor; ansioso por se entregar a Jesus, imitava o padre, até mesmo, distribuindo comunhão... aquele menininho cresceu e abraçou o serviço de Deus; e foi pelas mãos dele, monsenhor Raymundo Damasceno Assis, que o casal Francisco e Carmen recebeu o sagrado corpo e preciosíssimo sangue de nosso divino Redentor, na missa de Bodas de Ouro.

---

[863] Padre José Vicente César. *Homilia da Missa de Bodas de Ouro de Sr. Francisco Solano Lopes de Assis e Sra. Carmen Damasceno Assis*, 25 de julho de 1928. Inédito.

XXVI. Cristo chama mais um Damasceno/Assis ao sacerdócio

O ano de 1978 ficou marcado, também, para a família Damasceno/Assis, porque no início do segundo semestre, Evandro Luiz de Assis Pereira, filho de Maria de Assis Pereira, mais conhecida como Marizita, atendeu o chamado de Cristo. Na verdade, ele desde criança brincava de celebrar missa, fazia o casamento das bonecas de suas irmãs, encomendava o corpo de algum animalzinho que morria, celebrava a missa na porta de armazém quando fechado no fim da tarde, e gostava de ir à casa das pessoas mais velhas e ganhar santinhos para sua coleção; "meu tio (monsenhor Damasceno) sempre nas férias costumava ficar com a família em casa, eu gostava muito",[864] isso tudo foi na sua infância, em Capela Nova.

Depois que a família mudou-se para Conselheiro Lafaiete, Evandro ficou adolescente, arrumou namorada, seguia a vida normal dos jovens, até que, ao ler o livro *A via-sacra de todos nós*, foi significativo o sentido "deixar o homem velho e se tornar um homem novo", então, aquela brasa, que parecia estar apagada... reacendeu, como se fosse um sopro do Espírito Santo, aquecendo seu coração, chamando ao sacerdócio. Ao contar sua decisão, sua avó Carmen e sua mãe ficaram alegres, pois sabiam que essa era a vocação de Evandro. Ele ligou para seu tio monsenhor Damasceno, diretor do Seminário Menor, em Brasília, e contou-lhe sua decisão de ser padre. "Ele, como sempre, muito atencioso e prudente, disse-me para esperar até o final do ano chegar... daí foi assim... eu fiquei na espera."[865] Se fosse essa mesma a vocação de seu sobrinho, monsenhor Damasceno o levaria para o seminário em Brasília. Evandro confiava no discernimento de seu tio, se ele pediu para esperar... o sobrinho esperaria. Afinal, Raymundo Damasceno Assis sempre foi e é uma referência muito grande para a família, "quando a gente precisa de um conselho mais sério sobre uma situação,

---

[864] Padre Evandro Luiz de Assis Pereira, Brasília-DF, 23 de novembro de 2017; EPEO.
[865] Idem.

o procuramos, pois ele sempre é muito ponderado, muito prudente na palavra e muito amoroso".[866]

Foto: Evandro Luiz Assis Pereira e seus pais: Raimundo Pereira e Maria Assis Pereira,[867] Conselheiro Lafaiete-MG, 2004.

No fim do ano de 1978, o tio deu a notícia ao seu sobrinho: avisou que ele poderia ir para Brasília começar seus estudos no Seminário Menor Bom Jesus. Com alegria, Evandro arrumou suas malas e partiu de Minas para Brasília, começando sua "caminhada vocacional",[868] na certeza de atender ao chamado de Jesus.

***

XXVII. Visita do Papa João Paulo II a Brasília

"A santidade não consiste em saber muito ou pensar muito, o grande mistério da santidade é amar muito."[869]
(Santo Tomás de Aquino)

---
[866] Idem.
[867] Foto: acervo pessoal de padre Evandro Luiz de Assis Pereira, Brasília-DF, inédita.
[868] Padre Evandro Luiz de Assis Pereira, Brasília-DF, 23 de novembro de 2017; EPEO.
[869] Santo Tomás de Aquino (1225-1274).

———————— O sacerdote ————————

No ano de 1980, no dia 30 de junho, foi a primeira vez que um Papa veio ao Brasil, a maior nação católica do mundo. O Papa João Paulo II, com muita vitalidade nos seus 60 anos de idade, ao chegar à Base Aérea de Brasília, pouco depois das 11h, ao descer da aeronave, abaixou-se e beijou o solo brasileiro.[870] O Papa foi recebido por autoridades religiosas, políticas e sociais. Mais de 2,5 milhões de pessoas acompanharam a missa papal na Esplanada dos Ministérios.[871]

Foto: Papa João Paulo II beijando o solo de Brasília, 1980.[872]

"(...) Com este gesto de amizade, recebei os meus votos de felicidades: Deus abençoe o vosso Brasil. Deus abençoe a todos vós brasileiros, com a paz e a prosperidade, a serena concórdia na compreensão e na fraternidade. Sob o olhar materno e a proteção de Nossa Senhora Aparecida, Padroeira do Brasil!"[873]

---

[870] Esse foi um ritual que marcou a primeira parte de seu pontificado: beijar o solo dos países aonde chegava. O pedaço de concreto beijado, com 20 centímetros quadrados, foi cuidadosamente retirado para ser preservado.
[871] O pontífice polonês João Paulo II percorreu 13 cidades em apenas 12 dias. Ele esteve em Brasília, Belo Horizonte, Rio de Janeiro, São Paulo, Vitória, Aparecida, Porto Alegre, Curitiba, Manaus, Recife, Salvador, Belém, Teresina e Fortaleza. O Papa também participou do X Congresso Eucarístico Nacional, em Fortaleza (CE).
[872] Foto: site *Ficheiro Wikipedia*; acesso em 7 de setembro de 2017.
[873] PAPA JOÃO PAULO II. *Discurso na cerimônia de boas-vindas em Brasília*. Viagem Apostólica do Santo Padre ao Brasil, 1980.

Ao som de *A bênção, João de Deus*, Brasília parou para agitar as bandeiras do Vaticano pelas ruas da cidade. Sua Santidade proferiu um emocionante discurso na Capital Federal enfatizando que, ao pisar em solo brasileiro pela primeira vez, seu pensamento e sua amizade, por meio dos que ali estavam, eram também para aqueles que desejariam estar, mas não conseguiram... "tantos que se acham impedidos de participar dos encontros com o Papa, por deveres de família, de trabalho, de ministério e apostolado, ou por razões de pobreza, de doença ou de idade. O Papa pensa em cada um. Ele ama a todos e a todos envia um cumprimento bem brasileiro: 'um abraço!'"[874]

Foto: Papa João Paulo II, cardeal Agostino Casaroli[875], Dom Ávila, monsenhor Renato Martino[876], monsenhor Lorenzo Baldisseri[877] e outras autoridades, Brasília-DF, 1980.[878]

---

[874] Idem.
[875] Agostino Casaroli nasceu em Castel San Giovanni, 24 de novembro de 1914 e faleceu em Roma, 9 de junho de 1998. Cardeal italiano da Igreja Católica Romana, foi Secretário de Estado Vaticano de 1979 até 1990.
[876] Renato Raffaele Martino nasceu em Salerno no dia 23 de novembro de 1932, é cardeal italiano, presidente emérito do Pontifício Conselho Justiça e Paz.
[877] Dom Lorenzo Baldisseri nasceu em San Pietro in Campo, no dia 29 de setembro de 1940, é cardeal católico pertencente ao serviço diplomático da Santa Sé. Foi Núncio Apostólico no Brasil.
[878] Foto: APDRCDA, inédita.

Uma das atividades do pontífice no dia 1º de julho foi visitar o Presídio da Papuda. O Seminário Maior Nossa Senhora de Fátima ficava no caminho para o presídio. "O Papa João Paulo II e Dom Newton combinaram de passar pelo seminário, mas ao chegarem já havia uma aglomeração, muita gente, porque um padre do seminário soube e avisou as pessoas."[879] O Papa desceu do carro, caminhou apenas alguns metros e teve de voltar por causa da quantidade de admiradores, ficou impraticável caminhar entre eles, pois queriam tocá-lo, tamanha era a admiração pelo Santo Padre. Foi preciso que os seguranças e, até mesmo, o clero presente, afastasse os mais impulsivos e levasse o Papa em segurança de volta ao carro. Dali, João Paulo II seguiu para o Presídio da Papuda onde visitou os presos e discursou a respeito do perdão.

> "É a visita do Vigário de Cristo. Sabeis, pela leitura do Evangelho, que Ele, Cristo, sendo sem pecado, detestava o pecado, mas amava os pecadores, e os visitava para proporcionar-lhes o perdão. Gostaria de trazer-vos o apelo e o conforto do Redentor do Homem.
> (...)
> Possa esta prisão como todas as outras do Brasil e do mundo dizer em sua linguagem muda: *não* ao desamor, à violência, ao mal; *sim* ao amor porque só o amor salva e constrói!"[880]

***

XXVIII. Presidente eleito Tancredo Neves[881]

> "Três coisas são necessárias para a salvação do homem: saber o que deve crer, saber o que deve desejar, saber o que deve fazer."
> (Santo Tomás de Aquino)

---

[879] Padre Oscar Duque Estrada, Brasília-DF, 23 de agosto de 2017, EPEO.

[880] PAPA JOÃO PAULO II. *Discurso aos presidiários do Cárcere da Papuda*, 1980.

[881] Tancredo de Almeida Neves nasceu em São João del-Rei-MG, no dia 2 de março de 1910, e faleceu em São Paulo no dia 21 de abril de 1985. Foi advogado, empresário e político brasileiro, tendo sido o 33º primeiro-ministro do Brasil (o primeiro do período republicano) e presidente da república eleito, mas não empossado.

Ficou determinado na convenção nacional do PMDB[882] que Tancredo Neves[883] seria candidato à presidência da República do Brasil e como vice-presidente, José Sarney[884]. Tancredo tinha bastante experiência, um verdadeiro mestre na articulação política. Foi vereador, deputado estadual e federal, ministro da Justiça do governo Getúlio Vargas, primeiro-ministro no governo parlamentarista de João Goulart, senador e governador. O fim da austeridade política do governo brasileiro dependia da eleição de Tancredo à presidência.

No percurso da candidatura, Tancredo Neves estabeleceu escritórios eleitorais em várias capitais dos estados da nação. Um deles foi em Brasília. Tancredo era mineiro, de São João del-Rei, muito religioso, criado em uma família extremamente católica, solicitou a monsenhor Raymundo Damasceno Assis, também mineiro, que benzesse seu escritório eleitoral em Brasília.

> "Eu benzi o comitê eleitoral do Tancredo, em Brasília, antes de ser eleito, onde ele divulgava seu programa de governo, recebia seus apoiadores etc. Então, benzi esse escritório e me demorei nesse local, conversando bastante com ele."[885]

Conversa de duas pessoas que vieram da mesma região de Minas Gerais, com a mesma raiz católica, onde as tradições religiosas marcaram ludicamente suas memórias.

Passados dois meses de intensas atividades políticas em que o candidato Tancredo se mostrava a favor de eleições diretas e o fim do Regime Militar no Brasil, em outubro, a sala de seu comitê eleitoral,

---

[882] No dia 12 de agosto de 1984.
[883] 656 votos a favor e 32 contra.
[884] 543 votos a favor e 143 contra.
[885] Dom Raymundo Cardeal Damasceno Assis, Brasília-DF, 10 de agosto de 2017; EPEO.

em Porto Alegre-RS, ficou totalmente destruída pelo fogo[886], bem na véspera da chegada do candidato a cidade. Nesse mesmo mês de outubro, também houve incêndio no escritório eleitoral de Tancredo na cidade de Belém-PA.

Na madrugada de segunda-feira, 26 de novembro de 1984, às 2h da manhã, Manoel Alves da Silva, vigia do sétimo andar do edifício Arnaldo Villares, na quadra 6, do Setor Comercial Sul de Brasília, assustou-se com um estrondo e foi até a janela verificar a procedência do barulho. Desceu apressado até a rua e, por meio de um telefone público, avisou os bombeiros que principiava um incêndio no edifício Guanabara, Asa Sul. Logo os bombeiros chegaram e, sob o comando do tenente Jorge de Freitas, derrubaram, no segundo andar, duas portas que estavam trancadas e davam acesso à área afetada pelas chamas. Conseguiram dominar o fogo às 3h30 da manhã. No escritório avariado ficou uma máquina de cópia xerográfica, um aparelho de televisão, seis telefones, quatro mesas e quatro armários usados como arquivo, alguns cartazes queimados e outros onde ainda se podia ver, traços verde-amarelos com os dizeres: *Muda Brasil, Tancredo Já!*

"'Que estrago'... comentou Tancredo de Almeida Neves, 74 anos, ao chegar ao seu escritório, no edifício Guanabara, na manhã de terça-feira",[887] candidato favorito na eleição indireta para presidente da República. Pelo menos no escritório de Brasília, os bombeiros foram chamados logo no começo do incêndio e o prejuízo não foi total igual ao que ocorreu nos outros, em que tudo foi perdido... por coincidência esse era o escritório que monsenhor Raymundo Damasceno Assis havia benzido. Alguém do comitê eleitoral do presidente Tancredo Neves fez o seguinte comentário: "O senhor será a partir de hoje sempre convidado para benzer as inaugurações presididas por Tancredo Neves em Brasília. Ele sempre chama

---

[886] A conclusão do laudo pericial consta que o incêndio havia sido provocado pela ação de um corpo ignescente sobre material combustível, ou seja, um objeto envolvido com gasolina aparecera na sala. In: FRAGA, Plínio. *Tancredo Neves o príncipe civil*. Rio de Janeiro: Editora Objetiva, 1ª edição, 2017, p. 326.

[887] FRAGA, Plínio. Tancredo Neves o príncipe civil, p. 326..

o mesmo sacerdote que foi convidado pela primeira vez. "De fato, ao ser eleito pelo Congresso Nacional presidente da Republica, fui convidado também, pelo novo presidente, para benzer seu novo escritório na sede da Fundação Getúlio Vargas na L2 Norte Q 602."[888]

Candidato favorito na eleição indireta para presidente da República, no dia 15 de janeiro de 1985, a forte chuva em Brasília não impediu que milhares de brasileiros estivessem em frente ao Congresso Nacional, munidos de bandeiras partidárias, dezenas deles escalando a cúpula de concreto, enquanto dentro do Congresso, o plenário e as galerias estavam lotados. A chuva da mudança era como água benta aspergida no coração político nacional. O povo aguardava o resultado da eleição, a sessão, durou cerca de 3h30. Exatamente às 12h25, foi eleito Tancredo Neves o novo presidente do Brasil. Ele venceu o candidato do PDS, deputado Paulo Maluf, com 480 votos contra 180, uma diferença de 300 votos. Em um Colégio Eleitoral instituído pelos militares para eleger seus generais, um marco histórico que encerrou o ciclo militar brasileiro iniciado em 1964; vinte e um anos depois, a eleição de Tancredo Neves abriu caminho para a esperada redemocratização do país, tempo novo, de liberdade.

O então presidente eleito, leu seu discurso da vitória: "Esta foi a última eleição indireta do país. Venho para realizar urgentes e corajosas mudanças políticas, sociais e econômicas indispensáveis ao bem-estar do povo". Um Congresso que ainda era um pouco amedrontado, discretamente aplaudiu o presidente eleito e foram poucos os gritos de "viva a democracia!" para comemorar a primeira grande vitória da democracia, depois de 21 anos de regime militar e mordaça; ainda não conseguia acreditar no fim da censura militar. A posse de Tancredo Neves como presidente ficou marcada para dia 15 de março daquele ano.

Logo após sua eleição, Tancredo inaugurou, no dia 16 de janeiro de 1985, seu novo escritório político, no andar térreo da Fundação Getúlio

---

[888] Dom Raymundo Cardeal Damasceno Assis, Brasília-DF, 10 de agosto de 2017; EPEO.

Vargas, L 2 Norte. O escritório era simples, a decoração ainda não estava acabada "e a bênção do escritório, às 18h, foi feita pelo monsenhor Damasceno, do lado de fora do prédio: 'Abençoai Senhor, este local e todos que vão nele trabalhar'"[889], disse ele e, também leu dois versículos da Bíblia. O presidente eleito fez o sinal da Cruz e acompanhou em voz baixa uma parte da oração.

Ao finalizar a bênção, monsenhor Damasceno recebeu os cumprimentos de Tancredo Neves, que se despediu do sacerdote e voltou para a ala política do escritório. Os versículos pronunciados durante a bênção no escritório foram do Salmo 126:

> [1]Quando o Senhor Deus
> nos trouxe de volta para Jerusalém,
> parecia que estávamos sonhando.
>
> [2]Como rimos e cantamos de alegria!
> Então as outras nações disseram:
> "O Senhor fez grandes coisas
> por eles!"

O Salmo 126 é a oração de um povo que sofre em meio a uma enorme crise. Diante de dificuldades, o povo busca o socorro de Deus. A fé desse povo não é superficial, está fundamentada sobre bases sólidas: a libertação e a rotina de trabalho em comunidade. A esperança vem por meio do salmista que recorda os grandes feitos do Senhor, como a libertação do povo ao cativeiro babilônico. Ele traz esperança, fé, ânimo e alegria ao povo sofredor. Aquele cativeiro e exílio haviam sido um dos piores momentos da história do povo hebreu, mas, quando tudo parecia perdido, o Senhor manifestou-se Salvador, e as lágrimas se converteram em sorrisos de enorme alegria.

Pouco depois de ser eleito, Tancredo viajou ao exterior e foi recebido pelo Papa João Paulo II, em Roma. O que mais se destacou nesse momen-

---

[889] Jornal *O Estado do Mato Grosso*, 1985, p. 1.

to foi a fé cristã do presidente e a imprensa publicava que ele seria o chefe de estado brasileiro mais ligado à Igreja Romana, após Dom Pedro II[890]. Véspera da posse presidencial de Tancredo Neves, dia 14 de março, as comemorações marcam júbilo ao povo que ansiava pela volta da democracia.

XXIX. Missa de Ação de Graças

No dia anterior à posse de Tancredo Neves, no fim da tarde, 14 de março de 1985, às 18h30, o presidente eleito, dona Risoleta Guimarães Tolentino Neves[891] e família chegaram ao Santuário Dom Bosco para participar da Santa Missa em ação de graças, presidida por Dom João Resende Costa[892], arcebispo de Belo Horizonte. Logo que desceram do Galaxie Landau preto do Itamaraty, dezenas de brasileiros o aplaudiram e acenaram para eles, mostrando júbilo pela volta do sistema democrático nacional. Antes do início do culto litúrgico, várias crianças foram até o presidente eleito pedir-lhe um autógrafo, o que ele fez de bom grado. A Eucaristia foi presidida pelo arcebispo Dom Resende Costa, de Belo Horizonte, com a participação de Dom Serafim Fernandes de Araújo, Dom José Freire Falcão, Dom Geraldo Ávila, monsenhor Raymundo Damasceno Assis, e mais 14 padres.

O presidente eleito, Tancredo Neves "assistiu e participou da missa, junto com seu vice, José Sarney. E eu estava concelebrando, à véspera de sua posse que seria no dia seguinte".[893]

---

[890] Revista *Veja*, 16 de março de 1985.

[891] Risoleta Guimarães Tolentino Neves nasceu em Cláudio-MG no dia 20 de julho de 1917 e faleceu no Rio de Janeiro-RJ no dia 21 de setembro de 2003, vítima de complicações decorrentes de diverticulite, a mesma doença que matara Tancredo Neves. Risoleta está enterrada ao lado do túmulo de seu finado marido, no cemitério da igreja de São Francisco de Assis em São João del-Rei-MG.

[892] Dom João Resende Costa, SDB, nasceu em Borda da Mata-MG, no dia 19 de outubro de 1910 e faleceu em Belo Horizonte-MG, no dia 21 de julho de 2007; foi religioso salesiano e bispo católico brasileiro. Foi o quinto bispo de Ilhéus e o segundo arcebispo de Belo Horizonte.

[893] Dom Raymundo Cardeal Damasceno Assis, Brasília-DF, 10 de agosto de 2017, EPEO.

―――――― O sacerdote ――――――

Foto: Tancredo Neves e dona Risoleta Neves, durante a missa em Brasília, 14 de março de 1985.[894]

Momento emocionante foi quando dona Risoleta Neves, esposa de Tancredo, fez em voz alta, junto com todos, a oração de ação de graças, a última do ato litúrgico:

> "Deus de misericórdia e de bondade, nós vos pedimos que a celebração deste sacrifício eucarístico confirme no vosso servo e presidente eleito do Brasil – com a fé, a esperança e o amor – a decisão de servir ao povo brasileiro na integridade e na justiça; e dê a esse mesmo povo a coragem de assumir o seu papel de colaboração, de corresponsabilidade e de participação nessa conjuntura nacional, com a certeza de vossa proteção. Amém."[895]

O presidente eleito acompanhou atentamente a celebração, que durou 65 minutos, calmo, mesmo sabendo que despertava a curiosidade dos presentes. A pedido de padre Décio Batista Teixeira, SDB,[896] Tan-

---
[894] Foto: crédito de *Sérgio Marques*; Agência *O Globo*.
[895] *O Estado do Mato Grosso*, 1985, p. 2.
[896] Padre Décio Batista Teixeira nasceu dia 7 de maio de 1928, em Bom Despacho-MG. Foi reitor da Católica por 10 anos, presidente da mantenedora da Católica, diretor do Instituto Israel Pinheiro, diretor do Colégio Dom Bosco, Brasília-DF; procurador geral da Congregação dos Salesianos em Roma, durante sete anos, e inspetor da província dos Salesianos, Distrito Federal.

credo fez a leitura do Primeiro Livro dos Reis 3,9-12, Salomão ao iniciar seu reinado não pede ao Senhor bens materiais, mas a sabedoria e justiça para governar, um coração atento para distinguir entre o bem e o mal, para governar com justiça.

> "'Dá-me então sabedoria para que possa governar bem o teu povo e saiba a diferença entre o que é justo e o que é errado. Pois quem, por si só, poderia carregar com tão tremenda responsabilidade?'
> A resposta de Salomão agradou muito ao Senhor, porque lhe pediu sabedoria. Então replicou-lhe: 'Visto teres pedido sabedoria para governar o meu povo e não uma longa vida, nem riquezas pessoais, nem sequer a derrota dos teus inimigos, dar-te-ei portanto o que pediste!'"[897]

Ao finalizar a missa, Tancredo cumprimentou os arcebispos, os bispos, os padres e deu um longo abraço no seu amigo monsenhor Raymundo Damasceno Assis. Dezenas das 500 pessoas que estavam na igreja participando da missa, também cercaram o presidente eleito que teve muita dificuldade em sair da igreja. Algumas flores foram colocadas em sua cabeça.

Após a missa Tancredo Neves começou a sentir fortes dores no ventre. Foi, então, internado às pressas no Hospital de Base, localizado em Brasília. Monsenhor Damasceno ficou a par do acontecimento por meio do noticiário na televisão.

> "Eu voltei ao Seminário Maior Nossa Senhora de Fátima, onde residia, para trocar a roupa, tirar a batina e me preparar para ir a um grande jantar, um banquete no Itamaraty, comemorando já a posse do novo presidente Tancredo Neves que seria no dia seguinte. Liguei a televisão por acaso, para acompanhar mais de perto o que estava acontecendo, porque era véspera da posse do presidente. Qual foi

---

[897] 1 Reis 3.

minha surpresa ouvir, na televisão, a notícia de que o futuro presidente tinha sido internado no hospital de Base de Brasília para uma intervenção cirúrgica de emergência."[898]

Monsenhor Damasceno foi ao jantar que transcorreu em clima tenso, todos preocupados com o estado de saúde em que se encontrava, naquele momento, o futuro presidente do Brasil.

Tancredo Neves ficou hospitalizado por 39 dias e, nesse período, foi transferido para o *Instituto do Coração*, em São Paulo "para um tratamento mais rigoroso"[899], no qual foi submetido a diversas cirurgias. Os brasileiros se uniram em orações pela saúde do presidente eleito. Padre Décio Batista Teixeira, amigo da família Neves, de longa data, tempo em que moravam em São João del-Rei e em Belo Horizonte, foi convocado pela dona Risoleta Neves para dar assistência espiritual ao presidente eleito. Padre Décio residia em Brasília e logo atendeu ao chamado da amiga, viajou para São Paulo e foi direto para o Instituto do Coração. "Dona Risoleta me chamou e eu dei a unção dos enfermos a Tancredo Neves. Ele estava deitado, ele não tinha morrido ainda quando eu dei a unção para ele. Isso foi na noite da véspera do falecimento de Tancredo Neves, 20 de abril de 1985."[900]

No dia 21 de abril de 1985 faleceu Tancredo Neves. Fato que gerou imensa tristeza à nação brasileira. A causa da morte foi divulgada como uma infecção generalizada. Ele havia preparado um lindo discurso que pronunciaria em sua posse, cheio de patriotismo, coragem e espírito cristão:

> (...)
>
> "Recorro à advertência do profeta Isaías, nesta hora grave, talvez a mais grave de toda a minha vida: 'Ai dos que decretam leis injustas e dos que escrevem perversidades, para prejudicarem os pobres em

---

[898] Dom Raymundo Cardeal Damasceno Assis, Brasília-DF, 10 de agosto de 2017; EPEO.
[899] Idem.
[900] Padre Décio Batista Teixeira, Brasília-DF, 23 de agosto de 2017, EPEO.

Viver na alegria do Senhor

juízo e para arrebatarem o direito dos aflitos de meu povo; para despojarem as viúvas e para roubarem os órfãos.'

Durante os últimos decênios acentuou-se em nosso país a injustiça contra os trabalhadores. Essa situação tornou-se ainda mais iníqua diante das seduções do consumo e da ostentação de alguns setores de nossas elites econômicas. Se aos insensatos não comove a exigência de justiça, é possível que os atinjam as razões do temor.

(...)

Brasileiros, esta é a hora mais importante de todas as que eu tenho vivido, e devo ocupá-la com humilde súplica a Deus. Queira Ele consagrar, com sua bênção, a imperecível aliança entre o governo que se inicia e a Nação que espera. Juntos, Nação e governo, haveremos de honrar o passado com a dignidade do futuro.

(...)

Brasileiros, começamos hoje a viver a Nova República. Deixemos para trás tudo o que nos separa e trabalhemos sem descanso para recuperar os anos perdidos na ilusão e no confronto estéril. Estou certo de que não nos faltará a benevolência de Deus. Entendamos a força sagrada deste momento, em que o povo retoma, solenemente, seu próprio destino".[901]

O corpo do presidente Tancredo Neves foi velado no Salão Nobre do Palácio do Planalto, depois foi celebrada as Exéquias, presidida pelo arcebispo de Brasília, Dom José Freire Falcão, concelebrada por vários arcebispos, bispos e sacerdotes. A homilia foi feita por Dom Luciano Mendes de Almeida, secretário-geral da CNBB. A Santa Sé designou o cardeal Agnelo Rossi, administrador do Estado do Vaticano, como enviado especial. Esteve, também, presente o cardeal Avelar Brandão Vilela, arcebispo de Salvador. Participou da celebração, Dom Lucas Moreira Neves, secretário da Congregação para os Bispos e primo de Tancredo Neves. Após a despedida em Brasília, Tancredo foi sepultado no cemitério da igreja de São Francisco em São João del-Rei, pois ele era membro da Irmandade de São Francisco.

---

[901] *Tancredo Neves: sua palavra na história*, p. 5-6.

No dia seguinte, o cardeal Rossi presidiu na catedral Nossa Senhora Aparecida, a Santa Missa em sufrágio do presidente falecido, com a participação de autoridades do governo federal, do governo local e o corpo diplomático.

***

XXX. Anúncio da Ordenação Episcopal

É por força da Ordenação episcopal e pela comunhão hierárquica com a Cabeça e os membros do colégio, que alguém é constituído membro do Colégio episcopal.

Entre as principais funções dos bispos ocupa lugar preeminente a pregação do Evangelho. Os bispos são, com efeito, os arautos da fé, que conduzem a Cristo novos discípulos, e os doutores autênticos, que pregam ao povo a si confiado a fé que se deve crer e aplicar na vida. Do mesmo modo que pelo ministério da palavra comunica a força de Deus para a salvação dos que creem (cf. Rm 1,16), assim também pelos sacramentos santificam os fiéis: são eles que regulam a administração do Batismo, são eles os ministros originários da Confirmação, os dispensadores das sagradas Ordens, os moderadores da disciplina penitencial. Investidos da plenitude do sacramento da Ordem, são os administradores da graça do supremo sacerdócio, principalmente na Eucaristia, que eles mesmos oferecem ou providenciam para que seja oferecida. Toda a legítima celebração da Eucaristia é dirigida por eles. Em qualquer comunidade congregada em volta do altar, sob o ministério sagrado do bispo manifesta-se o símbolo da caridade e unidade do Corpo místico.[902]

---

[902] *Ordenação do Bispo, dos Presbíteros e Diáconos, Pontifical Romano Reformado por Decreto do Concílio Ecumênico Vaticano II*, s/d, p. 20.

A Sagrada Ordenação certifica que os Bispos, revestidos da plenitude do sacramento da Ordem pelo Espírito Santo, que na Ordenação lhes foi dado, foram constituídos verdadeiros e autênticos mestres da fé, pontífices e pastores e, como tais, presidem ao rebanho do Senhor na pessoa de Cristo chefe.

No dia 16 de junho de 1986, monsenhor Raymundo Damasceno Assis recebeu um importante comunicado da *Nunciatura Apostólica*, do monsenhor Juliusz Janusz, encarregado de negócios, pois o senhor Núncio Apostólico, Dom Carlo Furno, encontrava-se em Roma. "Ao chegar à nunciatura, monsenhor Juilusz me entregou uma correspondência na qual me informava que o Papa João Paulo II havia me nomeado bispo auxiliar de Dom José Freire Falcão."[903]

Foto: carta informativa, Brasília-DF, junho de 1986.[904]

---
[903] Dom Raymundo Cardeal Damasceno Assis, Brasília-DF, 10 de agosto de 2017; EPEO.
[904] Documento: APDRCDA, inédito.

> SOB SEGREDO PONTIFÍCIO
>
> Brasília, 16 de junho de 1986.
> Reverendíssimo Monsenhor,
> Apraz-me confirmar-lhe que a notícia da nomeação de Vossa Reverendíssima como Bispo-Auxiliar de Sua Excelência Reverendíssima Dom José Freire Falcão, Arcebispo de Brasília, será publicada oficialmente no próximo dia 25 de junho, quarta-feira, às 12 horas de Roma, 7 horas de Brasília, devendo a mesma ficar protegida pelo Segredo Pontifício até a data e hora.
> Reitero minhas sinceras felicitações, augurando-lhe um fecundo ministério pastoral na missão que o Santo Padre lhe confia.
> Ao ensejo, aproveito para apresentar a Vossa Reverendíssima os sentimentos de minha fraterna estima.
> Mons. Juliusz Janusz
> Encarregado de Negócios a.i.
> Ao Revmo.
> Mons. Raymundo Damasceno Assis
> Seminário Arquidiocesano
> BRASÍLIA-DF

Em resposta monsenhor Raymundo Damasceno escreveu uma carta, a punho, para o monsenhor Juliusz Janusz[905] dizendo que, ao ler a carta informando a respeito de sua nomeação, um duplo sentimento apoderou-se dele: primeiro a emoção por ter sido nomeado pelo Santo Padre, como bispo-titular de Nova Pietra e auxiliar de Dom Falcão e, segundo... o temor diante de árdua missão que cabe ao bispo da Igreja, "principalmente por causa das limitações pessoais".[906] Acrescentou que estava ciente que "o episcopado não significava maior dignidade ou direito a algum privilégio e, sim, uma outra maneira de continuar a servir à obra da salvação instaurada por Jesus Cristo juntamente com todo o povo de Deus e em estreita comunhão com os de-

---
[905] Juliusz Janusz nasceu em Lyczana, Polônia, em 17 de março de 1944, bispo da Igreja Católica, diplomata do Vaticano.
[906] Monsenhor Raymundo Damasceno Assis. In: Carta para monsenhor Juliusz Janusz, 13 de junho de 1986. Inédito.

mais Irmãos Bispos e com o Sucessor do Apóstolo Pedro".[907] Lembrou que na sua vida de padre jamais almejou e muito menos procurou algum cargo, porém não recusou os serviços que lhe ofereceram. Iluminado pela fé, viu na vontade do Santo Padre a manifestação do desígnio de Deus para sua vida sacerdotal. Humildemente, explicou que confia no poder de Deus e na proteção maternal de Maria, Virgem das Dores, e na intercessão dos Santos Apóstolos. Com essa fé, aceitou sua nomeação com espírito de obediência e pediu que fosse comunicado ao Papa João Paulo II sua disposição ao cargo.

Fotos: cabeçalho e assinatura na carta de monsenhor Raymundo Damasceno Assis para o Santo Padre, julho de 1986.[908]

O Papa João Paulo II enviou uma carta ao monsenhor Damasceno, explanando o destino de ofício e a razão de ser nomeado bispo auxiliar, com o título da sede vacante de Nova Pietra. Comunicou-lhe que havia necessidade do arcebispo Dom Falcão ter um auxiliar para sanar as

---

[907] Idem.
[908] Documento: APDRCDA, inédito.

necessidades da crescente comunidade de Brasília... "a este propósito, dileto filho, espontaneamente em ti pensamos e completamente idôneo te estimamos para, confiantes, encomendar-te um cargo de tanta importância e de tanta utilidade para a grei brasiliense".[909] O Sumo Pontífice citou o protocolo para que a nomeação de monsenhor Damasceno fosse formalmente aceita. Pois, antes de receber a ordenação episcopal, precisava seguir as normas litúrgicas, lendo, tendo ciência e assinando, o documento onde consta a profissão de fé e o juramento de fidelidade à Igreja, ao Papa e seus sucessores. O documento assinado e devidamente carimbado pelo monsenhor Damasceno foi enviado ao Vaticano.

Na tessitura hierárquica de Raymundo Damasceno Assis tem vários alinhavos distintos em vidas santificadas; o primeiro nome: Raymundo... tem como espelho Raymundo Nonato, por decisão de dona Carmen, na lembrança de seus pedidos para que seu filho nascesse perfeito. Damasceno é por causa de João de Souza Damasceno, que nasceu dia 4 de dezembro (século XVIII), dia da memória litúrgica de São João Damasceno, santo que tinha grande amor por Nossa Senhora e apresentou a doutrina sobre a Imaculada Conceição, a Maternidade divina, a Virgindade perpétua e a Assunção de corpo e alma de Maria. O sobrenome *Assis* tem incorporação à família desde o nascimento do padre Francisco Pereira de Assis – o vigário Assis –, por ele ter nascido no dia 4 de outubro (1777), dia da festa litúrgica de São Francisco de Assis. São Francisco nasceu Giovanni di *Pietro* di Bernardone. No alinhavo biográfico, além do sobrenome Assis, está a designação a Raymundo Damasceno Assis para bispo-titular de Nova Pietra, Pedra Nova, para os alicerces da igreja em Brasília. Monsenhor Raymundo Damasceno Assis, em sua consciência-do-mundo, nunca almejou cargo maior do que o sacerdócio (desejo concreto que estabeleceu vitória e alegria em doar-se a Cristo); porém, na consciência-Divina, Jesus abriu o caminho e caminha com Raymundo Damasceno Assis.

---

[909] PAPA JOÃO PAULO II. *Carta para monsenhor Raymundo Damasceno Assis*, Vaticano, 18 de junho de 1986. Inédito.

No último dia do mês de julho, monsenhor Raymundo Damasceno Assis escreveu uma carta para o Santo Padre, também a punho; emocionado se dirigiu ao Papa João Paulo II para agradecer-lhe a confiança que nele depositou, nomeando-o bispo auxiliar de Dom José Falcão. Comentou que, no início, ao saber de sua nomeação, ficou atemorizado diante da grande missão, porém a aceitou confiante na graça de Deus, obediente à Santa Igreja. Acrescentou que havia lido a carta que João Paulo II enviou à Conferência dos Bispos do Brasil sobre "A missão da Igreja e a teologia da libertação" que fez com que ele tivesse mais consciência dos desafios que a Igreja teria que enfrentar no Brasil. Explicou a razão de escolher o dia 15 de setembro para sua ordenação episcopal e completou:

> "Dessa maneira, quero entregar o meu serviço episcopal à proteção maternal de Nossa Senhora para que me ajude a cumprir minha missão com toda fidelidade e alegria, mesmo quando tiver que partilhar mais de perto a Cruz do Senhor."[910]

Damasceno pediu para que o Santo Padre rezasse por ele, especialmente no dia da ordenação episcopal, para corresponder ao que a Igreja esperava do seu serviço no Brasil. Lembrando que sempre eleva a Deus suas orações pelo Papa Pastor Universal da Igreja. Despediu-se pedindo a bênção apostólica.

XXXI. Ordenação Episcopal

> "A alegria espiritual do cristão tem a sua origem e o seu exemplo na alegria do próprio Cristo. Dois eram os motivos da alegria espiritual de Jesus durante a sua vida terrena: a primeira era a consciência que Ele tinha da sua relação filial e amorosa com o Pai; a segunda residia na consciência que tinha de ser o Servo, Aquele que ia salvar a hu-

---

[910] Monsenhor Raymundo Damasceno Assis. *Carta para o Santo Padre*, Brasília-DF, 31 julho de 1986. Inédito.

manidade pela sua Morte e a sua Ressurreição, ou seja, pela sua volta ao Pai do qual tinha saído para realizar a salvação messiânica."[911]
(Padre André Moffat)

A ordenação episcopal de Dom Damasceno aconteceu no dia 15 de setembro de 1986 na Catedral de Nossa Senhora Aparecida, em Brasília. Mais uma vez Nossa Senhora da Conceição, a mesma da Expectação do Parto, mostrou-se como Dirigente da vida da criança Raymundo Damasceno Assis, atendendo ao pedido de uma mãe suplicante que, na Capela das Dores em Capela Nova, ajoelhada diante da imagem de Nossa Senhora, suplicava para que aquele filho em seu ventre nascesse saudável e normal. A Luz de Deus quando brilha no SIM, por meio do pedido de Maria, ilumina o espírito, o corpo e o psíquico do ser humano que a recebe. O menino Raymundo, quando nasceu, foi agraciado com a dádiva do AMOR incondicional da LUZ de DEUS.

Foto: missa de ordenação episcopal de Dom Raymundo Damasceno Assis, Catedral de Brasília-DF, 1986.[912]

---

[911] In: livreto *Ordenação Episcopal de Monsenhor Raymundo Damasceno Assis – Bispo Auxiliar de Brasília-DF e Titular de Novapietra*, 2ª capa.
[912] Fotos: APDRCDA, inéditas.

A Catedral estava lotada, com a presença de familiares, religiosos(as), autoridades eclesiásticas, políticas, sociais e culturais brasileiras e estrangeiras, todos colaboradores e amigos do novo bispo auxiliar de Brasília, felizes por e com Dom Raymundo Damasceno Assis. Enfatizou em seu discurso: "Aos meus queridíssimos pais, senhor Francisco e Dona Carmen, aos nove irmãos e demais familiares, que sempre me estimularam e souberam iluminar minha vida com renovados valores cristãos, minha gratidão perene."[913]

Fotos: família (pais: dona Carmen Damasceno Assis e senhor Francisco Solano de Assis) e autoridades (governador José Aparecido de Oliveira e esposa; Jorge Nova da Costa, governador do Amapá) presentes à missa de ordenação episcopal de Dom Raymundo Damasceno Assis, Catedral de Brasília-DF, 1986.[914]

O sagrante principal foi o cardeal Dom José Freire Falcão, na época arcebispo de Brasília, e consagrantes o 1º arcebispo de Brasília, Dom José Newton de Almeida Baptista, e Dom Geraldo Ávila, bispo auxiliar da arquidiocese de Brasília. Esteve presente também Dom Carlo Furno, o então núncio apostólico no Brasil. O bispo ordenante principal proferiu a Oração de Ordenação, na qual ele bendisse a Deus e invocou o Es-

---

[913] Dom Raymundo Cardeal Damasceno Assis. *Discurso ordenação episcopal*, 1986, p. 3.
[914] Fotos: APDRCDA, inéditas.

───────────── O sacerdote ─────────────

pírito Santo.[915] Também participaram 18 arcebispos e bispos da região, o monsenhor Luigi, secretário do senhor núncio e o monsenhor Antônio, além de mais de 100 (cem) sacerdotes e 4.000 (quatro mil) fiéis, mais ou menos. Foram distribuídas 1500 comunhões.[916]

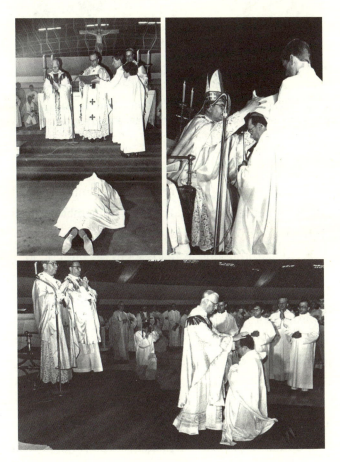

Fotos: presbíteros assistentes, padre Alvaro Jaramilho, reitor do Seminário Maior Nossa Senhora de Fátima, padre José Vicente César SVD (primo de Dom Damasceno).[917]

---

[915] In: *Ordenação do Bispo, dos Presbíteros e Diáconos, Pontifical Romano Reformado por Decreto do Concílio Ecumênico Vaticano II*, p. 20.
[916] *Livro do Tombo Catedral Nossa Senhora Aparecida*, 1986, p. 53,54. Inédito.
[917] Fotos: APDRCDA, inéditas.

Foto: Cardeal Dom José Freire Falcão, Dom José Newton, Dom Geraldo Ávila, demais bispos e sacerdotes atuando em vários momentos da ordenação episcopal de Dom Raymundo Damasceno Assis, Brasília-DF, 1986.[918]

Segundo tradição muito antiga, o bispo ordenante principal deve estar acompanhado, pelo menos, de mais dois bispos. É da maior conveniência que todos os bispos presentes participem na elevação do novo eleito ao ministério do supremo sacerdócio, impondo as mãos sobre ele, proferindo a parte estabelecida da Oração de Ordenação e saudando-o com o ósculo da paz. Pela imposição das mãos dos bispos e a Oração de Ordenação é conferido ao eleito o dom do Espírito Santo para o múnus de BISPO.[919]

Significativo foi o pronunciamento de Dom Carlo Furno,[920] senhor núncio, que enalteceu a Capital Federal do Brasil, cidade de grande importância para os católicos brasileiros, e afirmou que Brasília necessitava das qualidades intelectuais do novo bispo auxiliar, Dom Raymundo Damasceno Assis, para incentivar a evangelização e a catequese no campo intelectual e popular. Concluiu: "Brasília recebe hoje, por meio do seu novo bispo auxiliar, uma nova prova de benevolência de Deus".[921]

---

[918] Foto: APDRCDA, inédita.
[919] In: Ordenação do Bispo, dos Presbíteros e Diáconos, Pontifical Romano Reformado por Decreto do Concílio Ecumênico Vaticano II, terceira edição, Conferencia Episcopal Portuguesa, p. 20.
[920] Carlo Furlo nasceu em Bairo Canavese, Itália, dia 2 de dezembro de 1921 e faleceu em Roma, Itália, dia 9 de dezembro de 2015.
[921] Dom Carlo Furno. *Discurso na ordenação episcopal de Dom Raymundo Damasceno Assis*, p. 2.

Quando chegou a vez de Dom José Newton de Almeida Baptista falar, a emoção lhe trouxe a consciência do tempo, a memória abriu caminho para as mais belas lembranças. Ele fez questão de comentar sua passagem por Curitiba, durante VII Congresso Eucarístico Nacional, ao lançar um apelo aos bispos, pedindo um seminarista para ajudar na formação do clero arquidiocesano de Brasília. Então, a arquidiocese de Mariana mandou seu melhor seminarista, ofereceu... "Raymundo Damasceno Assis... Foi o escolhido da Providência".[922] Para o júbilo de estarem recebendo um novo bispo da Igreja, Dom Newton leu o Salmo 22, o regozijo de Rei Davi, ao avivar sua fé no Senhor, na certeza do caminho, onde nada temerá. Da mesma maneira foi abençoado o caminho de Dom Damasceno, novo bispo auxiliar de Brasília e bispo-titular de Nova Pietra, em sintonia com o Vigário de Cristo, invocando a UNIDADE. "A pessoa do bispo é chamamento e fonte de unidade com Pedro e sob Pedro."[923]

Ao expressar seu contentamento pela ordenação, Dom Damasceno agradeceu a presença de todos, sua memória trouxe-lhe uma visão mais recuada no tempo, ele fez uma pequena retrospectiva de sua vida religiosa. Pontuou a época em que foi enviado a Brasília, cidade que o acolheu com tanto amor, para onde se mudou, sem nem mesmo conhecer o arcebispo Dom Newton: "Não o conhecia, Excelência, e muito menos a cidade nascente, a qual me enchia de temores e interrogações, temores e interrogações que o tempo se encarregou de desvanecer".[924] Cidade que o acolheu de braços abertos, com muito carinho.

O lema episcopal escolhido por Dom Raymundo Damasceno Assis é: *In Gaudium domini*. O brasão episcopal: de ouro, cortado em faixa azul, carregada de duas cruzes, do campo, floridas, abertas da faixa. Simbologia: leve, de cores suaves – o escudo transmite a mensagem de alegria do bispo, em servir a Cristo e à Igreja, "na alegria do Senhor".[925]

---

[922] Dom José Newton de Almeida Batista. *Discurso na ordenação episcopal de Dom Raymundo Damasceno Assis*, 1986, p.1.
[923] Idem.
[924] Dom Raymundo Damasceno Assis. *Discurso na ordenação episcopal*, 15 de setembro de 1986, Brasília-DF, p. 3.
[925] Montagem e interpretação do escudo: padre Geraldo Alves. In: Livreto *Ordenação Episcopal de Monsenhor Raymundo Damasceno Assis – Bispo Auxiliar de Brasília-DF e Titular de Novapietra*, 3ª capa.

Viver na alegria do Senhor

Fotos: emblema episcopal "In Gaudium Domini" e documento de ordenação episcopal de Dom Raymundo Damasceno Assis, setembro de 1986.[926]

"Meus irmãos, rogo a Deus, pela intercessão de Maria, que nos foi dada como Mãe ao pé da Cruz, a graça de exercer o meu ministério com ALEGRIA: alegria no exercício da misericórdia (RM 12,8), alegria no sofrer pelo bem salvífico do rebanho, alegria no rezar pelas necessidades do meu povo, alegria no comunicar-lhe a Boa Nova de Jesus Salvador."[927]

A lembrança daquele menino Raymundo que na região da Chácara em Capela Nova cuidava de seu carneirinho veio incorporar à realidade em ser ordenado bispo auxiliar de Brasília, "apascentar de livre vontade o rebanho confiado por Cristo é apascentá-lo com alegria: alegria no exercício da misericórdia (Rm 12,8), alegria no sofrer pelo bem salvífico do rebanho, alegria no rezar pelas necessidades do povo, alegria no anunciar-lhe a Boa Nova de Jesus Salvador".[928]

---

[926] Documentos: APDRCDA, inéditos.
[927] Dom Raymundo Damasceno Assis. *Discurso na ordenação episcopal*, 1986, p. 2.
[928] Padre André Moffat. In: livreto *Ordenação Episcopal de monsenhor Raymundo Damasceno Assis – Bispo Auxiliar de Brasília-DF e Titular de Novapietra*, 2ª capa.

——————————— O sacerdote ———————————

Após a cerimônia o governador do Distrito Federal, José Aparecido de Oliveira[929], ofereceu um almoço festivo em Águas Claras, residência oficial do governador do Distrito Federal, em que compareceram os parentes, clero e amigos do recém-ordenado bispo auxiliar de Brasília. Dom Raymundo Damasceno Assis recebeu todos com a plenitude da Alegria do Senhor.

Fotos: família Damasceno/Assis comemorando a ordenação episcopal de Dom Raymundo Damasceno Assis, no almoço festivo, e no Seminário Nossa Senhora de Fátima, Brasília-DF, 1986.[930]

Fotos: da esquerda para a direita de quem olha de frente. 1ª foto: Dom Damasceno, Dom Carlo Furno, governador José Aparecido de Oliveira, Dom José Freire Falcão; 2ª foto: Dom Carlo Furno, governador José Aparecido de Oliveira, Dom Luciano Mendes de Almeida e Dom Raymundo Damasceno Assis, na festa após a ordenação de Dom Damasceno, Brasília-DF, 1986.[931]

---

[929] José Aparecido de Oliveira nasceu em Conceição do Mato Dentro-MG, no dia 17 de fevereiro de 1929 e faleceu em Belo Horizonte-MG, no dia 19 de outubro de 2007, foi secretário particular do ex-presidente Jânio Quadros, tornando-se depois deputado federal, eleito pela União Democrática Nacional.
[930] Fotos: APDRCDA, inéditas.
[931] Fotos: APDRCDA, inéditas.

Muitas foram as mensagens de congratulações a Dom Raymundo pela sua ordenação, somente na contabilização de telegramas constam: 32 de bispos, 35 de padres e religiosos(as), 97 de leigos; sem incluir as cartas, os cartões e telefonemas por ele recebidos nessa data festiva. Enviados pelos parentes, amigos(as) e conhecidos(as) parabenizando-o pela importante ordenação episcopal.

No dia 20 de setembro, na Cúria Metropolitana, o arcebispo Dom José Freire Falcão, deu posse a Dom Raymundo no cargo de bispo-auxiliar e vigário-geral da arquidiocese de Brasília. Em seguida, houve uma pequena recepção na residência do pároco da catedral, padre Ceslaw Rosticowisc.

A partir de 1986, Dom Damasceno se dedicou ao trabalho na cúria arquidiocesana de Brasília, sendo bispo auxiliar. Dom José Freire Falcão sempre comenta: "Dom Damasceno tem uma enorme capacidade de comunicar-se com as pessoas, durante todo tempo em que foi meu auxiliar, e antes disso, como padre, sempre alegre e feliz".[932] Continuou como professor e ecônomo e membro da equipe de formadores do Seminário Maior e professor da UnB, até 1991, quando foi eleito secretário-geral do Conselho Episcopal da América Latina e do Caribe – CELAM.

***

Curiosidades

– *O Parque da Cidade de Brasília* é considerado um dos maiores parques urbanos do mundo e é maior até do que o *Central Park*, em NY. O parque de Brasília tem 420 hectares, mais do que os 320 do parque de Nova York. Também é conhecido como Parque Sarah Kubitschek e se localiza na Asa Sul de Brasília.

– O *Cine Drive-in* de Brasília é o último cinema drive-in em funcionamento do Brasil. Em atividade desde 1973, ele também possui a

---

[932] Dom José Freire Falcão. In: site *Terra Notícias*; acesso em 10 de setembro de 2017.

maior tela de projeção cinematográfica do país, com 312 m². O estacionamento do cinema tem capacidade para 500 carros, acomodando até 2,5 mil pessoas. A proposta é reunir toda a família, sem diferenciação de idade e proporcionar uma experiência única.

– *Brasília – Sinfonia da Alvorada* é uma peça composta por Tom Jobim e letra de Vinícius de Moraes para a inauguração da cidade. No entanto, devido aos atrasos nas obras, a sinfonia só estreou um ano mais tarde.

– Sonho de Brasília. A ideia de transferir a capital do Brasil para o interior já estava prevista na Constituição de 1891. Em 1892, o belga *Louis Cruls*, assinalou um território no Planalto Central, entre nascentes de rios que seria ideal para a construção do novo centro político.

– Havia a profecia de são João Bosco, apontando para espaço compreendido entre os paralelos 15 e 20 como o lugar do nascimento de uma nova civilização: *Entre os graus 15 e 20 havia uma enseada bastante longa e bastante larga, que partia de um ponto onde se formava um lago. Disse então uma voz repetidamente: "Quando se vierem a escavar as minas escondidas no meio destes montes, aparecerá aqui a terra prometida, de onde jorrará leite e mel. Será uma riqueza inconcebível".* Tais palavras são consideradas por muitos como uma profecia da construção de Brasília. São os relatos de um sonho de São João Bosco, santo italiano fundador da Congregação dos Salesianos. Elas aparecem no livro *Memórias Biográficas de São João Bosco*, escrito por seu assistente, padre Lemoyne.

– Coracy Uchôa Pinheiro era esposa do engenheiro Israel Pinheiro, ganhou o apelido de *Candanga n. 1*, ficando marcada como a primeira moradora de Brasília. Candango era termo usado para identificar os primeiros habitantes de Brasília.

– Em 1969, com apenas nove anos de fundação, Brasília já tinha 70.128 favelados, que moravam em 14.607 barracos, em condições subumanas, para uma população prevista de 500 mil habitantes em todo o Distrito Federal. Naquele ano, foi realizado em Brasília um seminário sobre problemas sociais no Distrito Federal. (FURTADO, 2003, p. 5)

– A Campanha de Erradicação das Invasões CEI, deu origem ao nome *CEILÂNDIA*, no Distrito Federal. Órgão presidido pela primeira dama do estado do Distrito Federal, dona Vera Prates da Silveira. (Eduardo Mundim)

– Dom Carlos Carmelo Cardeal de Vasconcelos Motta. Seu pai João de Vasconcelos Teixeira da Motta foi deputado durante o Império. Foi o cardeal Motta quem escolheu, pessoalmente, o nome de Brasília para a nova Capital Federal da Nação.

– Quem escreveu, em sua maioria, os primeiros *Livros Tombo da Catedral Nossa Senhora Aparecida*, Brasília-DF, foi Dom Ávila que, na época, era pároco da catedral. Ele contou também com ajuda de religiosas. Até 1977 foi Dom Ávila o responsável, depois passou ao monsenhor Ferreira Lima que o sucedeu como pároco da Catedral.

***

II

— PARTE —

"Quando eu estudava no Seminário Maior Nossa Senhora de Fátima, em Brasília, sempre que aparecia Dom Raymundo Damasceno Assis para ministrar as aulas, nós seminaristas comentávamos: 'Lá vem Dom Damasceno, primeiro vem o sorriso... depois vem a humildade!'"

† *Dom Marcony Vinícius Ferreira*
Bispo auxiliar de Brasília-DF.

APRESENTAÇÃO DA II PARTE

Esta segunda parte tem oito distintos blocos:

Bloco 1:
Atividades de Dom Raymundo Damasceno Assis como bispo auxiliar de Brasília.

Bloco 2:
Atividades de Dom Raymundo Damasceno Assis no Conselho Episcopal Latino-Americano e Caribenho – Celam.

Bloco 3:
Atividades de Dom Raymundo Damasceno Assis na Conferência Nacional dos Bispos do Brasil – CNBB.

Bloco 4:
A reforma do Seminário Bom Jesus, com uma primeira parte na qual há contextualização ao leitor desde a colocação da pedra fundamental, o projeto e a ereção do prédio do seminário até atualmente.

Bloco 5:

A presença dos Papas: João Paulo II, Bento XVI e Francisco, em Aparecida.

Bloco 6:

O cardinalato de Dom Raymundo Cardeal Damasceno Assis.

Bloco 7:

A participação de Dom Raymundo Cardeal Damasceno Assis no Conclave que elegeu o Papa Francisco.

Bloco 8:

Os sínodos dos Bispos em que Dom Raymundo participou.

OBS: Em algumas partes dos textos desses blocos há referências ao leitor com o código [*] no rodapé, indicando onde neste livro existem mais informações sobre o assunto.

BLOCO

— 1 —

BISPO AUXILIAR

I. Primeiras atividades de bispo auxiliar

Depois de ser ordenado bispo auxiliar, no dia 15 de setembro de 1986, Dom Raymundo Damasceno Assis continuou com suas atividades, "na arquidiocese de Brasília como auxiliar, lecionando na Universidade de Brasília, no departamento de filosofia; e no Seminário Maior Nossa Senhora de Fátima; trabalhando nas pastorais da arquidiocese, sendo o responsável pelo Vicariato Norte, que compreendia a Asa Norte no Plano Piloto, o Lago Norte, mais as cidades de Sobradinho, Planaltina, e toda zona rural dessa área, coordenando os trabalhos, as reuniões dos padres".[1] Atendendo na Cúria, todos os dias, pela manhã. E, também, era vigário-geral, com jurisdição em toda a arquidiocese.

Quando Dom Geraldo do Espírito Santo Ávila foi nomeado arcebispo do Ordinariado Militar,[2] Dom Damasceno começou a atender a Cúria que Dom Ávila tinha iniciado em Taguatinga, na região Sul, paróquia São José, até que fosse nomeado um bispo auxiliar para aquela região.

***

---

[1] Dom Raymundo Damasceno Assis, Brasília-DF, 9 de outubro de 2017; EPEO.
[2] O Ordinariado Militar do Brasil é uma circunscrição eclesiástica da Igreja Católica no Brasil, subordinada diretamente à Santa Sé, participa do Conselho Episcopal Regional Centro-Oeste da Conferência Nacional dos Bispos do Brasil. A sé episcopal está na Catedral Militar Rainha da Paz, na cidade de Brasília-DF.

II. Reféns na Papuda

> "À luz da fé, vejo nessa nova missão um apelo a mais do Pai na minha vida de sacerdote. De mim mesmo, nada tenho ou fiz para merecê-lo e, por isso mesmo, nada de que me gloriar; ao contrário, a consciência das próprias limitações me enche de temor diante do novo chamamento."[3]
> (Dom Raymundo Damasceno Assis)

Um dia após a ordenação episcopal de Dom Raymundo Damasceno Assis, houve uma rebelião no *Complexo Penitenciário da Papuda*.[4] Logo pela manhã, alguns universitários do CEUB, Centro Universitário de Brasília, estavam na penitenciária fazendo alguns trabalhos junto aos presos e, então, foram feitos reféns. O governador do Distrito Federal, José Aparecido de Oliveira, foi para o presídio, o secretário de segurança, também; para ajudar a solucionar esse lamentável episódio. O governador, muito ligado à Igreja pediu a Dom Ávila que fosse à Papuda para auxiliar na solução desse problema. Ele aceitou a convocação e resolveu chamar Dom Raymundo para ir com ele. Frei Domingos, capuchinho, que trabalhava na paróquia Nossa Senhora de Fátima, e padre Ítalo Guerrero, pároco da Paróquia Nossa Senhora do Rosário, na Vila Planalto, também se integraram ao grupo, para tentarem fazer acordo de paz. Ser um dos agentes apaziguadores dessa situação conflituosa foi então, uma atividade que o recém-nomeado bispo Dom Damasceno conheceu em seu segundo dia de episcopado.

"Havia vários problemas: Quem eram os reféns exigidos pelos presos? Como os presos sairiam com os reféns? Onde os soltariam? Para isso, foi preciso um diálogo entre os apaziguadores e os presidiários que

---

[3] Dom Raymundo Damasceno Assis. Discurso em sua ordenação episcopal, 1986, p. 1.
[4] O Complexo Penitenciário da Papuda é formado por 5 presídios (CDP, CIR, PDF I, PDF II e, provisoriamente, Penitenciária Federal) situado na região administrativa de São Sebastião, no Distrito Federal, às margens da estrada que liga a Capital Federal, Brasília, ao município mineiro de Unaí.

sequestraram os estudantes. Esse diálogo começou de manhã e se estendeu até o fim da tarde, quando os presos aceitaram soltar os reféns, com a condição de poderem sair em dois carros. Dom Damasceno poderia ser chamado a qualquer instante pelos presos como exigência para poderem libertar os reféns e saírem do presídio. Como garantia de que não seriam assassinados pela polícia, os presos exigiam a presença de Dom Ávila e frei Domingos, mas pouparam Dom Damasceno. Talvez, pelo fato de ainda não ser um bispo conhecido, pois fora ordenado há pouco tempo. Essa exigência dos presidiários causou uma comoção muito grande no grupo apaziguador quando o bispo Dom Ávila e frei Domingos entraram nas dependências internas do presídio.

Quando os presidiários tiveram a certeza de que estariam salvos para sair do presídio, trocaram os estudantes pelos novos reféns e saíram em dois carros. Um com Dom Ávila, o padre Ítalo Guerrero e um grupo de presos; no outro, com frei Domingos e mais um grupo de presos. Os carros saíram em disparada. A polícia esperou um pouco e, depois, saiu em busca dos criminosos. Solucionada dessa maneira, o governador disse a Dom Damasceno: "Você não foi com os presos, pois não exigiram seu nome, agora o senhor vai comigo para o Palácio do Buriti, onde iremos aguardar o desfecho desse episódio. Vamos juntos esperar para ver onde eles irão soltá-los, como irão soltá-los, ou se vão matá-los..."[5]

Foi um momento angustiante para Dom Damasceno e o governador José Aparecido, até receberem a notícia de que Dom Ávila e padre Ítalo Guerrero havia sido deixado nas imediações da cidade do Gama[6] e frei Domingos deixado em Anápolis, bem distante de Brasília. Os carros foram abandonados e os presos fugiram cada um para um canto. Dom Ávila, padre Ítalo e frei Domingos foram levados de volta a Brasília, eles não tiveram ferimento, saíram sãos e salvos desse epi-

---

[5] Idem.
[6] *Gama* é uma região administrativa do Distrito Federal brasileiro.

sódio. Dom Damasceno foi liberado para voltar para sua casa depois dessa dura experiência, logo após sua ordenação episcopal. A tensão que viveu naquele dia o deixou tão exausto que, ao chegar a casa, seu corpo todo doía como se tivesse apanhado, de tanta tensão durante um dia inteiro na negociação para a libertação dos reféns e na espera de notícias de Dom Ávila, padre Ítalo e frei Domingos. Essas suas primeiras atividades como bispo auxiliar de Dom José Freire Falcão e companheiro de Dom Ávila, foram marcantes.

***

III. A imagem de Nossa Senhora das Dores

> "Com Maria, que soube reconhecer e agradecer prodígios que Deus realizou em sua pessoa, venerada hoje sob o título de Nossa Senhora das Dores, padroeira de minha querida terra natal, Capela Nova, quero, em primeiro lugar, render graças a Nosso Senhor, que, na sua bondade, me fez participante da plenitude do Sacerdócio de Cristo. É ele que, por meio do Espírito Santo, distribui, a seu talante, os carismas e os ministérios para a edificação de sua Igreja."[7]
> (Dom Raymundo Damasceno Assis)

Propositalmente, Dom Raymundo escolheu a data 15 de setembro de 1986 para ser consagrado bispo. Eram duas razões: por causa da memória de Nossa Senhora das Dores, no calendário litúrgico; e pela sua terra natal. Ato singelo para homenagear Nossa Senhora e Capela Nova... "Colocar meu ministério episcopal sob a proteção de Nossa Senhora."[8]

A cidade de Capela Nova, no dia 25 de junho de 1986, uma quarta-

---

[7] Dom Raymundo Damasceno Assis. *Discurso em sua ordenação episcopal*, 1986, p. 1.
[8] Dom Raymundo Cardeal Damasceno Assis, Brasília-DF, 14 de setembro de 2017; EPEO.

-feira, comemorou alegremente a eleição do capela-novense monsenhor Raymundo Damasceno Assis para bispo auxiliar em Brasília; os sinos da Matriz Nossa Senhora das Dores repicaram festivos, foguetes pipocavam anunciando festa, o serviço de alto-falante informava a maravilhosa notícia, que foi tema para toda mídia impressa, televisiva e radialista da região de Capela Nova. "Após minha sagração fui visitar Capela Nova, minha terra, e Conselheiro Lafaiete, onde residem meus queridos pais, há tantos anos. Em ambas as cidades o povo mineiro deu testemunho vibrante de sua tradição religiosa, por meio do apreço dispensado a este novo pastor da Igreja de Jesus Cristo."[9]

> "*Honor episcopi redundat in capellanos!*' A honra do bispo se estende aos capelões, no caso aos capela-novenses, os bravos 'capelões'. Com a nomeação de Mons. Raymundo Damasceno Assis para bispo auxiliar do Sr. Arcebispo de Brasília e titular de Nova Petra da Numídia (atual Algéria), toda a Capela Nova de Nossa Senhora das Dores se sente em festa, honrada com esta distinção de Sua Santidade, o Papa João Paulo II."[10]

A recepção a Dom Damasceno em sua terra natal ficou marcada para o dia 21 de setembro, dia de encerramento da Festa da Padroeira. Momentos marcantes para os capela-novenses, principalmente para a família Damasceno/Assis. A festa foi atípica, uma multidão de pessoas participou, e a imagem da padroeira da cidade, Nossa Senhora das Dores (Expectação do Parto), "desceu de seu trono para acompanhar, pelas ruas da cidade, o povo em festa".[11]

---

[9] Dom Raymundo Damasceno Assis. Carta para Dom Lucas, dezembro de 1986. Inédito.
[10] CESAR, Dr. José Vicente. *História de Capela Nova (1790-1990)*, p. 188.
[11] Jornal *O Inesperado*, julho de 1988, p. 1.

Viver na alegria do Senhor

Foto: Dom Raymundo Damasceno Assis ao receber, por meio das mãos do prefeito, a Chave da Cidade de Capela Nova,[12] ao lado seus pais: senhor Francisco e dona Carmen, Capela Nova-MG, 1986.

Após a procissão, a imagem não retornou ao altar, ficou no presbitério para que à noite pudesse ser feita uma análise anatômica dessa obra de arte. Padre José Vicente César, doutor Juarez da Costa César, professor Carlos Damasceno Oliveira examinaram a imagem e verificaram que "parecia tratar-se de um artefato inteiriço, sendo que a parte superior, nomeadamente o rosto e as mãos, revelavam acabamento mais perfeito. É oca por dentro, mas mesmo assim, extremamente pesada. Na parte posterior, uns 10 cm acima do supedâneo, notava-se a silhueta de uma tampa retangular (35 x 25 cm) cujas linhas de tessitura acentuaram-se com o decorrer dos anos, à conta do ressecamento da madeira"[13], um cedro colhido no lugar onde era a ermida de Nossa Senhora das Dores. Marcaram para o dia 22, após a missa do 3º

[12] Foto: APDRCDA, inédita.
[13] Jornal O Inesperado, julho de 1988, p. 1.

Bloco 1 – Bispo Auxiliar

aniversário de falecimento de dona Santina Damasceno César, para verificarem melhor a imagem.

Ainda ficou e fica a célebre pergunta: Por que é venerada como Nossa Senhora das Dores quando todo seu semblante e posição das mãos indicam "alegre expectativa na contemplação do além?"[14] Também, seu ventre saliente indica gravidez. Não havia certeza da data em que fora feita a imagem. E por que aquelas lágrimas se ela sorria? Talvez se um grupo avaliasse mais atentamente, encontraria algumas respostas. Depois da missa, na noite do dia 22 de setembro de 1986, concelebrada por Dom Damasceno e seus primos sacerdotes, padre José Vicente César e Sílvio Damasceno de Oliveira, Missionários do Verbo Divino, com o consentimento do vigário, padre José V. Guedes, iam tentar abrir a portinhola que existe atrás da imagem.

Os integrantes do grupo estavam à procura de uma nova pista para desvendar a idade da imagem, sabiam alguns detalhes referentes a sua composição artística; porém, procuravam respostas para algumas perguntas, dentre elas: "como uma imagem sem nenhum indício de dores era venerada como N. Sra. das Dores?"[15] Onde está a imagem primária que deu origem ao entalhe do cedro colhido em Capela Nova? Quando ela foi entalhada? Algumas respostas apareceram, outras não... Vamos por partes.

IV. Os olhos e as lágrimas

A respeito dos olhos da imagem, em 1919, foram inseridos os de vidro em cumprimento a uma promessa que dona Luíza Clara de Jesus Assis fez a Nossa Senhora das Dores, pela recuperação de sua visão danificada em um acidente.

---

[14] Ibidem, p. 1.
[15] Ibidem, p. 2.

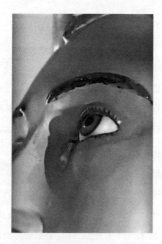

Foto: um dos olhos da imagem de Nossa Senhora das Dores – Expectação do Parto, Capela Nova-MG.

Em maio de 1941 essa imagem de Nossa Senhora das Dores (Expectação do Parto) foi encaminhada à cidade do Rio de Janeiro para restauro. O escultor Hugo Marchi fez as devidas alterações na imagem. Ele foi o autor dos retoques e embelezamentos das mãos e do manto que eram de origem tosca, "ventre muito saliente"[16] em estado de gravidez, igual à pequena imagem que possuía, também, rosto cheio e pés inchados sobre sandálias sem amarrilhos. No restauro da nova imagem, foram colocados novos olhos de vidro e as discretas lágrimas. Esses novos ornamentos deram atrativo visual à imagem.

V. A portinhola

A equipe para analisar a imagem foi composta por Dom Raymundo, padre José Vicente César, padre Sílvio Damasceno de Oliveira (fo-

---
[16] CESAR, Dr. José Vicente. *História de Capela* Nova, p. 48.

tógrafo), Irmã Geralda da Costa César, professor Carlos Damasceno de Oliveira e doutor Juarez da Costa César (cinegrafistas), e Alcino Bonifácio Barbosa, zelador da igreja.[17]

Foto: a equipe na expectativa da abertura da portinhola atrás da imagem de Nossa Senhora das Dores,[18] Capela Nova, 1986.

A imagem ficou guardada sobre o andor para facilitar a análise feita pelo grupo. Todos se posicionaram atrás dela e, cuidadosamente, foi removida a tampa que estava "ajustada em um caixilho retangular de 35 x 25 cm, presa por dois cravos de 45 e 55 mm respectivamente, quadrados, de ferro batido, embutidos na madeira".[19] Realmente eram peças muito antigas.

Foto: abrindo a portinhola,[20] Capela Nova, 1986.

---

[17] Jornal *O Inesperado*, julho de 1988, p. 2.
[18] Foto: crédito de padre *Sílvio Damasceno de Oliveira*. In: Jornal *O Inesperado*, julho de 1988.
[19] Jornal *O Inesperado*, julho de 1988, p. 2.
[20] Foto: crédito de padre *Sílvio Damasceno de Oliveira*. In: Jornal *O Inesperado*, julho de 1988.

Abriram a portinhola e uma fragrância de cedro recentemente trabalhado perfumou a atmosfera. Dentro, muitos fragmentos e farelos feitos por meio da arte de esculpir estavam intactos, mostrando que essa portinhola não foi aberta em 1941, no Rio de Janeiro. "Misturado com eles havia uma moeda de cobre circular, 35 mm de diâmetro, um autêntico vintém do soberano português, Dom José I, que reinou de 1750 a 1777 com seu famigerado Ministro Pombal."[21]

VI. A surpresa

"A surpresa ficou pelo fato de encontrar, simplesmente, um patacão do tempo do Império."[22] Legítimo vintém de cobre, tipo dos que eram cunhados em Portugal no período de 1773 a 1776, principalmente para circular no Brasil.

Foto: vintém (patacão).

O mistério de Deus se revela aos poucos. O tempo de Deus não é o mesmo que medimos por meio da areia de uma ampulheta, ou dos relógios solares do Brasil Império, nem mesmo dos patacões ou relógios de pulso, muito menos dos relógios digitais... o tempo de Deus é tempo

---

[21] CESAR, Dr. José Vicente. *História de Capela Nova*, p. 50.
[22] Dom Raymundo Damasceno Assis, Brasília-DF, 9 de outubro de 2017; EPEO.

sem hora. Ele tece mistérios que serão desbravados em momentos, dispersos em fragmentos. Enquanto o artesão trabalhava o tronco de cedro, especialmente colhido no local da Ermida em Capela Nova, suas mãos habilidosas agiam de acordo com o seu olhar que contemplava a pequena imagem de Nossa Senhora, protagonista do altar da Ermida. Naquele tempo, um artista sacro, desconhecido ou famoso, conhecia a tradição de que, ao fazer uma obra, eram necessários jejum e oração constantes. Podemos imaginar o artista olhando para a pequena imagem, colocando em cada movimento o pulsar de sua oração, que ficou impregnado à obra. Mesmo que fizesse uma obra um pouco tosca, haveria precisão em seu conceito de teologia da imagem, os elementos estéticos seriam bem distribuídos usando técnicas precisas de corte e entalhe. Seu espelhamento à pequena imagem potencializou o tempo de veneração a Nossa Senhora da Expectação do Parto, ou Nossa Senhora das Dores.

Aquela pequena imagem que, antes fazia presença no altar da Ermida, em 1805 voltou à família de Julieta Lopes Assis – Nhanhá Raposo – quando houve a bênção e a entronização da nova imagem, no altar da Ermida. Ali ficou da forma simples até o ano de 1813, quando, então, recebeu um lindo trono edificado com recursos que o fazendeiro Agostinho Fernandes de Ávila deixou em testamento para esse uso.

Naquela noite do dia 22 de setembro de 1986, o grupo de amigos, pesquisadores, religiosos e, principalmente, devotos a Nossa Senhora, decifraram um mistério. O tempo marcou presença na hereditariedade religiosa da família Lopes de Assis. O escultor analisou e prestou muita atenção na pequena imagem de Nossa Senhora para poder transpor o mesmo feitio em grande escala para a nova imagem. Ao terminar a obra, impregnado sinestesicamente da pequena imagem, ele fez uma portinhola na imagem maior e, antes de fechá-la, colocou dentro um vintém de cobre. Mais de dois séculos depois, o recém-ordenado bispo, fruto da família Lopes Assis, Dom Raymundo Damasceno Assis, teve o privilégio de ver e pegar o vintém que, também, esteve nas mãos do escultor.

A moeda cunhada entre 1773 e 1776 era um tanto convexa, revelando ligeira protuberância no reverso da coroa, um certo desgaste, provavelmente onde houve mais atritos, coincidindo com a finalização da imagem em 1805. "Uma vez terminado o lavor de tornar a peça oca e mais leve, o escultor fixou a tampa sem se importar que no seu interior permanecessem alguns restos de caliça. Mas o melhor é que não se esqueceu de lançar o já citado vintém de cobre, coordenada importante na fixação da idade da Padroeira de Capela Nova."[23]

A respeito da denominação Nossa Senhora das Dores, não existe expressão de dor e, sim, de êxtase na imagem. "É a Virgem-Mãe da Expectação do Parto, cuja festa padroeira se celebra em 15 de setembro; das Dores, sim, mas gloriosas e vitoriosas como as de seu Divino Filho."[24]

***

VII. Diácono Evandro

"Não fostes vós que me escolhestes, pelo contrário, fui eu que vos escolhi e vos designei para ir e produzir muitos frutos."
(João 15,16)

Realmente, aquele segundo semestre de 1986 se tornou atípico para Dom Damasceno. Três meses depois de sua ordenação episcopal, teve a honra de presidir a ordenação diaconal de seu sobrinho e seminarista Evandro Luiz Assis Pereira, realizada no dia 3 de dezembro de 1986, na catedral Nossa Senhora Aparecida, em Brasília. Dia de intensa alegria, pois, nessa cerimônia, o diácono se tornou um instrumento de Cristo, prolongando no

---

[23] Jornal *O Inesperado*, julho de 1988, p. 2.
[24] CESAR, Dr. José Vicente. *História de Capela Nova*, p. 51.

mundo o serviço iniciado por Ele. No Livro dos Atos dos Apóstolos, São Lucas narra que os doze apóstolos escolheram sete homens de boa reputação, cheios do Espírito Santo e de sabedoria para se dedicarem à administração e ao serviço da caridade enquanto eles se dedicariam à oração e à pregação da Palavra, os diáconos: Estêvão, Filipe, Próporo, Nicanor, Timão, Pármenas e Nicolau (At 6,1-7), que receberam a imposição das mãos e orações dos Apóstolos para seguir a serviço de Cristo Jesus.

Foto: o seminarista Evandro Luiz Assis Pereira recebendo a ordenação diaconal por meio de seu tio Dom Raymundo Damasceno Assis, Brasília-DF, dezembro de 1986.

O diácono é ordenado para o serviço conforme consta na Constituição Dogmática *Lumen Gentium*, n. 29: "administrar o Batismo solene, conservar e distribuir a Eucaristia, assistir e abençoar em nome da Igreja os matrimônios, levar o viático aos moribundos, ler a Sagrada Escritura aos fiéis, instruir e exortar o povo, presidir ao culto e as orações dos fiéis, administrar os sacramentos e presidir aos ritos dos funerais e da sepultura". Por meio do diaconato, Evandro fortaleceu a estrutura que construiu ao longo dos anos no seminário. Teria um ano para solidificar o diaconato e chegar ao presbiterato.

VIII. Padre Evandro

O padre se faz de ponte entre o homem e Deus, é o homem de bem que promove o encontro, a comunhão entre o divino e o humano. Essa ponte é construída durante a época do seminário, com os estudos filosóficos e teológicos que se concretizam no amor a Deus e na Fé ao divino. O padre é o homem de paz... do bem. Etimologicamente, o nome Evandro é uma derivação da palavra *Eúandros*, junção de duas expressões gregas: *eu* que quer dizer *bom* ou *bem* e da palavra *andrós* que significa homem. Portanto podemos dizer que Evandro significa: *homem bondoso*. Esse nome chegou ao Brasil por meio de *Evandrus*, versão em latim. O seminarista Evandro Luiz Assis Pereira fez seus estudos no Seminário Menor e depois passou para o Maior, em Brasília. Teve como professor seu tio Raymundo Damasceno Assis, não somente dentro do seminário em aulas teóricas, mas também por meio da prática do bem. Ao longo dos anos no seminário, Evandro foi construído ponte e, então, chegou a hora de concretizar essa ponte para que ela pudesse ser união e passagem... a ordenação presbiteral.

O tempo de construção da ponte havia terminado, era hora da inauguração. A ordenação presbiteral de Evandro aconteceu em Brasília, no dia 5 de dezembro de 1987, no santuário Dom Bosco. Dom José Freire Falcão[25] que seria o bispo ordenante, passou para Dom Damasceno a missão de ordenar o sobrinho. Foi emocionante ver o diácono Evandro se aproximar de seu tio Dom Damasceno e ajoelhar-se... Quando, então, o bispo impôs as mãos sobre a cabeça do diácono eleito, sem dizer nada, na quietude de um bispo ordenante, de um professor edificante e de um tio responsável, que, além da raiz genealógica humana, passava ao sobrinho a potencialidade da Raiz Espiritual.

---

[25] O cardeal Dom José Freire Falcão foi o segundo arcebispo de Brasília, ficando à frente da arquidiocese entre 1984 e 2004, quando se aposentou. Sempre fiel ao seu lema episcopal, *In humilitate servire*, Servir na humildade, nesse período Dom Falcão ampliou o número de padres e de paróquias do Distrito Federal, preparou a recepção ao Papa João Paulo II em 1991, criou a Casa do Clero e estimulou os movimentos eclesiais, entre outras coisas.

Todo o ritual de ordenação foi acompanhado pelos fiéis, parentes e amigos que lotaram o santuário Dom Bosco. "Foi muito bonito, fiquei muito emocionado, o pessoal todo da família veio, avó Carmen e o avô Solano, foi muito bonito. Foram momentos que marcaram para sempre a minha vida."[26]

Foto: ordenação Presbiteral de Evandro Luiz Assis Pereira,[27] bispo ordenante Dom Raymundo Damasceno Assis, Brasília-DF, 1987.

"Tanto meu avô quanto minha avó sempre gostaram muito de mim, sempre me deram apoio, meu avô não era muito de falar, mas eu sentia a alegria dele, em ter um neto seminarista e, depois, como padre. O apoio de ambos foi incondicional, ainda bem que na minha ordenação eles estavam presentes."[28]

Na ordenação sacerdotal, padre Evandro recebeu a missão de unir as pessoas com Deus e entre si; de ser ponte concreta na missão de conduzir, orientar, encorajar, motivar a comunidade para celebrar a vida em Cristo; o padre também protege e ampara os fiéis.

---
[26] Padre Evandro Luiz Assis Pereira, 23 de novembro de 2017; EPEO.
[27] Foto: acervo de padre Evandro Luiz Assis Pereira.
[28] Padre Evandro Luiz Assis Pereira, 23 de novembro de 2017; EPEO.

Dom Falcão teve a humildade de, depois, ir ao seminário, só para cumprimentar o neossacerdote, pois o cardeal não participou da celebração. "Fiquei tocado com isso, também."[29]

IX. De formado a formador

Os desígnios de Deus para o seminarista Evandro era o de formador. "Eu fui para o Seminário Maior em 1981, terminei a formação e fui ordenado sacerdote em 1987. Nomearam-me como reitor do Seminário Menor, logo depois de formado passei a ser formador. Durante 10 anos fui reitor do Seminário Menor, em Brasília, no mesmo seminário onde tive formação..."[30], o mesmo seminário fundado pelo seu tio Raymundo Damasceno Assis.

Trabalhar com os jovens sempre foi uma de suas vocações. Talvez, porque foi na juventude que padre Evandro atendeu ao chamado de Cristo, muito embora estivesse latente e ardesse em seu coração desde sua infância. "Eu tenho afinidade com a juventude, inclusive, hoje, os jovens ainda gostam de me procurar para conversar, tem na paróquia São José Operário um grande número de coroinhas, graças a Deus."[31] Na paróquia, padre Evandro sempre dispõe de tempo para uma acolhida carinhosa, aconselhamento espiritual, o jovem encontra refúgio em seus momentos de procura. Ser ponte é estar disponível para o encontro com Deus e esse sacerdote foi talhado para tal missão.

Muitos foram os ensinamentos que padre Evandro recebeu durante sua formação no seminário; seu tio Damasceno foi seu professor e, além das aulas normais, o conselho que mais ficou gravado na lembrança do seminarista Evandro foi este... "na Igreja a gente não pode pedir nada

---

[29] Idem.
[30] Idem.
[31] Idem.

e nem recusar nada",[32] ensinamento que é reflexo do caminho de seu tio, já que, vindos da mesma raiz, alimentam o mesmo ideal de servir a Cristo. A sabedoria adquirida depois dos anos como presbítero levou padre Evandro a refletir o ensinamento de Dom Damasceno... "Eu acho mesmo que é assim... temos que ficar à disposição da Igreja, sem criar problemas."[33]

***

Com esse aprendizado de quem, desde os dez anos de idade, colocou-se no caminho religioso, à disposição da Igreja, que o bispo auxiliar de Brasília, Dom Raymundo Damasceno Assis, dali a quatro anos, disse "sim" ao chamado para ser secretário-geral do Conselho Episcopal Latino-Americano e Caribenho.

***

---

[32] Idem.
[33] Idem.

BLOCO
2

CELAM

I. Primeiro Concílio Plenário da América Latina

> "De minha parte, confio que a solicitude pastoral dos Bispos da América Latina leve todas as Igrejas particulares do continente a um renovado compromisso com a nova evangelização, a promoção humana e a cultura cristã."[34]
> (Papa João Paulo II)

A forma como conhecemos as conferências episcopais remonta ao século XVI. Entre os motivos que originaram esse tipo de reunião estão as dificuldades encontradas para a celebração dos concílios, forma tradicional de reunião dos bispos para discutir questões que envolvem a vida da Igreja. Nos séculos XIX e XX houve grande aumento do número de conferências. Elas são constituições territoriais nacionais, destinadas a promover a comunhão entre os bispos e um trabalho pastoral conjunto, respeitando a realidade de cada Igreja particular.

---

[34] PAPA JOÃO PAULO II. *São Domingo, Conclusões.* Texto Oficial – CELAM, p. 10.

O Primeiro Concílio Plenário da América Latina foi convocado pelo Papa Leão XIII,[35] no dia 25 de dezembro de 1898, por meio da *Carta Apostólica Cum diuturnum*. "Este Concílio foi realizado em Roma, no período de 28 de maio a 9 de julho de 1899. Essa iniciativa inaugurou ações que permitiriam ao Episcopado Latino-Americano alcançar maior integração e organização colegial."[36]

O século XIX foi um período de grandes transformações políticas e sociais na América Latina, em todo o continente nasceram 15 nações onde a fé católica constitui um elemento essencial do tecido social. O reconhecimento da independência desses países representou um problema que teve que ser abordado com cautela pela sede da Igreja Católica Romana. Mas, entre 1830 e 1900, foram criadas 10 sedes arquidiocesanas e 57 dioceses sufragâneas.[37]

As dioceses criadas em toda a América (portuguesa e espanhola) eram grandes, com poucos sacerdotes, formação do clero deficitária, grande parte da população estava privada dos sacramentos e de uma forma estável de vida eclesial. Ao lado de tudo isso, é preciso considerar que o processo de independência, às vezes longo, acabou por enfraquecer a organização da Igreja.[38]

Terminados os processos de independência e superadas as dificuldades das guerras, deu-se início ao lento processo de recuperação da vida da Igreja Católica na América Latina. Isso aconteceu no final do século XIX e coincide com o pontificado de Leão XIII. Ele assumiu a direção da Igreja com a proposta de uma "nova evangelização".[39]

---

[35] PAPA LEÃO XIII, O.F.S.; nascido Vincenzo Gioacchino Raffaele Luigi Pecci-Prosperi-Buzzi, nasceu em Carpineto Romano, no dia 2 de março de 1810 e faleceu em Roma no dia 20 de julho de 1903, foi Papa de 20 de fevereiro de 1878 até a data de sua morte.

[36] FONSECA, Pe. Devair Araújo da. *O surgimento do Celam na América Latina*. Artigo. In: site *Evangelizando com Maria*, documentos do Celam; acesso em 25 de setembro de 2017.

[37] J. M. Laboa, *Historia de la Iglesia – IV Época Contemporânea*, p. 185-187.

[38] *Anais do II Encontro Nacional do GT História das Religiões e das Religiosidades*, 2009. ISSN 1983-2859.

[39] J.I. SARANYANA, *Cem anos de Teologia na América Latina*, p. 16-17.

A centralidade da questão eclesiológica no pontificado de Leão XIII obedeceu a sua convicção pessoal de que a Igreja tinha um papel imprescindível na realidade do mundo, e que era imperativo garantir isso diante das forças que lutavam contra ela. Ele estava convencido da necessidade de restituir à Igreja e ao papado seu lugar no mundo. "Para desenvolver seu programa pastoral, Leão XIII lançou mão da experiência sinodal da Igreja."[40]

Desse modo, o Papa preparou a convocação de um Concílio Plenário Latino-Americano. Essa convocação já fora sugerida pelo bispo de Santiago do Chile, Dom Mariano Casanova,[41] no ano de 1888. Quando convocou o Concílio, em 1898, o Papa Leão XIII pretendia estudar o melhor modo de olhar para os interesses do povo latino-americano, considerando que a reunião conciliar fortaleceria a unidade da Igreja nas terras da América Latina. De Roma foi enviado um documento de trabalho com os temas que deveriam ser abordados: a Fé da Igreja; a Igreja; o Sacerdócio; o Culto e as ameaças contra a Fé; as relações com o Estado e com a Sociedade: "Os bens da Igreja" e "Temas disciplinares".

O Concílio não apresentou grandes novidades teológicas ou canônicas, mas também esse não era o propósito. O objetivo principal era o de unificar as diretrizes sobre a disciplina eclesiástica, para facilitar o trabalho nas dioceses da América Latina. Esse objetivo foi, também, o ponto de partida de uma série de mudanças em todo o continente.[42] As conferências episcopais têm uma missão muito clara e importante, que é a de ajudar os bispos a ensinar em suas dioceses os princípios da Igreja Católica.

Quando se criou o Celam, os bispos propuseram como sede do Conselho Episcopal, Bogotá ou o Rio de Janeiro. Bogotá foi escolhida pela Santa Sé devido a sua posição geográfica, tornaria mais fácil o acesso para os bispos da América Central e do Caribe.

---

[40] Ibidem.
[41] Monsenhor Mariano Casanova, nasceu em Santiago, Chile, no dia 25 de julho de 1833 e faleceu nessa mesma cidade no dia16 de maio de 1908, foi presbítero chileno designado como o quarto arcebispo de Santiago do Chile, período de 1886 a 1908.
[42] Anais do II Encontro Nacional do GT História das Religiões e das Religiosidades, 2009.

Os dirigentes do *Conselho Episcopal Latino-americano e Caribenho* são eleitos a cada quatro anos por uma assembleia ordinária que reúne os presidentes das conferências episcopais latino-americanas e do Caribe, os delegados de cada conferência, a presidência do Celam e os presidentes dos departamentos.

Foto: fachada do Celam, Conferência Episcopal da América Latina e Caribe, Bogotá, Colômbia,[43] s/d.

As conferências gerais são reuniões dos bispos nas quais os pastores analisam a vida da Igreja em seus territórios, descobrem aspectos positivos e negativos, identificam problemas comuns, deliberam de comum acordo sobre as soluções e linhas de ação pastoral. Elas são convocadas pelo Santo Padre a partir do pedido de um grupo de conferências episcopais. É o Papa quem autoriza o propósito de reunir-se, aprova o tema e é ele quem abre a reunião com seu discurso inaugural.

> "Os trabalhos das Conferências Gerais do Episcopado são orientados por meio de seu Discurso Inaugural, têm papel importante nos debates. Por fim, o Documento Final de uma Conferência Geral, depois de votado pelos bispos participantes, é submetido à aprovação do Pontífice para publicação. Este Documento Final é obra dos membros da Conferência, diferente do resultado de um Sínodo, assinado pelo Papa, exclusivamente."[44]

---

[43] Foto: acervo do Celam, Bogotá, Colômbia.
[44] SOUZA, Prof. Dr. Pe. Ney de. In: Revista de Cultura Teológica. *Do Rio de Janeiro (1955) a Aparecida (2007), Um Olhar Sobre as Conferências Gerais do Episcopado da América Latina e do Caribe*, p. 128

Bloco 2 – CELAM

Foto: logotipo do Celam.

O Conselho Episcopal da América Latina e do Caribe presta serviços de contato, apoio, comunhão e formação às vinte e duas conferências episcopais que compõem a América Latina e Caribe. Essas conferências são expressões da comunhão eclesial e uma aplicação dinâmica do princípio da colegialidade, mesmo que exista uma questão a respeito do poder de magistério das conferências.

Trata-se de uma prática de deliberação coletiva, na qual é reforçada a dimensão da chamada colegialidade apostólica. A cada quatro anos é reunida uma Assembleia Ordinária eletiva. O Conselho Episcopal Latino-americano está organizado do seguinte modo:[45] presidente; primeiro vice-presidente; segundo vice-presidente; secretário-geral; presidente do Comitê Econômico.

Os países que fazem parte do Celam são: 1. Antilhas, 2. Haiti, 3. Argentina, 4. Honduras, 5. Bolívia, 6. México, 7. Brasil, 8.Nicarágua, 9. Chile, 10. Peru, 11. Colômbia, 12. Panamá, 13. Costa Rica, 14. Porto Rico, 15. Cuba, 16. Paraguai, 17. El Salvador, 18. Uruguai, 19. Equador, 20. República Dominicana, 21. Guatemala, 22. Venezuela.

***

---

[45] Os cargos de presidência não têm direito à reeleição.

II. A Serviço do Celam

> "A chegada do Evangelho de Cristo às Américas é o selo da Virgem Maria. Seu nome e sua imagem abundaram na caravela de Cristóvão Colombo, a "Santa Maria", que há cinco séculos chegou ao novo mundo. Ela era "Estrela do mar" na travessia arriscada e providencial do oceano que abriu horizontes insuspeitos à humanidade. A tripulação das três caravelas no final do dia da descoberta, invocou-a com o canto de *Salve Regina*."[46]
> (Papa João Paulo II)

Certa noite, no ano de 1991, no seminário onde morava em Brasília, Dom Damasceno recebeu um telefonema da secretária de Dom Luciano Mendes, que lhe perguntou se ela podia anunciar, no outro dia, que ele havia sido eleito secretário-geral do Celam. Um pouco assustado, o bispo auxiliar Damasceno respondeu que estava surpreso e que não tinha sido comunicado a respeito, pediu: "Então diga 'recebi a informação de Dom Luciano Mendes de Almeida que Dom Damasceno foi eleito secretário-geral do Celam'. Dessa maneira a senhora será fiel à notícia".[47] Ela concordou e desligou o telefone. Naquela noite, Dom Damasceno dormiu preocupado. No outro dia, ao dirigir-se para o trabalho em Taguatinga-DF, onde começou a atender na Cúria provisória, na paróquia de São José,[48] em substituição de Dom Ávila, que havia sido nomeado arcebispo do *Ordinariado Militar no Brasil*; ele continuava sem saber o que havia acontecido, não havia recebido ainda uma notícia oficial; porém, se fosse verdade precisava resolver se aceitaria ou não. Logo que chegou a Taguatinga, ele recebeu um telefonema de Dom Dário

---

[46] PAPA JOÃO PAULO II. Ângelus, Santo Domingo, 1992.

[47] Dom Raymundo Damasceno Assis, Brasília-DF, 9 de outubro de 2017; EPEO.

[48] Uma paróquia que começou aos cuidados pastorais dos padres lazaristas. O primeiro pároco foi padre Rui, depois foi substituído pelo padre Francisco Xavier da Silva, que vivia com sua mãe que era religiosa, mas que teve autorização para deixar o convento para viver com seu filho na paróquia. Atualmente, dirigida pelos padres diocesanos.

Castrillón Hoyos[49] que estava na cidade de Buenos Aires,[50] confirmando: "Dom Damasceno, o senhor foi eleito secretário-geral do Celam. O que o senhor acha?" A resposta de Dom Damasceno foi imediata: "Eu estou sem palavras e um pouco confuso, porque eu não esperava, mas se os bispos que participaram dessa assembleia acharam que eu mereço a confiança deles para o exercício desse cargo, e me elegeram para isso, se eles assim pensam, eu aceito, embora, realmente confuso, pois não era de meu desejo e, muito menos, de minha expectativa".[51] Então, Dom Dário, para brincar um pouco, comentou: "Dom Damasceno, não se preocupe, os bispos aqui também estão um pouco confusos, porque não conhecem muito bem o senhor; mas de qualquer maneira eu o avalizei de um certo modo e, então, eles o elegeram".[52] Um dos princípios de Dom Damasceno é "não recusar serviço na Igreja"[53] e se colocou à disposição do Celam. Despediram-se, encerrando o telefonema. Foi uma nomeação surpresa para ele, porque não era tão conhecido no Celam, era apenas membro da Comissão Episcopal do Departamento de Catequese do Conselho Episcopal Latino-Americano.

Segundo as informações da época, quem deveria ser eleito secretário-geral do Celam seria Dom Fernando Figueiredo,[54] que havia sido transferido recentemente de Teófilo Ottoni para Santo Amaro e recusou a apresentação de seu nome, pela razão de ser tão recente sua transferência de uma diocese do interior de Minas Gerais para uma diocese muito populosa, desafiadora, em São Paulo, como é a diocese de Santo Amaro; por isso, ele preferiu declinar da proposta de seu nome. Então,

---

[49] Darío Castrillón Hoyos nasceu em Medellín, Colômbia, dia 4 de julho de 1929, é cardeal da Igreja Católica, foi o presidente emérito da Pontifícia Comissão Ecclesia Dei e prefeito emérito da Congregação para o Clero. Atualmente vive em Roma.

[50] A assembleia do Celam foi realizada na cidade de Buenos Aires.

[51] Dom Raymundo Damasceno Assis, Brasília-DF, 14 de setembro de 2017; EPEO.

[52] Idem.

[53] Idem.

[54] Dom Frei Fernando Antônio Figueiredo, OFM, nasceu em Muzambinho-MG, no dia 1º de dezembro de 1939, é frade franciscano e bispo católico brasileiro. Foi o segundo bispo de Teófilo Otoni-MG e primeiro bispo de Santo Amaro-SP, função que ocupou até 2015.

ficou uma incógnita: "encontrar quem para o cargo de secretário-geral do Celam?!" Dom Dário Castrillón era o presidente cessante do Celam e sugeriu o nome de Dom Raymundo Damasceno Assis em substituição ao nome de Dom Fernando Figueiredo; ele consultou Dom Falcão, arcebispo de Brasília, e houve o consentimento: "Não há problema, eu não me oponho que Dom Damasceno seja proposto como secretário-geral e, se eleito, eu o autorizo sair de Brasília e ir para Bogotá para cumprir sua missão de secretário-geral do Celam".

Tudo aconteceu para surpresa de Dom Damasceno, pois sabia que seu nome não era sequer cogitado para esse cargo. "Quando começou a assembleia do Conselho Episcopal Latino-Americano em Buenos Aires, Dom Raymundo Damasceno Assis "não se preocupava em ocupar alguma função importante no Celam, menos ainda como a de secretário-geral, que é uma função muito exigente".[55]

CONSEJO EPISCOPAL LATINOAMERICANO - CELAM
XXIII Asamblea Ordinaria
Buenos Aires, Argentina, 22 - 27 de abril de 1991

ACTA N. 8

Viernes 26

Monseñor Nicolás López dió inicio a la sesión de la mañana y pidió que se agilizara el proceso de elecciones de las directivas restantes. Se nombró a Monseñor Ramazzini para la Comisión escrutadora en sustitución de Monseñor Gregorio Rosa Chávez quien tiene otro encargo en la Asamblea. Seguideamente Monseñor Román Arrieta informó sobre la colecta realizada en el día de ayer entre los Obispos asistentes en pro de Costa Rica golpeada por terremotos recientes. Agradeció este gesto fraterno y solidario. Monseñor Romeo Tovar, seguidamente preguntó si se le había comunicado a Monseñor Damasceno su elección y si había aceptado.

Foto: ata do Conselho Episcopal Latino-americano – Celam, Bogotá, Colômbia, 1991.[56]

---

[55] Dom Raymundo Damasceno Assis, Brasília-DF, 9 de outubro de 2017; EPEO.
[56] Documento: acervo do CELAM, Bogotá, Colômbia, novembro de 2017. Inédito.

> CONSELHO EPISCOPAL LATINO-AMERICANO – CELAM
> XXIII Assembleia Ordinária
> Buenos Aires, Argentina, 22-27 de abril de 1991
>
> ATA N.8
>
> Sexta-feira 26
>
> Monsenhor Nicolás López deu início a sessão de manhã e pediu que se agilizasse o processo de eleição da Direção restante. É nomeado o monsenhor Ramazzini para a Comissão escrutinadora em substituição do monsenhor Román Arreta informou sobre a coleta realizada no dia de ontem entre os bispos assistentes em prol da Costa Rica golpeada por terremotos recentes. Obrigado por esse gesto fraterno e solidário. Monsenhor Romeo Tovar, seguidamente perguntou se tivesse sido comunicado a monsenhor Damasceno sua eleição e si ele havia aceitado.

Para aquele mandato, no período de 1991 a 1995, foi eleito presidente do Celam o arcebispo de Santo Domingo, Dom Nícolas de Jesús Lopez Rodriguez;[57] para primeiro vice-presidente o arcebispo de Guadalajara, monsenhor Posadas;[58] segundo vice-presidente, o monsenhor Túlio Chirivella,[59] arcebispo de Barquisimeto, Venezuela; monsenhor Oscar Rodriguez Maradiaga,[60] de Honduras, o presidente do Comitê Econômico e, Dom Raymundo Damasceno Assis, o secretário-geral.

Quando Dom Falcão chegou de Buenos Aires (ele era segundo vice-presidente do Celam, no qual seu mandato estava terminando) deu sua au-

---

[57] Dom Nicolás de Jesús López Rodríguez nasceu em Barranca, Lima, no dia 31 de outubro de 1936, é cardeal da República Dominicana, arcebispo emérito de Santo Domingo.
[58] Foi assassinado junto com seu motorista no aeroporto de Guadalajara, México, quando, no estacionamento, esperava o núncio apostólico do México.
[59] Túlio Manuel Chirivella Varela recebeu a ordenação do sacerdócio em 11 de novembro de 1956 e estava nos sacerdotes da arquidiocese de Barquisimeto, Venezuela, incardinado. O Papa Paulo VI nomeou em 5 de abril de 1974 para o Bispo de Margarita, Venezuela. Em 18 de outubro de 1982, foi nomeado arcebispo de Barquisimeto.
[60] Óscar Andrés Rodríguez Maradiaga, SDB, nasceu em Tegucigalpa, Honduras, 29 de dezembro de 1942, é um religioso salesiano, cardeal-arcebispo de Tegucigalpa desde 8 de janeiro de 1993. Recebeu a ordenação presbiteral no dia 28 de junho de 1970, pelas mãos de Dom Girolamo Prigione.

torização para Dom Damasceno dedicar-se completamente às atividades do Celam. Dom Damasceno teve apenas o período de dois a três dias para partir para essa nova jornada. O antigo secretário, Oscar Rodriguez Maradiaga, esperava Dom Damasceno em Bogotá para passar o cargo, de maneira que o recém-eleito secretário-geral teve apenas o tempo de pedir a sua secretária que desmarcasse todos os compromissos agendados, explicando que não poderia mais cumprir as tarefas e compromissos, porque foi transferido para Bogotá.

Como sempre na vida de Raymundo Damasceno Assis, as mudanças acontecem muito rápidas. Aprendeu desde menino a deixar-se levar pelo caminho que Deus lhe aprouver traçar, sempre disposto a acatar o chamado de Cristo. Ouvindo e atendendo a esse chamado saiu de casa muito cedo. Em busca da sua vocação religiosa, aceitou as mudanças, confiante em Deus fez de sua vocação um instrumento de amor a Cristo, doando-se inteiramente, sem reservas. A mudança para Bogotá em três dias era um novo "Sim" a Cristo. Não hesitou, não impôs condições, não se entristeceu, não receou o futuro... e, sim, preparou sua mala. Dom Raymundo aprendeu que nem sempre o caminho do novo destino é fácil, sempre existiram e existirão obstáculos que, muitas vezes, parecem instransponíveis aos olhos humanos; mas ele sempre acredita que a superação vem da força de Deus. Por isso, Dom Raymundo, diariamente, alimenta-se com as Palavras do Santo Evangelho e com a Santa Eucaristia que o sustentam com amor, paz e coragem para as novas missões. Foi com essa sabedoria, adquirida ao longo de 44 anos de despojamento à vida religiosa que, em maio de 1991, Dom Raymundo pegou sua mala e partiu feliz para Bogotá... sabia viver na alegria do Senhor.

III. O documento de trabalho

> "Amados Irmãos no Episcopado, como sucessores dos Apóstolos, deveis dedicar todo o desvelo à vossa grei, 'no meio da qual vos colocou o Espírito Santo para apascentardes a Igreja de Deus' (At 20,28).

Por outro lado, como membros do Colégio Episcopal, em estreita unidade afetiva e efetiva com o Sucessor de Pedro, sois chamados a conservar a comunhão e a solicitude por toda a Igreja. E, nesta circunstância, como membros da IV Conferência Geral do Episcopado Latino-Americano, incumbe-vos uma responsabilidade histórica."[61] (Papa João Paulo II)

Ao chegar a Bogotá, Dom Damasceno tomou posse de seu cargo e se instalou na Secretaria Geral em substituição a Dom Oscar Andrés Rodriguez Maradiaga. Sua secretária, Blanca González de Inger, logo no primeiro encontro, teve a "impressão de um homem muito gentil e compreensivo, muito trabalhador, muito dinâmico e dedicado ao seu serviço evangelizador";[62] um religioso disposto a uma tarefa muito grande: a realização da IV Conferência do Celam.

Foto: secretárias do Conselho Episcopal Latino-americano e Caribenho em área de trabalho:[63] em pé perto da janela, senhora Isabel Cristina Ramírez, secretária da Secretaria Geral do Celam; sentada, a senhorita Lília Gutiérrez, secretária da Secretaria Geral do Celam; em pé segurando algumas folhas, aparece de corpo inteiro na foto, Blanca González de Inger, secretária executiva do presidente do Celam, também, secretária do secretário-geral do Celam e secretária do Secretário-Adjunto do Celam; 14 de fevereiro de 1992 (véspera de aniversário de Dom Raymundo Damasceno Assis), Bogotá-Colômbia.

---

[61] PAPA JOÃO PAULO II. Carta do Santo Padre aos Bispos Diocesanos da América Latina. In: Santo Domingo – Conclusões. IV Conferência do Episcopado Latino-Americano Nova Evangelização, Promoção Humana e Cultura Cristã. "Jesus Cristo ontem, hoje e sempre" (Hb 13,8), p. 31.
[62] Blanca González de Inger, Bogotá, Colômbia, 26 de novembro de 2017; EPEO.
[63] Foto: APDRCDA. Inédita.

A IV Conferência Geral do Episcopado Latino-Americano ficou marcada para se realizar no período de 12 a 28 de outubro de 1992. O Papa João Paulo II,[64] no dia 12 de dezembro de 1990, havia convocado a participação dos bispos da América Latina e Caribe.

A realização da IV Conferência foi realizada na cidade de Santo Domingo, oficialmente *Santo Domingo de Guzmán*; antigamente: *Ciudad Trujillo*, é a capital e a maior cidade da República Dominicana. Fundada em 1496 e transladada para o sítio atual em 1502, é o mais antigo assentamento europeu de ocupação contínua da América e foi a primeira sede do governo colonial espanhol no Novo Mundo. A cidade foi nomeada *Santo Domingo* por Bartolomeu Colombo, irmão de Cristóvão Colombo e fundador do assentamento, o qual, segundo Oviedo e frei Bartolomeu de las Casas, teria sido criado no dia de Santo Domingo de Gusmão.[65] Em 1966, a constituição da República Dominicana registrou o nome da capital do país como *Santo Domingo de Guzmán*. O topônimo foi aportuguesado para "São Domingos", conforme o nome do santo em português. A cidade de São Domingos é considerada patrimônio da humanidade pela UNESCO.

Foto: cidade de Santo Domingo, República Dominicana, s/d.[66]

---

[64] São João Paulo II, Karol Józef Wojtyła, nasceu em Wadowice, Polônia, dia 18 de maio de 1920, faleceu no Vaticano no dia 2 de abril de 2005, foi Papa e chefe da Igreja Católica de 16 de outubro de 1978 até a data de sua morte.
[65] São Domingos de Gusmão nasceu em Caleruega, Reino de Castela, no dia 24 de junho de 1170 e faleceu em Bolonha no dia 6 de agosto de 1221, foi frade e santo católico fundador da Ordem dos Pregadores, cujos membros são conhecidos como dominicanos.
[66] Foto: site Ficheiro, acesso em 27 de setembro de 2017.

Bloco 2 – CELAM

A Conferência de Santo Domingo tinha três objetivos: celebrar Jesus Cristo, ou seja, a fé e a mensagem do Senhor crucificado e ressuscitado; prosseguir e aprofundar as orientações de Medellín e Puebla; definir uma nova estratégia de evangelização para os próximos anos, respondendo aos desafios do tempo. Entre bispos, peritos e convidados, participaram cerca de 350 pessoas. Destas, 234 eram bispos com direito a voto.

O processo de preparação à IV Conferência estava em andamento quando Dom Raymundo Damasceno Assis chegou a Bogotá, com a imensa tarefa de ser o secretário. Na equipe gestora do Celam (1992), constavam: Dom Nicolás de Jesús Cardeal López Rodríguez, arcebispo metropolitano de Santo Domingo e primaz da América, presidente; Dom Juan Jesús Cardeal Posadas Ocampo,[67] arcebispo de Guadalajara, primeiro vice-presidente; Dom Túlio Manuel Chirivella Varela, arcebispo de Barquisimeto, segundo vice-presidente; Dom Oscar Andrés Rodriguez Maradiaga, SDB, bispo auxiliar de Tegucigalpa, presidente do Comitê Econômico; Dom Raymundo Damasceno de Assis, bispo auxiliar de Brasília, secretário-geral.

A tarefa do Celam é preparar e acompanhar as realizações das conferências gerais do Episcopado Latino-Americano. Cabia à presidência e ao secretário-geral prepararem a IV Conferência.

Quando Dom Damasceno chegou ao Celam, havia certa insatisfação dos assessores, de um modo particular por ter ouvido de alguns bispos o descontentamento ao documento de preparação a Santo Domingo, por ele não refletir as contribuições das conferências episcopais. Segundo eles, esse documento teria sido preparado por uma equipe pequena e restrita, que não representava o pensamento das conferências episcopais.[68] Então, coube à presidência e ao secretário-geral, Dom Da-

---

[67] Juan Jesus Posadas Ocampo nasceu em Salvatierra, Guanajuato, em 10 de novembro de 1926, e faleceu em Guadalajara, México, no dia 24 de maio de 1993.

[68] Dom Raymundo Cardeal Damasceno Assis, Brasília-DF, 9 de outubro de 2017, EPE0.

masceno, "retomar essa preparação para recriar um clima de confiança e de esperança nessa conferência de Santo Domingo".[69] Para isso, tiveram que começar a relatar um pouco o histórico do processo, como havia sido preparado até aquele momento e, também, tiveram o cuidado de condensar a contribuição de todas as vinte e duas conferências episcopais e as publicaram em livro. Dessa forma, mostraram aos bispos da América Latina e do Caribe que os dirigentes do Celam queriam fazer um trabalho em comunhão e sintonia com as conferências de cada país; portanto não tinham pretensão de ocultar nada, nem de fazer um documento por conta própria.

A partir da contribuição das conferências foi elaborado o Documento de Trabalho, que foi distribuído a todas as conferências episcopais e muito bem aceito. Para isso, ficaram dois meses fechados na sede do Celam: o secretário-geral, Dom Damasceno; o secretário-adjunto, monsenhor Guillermo Melguizo e uma equipe de teólogos: padre França Miranda[70] (Brasil), Dom Guillermo Rodriguez Melgajero[71] (Argentina), padre Tony Mifsud[72] (Chile), padre Francisco Merlos[73] (México) e padre Angel Salvatierra (Equador), todos elaborando o documento de trabalho. "Depois de impresso e distribuído o documento, criou-se um clima de expectativa e de esperança, um clima positivo em relação a IV Conferência do Episcopado Latino-Americano."[74]

O tema da Conferência de Santo Domingo foi: "Nova Evangelização, Promoção Humana e Cultura Cristã". O documento de trabalho seguia a mesma estrutura.

---

[69] Idem.

[70] Padre Mario de França Miranda é sacerdote jesuíta, graduado em filosofia pela Faculdade de Filosofia Nossa Senhora Medianeira.

[71] Monsenhor Guillermo Rodríguez Melgarejo nasceu em Buenos Aires, Argentina, no dia 20 de maio de 1943, é o quarto e atual bispo da diocese de San Martín.

[72] Padre Tony Mifsud é moralista chileno, teólogo, é Jesuíta - Companhia de Jesus.

[73] Padre Francisco Merlos é o fundador da Cadeira de Teologia Pastoral da Pontifícia Universidade do México e professor de várias universidades latino-americanas e europeias.

[74] Dom Raymundo Cardeal Damasceno Assis, Brasília-DF, 14 de setembro de 2017; EPEO.

Bloco 2 – CELAM

"Nova Evangelização foi um tema ao qual o Papa João Paulo II deu muita ênfase, que ele definiu como nova em seu ardor, nova em suas expressões, nova em seus métodos. Estavam celebrando a primeira evangelização, era preciso que essa evangelização prosseguisse, mas de uma maneira diferente, o contexto era diferente, isso exigia novos métodos, novas expressões, novas linguagens, novo entusiasmo, à semelhança dos primeiros missionários que chegaram à América Latina."[75]

O secretário-geral do Celam, em atenção ao tema da cultura, almejava que os "bispos demonstrassem, também, sua preocupação com a cultura dos índios e dos negros".[76] Depois dos planejamentos, das definições, das eleições de delegados, a próxima etapa era a realização da conferência. O Papa João Paulo II nomeou Dom Raymundo Damasceno Assis como secretário da IV Conferência e, também, foi nomeado outro secretário, o arcebispo Dom Jorge Medina Estevez,[77] bispo de Rancagua, Chile; cardeal Ângelo Sodano,[78] Dom Serafim Fernandes de Araújo,[79] arcebispo de Belo Horizonte, vice-presidente da CNBB; Dom Nicolaz, arcebispo de Santo Domingo, compunham a presidência da IV Conferência. Dessa forma, além de secretário-geral do Celam, Dom Damasceno acumulou mais um cargo no contexto da Conferência de Santo Domingo.

***

---

[75] Idem.

[76] *Jornal do Brasil*, 1992, p. 9.

[77] Jorge Arturo Medina Estévez nasceu em Santiago do Chile, no dia 23 de dezembro de 1926, é cardeal chileno, presidente emérito da Congregação para o Culto Divino e Disciplina dos Sacramentos. Entre 2005 e 2007 foi o proto-diácono do Colégio Cardinalício, sendo o responsável pelo Habemus Papam de Joseph Ratzinger.

[78] Ângelo Sodano nasceu em Isola d'Asti, Itália, no dia 23 de novembro de 1927, é um diplomata, cardeal da Igreja Católica, italiano, atual cardeal protetor da Pontifícia Academia Eclesiástica e Decano do Colégio dos Cardeais.

[79] Dom Serafim Fernandes de Araújo, nasceu em Minas Novas-MG, Brasil, no dia 13 de agosto de 1924, é cardeal da Igreja Católica, brasileiro, arcebispo emérito de Belo Horizonte.

IV. A IV Conferência

"Por ocasião do V Centenário da evangelização da América, eu convoquei a IV Conferência Geral do Episcopado Latino-Americano, a fim de estudar, à luz de Cristo, 'o mesmo ontem, hoje e sempre' (Hb 13,8), os grandes temas da nova evangelização, a promoção humana e a cultura cristã."[80] (Papa João Paulo II)

Foto: Papa João Paulo II, durante o IV Conferência do Celam, outubro de 1992.[81]

O Papa João Paulo II chegou à República Dominicana no dia 9 de outubro e a visita durou cinco dias. O Santo Padre foi recebido pelo presidente Joaquín Balaguer[82] e uma multidão de pessoas. O principal objetivo da visita papal foi a abertura da IV Conferência que começou três dias depois de sua chegada, no dia 12 de outubro, mesmo dia em que se comemorou os 500

---

[80] PAPA JOÃO PAULO II. *Carta do Santo Padre aos Bispos Diocesanos da América Latina Aos Bispos Diocesanos da América Latina*. In: *Santo Domingo – Conclusões. IV Conferência do Episcopado Latino-Americano Nova Evangelização, Promoção Humana e Cultura Cristã*, p. 4.
[81] Foto: site *Slide Player*, acesso em 29 de setembro de 2017.
[82] Joaquín Antonio Balaguer Ricardo nasceu em Villa Bisonó, na província de Santiago, no dia 1º de setembro de 1906 e faleceu em Santo Domingo, dia 14 de julho de 2002.

anos da descoberta da América. O Pontífice presidiu a santa missa no farol[83] onde foi erguido o monumento em homenagem a Cristóvão Colombo.

Santo Domingo é a sede primaz da América Latina, onde está marcado como o Descobrimento da América.[84] Durante as festividades, o Papa pediu desculpas pelas ofensas aos índios que foram maltratados e extintos pelos colonizadores.[85] Evidentemente, na ocasião em que Cristóvão Colombo chegou à América, houve um choque entre a cultura europeia e a dos ameríndios.

Foto: Farol de Colombo, Santo Domingo, República Dominicana, s/d.[86]

"É claro que um fato histórico como este, o descobrimento da América, tem diversas interpretações, positivas e negativas, de modo que o contexto em que a IV Conferência foi realizada era complexo na interpretação da sua leitura. Foi uma história marcada por 'sombras e luzes', certamente mais luzes do que sombras."[87]

---

[83] O Farol de Colombo, *Faro a Colón*, é um monumento localizado em Santo Domingo Este, na República Dominicana. No interior da estrutura encontra-se a tumba com os supostos restos mortais do navegador Cristóvão Colombo (1451-1506).
[84] O chamado Descobrimento da América, que se deu pela armada do navegador Cristóvão Colombo, em 12 de outubro de 1492, na tentativa de achar uma rota alternativa para as Índias, representa o início da colonização europeia do continente americano. Embora o termo mais usado seja "descoberta", a chegada de Colombo em si não representa o início da ocupação humana do "Novo Mundo", já que havia habitantes no local, os hoje conhecidos como povos ameríndios. Ainda assim, deve-se acentuar a descoberta como um dos pontos altos das ditas grandes navegações na Era dos Descobrimentos.
[85] In: site *CNN*, acesso em 29 de setembro de 2017.
[86] In: site *Ficheiro*, acesso em 29 de setembro de 2017.
[87] Dom Raymundo Cardeal Damasceno Assis, Brasília-DF, 14 de setembro de 2017; EPEO.

O símbolo da IV Conferência foi a Cruz. Diz-se que os espanhóis ao chegarem à América em 1492 cravaram a cruz em terras ameríndias para ser venerada entre os nativos. Esses só passaram a venerar a cruz após fazerem um corte na sua parte superior.

Existiu certo receio por parte de membros da Cúria romana de que a presidência não tivesse pulso suficiente para conduzir a Conferência. Acreditava-se que poderia haver influência de grupos de pressão. Dessa forma, a Conferência começou em um ambiente nem tão positivo e favorável. Houve algumas dificuldades, no seu início e no seu desenvolvimento, sobretudo em relação à metodologia: o *"ver-julgar-agir"*.

Cabia ao secretário do Celam e da IV Conferência preparar a metodologia, havendo suspeita em relação a esse método, que para alguns partia de uma análise sociológica e política da realidade do Continente, que poderia levar a conclusões, relativamente ao "agir", no mesmo rumo de caráter ideológico.

> "Eclesiologia em Santo Domingo (1992)
> Sob o influxo do Concílio Vaticano II, de diálogo com seu tempo, a Igreja Latino-Americana construiu seu próprio caminhar, *vendo, julgando e agindo* na realidade, a partir do Evangelho, em que percebeu que seu maior interlocutor contemporâneo era o pobre e assim optou em se fazer pobre com os pobres, como forma de comunhão com o projeto do Reino de Deus de ser sal da terra e luz do mundo, fazendo a diferença em uma sociedade exploradora e alienada das causas sociais, bem como se tornava companheira de luta dos demais protagonistas."[88]

Mesmo com muitas dificuldades, Dom Raymundo Damasceno Assis, como secretário-geral, preparou a IV Conferência em diálogo com sua presidência, baseado na metodologia *"ver-julgar-agir"*, usada em Medellín, Colômbia, método reconhecido pela Igreja, desde a época em que foi uti-

---

[88] SOUZA, Prof. Dr. Pe. Ney de. *Do Rio de Janeiro (1955) a Aparecida (2007), Um Olhar Sobre as Conferências Gerais do Episcopado da América Latina e do Caribe.* In: Revista de Cultura Teológica, p. 138.

lizado pelo Papa João XXIII, na Encíclica *Mater et Magistra*.[89] Essa metodologia de trabalho não foi totalmente aceita por alguns responsáveis pela preparação da Conferência, como, por exemplo, a Pontifícia Comissão para a América Latina, na pessoa de seu vice-presidente. Diante dessa resistência o secretário-geral e seu assessor Dom Jorge Enrique Jimenez Carvajal, para a metodologia, sentiram-se inseguros na condução da Conferência.

Vale recordar que Dom Damasceno já havia distribuído, logo no início da Conferência, o manual de orientação para seus participantes, que incluía a metodologia proposta. Logo no segundo dia da Conferência, diante da falta de clareza e insegurança por parte da presidência quanto à metodologia e ao seu desenvolvimento, um delegado levantou-se no Plenário e colocou a questão: *"O que estamos fazendo aqui, queremos ou não um documento final, onde queremos chegar?"* Isso criou um impacto muito grande no Plenário entre os delegados. Era o final da sessão da manhã, do segundo dia. A Presidência teve de dar uma pausa para pensar e resolver como prosseguir os trabalhos da Conferência a partir daquele momento.

Ao iniciar os trabalhos na parte da tarde, a presidência submeteu ao Plenário a aprovação de um *Documento Final*, pois, no início da Conferência alguns dos senhores bispos haviam proposto que houvesse somente uma mensagem, no final, dirigida ao povo de Deus na América Latina e no Caribe.

Aprovada pelo Plenário a elaboração de um documento final, foram estabelecidos os temas a serem tratados durante a Conferência, e abriram-se as inscrições para cada um dos delegados registrarem-se no tema que desejassem; em seguida, formaram-se as comissões de acordo com os temas aprovados.

---

[89] *Mater et Magistra*, em português: *Mãe e Mestra*, é uma encíclica do Papa João XXIII *"sobre a recente evolução da Questão Social à luz da Doutrina Cristã"*. Foi publicada em 15 de maio de 1961.Congregação para os Bispos, *Congregatio pro Episcopis*, é um organismo da Cúria Romana, ocupa-se das questões referentes à constituição e à provisão das dioceses, prelazias territoriais e pessoais, ordinariatos militares e outras formas de igrejas particulares locais; acompanha a nomeação dos bispos e o exercício de suas atividades episcopais na Igreja Latina; programa e acompanha as visitas *ad Limina*; cuida ainda das celebrações de concílios particulares, assim como da constituição das conferências episcopais.

Foi eleita uma Comissão para a elaboração do Documento Final, que foi presidida por Dom Luciano, Mendes de Almeida, presidente da CNBB. Foi ele quem apresentou, em nome da comissão de redação, os critérios para a elaboração do documento. É a Comissão de redação do Documento Final que o prepara e a presidência o submete à votação, número por número, no final dos trabalhos, e a assembleia aprovou a proposta. O último capítulo do Documento Final de Santo Domingos e a Oração Conclusiva foram, sobretudo, trabalho de Dom Luciano, que teve um papel decisivo na IV Conferência.

> "Esse Documento Conclusivo poderia ter sido melhor se não houvesse tantos obstáculos para serem vencidos no início, com relação à metodologia, e se o Documento de Trabalho fosse melhor aproveitado. Quanto ao método se insistiu muito que a análise da realidade econômica, social, pastoral, deveria ser feita sob o olhar do pastor, iluminado pelo Evangelho, pela doutrina social da Igreja, porque ali não estavam reunidos sociólogos, economistas e políticos; e sim pastores."[90]

Foto: delegados da CNBB para a IV Conferência de Santo Domingo em frente à sede da CNBB em Brasília-DF, 1992.[91]

---

[90] Dom Raymundo Cardeal Damasceno Assis, Brasília-DF, 14 de setembro de 2017; EPEO.
[91] Foto: APDRCDA. Crédito da foto: *Douglas Mansur*. Inédita.

O *Documento de Trabalho* quase não foi citado em Plenário, mas foi usado pelas Comissões de trabalho. Ao comparar o documento final com esse documento, percebe-se claramente a influência de um sobre o outro.

O Documento de Trabalho ficou estigmatizado porque parecia a alguns que condicionaria os participantes da Conferência em suas intervenções nos grupos, cerceando assim sua inteira liberdade. Por isso, talvez na V Conferência em Aparecida não houve Documento de Trabalho, e sim *Documento de Consulta*. Existe o projeto de Dom Raymundo Damasceno Assis de escrever, com seus assessores de metodologia da IV Conferência, Dom Jorge Enrique Jimenez Carvajal e o padre Leonidas Losada Ortiz, um texto sobre a preparação, a realização e a aplicação de Santo Domingo. Será um testemunho que ele julga ter o dever de deixar para a história da Igreja na América Latina.

Existiam também outras dificuldades durante a IV Conferência. Não havia uma estrutura que facilitasse a sua realização, tão grandes eram as distâncias a serem percorridas entre os hotéis até o local de trabalho, como a própria estrutura local não oferecia condições favoráveis para um trabalho tranquilo e eficiente. Isso também criou contratempos, mas graças a Deus, com a ação do Espírito Santo, com tanta boa vontade dos participantes e dos anfitriões, a Conferência realizou-se e foi concluída com o Documento Final, que até a V Conferência, em Aparecida, inspirou as diretrizes pastorais da Igreja da América Latina e do Caribe.

***

V. João Paulo II e o rumo da História

"Certamente foi providencial que, treze anos depois da conclusão do Concílio, tivesse chegado o Papa João Paulo II, de um país onde a liberdade de religião era contestada pelo marxismo, ou seja, a partir duma forma particular de filosofia estatal moderna."[92]
(Papa Bento XVI)

O Papa João Paulo II teve a saúde debilitada ao sofrer o atentado na Praça de São Pedro no dia 13 de maio de 1981, quando o turco Ali Agca disparou dois tiros contra o Sumo Pontífice. A partir desse episódio sua saúde deteriorou, mesmo assim, continuou viajando e atendendo audiências no Vaticano.

Foto:[93] Papa João Paulo II, Dom Raymundo Damasceno e Cardeal John Patrick Foley,[94] Vaticano, 13 de maio de 1994.

---
[92] PAPA BENTO XVI. Concílio Vaticano II, imagem da Igreja de Jesus Cristo que abraça todo o mundo, agosto de 2012.
[93] Foto: APDRCDA. Serviço Fotográfico de L'Osservatore Romano, Vaticano.
[94] John Patrick Cardeal Foley foi um cardeal estadunidense e ex-Grão-Mestre da Ordem Equestre do Santo Sepulcro de Jerusalém.

Para uma audiência com o Sumo Pontífice, naquele ano de 1994, os membros da presidência do Conselho Episcopal Latino-Americano estiveram no Vaticano, em 13 de maio, mês de Maria, em plena primavera. O Papa havia chegado de uma viagem desgastante, na Sicília, onde fez questão de se pronunciar contra a máfia italiana, era como estar no covil falando contra os lobos. Foi nessa atmosfera de cansaço que ele recebeu a presidência do Celam. Dom Raymundo e os outros membros do Celam notaram o cansaço de João Paulo II, era importante para eles que Sua Santidade soubesse que muito o estimavam. O presidente do Conselho Episcopal Latino-Americano disse ao Papa que logo de manhã, na missa, havia agradecido a Deus por ter salvado João Paulo II do atentado sofrido há exatamente 13 anos. "Com semblante meditativo, manifestando profunda concentração interior, o Papa assim se expressou: 'Esse dia mudou o rumo da história...' O comentário, espontâneo e lapidar, revelava, em profundidade, a dimensão teológica e política de um acontecimento que havia abalado o mundo inteiro."[95]

A frase do Papa e a maneira espontânea com que a pronunciou marcaram o coração de Dom Damasceno que, a partir daquele momento, não ficou em paz enquanto não analisou mundialmente os fatos ocorridos nas últimas décadas em relação ao regime comunista e o atentado ao Papa. Dom Damasceno começou a correlacioná-los e a compreendê-los melhor.[96] Refletiu as diversas etapas sócio-políticas-religiosas que marcaram a Polônia, terra natal e querida do então cardeal Karol Wojtyla, arcebispo de Cracóvia, época em que a Polônia estava sob o jugo soviético. Dom Damasceno refletiu sobre a luta do Sindicato Solidariedade, liderado por Lech Walesa, para a democratização e libertação política da Polônia. A luta dos poloneses junto ao "Solidariedade"

---

[95] Dom Raymundo Damasceno Assis. In: *João Paulo II e o Rumo da História*. L'Osservatore Romano; Correio Braziliense, 2001, p. 1.

[96] Idem.

teve uma discreta colaboração da Igreja Católica, porém surtiu efeito. A União Soviética era rígida com os países do bloco socialista e, até o começo dos anos 1980, exigia que mantivessem a mesma ideologia político-militar comunista. Os socialistas não queriam que outros países soviéticos ficassem empolgados com o Solidariedade e fizessem dele um exemplo a seguir. Precisavam parar esse movimento antes que ruísse o comunismo na Europa Oriental. Eles sabiam que tinham um grande problema... era quase impossível intervir na Polônia tendo à frente da Igreja Católica um Papa polonês que era querido por milhões de católicos e não católicos no mundo inteiro. Então, o Papa João Paulo II tornou-se o maior empecilho. Precisavam eliminá-lo.

> "Muito já se disse a respeito da tentativa de assassinato do sucessor de Pedro naquele dia 13 de maio. O fato dá margem às mais variadas conjecturas. Para mim, no entanto, é certo que, no planejamento do assassinato de João Paulo II, foi esquecido um detalhe muito importante..."[97]

Os disparos de Ali Agca eram certeiros, ele fora contratado porque era o melhor, jamais havia errado. E, na verdade, ele mirou o alvo certo e apertou o gatilho. João Paulo II ficou ciente do poder de Deus em sua vida ao sentir "uma mão maternal que guiou a trajetória da bala e o Papa, agonizante, deteve-se no limiar da morte".[98] Entre o Céu e a Terra, voltou à vida para continuar seu pastoreio. Mais fraco fisicamente e muito forte espiritualmente. Com a certeza de que, naquele dia 13 de maio de 1981, a mão de Deus mudou o rumo da história. Tudo foi bem calculado, mas faltou um detalhe, esqueceram-se de que 13 de maio é dia de Nossa Senhora de Fátima. O Papa João Paulo II, profundamente agradecido pelo milagre de estar vivo, um ano após ser atingido pelo tiro,

---

[97] Idem.
[98] *A mensagem de Fátima* — Congregação para a Doutrina da Fé.

pessoalmente levou até Fátima uma das balas que o atingiu e o projétil foi colocado na coroa de Nossa Senhora.

A partir do atentado contra o Papa, começou a bancarrota do comunismo na União Soviética. Ao fazer essa análise, Dom Damasceno escreveu o artigo "João Paulo II e o Rumo da História" publicado no Jornal *Correio Braziliense*, no dia 16 de abril de 2001, se o leitor se interessa pelo assunto sugiro que faça a leitura na íntegra. A matéria também foi publicada no jornal *L'Osservatore Romano* (Itália). Dom Damasceno finalizou seu artigo com esperança e desejo de um mundo melhor: "Que a humanidade, neste novo milênio que se inicia, inspire-se nos ensinamentos e na grandeza de Sua Santidade, na busca de um mundo melhor, construído sobre os alicerces da paz, da concórdia, da justiça, da solidariedade, da fraternidade, do amor e da liberdade".[99] Que os anjos digam Amém!

***

VI. CELAM & Vaticano

Havia certo pressentimento de que depois de Santo Domingo, provavelmente, não se realizaria outra Conferência Geral do Episcopado Latino-Americano, na América Latina. A V Conferência estava planejada para ser realizada em Roma.

Depois de Santo Domingo, o Papa João Paulo II convocou o Sínodo das Américas e, logo em seguida, publicou a Exortação Apostólica Pós-Sinodal *Ecclesia in América*.[100] Era uma nova estrutura a nível continental, ampliada para as três Américas e que deveria ser realizada em Roma.

---

[99] Dom Raymundo Damasceno Assis. In: *João Paulo II e o Rumo da História*. L'Osservatore Romano; Correio Brasiliense, 2001, p. 1.

[100] PAPA JOÃO PAULO II. *Exortação apostólica pós-sinodal Ecclesia in América*: sobre o encontro com Jesus Cristo vivo, caminho para a conversão, a comunhão e a solidariedade na América, 1999.

Inteligentes diligências do presidente do Conselho Episcopal Latino-Americano conseguiram mostrar a João Paulo II a importância de continuar a tradição das Conferências Episcopais e a forma como elas foram realizadas, seja por conta da eventualidade do 50º aniversário da fundação do Celam ou em razão do desejo quase unânime das conferências episcopais dos bispos da América Latina e de bom número de cardeais latino-americanos. O Papa disse: "mantende a vossa forma de realizar as Conferências" e programou a próxima Conferência Geral do Episcopado Latino-Americano para Roma, em fevereiro de 2007.

> "Tudo indicava que seria em Roma e não na América Latina, depois da experiência da IV Conferência, em Santo Domingo, e do desejo de alguns cardeais. O motivo alegado era a doença do Papa João Paulo II, que não poderia viajar ao exterior para abrir a V Conferência."[101]

O estado de saúde do Santo Padre voltou a causar preocupações a partir de setembro de 2003, durante uma viagem a Eslováquia onde pareceu, com evidência, sua fragilidade; tinha dificuldade de respirar, falar e era quase impossível andar. Tanto que, algumas vezes, seus assessores tiveram de ajudá-lo a completar seus pronunciamentos.

Desde então, suas intervenções públicas ficaram quase reduzidas a breves apresentações, nas quais se destacam seus gestos de dor por causa da artrite que quase o impossibilitou de se movimentar. Por isso, em 2003, os técnicos do Vaticano desenharam um trono com rodas, que poderia ser elevado para permitir ao Papa celebrar missa sentado. "Nos últimos anos, sua mão esquerda passou a tremer de forma incontrolável. Seu rosto eslavo e corado foi substituído por uma face rígida, decorrente

---

[101] *Diário de Atividades do Sr. Arcebispo de Aparecida Dom Raymundo Cardeal Damasceno Assis*, 2005, p. 15. Inédito.

do mal de *Parkinson* e dos remédios que toma para controlá-lo."[102] A doença potencializou e João Paulo II passou por duas cirurgias em dois meses. No dia 2 de abril de 2005, o Papa João Paulo II faleceu aos 84 anos de idade, no Vaticano.

O Conclave da Igreja Católica que começou no dia 18 de abril de 2005 e terminou no dia seguinte, anunciou a eleição do cardeal Joseph Ratzinger, então com 78 anos, para substituir o falecido João Paulo II. O novo Papa escolheu o nome de *Bento XVI*.

Depois que terminou a gestão de Dom Damasceno como secretário-geral do Celam (1991-1995), ele foi eleito Membro do Comitê Econômico do Celam (1995-1999) e, a partir de 2003, Dom Damasceno foi membro da Comissão Episcopal de Comunicação do Celam.

Foto: membros Comissão Episcopal de Comunicação do Celam,[103] Bogotá, Colômbia, 2005.

***

---
[102] In: site *Notícias Uol*; acesso em 28 de outubro de 2017.
[103] Foto: acervo do CELAM, Bogotá, Colômbia.

VII. Encontro do Arcebispo de Aparecida com o Papa Bento XVI

> "Por isso os justos confiaram a sua e a nossa causa ao Senhor e ele não permanece indiferente àqueles olhos implorantes, não ignora a sua invocação, nem desilude a sua esperança."[104]
> (Papa Bento XVI)

No dia 15 de junho de 2005, Dom Raymundo Damasceno Assis esteve com o Papa Bento XVI, em audiência geral, na Praça de São Pedro e, como arcebispo de Aparecida,[*][105] pessoalmente, entregou-lhe uma réplica da imagem de Nossa Senhora Aparecida e uma carta em que solicitava a bênção papal por ocasião dos 75 anos de declaração de Nossa Senhora Aparecida como Padroeira do Brasil convidando-o para visitar o Santuário Nacional. Nesse encontro, Dom Damasceno pediu ao Santo Padre um mimo para essa comemoração[106]. Entregou-lhe também um exemplar da *Revista de Aparecida*.

Joseph Aloisius Ratzinger e Raymundo Damasceno Assis são conhecidos há muitos anos; por isso, logo depois que Dom Damasceno entregou a carta-convite e a imagem de Nossa Senhora Aparecida ao Santo Padre, ouviu a pergunta: "Damasceno, onde você está agora?" – Dom Damasceno respondeu: "Estou em Aparecida. O senhor conhece Aparecida?" – Disse o Papa: "Não, eu não conheço Aparecida. Sei que é um Santuário grande, mas não conheço Aparecida".[107] Em um diálogo rápido, porém acentuado pelos olhares de conhecidos de muitos anos; provavelmente, aquele convite foi marcante para o Sumo Pontífice. Junto com Dom Damasceno estava padre Darci Nicioli, que prestou atenção e notou: "Eu tenho a impressão, por ser testemunha ocular do fato, quando Dom Raymundo Damasceno convidou o Papa Bento XVI e

---

[104] PAPA BENTO XVI. *Audiência Geral,* junho de 2005.
[105] LINK – III PARTE – ARCEBISPO DE APARECIDA.
[106] Dom Raymundo Cardeal Damasceno Assis, Aparecida-SP, 9 de outubro de 2017; EPEO.
[107] Idem.

disse para ele: *Aparecida*; brilharam os olhos de Papa Bento XVI, na minha impressão, muito subjetiva, o Papa decidiu naquele momento para onde iria a V Conferência Episcopal Latino-Americana".[108]

Foto: Papa Bento XVI recebendo de Dom Damasceno a imagem de Nossa Senhora Aparecida, a carta-convite para visitar Aparecida e a Revista de Aparecida,[109] Vaticano, junho de 2005.

O Sumo Pontífice informou que não poderia visitar o Santuário Nacional de Aparecida em 16 de julho daquele ano; porém, presenteou a Mãe Aparecida com um cálice e patena, pela ocasião do jubileu de 75 anos da Proclamação de Nossa Senhora como Padroeira do Brasil. O Papa agradeceu o convite feito pelo arcebispo de Aparecida para uma visita e respondeu que "não cabia decidir naquela hora, mas que ele examinaria uma oportunidade".[110] Essa carta-convite foi um dos primeiros passos, digamos, que abriu a primeira porta para que o Sumo Pontífice fosse a Aparecida.

***

---
[108] Dom Darci Nicioli, Brasília-DF, 29 de novembro de 2017; EPEO.
[109] Foto: crédito do Serviço fotográfico do Vaticano. Acervo da Cúria Metropolitana de Aparecida, ACMA.
[110] Dom Raymundo Cardeal Damasceno Assis, Aparecida-SP, 9 de outubro de 2017; EPEO.

VIII. A V Conferência em Aparecida

> "De modo muito incisivo Jesus, no Evangelho, afirma que os olhos são um símbolo expressivo do eu profundo, são um espelho da alma (cf. Mt 6,22-23). Pois bem, o Salmo 122, agora proclamado, concentra-se totalmente num cruzar de olhares: o fiel eleva os seus olhos ao Senhor e aguarda uma reação divina, para nela ver um gesto de amor, um olhar de benevolência. Também nós elevamos um pouco os olhos e aguardamos um gesto de benevolência do Senhor."[111]
> (Papa Bento XVI)

O presidente do Celam, em uma reunião do Conselho em Lima-Peru, na época cardeal Francisco Javier Errázuriz Ossa,[112] reservadamente, perguntou a Dom Damasceno: "O que o senhor acha de fazermos a V Conferência em Aparecida, tem condições?" No impulso de quem vive por Cristo e sabe contar com a providência divina, o arcebispo de Aparecida respondeu: "Se não tem, iremos criar as condições!" Porém isso não queria dizer que estava decidido que a V Conferência seria em Aparecida.

Com bastante habilidade diplomática, Dom Javier Errázuriz, durante um sínodo, em Roma, convidou alguns cardeais latino-americanos: Dom Cláudio Hummes; o arcebispo de Bogotá, Pedro Cardeal Rubiano Sáenz;[113] o arcebispo de Buenos Aires, cardeal Jorge Mário Bergoglio,[114] e juntos foram até o Papa Bento XVI e recomendaram: "Santo Padre, a V Conferência do Celam está para ser realizada em Roma, sabemos disso e não temos objeção, mas gostaríamos de sugerir

---

[111] PAPA BENTO XVI. *Audiência Geral*, junho de 2005.

[112] Francisco Javier Errázuriz Ossa nasceu em Santiago do Chile no dia 5 de setembro, é um cardeal chileno, arcebispo emérito de Santiago do Chile, foi presidente do Conselho Episcopal Latino-Americano.

[113] Pedro Cardeal Rubiano Sáenz nasceu em Valle del Cauca, Colômbia, no dia 13 de setembro de 1932 é um bispo católico, cardeal, é o arcebispo emérito de Bogotá.

[114] Foi criado cardeal no Consistório Ordinário Público de 2001, ocorrido em 21 de fevereiro de 2001, presidido pelo Papa João Paulo II, recebendo o título de cardeal-presbítero de São Roberto Belarmino. Quando foi nomeado, convenceu centenas de argentinos a não viajarem para Roma. Em vez de irem ao Vaticano celebrar a nomeação, pediu que dessem o dinheiro da viagem aos pobres.

ao senhor que, se for possível, a conferência volte a se realizar na América Latina. É uma tradição fazermos essa Conferência lá, onde já fizemos quatro Conferências. Isso seria muito bom, seria muito bem aceito e bem visto pelos bispos da América Latina e do Caribe".[115] O Papa ouviu e respondeu: "A V Conferência será na América Latina, no Brasil e em Aparecida".[116][*][117] Foi uma surpresa geral ao verem que o Papa Bento XVI decidiu por Aparecida, sem mesmo ser indicada. Ao saber da notícia, Dom Damasceno entendeu que "o Papa Bento XVI desfez o meu presságio e deve ter desagradado alguns que pensavam diferente".[118]

Os cardeais não sugeriram Aparecida, porque havia uma decisão de que a V Conferência do Celam deveria ser no Equador, em Quito. Mas, tinha o problema da saúde do coração do Papa Bento XVI, não haveria como ser realizada em Quito, por causa de estar a 2.800 metros de altitude. Os equatorianos reagiram dizendo que se não pudesse ser na capital poderia ser em Guayaquil, nível do mar, mas essa opção não foi aceita.[119]

Na verdade, tudo aconteceu em "efeito dominó", além de Dom Damasceno convidar o Papa, pessoalmente, e por meio de uma carta; também, a CNBB, convidou o Sumo Pontífice para vir ao Brasil e os dirigentes do Celam o convidaram para visitar a América Latina. Era uma mostra do quanto os latino-americanos e brasileiros queriam a visita do Papa.

A notícia explodiu em todas as mídias mundiais: "arcebispo de Aparecida convida Papa Bento XVI para ir até Aparecida". Foi com muita alegria que Dom Raymundo Damasceno Assis, no dia 15 de outubro de 2005, anunciou a escolha da cidade de Aparecida como sede da V Conferência do Episcopado Latino-Americano.

---

[115] Dom Raymundo Cardeal Damasceno Assis, Aparecida-SP, 9 de outubro de 2017; EPEO.

[116] *Diário de Atividades do Sr. Arcebispo de Aparecida Dom Raymundo Cardeal Damasceno Assis*, 2005, p. 25. Inédito.

[117] LINK – II PARTE – DOIS PAPAS EM APARECIDA – SEMINÁRIO BOM JESUS.

[118] *Diário de Atividades do Sr. Arcebispo de Aparecida Dom Raymundo Cardeal Damasceno Assis*, 2005, p. 25. Inédito.

[119] Dom Raymundo Cardeal Damasceno Assis, Aparecida-SP, 9 de outubro de 2017; EPEO.

"Bento XVI escolheu o local da reunião, Aparecida. A opção pelo Brasil surpreendeu até os brasileiros, pois se falava em Argentina, Chile e Equador. Pesaram na escolha a preferência por um santuário mariano, como queria o Papa, e as facilidades logísticas do Santuário Nacional de Aparecida. O fato de o arcebispo de Aparecida, Dom Raymundo Damasceno Assis, haver sido secretário-geral do Celam, com bom trânsito no episcopado do continente, foi um ganho extra."[120]

Foi uma decisão muito particular do Papa.[121] A notícia foi simultânea[*][122] na rádio Vaticano e em Aparecida pelo arcebispo, na missa das 9h, no Santuário Nacional, transmitida pela *TV Aparecida*, *Rede Vida* e *Rede Católica de Rádio*. Foi uma grata surpresa para a América Latina e, em particular, para o Brasil.[123]

Representando o Departamento de Comunicação do Celam, padre David Gutierrez, venezuelano, em 25 de janeiro de 2006, chegou a Aparecida para tratar da V Conferência Geral dos Bispos da América Latina e do Caribe, para participar de uma reunião preparatória. Nesse mesmo ano, no dia de seu aniversário (15 de fevereiro), Dom Damasceno esteve em audiência pública com o Santo Padre Bento XVI. E, dois dias depois, reuniu-se com doutor Alberto Gasbarri, responsável pelas viagens do Santo Padre ao exterior, para tratar da visita do Papa a Aparecida.[124] Inclusive, na agenda do Papa estava a canonização de Antônio de Sant'Anna Galvão[*][125] marcada para o dia 11 de maio de 2007, durante a visita do pontífice ao Brasil.

O ano de 2007 prometia intensas atividades, as equipes coordenadoras do Celam realizavam suas tarefas com primor, as obras da reforma do prédio Bom Jesus estavam em fase de acabamento. Em uma sexta-feira,

---

[120] *Em seu principal compromisso, Bento XVI abre V CELAM*. In: Jornal *O Estado de São Paulo* (ESTADÃO), 13 de maio de 2007.
[121] Dom Raymundo Cardeal Damasceno Assis, Aparecida-SP, 9 de outubro de 2017; EPEO.
[122] LINK CAPÍTULO II – PAPAS EM APARECIDA – PAPA BENTO XVI.
[123] *Diário de Atividades do Sr. Arcebispo de Aparecida Dom Raymundo Cardeal Damasceno Assis*, 2005, p. 25.Inédito.
[124] Idem, 2006, p. 3. Inédito.
[125] LINK – II PARTE – PAPAS EM APARECIDA – PAPA BENTO XVI.

dia 30 de março de 2007, na residência do arcebispo de Aparecida, houve uma coletiva à imprensa com Dom Damasceno, Cláudio Pastro, Silvia Aquino, padre José Luís Majella, engenheiro Sidney, doutor Paulo Skaf, senhor Luís Carlos Vieira, doutor Ricardo Julião, doutor Fernando Botelho, irmão Viveiros; para colocações a respeito da V Conferência e da visita do Papa a Aparecida.

***

IX. A V Conferência

> "É motivo de grande alegria estar hoje aqui convosco, para inaugurar a V Conferência Geral do Episcopado Latino-Americano e do Caribe, que se celebra junto ao Santuário de Nossa Senhora Aparecida, Padroeira do Brasil. Quero que as minhas primeiras palavras sejam de ação de graças e de louvor a Deus pelo grande dom da fé cristã às populações deste continente."[126]
> (Papa Bento XVI)

O Conselho Episcopal da América Latina, desde abril de 2007, convidou todo o povo latino-americano a rezar e divulgar a oração do Papa Bento XVI para a V Conferência Geral do Episcopado da América Latina e do Caribe. Na intenção de que a Conferência acontecesse em clima de harmonia, religiosidade e com muita felicidade. Invocando os dons do Espírito Santo para iluminar as mentes e despertar o desejo do amor ao próximo e o ardor para anunciar Cristo.

> "Senhor Jesus Cristo,
> Caminho, Verdade e Vida,
> rosto humano de Deus

---

[126] PAPA BENTO XVI. Discurso. Sala das Conferências - Santuário de Aparecida, maio de 2007.

e rosto divino do homem,
acendei em nossos corações
o amor ao Pai que está no céu
e a alegria de sermos cristãos."[127]

A preparação para as atividades da V Conferência Geral do Episcopado Latino-Americano, em Aparecida, transcorreu na maior tranquilidade. Dom Damasceno havia sido secretário da IV Conferência, em Santo Domingo, e tinha vasta experiência de como conduzir uma conferência. Por essa razão, a V Conferência em Aparecida foi um alívio, em contraste com a IV Conferência em Santo Domingo. A tranquilidade foi tanta que dirigentes do Celam foram até Aparecida somente para ver e se informar do que estava sendo feito, como resultado final, durante a preparação. O presidente do Celam não precisou ir a Aparecida verificar o desempenho de trabalho das equipes.

Toda a logística de infraestrutura e de comunicação esteve a cargo do Santuário Nacional, com acompanhamento de Dom Damasceno. O secretário-geral do Celam, Dom Andrés Stanovnik[128] algumas vezes esteve presente para acompanhar o trabalho, sem se preocupar, pois sabia que tudo estava sendo encaminhado. E comentou com Dom Damasceno: "Sabemos que tudo está em suas mãos, por isso não há preocupação com a V Conferência".[129] Realmente, a estrutura operacional estava pronta, a equipe toda formada; os recursos de hospedagem, toda a infraestrutura de comunicação implementada, questões resolvidas com a colaboração de tantas pessoas generosas e competentes.

As reuniões eram constantes na residência arquiepiscopal, com diocesanos, sindicato de hotéis e restaurantes de Aparecida, para tratar da hospedagem dos participantes da V Conferência; com engenheiros para

---

[127] PAPA BENTO XVI. Fragmento da *Oração para a V Conferência Geral do Episcopado da América Latina e do Caribe*, 2007.
[128] Dom Andrés Stanovnik, OFM Cap, nasceu em Buenos Aires, Argentina, no dia 15 de dezembro, é arcebispo de Corrientes, Argentina.
[129] Dom Raymundo Cardeal Damasceno Assis, Aparecida-SP, 9 de outubro de 2017; EPEO.

definirem como adaptar o auditório Padre Sotillo com som, tradução simultânea, local para imprensa etc.[130] Reuniões com políticos de Aparecida, com o Conselho Econômico da Arquidiocese etc. Também, os bispos do Celam estiveram em reuniões com Dom Damasceno, no ano de 2006, Dom Juan Sarasti, arcebispo de Cali, Colômbia e Dom Manoel Francisco, da CNBB, para tratar das celebrações litúrgicas da V Conferência de Aparecida.[131] Houve reuniões com agências de viagens para tratar da logística de locomoção dos participantes da Conferência.

Foram várias as preocupações que precisavam ser resolvidas para que a V Conferência e a estada do Papa em Aparecida transcorressem na mais santa paz. Dom Damasceno não deixou passar nem um detalhe e, com equipes e comissões, juntos controlaram as variáveis e finalizaram, até mesmo, os pequenos detalhes. O arcebispo de Aparecida participou das reuniões, das mais simples até as mais complexas.[*][132] Até mesmo a questão do vinho para as celebrações eucarísticas e refeições de participantes, nos hotéis. Uma incansável e prazerosa tarefa de quem vive na alegria do Senhor.

***

X. Abertura da V Conferência

> "Porém, o que significou a aceitação da fé cristã para os povos da América Latina e do Caribe? Para eles, significou conhecer e acolher Cristo, o Deus desconhecido que os seus antepassados, sem o saber, buscavam nas suas ricas tradições religiosas. Cristo era o Salvador que esperavam silenciosamente."[133]
> (Papa Bento XVI)

---

[130] *Diário de Atividades do Sr. Arcebispo de Aparecida Dom Raymundo Cardeal Damasceno Assis*, 2006, p. 6. Inédito.
[131] Idem, p. 8. Inédito.
[132] LINK – III PARTE – ARCEBISPO DE APARECIDA.
[133] PAPA BENTO XVI. Discurso. Sala das Conferências - Santuário de Aparecida Domingo, maio de 2007.

A chegada do Papa Bento XVI foi motivo de grande alegria para a nação brasileira,[*][134] independentemente da condição sócio, religiosa, econômica e cultural de cada um. Uma grande massa queria ver o Papa. No dia 9 de maio de 2007, em São Paulo, Dom Damasceno participou do Encontro do Papa Bento XVI com os Jovens, que se realizou no estádio do Pacaembu.[135]

O Papa Bento XVI[136] esteve presente no Brasil do dia 9 ao dia 13 de maio. "Em 13 de maio passado, aos pés da Santíssima Virgem Nossa Senhora Aparecida, no Brasil, inaugurei com grande alegria a V Conferência Geral do Episcopado Latino-Americano e do Caribe."[137]

Foto: à direita do Papa Bento XVI, o cardeal Giovanni Battista Ré e Dom Damasceno; à esquerda o cardeal Francisco Javier Errazuris Ossa, cardeal Geraldo Majella Agnelo, monsenhor Andrés Stanovnik,[138] Aparecida, Brasil, maio de 2007.

---

[134] LINK – II PARTE – PAPAS EM APARECIDA – PAPA BENTO XVI.
[135] Estádio Municipal Paulo Machado de Carvalho.
[136] PAPA BENTO XVI é o terceiro Papa a viajar à América Latina para abrir, pessoalmente, as conferências do continente. Paulo VI inaugurou a 2ª Conferência em Medellín, na Colômbia, em 1968, e João Paulo II as duas seguintes - a 3ª em Puebla, no México, em 1979, e a 4ª em Santo Domingo, na República Dominicana, em 1992. Na 1ª conferência, no Rio, em 1955, quando foi criado o Conselho Episcopal Latino-Americano, Celam, Pio XII mandou um representante.
[137] Fragmento de *Carta de S.S. Bento XVI aos irmãos no Episcopado da América Latina e Caribe*. In: *Documento Final, V Conferência Geral do Episcopado Latino-Americano e do Caribe*, Aparecida, 13-31 de maio de 2007.
[138] Foto: acervo do Celam, Bogotá, Colômbia; EPEO.

O discurso do Sumo Pontífice, na Sala das Conferências, emocionou os religiosos e leigos presentes, foram vários temas abordados, dentre eles: Evangelização, Celebração Eucarística, Democracia, Comunismo, Família, Pobreza, Sacerdócio, Religiosos, Religiosas, Consagrados, Leigos, Jovens vocacionados e a Fé. No mesmo dia em que fez a abertura da V Conferência, o Sumo Pontífice se despediu do Brasil,[*][139] deixando saudade nos brasileiros e nos latino-americanos.

Foto: abertura Oficial da V Conferência, pelo papa Bento XVI,[140] Aparecida-SP, maio de 2007.

"A fé em Deus animou a vida e a cultura destes povos durante cinco séculos. Do encontro desta fé com as etnias originárias nasceu a rica cultura cristã deste continente, manifestada na arte, na música, na literatura e, sobretudo, nas tradições religiosas e na idiossincrasia das suas populações, unidas por uma única história e por um mesmo credo, e formando uma grande sintonia na diversidade das culturas e das línguas. Na atualidade, esta mesma fé tem que enfrentar sérios

---

[139] LINK – II PARTE – PAPAS EM APARECIDA – PAPA BENTO XVI.
[140] Foto: acervo do Celam, Bogotá, Colômbia; EPEO.

desafios, pois estão em jogo o desenvolvimento harmônico da sociedade e a identidade católica dos seus povos. A este respeito, a V Conferência Geral vai refletir sobre esta situação para ajudar os fiéis cristãos a viver a sua fé com alegria e coerência, a tomar consciência de que são discípulos e missionários de Cristo, enviados por Ele ao mundo para anunciar e dar testemunho da nossa fé e amor."[141]

XI. Reuniões de estudos

"Em última instância, somente a verdade unifica, e a sua prova é o amor. Por isso Cristo, dado que é realmente o *Logos* encarnado, 'o amor até ao extremo', não é alheio a qualquer cultura, nem a qualquer pessoa; pelo contrário, a resposta desejada no coração das culturas é o que lhes dá a sua identidade última, unindo a humanidade e respeitando, ao mesmo tempo, a riqueza das diversidades, abrindo todos ao crescimento na verdadeira humanização, no progresso autêntico. O Verbo de Deus, tornando-se carne em Jesus Cristo, fez-se também história e cultura."[142]
(Papa Bento XVI)

O tema da V Conferência foi: "Discípulos e Missionários de Jesus Cristo, para que nele nossos povos tenham vida", inspirado na passagem do Evangelho de João que narra "Eu sou o Caminho, a Verdade e a Vida" (Jo 14,6).

A V Conferência foi presidida por: cardeal Geraldo Majella Agnelo um dos presidentes; ao lado do cardeal Giovanni Battista Ré, prefeito para a Congregação dos bispos; e do cardeal Francisco Javier Errázuriz Ossa, arcebispo de Santiago e presidente do Celam. O arcebispo de São Paulo, Dom Odilo Pedro Scherer, foi um dos secretários, com o argentino Dom Andrés Stanovnik, bispo de Reconquista

---

[141] PAPA BENTO XVI. Discurso. Sala das Conferências - Santuário de Aparecida Domingo, maio de 2007.
[142] Idem.

e secretário-geral do Celam. Outros dois cardeais brasileiros participaram da V Conferência: o arcebispo do Rio de Janeiro, Dom Eusébio Oscar Scheid,[143] e o prefeito da Congregação para o Clero, Dom Cláudio Hummes, que foi nomeado por Bento XVI. O cardeal Jorge Bergoglio, arcebispo de Buenos Aires, foi o presidente da Comissão de Redação do Documento Final. Por ser o redator, ficava até mais tarde redigindo o documento, "quando o cardeal Bergoglio chegava todos os participantes da V Conferência (que estavam hospedados no Marge Hotel) já tinham jantado e estavam recolhidos em seus quartos, pois já era tarde da noite. Fábio Henrique, da família Chad, era o gerente do hotel e esperava o arcebispo de Buenos Aires chegar. Dom Bergoglio tomava apenas um chazinho ou uma sopa, falava de futebol, um homem simples".[144]

Foto: parte dos bispos integrantes à V Conferência do Celam,[145] Aparecida-SP, maio de 2007.

---

[143] Eusébio Oscar Scheid, SCJ, nasceu em Luzerna-SC, dia 8 de dezembro de 1932, é padre dehoniano e bispo católico brasileiro; cardeal-arcebispo emérito da arquidiocese do Rio de Janeiro. No consistório de 21 de outubro de 2003, presidido pelo Papa João Paulo II, foi criado cardeal-presbítero com o título da Basílica dos Santos Bonifácio e Aleixo. Participou do Conclave de 2005, que elegeu o Papa Bento XVI.
[144] Maria Lúcia Chad, Aparecida-SP, 5 de dezembro de 2017; EPEO.
[145] Foto: crédito de *Vera de Souza*. Acervo oficial Celan, Bogotá-Colômbia.

Os debates durante os trabalhos da V Conferência foram com tradução simultânea em três idiomas: português, espanhol e inglês. A Conferência foi composta de 162 delegados de 22 países, 81 convidados, 8 observadores e 15 peritos, no total de 266 participantes, dos quais apenas 20 foram mulheres. Contendo 27 cardeais, 17 latino-americanos e 10 nomeados pelo Papa atual. A maior representação foi a do Brasil, "com 3 cardeais, 23 bispos e 14 convidados, entre eles 4 peritos e 2 observadores de outras religiões".[146] Os trabalhos da V Conferência se realizaram no subsolo da Basílica, no auditório Noé Sotillo.[147]

Foto: reunião da V Conferência no subsolo da Basílica de Aparecida.[148] Na primeira fileira da foto, da esquerda para direita do leitor: cardeal Jaime Ortega (Cuba); cardeal Pedro Rubiano Sáenz (Bogotá); cardeal Julio Terrazas Sandoval, arcebispo de Santa Cruz de La Sierra; cardeal Jorge Bergoglio (Argentina), cardeal Cláudio Hummes (Brasil); cardeal Joseph Levada, prefeito da Congregação para a Doutrina da Fé; Aparecida-SP, maio de 2007.

Em Aparecida foi de grande importância para os bispos o contato com os fiéis, peregrinos que diariamente participavam das missas e visitavam a imagem da Imaculada Conceição Aparecida. Outro "ponto

---

[146] *Em seu principal compromisso, Bento XVI abre V CELAM*. G1, 13 de maio de 2007. In: site *globo*, acesso em 28 de outubro de 2017.
[147] Padre Noé Sotillo apesar de ser mais conhecido como o administrador e econômo do Santuário Nacional, foi também um grande missionário, atuando vários anos na Equipe Missionária. Nasceu dia 13 de março de 1921 na cidade de Cerquilho-SP e faleceu no dia 23 de setembro de 1966, em Pouso Alegre-MG.
[148] Foto: crédito de padre *Geraldo Martins Dias*.

original e positivo da Conferência de Aparecida foi a importância e a benfazeja influência que o entorno físico e humano teve sobre os bispos, diferentemente das outras, em que eles viveram isolados. Participavam da celebração eucarística diária na Basílica com os fiéis peregrinos, apercebendo-lhes assim a piedade simples e fervorosa. A religiosidade popular deixou de ser tema teórico para tornar-se experiência dos bispos, especialmente a piedade mariana".[149]

A V Conferência transcorreu em paz. Dom Damasceno, sempre atento aos acontecimentos, ocupava-se, constantemente, em oferecer aos bispos, arcebispos, cardeais e participantes a melhor acomodação possível. Foi necessária uma atenção maior para com o cardeal Lopez Trujillo, presidente do Pontifício Conselho para a Família, que esteve doente durante quase todos os dias.[150] A conferência terminou no dia 31 de maio, ocasião em que os bispos encerraram os debates, após votação do documento com as conclusões. "Muito mais amplo, o documento final se estruturou em torno de três eixos centrais, seguindo o método *ver-julgar-agir*. No primeiro, os bispos olharam, já na perspectiva da fé em Jesus Cristo, para a realidade sociocultural, econômica, política e eclesial. O juízo teológico, correspondente ao segundo eixo, consistiu na elaboração das dimensões cristológicas e eclesiológicas da ação evangelizadora da Igreja do continente Latino-Americano e Caribenho. O terceiro orientou-se para o agir pastoral. A missão da Igreja, e particularmente, de cada cristão entendida em anunciar a nossos povos a vida nova em Cristo. A conclusão do documento retomou incisivamente a ideia central de "despertar a Igreja na América Latina e Caribe para um grande impulso missionário".[151]

O texto final, aprovado em plenário, foi enviado a Roma para ser publicado, oficialmente, após a aprovação de Bento XVI. No encerra-

---

[149] LIBANIO, Pe. J. B. Artigo. *Conferência de Aparecida, novembro-dezembro de 2007*, p. 20-26. In: site *Paulus*; acesso em 1º de novembro de 2017.
[150] *Diário de Atividades do Sr. Arcebispo de Aparecida Dom Raymundo Cardeal Damasceno Assis*, 2007, p. 14. Inédito.
[151] LIBANIO, Pe. J. B. Artigo *Conferência de Aparecida, novembro-dezembro de 2007*, p. 20-26. In: site *Paulus*; acesso em 1º de novembro de 2017.

mento, no Seminário Bom Jesus, houve almoço de despedida dos participantes da V Conferência. À noite, Dom Damasceno aceitou o convite feito pelo cardeal arcebispo de Buenos Aires.

Foto: cardeal arcebispo de Buenos Aires, Jorge Mario Bergoglio,[152] Aparecida-SP, maio de 2007.

"Fui à despedida do grupo de argentinos, com o cardeal Bergoglio, que estava no *Hotel Marge*, à noite; o cardeal estava me esperando na porta."[153] O arcebispo de Buenos Aires fez questão de aguardar o anfitrião Damasceno o tempo que fosse necessário, junto com os donos do hotel, à porta, "uma característica da personalidade dele, um homem aberto às pessoas, ele era um cardeal, mas enquanto Dom Damasceno não chegou ele não entrou, como quem dizia: 'Eu vou acolher você meu amigo'".[154]

Para participar da festa, dona Maria Lúcia e familiares chamaram outros sacerdotes também, mesmo que hospedados em outros locais, já que a festa era aberta ao público. Foi Dom Damasceno quem acolheu

---

[152] Foto: acervo da família Chad, Marge Hotel, Aparecida-SP, maio de 2007.
[153] Dom Raymundo Cardeal Damasceno Assis, Aparecida-SP, 9 de outubro de 2017; EPEO.
[154] Maria Lúcia Chad, Aparecida-SP, 5 de dezembro de 2017; EPEO.

os amigos que chegavam para a festa, sempre alegre, muito educado. Cada uma das irmãs responsáveis pelo hotel teve uma participação na festa, Regina Helena Chad de Castro, Maria Helena de Aquino Chad e Maria Lúcia Chad. Dom Damasceno colocou a imagem de Nossa Senhora no altarzinho, com florzinha natural. "E, o jantar foi uma verdadeira cerimônia religiosa, com entrada de Nossa Senhora Aparecida no restaurante, as pessoas cantando *Salve Regina*."[155]

Foto: festa de despedida dos hóspedes do Marge Hotel – V Conferência,[156] em pé a anfitriã Maria Lúcia Chad (uma das donas do hotel) e padre Luis Majella, C.Ss.R, sentados: Dom Bergoglio, Dom Damasceno.

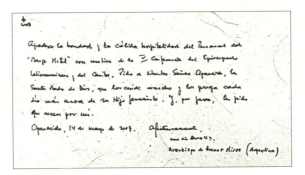

Foto: mensagem que o cardeal Bergoglio (antes de se tornar Papa Francisco) deixou registrado no livro de presença do Marge Hotel,[157] Aparecida-SP, 2007.

---

[155] Dom Raymundo Cardeal Damasceno Assis, Aparecida-SP, 9 de outubro de 2017; EPEO.
[156] Foto: acervo da família Chad, Marge Hotel, Aparecida-SP, maio de 2007.
[157] Documento: acervo da família Chad, Marge Hotel, Aparecida-SP, maio de 2007.

"Agradeço a bondade, a calorosa hospitalidade das pessoas do 'Marge Hotel' com motivo da V Conferência do Episcopado Latino-Americano, do Caribe. Peço a Nossa Senhora Aparecida, a Santa Mãe de Deus, que cuide muito de vocês, e os coloque a cada dia mais próximo de seu Filho Jesus Cristo. E, por favor, eu peço que rezem por mim.

Aparecida, 14 de maio de 2007.
Afetuosamente,
Jorge Mario Bergoglio
Arcebispo de Buenos Aires (Argentina)"

Foto: Dom Euzébio e o cardeal Bergoglio, momento em que o cardeal Bergoglio inaugura, no Hotel Marge, a placa de comemoração da V Conferência,[158] Aparecida-SP, maio de 2007.

Uma das características principais que se notava no cardeal Bergoglio era a quietude. Dona Maria Lúcia lembra que sempre que alguém pedia para rezar por ele, o cardeal dizia: "Reze por mim também". Por isso, quando ela viu aquele homem simples que havia conquistado o coração da família Chad, em 2007, ser apresentado ao mundo como Papa

---

[158] Foto: acervo da família Chad, Marge Hotel, Aparecida-SP, maio de 2007.

Francisco, ficou emocionada... "e quando ele disse: 'Rezem por mim', ele se fez reconhecer".[159][*][160] O poder em ser Sumo Pontífice não modificou a essência do cardeal Jorge Mário Bergoglio.

Criou-se um clima muito familiar, religioso e respeitoso, para os donos de hotéis; era uma honra receber e hospedar uma figura religiosa durante a V Conferência. Muitos conservam o nome do bispo, até hoje, na porta do hotel. Isso fez com que houvesse uma mudança muito grande na área hospitaleira em Aparecida.[*][161] "Nessa época, Dom Damasceno era nosso arcebispo e ele sempre tinha um olhar além, sabia que era importante que o mundo inteiro visse essa realidade de Aparecida, no sentido de que é aqui que encontramos o povo brasileiro, por meio de Nossa Senhora. Estou me referindo à realidade religiosa do país. Com isso, Aparecida projetou-se, por causa desse olhar aguçado de Dom Damasceno."[162]

A V Conferência contribuiu para a divulgação mariana que ocorre em Aparecida, direcionando uma linha íntegra da fé cristã junto ao fluxo religioso da América Latina. A presença do Santo Padre foi providencial, como leme indicando que a nau capitânia Celam continuaria com suas Conferências Gerais realizadas na América Latina. O sorriso do Papa indicava a felicidade em servir a Cristo em terras latino-americanas e caribenhas. Os pronunciamentos do Santo Padre, na visita ao Brasil, para a abertura da V Conferência, tiveram repercussão mundial. "Além de dois textos importantes que o Papa tinha promulgado: a Encíclica *Deus Caritas Est* e a Exortação Pós-Sinodal *Sacramentum Caritatis*; os discursos que ele fez na visita a São Paulo e na inauguração da Conferência marcaram de tal modo o documento final, que este o citou várias dezenas de vezes."[163] A próxima Assembleia Plenária do Celam foi marcada para ocorrer em Havana, Cuba.

---

[159] Maria Lúcia Chad, Aparecida-SP, em 5 de dezembro de 2017; EPEO.
[160] LINK – II PARTE – PAPAS EM APARECIDA – PAPA FRANCISCO.
[161] LINK – III PARTE – ARCEBISPO DE APARECIDA.
[162] Maria Lúcia Chad, Aparecida-SP, 5 de dezembro de 2017; EPEO.
[163] LIBANIO, Pe. J. B. Artigo *Conferência de Aparecida, Novembro-Dezembro de 2007*, p. 20-26. In: site paulus; acesso em 1 de novembro de 2017.

XII. Presidente do CELAM

> "Não existem palavras para exprimir a alegria de encontrar-me convosco para celebrar esta solene Eucaristia, por ocasião da abertura da Quinta Conferência Geral do Episcopado Latino-Americano e do Caribe. A todos saúdo com muita cordialidade, de modo particular ao Arcebispo de Aparecida, Dom Raymundo Damasceno Assis, agradecendo as palavras que me foram dirigidas em nome de toda a assembleia, e os Cardeais Presidentes desta Conferência Geral."[164]
> (Papa Bento XVI)

A 31ª Assembleia Ordinária do Celam teve abertura em uma terça-feira, dia 10 de julho de 2007, e, pela primeira vez, em Havana, Cuba. Logo no primeiro dia, o cardeal Errázuriz, depois de ter conhecimento do resultado dos trabalhos do último quadriênio, lembrou que era preciso eleger nova diretoria para o período de 2007 a 2011. "Certamente, teremos presentes os bispos que mais sobressaíram em nossa recente Assembleia no Brasil – apontou –, e elegeremos os que melhor garantam a expansão do espírito de Aparecida, e impulsionem a implementação das orientações pastorais da V Conferência Geral."[165]

Em um clima de descontração, naquele dia, às 18h, Dom Raymundo Damasceno Assis, arcebispo de Aparecida, foi eleito presidente do Conselho Episcopal Latino-Americano. Dom Carlos Aguiar, mexicano, apresentou-se como alternativa.[166] Como primeiro vice-presidente elegeram o arcebispo Baltazar Porras Cardozo, arcebispo de Mérida, Venezuela; e como segundo vice-presidente, o bispo Dom Andrés Stanovnik, OFM, bispo de Reconquista, Argentina. Monsenhor Víctor

---

[164] PAPA BENTO XVI. *Homilia - Santa Missa de Inauguração da V conferência Geral do Episcopado da América Latina e do Caribe*, maio de 2007.
[165] Novo presidente do Conselho Episcopal Latino-Americano, O arcebispo de Aparecida eleito em Assembleia Planária. In: site *zenit*, acesso em 1º de novembro de 2017.
[166] *Diário de Atividades do Sr. Arcebispo de Aparecida Dom Raymundo Cardeal Damasceno Assis*, 2007, p. 18. Inédito.

———————— Bloco 2 – CELAM ————————

Sánchez Espinosa,[167] eleito secretário-geral, e monsenhor Emílio Aranguren, Cuba, presidente do Comitê Econômico, "Dom Damasceno assumiu a presidência do Celam em julho de 2007, imediatamente após a celebração da V Conferência Geral do Celam, em Aparecida, Brasil".[168]

> **Cfr. BOLETIN CELAM 316, elaborado por la Secretaría General**
>
> Confiamos a las oraciones y a la fraterna comunión de las Conferencias Episcopales y a nuestros Obispos las nuevas directivas del CELAM para que estas puedan realizar sus encargos y programas en forma creativa y generosa en favor de ellas para bien de nuestros pueblos. Le damos una especial bienvenida a todos en las personas del nuevo Presidente, Mons. Raymundo Damasceno, Arzobispo de Aparecida, Brasil, y de Mons. Víctor Sánchez, Obispo Auxiliar de México y nuevo Secretario General.

Foto: boletim 316, Celam , Bogotá, Colômbia, 2007.[169]

Cf. BOLETIM Celam 316, elaborado pela Secretaria Geral
Confiamos às orações e à comunhão fraterna das Conferências Episcopais e aos nossos Bispos os novos dirigentes do Celam para que possam realizar suas comissões e programas de forma criativa e generosa a favor delas pelo bem dos nossos povos. Damos uma especial boas-vindas a todos, nas pessoas do novo Presidente, Mons. Raymundo Damasceno, Arcebispo de Aparecida, Brasil, e de Mons. Víctor Sánchez, Bispo Auxiliar do México e novo secretário-geral.

No Brasil, o clero em geral, os fiéis, os amigos e parentes parabenizaram Dom Damasceno pelo novo cargo. Ficou registrado no livro de Ata do COE:

---

[167] *Víctor Sánchez* Espinosa nasceu em Santa Cruz Puebla, localidade de Tlancualpicán, município de Chiautla, México, em 21 de maio de 1950. Ele foi ordenado sacerdote, em 1976, pelo arcebispo do México, monsenhor Enesto Corripio Ahumada, e recebeu ordenação episcopal em 26 de março do mesmo ano, na Basílica de Nossa Senhora de Guadalupe.
[168] Blanca González de Inger, Bogotá, Colômbia, 26 de novembro de 2017; EPEO.
[169] Documento cedido pelo Celam, Bogotá, Colômbia, novembro de 2017; EPEO.

"Sabemos que a investidura neste importante cargo se deve à grande capacidade e liderança de nosso arcebispo, junto ao episcopado. Desejamos que o Espírito Santo de Deus seja pródigo em bênçãos e luzes, pelo pleno êxito de seu trabalho a serviço da Igreja, na Evangelização dos povos da América Latina".[170]

"As reuniões com os bispos eram muito serenas, muito gentis. Havia uma atmosfera de especial comunhão fraterna com o cardeal Damasceno. A equipe de trabalho da época foi muito forte e complementada. Eles apreciaram muito."[171] Uma das tarefas da nova presidência, a partir daquela assembleia, foi a de colocar em prática a conclusão da Conferência de Aparecida; era preciso estudar uma maneira de aplicação do *Documento Final*, recém-aprovado por Bento XVI. O cardeal Francisco Javier Errázuriz Ossa, em seu discurso de abertura dos trabalhos, ainda presidente do Celam, naquela assembleia em Cuba, descreveu o *Documento de Aparecida* como um instrumento providencial para estreitar o afeto colegial e a colaboração pastoral: "Um lugar privilegiado em nossas reflexões será ocupado pela Missão Continental – confirmou. Teremos um intercâmbio sobre suas características, aprovaremos alguns elementos comuns, e algumas tarefas serão confiadas ao Celam para que a Missão seja muito fecunda e abarque toda a América Latina e o Caribe".[172]

O jornal *Granma*,[173] Cuba, edição do dia 13 de julho de 2007, informou que Carlos Lage e Esteban Lazo, vice-presidentes cubanos, em um "ambiente cordial e construtivo" se reuniram com Dom Raymundo Damasceno Assis, novo presidente do Conselho Episcopal Latino-Americano, e o cardeal Jaime Ortega, arcebispo de Havana, conversaram e

---

[170] *Ata da 24ª Reunião do COE – Conselho Arquidiocesano de Assuntos Econômicos da Arquidiocese de Aparecida*, 18 de junho de 2007. Inédito.

[171] Blanca González de Inger, Bogotá, Colômbia, 26 de novembro de 2017; EPEO.

[172] Novo presidente do Conselho Episcopal Latino-Americano, O arcebispo de Aparecida eleito em Assembleia Planária. In: site *zenit*, acesso em 1º de novembro de 2017.

[173]*Granma* é o jornal oficial do Comitê Central do Partido Comunista Cubano. Periodicidade, de segunda-feira à sábado. Formato, Standard. Sua fundação foi no dia 3 de outubro de 1965.

trocaram ideias a respeito da realidade de Cuba. O arcebispo cubano explicou os desafios que enfrentava seu país, "os efeitos negativos do bloqueio na população e na economia, assim como os programas de colaboração com os países latino-americanos".[174]

Em sua missão como presidente, Dom Damasceno mantinha ótimas relações com os integrantes do Celam. "Suas visitas sempre foram esperadas com prazer e alegria por seu tratamento afetuoso, íntimo e delicado. Nós o ouviamos com alegria. Quando o Celam fez passeios com a equipe, as famílias podiam levar seus filhos e o cardeal Damasceno foi muito especial por seu modo acolhedor e carinhoso; as crianças adoravam estar com ele."[175]

***

XIII. Encontros internacionais

"Como presidente do Celam, o arcebispo de Aparecida não tinha residência permanente na Colômbia, mas em sua arquidiocese, no Brasil. Ele vinha regularmente a Bogotá para as reuniões do Conselho Geral."[176] Em atividades do Celam, Dom Damasceno, Dom Baltazar, Dom Stanovnik, Dom Aranguren e monsenhor Sanchez, visitaram o Papa Bento XVI e os Dicastérios[177] da Cúria Romana, de 21 a 25 de novembro de 2007, delegando para Dom Pedro Fré e padre Nélson as crismas e serem executadas nas paróquias de Guaratinguetá, Lagoinha e Aparecida.[178]

---

[174] In: site *acidigital*; acesso em 29 de outubro de 2017.

[175] Blanca González de Inger, Bogotá, Colômbia, 26 de novembro de 2017; EPEO.

[176] Idem.

[177] Dicastério, etimologicamente do grego: δικαστης, juiz é o nome dado para os departamentos do governo da Igreja Católica que compõem a Cúria Romana. Entre os dicastérios estão: a Secretaria de Estado, as congregações, os tribunais eclesiásticos, conselhos, ofícios, comissões e comitês. O Papa delega a cada dicastério uma função do governo.

[178] *Diário de Atividades do Sr. Arcebispo de Aparecida Dom Raymundo Cardeal Damasceno Assis*, 2007, p. 28. Inédito.

As atividades de Dom Damasceno iam muito além das de arcebispo na arquidiocese de Aparecida e todas foram nomeações provenientes do Sumo Pontífice e ele sempre acatou as decisões do Papa, na lembrança de que o Papa é o líder da Igreja Católica e a ele deve obediência.

Foto: Papa Bento XVI e Presidência do Celam,[179] presidente Dom Damasceno; primeiro vice-presidente monsenhor Baltazar (à esquerda de Dom Damasceno), Papa Bento XVI, segundo vice-presidente monsenhor André Stanovnik (do lado direito do Papa), secretário-geral monsenhor Leopoldo Gonzalez (ao lado do monsenhor André), Vaticano, 2007.

No começo do ano de 2008, no mês fevereiro, Dom Damasceno teve vasta programação internacional a cumprir em sua agenda de atividades como presidente do Celam. Durante a comemoração dos 50 anos da *Misereor*,[180] de 7 a 10 de fevereiro de 2008, em Johannesburgo, África do Sul, Dom Raymundo Damasceno discursou sobre o tema *Justiça para los pobres en América-latina: Experiências e Desafios*. Logo em seguida, do dia 10 ao dia 13 do mesmo mês, participou em Nova York, EUA, do *XX-XIII Encontro Ecclesia in América*, com a presidência da Conferência dos

---
[179] Foto: acervo do Celam, Bogotá, Colômbia; EPEO.
[180] Sede em Aachen, Alemanha.

Estados Unidos e a Presidência da Conferência do Canadá. Da África à América do Norte foram 18h de voo e o presidente do Celam sempre preparado... vivendo na alegria do Senhor.

Com ânimo e disposição, mesmo depois de participar de tantos eventos pelo mundo, Dom Damasceno chegou a Bogotá, no dia 14 de fevereiro, para reunião da Presidência do Celam. No dia seguinte, sendo seu aniversário, o secretário-geral da época, Dom José Leopoldo González, bispo auxiliar de Guadalajara, México, e padre Sidney Fones, chileno, secretário-adjunto, resolveram fazer uma festa na sede da Secretaria Geral do Celam, em comemoração aos 71 anos de Dom Damasceno. No âmbito do Celam alguns dos bispos convidados foram "o Senhor Núncio na Colômbia e bispos mais próximos da Conferência Episcopal da Colômbia. O cardeal aceitou essa manifestação com surpresa e alegria. Ele estava muito animado".[181]

***

XIV. Congresso Missionário Americano – CAM 3 – COMLA 8

As atividades do presidente do Celam nas reuniões dos dirigentes, na sede em Bogotá, eram frequentes; inclusive palestras em vários países latino-americanos e de outros continentes. Como aconteceu de 11 a 17 de agosto de 2008, quando participou do 3° Congresso Missionário, CAM3, e 8° Congresso Latino-Americano, COMLA 8, em Quito, Equador, sob o lema *América com Cristo: escuta, aprende e anuncia*. Em seu discurso de abertura, como presidente do Celam, Dom Damasceno, cordialmente, saudou as autoridades eclesiais presentes e, também, os que acompanhavam pela mídia naquele dia em que iniciavam, oficialmente, a

---

[181] Blanca González de Inger, Bogotá, Colômbia, 26 de novembro de 2017; EPEO.

Missão Continental proposta pela V Conferência Geral do Episcopado Latino-Americano em Aparecida. Missão que abraçou e levou o amor de Deus a todos, especialmente aos pobres e sofredores, dando-lhes suporte em suas necessidades, na defesa dos seus direitos e na promoção comum de uma sociedade baseada na justiça, solidariedade e paz.[182]

> "A Missão Continental quer promover conscientização e ação missionária permanente para que o espírito missionário permeie toda a nossa vida e as estruturas da Igreja. Dóceis ao Espírito Santo, o verdadeiro protagonista da missão, queremos hoje renovar nosso compromisso de seguir Jesus Cristo, o Caminho, a Verdade e a Vida e permanecer unidos a ele como discípulos dele e obedientes ao seu mandato: conhecer aqueles que estão longe, os esquecidos e abandonados, os construtores da sociedade para anunciar a Boa-Nova de salvação a todos, para que, em Jesus Cristo, possam ter vida e vida em abundância (Jo 10,10)".[183]

A Igreja Latino-Americana e caribenha, motivada pelos apóstolos e pelos missionários que foram exemplos e testemunhos de total dedicação à causa do Evangelho e ao serviço dos mais pobres, começaram a Missão Continental; permanecendo sob a proteção da Santíssima Virgem Maria, tantas vezes invocada por meio dos títulos de Nossa Senhora de Guadalupe e de Nossa Senhora Aparecida.

Naquele dia do 8º Congresso, em Quito, estavam presentes os presidentes das Conferências Episcopais da América Latina e do Caribe, que receberam das mãos do presidente do Conselho Episcopal Latino-Americano, Dom Raymundo Damasceno Assis, uma réplica do tríptico (capelinha) retratando o Cristo evangelizador, que o Papa Bento XVI doou à Conferência de Aparecida.[184] A missa de envio da Missão Continental foi presidida pelo arcebispo de Santo Domingo, cardeal Nicolas

---

[182] *Documento Final, V Conferência Geral do Episcopado Latino-Americano e do Caribe*, Aparecida, p. 550.

[183] Dom Raymundo Damasceno Assis. In: *Discurso inaugural do 3º Congresso Missionário*, CAM3 e 8º Congresso Latino Americano (COMLA 8), 2008.

[184] *Diário de Atividades do Sr. Arcebispo de Aparecida Dom Raymundo Cardeal Damasceno Assis*, 2008, p. 15.Inédito.

de Jesús López Rodriguez, delegado pelo Papa Bento XVI como seu representante.[185] A missa de encerramento do Congresso no dia 17, foi realizada no Estádio da Liga Desportiva Universitária de Quito, tendo sido, a Eucaristia de envio da Missão Continental.

Na cidade do México, do dia 8 ao dia 10 de setembro de 2008, o presidente do Celam participou no Encontro Latino-Americano de Diálogo Judaico-católico, promovido pelo Celam.[186]

Nos primeiros dois anos da presidência de Dom Damasceno no Celam, monsenhor Victor Sanchez, secretário-geral, deixou o cargo em março de 2009, quando tomou posse na arquidiocese de Puebla. Época em que o presidente do Conselho insistiu junto ao núncio, Dom Pierre Christovão, para que deixasse Dom Victor no Celam, porém a nomeação dele para Puebla era mesmo necessária. Dom Pierre prometeu ajudar a encontrar um novo secretário-geral[187] e foi escolhido Dom José Leopoldo González,[188] bispo auxiliar de Guadalajara e secretário-geral da Conferência Episcopal Mexicana.

Mesmo com muitos compromissos em sua agenda, Dom Damasceno participava de todos os eventos em que era necessária a presença da presidência do Celam. Em Aparecida, no dia 29 de junho de 2009, houve missa no auditório Noé Sotillo, no Santuário Nacional, para a abertura do encontro da OSIB/ Celam.[189] Reunião Geral de Coordenação, de 20 a 24 de julho de 2009, em Bogotá, Colômbia.[190] Em junho de 2009[191] e setembro de 2010[192] em visita à Santa Sé.

---

[185] Idem, p. 16.

[186] Idem, p. 17.

[187] Idem, 2009, p. 6.

[188] José Leopoldo González nasceu no dia 7 de fevereiro de 1955, em Canadas de Obregon, Jalisco, é padre mexicano que foi nomeado como primeiro bispo da diocese de Nogales por Papa Francisco, em 19 de março de 2015. Em 2005, foi nomeado bispo auxiliar de Guadalajara e foi também secretário-geral do Episcopado mexicano Conferência e Presidente da Comissão para a pastoral social. Ele possui uma licenciatura em teologia moral.

[189] *Diário de Atividades do Sr. Arcebispo de Aparecida Dom Raymundo Cardeal Damasceno Assis*, 2009, p. 11.Inédito.

[190] Idem, p. 12.

[191] Idem, p. 11.

[192] Idem, p. 22.

Viver na alegria do Senhor

"A presidência do Celam em junho de 2009 fez uma visita à Santa Sé, em particular ao Santo Padre. Foi uma ocasião de um novo encontro com o Pastor Supremo da Igreja que é sempre uma graça e um grande estímulo para a tarefa de comunhão e serviço à Igreja na América Latina e no Caribe. Durante a sua estadia em Roma, visitaram vários Dicastérios, o IOR e o Colégio Pio Latino-Americano, onde o presidente do Celam presidiu a Eucaristia e desfrutou de um jantar com Formadores e estudantes do Colégio por ocasião da comemoração do 150º aniversário da criação do Colégio Pontifício Pio Latino."[193]

"Chamados a lançar as redes para alcançar a vida plena em Cristo" foi o tema do II Congresso Continental Latino-Americano de Vocações, organizado pelo Celam, em 2011, e o lema ficou definido: *Mestre, em teu nome lançarei as redes* (Lc 5,5). O presidente do Celam, Dom Damasceno, presidiu, juntamente com o cardeal Juan Sandoval, arcebispo de Guadalajara, México, o congresso que aconteceu em Costa Rica.[194]

No mês de seu aniversário, fevereiro, no ano de 2011, Dom Damasceno, participou, em Baltimore, USA, do *36º Encontro Interamericano dos Bispos da Igreja na América*.[195] O encontro foi no *Holiday Inn BWI Airoport*. A próxima agenda seria em Bogotá, em preparação da eleição da nova presidência do Celam. Os dias entre o término do Encontro Interamericano e o início dos Diretivos, em Bogotá, os integrantes da diretoria do Celam: Dom Damasceno, presidente; Dom Baltazar, primeiro vice-presidente; Dom Andrés, segundo vice-presidente; Dom Emílio, tesoureiro; monsenhor Sidney, secretário-adjunto; foram recepcionados por Dom Jorge Jimenez, em Cartagena, do dia 11 ao dia 13 de fevereiro de 2011, em comemoração aos quatro anos (2007-2011) em que trabalharam juntos na presidência do Celam. O arcebispo de Cartagena os acolheu fraternalmente e lhes proporcionou dias alegres na bela e histórica

---

[193] Blanca González de Inger, Bogotá, Colômbia, 26 de novembro de 2017; EPEO.
[194] *Diário de Atividades do Sr. Arcebispo de Aparecida Dom Raymundo Cardeal Damasceno Assis*, 2011, p. 2. Inédito.
[195] De 7 a 10 de fevereiro de 2011.

Cartagena, terra de Garcia Márquez, de São Pedro Claver, apóstolo dos escravos. Houve um belo passeio pelo mar do Caribe, em uma lancha de um amigo de Dom Jorge.

Finalizando esse breve período de confraternização em Cartagena, a presidência do Celam seguiu para a sede, em Bogotá, do dia 15 ao dia 16 de fevereiro de 2011, para reunião dos diretivos e eleição de nova presidência, quando, então, Dom Damasceno junto com a equipe gestora de até 2011, deixou a presidência. "A despedida do cardeal Damasceno foi muito triste. Ele era uma pessoa muito especial com a equipe do Celam. Nós o amamos muito. Eu estava chorando. Ele também, ocasionalmente, deixou cair uma lágrima."[196]

Em seu trabalho como secretário-geral e presidente do Celam, Dom Raymundo Damasceno Assis "se destacou pela sua generosa e valiosa dedicação a serviço da Igreja latino-americana e universal, sua responsabilidade e seu magnífico conhecimento das obras e projetos".[197] Fez muitos amigos em toda a América Latina e no Caribe, não só no clero, mas também todos que conviveram com ele. Em destaque, a "sua simplicidade como chefe e como amigo, bondade, compreensão e bom humor. Ele se deu muito bem com todos os membros da presidência e membros das comissões dos outros departamentos do Celam que participavam das reuniões gerais de coordenação, com os secretários executivos e com o pessoal leigo do Celam".[198] Para a felicidade de todos que conviveram com Dom Damasceno, foi requisitada sua presença como representante do Celam no *Comitê Religiões pela Paz da América Latina e do Caribe* e, também, *Moderador do Comitê*; dessa forma ele continua presente ao Conselho Episcopal Latino-Americano e Caribenho.

***

---

[196] Blanca González de Inger, Bogotá, Colômbia, 26 de novembro de 2017; EPEO.
[197] Idem.
[198] Idem.

Com a mesma disposição de servir à Igreja, Dom Raymundo Damasceno Assis aceitou, em 1995, o cargo de secretário-geral da *Conferência Nacional dos Bispos do Brasil* – CNBB, acumulando cargos nacionais e internacionais, seguindo com alegria no caminho do Senhor.

***

BLOCO

3

CNBB

I. Conferência Nacional dos Bispos do Brasil – CNBB

> "Monsenhor Montini, nós temos, no Brasil, a possibilidade de criar um modelo quase ideal de relacionamento entre Igreja e Estado. O catolicismo entre nós não tem o estatuto de religião oficial, mas há um grande respeito mútuo entre a Igreja e o governo, e trabalhamos em leal colaboração. Uma assembleia episcopal será um instrumento que facilitará enormemente esta colaboração."[199]
> (Dom Helder Câmara)

Padre Helder Câmara,[200] por meio da Ação Católica, sabia o quanto era importante a articulação dos leigos brasileiros, por isso, discerniu que dessa mesma maneira os bispos poderiam multiplicar suas atuações, se criassem uma entidade que lhes desse respaldo jurídico e permitisse uma estratégia de ação. Era o começo de um sonho que ele foi acalentando e procurando uma maneira de torná-lo realidade. Em 1950, "decidiu ir a Roma para confiar sua utopia para alguém que ajudasse a fazê-la acontecer".[201] Com a graça de Deus, encontrou o monsenhor

---

[199] PILETTI, Nelson; PRAXEDES, Walter, *Dom Hélder Câmara: Entre o Poder e a Profecia*, p. 183.
[200] Dom Hélder Pessoa Câmara, OFS, nasceu em Fortaleza-CE no dia 7 de fevereiro de 1909, faleceu em Recife-PE no dia 27 de agosto de 1999, foi um bispo católico, arcebispo emérito de Olinda e Recife. Foi um dos fundadores da Conferência Nacional dos Bispos do Brasil e grande defensor dos direitos humanos durante a ditadura militar no Brasil.
[201] Dom Helder Câmara e a CNBB. In; site *a12*; acesso em 28 de dezembro de 2017.

Montini, futuro Papa Paulo VI, contou para ele seu projeto e juntos foram apresentá-lo a Pio XII. O Sumo Pontífice incentivou e apoiou o projeto. Então nasceu a decisão de se criar a CNBB.

A Conferência Nacional dos Bispos do Brasil teve sua fundação no Palácio São Joaquim, na cidade do Rio de Janeiro.[202] Consta de uma organização permanente que reúne os bispos católicos brasileiros. Em conformidade com o Código de Direito Canônico, os bispos, conjuntamente, exercem "funções pastorais em favor dos fiéis do seu território, a fim de promover o maior bem que a Igreja proporciona aos homens, principalmente em formas e modalidades de apostolado devidamente adaptadas às circunstâncias de tempo e lugar, de acordo com o direito".[203] No dia 15 de novembro de 1977, a sede da CNBB, em Brasília-DF, foi inaugurada por Dom Aloísio Lorscheider, presidente da Conferência, com a presença de Dom Geraldo Fernandes, vice-presidente, e Dom Ivo Lorscheider, secretário-geral.

Pertencem à CNBB todos os bispos diocesanos, os bispos-coadjutores, os bispos-auxiliares e os bispos-titulares "que exercem no mesmo território algum encargo especial, confiado pela Sé Apostólica ou pela Conferência dos Bispos".[204]

Constam no estatuto da Conferência Nacional dos Bispos do Brasil as seguintes finalidades: aprofundar, cada vez mais, a comunhão dos bispos; estudar assuntos de interesse comum da Igreja no país, para melhor promover a ação pastoral orgânica; deliberar em matérias de sua competência, segundo as normas do direito comum ou de mandato especial da Sé Apostólica; manifestar solicitude pela Igreja Universal, por meio da comunhão e colaboração com a Sé Apostólica e com as outras Conferências Episcopais; cuidar do relacionamento com os poderes públicos, a serviço do bem comum, ressalvado o conveniente entendimento com a Nunciatura Apostólica no âmbito de sua competência específica.

---

[202] No dia 14 de outubro de 1952.
[203] *Código de Direito Canônico*; Cân. 447.
[204] Idem; Cân. 450.

A Conferência Nacional dos Bispos do Brasil estrutura-se da seguinte forma: Assembleia Geral; Conselho Permanente (CONSEP); Comissões Episcopais Pastorais; Presidência da CNBB; Conselhos Episcopais Regionais; Conselhos Econômico e Fiscal; Organismos Vinculados; Secretariado Geral; Assessores Nacionais.

***

II. CNBB 1995

Terminando o mandato de secretário-geral do Celam, em 1995, Dom Raymundo Damasceno Assis retornou ao Brasil, para suas atividades como bispo auxiliar de Brasília-DF e foi para Itaici,[205] participar da 33ª Assembleia Geral dos Bispos do Brasil. Chegou com certo atraso, por causa de sua recém volta ao Brasil. Os bispos apresentavam reflexões sobre a conjuntura sócio-religiosa nacional. Refletiam que não competia à Igreja apresentar soluções técnicas para as superações dos desafios de ordem social que atingiram o Brasil, porém, era de competência da Igreja anunciar e promover a dignidade igualitária aos cidadãos brasileiros, "a justiça social, a necessária solidariedade entre todos, sobretudo, para com os pobres; enfim, as exigências éticas da política em geral e do exercício do poder público em particular".[206] Evidenciavam positivamente melhores condições monetárias dos brasileiros por meio do combate à inflação. Preocupados com o destino do país para que não caminhasse para a lógica pura do mercado, como se este fosse capaz de resolver, sozinho, os problemas econômicos, sociais e almejavam reformas constitucionais. Ponto importante foi o repúdio ao aborto e às tentativas de

---

[205] Vila Kostka é uma grande casa dedicada a retiros e encontros pastorais da Igreja Católica Romana no Brasil. Pertence à Companhia de Jesus e localiza-se no bairro de Itaici, em Indaiatuba, município de São Paulo. A casa costuma ser chamada de Itaici, devido ao nome do bairro. Ela abrigou, até maio de 2009, as Assembleias Gerais realizadas anualmente pela Conferência Nacional dos Bispos do Brasil. Atualmente, é a sede do Centro de espiritualidade Inaciana no Brasil.
[206] CNBB, Doc.58, 1997, p. 26.

legalizar a esterilização. Clamavam pelo combate à corrupção e denunciavam o clima de insegurança e violência generalizadas; pelo combate à fome e erradicação da miséria e a urgência da Reforma Agrária.[207]

Nessa 33ª Conferência, entre os bispos havia um comentário de que Dom Damasceno seria eleito o secretário-geral da Conferência Nacional dos Bispos do Brasil. "Eu, escutando os comentários, achava, porém, que iria retornar à minha vida de bispo auxiliar de Brasília, fiquei na expectativa do que poderia acontecer."[208]

Em sua entrega a Cristo, Dom Damasceno se coloca disponível para servir ao Senhor e sempre com o propósito de servi-lo com alegria. Desde seu primeiro "Sim", em Capela Nova, quando ainda criança, após a missa, com imensa felicidade subia em um cupinzeiro ou em uma parte alta da empoeirada estrada que dava acesso à região da Chácara, onde morava, e alegremente repetia a homilia do padre. Esse contentamento fez morada em seu coração, com o tempo foi potencializado, fazendo com que Dom Damasceno não se importasse com cargos hierárquicos na Igreja e, sim, com a alegria de servir ao Senhor, atender ao chamado. Por essa razão, o entusiasmo de servir ao Senhor tem um significado pluridimensional no espaço e no tempo conquistado pelo seu Amor a Cristo. Cumprir as ordens do Senhor é ponto de honra para Dom Damasceno.

Naquele ano de 1995, ao ser eleito secretário-geral da CNBB, Raymundo Damasceno Assis aceitou o cargo. A composição da nova presidência, assim ficou estabelecida: presidente, Dom Lucas Moreira Neves;[209] vice-presidente, Dom Jayme Henrique Chemello[210] e secretário-geral, Dom

---

[207] Idem, p. 26-29.

[208] Dom Raymundo Damasceno Assis, Aparecida-SP, 9 de outubro de 2017; EPEO.

[209] Luis Moreira Neves nasceu em São João del-Rei no dia 6 de março de 1944. Foi ordenado sacerdote no dia 9 de julho de 1950. Sua ordenação episcopal deu-se a 26 de agosto de 1967; o lema de vida episcopal: *DE LUCE VIGILO* (*Deus Deus meus ad te de luce vigilo sivitit in te* – Ó Deus, Tu és o meu Deus, desde a aurora vos busco). O Cardeal Moreira Neves faleceu em Roma, no dia 8 de setembro de 2002, aos 76 anos de idade.

[210] Dom Jayme Henrique Chemello, nasceu em São Marcos, no dia 28 de junho de 1932. É bispo emérito de Pelotas-RS. Foi ordenado sacerdote no dia 16 de dezembro de 1958, na Igreja Matriz de São Marcos, por Dom Antônio Zattera. O lema de vida sacerdotal foi: *Eu vim para que todos tenham vida e a tenham em abundância*. No dia 1º de julho de 2009, o Papa Bento XVI aceitou sua renúncia ao governo da diocese de Pelotas.

Damasceno. Dom Lucas não ficou muito tempo, foi transferido para Roma, para prefeito da Congregação para os bispos; Dom Jayme assumiu a presidência e Dom Marcelo Pinto Carvalheira[211] assumiu a vice-presidência. Foram aprovadas as novas diretrizes para o quadriênio (1995-1999). Nessa assembleia, as diretrizes tiveram seu título de Diretrizes Gerais de Ação Pastoral, mudado para Diretrizes Gerais da Ação Evangelizadora da Igreja no Brasil. Ao levar um exemplar dessas novas Diretrizes Gerais ao Papa João Paulo II, "Dom Lucas Moreira Neves, apresentou-as, dizendo: '*Santo Padre, estas Diretrizes foram aprovadas por unanimidade*'. João Paulo II com certo humor e, sorrindo, retrucou: '*Até parece uma assembleia do Partido Comunista*'".[212] Foi uma descontração geral.

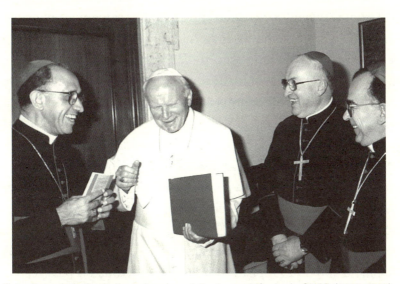

Foto: Papa João Paulo II recebendo a visita da presidência da CNBB (1995-1999), quando Dom Lucas Moreira Neves, presidente; Dom Jaime Chemello, vice-presidente, e Dom Raymundo Damasceno, secretário-geral; entregaram ao Sumo Pontífice as Diretrizes Gerais da Ação Evangelizadora da Igreja no Brasil,[213] Vaticano, 1995.

---

[211] Dom Marcelo Pinto Carvalheira, OSB, nasceu no dia 1º de maio de 1928, em Recife-PE, e nessa mesma cidade faleceu, no dia 25 de março de 2017; era monge beneditino e arcebispo católico.
[212] Dom Raymundo Cardeal Damasceno Assis, Conselheiro Lafaiete-MG, 4 de janeiro de 2018; EPEO.
[213] Foto: APDRCDA. *Serviço Fotográfico de L'Osservatore Romano*, Vaticano.

III. Campanhas da Fraternidade – 1996 a 1999

Os bispos que compunham a presidência da CNBB, no dia 5 de outubro de 1995, aceitaram o convite feito pelo presidente do Brasil, Fernando Henrique Cardoso, para um diálogo a respeito da Reforma Agrária brasileira. Várias eram as preocupações da Igreja no Brasil: o combate à violência no campo, a promoção efetiva de assentamento dos trabalhadores rurais, a relação entre a Reforma Agrária e a Reforma Hídrica (caso específico do Nordeste), a viabilização do progresso tecnológico, econômico, social, político e cultural de milhões de famílias por meio de seu acesso à terra e aos serviços públicos e privados.[214] Nesse encontro entre os bispos e o presidente da República, a situação fundiária do Brasil foi descrita, pelos representantes da CNBB, como "iníqua e desigual", como sendo por si mesma, uma violência.

Abrindo a Campanha da Fraternidade para o ano de 1996, com o tema *Fraternidade e Política – Justiça e Paz se abraçarão*, "o secretário-geral Dom Raymundo Damasceno Assis, apresentou uma cartilha que ensina aos candidatos e eleitores a forma correta de participar de uma eleição"[215] em que constava, de acordo com os critérios da Igreja Católica, a descrição do comportamento correto e incorreto de candidatos e eleitores.

Na Quarta-feira de Cinzas, dia 12 de fevereiro de 1997, ocorreu a abertura oficial da Campanha da Fraternidade com o tema: *A Fraternidade e os Encarcerados*, e com o lema: *Cristo liberta de todas as prisões*. Em retomada da promoção dos direitos civis estipulados no projeto Rumo ao Novo Milênio, aprovado em Itaici, na Assembleia Geral dos Bispos do Brasil, no ano de 1996. Em "um dos textos assinados pelo secretário--geral da CNBB Dom Raymundo Damasceno Assis, destaca que há necessidade de questionar a atitude do judiciário diante da exclusão social",[216] pontuando que os massacres do Carandirú, Corumbiara e El Dorado dos Carajás, até aquela época estavam impunes.

---

[214] CNBB, Doc. 58, 1997, p. 135-145.

[215] Dom Raymundo Damasceno Assis. In: *Jornal do Brasil*, fevereiro de 1996, p. 4.

[216] Idem, 1997, p. 8.

O tema da Campanha da Fraternidade no ano de 1998 foi *Fraternidade e Educação* e o lema: *A Serviço da Vida e da Esperança*. Nesse ano, uma forte seca castigou o Nordeste e muitas famílias passavam fome. Foi primordial a ajuda da Igreja. "Como membro da Comunidade Solidária, o secretário-geral da CNBB, Dom Raymundo Damasceno Assis, estudou o tipo de ajuda que a Igreja daria junto ao governo."[217]

Bem preparada e muito comentada a Campanha da Fraternidade do ano de 1999, tema eleito por 11 das 16 regionais da CNBB, como principal preocupação nacional: *Fraternidade e os desempregados*, cujo lema constou: *Sem trabalho... Por quê?*

Fazendo análises a respeito do desemprego e recebendo propostas para combater a falta de trabalho, os bispos procuravam uma solução para melhorar as condições financeiras dos brasileiros, preocupados com a falta de emprego. "Não podemos prever como estará a situação daqui a dois anos, mas sabemos que o desemprego é um problema mundial e de solução complexa", avaliou Dom Raymundo Damasceno.[218]

O mandato de Raymundo Damasceno Assis ao cargo de secretário-geral, assim como o de toda a diretoria da CNBB, finalizou em 1999. Na 37ª Assembleia Geral do episcopado, no mosteiro de Itaici, houve eleição em que concorriam: Chapa 1... de situação; e Chapa 2... de oposição. Na Chapa 1 constavam os que estavam no cargo desde 1995 e na Chapa de oposição, para presidente: Dom Cláudio Hummes e para vice-presidente: Dom Albano Bortoletto Cavallin,[219] sendo que para secretário-geral, figurava o nome de Dom Raymundo Damasceno Assis, nas duas chapas. Venceu a Chapa de Situação. A mesma composição gestora de 1995 a 1999 foi reeleita em segundo mandato, até 2003.

---

[217] Idem, 1998, p. 3.

[218] Idem, 1997, p. 13.

[219] Albano Bortoletto Cavallin, nasceu na Lapa-PR, no dia 25 de abril de 1930 e faleceu em Londrina, Paraná, no dia 1º de fevereiro de 2017, com 86 anos de idade. Foi bispo católico brasileiro e o terceiro arcebispo de Londrina.

O Conselho Episcopal Pastoral – CONSEP, e a Comissão Episcopal de Pastoral – CEP, no mês de fevereiro de 1999, divulgaram uma mensagem a respeito do tema da Campanha da Fraternidade: *A Fraternidade e os Desempregados*, na qual alertavam que o crescimento do desemprego era resultante de uma crise que o Brasil enfrentava e, por isso, precisava de um modelo de política econômica mais atual, que priorizasse as pessoas, particularmente os pobres, e não apenas o capital. Para isso, havia urgente necessidade de uma nova formulação de postura ética que orientasse "a convivência humana, a política, o econômico e o social na construção de uma sociedade livre e justa, participativa e solidária, confiável e respeitosa dos direitos fundamentais de todo ser humano".[220]

Foto: Presidência da CNBB;[221] (da esquerda para a direita) Dom Jaime Chemello, Dom Marcelo Pinto Carvalheira e Dom Raymundo Damasceno, Brasília-DF, 1999.

A presidência e o Conselho de Pastoral da CNBB, em maio de 1999, publicaram um apelo em favor da paz, pedindo orações para cessarem as guerras nos Bálcãs e no Continente Africano, e o engajamento dos cristãos nas campanhas contra a violência e pelo desarmamento no Brasil.

---
[220] *Conferência Nacional dos Bispos do Brasil, Doc. CNBB -78, Assembleias Gerais de 1997 a 2003*, p. 133.
[221] Foto: crédito *Douglas Mansur*. In: Acervo da CNBB, Brasília-DF.

> "O cristianismo apresenta características essenciais. Quando bem entendidas, conduzem à comunhão e unidade dos cristãos entre si, bem como ao diálogo e a atitude de serviço com relação aos adeptos de outras religiões e crenças, ou que não professam religião nenhuma."[222]

Nesse texto publicado no *Jornal do Commercio*, Dom Raymundo Damasceno Assis, secretário-geral da CNBB, apontou quatro características do cristianismo: a primeira é o universalismo, Jesus Cristo é o mesmo, ontem, hoje e sempre... sendo o único caminho para a nossa salvação; a segunda é a natureza encarnada e totalizante desse universalismo; a terceira é o pluralismo não uniformizante, que perpassa as duas primeiras características... é a fé cristã, por sua natureza, que transforma as realidades históricas de maneira plural; a quarta é a fé de que a vivência dos valores do Reino de Deus não são prerrogativas exclusivas da Igreja. "Diante dessas características como explicar que, repetidas vezes, ao longo de 2000 anos o Cristianismo tenha se tornado motivo para conflitos, às vezes, violentos e mesmo sangrentos?"[223] As explicações estão pontuadas em: fanatismo religioso, falta de esclarecida fundamentação teológica, o uso da religião à política de tendência totalitária.

***

IV. Novo milênio

> "Atendendo ao apelo do Papa João Paulo II, a CNBB animou o povo cristão a se preparar para a celebração do Grande Jubileu da Encarnação. O Projeto 'Rumo ao Novo Milênio' despertou nas comunidades nova consciência missionária e testemunho evangélico, trazendo nova esperança ao povo."[224]

---

[222] Dom Raymundo Damasceno Assis. In: *Jornal do Commercio*, 1999, p. 52.
[223] Idem.
[224] *Conferência Nacional dos Bispos do Brasil, Doc. CNBB -78, Assembleias Gerais de 1997 a 2003*, p. 56.

Para o fortalecimento do Magistério da Igreja Católica no Brasil, na virada do Milênio, a CNBB, nos três anos anteriores, criou e trabalhou novas diretrizes de ação evangelizadora, centralizadas no anúncio do Evangelho. Essas Diretrizes Gerais da Ação Evangelizadora da Igreja no Brasil para o novo quadriênio, 1999-2002, apontaram orientações para a Nova Evangelização, atualizando as diretrizes anteriores, valorizando a riqueza dos últimos documentos pontifícios, com destaque para as Conclusões do Sínodo para a América e a Exortação Pós-Sinodal *Ecclesia in America*, levando também em conta as mudanças socioculturais dos últimos anos, que exigem novas respostas pastorais. "As Diretrizes enfatizam a prioridade da evangelização, que exige serviço e solidariedade, diálogo e cooperação ecumênica, anúncio e testemunho, comunhão com Deus e com os irmãos."[225]

> "O Jubileu do Ano 2000 continuou incorporado no planejamento das ações evangelizadoras da Igreja no Brasil, assim como a visão histórica do processo de evangelização, principalmente a partir da década de 1960, com a novidade do Concílio Vaticano II. O documento retomou o tema da evangelização, com os caminhos da inculturação, da consciência das exigências intrínsecas da evangelização, e da disposição de promover uma Nova Evangelização. Todos são chamados à missão de continuar o projeto de Cristo, buscando novas estruturas e também nova inspiração e espiritualidade, entendidas como a união da docilidade ao Espírito com o uso de instrumentos disponíveis e a valorização dos carismas pessoais e comunitários."[226]

A Comissão Episcopal de Pastoral, CEP, e o Conselho Episcopal Pastoral, CONSEP, em junho do ano 2000, recordando as palavras do Papa João Paulo II na Carta Apostólica *Tertio Millennio Adveniente* na qual propõe o perdão da dívida externa dos países pobres como meta para

---

[225] CNBB, Doc. 61, 1999, p. 7.
[226] PUC-Rio, Certificação Digital n. 0610546/CA, p. 170.

o ano do Jubileu, divulgaram uma mensagem sobre o perdão da dívida externa e acrescentaram o resgate da dívida social interna;[227] em que os bispos declararam que a Igreja no Brasil, por meio da CNBB, "buscavam desenvolver um processo de conscientização sobre os efeitos negativos da dívida externa e interna sobre a população brasileira",[228] "pediram aos pastores e, também, ao povo de Deus que apoiassem esse processo, segundo as formas mais adequadas a sua realidade local, para que, unidos nesse empenho, houvesse a concretização dessa solicitude pastoral".[229] Para atingirem o objetivo proposto, sugeriram alguns seminários sobre a dívida e o estudo de estratégias para atingir o perdão, elaborando um aprofundado estudo com bastante fundamentação a respeito do Brasil que almejavam e "os meios de o realizar no futuro próximo".[230]

***

Em comemoração aos 500 anos de evangelização do Brasil, a Conferência Nacional dos Bispos do Brasil – CNBB recebeu 16 réplicas da Cruz[231] da Primeira Missa no Brasil, que foi celebrada no domingo da Páscoa, 26 de abril de 1500, por frei Henrique de Coimbra. As réplicas da Cruz são numeradas de 1 a 16, todas abençoadas pelo Papa João Paulo II.

A entrega das cruzes ocorreu na missa celebrada em março de 1999, na Assembleia Geral dos Bispos do Brasil, no estádio esportivo, em Indaiatuba-SP, e foram distribuídas para 16 Regionais da CNBB, para que, no ano comemorativo aos 500 anos, estivessem em lugar de destaque na sede de cada regional.

---

[227] CNBB, Doc. 56, 1996, n. 126.

[228] Conferência Nacional dos Bispos do Brasil, Doc. CNBB 78, Assembleias Gerais de 1997 a 2003, p. 142.

[229] Idem.

[230] Idem, p. 133.

[231] Sua imagem contrasta com a da mais conhecida representação da liturgia, a do quadro "A Primeira Missa no Brasil", pintado em 1861 por Victor Meirelles (1832-1903) e que integra o acervo do Museu de Belas Artes do Rio de Janeiro.

A rústica Cruz original foi fundida em ferro e não tem ornamentos, ela veio de Portugal com a expedição de Pedro Álvares Cabral, tem cerca de 40 cm e encontra-se no Museu da Sé, em Braga, Portugal. Esta Cruz presidiu, segundo a tradição, a Primeira Missa celebrada no Brasil em 1500; e presidiu também a primeira Missa de inauguração de Brasília, em 1960.

***

V. 500 Anos da Evangelização no Brasil

Foto: logotipo criado pelo artista sacro Cláudio Pastro,
para as comemorações dos 500 anos do Descobrimento do Brasil, 2000.

Para a celebração dos 500 anos da evangelização no Brasil, pela primeira vez a Conferência Nacional dos Bispos do Brasil marcou a 38ª Assembleia para ser realizada na cidade de Porto Seguro, Bahia. Os bispos lá se reuniram com a participação do cardeal-legado Ângelo Sodano, que ficou bem acomodado na ala da suíte presidencial.

Bloco 3 – CNBB

"Quanto à realização da Assembleia Geral da CNBB em Porto Seguro foi marcado por paradoxos. Por um lado, alegria pelos 2000 anos da encarnação de Nosso Senhor; por outro, celebrávamos também os 500 anos da Evangelização do Brasil. Toda a questão da opressão sobre os povos indígenas e a escravização dos negros trazidos da África era uma marca que não podia ser deixada de lado."[232]

A celebração em que esteve o presidente da República Fernando Henrique Cardoso no encontro dos povos indígenas em Porto Seguro, 22 de abril de 2000, foi marcada pela repressão da polícia que fez cordão de isolamento em várias áreas de uso urbano, o que ocasionou atrito com a população, ao ponto de um confronto entre o coronel responsável pelo policiamento e o juiz da Comarca de Santa Cruz de Cabrália, onde tem a reserva dos índios Coroa Vermelha. Antes do início da assembleia da CNBB o clima já estava tenso e isso criou dificuldades na celebração Eucarística, da abertura da Assembleia. Antes do ato penitencial o cacique Matalauê, acompanhado de outros índios, entrou no palco da celebração e fez um discurso inflamado.

Fotos[233]: missa 500 anos de Evangelização, em destaque o índio pataxó Jerry Adriani Matalauê, Coroa Vermelha-BA, 26 de abril de 2000.

---
[232] Padre Manoel Godoy, SJ, Belo Horizonte-MG, 15 de novembro de 2017, EPEO.
[233] Foto: crédito *Douglas Mansur*. In: Acervo da CNBB, Brasília-DF.

Em nenhum momento, porém, o cacique Jerry Adriane Matalué fez referência ofensiva à Igreja ou à pessoa do legado. A Secretaria-Geral da CNBB não ignora a possibilidade de que a ação dos indígenas tenha sido insuflada por grupos de origem diversa. O discurso do cacique pode ter sido preparado por outros, pois muitos termos do discurso não são usados pelos índios. Em uma avaliação mais profunda a conclusão é de que antes de qualquer celebração religiosa junto com a comemoração de um fato histórico deve ser avaliada a convivência e a oportunidade dessa celebração, porque um fato histórico pode ser interpretado sob ótica diferente.

***

VI. Campanhas da Fraternidade, Ecumenismo – 2000 a 2003

– ANO 2000

Pela primeira vez, a Campanha da Fraternidade foi ecumênica, por ocasião dos 2000 anos do nascimento de Jesus Cristo, além da Igreja Católica, mais seis igrejas cristãs, reunidas no Conselho Nacional de Igrejas Cristãs, CONIC, assumiram o compromisso de realizar juntas a Campanha da Fraternidade. Almejando atingir corações e mentes de todas as pessoas de boa-vontade, pois seu tema é universal: *Dignidade Humana e Paz*, e seu lema é desafio global: *Novo Milênio sem Exclusões*.

> "A primeira CF ecumênica teve uma forte repercussão, pois se tratava de uma abertura da Igreja Católica às demais Igrejas do CONIC em relação a um programa de evangelização tão própria dela, desde 1964. Creio que foi uma injeção de ânimo também no próprio CONIC. É preciso retomar o fôlego das CFs, para que,

quando ela seja ecumênica, recupere o vigor e a força que teve no ano 2000, com forte repercussão em todas as dioceses e paróquias do país."[234]

Na missa de Comemoração do Jubileu do ano 2000, foram acolhidos à celebração os Irmãos e Irmãs das Igrejas: Católica Romana, Episcopal Anglicana, Evangélica de Confissão Luterana no Brasil, Metodista, Presbiteriana Independente, Presbiteriana Unida. Unidos no Ano Internacional da Paz, cultivando perseverante vigilância a tudo o que fora e dentro de nós surge como ameaça à paz e, sobretudo, intensificar as orações pela paz no mundo. A confraternização das Igrejas foi um marco histórico na história religiosa do Brasil.

– ANO 2001

"A vida só tem sentido na medida em que ela se torna um serviço ao próximo, à sociedade, no sentido de construir um mundo melhor para todas as pessoas."[235]

Fraternidade e as Drogas foi o tema da CF-2001 e o lema se destacou em: *Vida sim, Drogas não.* Outras questões abordadas pelos bispos brasileiros durante esse ano foram: a corrupção e o crime organizado.

"A sociedade é marcada por uma visão muito materialista da vida, uma visão consumista, hedonista. Evidentemente que isso dificulta o anúncio, a pregação do Evangelho. E, muitas vezes, esse tipo de sociedade favorece o consumo de drogas."[236]

---

[234] Padre Manoel Godoy, SJ, Belo Horizonte-MG, 15 de novembro de 2017; EPEO.
[235] Dom Raymundo Damasceno Assis. In: Revista *Brasília em Dia*, 2001, p. 8.
[236] Idem.

O porta-voz oficial, secretário-geral da CNBB, Dom Raymundo Damasceno Assis, lembrou que, para os brasileiros não havia condições de conviver mais tempo com esses absurdos sociais. Ao ser entrevistado pelo jornalista Marcone Formiga da revista *Brasília em Dia*, Dom Damasceno mostrou a posição da CNBB aos polêmicos assuntos:

DROGA: "(...) o vazio da vida leva, muitas vezes, o jovem a se refugiar nas drogas como forma de preenchimento desse vazio. E, também, como busca de algum alívio para o estresse, para alguma preocupação".[237]

MISÉRIA: "Cada vez que temos pessoas sem acesso às condições básicas de vida, como educação, saúde, alimentação, trabalho, nós estamos falando justamente de uma situação em que a vida não está sendo promovida, defendida".[238]

PLANEJAMENTO FAMILIAR: "A Igreja afirma que isso é uma decisão do casal, antes de tudo, mas que deve ser feita com muita responsabilidade. A riqueza de um país está na sua população e, hoje, nós sabemos de problemas graves na Europa e, em mais países com relação ao envelhecimento da população".[239]

FAMÍLIA: "A família é fundamental, e eu creio que a estabilidade da nossa sociedade tem o seu alicerce na família, que é quem cria condições para que os filhos possam crescer de uma maneira sadia, é onde se aprendem os primeiros valores do diálogo, do perdão, do relacionamento e certos princípios que vão orientar a vida das pessoas".[240]

---

[237] Idem, p. 7.
[238] Idem, p. 8.
[239] Idem, p. 9.
[240] Idem.

CORRUPÇÃO: "É fundamental combater a corrupção de todas as formas. Isso começa por um trabalho individual. (...) A corrupção mina o sistema democrático, porque faz com que as pessoas desacreditem dos seus representantes".[241]

– ANO 2002

> "A Igreja permanecerá sempre ao lado dos que sofrem as consequências da pobreza, e da marginalização, e seguirá estendendo suas mãos aos povos indígenas, para colaborar na construção de uma sociedade onde todos e cada um, criados à imagem e semelhança de Deus (GN, 1-26) vejam respeitados seus direitos, tendo condições de vida conforme sua dignidade de filhos de Deus e irmãos em Cristo."[242]

No texto "Fraternidade e Povos Indígenas", publicado no *Correio Brasilienze* (2002), Dom Raymundo Damasceno Assis, secretário-geral da CNBB, explicou que a razão desse tema, na Campanha da Fraternidade daquele ano, era "para interpelar o governo e a sociedade sobre a difícil situação dos indígenas",[243] e convidou os brasileiros a acatarem os direitos que os índios têm às terras, falou que existe a necessidade de respeitar o direito que os índios têm ao desenvolvimento cultural. "A partir do Concílio Vaticano II e das Conferências Gerais do Episcopado Latino-Americano (*Puebla*, *Medellín* e *Santo Domingo*) a Igreja tem se empenhado, ainda mais, em assistir as populações indígenas que se tornaram cristãs e promover um diálogo inter-religioso e cultural com os demais povos indígenas, apoiando-os na luta pelo direito à terra e pelo próprio desenvolvimento cultural."[244] Dom Damasceno finalizou

---

[241] Idem, p. 9, 10.
[242] PAPA JOÃO PAULO II. *Mensagem para a abertura da Campanha da Fraternidade no Brasil*, 2002.
[243] Dom Raymundo Damasceno Assis. In: *Correio Braziliense*, fevereiro de 2002, p. 5.
[244] Idem.

enfatizando que o Brasil é um autêntico tapete de diversas etnias e culturas, em que é necessário construir uma sociedade justa e solidária, em "antecipação do Reino definitivo".

Em uma avaliação da religiosidade dos brasileiros, Dom Raymundo, como secretário-geral da CNBB, informou que o católico estava mais consciente e mais participativo, "no lugar daquele católico, só por tradição, apenas por herança familiar",[245] e que havia uma grande preocupação em mostrar Deus aos que ainda não o conheciam:

> "Resta-nos um desafio grande para levar um sentido de vida para os que se declaram sem religião, porque prescindem de Deus. Essa situação nos leva a pensar em uma ação pastoral mais adequada ao mundo moderno."[246]

Intensificando o ecumenismo, os bispos reafirmaram a vontade de conviver pacificamente com todas as religiões e culturas, no respeito ao pluralismo e às diferenças. "Nessa sociedade pluralista, justa e não violenta, queremos continuar a nossa missão de anunciar o Cristo, na certeza de que só Ele é, para todos, o Caminho da esperança e da vida. E queremos partilhar 'alegrias e esperanças, tristezas e angústias' de nosso povo, que está presente em nosso coração e em nossas orações, como fizemos na peregrinação ao Santuário Nacional de Nossa Senhora Aparecida, no domingo, 14 de abril, para agradecer a Deus os dons recebidos e também para pedir perdão por nossas faltas, quando não fomos, plenamente, testemunhas do Evangelho."[247]

No mês de outubro, os brasileiros foram às urnas para eleições nacionais e estaduais para os poderes Executivos e Legislativos, exercendo seus direitos democráticos de votos. Dom Raymundo Damasceno Assis,

---

[245] Idem, p. 8.
[246] Idem.
[247] *Conferência Nacional dos Bispos do Brasil, Doc. CNBB -78, Assembleias Gerais de 1997 a 2003*, p. 60.

secretário-geral da CNBB, em publicação no *Correio Braziliense*, considerou que a Igreja nutre preferência pela democracia, citou que o Papa João Paulo II, na Encíclica *Centesimus Annus* (n. 46) diz que a Igreja vê a democracia de maneira positiva "na medida em que assegura a participação dos cidadãos nas opções políticas e garante aos governados a possibilidade quer de escolher e controlar os próprios governantes, quer de os substituir pacificamente, quando tal se tornar oportuno; ela não pode, portanto, favorecer a formação de grupos restritos de dirigentes, que usurpam o poder do Estado a favor de seus interesses particulares ou dos objetivos ideológicos".[248]

Na lembrança de que o voto não é facultativo, o secretário-geral da CNBB disse que o eleitor, ao abster-se ou anular o voto, sempre favorecerá os candidatos que não gostaríamos de ver no poder. Enfatizou que essa omissão torna esse eleitor sem o poder de opinar futuramente a respeito do desempenho do político eleito. Lembrou que "o voto não tem preço, mas consequências para cada cidadão e para o país".[249]

No último mês, para elucidar a importância de comemorarmos o nascimento de Jesus Cristo, Dom Damasceno esclareceu que a data de 25 de dezembro foi escolhida, "provavelmente, para substituir as festas pagãs dos *natalis solis invictus* – o nascimento do sol invicto, que ocorria no solstício de inverno, quando se iniciava a diminuição da noite e o aumento do dia. Era a vitória do sol sobre as trevas".[250] Uma substituição ao astro-rei pelo verdadeiro REI, Jesus Cristo, que ilumina toda a humanidade. Na lembrança franciscana (raiz forte na hereditariedade de Dom Damasceno) da origem do presépio, ele fez a partilha do ensinamento de que, no século XIII, Francisco de Assis introduziu o costume de encenar, no Natal, o nascimento de Jesus, para que o gesto de amor infinito de Deus para conosco jamais fosse olvidado. Tradição que mantemos aculturada

---

[248] Dom Raymundo Damasceno Assis. In: *Correio Brazilienze*, julho de 2002, p. 5.
[249] Idem.
[250] Idem.

em diversas regiões do planeta, concretizada com expressiva demonstração poética religiosa.

– ANO 2003

> "A situação do idoso entre nós é um desafio para todos e para cada um em particular. Exige políticas adequadas às novas exigências geradas pelo crescimento do número de pessoas que se encontram em idade mais avançada, requer novas maneiras de pensar, e novos critérios de análise da realidade."[251]

O tema da Campanha da Fraternidade foi: *Fraternidade e pessoas idosas* e o lema: *Vida, dignidade e esperança*. O objetivo geral visava motivar todas as pessoas, para que, iluminadas por valores evangélicos, fossem construtoras de novos relacionamentos, novas estruturas, que assegurassem valorização integral às pessoas idosas e respeito aos seus direitos.

Em artigo para o jornal *Correio Brazilienze*, Dom Damasceno fez um alerta ao "Conselho Nacional dos Idosos" sobre o dever de ser um instrumento de transformação, gerando novas estruturas e formas de participação que possibilitassem aos idosos o exercício da cidadania e a construção de um novo Brasil. Durante essa campanha, houve mobilização suficiente para pressionar o Congresso Nacional a aprovar o Estatuto do Idoso.[252]

Na mensagem para o dia 1º de maio, os bispos chamaram a atenção para o desemprego estrutural, que afetava milhões de brasileiros, e para o empobrecimento da população, os quais afligiam a sociedade, o governo e a Igreja. Todos sofriam as graves consequências negativas da ins-

---

[251] Idem, março de 2003, p. 5.
[252] Por meio da Lei 10.741 de 10 de outubro de 2003.

tabilidade econômica, da exclusão, do empobrecimento, do sentimento de inconformidade e de inutilidade da pessoa desempregada; também a todos afetavam a crise familiar, a busca do trabalho informal e o aumento da violência entre os jovens.[253]

> "A todos os trabalhadores e trabalhadoras, tanto da cidade como do campo, em especial aos desempregados, e aos idosos, muitas vezes com aposentadoria insuficiente, a nossa especial e carinhosa bênção. Por intercessão de Nossa Senhora Aparecida e de São José Operário, Deus os proteja e conforte!"[254]

O objetivo principal da CF foi multiplicar serviços de apoio aos desempregados, por meio de parcerias entre o governo e organizações da sociedade.[255]

Em maio,[256] durante a 41ª Assembleia Geral de Itaici, no município de Indaiatuba-SP, houve eleição para nova diretoria da Conferência Nacional dos Bispos do Brasil. O cardeal Dom Geraldo Majella Agnelo, arcebispo de Salvador-BA e primaz do Brasil, foi eleito como presidente; o bispo de Catanduva, Dom Antônio Celso de Queiroz,[257] vice-presidente e Dom Odilo Pedro Scherer,[258] eleito secretário-geral. O mandato de secretário-geral de Dom Raymundo Damasceno Assis findou nesse ano.

***

---

[253] Conferência Nacional dos Bispos do Brasil, Doc. CNBB 78, Assembleias Gerais de 1997 a 2003. 2004, p. 63.

[254] Idem, p. 64.

[255] Idem, p. 63.

[256] Dia 5 de maio de 2003.

[257] Antônio Celso de Queiroz nasceu em Pirassununga-SP no dia 24 de novembro de 1933, é bispo da Igreja Católica. É bispo emérito da diocese de Catanduva. Foi secretário-geral (1987-1994) e vice-presidente da CNBB (2003-2007). Em 2009, o Papa Bento XVI aceitou sua renúncia por idade. Seu lema é: "Amou até o fim".

[258] Odilo Pedro Scherer nasceu em Cerro Largo-RS, no dia 21 de setembro de 1949, é cardeal da Igreja Católica, sendo o 19° bispo de São Paulo, sendo seu sétimo arcebispo e o quinto cardeal.

VII. 50 Anos da CNBB – 2002

Foto: logotipo 50 anos CNBB.

"Sem dúvida, a missão da CNBB continuará sendo a Evangelização, isto é, o anúncio da Boa Nova de Jesus Cristo, em toda sua profundidade, atualidade, extensão e complexidade."[259]

No ano de 2002 os bispos do Brasil publicaram uma mensagem com a história da Conferência, em comemoração aos 50 anos de fundação da CNBB. A convite da presidência da Conferência Nacional dos Bispos do Brasil, o cardeal Giovanni Battista Re,[260] na época prefeito da Congregação para os Bispos e presidente da Pontifícia Comissão para a América Latina, esteve presente do dia 8 ao dia 10 de março de 2002 na sede da CNBB em Brasília e, em Itaici, participando da Assembleia Geral dos Bispos do Brasil, em comemoração aos 50 anos da fundação da CNBB.

---

[259] Dom Raymundo Damasceno Assis. In: *Correio Braziliense*, 2002, p. 5.
[260] Giovanni Battista Re, nasceu em Borno, Itália, no dia 30 de janeiro de 1934. Foi ordenado sacerdote no dia 3 de março de 1957, em Brescia. Foi nomeado pelo Papa Bento XVI, como presidente da V Conferência do Episcopado Latino-Americano, 2007, na cidade de Aparecida-SP. Em 2010 teve sua renúncia aceita pelo Papa Bento XVI aos cargos de prefeito da Congregação para os Bispos e de Presidente da Pontifícia Comissão para a América Latina. Presidiu ao Conclave de 2013 que elegeu o Papa Francisco. Foi eleito pelos cardeais-bispos como vice-decano do Colégio de Cardeais, tendo o Papa aprovado a eleição a 10 de Junho de 2017.

Dom Raymundo Damasceno Assis, em seu texto publicado no *Correio Braziliense,* comentou que a presença do cardeal expressava o apreço que a Santa Sé tem por aquela que foi uma das primeiras conferências a serem criadas, – "antecipando em 10 anos o Concílio Vaticano II – e que é a maior em número de dioceses".[261]

A CNBB expressou gratidão ao Santo Padre João Paulo II, que saudou a celebração dos 50 anos da Conferência por meio de uma carta à Assembleia, entregue pelo cardeal Giovanni Battista Re. Com evidência a frase: "A presença zelosa e vigilante dos bispos na vida nacional, tal como fermento no meio da massa, serviu de estímulo corajoso para ajudar a percorrer o caminho traçado pelo Concílio Vaticano II, mormente no campo da vida eclesial, da justiça social e da unidade entre os cristãos (...)".[262]

À participação pública da importância da CNBB para o Brasil, Dom Damasceno, secretário-geral da CNBB, fez algumas considerações destacando que a Conferência Nacional dos Bispos do Brasil se caracteriza como organismo de comunhão dos bispos entre si e destes com o sucessor de Pedro; ela foi estruturada para facilitar e promover o relacionamento entre os seus componentes. Com muita alegria, Dom Damasceno comunicou que, para aquela 40ª Assembleia, o cardeal Battista Re levou uma mensagem do Papa João Paulo II para os bispos do Brasil. Mensagem que lhes inspirou uma avaliação a respeito do Jubileu de Ouro da CNBB e "empreender com renovado entusiasmo a tarefa de traçar seus rumos para a atuação nos próximos anos".[263]

Ao longo de 50 anos, a Conferência Nacional dos Bispos do Brasil empreendeu a reforma de seu estatuto canônico, participou do Concílio Vaticano II, tomou parte na luta pelos direitos humanos; foi contra a tortura e pediu pela democratização do Brasil, incentivou os fiéis a participarem de movimentos sociopolíticos brasileiros. Em uma palavra procurou aplicar os

---

[261] Dom Raymundo Damasceno Assis. In: *Correio Braziliense*, abril de 2002, p. 5.
[262] *Conferência Nacional dos Bispos do Brasil, Doc. CNBB 78, Assembleias Gerais de 1997 a 2003*, p. 57, 58.
[263] Dom Raymundo Cardeal Damasceno Assis. In: *Correio Braziliense*, abril de 2002, p. 5.

ensinamentos do Concílio Vaticano II em sua ação evangelizadora, impulsionada pelas conferências gerais do Episcopado Latino-Americano, assim como: Rio de Janeiro (1955), Medellín (1968) e Santo Domingo (1992).

***

VIII. Os estatutos atuais

Na comemoração dos 50 anos da CNBB, a Assembleia Geral de 1999, decidiu avaliar amplamente a organização e o funcionamento da conferência e, eventualmente, proceder a uma reforma estatutária.

Os estatutos aprovados em 1970, e que entraram em vigor em 1971, sofreram pequenas mudanças em 1980 e em 1986, sem alterar substancialmente a organização da CNBB.

Com a publicação da Carta Apostólica *Apóstolos Suos* do Papa João Paulo II e a carta da Congregação para os Bispos, de 13 de maio de 1999, a Presidência da CNBB nomeou uma comissão episcopal para a reforma do Estatuto Canônico da Conferência.

Uma consulta aos membros da CNBB, o resultado não ofereceu propostas relevantes. Diante disso, a Comissão fez uma consulta à 38ª Assembleia Geral se deveria ou não prosseguir o trabalho de revisão dos Estatutos. A Assembleia respondeu que, com a consulta já feita, considerava o trabalho da comissão concluído. Pediu, porém, sua adequação à *Apóstolos Suos* e que se fizesse uma revisão mais profunda do regimento da CNBB.

A presidência da CNBB, atendendo ao pedido de cerca de trinta bispos e após uma reunião decorrente com os ex-presidentes, no dia 4 de setembro de 2000, decidiu retomar o tema da revisão dos Estatutos. Nessa reunião o secretário-geral, Dom Damasceno, elencou alguns dos principais pontos que, segundo seu parecer, deveriam ser considerados na revisão dos Estatutos.

A comissão apresentou a proposta final da revisão dos Estatutos na 39ª Assembleia Geral de 12 a 20 de julho de 2001, cujo tema central foi: "CNBB: Vida e Organização a Serviço de sua Missão". O pregador do retiro foi Dom Bruno Forte que abordou o tema: "A Igreja como comunhão, a dimensão colegial do Episcopado e a consequência Episcopal".

O texto do Estatuto Canônico foi apresentado para a votação final no dia 19 de julho. Após a apresentação das emendas não acolhidas pela comissão e o pedido de destaque pelo proponente da emenda, o plenário aprovou, após três emendas de caráter redacional, posto em votação global a descoberto o texto final com os três destaques acolhidos após aprovado pelos 211 votos a favor, dois contrários e duas abstenções. O texto foi enviado à Congregação para os bispos para aprovação. A presidência da Congregação acolheu as modificações sugeridas pela congregação e, na visita do cardeal Giovanni Batista Re à Assembleia Geral, por ocasião da celebração dos 50 anos da CNBB, o cardeal, após confirmação do referido texto pela Assembleia, aprovou oralmente os novos Estatutos da Conferência enviando posteriormente, por escrito, o Decreto de aprovação, datado de 12 de abril de 2002. A Presidência da CNBB promulgou os novos estatutos no dia 22 de maio de 2002.

Principais novidades do Estatuto aprovado em 2001 e promulgado em 2002

O Estatuto Canônico de 2002 explicita melhor a natureza e missão da CNBB e seu relacionamento intra e extra eclesiais; valoriza bem mais o conselho permanente e os conselhos episcopais regionais; amplia a colaboração dos bispos por meio das comissões episcopais pastorais; a formação do CONSEP – Conselho Episcopal Pastoral – que inclui a presidência e os presidentes das Comissões Episcopais Pastorais cuja competência é a animação e coordenação da pastoral orgânica; inclui o conselho econômico e o conselho fiscal, e acrescenta o capítulo sobre a administração patrimonial, com a figura do ecônomo[264].

***

IX. 1ª Assembleia da CNBB em Aparecida

Vislumbrar novos horizontes, sair do corriqueiro, condiz com rupturas, desde que seja para o bem comum; esse é um dos aprendizados que, ao longo dos anos, marcou a vida de Dom Raymundo Cardeal Damasceno Assis, mesmo que, para isso, tivesse de aceitar alguns desafios. Ele foi moldado com a distinção de aceitar mudanças impostas ou não e, também, despertar modificações. Um visionário que se doa em totalidade quando é necessário alertar para uma mudança que trará o bem comum, afinal, seu lema é *Viver na alegria do Senhor*, "porque há maior alegria em dar do que em receber" (At 20,35).

> "O bem comum tem como fim facilitar a vida virtuosa de cada pessoa, facilitar a caminhada em direção a nossa dignificação definitiva com Deus, e isto, na sociedade perfeita, na Comunhão dos Santos."[265]

O arcebispo de Aparecida foi perseverante na ideia de transferência da Assembleia dos Bispos do Brasil para outra localidade ou que houvesse melhorias em Itaici. A primeira vez que apresentou sua opinião, Dom Damasceno nem ainda era bispo, foi quando falou com Dom Aloísio so-

---

[264] Informações do monsenhor Gervásio Queiroga.
[265] Padre Ailbe O'Reilly, ORC. In: *A Dignidade da Pessoa e o Bem Comum no Concílio Vaticano II*. Pe. Ailbe O'Reilly ORC é mestre na teologia do matrimônio e da família pelo Instituto João Paulo II, Roma, e doutor em teologia moral pela Universidade de Santo Tomás.

bre o assunto: "Dom Aloísio, seria interessante a Assembleia dos Bispos do Brasil se realizar em Aparecida", mas analisando o contexto histórico--geográfico da época, ele respondeu: "Não... não... em Aparecida não é possível, é uma cidade muito pequena, não comporta grandes eventos".

Com sabedoria e persistência, Dom Damasceno batalhou em realizar essa ideia. Quando foi nomeado arcebispo de Aparecida, paulatinamente, falava aos bispos para apoiarem essa questão. "A Conferência dos Bispos franceses se realiza em Lourdes;[266] na Polônia, a Conferência dos bispos se realiza no Santuário Nacional de Czestochowa;[267] em Portugal se realiza em Fátima.[268] Por que no Brasil não se realiza em Aparecida?"[269] Uma das razões para procurar outra localidade era que Itaici não melhorava suas instalações para receber os bispos, os quartos não tinham muito conforto e havia necessidade de ficarem dois ou três bispos em um quarto, alguns iam para hotéis fora do Mosteiro de Itaici. Grande número de bispos desejava a transferência da Assembleia anual da CNBB para Aparecida. "Havia certo descontentamento com as acomodações. Alguns bispos reclamavam das acomodações, em particular, do auditório pequeno e sem condições para os trabalhos em plenário. Então, Dom Luciano se esforçou por construir o auditório *Rainha da Paz* e conseguiu tranquilizar por mais uma temporada. Porém, os bispos reclamavam também dos quartos; alguns ficavam em duplas, não havia banheiro nos quartos para todos; eram poucas as suítes."[270]

---

[266] Santuário de Nossa Senhora de Lourdes é um santuário mariano, um dos maiores centros de peregrinação do mundo católico. *Lourdes* é uma comuna francesa situada no departamento dos Altos Pirineus, região do Occitânia.

[267] Como o Brasil, a Polônia também é consagrada a uma Nossa Senhora Negra. A Rainha da Polônia é venerada sob o título de Nossa Senhora de Czestochowa (ou Nossa Senhora de Monte Claro, como é conhecida no Brasil). A pintura de Maria é tradicionalmente creditada a São Lucas Evangelista.

[268] O Santuário de Fátima, formalmente intitulado pela Igreja Católica como Santuário de Nossa Senhora do Rosário de Fátima, é um santuário mariano dedicado a Nossa Senhora de Fátima, localizado na Cova da Iria, na cidade de Fátima, concelho de Ourém, em Portugal.

[269] Dom Raymundo Damasceno Assis, Aparecida-SP, 9 de outubro de 2017; EPEO.

[270] Padre Manoel Godoy, SJ, Belo Horizonte-MG, 26 de outubro de 2017; EPEO.

> "Realizada há 33 anos na Casa de Retiros Vila Kostka, dos padres jesuítas, em Itaici, a Assembleia da CNBB exige uma grande infraestrutura, começando pela hospedagem. Atualmente, mais de 60 bispos têm de se hospedar em hotéis da cidade de Indaiatuba por falta de quartos disponíveis na casa."[271]

Eram bons os argumentos apresentados por Dom Damasceno, e chegou um momento que os bispos se abriram para uma inovação e pediram para que fossem apresentadas propostas para mudança. Em primeiro lugar, os bispos não queriam deixar Itaici de lado; então, pediram para que Itaici fizesse sua proposta de melhorias, reforma do prédio, pois os bispos desejavam que as assembleias da CNBB continuassem acontecendo lá. Em segundo lugar, Dom Raymundo Damasceno Assis apresentou a proposta das assembleias serem realizadas na cidade de Aparecida e apareceu uma terceira proposta, feita por Dom João Braz de Aviz,[272] argumento forte de que deveria ser em Brasília, centro do país e de fácil acesso por terra e por ar, além de ser a Capital Federal. Ficou decidida a apresentação das propostas em plenário para que os bispos pudessem eleger o melhor local.

No primeiro ano de votação (2008), o novo reitor de Itaici, recém-chegado, não manifestou uma proposta. "Dom Aviz apresentou o projeto referente à mudança da assembleia para Brasília, sendo proposta a construção de um centro pastoral da arquidiocese que seria aproveitado para a realização da assembleia da CNBB. O terreno está situado na L2 Norte"[273] e Dom Damasceno apresentou o projeto de Aparecida. Não houve um consenso, alguns bispos queriam que Itaici fizesse melhorias

---

[271] Jornal *O Estado de São Paulo* (Estadão) Agência Estado, São Paulo, 30 de abril de 2009. In: site *Agência Estado*; acesso em 23 de outubro de 2017.
[272] Dom João Braz de Aviz nasceu em Mafra, Santa Catarina, no dia 24 de abril de 1947 é cardeal católico romano brasileiro, prefeito da Congregação para os Institutos de Vida Consagrada e as Sociedades de Vida Apostólica no Vaticano e arcebispo emérito de Brasília. Em 6 de janeiro de 2012, o Papa Bento XVI anunciou que Dom Aviz seria cardeal e, em 18 de fevereiro do mesmo ano, recebeu o barrete cardinalício, na Basílica de São Pedro, pelas mãos do Sumo Pontífice.
[273] Dom Raymundo Damasceno Assis, Aparecida-SP, 9 de outubro de 2017; EPEO.

nas acomodações; outros alegavam que o projeto de Aparecida era muito suntuoso, e havia os que desejavam que Brasília melhorasse o projeto. Por esse motivo, Dom Geraldo Lyrio, presidente da CNBB, decidiu que haveria uma nova apresentação de projetos e votação na próxima assembleia, no ano seguinte. Com a determinação de votar definitivamente e chegar a uma decisão.

Durante a 47ª Assembleia Geral dos Bispos, que começou dia 22 de abril de 2009, foram apresentadas as propostas e foi realizada a votação.

> "A decisão se deu a partir de projeto apresentado pelo arcebispo de Aparecida, Dom Raymundo Damasceno. O projeto, já em andamento, contempla a construção de instalações com condições para atender à CNBB no Santuário de Aparecida, com hospedagem, auditórios e salas de reuniões para, pelo menos, 500 pessoas. Foram apresentados também outros dois projetos – um da arquidiocese de Brasília e outro da própria Casa de Retiros Vila Kostka. A maioria dos bispos, no entanto, votou por Aparecida."[274]

"Dom Damasceno, assumindo Aparecida, prometeu aos bispos que todos esses problemas seriam sanados se eles aceitassem mudar o local, de Itaici para Aparecida. Um novo local, como Aparecida com um Santuário Mariano, espaço de religiosidade popular, era tudo o que alguns queriam."[275] Ficou firmado um compromisso moral de a assembleia se realizar sempre em Aparecida, pois o investimento era grande e não poderiam depois mudar de opinião, a não ser excepcionalmente, quando houvesse um acontecimento grande, em uma cidade grande, como, por exemplo, um Congresso Eucarístico Nacional.

---

[274] Jornal *O Estado de São Paulo* (Estadão) Agência Estado, São Paulo, 30 de abril de 2009. In: site *Agência Estado*; acesso em 23 de outubro de 2017.
[275] Padre Manoel Godoy, SJ, Belo Horizonte-MG, 26 de outubro de 2017; EPEO.

"A partir de 2011, as assembleias da Conferência Nacional dos Bispos do Brasil, CNBB, maior Conferência Episcopal do mundo, serão realizadas em Aparecida, no Vale do Paraíba (SP). (...) Em 2010, a reunião será em Brasília por causa do Congresso Eucarístico, organizado pela arquidiocese da Capital Federal."[276]

Mas, ordinariamente, a assembleia reúne-se em Aparecida. Houve bastante investimento para realizar esse projeto, e com dificuldades, pois a arquidiocese de Aparecida ainda não tinha acomodações destinadas aos bispos, teve que arrumar hotéis e preparar a Pousada Bom Jesus[*][277] até conseguir fazer um hotel onde ficassem todos os bispos, o *Hotel Rainha do Brasil*. "Foi preciso adaptar o auditório padre Vitor Coelho e as salas para reuniões de grupos."[278] No começo, houve necessidade de uma tolerância às intempéries na logística de transporte, acomodações e locais de trabalho. Depois, a maioria dos bispos ficou satisfeita com o resultado desse projeto; apenas alguns ainda questionaram, alegando que o auditório não oferecia total privacidade.

***

X. Presidente da CNBB

Após as eleições realizadas na 49ª assembleia geral reunida em Aparecida (maio de 2011), a CNBB teve uma nova presidência. Dom Raymundo Damasceno Assis, cardeal arcebispo de Aparecida, foi eleito no dia 9, segunda-feira, presidente da Conferência Nacional dos Bispos do Brasil. Dom Damasceno pediu orações pela sua nova missão.

---

[276] Jornal *O Estado de São Paulo* (Estadão) Agência Estado, São Paulo, 30 de abril de 2009. In: site *Agência Estado*; acesso em 23 de outubro de 2017.
[277] LINK – II PARTE – POUSADA BOM JESUS.
[278] Dom Raymundo Damasceno Assis, Aparecida-SP, 9 de outubro de 2017; EPEO.

Bloco 3 – CNBB

A 15ª Presidência da CNBB foi eleita para dirigir a entidade no novo quadriênio, 2011-2015. O arcebispo de Aparecida, cardeal Raymundo Damasceno Assis, foi eleito com 196 votos, no segundo escrutínio. Dom Damasceno possuía experiência de dois mandatos consecutivos (1995 e 2003) como secretário-geral da CNBB, o que pesou muito na hora dos votos. Além do cargo de arcebispo de Aparecida, com tantos afazeres, ele era também o presidente do Conselho Episcopal Latino-Americano, Celam. Mesmo com tantos compromissos, Dom Damasceno aceitou a presidência da CNBB.

Dom José Belisário da Silva foi eleito vice-presidente, no segundo escrutínio, com 215 votos. Dom Belisário é arcebispo de São Luís, no Maranhão, e presidiu, nessa Assembleia dos Bispos, a Comissão das Diretrizes Gerais da Ação Evangelizadora da Igreja no Brasil, aprovadas pouco antes de iniciar o processo das eleições. Dom Leonardo Ulrich Steiner, bispo da prelazia de São Felix-MT, foi eleito secretário-geral, no primeiro escrutínio, com 202 votos, e era membro das Comissões das Diretrizes para a Evangelização. A nova presidência, diziam alguns bispos, era uma presidência franciscana: Dom Frei Belisário, OFM, Dom Frei Leonardo, OFM, e Dom Raymundo Damasceno Assis, também da Ordem Franciscana Secular.

> "Durante a Assembleia Nacional dos Bispos do Brasil que aconteceu, pela primeira vez, em Aparecida, 90 bispos ficaram hospedados no Seminário Bom Jesus, inaugurando, assim, ainda que em caráter experimental, os serviços de hospedagem do seminário, transcorrendo tudo muito bem, com muito profissionalismo, ótima alimentação, serviço comparado a de um hotel cinco estrelas."[279]

O arcebispo de Aparecida "era considerado um dos favoritos para assumir a presidência da CNBB por causa, principalmente, de seu per-

---

[279] Ata da 57ª Reunião Ordinária do COAE – Conselho Arquidiocesano de Assuntos Econômicos da Arquidiocese de Aparecida, 31 de maio de 2011. *Diário de Atividades do Sr. Arcebispo de Aparecida, Dom Raymundo Cardeal Damasceno Assis*, 2011.

fil conciliador e do prestígio que obteve após a visita do Papa Bento XVI ao Santuário Nacional de Nossa Senhora Aparecida, em 2007. O novo presidente da CNBB é tido também como uma pessoa próxima ao Papa e de fácil diálogo com setores da sociedade civil organizada e o governo".[280]

Foto: Presidência da CNBB.[281] Da esquerda para direita do leitor:
Dom José Belisário, Dom Raymundo Damasceno Assis, Dom Leonardo Ulrich Steiner;
período 2011-2015, Brasília-DF.

A missa no último dia da Assembleia, 13 de maio, foi presidida pelo novo presidente da CNBB, juntamente com o vice-presidente e o secretário-geral. Também participaram os novos presidentes das 12 Comissões Pastorais da CNBB, eleitos na Assembleia. O encerramento da 49ª Assembleia da CNBB, aconteceu no Centro de Eventos Padre Vitor Coelho, no pátio do Santuário Nacional de Aparecida. Após a posse, a Presidência deu sua primeira coletiva de imprensa.

[280] In: site *Folha*, acesso em 16 de novembro de 2017.
[281] Foto: acervo da CNBB, Brasília-DF.

A partir de 2011, a Assembleia Anual da Conferência Nacional dos Bispos do Brasil passou a realizar-se em Aparecida. Como presidente da CNBB, Dom Damasceno era muito procurado em Aparecida para entrevistas "porque ele era a palavra da CNBB, muita gente o procurava para todo assunto, principalmente pelos temas tratados nas notas que a CNBB divulgava".[282] Sempre disposto a reportar-se à pauta de assuntos atuais da Igreja, abrangendo âmbito nacional e internacional, o presidente da CNBB concedia muitas entrevistas. Como foi secretário-geral da CNBB, ele sabia como abordar os assuntos relacionados à Igreja, política e economia. Seus contatos não eram somente na área religiosa, atendia a vários assuntos em todos os âmbitos, "sempre recorriam à opinião da Igreja por intermédio de Dom Damasceno".[283]

***

XI . Jubileu de 60 anos da Conferência Nacional dos Bispos do Brasil

> "Nas atuais Diretrizes (2011-2015), à luz da Conferência de Aparecida, podemos caracterizar ganhos significativos. Seu objetivo geral está assim formulado: 'Evangelizar, a partir de Jesus Cristo e na força do Espírito Santo, como Igreja discípula, missionária e profética, alimentada pela Palavra de Deus e pela Eucaristia, à luz da evangélica opção pelos pobres, para que todos tenham vida, rumo ao Reino definitivo.'"[284]
> (Dom Raymundo Cardeal Damasceno Assis)

A 2ª assembleia da CNBB, realizada em Aparecida (2012), teve como tema central: *A Palavra de Deus na vida e na missão da Igreja: Ministros e Servidores da Palavra de Deus e a Missão da Igreja Hoje*. Durante

---

[282] Andréa Moroni, Aparecida-SP, 1º de novembro de 2017; EPEO.
[283] Idem.
[284] Dom Raymundo Cardeal Damasceno Assis. Discurso. *60º Aniversário e 50ª Assembleia Geral da CNBB: Memória, Ação de Graças e Compromisso*, 2012.

os dez dias de assembleia, parte do episcopado ficou hospedada no Seminário Bom Jesus. Época de jubileu.

Para comemorar os 60 anos de fundação da Conferência Nacional dos Bispos do Brasil e da 50ª edição da Assembleia Geral dos Bispos da CNBB, o presidente da instituição, Dom Raymundo Damasceno Assis, discursou no dia 19 de abril de 2012, em sessão solene lembrando que aquela era uma data histórica: "Estamos vivendo, pois, tempos de jubileu. Tempo de alegria e de agradecimento a Deus e a todas as pessoas que se empenharam, durante a caminhada, na busca de fidelidade ao Senhor, realizando a história colegial da nossa Conferência".[285]

Reiterou a importância de festejar a celebração da 50ª Assembleia da CNBB. Pois ela foi criada dez anos antes do Concílio Vaticano II, em 1952, no Rio de Janeiro, por 15 arcebispos metropolitanos representando o episcopado brasileiro. Ela muito contribuiu colegialmente para a preparação e aplicação do Concílio Vaticano II, no Brasil. E, a partir do Concílio, deu um grande impulso à evangelização do Povo de Deus. Marcando nova realidade.

"Essa realidade do novo Pentecostes, o Concílio Vaticano II, foi a bússola que orientou a caminhada da nossa Conferência que, neste ano, torna-se sexagenária, o início da terceira idade, sinal de maturidade na sua ação evangelizadora."[286] Para marcar uma data tão importante houve o lançamento do opúsculo "CNBB: 60 Anos e 50 Assembleias Gerais – Memória, Ação de Graças e Compromisso", com a reprodução da ata de criação da entidade e outras informações históricas. Publicação que teve a coordenação do monsenhor Antônio Catelan, assessor da Comissão Episcopal Pastoral para a Doutrina da Fé.

---

[285] Dom Raymundo Cardeal Damasceno Assis. Discurso. *60º Aniversário e 50ª Assembleia Geral da CNBB: Memória, Ação de Graças e Compromisso*, 2012.
[286] Dom Raymundo Damasceno Assis, Aparecida, 09 de outubro de 2017; EPEO.

XII. O Ano do Papa Francisco no Brasil

"A etapa final da preparação para a Jornada pede de nós que intensifiquemos as orações e os trabalhos, para que a Juventude mundial que aqui virá, ou que nos acompanhará pelos meios de comunicação, tenha uma oportunidade singular de encontro com Cristo e com a Igreja. Ainda mais, a realização da Jornada Mundial da Juventude nos dará a oportunidade de receber o Papa Francisco, o primeiro Papa latino-americano a nos visitar."[287]
(Dom Raymundo Damasceno Assis)

A presença do Papa Francisco em Aparecida marcou a vida de muitos que o acompanharam pelas ruas da cidade, na missa e no Seminário Bom Jesus.[*][288] Momentos que essas pessoas jamais esquecerão e, nem mesmo, o Santo Padre se esqueceu. Como um filho saudoso, que mesmo, antes de ser Papa Francisco, conheceu Aparecida e se encantou com a espiritualidade constante que se respira na Capital Brasileira da Fé. Como devoto de Nossa Senhora e agradecido por ter estado em Aparecida, em julho de 2013, o Papa enviou uma carta ao arcebispo de Aparecida:

"Querido irmão,
Venho renovar-lhe a expressão do meu agradecimento e, através de sua pessoa, a todos quantos o mesmo seja devido nessa amada diocese, particularmente no Santuário de Nossa Senhora Aparecida, pelo carinho que me receberam e tudo predispuseram da melhor maneira para que eu pudesse visitar a casa da Mãe de todos os brasileiros.
Guardo indeléveis, na memória e no coração, as imagens daquela ativa assembleia litúrgica e da multidão festiva que, na esplanada do Santuário, mesmo com frio e a chuva, quiseram acompanhar-me na minha peregrinação a Apa-

---

[287] Dom Raymundo Cardeal Damasceno Assis. Pronunciamento na abertura da 51ª Assembleia Geral da Conferência Nacional dos Bispos do Brasil - CNBB, 2013.
[288] LINK – II PARTE – PAPAS EM APARECIDA – PAPA FRANCISCO.

recida. Sem dúvidas foi também uma oportunidade para reviver as belas recordações da minha permanência no Santuário, durante a Quinta Conferência do Episcopado Latino-Americano e do Caribe. Confiei a Ela, Nossa Mãe, a vida de cada brasileiro, bem como pedi que fizesse arder no coração de cada sacerdote desse imenso País um zelo sempre maior por anunciar a Boa Nova de Jesus Cristo.

Peço-lhe também para que, na sua qualidade de Presidente da CNBB, se faça intérprete do meu vivo apreço e gratidão aos Bispos do Brasil, a todos os párocos, pastorais e movimentos eclesiais pelo carinho e empenho postos na preparação e realização da Jornada Mundial da Juventude. Esta foi, certamente, um evento em que o Senhor cumulou de graças a Igreja que está no Brasil. Faço votos para que as sementes que foram lançadas possam frutificar permitindo uma nova primavera para a Igreja nesta amada Nação.

Reconhecido, retribuo todas as gentilezas recebidas, confiando a Deus, pela intercessão de Nossa Senhora Aparecida, as dioceses e prelazias brasileiras, juntamente com os seus pastores, enquanto de coração a todos concedo uma especial Bênção Apostólica e peço que, por favor, não deixem de rezar por mim.

Papa Francisco
Vaticano, 2 de agosto de 2013.

***

XIII. Últimos anos como presidente da CNBB

"Neste primeiro ato solene de nossa 52ª Assembleia Geral da Conferência Nacional dos Bispos do Brasil (CNBB), acolho neste Santuário Nacional de Nossa Senhora Aparecida a todos: os Srs. cardeais, arcebispos, bispos, administradores diocesanos, presbíteros, consagrados e leigos. Acolho, de modo particular, em nome de todos, o Sr. Núncio Apostólico, Dom Giovanni Aniello, cuja presença é um sinal de nossa comunhão com o Papa Francisco. Acolho os queri-

Bloco 3 – CNBB

dos fiéis da arquidiocese de Aparecida aqui presentes e os caríssimos romeiros e romeiras, vindos de diversas partes do Brasil. Saúdo e agradeço os profissionais de comunicação, aqui presentes, que dão ao povo de Deus, em todo o Brasil, a oportunidade de acompanhar a cada dia o desenvolvimento dessa Assembleia Geral. Um cumprimento também ao Mons. Piergiorgio Bertoldi, Conselheiro da Nunciatura Apostólica no Brasil."[289]
(Dom Raymundo Cardeal Damasceno Assis)

O tema da 52ª Assembleia Geral da Conferência Nacional dos Bispos do Brasil, de 30 de abril a 9 de maio de 2014, foi: *Comunidade de Comunidades: uma nova paróquia*. No ano seguinte, pela quinta vez consecutiva, a Assembleia Geral da CNBB se reuniu em Aparecida. Nessa 53ª Assembleia Geral, Dom Damasceno recordou a atualização das Diretrizes Gerais da Ação Evangelizadora da Igreja no Brasil – DGAE, para o próximo quadriênio (2015-2019): "Vamos atualizar as diretrizes atuais à luz dos documentos pontifícios, do magistério pontifício, sobretudo à luz da Exortação Apostólica *Evangelii Gaudium* – A alegria do Evangelho, e mais aqueles dois discursos importantes que o Papa Francisco fez aos bispos do Brasil e do Celam por ocasião da Jornada Mundial da Juventude".[290]

Para uma maior conscientização da necessidade de promover a paz, 2015 ficou marcado como o Ano da Paz. O cardeal Raymundo Damasceno Assis é moderador do *Comitê Religiões pela Paz da América Latina e do Caribe*; ele reza e trabalha pela Paz nas Américas e, também, no mundo inteiro; destaca sempre que devemos promover uma convivência respeitosa solidária e sermos artífices construtores da paz. Sobretudo no Brasil, onde a violência tem causado tantas vítimas e provocado tanto sofrimento a muitas famílias.

---

[289] Dom Raymundo Cardeal Damasceno Assis. Pronunciamento na abertura da 52ª Assembleia Geral da Conferência Nacional dos Bispos do Brasil – CNBB, 2014.
[290] In: site *Canção Nova*; acesso em 8 de dezembro de 2017.

Aquele foi ano da despedida de Dom Damasceno na presidência da CNBB, houve eleições para presidente, vice-presidente e secretário-geral; por motivo de idade, Dom Damasceno não aceitou mais sua indicação para um segundo mandato.[291]

O Brasil, nesse momento, passava por uma intensa escassez de água. A preocupação dos bispos era alertar os brasileiros para o uso racional e solidário da água e a sua preservação no país. Dom Damasceno lembrou o lema "Água, fonte de vida", da Campanha da Fraternidade de 2004 e rezou a oração da CF:

> "Perdoai-nos, Senhor misericordioso,
> Pela contaminação das águas, pelo desperdício e pelo egoísmo
> Que privam os irmãos desse bem tão necessário à vida.
> Dai-nos, ó Espírito Santo, um coração fraterno e solidário,
> Para usarmos a água com sabedoria e prudência
> E para não deixar que ela falte a nenhuma de vossas criaturas.
> Ó Cristo, Vós que também tivestes sede,
> Ensinai-nos a dar de beber a quem tem sede.
> E concedei-nos com fartura a água viva
> Que brota de Vosso Coração e jorra para a vida eterna.
> Amém".[292]

***

No ano de 2004, Dom Raymundo Damasceno Assis foi nomeado arcebispo de Aparecida, pelo Papa João Paulo II. Uma de suas atividades na cidade onde está o Santuário Nacional foi a de iniciar e executar um projeto de restauração ao antigo prédio Bom Jesus para que continuasse como sede do seminário.

***

---

[291] *Diário de Atividades do Senhor Arcebispo de Aparecida Dom Raymundo Cardeal Damasceno Assis*, 2015, p. 11. Inédito.
[292] Oração instituída na Campanha da Fraternidade de 2004.

BLOCO

4

SEMINÁRIO BOM JESUS

PARTE I

I. Operários para a messe

> "Rico de piedade, Deus nunca perdeu sua Igreja que milita neste mundo, mas de acordo com as várias vicissitudes das coisas e dos tempos, ele confessa com sabedoria a ajuda oportuna."[293]
> (Papa Pio IX)

No final do século XIX, na região do Vale do Paraíba e, até mesmo, em São Paulo, havia uma carência de jovens vocacionados para o sacerdócio. Preocupado com essa questão, Dom Lino Deodato Rodrigues de Carvalho,[294] em 1876, fez uma viagem à Europa e percorreu vários países. Nessa oportunidade, o bispo realizou uma visita *Ad Limina Apostolorum*,[295] ao Papa Pio IX;[296] com o objetivo de suprir a escassez de

---

[293] PAPA PIO IX. CURTAS, *Mergulhos em MISERICÓRDIA*. 16 de novembro de 1877, © Copyright - Biblioteca de publicação do Vaticano.

[294] Lino Deodato Rodrigues de Carvalho nasceu em São Bernardo das Russas-CE, no dia 23 de setembro de 1826, foi sacerdote católico, nono bispo de São Paulo.

[295] A Visita *ad limina*, ou mais exatamente a Visita *ad limina apostolorum* (em português: "visita aos túmulos dos Apóstolos") é uma obrigação dos bispos diocesanos e outros prelados da Igreja Católica de, a cada 5 anos, encontrarem-se com o Papa, visitando os túmulos dos apóstolos São Pedro e São Paulo, em Roma.

[296] PAPA PIO IX, nascido Giovanni Maria Mastai-Ferretti, em Senigália, no dia 13 de maio de 1792 e faleceu em Roma, no dia 7 de fevereiro de 1846. Foi Papa durante 31 anos, 7 meses e 22 dias, entre os dias 16 de junho de 1846 e a data de seu falecimento.

vocações sacerdotais, Dom Lino procurou receber orientações pontifícias para realizar uma reforma na diocese de São Paulo.

Um ano depois, Dom Lino continuava preocupado com o reduzido número de vocacionados. Ao nomear o padre João Evangelista Braga para administração do Seminário Episcopal, na diocese de São Paulo, no dia 7 de junho de 1877, Dom Lino comentou que havia "falta de pessoal para o serviço na diocese, falta que ia se agravando de dia em dia pela escassez de vocações para o sacerdócio".[297] Nessa época, a saúde de Dom Lino estava precária, pediu um bispo auxiliar ao Vaticano, e foi nomeado Dom Joaquim Arcoverde para ajudá-lo nas tarefas arquidiocesanas.

Em suas visitas pastorais a Aparecida, Dom Lino Deodato, sempre estudava possíveis melhorias, e foi com olhar generoso de pastor que, no dia 28 de novembro de 1893, criou o Curato de Aparecida, separando-o da jurisdição paroquial de Guaratinguetá e, também, concedeu à antiga Capela de Nossa Senhora o título de *Episcopal Santuário de Nossa Senhora da Conceição Aparecida*. Que ficou definida dentro da seguinte área:

> "Havemos por bem pela presente declarar isento da jurisdição paroquial o dito Santuário como os limites seguintes: Ribeirão do Sá até o alto do morro, cabeceiras do mesmo que verte para o Santuário, pelos altos do dito morro até as cabeceiras do Ribeirão da Ponte Alta, e por este abaixo pelo Paraíba, até a confluência do Ribeirão do Sá, onde principia."[298]

O bispo deu emancipação paroquial a Aparecida que continuou freguesia subordinada a Guaratinguetá,[299] atendeu ao pedido de uma população que ansiava pelo atendimento pastoral e por um seminário.

---

[297] Arquidiocese de São Paulo, *Histórias dos Bispos Diocesanos*. In: site *arquisp*; acesso em 4 de novembro de 2017.
[298] *Livro do Tombo de 1757-1873, p. 2*. Arquivo da Cúria Metropolitana de Aparecida-SP, Paróquia Santo Antônio de Guaratinguetá-SP.
[299] Desde 1842 Aparecida era freguesia de Guaratinguetá, da qual se desmembrou em 17 de dezembro de 1928.

Com a saúde abalada, Dom Lino não podia fazer viagens longas. Por isso, foi Dom Arcoverde quem foi ao Vaticano e apresentou ao Papa Leão XIII[300] o projeto de um seminário em Aparecida. O Sumo Pontífice reconheceu a importância do projeto, que foi por ele aprovado e abençoado.

No *Livro do Tombo da Paróquia de Santo Antônio de Guaratinguetá* consta que "no dia 7 de dezembro de 1893, S. Excia. o Sr. Bispo Diocesano, Dom Lino Deodato R. de Carvalho, chegou a Aparecida, aqui demorando-se até 4 de janeiro de 1894",[301] época em que fez visitas pastorais, atendeu confissões e crismou muitos cristãos resultando em "frutos espirituais e proveito para o Curato".[302] Sua predileção por Aparecida era visível. Mesmo com a saúde um pouco abalada, aos 68 anos de idade, trabalhava em prol do Santuário de Aparecida, era ciente do pequeno número de operários para a messe de Cristo e pretendia incentivar as vocações sacerdotais. "A colheita é grande, mas os trabalhadores são poucos. Pedi, pois, ao Senhor da colheita que mande trabalhadores para sua messe" (Lc 10,2). Jovens que responderam ao chamado amoroso de Deus para trabalhar na messe, precisavam de um lugar digno para se preparar. Dom Lino sabia que era necessário criar em cada diocese um colégio para educação sacerdotal de jovens vocacionados.

Nesse mesmo ano de 1894, no dia 8 de maio, Dom Lino voltou a Aparecida para presidir as solenidades marianas; aproveitou esse tempo de sua permanência, para tratar da fundação de um colégio seminário. Nesse ano, o capitão João Maria de Oliveira César exercia o cargo de tesoureiro e, atendendo ao pedido de Dom Lino, tratou da reintegração

---

[300] PAPA LEÃO XIII, O.F.S.; nascido Vincenzo Gioacchino Raffaele Luigi Pecci-Prosperi-Buzzi; em Carpineto Roma, no dia 2 de março de 1810 e faleceu em Roma no dia 20 de julho de 1903, foi eleito Papa no dia 20 de fevereiro de 1878 até a data de sua morte.

[301] *Livro do Tombo de 1757-1873, p. 2.* Arquivo da Cúria Metropolitana de Aparecida-SP, Paróquia Santo Antônio de Guaratinguetá-SP.

[302] Idem.

de posse de uma grande área doada em 1745, chácara das Pitas, ao Santuário de Aparecida. Dom Lino requereu essa área para que, em uma parte dela, fosse iniciada a construção do seminário.

Com olhar especial para as vocações sacerdotais no Vale do Paraíba, o bispo de São Paulo, Dom Lino Deodato, no dia 6 de agosto de 1894, fez a bênção e o lançamento da Pedra Fundamental, onde seria erigido um prédio destinado ao seminário.

Foto: lançamento da Pedra Fundamental do seminário,[303] Aparecida-SP, agosto de 1894 (obs.: a inscrição da data nessa foto foi feita por Dom Lino).

No *Auto do Lançamento da Primeira Pedra da Capela do Colégio de Nossa Senhora da Conceição Aparecida* ficou registrado que, aos seis dias do mês de agosto de mil oitocentos e noventa e quatro, festa de Transfiguração de Nosso Senhor Jesus Cristo, presidindo os destinos da Igreja de Deus, o Grande Imortal, Pontífice Leão XIII, dignou

---

[303] Foto: acervo da Cúria Metropolitana de Aparecida, ACMA.

abençoar a obra, no lugar denominado chácara das Pitas,[304] lugar designado por Dom Lino Deodato Rodrigues de Carvalho, onde foi lançada a primeira pedra depois de benta pela excelência, na forma do Pontifical Romano. A pedra foi colocada em uma pequena caixa de madeira, onde também existe uma cópia do documento do Auto, moedas brasileiras de vários valores e um documento que é a sentença do juiz que reconheceu a posse desse terreno ao Santuário de Nossa Senhora. Essa pequena caixa foi colocada dentro de uma caixa de zinco e soldada, lacrada.[305] O documento está assinado por Dom Lino Deodato, o terreno destinado ao Colégio para seminaristas em uma área de 10 hectares, consta de 13.000 m². Foi a realização de um sonho para Dom Lino que, dali a alguns dias, na manhã do dia 19, veio a falecer na cidade de Aparecida.

***

II. O projeto

> "Entretanto, a Igreja não se contenta com indicar o caminho que leva à salvação; ela conduz a esta e com a sua própria mão..."[306]
> (Papa Leão XIII)

O projeto neoclássico[307] do prédio foi concebido pelo engenheiro e arquiteto paulista doutor Francisco Carlos da Silva, diplomado na

---

[304] A chácara das Pitas era constituída por um lugar alto (morro das Pitas) e terras baixas.

[305] Arquivo SSA 7 V 50; Acervo da Cúria Metropolitana de Aparecida, ACMA.

[306] PAPA LEÃO XIII. Carta Encíclica *RERUM NOVARUM* - A Todos os Nossos Veneráveis Irmãos, os Patriarcas, Primazes, Arcebispos e Bispos do Orbe Católico, em Graça e Comunhão com a Sé Apostólica, sobre a condição dos Operários. 15 de maio de 1891.

[307] A arquitetura neoclássica foi produto da reação anti-barroco e anti-rococó, levada a cabo pelos novos artistas-intelectuais do século XVIII. Os arquitetos formados no clima cultural do racionalismo iluminista e educados no entusiasmo crescente pela Civilização Clássica, cada vez mais conhecida e estudada devido aos progressos da arqueologia e da história.

França e que, provavelmente, influenciado pela arquitetura neoclássica, inspirou-se no famoso Palácio de Versalhes. O encargo de construção do edifício foi destinado aos cuidados do empreiteiro Nicolau Guilherme, que confiou o serviço ao italiano, mestre de obras, Augusto Fiorani. O trabalho de fundação, a base, começou em 25 de abril de 1895. A fachada deverá ser de 200 metros e laterais de 86 metros, o edifício em forma de um "E".

O bispo responsável pelo início das obras de construção do prédio foi Dom Joaquim Arcoverde de Albuquerque e Cavalcante[308] que sucedeu a Dom Lino. O tesoureiro João Maria, íntegro e dedicado ao seu trabalho, constantemente se aplicava em dar continuidade à construção do seminário. Mas, havia necessidade de mais recurso financeiro.

A questão era: "Com que verba a diocese conseguiria erguer um prédio tão pomposo?" Seria um trabalho para longos anos... Aparecida, assim como diversas paróquias do Vale do Paraíba, pertencia à diocese de São Paulo e, "desde 1890, o cofre do Santuário contribuía com 15% de suas rendas para a caixa diocesana".[309] Nessa época, não havia recolhimento do dízimo por parte do governo. Então, essa porcentagem supria a manutenção das obras de toda a diocese de São Paulo, sendo destinada uma mínima parcela para obras em Aparecida. Dois anos depois de lançada a Pedra Fundamental e de começar a construção do prédio, Dom Joaquim Arcoverde atendeu ao pedido da Comissão Administrativa da Capela e reduziu a sua contribuição a 10%, dessa forma, os outros 5% supriram as despesas diocesanas em Aparecida; dentre elas, a construção do seminário. E, também na providência divina, resultante de dízimos e ofertas dos romeiros, as obras para o seminário não pararam; houve

---

[308] Joaquim Arcoverde de Albuquerque Cavalcanti, mais conhecido como Cardeal Arcoverde, nasceu em Cimbres-PE, freguesia portuguesa do concelho de Armamar, no dia 17 de janeiro de 1850 e faleceu no Rio de Janeiro no dia 18 de abril de 1930.

[309] BRUSTOLONI, Pe. Júlio C.S.S.R. *A Senhora da Conceição Aparecida – História da Imagem, da Capela, das Romarias*. Aparecida: Editora Santuário, 6ª edição, 1986, p. 175.

Bloco 4 – Seminário Bom Jesus

continuação da edificação do projeto por Dom Antônio Cândido Alvarenga[310] e Dom José de Camargo Barros, ambos, também, arcebispos da arquidiocese de São Paulo.

Foto: prédio do seminário em obras, Aparecida-SP,[311] 1910.

Uma das características principais do prédio é a imponente estrutura em tijolos aparentes. Para executar o projeto "foi montada uma olaria própria para fabricação dos tijolos grandes e requeimados contendo a marca *NSA*, Nossa Senhora Aparecida".[312] O prédio foi tomando corpo, ficando grande.

***

---
[310] Dom Antônio Cândido Alvarenga nasceu em São Paulo no dia 22 de abril de 1836 e faleceu em São Paulo no dia 1 de abril de 1903, foi o décimo primeiro bispo de São Paulo, e décimo oitavo do Maranhão.
[311] Foto: acervo da Cúria Metropolitana de Aparecida, ACMA.
[312] In: site *Pousada Bom Jesus*; acesso em 25 de outubro de 2017.

III. Funcionalidade ao longo dos anos

"O chamado de Deus, meus caros seminaristas, é verdadeiramente sublime, pois se refere ao serviço mais importante do Povo de Deus. É o sacerdote quem torna sacramentalmente presente entre os homens a Cristo, o Redentor do homem."[313]
(Papa João Paulo II)

Doze anos depois da colocação da Pedra Fundamental o edifício destinado ao seminário estava erguido e coberto, mas não finalizado por dentro. Em sua fachada constava o letreiro: *Casa de Nossa Senhora*.

A partir de 1919, Dom Duarte Leopoldo e Silva,[314] arcebispo metropolitano de São Paulo, dispôs de uma ala do prédio ao *Asilo Nossa Senhora Aparecida*, que foi confiado às *Irmãzinhas da Imaculada Conceição*, congregação que tem a prática de servir os pobres, ensinar a catequese e dar assistência aos enfermos.

Foto: asilo dos pobres,[315] Aparecida-SP, provavelmente 1919.

---

[313] JOÃO PAULO II. *Discurso do Papa no Encontro com os Seminaristas na Basílica de Aparecida*. Viagem Apostólica do Santo Padre ao Brasil (30 de junho – 12 de julho de 1980), 4 de julho de 1980.
[314] Duarte Leopoldo e Silva nasceu na cidade de Taubaté-SP, em 4 de abril de 1867. Ordenado sacerdote em 30 de outubro de 1892, na capela do Seminário Episcopal, pelas mãos de Dom Lino Deodato Rodrigues de Carvalho. Faleceu no palácio episcopal São Luís-MA, no dia 13 de novembro de 1938. O arcebispo contava com 71 anos de idade, sendo 31 anos à frente do bispado de São Paulo.
[315] Foto: acervo da Cúria Metropolitana de Aparecida, ACMA.

O Carisma da congregação é possuir "sensibilidade para perceber os clamores da realidade e disponibilidade para servir aos mais necessitados e aos que estão em situação de maior injustiça". Uma das fundadoras da congregação foi Irmã Madre Paulina.[316] A solenidade de inauguração da *Casa N. Senhora Aparecida* aconteceu no dia 11 de maio[317] de 1923, com a presença do núncio apostólico Dom Henrique Gasparri.

Durante essa época, até o ano de 1927, em outra parte do prédio funcionou uma casa de retiros reclusos. A Casa de Nossa Senhora era mais conhecida como "Colegião".

***

IV. Redentoristas no Colegião

O recém-provincial dos Redentoristas, padre Estevão Maria, pediu o Colegião a Dom Duarte Leopoldo e Silva, em 1927, para que ali fosse instalado um seminário. A resposta veio positiva somente dois anos depois.[318] O prédio, a partir de 1929, foi cedido aos Redentoristas, para ali funcionar o *Seminário Santo Afonso*, no prédio ainda constava o letreiro: *Casa de N. Senhora*.

---

[316] Santa Madre Paulina nasceu no dia 16 de dezembro de 1865, em Vígolo Vattaro, Trentino Alto Ádige, norte da Itália. Imigrou para o Brasil, juntamente com a família no ano de 1875. Aos 12 de julho de 1890, com sua amiga Virginia Rosa Nicolodi, deu início à Congregação das Irmãzinhas da Imaculada Conceição. Em 1891, juntou-se a ela mais uma entusiasta de ideal: Teresa Anna Maule. Em 1918, Madre Paulina foi chamada a viver na sede Geral da Congregação, onde teve uma vida de santidade e ajudou na elaboração da História da Congregação e no resgate do Carisma fundante. Faleceu em 9 de julho de 1942, em São Paulo. É a primeira santa brasileira, canonizada em 2002, recebendo o nome de *Santa Paulina* do Coração Agonizante de Jesus. Foi beatificada pelo Papa João Paulo II, quando de sua visita à Florianópolis, Santa Catarina.

[317] Nessa época, o dia consagrado a Nossa Senhora Aparecida era 11 de maio.

[318] Padre Gilberto Paiva, CSSR. *Os Redentoristas no Brasil* – Um Esboço Cronológico. Cadernos Redentoristas n. 8, maio de 1996, p. 23.

Foto: Casa de Nossa Senhora,[319] Aparecida-SP, 1929.

Mesmo com algumas precariedades do prédio, o seminário funcionou. A área construída era grande. Dentro do prédio, amplas salas de aulas e de estudos, vasta biblioteca, refeitório, cozinha, área de armazenamento de madeira para abastecimento do fogão, oficina de marcenaria, lavanderia, rouparia, consultório dentário, palco para apresentações culturais etc. Os dormitórios comunitários eram enormes e abrigavam muitos seminaristas em cada quarto, os padres tinham quartos individuais. Eram duas capelas, uma destinada aos padres e a outra aos seminaristas.

V. Exército no Colegião

O dia 9 de julho de 1932 foi fatídico para o Brasil, quando começou a Revolução Constitucionalista. Os redentoristas, ao saberem da notícia, trouxeram para o seminário de Aparecida seus alunos que estavam de férias em Pedrinha.

Houve um período de 8 a 10 dias em que o engenheiro Neiva fez estadia em Aparecida, tornando-a cidade do alto comando das forças, o que acarretou um período de muitas provações para os munícipes e os

---

[319] Foto: acervo Redentorista, Comissão para o Patrimônio Histórico, Aparecida-SP.

visitantes que iam buscar ajuda espiritual. A cidade se transformou em uma praça de guerra. Soldado por todos os lados; era quartel general aqui, intendências ali, depósitos de munições acolá, acampamentos em cada canto, enfim, soldados, canhões, cavalaria etc., que nunca mais tinha fim. Foi quando o prédio do Seminário Santo Afonso – Colegião, foi requisitado pelo movimento da Revolução de 1932,[320] ficando lá aquartelados cerca de 600 soldados. Depois, ainda, como quartel dos motoristas.[321]

Dentro do Colegião, os padres e os seminaristas conviviam diariamente com os soldados que estavam sendo treinados para o *front*. Acampavam no pátio e usavam os dormitórios. Onde eram acomodados 20 seminaristas passam a dormir quase 100 soldados. Coronel Euclides Figueiredo, comandante das tropas do Vale do Paraíba, fez um acordo com o padre Agostinho e uma ala do seminário teve as portas lacradas onde colocaram uma faixa informando: "Reservado ao seminário".

A revolução aconteceu durante 64 dias, do dia 9 de julho ao dia 2 de outubro de 1932. Durante esse período, os seminaristas, unidos ao clero e aos fiéis brasileiros, oraram para que "Deus e Nossa Senhora Aparecida do Brasil se compadeçam dessa grande terra".[322]

VI. Manobras em 1940

Ao amanhecer o dia 15 de outubro de 1940, os seminaristas se depararam com a chegada de tropas do Exército Brasileiro no Colegião que começaram a fazer manobras no pátio, onde ficou estabelecida a *Cruz Vermelha*.[323]

---

[320] Padre Gilberto Paiva, CSSR. *Os Redentoristas no Brasil* – Um Esboço Cronológico. Cadernos Redentoristas n. 8, maio de 1996, p. 23.
[321] *Crônica da Comunidade Redentorista de Aparecida, 1929-1940* – IVº Volume, p. 198. Acervo da Biblioteca Dom Tarcísio Amaral, Comunidade C.Ss.R, Aparecida-SP, Santuário Nacional.
[322] Ibidem.
[323] Idem, 1938-1957 – Iº Volume, p. 26.

Foto: acampamento do Exército Brasileiro no Colegião,[324] Aparecida-SP, 1940.

Surpresa maior ficou para o dia 23, quarta-feira, quando um automóvel apareceu na área do acampamento, no pátio do Colegião e, de dentro dele, saiu o presidente Getúlio Vargas que já havia passado pela Basílica e feito uma visita à Imagem de Nossa Senhora Aparecida.

***

VII. Seminário Menor da arquidiocese de São Paulo

Para surpresa dos redentoristas, "em 1949, o cardeal Motta pediu o Colegião. Tem início a construção do Seminário Redentorista Santo Afonso";[325] não muito longe dali. Os redentoristas deixaram o Colegião no dia 11 de janeiro de 1952, o prédio encontrava-se quase todo habitável, pois os redentoristas muito trabalharam para finalizar algumas áreas internas e fizeram melhorias também na parte externa, um lindo jardim.

---
[324] Foto: acervo Redentorista, Comissão para o Patrimônio Histórico, Aparecida-SP.
[325] Padre Gilberto Paiva, CSSR. *Os Redentoristas no Brasil* – Um Esboço Cronológico. Cadernos Redentoristas n. 8, maio de 1996, p. 23.

Devido à estratégica localização e, por causa do tamanho do prédio, no Colegião funcionou uma parte do *Seminário Menor da arquidiocese de São Paulo*, onde moravam jovens, no início eram 120 seminaristas.

Quando os seminaristas chegaram, no ano de 1952, o prédio ainda estava inacabado, só a frente estava concluída, com o passar dos anos, foram feitos outros acabamentos, lajes dos vários andares e a reforma das instalações elétricas, tudo por determinação do cardeal Dom Carlos Carmelo de Vasconcelos Motta,[326] arcebispo de São Paulo.

Em 1958 o seminário do Ipiranga, que era aberto a todas as dioceses do estado de São Paulo, estava completamente lotado, foi uma época de muitas vocações. Por determinação de Dom Motta, no começo do ano de 1959, no Ipiranga ficou o Seminário de teologia e o Colegião de Aparecida passou a ser o Seminário Central Filosófico da Arquidiocese, para onde foram enviados 180 jovens.[327]

A partir do ano de 1969, houve concessão do Colegião para o *Instituto Bom Jesus*, onde seminaristas de várias dioceses do país tiveram formação. O Instituto ficou até o ano de 1976. E, no dia 19 de março de 1977, aconteceu oficialmente a inauguração do prédio com o nome: *Seminário Arquidiocesano Bom Jesus*, onde os vocacionados estudavam para se tornarem sacerdotes. No dia 4 de julho de 1980, Papa João Paulo II visitou os seminaristas no Seminário Bom Jesus.[*][328]

Mais de 10 anos depois dessa visita de João Paulo II a Aparecida foi instalado, no prédio, o *Seminário Propedêutico Nossa Senhora Aparecida*. Em 1996, foi a vez da ocupação pelo *Seminário Maior da Arquidiocese*, que a princípio era dirigido pelos padres Lazaristas e, nesse mesmo ano, foi transferida para o andar térreo do edifício a *Cúria Metropolitana da Arquidiocese de Aparecida*.

---

[329] Cônego Noé Rodrigues, arquidiocese de São Paulo. In: *Documentário Seminário Bom Jesus História de Vida e Fé*, 2007. TV Aparecida.

[327] Padre Alberto Abib Andery, arquidiocese de São Paulo. In: *Documentário Seminário Bom Jesus História de Vida e Fé*, 2007. TV Aparecida.

[328] LINK – II CAPÍTULO – PAPAS EM APARECIDA.

A partir do ano 2003, residiram no prédio os seminaristas dos cursos: Seminário Menor e Maior, filosofia e teologia. Com o passar dos anos, diversos alunos que estudaram no Seminário Bom Jesus se tornaram bispos, vários se ordenaram sacerdotes; alguns deixaram o seminário e trabalham como leigos em diversas atividades na sociedade.

***

SEMINÁRIO BOM JESUS

PARTE II

I. Arcebispo no Colegião

Ao ser destinado à arquidiocese de Aparecida, Dom Raymundo Damasceno Assis foi à Cúria, no Seminário Bom Jesus, prédio situado no centro da cidade. "Quando eu aqui cheguei em 2004, como arcebispo de Aparecida, residindo nessa mesma área do Seminário do Bom Jesus, mais conhecido como Colegião, eu me deparei com esse prédio imenso, bonito do ponto de vista arquitetônico, em uma área muito descuidada, o prédio bastante danificado, sendo usado pela cúria e pelo seminário na época, de uma maneira muito precária. Inclusive, com infiltrações, corria perigo de alguma parede ceder diante da umidade no último andar."[329] Dom Damasceno sabia o quanto Aparecida era o centro nacional da devoção, da religiosidade e, também, deveria continuar como centro nacional de formação religiosa, de novos presbíteros.

Foto: Seminário Bom Jesus,[330] Colegião, Aparecida-SP, s/d.

---

[329] Dom Raymundo Cardeal Damasceno Assis, Aparecida-SP, 9 de outubro de 2017; EPEO.
[330] Foto: acervo da Cúria Metropolitana de Aparecida, ACMA.

"Logo, à primeira vista, veio um sentimento de preservação... de restauro. O arcebispo, logo que chegou a Aparecida, iniciou o estudo de um projeto de restauração e uso do edifício Bom Jesus."[331] Afinal, o prédio foi erigido para receber e dar formação aos vocacionados, para alavancar o sacerdócio. Mas, a situação do edifício era precária.

"O prédio estava abandonado, deteriorado; nele tinha lacraias, tinha aranhas, tinha escorpiões; as fiações eram todas bagunçadas, infiltrações por todo lado. Imagina um prédio que foi esquecido...",[332] era essa a realidade! Sem manutenção, com o passar dos anos, as infiltrações foram aumentando. Lamentável o estado de degradação do prédio, fiação elétrica exposta, infiltrações e goteiras, que comprometiam a estrutura das paredes, pisos quebrados, oferecendo perigo aos que ali trabalhavam, aos que ali transitavam. "A parte administrativa da Cúria trabalhava em um canto, meio escondida."[333]

Vários foram os pedidos para novos destinos ao Colegião, até mesmo para uma escola particular; mas Dom Damasceno queria preservar a identidade do prédio, a origem, como centro de formação aos futuros sacerdotes, de acolhimento aos vocacionados que, assim como na época de Dom Lino Deodato Rodrigues de Carvalho, eram, cada vez mais, escassos.

Naquela sexta-feira de agosto, no ano de 2004, aniversário do Seminário Bom Jesus, 110 anos do lançamento da Pedra Fundamental, Dom Damasceno acalentou, ainda mais, a ideia de restauro daquele prédio que, de tão deteriorado, em nada lembrava os tempos áureos do século XX. Lembrou-se, também, que Dom Arcoverde[334], quando em viagem a Roma, mostrou a planta do seminário ao Papa Leão XIII, e o Papa abençoou o projeto.[335] Motivo a mais para a preservação do edifício que tem em sua identidade a bênção de um Papa. "Foi quando Dom Damasceno falou: vamos reformar esse prédio. Seus assessores administra-

---

[331] *Diário de Atividades do Sr. Arcebispo de Aparecida Dom Raymundo Cardeal Damasceno Assis*, 2005, p. 15. Inédito.
[332] Jaqueline Pereira França, Aparecida-SP, 27 de outubro de 2017; EPEO.
[333] Denir de Campos, Aparecida-SP, 27 de outubro de 2017; EPEO.
[334] Na época era auxiliar de Dom Lino, bispo da diocese de São Paulo.
[335] *Diário de Atividades do Sr. Arcebispo de Aparecida Dom Raymundo Cardeal Damasceno Assis*, 2004, p. 12. Inédito.

tivos disseram: com que dinheiro? Nós não temos dinheiro, nem mesmo um tostão. Nosso caixa é zero...",[336] alertou Denir de Campos.

A questão era se daria tempo ou não para Dom Damasceno empreitar um projeto de reforma do Seminário Bom Jesus, pois a agenda diária dele era intensa, uma pluralidade de atividades. Seus cargos eclesiásticos, além de arcebispo de Aparecida, eram muitos: Membro da Comissão Episcopal de Comunicação do Celam; Suplente do Delegado da CNBB junto ao Celam; Membro da Comissão Episcopal de Pastoral para a Comunicação, Educação e Cultura; Presidente da Comissão Episcopal da CNBB da Campanha para a Evangelização. Mesmo com tantas atividades, compromissos inadiáveis, Dom Damasceno não fugiu ao chamado de restaurar o prédio onde atuava a cúria de Aparecida. Talvez, se fizesse um projeto pequeno, somente um paliativo para eliminar as goteiras e acabar com a umidade, uma pintura interna e externa para dar mais vista, encerar o piso de ladrilho hidráulico e consertar os quebrados... algo que parecia simples, mas abrangia uma área de 13.000 m^2. Mas, em vez disso, felizmente, o arcebispo sonhou alto.

***

II. O sonho

> "Espera em Deus, porque ainda hei de louvá-lo.
> Ele é minha salvação e meu Deus."
> (Salmo 41,12)

Acontece que aquele menino Raymundo, que saiu criança da casa de seus pais, na região da Chácara, em Capela Nova, atendendo ao chamado de Cristo, lembrou-se do quanto é importante um lugar tranquilo, limpo

---

[336] Denir de Campos, Aparecida-SP, 27 de outubro de 2017; EPEO.

e saudável para os seminaristas, para os que estão a caminho do presbitério, aos que atenderam ao chamado, viverem com dignidade, estudarem em um ambiente limpo, saudável. A criança que disse o "Sim" a Cristo está presente no coração de Dom Damasceno, e sempre investe no que é preciso para alegrar o Senhor. Então, o arcebispo aceitou seu próprio desafio e não poupou as grandes ideias, articulou um grandioso projeto de reforma para o edifício.

> "Então eu pensei em reformar esse prédio, porque vi nele um valor histórico, um valor arquitetônico e um patrimônio da arquidiocese, da cidade e da região do Vale do Paraíba. Um prédio majestoso, imponente, da época do fim do século XIX e começo do século XX. Resolvi fazer um projeto de restauração, de recuperação do prédio."[337]

Ao comunicar sua decisão e começar a contatar engenheiros e arquitetos, a reação normal de sua equipe de trabalho foi de espanto: "de onde Dom Damasceno vai tirar dinheiro para reformar esse prédio?", pensou Jaqueline Pereira, secretária do arcebispo de Aparecida, ao ficar a par da pretensão de Dom Damasceno. Para os que trabalhavam no prédio, sabendo do quanto precisava ser feito para que ele voltasse a funcionar dignamente, o novo arcebispo de Aparecida estava mesmo... sonhando!

Os sonhos existem para que sejam realizados. Existe uma verdade que supre o coração dos sonhadores de esperança, saber que Deus sendo pleno tudo possui. Deus não pode sonhar, por isso, Ele sonha por intermédio do ser humano; mas é preciso ter confiança, ter fé, porque realizar um sonho não quer dizer que acontecerá em um passe de mágica, de uma hora para outra, sozinho. Não! Para a realização de um sonho é preciso coragem, determinação, tempo e companhia. Por isso, nada melhor do que dar o primeiro passo. Foi quando Dom Damasceno foi

---

[337] Dom Raymundo Cardeal Damasceno Assis, Aparecida-SP, 9 de outubro de 2017; EPEO.

em busca de ajuda e começaram as reuniões com "padre Darci Nicioli e o engenheiro Minoru, para um estudo de projeto de reforma do edifício Seminário Bom Jesus".[338]

Além de todas as atividades que o arcebispo de Aparecida realizava, uma delas era presidir a comissão de reforma do edifício Bom Jesus. Era um sonho do tipo impossível aos que só enxergam com os olhos humanos. Ainda mais pela simples razão de não haver nem mesmo um real para o começo da obra. "Algumas pessoas achavam que seria impossível, que eu estava de certo modo... sonhando alto demais. Um prédio de 13.000 m² de construção, a reforma seria caríssima, cerca de 12 milhões de reais."[339] Os olhos da alma de quem contempla Cristo conseguem ver além do entendimento humano.

Para a reforma a soma de dinheiro era bem expressiva, e a arquidiocese de Aparecida não tinha esse fôlego, nem se poderia colocar esse peso sobre os ombros do Santuário Nacional. "O Santuário ainda tinha, naquela época, a responsabilidade de continuar a construção da Basílica Nova, e ainda mais o empenho, que não é pequeno, da manutenção da *TV Aparecida*. Então, Dom Raymundo entendeu que não era justo deixar isso como mais um encargo para o Santuário Nacional. Mesmo porque existe o respeito à intenção de quem doa. Isso para nós do Santuário Nacional é sagrado, doa-se para Nossa Senhora e para as obras de Nossa Senhora, no Santuário e a partir do Santuário, uma obra evangelizadora; não seria de bom tom pegar o dinheiro no cofre do Santuário para aplicar em uma obra da arquidiocese de Aparecida",[340] até poderia ser feito porque é uma obra evangelizadora, porém Dom Damasceno resolveu procurar outros recursos financeiros.

---

[338] *Diário de Atividades do Sr. Arcebispo de Aparecida Dom Raymundo Cardeal Damasceno Assis*, 2005, p. 3. Inédito.

[339] Dom Raymundo Cardeal Damasceno Assis, Aparecida-SP, 9 de outubro de 2017; EPEO.

[340] Dom Darci Nicioli, Brasília-DF, 29 de novembro de 2017; EPEO.

Viver na alegria do Senhor

III. O projeto

> "Construiu seu santuário, qual um céu,
> estável como a terra, firmada para sempre."
> (Salmo 77,69)

As reuniões com o engenheiro e o arquiteto frutificaram em um projeto dinâmico, audacioso, digno de proporcionar um ambiente agradável aos que trabalhavam e estudavam em suas dependências. O projeto ficou pronto, resultado da determinação de Dom Damasceno e planejamento do engenheiro Minoru. "Foi assim que ele chegou a essa decisão, em 2004. No ano de 2005, ele já tinha o projeto da reforma praticamente pronto."[341]

Em prol dos estudos dos seminaristas, o arcebispo de Aparecida procurou ajuda. Foi em uma manhã de fevereiro, uma quarta-feira de 2005, que, em reunião na Cúria, Dom Damasceno apresentou aos padres Lazaristas, vindos da Colômbia, a proposta para que eles dirigissem o Seminário Bom Jesus. "O arcebispo solicitou ajuda do padre Gabriel Naranjo, provincial, e foi atendido."[342]

***

IV. Acreditar na providência divina

> "O Senhor é minha força e minha coragem."
> (Salmo 117,14)

O projeto era grandioso e muitos acreditavam que o arcebispo de Aparecida não conseguiria, nem mesmo, começar a restauração do Seminário Bom

---

[341] Jaqueline Pereira França, Aparecida-SP, 27 de outubro de 2017; EPEO.
[342] _Diário de Atividades do Sr. Arcebispo de Aparecida Dom Raymundo Cardeal Damasceno Assis_, 2005, p. 4. Inédito.

Jesus. Até mesmo comentavam: "Creio que o bispo não está bem da cabeça... Está querendo fazer uma reforma para a qual não tem dinheiro; provavelmente, está totalmente iludido com essa reforma, mas agora pôs na cabeça, vamos ver no que vai dar isso..."[343] Realmente, não havia dinheiro para começar as obras, porém havia confiança em Jesus Cristo e o pedido diário pela intercessão de Nossa Senhora Aparecida pela restauração de um prédio, que abrigou tantos vocacionados, padres, bispos e leigos, que ali estudaram, moraram e lecionaram; projetaram um futuro melhor para eles, para o Brasil e para o mundo. A razão do restauro tinha a nobreza da preservação da memória nacional. O arcebispo de Aparecida aprendeu, ao longo dos anos, a confiar na providência divina, já havia experimentado em sua vida esse despojar-se de si para deixar Deus agir onde é preciso. A resignação se adquire ao longo da vida, com muita fé nas palavras do Evangelho e alegria de viver o seguimento de Cristo. Dom Damasceno sabe entregar seus projetos à Divina Providência.

> "Quem acredita em Deus, Pai cheio de amor pelos seus filhos, coloca em primeiro lugar a procura pelo Reino, pela Sua vontade. E isto é exatamente o contrário de um ingênuo conformismo. A fé na providência, de fato, não dispensa a fadigosa luta por uma vida digna, mas liberta da ansiedade pelas coisas e do medo do amanhã."[344]

Desde a infância Raymundo Damasceno Assis aceitou o convite de confiar no incondicional amor de Deus, acreditar na providência do Pai celeste, que conhece todas as nossas necessidades, Pai que nutre os pássaros do céu e que veste os lírios do campo. No coração de Raymundo, na região da Chácara em Capela Nova, florescia o ensinamento: "Não vos preocupeis, pois, dizendo: 'O que comeremos? O que beberemos? O que vestiremos?' De todas estas coisas vão à procura os pagãos. Vosso Pai celeste, de fato, sabe que haveis necessidade" (Mt 6,25-34). Esse

---

[343] Dom Raymundo Cardeal Damasceno Assis, Aparecida-SP, 9 de outubro de 2017; EPEO.
[344] *Ângelus* do Papa Bento XVI sobre a Divina Providência. Domingo, 27 de fevereiro de 2011, 12h43.

crescimento espiritual, ao longo de 68 anos, impregnou no coração de Raymundo Damasceno Assis a confiança. Porém, a confiança precisa de ação... e ação precisa de pessoas. Dom Damasceno tem consciência de que sozinho nada consegue, por isso, sempre procura ajuda para tudo que planeja, jamais tem receio ou vergonha de pedir... de bater à porta... de procurar ajuda. Naquele ano de 2005, ele tinha a determinação de arrecadar, pelo menos, uma boa quantia da verba necessária para o restauro do edifício Bom Jesus. Era uma nobre causa. Entregou o projeto à providência divina, mas sabia que precisava fazer a sua parte... agir, sair em busca de recursos financeiros, bater de porta em porta. A humildade em buscar ajuda é o primeiro reconhecimento de que o trabalho está sob a proteção divina. "O valor da reforma estava orçado em cerca de 12 milhões de reais."[345]

***

V. A Busca de recursos financeiros

> "O Senhor é nosso Deus,
> Ele faz brilhar sobre nós a sua luz."
> (Salmo 177,27)

O tempo da procura por recursos financeiros havia começado, Dom Damasceno "colocou o projeto embaixo do braço e foi correr atrás... começou toda a maratona dele pela Europa!"[346] Nessa época, padre Darci Nicioli, C.Ss.R., atendendo um pedido de Dom Damasceno, acompanhou-o em peregrinação por várias instituições religiosas. Do dia 2 ao dia 8 de junho estiveram na Alemanha: *Adveniat*; arquidiocese de Co-

---

[345] *Diário de Atividades do Sr. Arcebispo de Aparecida Dom Raymundo Cardeal Damasceno Assis*, 2005, p. 15. Inédito.

[346] Jaqueline Pereira França, Aparecida-SP, 27 de outubro de 2017; EPEO.

lônia; Diocese de Rottemburg; Diocese de Paderborn; Aachen, e Munique. No dia 10 passaram pela Holanda: arquidiocese de Utrecht. De 12 a 14 ficaram na Itália, Roma, onde Dom Damasceno visitou o setor da CEI, Conferência Episcopal Italiana, responsável pela ajuda ao Terceiro Mundo; Congregação para os Bispos; Pontifícia Comissão da América Latina; Congregação para a Evangelização dos Povos.

No dia 15 de junho, Dom Damasceno e padre Darci participaram da *Audiência Pública Geral* com o Santo Padre Bento XVI.[347] Nessa audiência, o arcebispo de Aparecida entregou ao Sumo Pontífice uma imagem fac-símile de Nossa Senhora Aparecida,[*][348] pediu uma bênção ao evento de 75 anos da declaração de Padroeira e fez um convite por escrito para que Bento XVI visitasse Aparecida. "O Convite ao Papa teve grande repercussão. Logo em seguida, a CNBB e o Celam fizeram o mesmo."[349]

Continuaram, Dom Damasceno e padre Darci, a peregrinação atrás da verba destinada à reforma do edifício Bom Jesus; no dia 17 de junho, estiveram na Espanha e solicitaram ajuda à Conferência Episcopal Espanhola.

Chegando ao Brasil, analisaram a viagem, concluíram que realmente foi muito difícil angariar uma boa verba para o projeto. Conseguiram 300 mil euros (1 euro valia 2,89 reais), doados pela *Conferência Episcopal Italiana*, CEI, cujo secretário-geral era o monsenhor Vaccheli. "Darci estava um pouco desanimado e eu disse: 'Temos 300 mil euros, vamos começar essa reforma'."[350]

Para que acontecesse essa primeira fase de restauração, a Cúria e a administração da arquidiocese tiveram de ser relocadas para outra região de Aparecida. A Cúria foi para o prédio das Irmãs Scalabrinianas, perto da Basílica Velha. "O senhor pode ficar aqui, não tem problema, não vamos cobrar um aluguel e poderá ficar o tempo que quiser", informou

---

[347] *Diário de Atividades do Sr. Arcebispo de Aparecida Dom Raymundo Cardeal Damasceno Assis*, 2005, p. 15. Inédito.
[348] LINK – II PARTE – PAPAS EM APARECIDA – PAPA BENTO XVI.
[349] *Diário de Atividades do Sr. Arcebispo de Aparecida Dom Raymundo Cardeal Damasceno Assis*, 2005, p. 15. Inédito.
[350] Dom Raymundo Cardeal Damasceno Assis, Aparecida-SP, 9 de outubro de 2017; EPEO.

a irmã a Dom Damasceno. A partir dessas relocações, começaram as obras no antigo prédio Bom Jesus. "Não havendo outra alternativa, o jeito foi desocupar o prédio. A parte administrativa ficou alojada onde estão instaladas as Irmãs Carlistas."[351]

***

VI. Começou a reforma

"O Senhor guardará os teus passos,
Agora e para todo sempre."
(Salmo 120,8)

Foram três passos para a execução de todo o projeto. "Teve que começar da cobertura, local que estava em situação pior, veio o térreo e o primeiro andar, depois toda a ala destinada ao seminário, e depois o restante do 3º e 2º andares para completar as acomodações destinada à Pousada Bom Jesus."[352]

As reuniões para formular o projeto de reforma do edifício Bom Jesus continuavam. A cada semana era atualizado o projeto e apresentado em reuniões com o Conselho Presbiteral, Colégio dos Consultores, Vigários Forâneos e Comissão Administrativa da arquidiocese de Aparecida. "Dom Damasceno tem uma maneira diferenciada de gerenciar, ele não é o tipo de pessoa que centraliza, tudo sou eu, tudo faço, não... ele delega funções às pessoas certas."[353]

"Com muita confiança em Deus e em Nossa Senhora, após serem estabelecidos três objetivos, confiei uma proposta de restauração do prédio a uma empresa apresentada pela *Lotus Engenharia* que traba-

---

[351] Denir de Campos, Aparecida-SP, 27 de outubro de 2017; EPEO.
[352] Idem.
[353] Jaqueline Pereira França, Aparecida-SP, 27 de outubro de 2017; EPEO.

lhava no Santuário Nacional de Nossa Senhora Aparecida que me sugeriu essa empresa de um escritório de arquitetura na cidade de São Paulo, eles vieram conversar comigo com a proposta de restauração do prédio e apresentei para eles três objetivos: continuar funcionando como seminário, abrigar a administração da arquidiocese, portanto a cúria, e a hospedagem para poder garantir a sustentação e manutenção do prédio, uma fonte de renda por meio dessa pousada. Eles, então, fizeram a proposta dentro desses objetivos."[354]

A proposta feita pela empresa de engenharia foi estudada pela arquidiocese de Aparecida e corrigida em alguns aspectos. "Sem descaracterizar o prédio, conservando tudo que fosse possível, sem grandes alterações a não ser o que fosse imprescindível, de um modo geral, conservar a arquitetura original, aproveitar ao máximo os materiais do próprio prédio, substituindo apenas quando fosse realmente necessário e melhorar alguma falha." A primeira necessidade a ser sanada foi a impermeabilização para acabar com as antigas e evitar novas infiltrações.

***

VII. Papa anuncia ida a Aparecida

> "Pois ali derrama o Senhor a vida
> E uma bênção eterna."
> (Salmo 132,3)

Em outubro de 2005, o Papa anunciou a vinda dele a Aparecida para a abertura da V Conferência Geral do Episcopado Latino-Americano e Caribenho. "Eu logo pensei, temos agora um trunfo nas mãos, o Papa vem, temos de hospedá-lo, a diocese é responsável pela hospedagem do

---

[354] Dom Raymundo Cardeal Damasceno Assis, Aparecida-SP, 9 de outubro de 2017; EPEO.

papa e de sua comitiva. Até o provincial dos Redentoristas ofereceu: 'Se precisar para hospedar o Papa, o Santo Afonso está às ordens'. Lembro--me que eu disse a ele: 'Provincial, eu agradeço muito, mas quem hospeda o Papa é o arcebispo'".[355] Dom Damasceno não sabia como hospedaria o Papa, mas sabia que era um dever dele.

Ao saber da vinda do Papa a Aparecida, algumas posturas mudaram, a Alemanha acenou diferente: "Dom Damasceno, o Papa vai a Aparecida, então se for para ajudar a fazer alguns quartos para hospedá-lo e a comitiva, nós podemos ajudar", a *Kirche in Not*, a Igreja que Sofre,[356] ofereceu-se para ajudar também.

No Brasil, igualmente, as portas começaram a se abrir, no começo do mês de junho de 2006, o grupo *Votorantim*, em São Paulo, deu uma ajuda significativa, graças ao apoio do senhor João Câncio. Houve reuniões com o presidente do *Banco Bradesco*, doutor Marcio Cypriano, Osasco; com o gerente do *Banco HSBC*, senhor Jorge Luís. Com a *Cia Vale do Rio Doce*, Rio de Janeiro, mediante o presidente doutor Murilo Ferreira, que colaborou generosamente com a reforma[357] do edifício Bom Jesus.

Precisando de mais ajuda, Dom Damasceno reuniu-se com Paulo Skaf, presidente da *Fiesp*, apresentou a ele o projeto e explicou a preocupação em terminar a restauração em tempo para a visita do Papa em Aparecida, "a cidade de Aparecida é pequena e o prédio está decadente, precisamos de ajuda".[358]

As negociações continuaram, o administrador de empresas Paulo Skaf marcou reunião em sua residência em Pindamonhangaba, com a participação dele e de empresários brasileiros. Nesse encontro, Dom Damasceno apresen-

---

[355] Idem.

[356] A Igreja que Sofre (em alemão: Kirche in Not) é uma Fundação Pontifícia da Igreja Católica com sede em Königstein im Taunus, Alemanha, fundada em 1947 entre as ruínas e a devastação da Segunda Guerra Mundial pelo padre Werenfried van Straaten. A peculiaridade da sua iniciativa foi levar socorro à igreja onde a falta de meios econômicos ou a violação da liberdade religiosa tornavam difícil ou impossível a sua missão evangelizadora.

[357] *Diário de Atividades do Sr. Arcebispo de Aparecida Dom Raymundo Cardeal Damasceno Assis*, 2006, p. 15. Inédito.

[358] Dom Raymundo Cardeal Damasceno Assis, Aparecida-SP, 9 de outubro de 2017; EPEO.

———————————— Bloco 4 – Seminário Bom Jesus ————————————

tou o projeto, que foi muito bem aceito, tanto que o empresário Fernando de Arruda Botelho[359] casado com Rosana, filha de Sebastião Camargo,[360] um dos fundadores da empresa *Camargo Corrêa*,[361] logo depois da explanação feita por Dom Damasceno, bateu na mesa e disse: "Já aqui eu contribuirei com 300 mil reais", provocando a atenção dos outros empresários, mostrando o valor do investimento à cultura brasileira. Esse foi o começo de um trabalho em que Dom Damasceno teve contato permanente com a *Fiesp*, com várias reuniões. Os recursos foram chegando. E a obra foi se realizando...

Fotos: obras no corredor do primeiro andar do prédio Seminário Bom Jesus,[362] Colegião, Aparecida-SP, 2007.

Foram muitas viagens para contatar empresários em São Paulo e muitas reuniões na residência arquiepiscopal, que garantiram a execução da primeira etapa: térreo, primeiro andar (inclusive com as dependências onde hospedaria o Papa), refeitório e cúria.

---

[359] O marido de Rosana, Fernando de Arruda Botelho, faleceu em 13 de abril de 2012 em um acidente aéreo na cidade de Itirapina-SP. Ele já havia ocupado o cargo de vice-presidente do grupo e se afastou do cargo, indicando o americano Albrecht Curt Reuter-Domenech no seu lugar.
[360] Sebastião Ferraz de Camargo Penteado nasceu em Jaú-SP, no dia 25 de setembro de 1909 e faleceu em São Paulo no dia 26 de agosto de 1994, foi empresário brasileiro, fundador da construtora Camargo Corrêa.
[361] O início do grupo foi em 27 de março de 1939, na cidade de São Paulo-SP, com a fundação de uma construtora, cuja razão social era *Camargo, Corrêa & Companhia Limitada – Engenheiros e Construtores*. Os sócios fundadores foram Sebastião Camargo, Sylvio Brand Corrêa e Mauro Marcondes Calasans.
[362] Foto: acervo da Cúria Metropolitana de Aparecida, ACMA.

O arcebispo de Aparecida participava diretamente da execução das obras, "além da parte administrativa e de ir atrás de recursos financeiros, ele fazia questão de vistoriar a obra, ele colocava o capacete e ia olhar o que estava acontecendo".[363]

Com o projeto arquitetado, a próxima decisão era o traslado dos departamentos da arquidiocese que ali trabalhavam e os seminaristas que ali moravam e estudavam, para outros locais. Em 2006, o seminário arquidiocesano foi transferido para a fazenda Santana, na entrada da cidade de Aparecida.

Um ano antes da visita do Papa a Aparecida, Dom Damasceno em coletiva à imprensa explicou:

> "Em abril deve sair já o regulamento da conferência aprovado pelo Santo Padre e a data da realização (do evento) e da visita do Papa. Nós temos um projeto de reforma do Seminário Missionário Bom Jesus para criar condições de hospedar parte dos delegados da conferência e também vamos oferecer ao Santo Padre a possibilidade de hospedagem aqui no seminário, uma vez que o Papa João Paulo II já se hospedou aqui. Queremos oferecer-lhe um ambiente tranquilo, seguro, em um ambiente religioso."[364]

***

VIII. Louco de Deus

> "Aquele que me escuta, porém, habitará com segurança,
> Viverá tranquilo, sem recear dano algum."
> (Provérbios 1,33)

---

[363] Jaqueline Pereira França, Aparecida, 27 de outubro de 2017; EPEO.
[364] Dom Raymundo Damasceno Assis. In: *Preparativos para a V Conferência do Celam*, Aparecida se prepara para receber Bento XVI e membros do Celam. 29 de março de 2006. *Site Canção Nova*; acesso em 28 de outubro de 2017.

Bloco 4 – Seminário Bom Jesus

A reforma do seminário era uma obra que parecia ser impossível de se concretizar do ponto de vista humano, inclusive o prefeito de Aparecida, senhor José Luiz Rodrigues, conhecido como Zé Louquinho, que desde agosto de 2005 estava a par do projeto, em março de 2006, ao acompanhar Dom Damasceno às obras de reforma do edifício Bom Jesus, afirmou: "Eu sou louco, mas o senhor é muito mais louco do que eu";[365] pois parecia uma insanidade mental fazer uma obra daquela envergadura, sem ter recursos financeiros próprios, contando somente com a providência divina. "Por isso que o prefeito Zé Louquinho disse que Dom Raymundo era louco. Zé louquinho era considerado louco porque colocava cachorro para vigiar cemitério, foi vestido de Tarzan em reunião da CODIVAP, baixou decreto para não chover mais, para não ter enchente na cidade; mas quando viu o tamanho da empreitada de reforma do prédio do seminário, falou que Dom Damasceno era mais louco do que ele."[366]

O prefeito Júnior, de Guaratinguetá, durante o período do trabalho de restauro, foi até o edifício Bom Jesus para ver o andamento das obras e disse: "Olhe, Dom Damasceno, realmente a obra é enorme e eu creio que o senhor não vai conseguir realizar não, isso é muito grande, é gigante..."[367]

Certa vez, Dom Damasceno convidou um amigo arquiteto de Brasília para conhecer as obras e, quem sabe, ele dava sua contribuição à reforma do prédio. O arquiteto foi e levou junto um engenheiro que tinha intenção de tocar a obra, se fosse necessário. Chegaram, olharam todo o prédio, obras em andamento, buracos por todo lado, o tamanho estrutural da obra era gigantesco... ele voltou para Brasília e ficou quieto. Não deu mais notícias. Provavelmente, pensava que era uma obra grandiosa demais e impossível contar somente com a providência de Deus.

Esses eram os comentários corriqueiros, não havia quem não pensasse dessa maneira. Alguns ficavam assustados e nem voltavam para dar

---

[365] Dom Raymundo Cardeal Damasceno Assis, Aparecida-SP, em 9 de outubro de 2017; EPEO.
[366] Jaqueline Pereira França, Aparecida-SP, 27 de outubro de 2017; EPEO.
[367] Dom Raymundo Cardeal Damasceno Assis, Aparecida-SP, 9 de outubro de 2017; EPEO.

resposta ao convite de ajuda, outros voltavam desconfiados, foram poucos os que acreditaram. Dom Damasceno não se deixava influenciar... "eles falavam para desanimar a gente".[368]

As obras continuaram! As reuniões em prol do restauro eram periódicas na residência arquiepiscopal, os resultados aparecendo a cada dia. Em novembro de 2006, o artista plástico Sarro, doou a imagem de São José, para ser colocada na frente do Seminário Bom Jesus, em cumprimento de uma promessa do seu pai.[369]

Fim do ano de 2006, no ano seguinte seria a grande oportunidade da arquidiocese de Aparecida receber o Sumo Pontífice, o Papa Bento XVI. Dom Damasceno estava apreensivo com a reforma, o caixa para as obras quase sem dinheiro, a obra em andamento...

> "... eu dormi muito preocupado e acordei de sobressalto, um pouco assustado, por causa das preocupações, e me veio a frase do Evangelho: 'Por que tendes medo... ainda não tendes fé?' veio forte em meu pensamento. Então, entendi que era uma obra de Deus e que era para eu ter fé e tocar para frente."[370]

O crescimento na fé vem das provações pelas quais passamos, transpondo os obstáculos com a força humana para dar passos em direção a Deus. A provação surge para nos levar para o Senhor, ou nos distanciar dele; transformar-nos e aumentar a nossa fé, ou nos limitar em ações e nos moldar em acomodações de pequeno porte...temos o livre arbítrio para escolher. Para alcançar uma verdadeira capacidade espiritual é preciso certa idade.

Ao longo dos anos, Raymundo Damasceno Assis passou por vários tipos de provações, ainda criança desejava o sacerdócio e decidiu ir em busca de seu sonho, sem nem mesmo saber para onde ia, mas sabia que estava no caminho

---

[368] Idem.

[369] *Diário de Atividades do Sr. Arcebispo de Aparecida Dom Raymundo Cardeal Damasceno Assis*, 2006, p. 25. Inédito.

[370] Dom Raymundo Cardeal Damasceno Assis, Aparecida-SP, 9 de outubro de 2017; EPEO.

Bloco 4 – Seminário Bom Jesus

de Cristo. Abandonou-se à providência divina ao arrumar suas roupas em um saco de pano e partir para Mendes. Jovem, soube escutar o chamado para ser sacerdote, seu amor a Cristo o levou a mudar o caminho, voltar e procurar outra maneira de realizar o sonho que Deus havia plantado em seu coração... foi para o seminário em Mariana. Sua perseverança ao amor de Deus o fez ser destaque entre os seminaristas, a ponto de ser convocado para um novo desafio: ser o primeiro seminarista na arquidiocese de Brasília; novamente, Raymundo Damasceno Assis fez sua pequena mala e partiu rumo ao desconhecido, sem titubear, deixando-se levar pela providência divina. Chegando a Brasília, novo destino Deus lhe ofereceu. Partiu para Roma, onde estudou teologia em uma época de Concílio Vaticano II. Passou por muitas provações, ainda mais ao ver amigos saírem do seminário, desistirem do sacerdócio; época em que os novos rumos não eram apenas dele, mas de toda a Igreja Católica. Uma grande provação que enfrentou com determinação de quem tem Fé. Aprendeu que o caminho para o Reino é feito com Cristo e, para que esse caminho seja alegre, é preciso acreditar na força de Deus que faz andar, como um ímã, que conduz para o lugar certo.

Foram anos de crescimento, amadurecimento nesse despojamento do Ser para completar-se em Cristo. Esvaziar-se de si mesmo transformou o menino Raymundo em arcebispo Damasceno, os anos de preparação exigiram dele obediência e paciência; aprendeu a não sonhar para si, e sim, para os outros. Nesse aprendizado, tornou-se alguém que contempla, em tudo, a felicidade. Fazer com alegria o que tem que ser feito, para que Deus ao olhar seu filho, tão humano, sinta o quanto existe de felicidade no mundo. Na simples razão de que um Pai jamais quer ver um filho triste. O crescimento espiritual pode ser exemplificado mediante testemunhos, porém será mais ágil ao espírito quando vivenciado. Os testemunhos servem para alavancar uma caminhada, para dar o primeiro passo rumo ao desconhecido, atendendo ao chamado de Deus.

Talvez para Dom Damasceno seja uma herança do sobrenome Assis, herança de família, homenagem a São Francisco de Assis, de onde brotou esse jeito peculiar de ser "Louco de Deus"; esse modo de acreditar na providência gera estranhamento, em que a superação humana conduz ao contentamento de uma nova loucura em contraste ao engessamento das vontades de um mundo capitalista. A força da fé que faz o argumento "não ter nem mesmo um real para começar as obras" seja um trampolim para ir em busca de recurso e não apenas uma pedra para colocar em cima de um sonho e fadá-lo ao esquecimento. Os amigos que conviviam com ele no dia a dia, especialmente quem conhecia a agenda apertada pelos tantos compromissos, entendiam que estavam diante de um religioso convicto do amor de Deus, em plenitude com a Fé.

"Eu sempre brincava com ele que era mesmo uma loucura, uma reunião atrás da outra, uma viagem atrás da outra, ele era presidente da CNBB, foi presidente do Celam, a administração da arquidiocese, conseguir conciliar tudo, era muita loucura."[371] Mas, convenhamos, uma loucura inspirada no Céu.

***

IX. A Comissão do Vaticano

> "Só Ele é meu rochedo e minha salvação,
> Minha fortaleza: jamais vacilarei."
> (Salmo 61,2-3)

No dia 14 de dezembro de 2006, uma quinta-feira, chegou a Aparecida a comissão do Vaticano, presidida pelo doutor Alberto Gasbarri, para tratar da visita do Papa Bento XVI, a realizar-se dali a menos de cinco meses. Encontraram os trabalhos da reforma do prédio Bom Jesus a todo vapor, porém, não em fase de finalização. A comissão do Vaticano confiou

---

[371] Jaqueline Pereira França, Aparecida-SP, 27 de outubro de 2017; EPEO.

que a parte destinada a receber o Papa e sua comitiva (que ainda estava em obras) seria concluída. O argumento de Dom Damasceno foi: "Os trabalhos estão em atraso, mas Deus proverá".[372]

No começo de janeiro de 2007, Dom Damasceno esteve em reunião com o presidente da *Fiesp*, doutor Paulo Skaf, e com o doutor Fernando Botelho, da *Camargo Corrêa*, ainda para tratar da reforma do prédio. Pediu ajuda para o acabamento do primeiro andar.[373] Em fevereiro, março e abril ainda não estavam finalizadas as obras do térreo e do primeiro piso. Dom Damasceno pediu ajuda à *Cia. Vale do Rio Doce*, em reunião representada pela senhora Olinta[374] e várias outras entidades privadas; algumas ajudaram, outras não. Dom Damasceno não desanimou. Acreditava na providência de Deus para finalizar aquela gigantesca obra. Sua certeza ultrapassava o limite humano, ele via além da normalidade e dava segurança aos que estavam com ele naquela empreitada. "Ele me dizia: 'Você tem fé? Então, pode acreditar que vai dar tudo certo'. Ele é otimista, não desiste de maneira alguma. Na verdade, Dom Damasceno deixa a gente motivado."[375]

O térreo e o primeiro andar estavam em processo de total restauração, principalmente a parte elétrica, para que houvesse a instalação de computadores e acesso à internet. Houve a necessidade de se instalar um elevador para facilitar o acesso aos andares superiores. A área que era destinada às acomodações do Papa fica no primeiro andar.

"Eu acompanhei, desde o início, com Dom Damasceno o projeto de reforma da Pousada do Bom Jesus. Ele teve essa feliz ideia de buscar, depois junto com Dom Darci, os recursos para poder terminar a Pousada do Bom Jesus. Houve muita dedicação e força de Dom Damasceno nesse empenho."[376]

---

[372] *Diário de Atividades do Sr. Arcebispo de Aparecida Dom Raymundo Cardeal Damasceno Assis*, 2006, p. 29. Inédito.
[373] Idem, 2007, p. 1.
[374] Idem, 2007, p. 4.
[375] Denir de Campos, Aparecida-SP, 27 de outubro de 2017; EPEO.
[376] Idem.

A comissão do Vaticano voltou no dia 8 de março. Dom Damasceno acompanhou doutor Alberto Gasbarri, responsável pelas viagens do Papa, e a Comissão da V Conferência Geral em visitas às obras, para tratar da hospedagem do Papa e dos jornalistas que cobririam a V Conferência.[377]

> "A comissão do Vaticano veio olhar como estavam as obras, pois em maio o Papa viria. E... estava tudo de pernas para o ar. Dom Damasceno andando com a comissão, o doutor Gasbarri olhando para todos os lados, um pouco apreensivo, quem sabe pensando: 'Isso vai ficar pronto a tempo?', Dom Damasceno notou a inquietação e disse: 'Sim... isso vai ficar pronto...'. Eles poderiam muito bem na hora falar: 'isso aqui não ficará pronto a tempo, vamos encontrar um outro lugar', porém eles confiaram na palavra de Dom Damasceno. A equipe do Vaticano simplesmente respondeu a Dom Damasceno: 'Se o senhor está dizendo, então vai!'"[378]

Foto: comissão do Vaticano em visita às obras no Seminário Bom Jesus,[379] Colegião, Aparecida-SP, março de 2007.

---

[377] *Diário de Atividades do Sr. Arcebispo de Aparecida Dom Raymundo Cardeal Damasceno Assis*, 2007, p. 6. Inédito.
[378] Jaqueline Pereira França, Aparecida-SP, 27 de outubro de 2017; EPEO.
[379] Acervo da Cúria Metropolitana de Aparecida, ACMA.

Em abril de 2007, a reforma do prédio Bom Jesus ainda não estava finalizada. Dom Damasceno marcou uma reunião com a senhora Vivian, da *Giotoku*, para falar a respeito da cerâmica para o piso do Seminário Bom Jesus, e teve ótimo resultado.[380]

> "O que eu admiro em Dom Damasceno é a capacidade que ele tem de assumir tantos compromissos e dar conta de realizá-los, eu nunca o vi reclamando. Às vezes, eu percebia que ele estava cansado, é claro, muito estressante, mas eu nunca o vi reclamar, falar 'estou cansado?'... Não!... Ele estava sempre disposto. Chegava de uma reunião e já ia para outra, um dia estava na Europa, no outro dia na América do Norte, ele chegava cheio de disposição. Sempre disposto a resolver as questões, resolvia logo, não ficava enrolando, muito objetivo no sentido de resolver, é admirável essa disposição e a saúde que ele tem."[381]

X. Móveis sustentáveis

> "Sabei que o Senhor é Deus;
> Ele nos fez e a Ele pertencemos;
> Somos o seu povo e as ovelhas de seu rebanho."
> (Salmo 99,3)

Para finalizar a primeira etapa da reforma, havia a necessidade de mobiliário, especialmente para as acomodações do Sumo Pontífice. A revitalização do quarto onde se hospedou o Papa João Paulo II em 1980 ficou por conta dos alunos do Serviço Nacional de Aprendizado Industrial – *SENAI*, de quatro cidades do interior de São Paulo: Itatiba, Votuporanga, Lençóis Paulista e São Bernardo do Campo; no total, 256 alunos e 30 professores. Os alunos do curso técnico de designer participaram

---

[380] *Diário de Atividades do Sr. Arcebispo de Aparecida Dom Raymundo Cardeal Damasceno Assis*, 2007, p. 11. Inédito.
[381] Jaqueline Pereira, Aparecida-SP, 27 de outubro de 2017; EPEO.

dos primeiros projetos, "o esboço inicial foi encaminhado para avaliação da equipe do projeto da reforma do seminário, para Dom Damasceno. Foi aprovado e a partir daí o envolvimento foi com os alunos do curso de marcenaria, aprendizagem industrial do curso de marceneiro".[382]

Foto: quarto do Papa Bento XVI, Seminário Bom Jesus,[383] Colegião, Aparecida-SP, 2007.

Foi empolgante a dedicação com que os alunos, com assessoria de seus professores, começaram e finalizaram a construção dos móveis. O material usado foi o MDF, madeira de reflorestamento. Ao todo foram feitos 400 móveis de madeira: mesas, cadeiras, camas, sofás e outros, para mobiliar as dependências do Seminário Arquidiocesano Bom Jesus. "Para o quarto do Papa, usaram algumas estruturas em madeira maciça, eucalipto, como a cabeceira da cama e a mesinha."[384] O quarto do Papa ficou pronto. A capela particular do Papa foi construída ao lado do quarto. Foi projetada pelo arquiteto Ricardo Julião e decorada pelo

---

[382] Luis Carlos de Souza Vieira, Presidente SENAI São Paulo. In: *Documentário Seminário Bom Jesus História de Vida e Fé*, TV Aparecida, 2007.
[383] Foto: Acervo da Cúria Metropolitana de Aparecida, ACMA.
[384] Amélio Vieira Neto Diretor do SENAI de Itatiba. In: *Documentário Seminário Bom Jesus História de Vida e Fé*, 2007.

artista sacro Cláudio Pastro. "A capela foi construída com muito carinho para nosso Santo Padre. Ela é simples e muito bonita, a exemplo das demais instalações do Seminário Bom Jesus."[385]

Fotos: capela privativa ao Pontífice;[386] Dom Raymundo Damasceno Assis e padre Paulo Tadeu, chanceler; em vistoria aos últimos acertos à capela; Seminário Bom Jesus, Colegião, Aparecida-SP, 2007.

Além da capela reservada para o Papa, foi produzida mais uma capela para cerimônias abertas. As cadeiras para compor os dois auditórios da Pousada Bom Jesus foram doadas pelo senhor Egeu, da *Kastrupp*, empresa de móveis de Curitiba.[387] Os últimos detalhes foram feitos em tempo para poder receber a visita do Papa, comissão papal, arcebispos e bispos que iam participar da V Conferência Geral do Episcopado Latino-Americano e Caribenho.

---

[385] Dom Raymundo Damasceno Assis. In: site *Notícias Terra*; acesso em 15 de novembro de 2017.
[386] Foto: Acervo da Cúria Metropolitana de Aparecida, ACMA.
[387] *Diário de Atividades do Sr. Arcebispo de Aparecida Dom Raymundo Cardeal Damasceno Assis*, 2011, p. 16. Inédito.

Fotos: colocação de cortina, primeiro piso; forração de mesas, restaurante;[388] Seminário Bom Jesus, Colegião, Aparecida-SP, 2007.

A capela da residência episcopal também passou por uma reforma. Era de um modelo mais tradicional, antigo mesmo. Quando o artista sacro, Cláudio Pastro, conheceu a capela, disse a Dom Damasceno: "'Essa capela é muito feia, é cafona'; ele entendia de arte e falava a verdade, sem rodeios".[389] Pediu permissão e foi aceito para projetar uma reforma àquela capela. Então, ela foi reformada de acordo com o projeto de Pastro. Ele pintou um afresco, na parede, atrás do altar, para a visita do Papa Bento XVI.[390] Também desenhou os bancos, o ambão e um novo altar. "Remodelou todinha a capela. A estrutura continuou a mesma; ele só mudou o mobiliário de acordo com seus padrões e suas linhas sacras artísticas."[391] E que, diga-se de passagem, são maravilhosas, em sua simplicidade.

---

[388] Fotos: crédito de *Deividson Francisco*. In: Site *Canção Nova*; acesso em 15 de novembro de 2017.
[389] Jaqueline Pereira França, Aparecida-SP, 27 de outubro de 2017; EPEO.
[390] *Diário de Atividades do Sr. Arcebispo de Aparecida Dom Raymundo Cardeal Damasceno Assis*, 2006, p. 4. Inédito.
[391] Jaqueline Pereira França, Aparecida-SP, 27 de outubro de 2017; EPEO.

Com muito empenho, lutando contra o tempo e contando com apoio e verbas dos benfeitores; com uma equipe de trabalho motivada a fazer o melhor para a vinda do Pontífice e a V Conferência, no começo do mês de maio, o térreo e o primeiro andar do Bom Jesus ficaram prontos.

> "Nós que trabalhamos junto com Dom Damasceno nesse projeto, fomos agraciados, aprendemos muito, ele nos impulsionava a fazer as tarefas, acreditando em nosso potencial, essa credibilidade nós não queríamos perder. Ele tem o poder de liderança e é muito amigo. Se tivéssemos algum problema podíamos desabafar com ele. Ele é uma pessoa abençoada por Deus."[392]

XI. Papa Bento XVI no Colegião

> "Porque o Senhor é bom;
> Sua misericórdia é eterna
> E sua fidelidade se estende de geração em geração."
> (Salmo 99,5)

Ao desembarcar no Brasil, em sua saudação aos brasileiros e ao presidente da República, o Papa Bento XVI[*][393] ressaltou que sua visita tinha objetivo que ultrapassava as fronteiras nacionais: "Venho para presidir, em Aparecida, a sessão de abertura da V Conferência Geral do Episcopado Latino-Americano e Caribenho. Por uma providencial manifestação da bondade do Criador, este país deverá servir de berço para as propostas eclesiais que, Deus queira, poderão dar um novo vigor e impulso missionário a este Continente".[394]

O Papa chegou ao seminário dia 12 de maio. A finalização dessa primeira parte do projeto de restauração do Seminário Bom Jesus

---

[392] Denir de Campos, Aparecida-SP, 27 de outubro de 2017; EPEO.
[393] LINK – II PARTE – PAPAS EM APARECIDA. – PAPA BENTO XVI.
[394] PAPA BENTO XVI. *Discurso ao chegar no Brasil.* Aeroporto de Guarulhos-SP, em 9 de maio de 2007.

permitiu que o Santo Padre, sua comitiva e uma parte dos bispos, que participaram da V Conferência, ficassem hospedados nesse edifício, com conforto e segurança. O Santo Padre voltou para Roma dia 14 de maio[*][395].

***

XII. Continuação da reforma – 2ª etapa

"Não dormirá Aquele que te guarda."
(Salmo 120,3)

O pensamento de Dom Raymundo em relação ao término da reforma do prédio do Seminário Bom Jesus era... "e agora não temos mais um bom motivo para apresentar aos empresários investirem e continuarem a reforma do prédio", pois foi concluída apenas a metade da reforma, a outra metade ainda necessitava de obras. Mesmo assim, Dom Damasceno continuou em contato com a *Fiesp* e "a *Camargo Corrêa* começou a se interessar pelo prédio, a gostar do prédio, a se envolver com ele".[396]

Durante esse período de finalização da 2ª etapa, Dom Damasceno solicitou ajuda ao presidente interino da *Fiesp*, doutor Benjamin Steinbruch; ao senhor Daniel Castilho, da *Sherwin Willians*, para doação de tintas,[397] ao doutor Sérgio Giácomo, da empresa *Vale*,[398] dentre outros. Era preciso terminar a área destinada ao seminário, os seminaristas precisavam voltar ao Colegião.

---

[395] LINK – II PARTE – CELAM.
[396] Dom Raymundo Cardeal Damasceno Assis, Aparecida-SP, 9 de outubro de 2017; EPEO.
[397] *Diário de Atividades do Sr. Arcebispo de Aparecida Dom Raymundo Cardeal Damasceno Assis*, 2010, p. 12. Inédito.
[398] Idem.

———————————— Bloco 4 – Seminário Bom Jesus ————————————

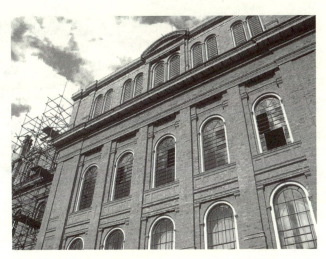

Foto: Seminário Bom Jesus, Colegião, reforma da área destinada ao Seminário Bom Jesus,[399] Aparecida-SP, 2009.

Foram várias as reuniões marcadas em diversas cidades dos estados de São Paulo e do Rio de Janeiro. As obras para a reforma do seminário continuaram por três anos. Os seminaristas ansiavam pela volta...

– "Meu sonho era ver aquele prédio reformado, era triste morar nele e vê-lo acabando, principalmente seu lado externo.[400] Vê-lo reformado é uma emoção que não tem preço."

– "A expectativa era das melhores, nós que pegamos o prédio machucado, vamos pegar o Colegião todo reformado, é a expectativa de quem está voltando para a casa depois da reforma. Das mais felizes e da mais esperançosa, sobretudo por poder continuar construindo lá uma história."[401]

– "Estou curioso para ver como está a obra, a expectativa é dar continuidade a essa história."[402]

---

[399] Foto: Acervo da Cúria Metropolitana de Aparecida, ACMA.
[400] Wanderlei G. Velloso; seminarista. In: *Documentário Seminário Bom Jesus História de Vida e Fé*, 2007.
[401] Renan Rangel Pereira; seminarista. In: *Documentário Seminário Bom Jesus História de Vida e Fé*, 2007.
[402] Luiz Fernando F. Lopes; seminarista. In: *Documentário Seminário Bom Jesus História de Vida e Fé*, 2007.

Fotos: churrasco de encerramento das obras da ala destinada ao Seminário Bom Jesus,[403] Colegião, Aparecida-SP, 2010.

Como sempre, Dom Damasceno promoveu uma confraternização para comemorar o fim de mais uma etapa. No dia 16 de abril de 2010, às 17h30, aconteceu um churrasco com os operários pela conclusão das obras da 2ª etapa do Seminário Bom Jesus. O churrasco foi oferecido pela empresa *Higident*, do senhor Antônio, de Itajubá-MG. A conclusão refere-se à ala destinada ao seminário, 2º e 3º andares, do lado direito, do edifício do Bom Jesus, olhando de frente. Os trabalhos dessa etapa foram acompanhados pelos engenheiros Christiano Stockler e Francisco.[404]

Na lembrança do primórdio do prédio, podemos dizer que o sonho de Dom Lino foi revitalizado. Sim, existe revitalização para o sonho que parecia impossível. Tecendo a história, podemos perceber alinhavos de bênçãos: ideias, planejamentos e execuções do prédio. Vamos por parte. Dom Lino sonhava com um lugar melhor para os seminaristas de São Paulo, Paraná e Sul de Minas Gerais, onde eles se sentiriam abrigados com conforto, com disciplina, com salas amplas para seus estudos, em um local de muita paz. Para isso, não poupou o sonho, o projeto era

---

[403] Fotos: Acervo da Cúria Metropolitana de Aparecida, ACMA. Inéditas.
[404] *Diário de Atividades do Sr. Arcebispo de Aparecida Dom Raymundo Cardeal Damasceno Assis*, 2010, p. 7. Inédito.

grandioso, parecia um palácio. "O projeto do Seminário Bom Jesus foi apresentado ao Papa Leão XIII, pelo bispo auxiliar de Dom Lino, o futuro cardeal Arcoverde. Leão XIII abençoou o projeto."[405] Um sonho tão grande não podia acabar, transformar o prédio em escola particular de ensino fundamental, ou em um shopping, seria o fim de um antigo sonho que, ao passar dos anos, sofreu as intempéries do tempo. A bênção do Papa Leão XIII alinhavou com fios espirituais a grande obra, tanto que o prédio serviu para abrigar os Papas que visitaram Aparecida, cardeais, arcebispos, bispos, sacerdotes, religiosas, religiosos e alguns santos anônimos.

Podemos dizer que a mão de Deus se faz presente desde 1894, abençoando o edifício. No dia 6 de agosto de 2010, o mesmo dia, depois de 116 anos do lançamento da Pedra Fundamental, "foi inaugurada a ala destinada ao Seminário Bom Jesus, para os seminaristas Maiores, dia da Festa da Transfiguração do Senhor".[406] A razão principal para o edifício ser erguido permanece até hoje... dar formação a novos sacerdotes.[*][407]

Naquela sexta-feira, o retorno dos seminaristas ao seminário foi marcado pela celebração Eucarística, presidida por Dom Lorenzo Baldisseri, núncio apostólico no Brasil, concelebrada por Dom Raymundo Damasceno Assis, bispos da sub-região de Aparecida e outros bispos convidados. Em comemoração à data festiva, houve um coquetel com a presença dos empresários, benfeitores, padres, religiosas, religiosos, autoridades civis e militares. Durante a festividade aconteceu o lançamento do álbum dos 50 anos da arquidiocese de Aparecida e uma exposição sobre a história do *Seminário Missionário Bom Jesus*.

De 2005 a 2010 foram cinco anos de intensas atividades para que o prédio estivesse pronto para receber os seminaristas. As pessoas que

---

[405] Idem.
[406] Idem, p. 17. Inédito.
[407] LINK – III PARTE – ARCEBISPO DE APARECIDA.

conviveram de perto com o arcebispo de Aparecida, durante esse período, ficaram admiradas com a espiritualidade dele e com sua capacidade em liderar um projeto; Jaqueline, secretária dele, comenta: "Penso que Dom Damasceno seguia o ideal de trabalho do ex-presidente Juscelino Kubistcheck: '50 anos em 5'. Era, mais ou menos, assim... Dom Damasceno é movido por desafios!"[408]

XIII. Continuação da reforma – 3ª etapa

> "O Senhor é teu abrigo, sempre ao teu lado."
> (Salmo 120,5)

Foi feita outra ala, completaram os dois andares, a área acima do refeitório foi inaugurada, o seminário voltou para o lugar de origem; porém faltava ainda uma parte para terminar.

Para realizar essa parte, Dom Damasceno se questionou: "Qual a motivação para dar aos empresários?" Não havia mais uma motivação tão grande quanto a hospedagem do Papa, havia a capacitação ao sonho, acreditar, ter fé. Em fevereiro, durante a reunião do COAE – Conselho Arquidiocesano de Assuntos Econômicos da Arquidiocese de Aparecida-SP –, como em todo fim de mês, era apresentada uma planilha de gastos e de verba necessária para o próximo mês. Um balanço financeiro dos recursos e dos gastos. Naquele mês, a execução orçamentária apontou para uma ótima administração, de acordo com o programado, o resultado foi um superávit significativo, isso sem precisar de retirada para cobrir despesas da reforma do prédio Seminário Bom Jesus. O prédio tinha de ser mantido à parte, com ajuda de benfeitores. Depois da apresentação da planilha orçamentária para o mês

---

[408] Jaqueline Pereira França, ex-secretária de Dom Damasceno, in: *"13 anos de convívio com Dom Raymundo Cardeal Damasceno Assis"*, p. 5; EPEO.

———————————— Bloco 4 – Seminário Bom Jesus ————————————

seguinte, "Dom Damasceno conversou com os presentes, e revelou sua alegria pela grandiosa obra do Seminário Bom Jesus, que iniciou como um sonho, algo totalmente inatingível, tanto do ponto de vista do tamanho, responsabilidade, como principalmente à viabilidade financeira para tal, fora das nossas possibilidades. Hoje, esse sonho está prestes a concretizar-se... e servir de exemplo para todos, de como a boa vontade, a determinação e o trabalho nos levam para onde nunca imaginamos ir!"[409]

"Dali a alguns dias, a diretoria da empresa *Camargo Corrêa* apresentou a proposta de ajudar a restaurar a parte que faltava, ofereceu toda a assessoria de engenharia, de advocacia, direitos trabalhistas, colocou seu escritório à disposição, mandou o mestre de obras e trabalhou na realização da reforma."[410]

Fotos: reforma no segundo andar do prédio Seminário Bom Jesus destinado à pousada,[411] Colegião, Aparecida-SP, 2011.

---

[409] Ata da 55ª Reunião do COAE. *Diário de Atividades do Sr. Arcebispo de Aparecida, Dom Raymundo Cardeal Damasceno Assis*, 2010, p. 17. Inédito.
[410] Dom Raymundo Cardeal Damasceno Assis, Aparecida-SP, 9 de outubro de 2017; EPEO.
[411] Fotos: Acervo da Cúria Metropolitana de Aparecida; ACMA.

Para um acordo e para finalizar a terceira e última etapa da obra, na residência arquiepiscopal, aconteceram algumas reuniões entre doutor Fernando Botelho e Dom Damasceno, "para tratar da colaboração da Camargo Corrêa na reforma do edifício do Seminário Bom Jesus, a 3ª e última etapa, 2° e 3° andares, destinados à Pousada do Bom Jesus. A ajuda dessa empresa foi decisiva para a conclusão da reforma do edifício".[412]

Fotos: reforma no terceiro andar,[413] obras na área externa do prédio Seminário Bom Jesus,[414]Colegião, Aparecida-SP, 2012.

---

[412] Diário de Atividades do Sr. Arcebispo de Aparecida Dom Raymundo Cardeal Damasceno Assis, 2010, p. 15, 20. Inédito.
[413] Fotos: Acervo da Cúria Metropolitana de Aparecida, ACMA.
[414] Idem.

A área externa também estava em péssimas condições e precisava de obras. Nessa terceira etapa, foram remodelados e finalizados 74 apartamentos para a *Pousada Bom Jesus*. A pousada é essencial para o acolhimento de turistas que necessitam de um lugar reservado, com muita comodidade e áreas de silêncio para uma reflexão espiritual. Com grande alegria para todos os envolvidos na elaboração e execução, a reforma total do Seminário Missionário Bom Jesus foi concluída.

> "O resultado final do prédio, toda a reforma, foi conseguida por causa do nome dele, ele ia conversar com os empresários, com os bancos, e se eles ajudavam, doavam verbas, era porque Dom Damasceno quem estava pedindo. Há credibilidade nele. Davam dinheiro porque sabiam que era o Dom Damasceno quem pedia; então, a verba seria empregada naquilo que ele pediu, acreditavam porque ele é honesto e tem transparência no que faz."[415]

"Na realidade, não havia mesmo dinheiro, mas a fé na providência divina fez com que aparecessem benfeitores, colaboradores, em grande parte, do estado de São Paulo, 60% da obra foi graças às colaborações de empresários brasileiros, do Santuário de Aparecida, e a outra parte veio do exterior, de instituições religiosas."[416]

No dia 25 de março de 2011, uma sexta-feira à tarde, houve "churrasco de confraternização para os operários que trabalharam na 3ª e última etapa da reforma do Seminário Bom Jesus. Presença do doutor Fernando Botelho, da *Camargo Corrêa*. O churrasco foi doado e organizado, novamente, pelo senhor Antônio e a esposa dona Lourdes, da *Higident*, Itajubá-MG".[417]

***

---

[415] Jaqueline Pereira França, Aparecida-SP, 27 de outubro de 2017; EPEO.
[416] Dom Raymundo Cardeal Damasceno Assis, Aparecida-SP, 9 de outubro de 2017; EPEO.
[417] *Diário de Atividades do Sr. Arcebispo de Aparecida Dom Raymundo Cardeal Damasceno Assis*, 2011, p. 6. Inédito.

XIV. Herança de bênção

"Bendizei ao Senhor todos seus anjos
Valentes heróis que cumpris suas ordens."
(Salmo 102,20)

A bênção apostólica do Papa Leão XIII perdura no prédio. Ele sabia o quanto a Igreja precisava de novos sacerdotes e o quanto eram necessárias boas acomodações para que os vocacionados não desistissem do árduo caminho para chegar ao sacerdócio. Sabia que as privações, os infortúnios, as tentações, os obstáculos eram espirituais e, oferecendo pelo menos dignidade de acomodação, o sofrimento seria menor. Teriam mais ânimo para estudar, aperfeiçoar-se na missão de evangelizar, presidir missas, levar a Eucaristia, atender confissões, enfim... salvar almas para Deus.

Na verdade, o Papa Leão XIII tinha a convicção de que o mundo precisava (e, como visionário, viu que no futuro precisaria ainda mais) de novos sacerdotes. Sim... visionário, pois em 1884, o Sumo Pontífice, depois da missa, em uma conferência com os cardeais, caiu e parecia desmaiado. Os médicos correram até ele e não encontraram pulso, eles temiam que ele tivesse morrido. No entanto, alguns minutos depois, ele abriu os olhos e gritou: "Oh, foi uma imagem horrível que eu tive permissão para ver!" Em sua visão, legiões de demônios voaram das profundezas do inferno para causar a destruição da Igreja. De repente, São Miguel Arcanjo apareceu e lutou contra os demônios e os enviou de volta para o abismo do inferno. Em seguida a essa visão, o Papa Leão XIII criou a oração em honra de São Miguel Arcanjo e pediu que fosse distribuída para todos os cristãos.

Nessa visão, o Papa Leão XIII alertou que esses maus espíritos atacavam, tentando destruir a Igreja de Nosso Senhor, com a ordem para fazer isso dentro de um século.[418] Dez anos depois, o mesmo Papa

---

[418] In: site *Arcanjo Miguel*, acesso em 15 de novembro de 2017.

abençoou o projeto do seminário em Aparecida, um enorme Colégio para formação de Sacerdotes. Sim, essa bênção perdura pelos séculos e séculos, amém!

A oração de São Miguel foi difundida na igreja e, hoje em dia, quase não existe um católico que não a saiba de cor. Sob o domínio de São Miguel, com ajuda dos anjos, o prédio está pronto. É muito "importante ressaltar que nunca houve um acidente grave durante todos os anos de execução da obra de reforma do prédio Bom Jesus. Poderia ter acontecido algum acidente, como é normal em uma obra tão grande e por um período tão grande. Eu creio que Deus olhou pela obra".[419] As bênçãos de Deus são inúmeras, a identidade do edifício está em ser o centro de formação dos seminaristas, e esse cerne foi preservado por meio do grandioso projeto de restauração do prédio.

***

XV. Área verde – reflorestamento

> "Montanhas e colinas,
> Árvores frutíferas, árvores silvestres,
> Louvem todos o nome do Senhor."
> (Salmo 148,9.13)

A atenção de Dom Damasceno não ficou somente na preservação do edifício, teve preocupação com a área verde, jardim, bosque, gramado. "Fizemos toda a parte de jardinagem, toda a parte verde em volta do prédio, que foi reformada com arte para a visita do Papa Bento XVI e do Papa Francisco. Pode-se dizer que é um pulmão da cidade de Aparecida."[420]

---

[419] Jaqueline Pereira França, Aparecida-SP, 27 de outubro de 2017; EPEO.
[420] Dom Raymundo Cardeal Damasceno Assis, Aparecida-SP, 9 de outubro de 2017; EPEO.

Fotos: alameda de árvores na via de acesso à Pousada Bom Jesus[421] e bosque,[422] Aparecida-SP.

Para a hospedagem de públicos diferenciados, que buscam em Aparecida um local acolhedor, a Pousada Bom Jesus dispõe de uma infraestrutura na qual se respiram paz e tranquilidade, muito além do que oferecem outras pousadas. Toda essa beleza que existe de jardinagem e arborização, a pousada deve ao Santuário Nacional. O trabalho é feito pelos profissionais Sérgio e Adilson. O engenheiro agrônomo Washington Agueda, gestor das áreas verdes. "Se uma árvore está com problemas, é tratada, se é preciso sacrificar alguma, é realizado o plantio de outra."[423]

---

[421] Foto: crédito de *Tuca Reiners*. Acervo da arquidiocese de Aparecida-SP.
[422] Foto: crédito de *Rita Elisa Sêda*.
[423] Denir de Campos e Jaqueline Pereira França, Aparecida-SP, 27 de outubro de 2017; EPEO.

XVI. A importância do prédio

> "É um prédio que valorizou a cidade! É um patrimônio da arquidiocese, mas é também da cidade, da região. Patrimônio com mais de 120 anos, por ele passaram muitos padres. Alguns bispos estudaram nele: Dom Beni, Dom Moacir, Dom Belloto de Franca. Recebeu três Papas. Atualmente, muitas pessoas que se hospedam na pousada dizem que é um lugar muito agradável, familiar, que tem um clima espiritual, com muita área verde. Os hóspedes se sentem como se estivessem em suas casas, porque são tratados como em família, de uma maneira muito simples e isso encanta. A pousada está em plena atividade, praticamente ocupada em todo fim de semana e, dessa forma, garante o bom funcionamento do prédio, e ainda dá um pequeno lucro para a sua manutenção. Grande parte da operacionalidade do prédio é garantida pela pousada trazendo um grande benefício para a arquidiocese."[424]

O coordenador da parte administrativa e operacional da arquidiocese de Aparecida, senhor Denir Campos, esteve presente desde o começo da reforma do Seminário Bom Jesus, e sua opinião é de que "a pousada veio no momento certo, Dom Damasceno foi muito feliz em sugerir essa pousada para poder ajudar a Cúria e o Seminário Bom Jesus. Hoje, graças a Deus, ela está caminhando muito bem. É gratificante olhar para esse prédio reformado e saber que é obra de esforço de Dom Damasceno, com ajuda de Dom Darci".[425] Foi uma obra bem esquematizada para que sua manutenção fosse suprida por meio da hospedagem que oferece um diferencial, pois o prédio é grande e provido de 73 amplos e confortáveis apartamentos. Também possui vários ambientes (biblioteca, coffee break, áreas verdes, academia de ginástica, sala de repouso etc.), unindo o antigo ao mais moderno na área tecnológica, com acesso à Internet e TV. Existe a capela Papa João Paulo II, agradável espaço

---

[424] Dom Raymundo Cardeal Damasceno Assis, Aparecida-SP, 9 de outubro de 2017; EPEO.
[425] Denir de Campos, Aparecida-SP, 27 de outubro de 2017; EPEO.

de oração, reflexão e recolhimento com Deus. Além da residência do arcebispo e o acervo da cúria que tem uma vasta composição, formado por materiais propriamente arquivísticos e também museológicos e bibliográficos, de grande importância para a Igreja.

Foto: fachada do prédio Seminário Bom Jesus,[426] Colegião, Aparecida-SP, 2017.

A restauração do prédio resultou em uma obra maravilhosa, "realmente foi fruto da providência de Deus e da proteção de Nossa Senhora, porque não tínhamos recursos, começamos do nada, sem dinheiro e com uma previsão de gastos em torno de 12 milhões de reais".[427] O prédio foi reformado, as pessoas que o conhecem se encantam. Hoje, o Seminário Bom Jesus é uma das joias da arquitetura da Igreja católica brasileira.

***

---

[426] Foto: crédito de *Rita Elisa Sêda*.
[427] Dom Raymundo Cardeal Damasceno Assis, Aparecida-SP, 9 de outubro de 2017; EPEO.

Foi nesse prédio do Seminário Bom Jesus que os Papas: João Paulo II, Bento XVI e Francisco fizeram questão de se encontrarem com os seminaristas e incentivá-los a continuarem, na Igreja Católica, seguindo os passos de Jesus Cristo. Foram três visitas importantes para os fiéis brasileiros.

***

BLOCO

5

PAPAS EM APARECIDA

I. Papa João Paulo II no Colegião

"O chamado de Deus, meus caros seminaristas, é verdadeiramente sublime, pois se refere ao serviço mais importante do Povo de Deus. É o sacerdote quem torna sacramentalmente presente entre os homens a Cristo, o Redentor do homem."[428]
(Papa João Paulo II)

Singular foi a visita do Papa João Paulo II a Aparecida, em 1980, quando conheceu o Seminário Bom Jesus. "O Papa adentrou o seminário, um homem muito alto, forte como um viking, com passos rápidos."[429] O Sumo Pontífice almoçou nas dependências do prédio. Falou aos seminaristas e repousou por alguns momentos.

---

[428] PAPA JOÃO PAULO II. *Discurso do Papa João Paulo II no Encontro com os Seminaristas*, Aparecida-SP, 4 de julho de 1980. Viagem Apostólica do Santo Padre ao Brasil (30 de junho – 12 de julho de 1980) © Copyright – Libreria Editrice Vaticana.

[429] Benedito Lourenço, ex-professor no Seminário Bom Jesus. In: *Documentário Seminário Bom Jesus História de Vida e Fé*, 2007. TV Aparecida.

Foto: visita do Papa João Paulo II no Seminário Bom Jesus,[430] 1980.

Os seminaristas vibraram de emoção... "foi muito bonito, o Papa veio até nós, foi uma graça muito grande de Deus..."[431] No discurso, João Paulo II relembrou o tempo em que esteve no seminário, tempo de formação para seu sacerdócio:

> "Não me envergonho de dizer que me lembro com saudade daqueles anos de seminário. Com uma comovida homenagem aos bons sacerdotes que com imenso zelo, entre não poucas dificuldades, prepararam-me para ser padre, penso que foram anos decisivos para o ministério que o Senhor me reservava para o futuro. Por isso, mesmo este encontro aqui à sombra do Santuário de Nossa Senhora Aparecida, nesta atmosfera de cordialidade, de comunhão e de viva esperança, me traz emoção e alegria. Não preciso de muitas palavras para dizer-lhes minha grande afeição por vocês e o meu sincero desejo de alimentar e animar as suas santas aspirações, as suas certezas e os

---

[430] Foto: Acervo Cúria Metropolitana de Aparecida, ACMA.
[431] Padre Matusalém G. dos Santos, arquidiocese de São Paulo. In: *Documentário Seminário Bom Jesus História de Vida e Fé*, 2007. TV Aparecida.

Bloco 5 – Papas em Aparecida

seus propósitos. Vocês ocupam um lugar muito especial no coração do Papa, como no coração da Igreja. Em vocês, quero cumprimentar os aspirantes ao sacerdócio de todo o Brasil."[432]

Foto: Papa João Paulo II no Seminário Bom Jesus,[433] Aparecida-SP, julho de 1980.

***

---

[432] PAPA JOÃO PAULO II. *Discurso do Papa João Paulo II no Encontro com os Seminaristas*, Aparecida-SP, 4 de julho de 1980. Viagem Apostólica do Santo Padre ao Brasil (30 de junho – 12 de julho de 1980) © Copyright - Libreria Editrice Vaticana.
[433] Foto: Acervo da Cúria Metropolitana de Aparecida, ACMA.

PAPA BENTO XVI

II – A notícia

> "O lugar é o Santuário nacional de Nossa Senhora Aparecida, coração mariano do Brasil: Maria nos acolhe neste Cenáculo e, como Mãe e Mestra, nos ajuda a elevar a Deus uma prece unânime e confiante."[434]
> (Papa Bento XVI)

Logo que o cardeal Joseph Aloisius Ratzinger foi eleito Papa, a presidência do Celam o procurou e propôs ao novo pontífice que a realização da V Conferência do Episcopado da América Latina e Caribe fosse realizada, se possível, na América Latina. Por ser uma tradição, isso agradaria muito o Episcopado Latino-Americano e Caribenho. O cardeal Bergoglio, arcebispo de Buenos Aires, até sugeriu que poderia ser em um Santuário, mas sem mencionar Aparecida. O Papa ouviu a comissão do Celam e disse: "Então está bom; a V Conferência será na América Latina, será no Brasil... em Aparecida".[435][*][436]

Ao saberem dessa decisão, é claro, telefonaram imediatamente para a residência do arcebispo de Aparecida; era muito cedo, Dom Damasceno dormia. Ao fazer seu desjejum, na cozinha, a empregada foi avisando... "Dom Damasceno, estão telefonando do Vaticano desde as cinco horas da manhã e eu falei que o senhor estava dormindo." Então o arcebispo ficou pensativo, sem saber qual a razão do telefonema tão cedo, pensou em diversas possibilidades... Afinal, a vida dele sempre foi assim, pego de surpresa por uma nomeação ou indicação que nem imaginava. Só podia ser isso... ainda mais que era telefonema do Va-

---

[434] PAPA BENTO XVI. Discurso. *Sala das Conferências - Santuário de Aparecida Domingo*, maio de 2007.
[435] Dom Raymundo Cardeal Damasceno Assis, Aparecida-SP, 22 de novembro de 2017; EPEO.
[436] LINK – II PARTE – CELAM.

Bloco 5 – Papas em Aparecida

ticano, desde muito cedo! O que seria? Foi tirado de seus pensamentos pelo toque da campainha do telefone. Ao atendê-lo, ficou ciente da razão de tantos telefonemas de madrugada... uma surpresa muito bem-vinda... a V Conferência Geral do Episcopado Latino-Americano e Caribenho seria em Aparecida. Uma grande alegria acalentou o coração de Dom Damasceno e, logo depois, o coração acelerou por causa da notícia que veio em seguida: Bento XVI resolveu que estaria presente à abertura da V Conferência.

Por que telefonaram tão cedo?! Simplesmente porque a notícia ia ser destaque, àquela hora, na *Rádio Vaticano* e, para os brasileiros não serem surpreendidos com a notícia por meio do Vaticano, o arcebispo de Aparecida tinha de correr e dar a notícia, em primeira-mão, no Brasil. Não tinha tempo de contatar a imprensa, a melhor forma de falar em rede nacional, naquele momento, era por meio da missa televisionada.

Vestido normalmente, de clero, Dom Damasceno saiu de sua residência para dar a notícia no Santuário Nacional, na missa das nove horas, transmitida pela *Rede Aparecida* e pela *Rede Vida* de televisão. No caminho encontrou o reitor do Santuário Nacional, foi avisando: "Padre Darci! Padre Darci... o Papa vem para Aparecida, a conferência será em Aparecida".[437] Depois de explicar a notícia ao padre, eles foram para o Santuário. Dom Damasceno foi caminhando para o centro da Basílica, quando então padre Darci atentou para um detalhe: para uma ocasião tão importante, o arcebispo deveria se paramentar com batina filetada, faixa e solidéu. Dom Raymundo acatou o conselho do amigo e se paramentou como um arcebispo. Foi mesmo uma ocasião muito solene. "Eu não presidi a missa, mas antes eu anunciei: 'Eu tenho um comunicado muito importante para vocês aqui no Santuário Nacional e os que estão nos acompanhando por meio da rede de televisão, uma notícia que nos honra, que é agradabilíssima... – todos que estavam

---

[437] Dom Darci Nicioli, Brasília-DF, em 29 de novembro de 2017; EPEO.

na Basílica olhavam com ansiedade – a notícia é que a V Conferência Geral do Episcopado Latino-Americano e Caribenho será realizada aqui em Aparecida... – (suspense) – e contaremos com a presença do Papa Bento XVI'."[438] A notícia espalhou-se rapidamente pelo Brasil afora. A alegria foi geral entre os católicos.

III. Preparativos

Os preparativos para a chegada do Papa Bento XVI a Aparecida começaram desde o primeiro mês de janeiro e foi mais intenso nos últimos dias do mês de abril, pois o arcebispo de Aparecida precisava que os pontos preponderantes estivessem ajustados: logística de traslado de São Paulo a Aparecida, hospedagem no Seminário Bom Jesus, missa de abertura da V Conferência Geral do Episcopado Latino--Americano e Caribenho, presidida pelo Papa, e toda a logística dentro do auditório, onde aconteceria a conferência. Deixou o esquema todo pronto, porque do dia 1º ao dia 9 de maio, participaria da 45ª Assembleia Geral dos Bispos do Brasil, em Itaici, cujo tema central foi: *Rumo à Conferência de Aparecida*. Em cada item desses ajustes existe uma gama muito grande de serviços a serem executados, o que parece simples, mas no montante torna-se grande. Dom Damasceno fazia questão de verificar item por item, pessoalmente. Da entrega do enxoval para o quarto do Papa (produzido pela ONG *Orienta Vida*), passando pela preparação da Liturgia Eucarística (paramentos, cânticos etc.), até as acomodações dos bispos da V Conferência (em diversos hotéis da cidade),[*][439] tudo era verificado pelo arcebispo de Aparecida. Até o caminho estipulado para a vinda do heliponto até o Seminário Bom Jesus e os outros caminhos que deveriam ser percorridos pelo papa-

---

[438] Dom Raymundo Cardeal Damasceno Assis, 22 de novembro de 2017; EPEO.
[439] LINK – II PARTE – CELAM.

Bloco 5 – Papas em Aparecida

móvel (Santuário, Fazenda Esperança) foram definidos anteriormente com a presença do arcebispo. Uma séria questão que foi resolvida em conjunto com o Exército Nacional, que teve ajuda de quem conhece bem os vários caminhos, pois nasceu em Aparecida... Ney, o motorista particular do arcebispo de Aparecida, foi explicando: "General, tem esse caminho e tem um outro também...".[440] Assim, Ney mostrou todas as possibilidades. Dom Damasceno sempre acompanhando com atenção e alegria todas as resoluções para a chegada e estadia do Papa, dos clérigos, dos convidados e da imprensa.

Na realidade, há um aparato muito grande por parte do governo nacional e do Vaticano. Um ponto muito importante é a segurança do Papa. Não podemos nos esquecer que dois Papas sofreram atentados: Paulo VI (Filipinas, 1970) e João Paulo II (Vaticano, 1981). Por essas e mais uma série de questões, existe uma rigorosa triagem para permitir que fiquem perto do Sumo Pontífice pessoas que não fazem parte da comitiva papal. Então, para receber o credenciamento existe um longo questionário e averiguação federal, é minucioso, porém imprescindível... como foi necessário para os ajudantes do arcebispo de Aparecida. Ney comentou: "esse povo virou a vida da gente de perna para o ar... queria saber até quem era o bisavô de meu pai, mas fizemos todo o credenciamento direitinho!"[441] Cada um da equipe de trabalho do arcebispo de Aparecida recebeu devidamente sua identificação. A segurança do Papa Bento XVI, em Aparecida, estava a cargo da Polícia do Vaticano, da Polícia Federal, do Batalhão de Caçapava sob o comando do general Floriano, e do Batalhão de Lorena sob comando de um coronel; denominada *Operação Arcanjo*, que merece reconhecimento pelo trabalho da segurança durante a visita de Bento XVI.

***

---

[440] Claudinei Mariano da Silva, Aparecida-SP, 1º de novembro de 2017; EPEO.
[441] Idem.

IV. Papa Bento XVI em São Paulo

Naquela quarta-feira, 9 de maio de 2007, o destaque no mundo inteiro era a visita do Papa Bento XVI ao Brasil. Ao desembarcar no Aeroporto Internacional de Guarulhos, por volta das 16h, o Santo Padre, debaixo de uma fria garoa, foi recebido pelo presidente Luiz Inácio Lula da Silva e outras autoridades. "O Papa Bento XVI chegou e Dom Damasceno foi para São Paulo, fazia parte da comitiva de boas-vindas. Embora não fosse uma visita oficial ao Brasil, havia uma estrutura especial, um aparato destinado a um chefe de estado ao ser recebido."[442] Bento XVI recebeu do prefeito Gilberto Kassab a chave da cidade de São Paulo, depois seguiu de papamóvel até o Mosteiro de São Bento, onde ficou hospedado. A comitiva de Bento XVI ficou hospedada no *Hotel Holiday Inn*.

Na quinta-feira, 10 de maio, foi o encontro do Sumo Pontífice com os jovens, no Estádio Municipal do Pacaembu, em São Paulo, Dom Damasceno o acompanhou. Evento em que mais de 70 mil jovens da América Latina estiveram presentes. A enorme imagem de uma pomba da paz marcava presença nas arquibancadas. O papamóvel percorreu todo o complexo do estádio, levando o Papa que era ovacionado pela multidão que agitava lenços, bandeiras e bexigas brancas, enquanto que, pelo alto-falante, anunciava a presença do pontífice e dava voz ao mote: "Santo Padre, eu também te amo!",[443] que foi repetido por milhares de jovens que usavam bandanas e faixas em que constavam um coração e o nome de Bento XVI. Centenas de freiras acenavam com suas bandeiras. A noite foi acalorada pelo amor ao Santo Padre, a escuridão era quebrada pelos flashes constantes das máquinas fotográficas e celulares. Jovens se manifestavam aplaudindo. Bento XVI, de pé, dentro do papamóvel, acenava com a mão, sorrindo sem parar, seus olhos brilhavam de emo-

---

[442] Jaqueline Pereira França, Aparecida-SP, em 27 de outubro de 2017; EPEO.
[443] Vídeo *Papa Bento XVI Encontro com Jovens em São Paulo* – 2007, Arquivo Amazon Sat.

Bloco 5 – Papas em Aparecida

ção. A música dizendo "Bem-vindo... bem-vindo... nosso povo o acolhe com amor" foi entoada pelos alto-falantes no momento em que o Papa subia para o palanque.

Nesse encontro com os jovens, Dom Odilo Pedro Sherer, arcebispo de São Paulo, fez as honras da casa, proferindo a saudação ao Sumo Pontífice. Alguns jovens deram seus depoimentos a respeito da vida cristã e um grupo fez uma apresentação artística, dançando um ritual indígena. O Papa se pronunciou a respeito do valor da castidade, da valorização ao matrimônio e a vocação à vida consagrada. Pediu aos jovens para que fossem "construtores de um mundo mais justo e solidário, reconciliado e pacífico".[444]

No outro dia, sexta-feira, dia 11 de maio, diante de um milhão de pessoas, no Campo de Marte, Papa Bento XVI presidiu a cerimônia de canonização do primeiro santo nascido no Brasil: São Frei Galvão. Durante a missa, um coral de 1.200 vozes de diversos corais nacionais marcou a celebração.

O pontífice pontuou o expressivo modelo de vida religiosa de Frei Galvão, sempre disponível ao serviço para o próximo, bom conselheiro, apaziguador às almas carentes de perdão, unificador das famílias, usando de caridade para com todos, principalmente com os doentes e os pobres.

> "Demos graças a Deus pelos contínuos benefícios alcançados pelo poderoso influxo evangelizador que o Espírito Santo imprimiu em tantas almas por intermédio do Frei Galvão. O carisma franciscano, evangelicamente vivido, produziu frutos significativos por meio do seu testemunho de fervoroso adorador da Eucaristia, de prudente e sábio orientador das almas que o procuravam e de grande devoto da Imaculada Conceição de Maria, de quem ele se considerava 'filho e perpétuo escravo'."[445]

---

[444] PAPA BENTO XVI. *Pronunciamento aos Jovens*, 2007.
[445] PAPA BENTO XVI. Homilia. *Aeroporto "Campo de Marte"*, 2007.

A missa de canonização de Frei Galvão foi o último compromisso do pontífice em São Paulo. O próximo seria em Aparecida.

***

V. Papa Bento XVI em Aparecida

> "Demos agora espaço à Palavra de Deus, que com alegria acolhemos, com o coração aberto e dócil, a exemplo de Maria, Nossa Senhora da Conceição, a fim de que, pelo poder do Espírito Santo, Cristo possa novamente 'fazer-se carne' no hoje da nossa história."[446]

A chegada do Santo Padre a Aparecida foi no começo da noite, por volta das 19h. O helicóptero pousou onde é o estacionamento que dá acesso ao atual presépio a céu aberto; o lugar foi preparado para ser heliponto e tiveram até que retirar do local alguns postes que poderiam ser arrancados por causa da força do vento, gerado pelas pás da hélice da grande aeronave.

O comboio de carros e batedores para receber o Papa saíram do Seminário Bom Jesus, e Dom Damasceno ainda estava em uma ligação telefônica, não conseguiu ir junto. Então, quando ele se colocou a caminho, quatro motocicletas foram de batedores guiando o carro no qual estava o arcebispo. Seu motorista, Ney, relembra esse momento: "Ôpa, eu me senti o tal, com toda a segurança, motos na frente... motos atrás e fomos embora. Chegando lá deixei Dom Raymundo, que voltaria com o Papa e não mais comigo. Voltei sem a escolta... voltei a ser normal".[447]

---

[446] PAPA BENTO XVI. Discurso. *Sala das Conferências - Santuário de Aparecida*, 2007.
[447] Claudinei Mariano da Silva, Aparecida-SP, 1 de novembro de 2017; EPEO.

No papamóvel, Bento XVI, o arcebispo de Aparecida e o secretário monsenhor Ganzwein seguiram para o Seminário Bom Jesus, passando pela cidade. "No dia 11 de maio, o Papa chegou ao prédio, por volta das 19h, mais ou menos, nós ficamos no hall de entrada."[448] Na residência, ficou uma equipe de apoio: cozinheira, faxineira, copeira, secretária, motorista, todos credenciados, pois se precisassem de algo era só interfonar para a residência do arcebispo que iriam lá para socorrer. "A gente tinha horário para entrar, mas para sair não tinha horário. É claro que havia a emoção de ver o Papa, a rua lotada de gente à espera para vê-lo chegar, e nós lá dentro na expectativa; o pessoal na rua, com bandeira, gritando... era emocionante", comentou Ney,[449] que ainda se recordou de quando ele, ainda jovem, pela primeira vez viu um Papa, foi quando João Paulo II esteve em Aparecida, dia 4 de julho de 1980. Ney correu pelas ruas da cidade, ao lado do papamóvel, só para ficar perto do pontífice, o que lhe encheu o coração de amor por aquele Papa sorridente, e essa imagem de João Paulo II aqueceu o coração dele por muitos anos. E, naquele dia de espera pelo Bento XVI, Ney olhava a multidão perto do portão do seminário e pensava: "Meu Deus, a cidade de Aparecida, uma panelinha deste tamaninho e um evento desse tamanhão..." Ele ficou emocionado de ver tanta gente, ficou esperando também e, quando ele soube que o papamóvel já estava quase chegando, não aguentou ficar parado, correu para a entrada do seminário, "fiquei perto do portão, foi muito lindo ver o Papa acenando, deu vontade de abraçá-lo".[450] A multidão aglomerada na rua do Seminário Bom Jesus gritava "Viva o Papa". O pontífice passou acenando para todos.

Chegando ao seminário, Bento XVI abençoou o prédio, assinou o livro de ouro e inaugurou os bustos dos Papas que estiveram no local.

---

[448] Jaqueline Pereira França, Aparecida-SP, em 27 de outubro de 2017; EPEO.
[449] Ney – Claudinei é natural da cidade de Aparecida.
[450] Claudinei Mariano da Silva, Aparecida-SP, 1º de novembro de 2017; EPEO.

A equipe de seus assessores ficou no quarto mais próximo ao pontífice; todos os cardeais, arcebispos e bispos também ficaram hospedados no Seminário Bom Jesus. O Papa ficou no primeiro andar.

Fotos: Papa Bento XVI inaugurando o busto em sua homenagem e assinando o livro de presença,[451] Aparecida-SP, maio de 2007.

O grupo de empregados que serviu de apoio na residência do arcebispo, na parte de trás do seminário, não tinha autorização para ir ao seminário enquanto o Sumo Pontífice ali estivesse. Normas de segurança. A cada setor existia uma credencial especial.

Para a hospedagem do Papa, o térreo e o primeiro andar do Seminário Bom Jesus estavam completamente prontos. Na parte térrea foi instalada uma enfermaria provisória, com assistência médica, pelo *Hospital Santa Catarina* de São Paulo; local para guardar malas dos hóspedes da comitiva papal, tudo organizado. O Papa gostou tanto que existem registros fotográficos dele olhando os corredores, admirado. Bento XVI fez a bênção do prédio. "Felicíssimo o Papa, porque, diferentemente de São Paulo, onde ele ficou hospedado no Mosteiro de São Bento, e sua comitiva ficou no *Hotel Holiday Inn*, longe do Mosteiro. Em Aparecida, o Papa sentiu como se estivesse na casa dele, como se fosse a uma igre-

---
[451] Foto: Acervo da Cúria Metropolitana de Aparecida, ACMA.

Bloco 5 – Papas em Aparecida

ja, ele e sua comitiva todos na mesma ala. Todos cardeais, arcebispos e bispos ficaram nessa ala, também. O ambiente era agradável, vinha um cardeal e abria a porta e o Papa estava passando pelo corredor, situação que não aconteceria se estivessem em um hotel."[452] Em São Paulo, foi tudo muito diferente, pois o hotel não foi fechado para receber somente a comitiva do Papa, eles ficaram com outros hóspedes e muito longe de onde Bento XVI se instalou.

Foto: Papa Bento XVI e Dom Raymundo Damasceno Assis se cumprimentando,[453] Aparecida-SP, maio de 2007.

Papa Bento XVI ficou encantado com o prédio; depois do almoço e do jantar, caminhava pelos amplos corredores do Bom Jesus. "Ele dizia que gostava de caminhar por conselho médico, caminhava e voltava para seu quarto."[454] Tudo novinho, recendendo limpeza, ótima organização, com muito estilo. Os móveis foram colocados na véspera da chegada dele, todos doados, as cortinas sóbrias, ótima iluminação,

---
[452] Dom Raymundo Cardeal Damasceno Assis, 22 de novembro de 2017; EPEO.
[453] Acervo da Cúria Metropolitana de Aparecida, ACMA.
[454] Dom Raymundo Cardeal Damasceno Assis, 22 de novembro de 2017; EPEO.

amplas janelas, corredores largos e compridos, portas silenciosas, até mesmo um elevador foi providenciado para que o pontífice não se cansasse, por causa do problema no coração, para não subir escadas. Além de beleza, requinte e sobriedade, os itens que mais se destacavam eram dedicação, amor e carinho. Bento XVI celebrou, na capelinha, uma missa em latim, concelebrada com Dom Damasceno e acompanhada pelos secretários, a Irmã Sofia Maucher, alemã, auxiliar da *Ordem dos Padres da Santa Cruz*, encarregada de atender o Papa durante o tempo em que permaneceu no Seminário Bom Jesus; e de dona Silvia Aquino colaboradora nos preparativos para a visita de Bento XVI. A capela é ao lado do quarto papal. O almoço foi servido no refeitório do Bom Jesus.

Foto: Papa Bento XVI no almoço com comitiva, clero e convidados,[455] Seminário Bom Jesus, Aparecida-SP, maio de 2007.

---

[455] Foto: Acervo da Cúria Metropolitana de Aparecida, ACMA.

VI. Fazenda Esperança

O papamóvel chegou à Fazenda Esperança[456] levando Bento XVI que, de pé, acenava para todos, Dom Damasceno acompanhou o pontífice. O céu em azul anil parecia o manto de Nossa Senhora. A multidão dentro da fazenda foi dividida em duas alas, o centro foi o caminho trilhado pelo Santo Padre até o local de acolhimento. As pessoas usavam camiseta branca e se protegiam do sol com bonés brancos. Ao adentrar o caminho central, passando pelas duas alas, o Papa foi recebido com música especialmente composta para ele, "seja bem-vindo... já é Papa brasileiro... abençoa irmão essa nossa nação", dizia uma parte da música, que também foi entoada na versão espanhola. A multidão acenava com bandeirinhas brancas, em que a palavra PAZ, em azul, contrastava com a cor predominante. O Santo Padre foi saudado por frei Hans Stapel.[457]

Foto: Papa Bento XVI na Fazenda Esperança,[458] Guaratinguetá-SP, maio de 2007.

---

[456] A Fazenda da Esperança é um centro para recuperação de toxicodependentes, criado pelo frade franciscano Hans Stapel e pelo leigo Nelson Giovanelli Rosendo dos Santos, em 1979, no município de Guaratinguetá, estado de São Paulo. Em 2007, o projeto já havia se expandido para diversos estados do Brasil e outros países do mundo.
[457] *Frei Hans Stapel,* ofm, franciscano de origem alemã.
[458] Foto: Acervo da Cúria Metropolitana de Aparecida, ACMA.

Na matriz da *Fazenda Esperança*, em Guaratinguetá-SP, no dia 12 de maio, Papa Bento XVI encontrou-se com quase sete mil pessoas e ficou ciente do trabalho realizado na recuperação de dependentes químicos. Ele abordou o delicado tema das drogas e fez um severo aviso aos traficantes de drogas, dizendo que precisam pensar nos danos que provocam aos jovens e adultos, alertando que Deus irá, um dia, exigir satisfação desses atos. Pois a dignidade do ser humano não pode ser pisoteada. Afirmou que todo mal provocado pelos traficantes é reprovado por Jesus. Fez seu pronunciamento aos que estavam internos na Fazenda Esperança:

> "Em certo momento da vida, Jesus vem e toca, com suaves batidas, no fundo dos corações bem-dispostos. A vocês, Ele o fez por meio de uma pessoa amiga ou de um sacerdote ou, possivelmente, providenciou uma série de coincidências para dizer que sois objeto de predileção divina. Mediante a instituição que os abriga, o Senhor proporcionou esta experiência de recuperação física e espiritual de vital importância para vocês e seus familiares. Além disso, a sociedade espera que saibam divulgar este bem precioso da saúde entre os amigos e membros de toda a comunidade."[459]

Depois desse encontro o Papa seguiu para Aparecida, para o Seminário Bom Jesus.

VII. A reza do Terço

> "Sinto-me muito feliz em estar aqui convosco, em vosso meio! O Papa vos ama! O Papa vos saúda afetuosamente! Reza por vós!"[460]
> (Papa Bento XVI)

---

[459] PAPA BENTO XVI. *Discurso - Fazenda da Esperança*, 2007.
[460] PAPA BENTO XVI. *Discurso depois do Rosário na Basílica de Aparecida*, 2007.

O Santo Padre entrou no santuário pela ala norte da igreja, passou pela "Porta Santa" e foi recebido pelo missionário redentorista padre Mauro José Matiazzi, reitor do santuário. Depois foi saudado pelo arcebispo de Aparecida que presenteou o Papa com um Terço oficial do Santuário Nacional e uma réplica do Santuário Nacional, em prata. Bento XVI fez a introdução do Rosário e a cerimônia continuou com a meditação sobre os mistérios do Terço.

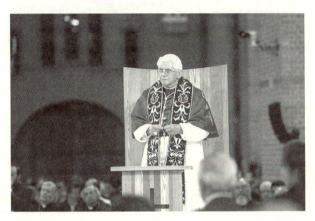

Foto: Papa Bento XVI durante a reza do Terço,[461] Basílica Nacional de Aparecida, Aparecida-SP, maio de 2007.

O Papa havia comentado com Dom Damasceno seu desejo de dedicar algum tempo às orações dentro da Basílica e, por ser um santuário mariano, Bento XVI escolheu recitar o rosário, que é uma oração mariana.

Após a leitura do texto bíblico, que tratava do mistério meditado, foi entoado um canto à Virgem Maria e, em seguida, o Papa Bento XVI rezou a primeira parte do Pai-Nosso. Depois do pontífice foi vez dos religiosos presentes recitarem as dez Ave-Marias.

---

[461] Foto: Acervo da Cúria Metropolitana de Aparecida, ACMA.

Viver na alegria do Senhor

Foto: Papa Bento XVI durante a reza do Terço,[462] Basílica Nacional de Aparecida, Aparecida-SP, maio de 2007.

Estrategicamente, a ornamentação composta de flores em volta do altar simbolizava o Rosário, foram 200 buquês de rosas, divididos em grupos de dez buquês de flores brancas (simbolizando as dez Ave-Marias) e um de rosas amarelas (simbolizando o Pai-Nosso). O coral devidamente paramentado entoou a oração *Salve Regina*. Logo após, o Papa falou aos fiéis.

> "Acabamos de recitar o Rosário. Por meio dos seus ciclos meditativos, o Divino Consolador quer nos introduzir no conhecimento de um Cristo que brota da fonte límpida do texto evangélico. Por sua vez, a Igreja do terceiro milênio se propõe dar aos cristãos a capacidade de 'conhecerem – com palavras de São Paulo – o mistério de Deus, isto é Cristo, no qual estão escondidos todos os tesouros da sabedoria e da ciência' (Col 2,2-3)."[463]

Quando Bento XVI finalizou sua fala, o arcebispo de Aparecida fez a oração de Consagração a Nossa Senhora Aparecida e os agradeci-

---
[462] Idem.
[463] PAPA BENTO XVI. *Discurso - Basílica do Santuário da Aparecida*, 2007.

mentos finais. Esse momento da oração do Terço, no Santuário, agradou muito ao Papa Bento XVI. "Várias vezes ele se referiu a este momento em conversas comigo."[464]

VIII. Residência do Arcebispo

> "Maria Santíssima, a Virgem Pura e sem Mancha é para nós escola de fé destinada a conduzir-nos e a fortalecer-nos no caminho que leva ao encontro com o Criador do Céu e da Terra. O Papa veio a Aparecida com viva alegria para vos dizer primeiramente: 'Permanecei na escola de Maria'. Inspirai-vos nos seus ensinamentos, procurai acolher e guardar dentro do coração as luzes que Ela, por mandato divino, vos envia lá do alto."[465]

Após a reza do Terço, o Papa foi para o Seminário Maior Bom Jesus onde fez uma refeição e, como era de praxe, depois das refeições, Bento XVI gostava de caminhar pelos corredores do prédio. Dom Damasceno fez companhia, caminhou com ele quase todas as vezes depois do almoço e do jantar, e ele dizia ao cardeal arcebispo de Aparecida: "Gosto de caminhar. Trata-se, inclusive, de uma exigência médica, o médico me pede que caminhe sempre, um pouco por dia, depois das refeições". Certa noite, Dom Raymundo tomou a liberdade de dizer-lhe: "Santo Padre, se o senhor quiser fazer uma caminhadinha um pouco mais longa, eu o convido a ir até a minha casa". E ele aceitou com muito prazer fazer essa visita surpresa à residência episcopal.[466]

O interfone da residência do arcebispo de Aparecida tocou e informaram que era para ser arrumado um chá, suco, enfim, um lanche para receber o Papa. Os que estavam na casa do arcebispo, Ney, Jaqueline, Gonçalves, Con-

---

[464] Dom Raymundo Cardeal Damasceno Assis, Conselheiro Lafaiete-MG, 5 de janeiro de 2018; EPEO.

[465] PAPA BENTO XVI. *Discurso - Basílica do Santuário da Aparecida*, 2007.

[466] Dom Raymundo Cardeal Damasceno Assis, entrevista concedida ao jornalista Gerson Camarott, Globo News, 2018.

ceição e Andréa, não cabiam em si de contentamento, "estávamos vibrando, só faltava soltar foguetes".[467] Arrumaram tudo para recepcionar o Papa. Antes, veio a equipe de segurança e vistoriou toda a casa e colocou todos os funcionários na garagem. Ney ficou muito sentido, mostrou seu crachá de identificação aos seguranças, sem resultado; ele não entendia os italianos e os italianos não o entendiam, foi então que apareceu Dom Geraldo Lyrio Rocha,[468] recém-arcebispo de Mariana, que conversou com os italianos e informou o Ney que eles deveriam esperar ali fora, pois teriam oportunidade de ver o Bento XVI, depois que ele saísse da casa. Ficaram aguardando no canto da garagem.

Para visitar a residência arquiepiscopal, o Santo Padre foi caminhando do Seminário Bom Jesus até a residência do arcebispo; juntos estavam Dom Damasceno, cardeal Tarcísio Bertone, secretário de Estado; monsenhor Georg Ganzein e monsenhor Miczkslaw Morkrzyski.[469] O Papa fez um breve lanche e rezou na capela. Ficaram dentro da casa por uma hora. Dom Damasceno sentiu a falta de seus funcionários ali na casa, comentou o fato com Bento XVI. E os funcionários aguardando do lado de fora... "ouvimos a voz do Papa dentro da casa, e ficamos esperando dentro da garagem, minha vontade era de sair correndo e abraçar o Papa, mas tudo bem. Depois de todo esse nervosismo e da correria, veio a calmaria, a equipe de segurança veio e nos perfilou perto da entrada da garagem e eu, para brincar, por causa do nervosismo disse: 'agora eles vão fuzilar a gente'".[470] Não demorou muito tempo, o Sumo Pontífice e Dom Damasceno desceram a rampinha da casa e, ao olhar em direção à garagem, o arcebispo, demonstrando surpresa, disse: "Olha, Santo Padre, eles estão aqui!... Os meus colaboradores estão todos aqui, que alegria!"[471] Os seguranças ficaram afastados e só ficou o fotógrafo para registrar o momento. Bento XVI e Dom Damasceno foram em dire-

---

[467] Claudinei Mariano da Silva, Aparecida-SP, 1º de novembro de 2017; EPEO.

[468] Dom Geraldo Lyrio Rocha nasceu no dia 14 de março de 1942, em Fundão-ES. Foi ordenado sacerdote em 15 de agosto de 1967, em Fundão. Foi ordenado bispo em 31 de maio de 1984, em Vitória-ES. Foi nomeado pelo Papa Bento XVI, no dia 11 de abril, arcebispo de Mariana-MG.

[469] *Diário de Atividades do Sr. Arcebispo de Aparecida Dom Raymundo Cardeal Damasceno Assis*, 2007, p. 12,13.

[470] Claudinei Mariano da Silva, Aparecida-SP, 1 de novembro de 2017; EPEO.

[471] Idem.

Bloco 5 – Papas em Aparecida

ção ao grupo de funcionários. Jaqueline, secretária, lembra-se que "foi um momento emocionante, quando eu e os demais funcionários, que se encontravam na residência, tivemos a oportunidade de receber a bênção do Santo Padre. Ele tinha um olhar tão meigo, de tanta paz que dava vontade de o abraçar, mas a gente tinha que se conter".[472] A emoção foi muito grande para eles. Ney estava com o mesmo sentimento...

> "O Papa vinha sorrindo, sereno, aquilo para mim, quebrou um gelo tão grande, pois substituir um Papa como João Paulo II parecia impossível dentro de mim, mas Bento XVI veio rindo, alegre em nossa direção, cumprimentando, o pessoal beijando o anel dele e ele dava um tercinho; assim, um por um, eu era o último da fila e já com os olhos cheios d'água, o Papa chegou perto e esticou a mão para mim... quando ele esticou a mão eu não pensei duas vezes, eu dei um abraço apertado no Papa e ainda bati nas costas dele e disse: 'Santo Padre!' Foi algo muito natural. Ele riu... riu... e me deu um tercinho e saiu ainda sorrindo, de vez em quando, olhava para trás e ria, e eu ali, chorando de tanta emoção."[473]

Foto: Papa Bento XVI e Claudinei (Ney) cumprimentando-se,[474] Aparecida-SP, maio de 2007.

---

[472] Jaqueline Pereira França, Aparecida-SP, em 27 de outubro de 2017; EPEO.
[473] Claudinei Mariano da Silva, Aparecida-SP, 1º de novembro de 2017; EPEO.
[474] Foto: Acervo de Claudinei Mariano da Silva. Crédito: *Servizio Fotográfico de L'Osservatore Romano*, Vaticano.

541

Depois que o Sumo Pontífice e Dom Damasceno entraram no Seminário Bom Jesus, apareceu Dom Geraldo para conversar com o motorista Claudinei: "O que você fez Ney?" E o Ney perguntou: "O que eu fiz de errado?" Com calma, Dom Geraldo explicou: "Você abraçou o Papa, você quebrou todo o protocolo vaticanista, você abraçou o Papa de origem alemã, os seguranças ficaram todos agitados..."[475] No calor da emoção, ainda com lágrimas nos olhos, muito emocionado, Ney respondeu ao arcebispo de Mariana: "Eu só não peguei ele no colo porque ele deve ser pesado".[476]

A imagem que uma grande parte da imprensa mundial impôs a Bento XVI, como um Papa rude e frio, desarma-se por completo para as pessoas que o conhecem pessoalmente, nem que seja por um breve momento, como aconteceu com Ney, que jamais se esquece desse episódio e desde esse dia tem Bento XVI como amigo. "Creio que, depois dessa visita de Bento XVI ao Brasil, não sei se tenho esse poder de dizer, mas preciso... quebrou esse gelo a respeito de Bento XVI. Ele é tão amável que pedia para ir com o vidro aberto do papamóvel, a segurança é que não deixava, mas como o controle fica dentro do carro, ao lado da porta, o Papa abria o vidro e esticava a mão para o povo."[477]

Quando o Papa Bento XVI e Dom Damasceno chegaram ao seminário, os médicos que estavam na entrada disseram ao arcebispo de Aparecida: "vimos o Papa caminhar e parece que está bem do coração".[478] O Papa sorria, estava mesmo feliz.

***

---

[475] Claudinei Mariano da Silva, Aparecida-SP, 1º de novembro de 2017; EPEO.
[476] Idem.
[477] Idem.
[478] *Diário de Atividades do Sr. Arcebispo de Aparecida, Dom Raymundo Cardeal Damasceno Assis*, Ano 2007, p. 13.

IX. Missa

"Considero um dom especial da Providência que esta Santa Missa seja celebrada *neste tempo e neste lugar*. O *tempo* é o litúrgico do sexto Domingo de Páscoa: está próxima a festa de Pentecostes, e a Igreja é convidada a intensificar a invocação ao Espírito Santo. O *lugar* é o Santuário Nacional de Nossa Senhora Aparecida, coração mariano do Brasil: Maria nos acolhe neste *Cenáculo* e, como Mãe e Mestra, nos ajuda a elevar a Deus uma prece unânime e confiante."[479]
(Papa Bento XVI)

Foto: Papa Bento XVI passando pela multidão no Santuário Nacional,[480] Aparecida-SP, maio de 2007.

Naquele domingo, 13 de maio, às 9h40 daquela manhã de outono, o Papa Bento XVI saiu cedo do Seminário Bom Jesus para celebrar missa na basílica de Aparecida. O pontífice percorreu as ruas de Aparecida no papamóvel, junto estava o arcebispo de Aparecida, sentado no banco de trás. O Papa ia de pé, cumprimentando a multidão, que foi às ruas saudar o pontífice. Durante o percurso, ele baixou o vidro do papamóvel e, sorrindo, acenou para os fiéis.

---
[479] PAPA BENTO XVI. *Homilia da Santa Missa – Esplanada do Santuário de Aparecida*, 2007.
[480] Foto: crédito *Canção Nova*.

Fotos: missa Campal presidida pelo Papa Bento XVI,[481] Aparecida-SP, maio de 2007.

Ao chegar ao pátio da Basílica, cerca de 140 mil pessoas aguardavam o Sumo Pontífice para o começo da celebração Eucarística, onde foi recebido com aplausos e o hino que foi composto para homenagear sua visita ao Brasil. O pontífice foi saudado pelo arcebispo Dom Damasceno.

Fotos: Papa Bento XVI e Dom Raymundo Damasceno Assis durante Celebração Eucarística,[482] Aparecida-SP, maio de 2007.

---
[481] Foto: Acervo da Cúria Metropolitana de Aparecida, ACMA.
[482] Idem.

A missa foi concelebrada por vários cardeais, arcebispos, bispos e sacerdotes; milhares de fiéis estiveram presentes à celebração.

X. Abertura da V Conferência Geral do Episcopado da América Latina e do Caribe

"Ao concluir a minha permanência entre vós, desejo invocar a proteção da Mãe de Deus e Mãe da Igreja sobre as vossas pessoas e sobre toda a América Latina e Caribe. Imploro, de modo especial, a Nossa Senhora com o título de Guadalupe, Padroeira da América, e de Aparecida, Padroeira do Brasil que vos acompanhe no vosso empenhativo e exigente trabalho pastoral. A ela confio o Povo de Deus nesta etapa do terceiro Milênio cristão. A ela peço também que guie os trabalhos e reflexões desta Conferência Geral, e que abençoe com abundantes dons os queridos povos deste continente."[483]
(Papa Bento XVI)

Foto: Papa Bento XVI na abertura da V Conferência do Episcopado da América Latina e do Caribe,[484] Aparecida-SP, maio de 2007.

---
[483] PAPA BENTO XVI. Discurso - *Sala das Conferências - Santuário de Aparecida*, 2007.
[484] Foto: Acervo da Cúria Metropolitana de Aparecida, ACMA.

No fim da tarde, às 16h, aconteceu a abertura da V Conferência Geral do Episcopado da América Latina e do Caribe,[*][485] no auditório Padre Noé Sotillo, no subsolo da Basílica. O Papa abriu a V Conferência com um discurso profundo, belíssimo.

> "No mundo de hoje se dá o fenômeno da globalização como um emaranhado de relações em nível planetário. Mesmo que em certos aspectos é uma conquista da grande família humana e um sinal de sua profunda aspiração à unidade, contudo traz consigo também o risco dos grandes monopólios e de converter o lucro no valor supremo. Como em todos os campos da atividade humana, a globalização deve se reger também pela ética, colocando tudo ao serviço da pessoa humana, criada à imagem e semelhança de Deus."[486]

Foto: Papa Bento XVI discursando na abertura da V Conferência do Episcopado da América Latina e do Caribe,[487] Aparecida-SP, maio de 2007.

***

---
[485] LINK – II PARTE – CELAM.
[486] PAPA BENTO XVI. Discurso. *Abertura da V Conferência Geral do Episcopado Latino-Americano e do Caribe*, 2007.
[487] Foto: Acervo da Cúria Metropolitana de Aparecida, ACMA.

X. Despedida

> "Peço a Deus que ajude os responsáveis, seja no âmbito religioso, e no civil, a imprimir um passo decidido àquelas iniciativas, que todos esperam, pelo bem comum da grande família Latino-americana."[488]
> (Papa Bento XVI)

Ao se despedir do Brasil, no aeroporto de Guarulhos-SP, Bento XVI disse que sua alma elevava um hino de ação de graças ao Altíssimo por ter-lhe permitido viver "horas intensas e inesquecíveis, com o olhar dirigido à Senhora Aparecida que, do seu Santuário, presidiu o início da V Conferência Geral do Episcopado Latino-Americano e do Caribe",[489] que ficarão gravadas em sua memória as manifestações de entusiasmo e de profunda piedade do povo brasileiro e dos peregrinos provindos deste continente da esperança, a América do Sul, que demonstraram fé em Cristo e amor pelo Sucessor de Pedro.

Particularmente, o pontífice agradeceu com estima aos cardeais, arcebispos, bispos, sacerdotes, diáconos, religiosos, religiosas e aos organizadores da Conferência. Afirmou que todos "contribuíram para abrilhantar estas jornadas, deixando a quantos nelas tomaram parte cheios de alegria e de esperança – *Gaudium et Spes*! – na família cristã e na sua missão no meio da sociedade".[490]

Ao terminar suas atividades, no dia 13 de maio, partiu contente por ter estado em Aparecida. "Sempre que eu o encontro ele me diz, sorrindo: 'Ah!... Dom Damasceno, Aparecida!... La... Madona é forte!' – uma expressão na qual ele quer dizer que Nossa Senhora Aparecida é forte".[491]

A vinda do Papa Bento XVI a Aparecida cultivou uma forte lembrança dele aos brasileiros. "Dizem que depois que o Papa Bento XVI

---

[488] PAPA BENTO XVI. Pronunciamento. *Aeroporto de Guarulhos-SP*, 2007.
[489] Idem.
[490] Idem.
[491] Dom Raymundo Cardeal Damasceno Assis, 22 de novembro de 2017; EPEO.

visitou Aparecida, ele ficou mais aberto, mais simples, mais próximo."[492] Havia um certo receio da vinda de Bento XVI ao Brasil, por parte da Cúria Romana, de como ele seria recebido, pois foi a primeira visita dele intercontinental. Ele ainda não tinha saído de Roma, Itália, nem mesmo para ir a outros países da Europa. "Principalmente por causa da imagem que a imprensa criou a respeito dele, quando prefeito da *Congregação para a Doutrina da Fé*, denominada anteriormente de Santo Ofício, diferente da imagem verdadeira por parte daqueles que o conhecem mais de perto. Ele é uma pessoa sensibilíssima, educadíssima."[493] Então, havia certo receio e quando a comitiva papal chegou ao Brasil, com o passar dos dias, percebeu que não precisava temer pela segurança do Papa. Bento XVI conquistou os brasileiros, principalmente os católicos que passaram a admirá-lo ainda mais.

Depois dessa visita do Papa Bento XVI a Aparecida, dali a seis anos, foi a vez do Papa Francisco voltar ao Santuário Nacional que já conhecia quando participou da V Conferência Geral do Episcopado Latino-Americano e Caribenho, porém, voltou como Pontífice da Igreja Católica.

***

---

[492] Idem.
[493] Idem.

Bloco 5 – Papas em Aparecida

PAPA FRANCISCO

I. Papa Francisco

> "Edificar. Edificar a Igreja. Fala-se de pedras: as pedras têm consistência; mas pedras vivas, pedras ungidas pelo Espírito Santo. Edificar a Igreja, a Esposa de Cristo, sobre aquela pedra angular que é o próprio Senhor. Aqui temos outro movimento da nossa vida: edificar."[494]
> (Papa Francisco)

Naquele seu primeiro dia de pontificado, dia 14 de março de 2013, o Papa Francisco entrou no ônibus e sentou-se ao lado de Dom Raymundo Damasceno Assis.[*][495] O arcebispo de Aparecida aproveitou a oportunidade para fazer um convite para o Papa visitar Aparecida e recordar sua permanência lá, em 2007. "O motivo que eu aleguei quando ele se sentou ao meu lado no ônibus foi... 'o senhor vá até Aparecida para recordar aquele tempo em que passou lá'. Francisco disse que sim, ele gostaria de voltar."[496] A conversa foi breve, pois o novo Pontífice tornou-se atração especial dentro do ônibus, ele quebrou um protocolo e deixou os cardeais e os demais integrantes do ônibus atônitos de tanta felicidade, nem acreditavam no que estava acontecendo. Era uma linda manhã de quinta-feira; eles estavam a caminho da capela Sistina, onde o novo Pontífice celebraria sua primeira missa.

À santa missa estiveram presentes os 114 cardeais eleitores; além de bispos, religiosos, religiosas e pessoas ligadas à organização do Concla-

---

[494] PAPA FRANCISCO. Santa Missa com os Cardeais. *Homilia do Papa Francisco*, 2013.
[495] LINK – II PARTE – CONCLAVE.
[496] Dom Raymundo Cardeal Damasceno Assis, Aparecida-SP, 22 de novembro de 2017; EPEO.

ve; dentre outros convidados. Em sua homilia o Papa Francisco alertou para que o cristão aceitasse a Cruz do Senhor e caminhasse levando-a.

> "Eu queria que, depois destes dias de graça, todos nós tivéssemos a coragem, sim a coragem, de caminhar na presença do Senhor, com a Cruz do Senhor; de edificar a Igreja sobre o sangue do Senhor, que é derramado na Cruz; e de confessar como nossa única glória Cristo Crucificado. E assim a Igreja vai para diante. Faço votos de que, pela intercessão de Maria, nossa Mãe, o Espírito Santo conceda a todos nós esta graça: caminhar, edificar, confessar Jesus Cristo Crucificado. Assim seja."[497]

Logo depois desse encontro no ônibus, Dom Damasceno mandou formalmente um convite ao Sumo Pontífice. "Mas eu fiquei sabendo da ida dele ao Brasil por meio da visita da presidente Dilma Rousseff",[498] que foi para a Santa Missa de inauguração do ministério petrino do Santo Padre (19 de março),[*][499] em audiência particular, o Papa comentou essa decisão. Ao saber dessa informação o cardeal Damasceno, que estava em Roma, imediatamente foi entrevistado pela Rádio Vaticano e deu a notícia que, instantaneamente, espalhou-se para o mundo.

Ao voltar ao Brasil, o arcebispo de Aparecida e demais integrantes da arquidiocese começaram os preparativos para recepcionar o Papa Francisco em Aparecida, dali a quatro meses. Lembranças precisas de uma época da V Conferência...

> "O Papa Francisco, por ser o responsável pela redação e elaboração do Documento de Aparecida durante a V Conferência Episcopal (2007), cresceu sua devoção a Nossa Senhora da Conceição sob o título de Aparecida; naquela época quase ninguém sabia disso, mas ele tinha um carinho todo especial por Nossa Senhora Aparecida, tanto que, depois, ele disse que a Conferência em Aparecida foi boa

---

[497] PAPA FRANCISCO. Santa Missa com os Cardeais. *Homilia do Papa Francisco*, 2013.
[498] Dom Raymundo Cardeal Damasceno Assis, Aparecida-SP, 22 de novembro de 2017; EPEO.
[499] LINK – II PARTE – CONCLAVE.

Bloco 5 – Papas em Aparecida

> porque os bispos, refletindo no subsolo da Basílica, discutindo questões da Igreja e o povo rezando na parte de cima da Basílica, então os bispos sentiram-se influenciados pela espiritualidade romeira, ali a presença do Espírito Santo foi muito marcante. A V Conferência de Aparecida, deve à devoção dos romeiros na sua inspiração para programar a pastoral para a Igreja Latino-Americana e Caribenha, o Papa então, enamorou-se de Nossa Senhora Aparecida."[500]

Enamorar-se de Nossa Senhora Aparecida... um grande apreço para o então Bergoglio, que se mostrou atento durante os estudos dos temas debatidos na V Conferência, em 2007. Era um dos últimos a sair do subsolo da basílica, do auditório Noé Sotillo, onde participava atentamente e, depois que terminava a conferência, ainda ficava no subsolo da basílica compenetrado em redigir o documento final, que depois deveria ser apresentado ao Papa Bento XVI. Voltava tarde da noite para o Hotel Marge. Talvez, nessas horas em que ficava redigindo o documento, na quietude da basílica, abaixo do Altar Eucarístico e do nicho de Nossa Senhora, ele recebia as graças das orações dos fiéis que ali passaram durante o dia inteiro. E não foi apenas um dia, foram pelo menos duas semanas nas quais o cardeal Bergoglio ficou até tarde trabalhando, lendo e escrevendo, sob a inspiração do Altíssimo. Provavelmente, essa foi uma etapa que marcou sua vida, porque depois de eleito Papa, sua primeira viagem internacional foi para o Brasil.

> "E quando ele veio para a Jornada Mundial da Juventude – JMJ, não precisaria vir a Aparecida, mas ele quis e, pelo que sabemos, quiseram até demovê-lo dessa ideia de ir até Aparecida, por ficar estrategicamente mais difícil, porquanto o motivo da sua presença no Brasil era a JMJ, na cidade do Rio de Janeiro. E soubemos, depois, a razão que ele queria vir... ele queria entregar seu ministério pontifício sob a proteção de Nossa Senhora Aparecida... e ele foi a Aparecida como um romeiro."[501]

---

[500] Dom Darci Nicioli, Brasília-DF, 29 de novembro de 2017; EPEO
[501] Dom Darci José Nicioli, Brasília-DF, 29 de novembro de 2017; EPEO.

II. Fazer-se peregrino com os peregrinos

"Quanta alegria me dá vir à casa da Mãe de cada brasileiro, o Santuário de Nossa Senhora Aparecida."[502]
(Papa Francisco)

Ser romeiro é ser peregrino. Para ser peregrino, é preciso deixar os excessos e ficar apenas com o essencial, senão a caminhada ficará pesarosa. Todo excesso pesa demais. É preciso desapegar-se, não apenas do supérfluo material que pesa no corpo, mas especialmente na alma; por isso, o peregrino quase sempre se esvazia do "Ter" e deixa somente o "Ser". Só assim dará o primeiro passo confiante que vai chegar ao lugar certo. Caminha, peregrinando corpo e alma, em busca do Lugar Santo onde encontrará refúgio para o corpo cansado e a alma sedenta de Deus. "Uma caminhada, em que o alimento para o corpo é o mínimo e o alimento para a alma é o máximo."[503]

Muitas vezes, peregrinar pode ser apenas com a alma, uma busca espiritual, aberto para os mistérios de Deus. Ainda mais quando já se está no Lugar Santo, estudando as escrituras, visualizando um mundo melhor e mais justo, compondo um texto que norteará a Igreja latino-Americana e Caribenha. Podemos dizer que essa foi a peregrinação espiritual do cardeal Bergoglio, quando ficava até tarde da noite redigindo o Documento Final da V Conferência. Por isso, depois de seis anos, essa lembrança ainda pulsava em seu coração e veio o desejo.

"Era o desejo do Papa Francisco ir a Aparecida. Primeiro porque o objetivo dele era entregar a Nossa Senhora a Jornada Mundial da Juventude, outra razão era fazer-se peregrino junto aos peregrinos. Afinal, ser peregrino é um ato de piedade, no sentido religioso é um ato penitencial, é uma maneira de caminhar na fé. O Papa quis

---

[502] PAPA FRANCISCO. *Homilia. Santa Missa na Basílica do Santuário Nacional de Nossa Senhora Aparecida*, 2013.
[503] *Rita Elisa Sêda*. In: Artigo. *O Romeiro, os passos, a fé e a esperança de um Penitente*. Almanaque Aparecida - Ecos Marianos - 2013, p. 29.

fazer-se romeiro com os romeiros, para entregar a Jornada da Juventude a Nossa Senhora Aparecida que é a Padroeira do Brasil e porque, também ele, já estivera em Aparecida."[504]

***

III. A chegada

"A primeira (lembrança) veio à minha mente quando, da outra vez, visitei o Santuário de Aparecida. Lá, ao pé da imagem da Imaculada Conceição, eu rezei por vocês, por suas Igrejas, por seus presbíteros, religiosos e religiosas, por seus seminaristas, pelos leigos e as suas famílias, em particular pelos jovens e idosos, já que ambos constituem a esperança de um povo: os jovens, porque eles carregam a força, o sonho, a esperança do futuro, e os idosos, porque eles são a memória, a sabedoria de um povo."[505]
(Papa Francisco)

Aqueles quatro meses de preparação da visita do Papa a Aparecida passaram ligeiros. A arquidiocese de Aparecida, com apoio de todo o clero nacional, mobilizou-se em prol do acolhimento, missa, hospedagem, descanso e traslado do Sumo Pontífice. Fizeram o melhor que podiam, superaram as dificuldades, ainda mais porque sabiam que, no Vaticano, havia certa resistência de algumas pessoas à ida do Papa Francisco a Aparecida, argumentaram: "O Papa vai ao Brasil para uma finalidade, ele não multiplica atividades, e Aparecida está fora do roteiro".[506] Mas, o Papa tomou a decisão e pronto. Era o coração de Bergoglio querendo ver e orar a Nossa Senhora Aparecida.

---

[504] Dom Raymundo Cardeal Damasceno Assis, Aparecida-SP, 22 de novembro de 2017; EPEO.
[505] PAPA FRANCISCO. Discurso. *Encontro com o episcopado Brasileiro*, 2013.
[506] Dom Raymundo Cardeal Damasceno Assis, Aparecida-SP, 22 de novembro de 2017; EPEO.

"Estava previsto para o Papa chegar de helicóptero em viagem do Rio de Janeiro para Aparecida, mas estava muito chuvoso, o tempo encoberto, não era recomendável a viagem de helicóptero. Então, os assessores sugeriram que ele fosse de avião até São José dos Campos e de lá pegasse um helicóptero até Aparecida... e foi o que ele fez. Alguém da comitiva teria ouvido o Papa Francisco dizer que se ele não fosse de helicóptero e nem de avião, ele iria de ônibus até Aparecida."[507]

Não foi preciso ir de ônibus... Bergoglio voltou à Casa da Mãe como Sumo Pontífice, dentro de um helicóptero.[508] Ao desembarcar, o Papa foi recepcionado pelo arcebispo de Aparecida, cardeal Raymundo Damasceno, pelo bispo auxiliar Dom Darci José Nicioli, pelo reitor do Santuário Nacional, padre Domingos Sávio, e pelas autoridades políticas e civis.

Fotos:[509] Papa Francisco sendo saudado pelo cardeal Raymundo Damasceno Assis e recepcionado pelo governador Geraldo Alckmin e sua esposa; Papa a caminho do papamóvel junto com o cardeal Damasceno, Aparecida-SP, julho de 2013.

Logo depois, Francisco entrou no papamóvel, com ele foram o arcebispo de Aparecida, o secretário dele em Aparecida, padre Alexandre Awi Mello, Schöenstatt, e o fotógrafo do Vaticano. "A chegada do Papa Francisco foi pelo centro da cidade, passou pela igreja de São Benedito e a praça. A

---
[507] Idem.
[508] Desembarcou de um *helicóptero* da Força Aérea Brasileira, às 10h20, e seguiu até a Basílica Nacional de papamóvel.
[509] Fotos: Crédito de *Gilberto Marques*. Fonte *Abc do Abc, focado em você*; acesso em 15 de dezembro de 2017.

multidão enfrentou chuva e frio para aclamar e acenar para o Papa."[510] Milhares de pessoas aguardavam há mais de 12 horas a chegada do Papa, abrigados com capas de chuva, guarda-chuvas e, até mesmo, debaixo de lonas.

Foto: Papa Francisco acenando para os peregrinos,[511] Aparecida-SP, julho de 2013.

"Então, a vinda do Papa foi em um dia muito complicado porque chovia muito, nunca vimos um dia tão frio e gelado em Aparecida como naquela noite da expectativa da vinda do Papa e milhares de romeiros."[512]

Nem mesmo o frio cortante e a chuva intensa fizeram com que a multidão desistisse de ver o novo Papa e de participar da missa. Ficou registrada para muitos romeiros a imagem daquele Santo Padre, todo de branco, acenando e rindo, como um sol que os aquecia do frio da noite e que secava a chuva da manhã; era o resultado satisfatório para o cansaço físico, era a alma agasalhando o corpo. Francisco passou devagar, às vezes, parava para pegar um presente, para olhar com mais atenção para uma pessoa que ansiava por um gesto dele, abençoava todos. O Papa ficou triste quando soube que muitos fiéis passaram a fria noite de inverno, debaixo de chuva, aguardando uma senha para poder entrar no pátio da basílica, no desejo de vê-lo.

---

[510] Dom Raymundo Cardeal Damasceno Assis, Aparecida-SP, 22 de novembro de 2017; EPEO.
[511] Foto: crédito *Gilberto Marques*. Fonte: *Abc do Abc, focado em você*; acesso em 15 de dezembro de 2017.
[512] Dom Darci José Nicioli, Brasília-DF, 29 de novembro de 2017; EPEO.

Foto: Papa Francisco chegando ao Santuário Nacional,[513] Aparecida-SP, julho de 2013.

IV. No Santuário Nacional de Aparecida

> "A história deste Santuário serve de exemplo: três pescadores, depois de um dia sem conseguir apanhar peixes, nas águas do Rio Paraíba, encontram algo inesperado: uma imagem de Nossa Senhora da Conceição. Quem poderia imaginar que o lugar de uma pesca infrutífera, tornar-se-ia o lugar onde todos os brasileiros podem se sentir filhos de uma mesma Mãe? Deus sempre surpreende, como o vinho novo (...)"[514] (Papa Francisco)

O Papa entrou no Santuário e fez uma oração diante de Nossa Senhora Aparecida, na Capela dos Apóstolos, localizada atrás do nicho da imagem; acompanhado de sacerdotes e da comitiva papal. "Francisco fez uma belíssima oração que foi composta em Aparecida e falava bastante a respeito da juventude."[515] Foi emocionante o momento em que o Papa tocou a imagem de

---

[513] Foto: crédito *André Penner*, AP Photo.
[514] PAPA FRANCISCO. Homilia. *Santa Missa na Basílica do Santuário Nacional de Nossa Senhora Aparecida*, 2013.
[515] Dom Raymundo Cardeal Damasceno Assis, Aparecida-SP, 22 de novembro de 2017; EPEO.

Nossa Senhora Aparecida, a Mãe querida que durante dias e noites alimentou a alma de Bergoglio para tecer o *Documento Final de Aparecida*, em 2007, e naquele momento diante dela, como Sumo Pontífice, conduzia a Igreja e fazia uso desse documento. Ele havia preparado seu pronunciamento para usá-lo na JMJ: "É importante lembrar Aparecida, o método de congregar a diversidade; não tanto a diversidade de ideias para produzir um documento, mas a variedade de experiências de Deus para pôr em movimento uma dinâmica vital". Por isso, primeiro Aparecida, primeiro pedir ajuda à Mãe; como nas Bodas de Caná, ela saberia o jeito certo de interceder ao Filho para que o milagre da transformação acontecesse nos jovens, para que as vocações surgissem, para que os seminários fossem povoados e que uma nova época resplendesse dentro da Igreja Católica. "Terminada a visita à imagem de Nossa Senhora, o Papa desceu para se paramentar e presidir a missa."[516] Ele presenteou o Santuário Nacional com um cálice dourado.

Foto: Papa Francisco, Dom Damasceno, arcebispos, bispos, religiosos (as), comitiva papal e imprensa, orando diante da imagem de Nossa Senhora Aparecida,[517] Capela dos Apóstolos, Aparecida-SP, junho de 2013.

Depois de ser recebido na porta da casa por Maria, o Papa foi até o dono da casa, Cristo, até o altar, para presidir a missa e "de repente, da época

---

[516] Idem.
[517] Acervo da Cúria Arquidiocesana de Aparecida.

em que ele aqui tinha estado, para a época que chegou, tinham decorridos vários anos, todo o pontificado de Bento XVI, e ele encontrou uma Aparecida mudada, uma Basílica quase terminada, interiormente, a gente via que ele estava feliz por estar ali",[518] dentro dela, os 12 mil lugares destinados para fiéis e 3 mil reservados para autoridades estavam completamente ocupados. Grande número de peregrinos assistiu à missa em telões instalados nos estacionamentos. "A missa foi dentro da Basílica porque chovia e fazia muito frio. Cardeal Damasceno saudou o Papa Francisco no começo da missa e lhe entregou "uma imagem de Nossa Senhora Aparecida que ele acolheu com um gesto muito lindo, como um filho que abraça a Mãe, ele abraçou com carinho a imagem de Nossa Senhora".[519]

Foto: Papa Francisco recebendo de presente de Dom Damasceno uma imagem fac-símile de Nossa Senhora Aparecida,[520] Aparecida-SP, junho de 2013.

---

[518] Dom Darci José Nicioli, Brasília-DF, 29 de novembro de 2017; EPEO.
[519] Dom Raymundo Cardeal Damasceno Assis, Aparecida-SP, 22 de novembro de 2017; EPEO.
[520] Foto: APDRCDA. *Serviço Fotográfico de L'Osservatore Romano*, Vaticano.

Na homília, o Santo Pontífice fez questão de relembrar sua estadia em Aparecida:

> "Neste Santuário, seis anos atrás, quando aqui se realizou a V Conferência Geral do Episcopado da América Latina e do Caribe, pude dar-me conta, pessoalmente, de um fato belíssimo: ver como os bispos – que trabalharam sobre o tema do encontro com Cristo, discipulado e missão – eram animados, acompanhados e, em certo sentido, inspirados pelos milhares de peregrinos que vinham, diariamente, confiar a sua vida a Nossa Senhora: aquela Conferência foi um grande momento de vida de Igreja. E, de fato, pode-se dizer que o *Documento de Aparecida* nasceu justamente deste encontro entre os trabalhos dos Pastores e a fé simples dos romeiros, sob a proteção maternal de Maria. A Igreja, quando busca Cristo, bate sempre à casa da Mãe e pede: 'Mostrai-nos Jesus'. É de Maria que se aprende o verdadeiro discipulado. E, por isso, a Igreja sai em missão sempre na esteira de Maria."[521]

O verdadeiro discípulo é fruto de um amor mariano. O Papa fez com que os fiéis que participavam da missa, tanto dentro da Basílica quanto do lado de fora, ficassem animados em servir a Cristo, ser missionários do Amor de Deus, sempre caminhando com Nossa Senhora.

> "Era a primeira vez que o mundo estava vendo o Papa Francisco fora do Vaticano e ele com suas palavras era maravilhoso. A teologia que ele refletiu a partir da devoção de Nossa Senhora Aparecida e sua história, ficou como um engrandecimento do fato devocional da imagem de Nossa Senhora Aparecida, não foi casual que três pescadores encontraram a imagem, disse o Papa, foi mesmo um *Kairós*, uma manifestação de Deus, mediante um sinal tão forte como foi o aparecimento dessa imagem. Então, ele foi refletindo o achado do corpo, da cabeça, os três pesca-

---

[521] PAPA FRANCISCO. Homília. *Santa Missa na Basílica do Santuário Nacional de Nossa Senhora Aparecida*, 2013.

dores que insistiram por mais de uma vez... portanto, nós não devemos desanimar nunca, os instrumentos que os pescadores tinham eram frágeis, então na obra evangelizadora, disse o Papa, que não é a grandeza dos instrumentos e dos recursos que temos que faz uma grande obra evangelizadora e, sim, a criatividade da graça, Deus reinventa; e é o Espirito Santo que move a Igreja, então devemos confiar como os três pescadores confiaram. Ele fez uma leitura teológica do encontro e devoção a Nossa Senhora Aparecida, sendo um acréscimo muito grande, à devoção e ao entendimento dessa manifestação de Deus que se deu por meio da Imagem de Nossa Senhora Aparecida."[522]

Para as famílias católicas a figura da Maria é a mãe que amou e educou Jesus, por isso devemos pedir a intercessão dela para ensinar aos jovens os valores que os farão construtores de um mundo melhor. O Papa citou três posturas que são simples de serem adotadas:

– *Conservar a esperança*; deixar-se surpreender por Deus; viver na alegria. Conservar a esperança é saber que Deus é mais forte do que o "dragão", o mal que sempre aparece em nossas vidas, porque Deus nunca nos deixa desamparados. É preciso fomentar os valores imateriais, espirituais, no coração dos jovens.

– *Deixar-se surpreender por Deus* que sempre está disponível, pois, se nos aproximarmos e permanecermos com Ele, as dificuldades passarão, haverá uma transformação da água fria em vinho novo.

– *Viver na alegria* é o resultado das duas primeiras colocações, quem tem esperança tem fé, quem tem fé deixa que a água fria se transforme em vinho e, por isso, seu coração vive alegre, em plenitude com o Senhor.

---

[522] Dom Darci José Nicioli, Brasília-DF, 29 de novembro de 2017; EPEO.

Bloco 5 – Papas em Aparecida

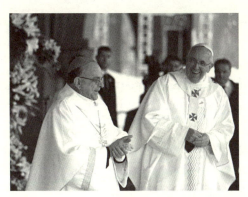

Foto: Papa Francisco e Dom Damasceno, Vivendo na Alegria do Senhor![523]
Aparecida-SP, julho de 2017.

***

V. Seminário Bom Jesus

> "Jesus nos mostrou que a face de Deus é a de um Pai que nos ama. O pecado e a morte foram derrotados. O cristão não pode ser pessimista! Não pode ter uma cara de quem parece em um constante estado de luto. Se estivermos, verdadeiramente, enamorados de Cristo e sentirmos o quanto Ele nos ama, o nosso coração se "incendiará" de tal alegria que contagiará quem estiver ao nosso lado."[524]
> (Papa Francisco)

Terminada a missa, os fiéis fora da basílica ansiavam por ver o Papa... e conseguiram. Francisco saiu à Praça dos Apóstolos para abençoar a multidão. Ali estava o saudoso filho que retornava aos braços da Mãe para lhe pedir proteção e contar com milhares de orações dos romeiros que se encantaram por Francisco. Depois ele entrou no papamóvel e

---
[523] APDRCDA. Foto: crédito de *Thiago Leon*.
[524] PAPA FRANCISCO. Homilia. *Santa Missa na Basílica do Santuário Nacional de Nossa Senhora Aparecida*, 2013.

foi almoçar no Seminário Bom Jesus. "Francisco almoçou com os seminaristas e os padres do seminário."[525] O almoço foi no refeitório do primeiro pavimento do seminário, apenas com os seminaristas, clero e comitiva papal. Francisco almoçou arroz, peixe grelhado, muita verdura e de sobremesa escolheu uma fruta. Foi uma emoção muito grande para os seminaristas serem abençoados pelo Papa. Ele sentou-se ao centro de uma grande mesa em forma de meia lua, em sua volta estavam cardeais, bispos e arcebispos. À frente dessa mesa ficavam três mesas menores, ocupadas pelos seminaristas e convidados. Antes e depois do almoço, Francisco fez orações de agradecimento. Ele conversou animadamente e deu atenção aos que participavam do almoço. Ao finalizar, o Papa pediu para conhecer os cozinheiros e fez questão de cumprimentá-los pela elaboração do cardápio. Depois tirou fotografias com os funcionários, seguranças, garçons e seminaristas. Foi uma festa.

Foto: Papa Francisco ao colocar no pescoço uma 'bandana' com os nomes dos 40 jovens que participaram da JMJ,[526] Aparecida-SP, julho de 2013.

---
[525] Dom Raymundo Cardeal Damasceno Assis, Aparecida-SP, 22 de novembro de 2017; EPEO.
[526] Foto: Luiz Fernando Miguel. Acervo particular.

Bloco 5 – Papas em Aparecida

Um artista sacro da terra natal de Dom Damasceno fez um lindo cálice que ele entregou pessoalmente ao Papa em nome do seminário, em agradecimento pela visita ao Bom Jesus. Alguns familiares do arcebispo de Aparecida estiveram no seminário e as crianças levaram flores para o Papa Francisco.

Foto: Papa Francisco recebendo flores da família Damasceno/Assis,[527] Aparecida-SP, julho de 2013.

Dom Damasceno permitiu[528] que as freiras dos três mosteiros de clausura – Clarissas, Carmelitas e Concepcionistas – fossem ao Seminário Bom Jesus para ver o Papa. Após o almoço, elas se concentraram no pátio interno e ali saudaram o Sumo Pontífice, "elas ficaram tão felizes que custaram a sair de perto de Francisco. Cumprimentaram, tiraram muitas fotos."[529]

Depois desse encontro com as freiras, Francisco foi ao andar de cima, dirigindo-se ao quarto papal. O Seminário Bom Jesus já estava adaptado para ser uma pousada, sendo assim, o Papa ficou no mesmo

---
[527] Foto: APDRCDA. Crédito: *Serviço Fotográfico de L'Osservatore Romano*, Vaticano.
[528] Elas só podem deixar a clausura por ordem do bispo.
[529] Dom Raymundo Cardeal Damasceno Assis, Aparecida-SP, 22 de novembro de 2017; EPEO.

espaço que o Bento XVI usou em 2007. Francisco não dormiu em Aparecida, mas usufruiu do apartamento pontifício que existe nessa pousada. Viu o retrato dele quando era padre, jovem, com os pais, e comentou: "Eu e minha família". Foto que foi colocada ali de propósito; perto tinha uma cuia de chimarrão, uma singela lembrança à terra natal de Bergoglio, a Argentina. Também foram colocados os presentes que ele havia recebido naquela visita a Aparecida, Dom Damasceno fez questão de pegar cada um deles e colocar no quarto e o Papa olhou todos. Depois de ver os presentes, o Papa pediu o barbeador, pois queria fazer a barba e ficou algum tempo fechado no quarto, para seu descanso.

Foto: porta-retratos com família do papa Francisco, ao lado uma cuia de chimarrão,[530] quarto do papa Pousada Bom Jesus, Aparecida-SP, julho de 2013.

Após esse período de descanso do Sumo Pontífice, cardeal Damasceno convidou-o para ir ao refeitório, que fica na ala pontifícia, para tomar um chá ou um mate (chimarrão), "porque estava muito frio, um

---
[530] Acervo da Cúria Arquidiocesana de Aparecida, ACMA.

chá quente ajudaria, pois o Papa teria de voltar para o Rio de Janeiro".[531] Francisco preferiu tomar chá. A comitiva papal pegou os presentes e os guardou para entregá-los ao Papa quando estivesse em Roma. Foi quando ele pediu que Dom Damasceno providenciasse umas sessenta estampas de Nossa Senhora Aparecida, para ele levar de presente para todos os funcionários da *Casa Santa Marta*, em Roma. Ao pegar a imagem de Nossa Senhora, com a qual o arcebispo de Aparecida havia lhe presenteado, Francisco disse: "Esta vou levar pessoalmente comigo".[532]

Na cozinha o Papa tirou fotos com o grupo de cozinheiros, garçons e demais funcionários.

Foto: Papa Francisco e funcionários da área gastronômica do Seminário Bom Jesus,[533] Colegião, Aparecida-SP, 2013.

Ao andarem pelo corredor do seminário, cardeal Damasceno comentou com o Pontífice Francisco: "Papa Francisco, nós temos uma 'estatuazinha' de Santo Antônio de Sant'Anna Galvão para o senhor

---
[531] Dom Raymundo Cardeal Damasceno Assis, Aparecida-SP, 22 de novembro de 2017; EPEO.
[532] Idem.
[533] Foto: APDRCDA.

benzer..."[534] O arcebispo usou o diminutivo porque sabia que o Papa ia se surpreender e, realmente, ele levou um susto ao ver o tamanho da estátua, ficou rindo.[*][535] Francisco benzeu a estátua de São Frei Galvão que estava no pátio interno do seminário e plantou uma muda de árvore pau-brasil.

Quando Francisco foi benzer a estátua de São Frei Galvão e plantar uma árvore, Ney, sua irmã que trabalhava na casa do arcebispo e demais funcionários acompanharam o evento; "a burocracia não estava tão rígida como foi com o Bento XVI, nós pudemos ficar mais perto".[536]

Estava chovendo; Ney e sua irmã, debaixo de um guarda-chuva, olhavam o Papa benzer a estátua e plantar a árvore. "Só de ver já estava ótimo, ele é totalmente latino, tipo a gente boa mesmo, vizinho do Brasil."[537] Eles ficaram parados na beiradinha da quadra, olhando o Papa Francisco, Dom Damasceno, Dom Darci e os poucos seguranças em volta. Foi bem rápido por causa do frio e da chuva. Quando Francisco virou para entrar no Seminário, Dom Darci estava do lado esquerdo do Papa e Dom Raymundo do lado direito. Ney e sua irmã estavam quietos, do lado esquerdo, esperando o Papa passar perto deles. Foi então que Ney pediu: "Oh, Darci, é meu aniversário, pede para o Papa mandar uma bênção para mim..."[538] Ele queria que Francisco lhe enviasse um aceno, uma bênção, mesmo de longe. Porém, em um instante, Dom Darci, simplesmente, segurou Ney pela mão e o colocou na frente do Papa: "Ó, Santo Padre, este aqui é o motorista do cardeal, ele está fazendo aniversário hoje". O Papa Francisco abriu os braços, abraçou o Ney e o abençoou pela passagem do aniversário. Ney pediu para o Papa: "Reze por mim"... e Francisco respondeu: "Reze por mim também!"

---

[534] Dom Raymundo Cardeal Damasceno Assis, Aparecida-SP, 22 de novembro de 2017; EPEO.
[535] LINK – II PARTE – SANTUÁRIO FREI GALVÃO.
[536] Idem.
[537] Idem.
[538] Idem.

Bloco 5 – Papas em Aparecida

Foto: Papa Francisco abençoando Claudinei – Ney, pelo aniversário de 50 anos de idade,[539] Aparecida-SP, julho de 2013.

A partir daí Ney caiu de joelhos e começou a chorar, a emoção foi muito grande, pois não acreditava no que havia acontecido, que tinha conseguido a bênção do Papa Francisco. "Foi muita emoção, fazer 50 anos e estar diante do Papa, minha irmã me abraçou, as pessoas chegaram e me disseram para eu me acalmar, que eu estava emocionado demais."[540] Depois, Ney ficou sabendo que Francisco perguntou se estava tudo certinho com ele, pois viu o quanto Ney chorou. "Papa Francisco foi outro momento marcante na minha vida, acredito que na arquidiocese de Aparecida e na vida de Dom Raymundo também... receber dois Papas não é brincadeira."[541] Não é por acaso que Claudinei leva também o nome Mariano, ele é filho abençoado de Maria.

***

[539] Foto: acervo de Claudinei Mariano da Silva.
[540] Claudinei Mariano da Silva, Aparecida-SP, 1 de novembro de 2017; EPEO.
[541] Idem.

VI. A volta para o Rio de Janeiro

"Hoje, eu quis vir aqui para suplicar a Maria, nossa Mãe, o bom êxito da Jornada Mundial da Juventude e colocar aos seus pés a vida do povo latino-americano."[542]
(Papa Francisco)

No meio da tarde, por volta das 15h, o Papa se despediu de Aparecida, no caminho para o heliponto, Francisco algumas vezes desceu do carro e cumprimentou as pessoas que estavam nas ruas, foi atencioso, abençoou, acenou e sorriu para a multidão que ladeava as ruas e avenidas.

Foto: Papa Francisco a caminho do heliponto,[543] Aparecida-SP, junho de 2013.

---

[542] PAPA FRANCISCO. Homilia. *Santa Missa na Basílica do Santuário Nacional de Nossa Senhora Aparecida*, 2013.
[543] Foto: crédito *Daniel*, fonte *G1.globo*.

Bloco 5 – Papas em Aparecida

O helicóptero com o Papa e sua equipe decolou do Santuário Nacional de Nossa Senhora Aparecida por volta das 15h45, em direção à base da Força Aérea Brasileira-FAB, em São José dos Campos, onde fez baldeação para um avião que o levou ao Rio de Janeiro. "Chegando ao Rio, as estampas de Nossa Senhora Aparecida estavam perdidas dentre as malas e o Sumo Pontífice só se despreocupou quando foi encontrado o pacote com as gravuras. O Papa saiu de Aparecida muito feliz."[544]

Era o começo do papado de Francisco, católicos e não católicos acompanhavam as decisões do primeiro Papa latino-americano. Dom Damasceno, em uma entrevista, ao ser questionado a respeito do que poderíamos esperar da Igreja conduzida pelo novo pontífice, respondeu que, constante e aos poucos, Papa Francisco estava fazendo mudanças e que "não se faz, sobretudo no caso de um Papa, todas as mudanças desejadas em um ano ou dois. Muitas terão de ser levadas adiante por seu sucessor; outras precisarão ser adaptadas, porque a Igreja é dinâmica, tanto em sua estrutura quanto em sua organização, acompanhando as novas situações que não cessam de surgir. Sob esse aspecto, nunca se faz uma mudança propriamente definitiva; ela é realizada para atender circunstâncias atuais. Muito, porém, já avançou".[545] O arcebispo de Aparecida disse que a Igreja age com calma, sempre existe prudência, bastante diálogo para chegar ao bem comum. Elucidando essa questão citou a unificação de alguns dicastérios e que, talvez, acontecesse uma melhor relação entre a Santa Sé e as conferências episcopais. "Afinal, esta é uma Igreja que sempre caminha, que tem mais de dois mil anos e continuará avançando até o fim da História", afirma Dom Raymundo Cardeal Damasceno Assis.

***

---

[544] Dom Raymundo Cardeal Damasceno Assis, Aparecida-SP, 22 de novembro de 2017; EPEO.
[545] Dom Raymundo Cardeal Damasceno Assis. Entrevista concedida ao jornalista Gerson Camarotti, *Globo News*, 2018.

Nessa caminhada de Dom Raymundo Damasceno Assis, na Igreja Católica, momento de grande júbilo foi quando, na Praça de São Pedro, Vaticano, o Papa Bento XVI anunciou seu nome para o consistório de novembro de 2010; quando, então, tomou posse como cardeal.

***

BLOCO

6

CARDINALATO

I. A carta

"Transmito-lhes, em primeiro lugar, a minha carinhosa saudação, renovando a expressão da minha estima e do meu profundo apreço pelo testemunho que oferecem à Igreja e ao mundo."
(Papa Bento XVI)

Como presidente do Conselho Episcopal Latino-Americano e Caribenho, Dom Raymundo Damasceno Assis estava no Vaticano, participando do *Sínodo dos Bispos para o Oriente Médio* (de 10 a 24 de outubro de 2010) que tinha como tema: "A Igreja Católica no Oriente Médio: Comunhão e testemunho". No intervalo de uma reunião do sínodo, chegou um senhor, motorista, mandou chamar Dom Damasceno e lhe entregou uma correspondência dizendo: "É bom que o senhor leia agora, porque eu preciso de uma resposta". O presidente do Celam abriu o envelope e leu um comunicado do cardeal Secretário de Estado,[546] que o aguardava, naquele momento, na *Secretaria de Estado*.[547]

---

[546] Cardeal Secretário de Estado é o titular da Secretaria de Estado de Sua Santidade, o Papa. Tem por atribuição dirigi-la, a qual é o mais antigo e importante dicastério da Cúria Romana. O cardeal secretário de Estado é encarregado da atividade política e diplomática da Santa Sé, e é conhecido como o "primeiro-ministro" da Santa Sé.

[547] A Secretaria de Estado da Santa Sé (*Secretaria Status*) é o dicastério da Cúria Romana que mais de perto auxilia o Sumo Pontífice no exercício da sua suprema missão.

URGENTE!

Eccellenza Reverendissima,

Sua Eminenza Rev.ma il Sig. Cardinale Segretario di Stato chiede gentilmente a Vostra Eccellenza di venire al Suo Ufficio oggi 19 ottobre nell'intervallo dei lavori Sinodali (10:30-11:00).

Per maggiore facilità sarà a disposizione di Vostra Eccellenza una macchina all'uscita dell'Atrio dell'Aula Paolo VI.

A Sua Eccellenza Reverendissima
Mons. Raymundo DAMASCENO ASSIS
Arcivescovo di Aparecida
Brasile

Foto: carta convocatória[548] para Dom Damasceno comparecer à Secretaria de Estado, Vaticano, outubro de 2010.

URGENTE!
Excelência Reverendíssima,
Sua Eminência Rev.ma o Senhor Cardial Secretário de Estado pede gentilmente a Vossa Excelência de vir à Secretaria de Estado, hoje, 19 de outubro, no intervalo do trabalho Sinodal (10h30 – 11h).
Para maior facilidade será disponibilizado a Vossa Excelência um automóvel na saída do Átrio da Sala Paulo VI.

---

[548] APDRCDA. Inédito.

Tinha de comparecer imediatamente... entrou no carro e durante o trajeto ficou conjecturando a respeito do que poderia ser aquela convocação. Para ser chamado à Secretaria de Estado só poderia ser para dar uma notícia importante, afinal, o Secretário de Estado também participava do sínodo, Dom Damasceno o encontrava todo dia, cumprimentava, conversava nos intervalos... "então, chamar à Secretaria de Estado era dar um caráter oficial, pois se fosse algo comum ele já teria conversado comigo nos intervalos do Sínodo".[549]

Ao chegar à Secretaria de Estado, Dom Raymundo Damasceno encontrou dois arcebispos sentados, esperando a vez de serem chamados: o arcebispo Ângelo Amato, salesiano, prefeito da *Congregação para a Causa dos Santos*,[550] e o estadunidense arcebispo Raymond Leo Burke;[551] cumprimentou-os e sentou-se para aguardar. Ninguém falava. A expectativa era esperar a volta de quem entrasse primeiro e perguntar a razão dessa convocação; provavelmente era a mesma para todos. Só que os que entraram saíram por outra porta e não voltaram à sala de espera. O arcebispo de Aparecida entrou sem saber a razão de ser convocado. Na sala, encontrou o cardeal Bertone que lhe entregou uma carta. Dom Raymundo abriu a carta, toda em latim, era sua nomeação para cardeal. Ficou surpreso: "Eminência, mas o que é isso? Existem tantos bispos no Brasil, logo eu?..."[552] O Secretário de Estado respondeu: "É uma decisão pessoal do Papa Bento XVI".[553]

---

[549] Dom Raymundo Cardeal Damasceno Assis, Aparecida-SP, 22 de novembro de 2017; EPEO.

[550] A Congregação para as Causas dos Santos (em latim *Congregatio de Causis Sanctorum*) é uma prefeitura da Cúria Romana que processa o complexo trâmite que leva à canonização dos santos, passando pela declaração das *virtudes heroicas* (reconhecimento do estatuto de *venerável*) e pela beatificação. Depois de elaborado um processo, incluindo a constatação canônica dos milagres, o caso é apresentado ao Papa, que decide proceder ou não à beatificação ou canonização.

[551] Raymond Leo Cardeal Burke nasceu em Richland Center, estado norte-americano de Wisconsin, no dia 30 de junho de 1948, é cardeal estadunidense, como título de cardeal-diácono.

[552] Dom Raymundo Cardeal Damasceno Assis, Aparecida-SP, 22 de novembro de 2017; EPEO.

[553] Idem.

Ao Venerável Irmão

Raimundo Damasceno Assis

Arcebispo de Aparecida

Por esta Carta Nós Lhe informamos que, no próximo Consistório a ser celebrado no dia 20 de Novembro - isto é, na véspera da Solenidade de Nosso Senhor Jesus Cristo, Rei do Universo -, admiti-Lo-emos no Colégio dos Cardeais da Santa Igreja Romana, para Lhe demonstrarmos Nossa especial benevolência, para distinguirmos com o prêmio desta insigne dignidade seus merecimentos para com a Igreja e para O associarmos, mais estreitamente, a Nosso ministério para o bem de toda a Igreja.

Saiba, entretanto, que o que Lhe informamos por esta Carta está completamente sob especial segredo pontifício, até que seja publicado no dia 20 deste mês, ao meio-dia, horário de Roma.

Concedemos-Lhe no Senhor, de coração, a Bênção Apostólica, sinal de nossa benevolência.

Do Vaticano, no dia 18 do mês de Novembro, do ano de 2.010, sexto de nosso Pontificado.

Bento XVI, Papa.

Foto: carta informativa do Papa Bento XVI ao cardinalato de Dom Raymundo Damasceno Assis,[554] Vaticano, outubro de 2010.

A escolha de novos cardeais é reservada ao Papa, como diz o *Código de Direito Canônico*: "Os promovidos a cardeais são escolhidos livremente pelo Romano Pontífice, pertencentes pelo menos à ordem do presbiterado, e que se distingam notavelmente pela doutrina, costumes, piedade e prudente resolução dos problemas; os que ainda não forem bispos devem receber a consagração episcopal. Os cardeais são criados por decreto do Romano Pontífice, que é publicado perante o Colégio dos Cardeais; feita a publicação ficam obrigados aos deveres e gozam dos direitos definidos na lei".[555]

Sentindo-se muito honrado, Dom Damasceno pediu que o cardeal Bertone transmitisse ao Papa Bento XVI os mais sinceros agradecimentos. Isso foi em uma terça-feira e, na carta, dizia que no outro dia, quarta-feira, na audiência geral na Praça de São Pedro, seria anunciada publicamente a nomeação. Dom Damasceno saiu da sala, pensativo: "Meu Deus, não dá nem tempo de eu refletir a respeito dessa nomeação..."[556] Seu coração reconhecia o quanto o Papa Bento XVI alavancava a fé no mundo cristão.

---

[554] APDRCDA. Inédito.

[555] *Cânon 351 do Código de Direito Canônico Promulgado por S.S. o Papa João Paulo II*, p. 62.

[556] Dom Raymundo Cardeal Damasceno Assis, Aparecida-SP, 22 de novembro de 2017; EPEO.

"Bento XVI é um Papa que está buscando o diálogo com o mundo moderno, diálogo da fé com a razão. Nós não devemos ter medo e nos voltar para o interior da Igreja. Pelo contrário, temos de dialogar com esse mundo atual, em todos os ambientes, e dar nossa contribuição, anunciando e testemunhando os valores humanos e cristãos na sociedade de hoje, e assumir com espírito crítico o que há de positivo nas culturas modernas. Mostrar que a fé não é algo irracional, absurdo; mas a fé, além de ser dom de Deus, evidentemente se fundamenta na racionalidade do homem. O homem crê porque é razoável acreditar, isso corresponde também a sua estrutura intelectual e a sua abertura à transcendência."[557]

Ao voltar para o sínodo, encontrou os arcebispos que estiveram na sala de espera da Secretaria de Estado e que também receberam a mesma notícia; porém na carta existia uma recomendação... *sob segredo até a publicação*. Então, Dom Damasceno ficou quieto naquele sínodo da Igreja oriental, pensativo, guardando aquele segredo, na expectativa do outro dia.

Foto: Dom Damasceno participando da Assembleia Especial para o Oriente Médio,[558] na mesma fileira que Dom Damasceno, ao lado esquerdo de quem olha, está o arcebispo Burke e o quarto (de óculos segurando uma caneta) está o arcebispo Amato; Sínodo dos Bispos, Vaticano, outubro de 2010.

---

[557] Dom Raymundo Cardeal Damasceno Assis. In: site *Zenit*; acesso em 4 de dezembro de 2017.
[558] APDRCDA.

De noite, Dom Raymundo Damasceno foi para a Casa Romana do Clero,[559] onde estava hospedado, e lá encontrou Dom Ricardo,[560] arcebispo de Pouso Alegre-MG; convidou-o para irem juntos à audiência pública do Papa Bento. Na manhã seguinte justificou: "Estou achando que virá uma notícia especial!"[561] Mas não podia dizer qual era a notícia. Dom Ricardo aceitou o convite. Naquela noite, o arcebispo Damasceno dormiu um pouco preocupado com a notícia que lhe pegou tão de surpresa.

II. O Anúncio

> "O vínculo de especial comunhão e afeto, que une estes novos cardeais ao Papa, torna-os cooperadores singulares e preciosos no alto mandato confiado por Cristo a Pedro, de apascentar as suas ovelhas (cf. Jo 21, 15-17), para reunir os povos com a solicitude da caridade de Cristo."
> (Papa Bento XVI)

No outro dia, eles foram até a Praça de São Pedro, Dom Damasceno quis ficar um pouco escondido; no fundo, Dom Ricardo não entendeu a razão, porém acatou a decisão de ficarem fora do centro das multidões. Em seu pronunciamento, o Papa disse que ia, então, anunciar os que seriam cardeais em um novo consistório. Dom Damasceno ficou mais quietinho ainda, precavido, pensou: "vamos ver se sai mesmo meu nome... pode ser que não saia!"[562] Mas, de repente, saiu seu nome!

---

[559] Endereço: Via della Traspontina, 18, 00193, Roma RM, Itália.
[560] Dom Ricardo Pedro Chaves Pinto Filho, O. Praem, nasceu em Capelinha-MG, dia 6 de agosto de 1938; é sacerdote católico brasileiro, cônego premonstratense, arcebispo emérito de Pouso Alegre. Foi o sexto bispo e terceiro arcebispo de Pouso Alegre.
[561] Dom Raymundo Cardeal Damasceno Assis, Aparecida-SP, 22 de novembro de 2017; EPEO.
[562] Idem.

─────── Bloco 6 – Cardinalato ───────

Foto: Papa Bento XVI em pronunciamento aos fiéis na Praça São Pedro,[563] Vaticano, s/d.

O Papa fez o anúncio na Praça São Pedro, no final de sua audiência geral semanal. Desde sua eleição como Papa, foi a terceira vez que nomeou novos cardeais. "O Colégio dos Cardeais distribui-se em três grupos ou ordens: os cardeais-bispos, os cardeais-presbíteros e os cardeais-diáconos. Aos cardeais-bispos é atribuído pelo Papa o título de uma das dioceses de Roma (chamadas suburbicárias), os Patriarcas Cardeais conservam os títulos de sua própria sede patriarcal. Aos cardeais-presbíteros e aos cardeais-diáconos são atribuídas igrejas em Roma, pelo Papa."[564]

Dom Ricardo logo cumprimentou o amigo Dom Raymundo, que explicou que não podia dar a notícia antes, porque tinha de manter segredo até que houvesse o pronunciamento do Papa. Tudo foi muito rápido, e Dom Damasceno precisava resolver um probleminha, logo depois que terminasse o sínodo, teria de voltar para o Brasil, tinha passagem comprada, e não teria tempo para fazer a batina de cardeal. Dom Ricardo, prontamente, levou o amigo Raymundo Damasceno até uma alfaiataria muito discreta que pertencia a um senhor que foi guarda-

---

[563] Foto: galeria *O Globo*; acesso em 4 de dezembro de 2010.
[564] *Cânon 350 do Código de Direito Canônico Promulgado por S.S. o Papa João Paulo II*, p. 62.

-suíço e que, naquela época, trabalhava como alfaiate, inclusive para o Vaticano. Ao chegar ao local, encomendaram a batina de cardeal e o alfaiate disse: "Mas o senhor faz parte dessa nova 'fornada' de cardeais que o Papa acabou de anunciar?"[565] Dom Damasceno disse que sim. O alfaiate tirou as medidas do arcebispo de Aparecida e foram feitos dois jogos de batina, um para ser usado no Brasil e, o outro, em Roma.

> "Vejo nessa nomeação do Papa primeiro uma atenção, um apreço pela Igreja da América Latina, sendo eu o presidente do Conselho Episcopal Latino-Americano. É um apreço ao Brasil também, ao Santuário, a Aparecida, porque Aparecida é representativa dentro do contexto religioso do Brasil. Embora pequena, é insigne e muito querida pelos brasileiros, por estar aí o Santuário de sua padroeira."[566]

Para a maioria do clero mundial, a nomeação de Dom Raymundo Damasceno Assis a cardeal foi uma justa atitude do Vaticano.

> "Nós esperávamos essa nomeação, em certo sentido naquilo que nossa mão alcançava, também pedíamos, devido a representatividade de Aparecida no cenário nacional e mundial, devido a grande contribuição que Raymundo Damasceno deu à Igreja no Brasil, como secretário da CNBB, à Igreja Latino-Americana, como presidente do Celam, e pelo conhecimento que ele tinha da Igreja. Entendemos que Dom Raymundo precisaria não ser distinguido, mas que a Igreja reconhecesse e aproveitasse os anos que lhe restavam, porque ele tinha uma certa idade, mas com uma vitalidade imensa, que o Papa poderia tê-lo como conselheiro, um cardeal é conselheiro do Papa. Nós torcíamos para que essa escolha acontecesse. Por todos esses motivos, aconteceu que o Papa Bento XVI distinguiu Dom Raymundo Damasceno Assis por seu trabalho; e Aparecida, também em seu santuário, da Igreja no Brasil."[567]

---

[565] Dom Raymundo Cardeal Damasceno Assis, Aparecida-SP, 22 de novembro de 2017; EPEO.
[566] In: site *Zenit*; acesso em 4 de dezembro de 2017.
[567] Dom Darci José Nicioli, Brasília-DF, 29 de novembro de 2017; EPEO.

A imprensa de todo o mundo anunciou a nomeação do novo cardeal brasileiro. Pela *Reuters*, Philip Pullella registrou na cidade do Vaticano: "O arcebispo de Aparecida-SP, Dom Raymundo Damasceno Assis, foi nomeado cardeal nesta quarta-feira pelo Papa Bento XVI ao lado de outros 23 indicados. Dom Damasceno, de 73 anos e que também é presidente do Conselho Episcopal Latino-Americano, é um dos 20 novos cardeais com menos de 80 anos, que têm direito a voto em uma eventual nova eleição papal". E afirmou que dentre as nomeações que eram esperadas figurava a de Dom Raymundo Damasceno Assis.

***

III. Festa em Aparecida

> "Em todas as épocas, a Igreja está comprometida a conformar-se com esta lógica e a dar testemunho da mesma, para fazer transparecer o verdadeiro 'Senhorio de Deus', o do amor."
> (Papa Bento XVI)

Chegando ao Brasil, Dom Damasceno foi recebido solenemente. Amigos o esperavam perto do *Frango Assado*, ao lado da Dutra, e pediram para que ele vestisse a batina. Ao chegar perto de Aparecida houve uma rajada de foguetes, batedores seguiam à frente do carro de Dom Raymundo dirigindo suas motos, ele foi levado até a frente da Basílica Velha e lá foi recepcionado com grande festa.

> "Nos alegramos muito com a nomeação de Dom Raymundo ao cardinalato, fizemos uma grande festa, a imprensa toda ressaltou a capacidade articuladora de Dom Raymundo, o homem de Igreja de fato, que ama a Igreja como um todo; e o Brasil que o conhecia pela *Rede Aparecida de Comunicação*, pela sua simplicidade. Tanto as

autoridades, gente letrada, doutos, e os iletrados também... todos o aplaudiram. Ele foi aclamado por unanimidade. O recebemos festivamente em Aparecida, em frente à Basílica Velha, com o prefeito, os vereadores, e o povo da cidade, fizemos ali um momento bonito. E começamos a preparar a festa."[568]

No primeiro dia de trabalho, depois da sua chegada de Roma, Dom Damasceno conversou com Ney, seu motorista; Jaqueline, sua secretária; Andrea, sua assessora de imprensa, e os convidou para irem a Roma com ele, para o consistório, dali apenas a um mês. Explicou que as passagens, hospedagens e uma pequena ajuda de custo seriam por conta dele. "Ah! Se o senhor resolver tudo isso, pode ter certeza que corpo e alma eu levo, eu vou"[569] – disse Ney, com muita alegria. "Sou simples, humilde, Europa, Roma... nem imaginava que um dia poderia ir para Roma."[570] Dom Damasceno resolveu tudo, passaportes, passagens, hospedagem para eles e quem organizou toda a logística da viagem foram os padres Luiz Cláudio Alves de Macedo e Darci Nicioli.

"Ele quis que as pessoas que com ele trabalhavam na arquidiocese de Aparecida estivessem presentes no consistório de seu cardinalato. Por isso, foram a Roma, o motorista Ney, a secretária Jaqueline, a Andrea Morone, assessora de imprensa e outros amigos do Santuário Nacional, bem como vários membros da família Damasceno/ Assis. Eles participaram do rito da imposição do barrete cardinalício, festejaram com Dom Raymundo em um restaurante na cidade de Roma, um momento muito íntimo de festa para o novo cardeal brasileiro. E ele assumiu mais essa responsabilidade. De fato, é um reconhecimento da grandeza desse homem para a Igreja no Brasil."[571]

***

---

[568] Idem.
[569] Claudinei Mariano da Silva, Aparecida-SP, 1º de novembro de 2017; EPEO.
[570] Idem.
[571] Dom Darci José Nicioli, Brasília-DF, 29 de novembro de 2017; EPEO.

IV. O cardinalato

> "O Senhor concede-me a alegria de realizar, mais uma vez, este solene ato, mediante o qual o Colégio Cardinalício se enriquece de novos membros, escolhidos das várias regiões do mundo: trata-se de pastores que governam com zelo importantes comunidades diocesanas, de prelados designados para os Dicastérios da Cúria Romana, ou que serviram a Igreja e a Santa Sé com fidelidade exemplar."[572]
> (Papa Bento XVI)

No prazo de um mês seria o consistório. Dom Damasceno tinha uma agenda cheia de compromissos e só depois de atender a todos é que foi para Roma, na quarta-feira, apenas três dias antes da cerimônia no Vaticano. Membros de sua família e amigos foram para Roma participar desse momento tão importante, seus irmãos: dona Diva, Marizita, senhor Marcelino e esposa Maria do Carmo, dona Vera Lúcia, os sobrinhos: Marcelo Hudson, Marcelo Pereira, esposa e filhos; Célia esposa do senhor Wander, senhor Ademar Barbosa e esposa, dona Virgínia; dona Lucília e Wagner e a filha Carolina.[573] Todos com a saudosa lembrança do senhor Francisco Solano Assis[574] e dona Carmen Damasceno Assis[575], que já tinham partido para a casa do Pai.

Representando Aparecida na posse cardinalícia de Dom Damasceno, foi uma comitiva: Jaqueline e Andrea (secretária e assessora de imprensa); padre Nelson Ferreira, vigário geral, padre Vinícius da Silva (representando a arquidiocese); Ney, Ailton, Cilene, padre Darci Nicioli e padre Luiz Cláudio (representando o Santuário Nacional); além dos amigos: senhor Antônio e dona Lourdes, de Itajubá-MG; senhor Luís Aquino e Sílvia Aquino, de São Paulo-SP; doutor Fernando Botelho (que lhe presenteou com um báculo) e padre Wagner Portugal. Todos juntos em Roma para acompanhar o consistório em que o Raymundo, quinto filho de senhor

---

[572] PAPA BENTO XVI. *Homília – Consistório Ordinário Público para a criação de novos Cardiais*, 2010.
[573] *Diário de Atividades do Sr. Arcebispo de Aparecida Dom Raymundo Cardeal Damasceno Assis*, 2010, p. 26. Inédito.
[574] Senhor Francisco Solano Assis falecido no dia 5 de julho de 1996.
[575] Dona Carmen Damasceno Assis faleceu no dia 17 de abril de 2008.

Francisco e dona Carmen, que saiu de casa tão cedo atendendo ao chamado de Cristo, foi reconhecido pela Igreja pelos seus méritos de pastor.

Em Roma, padre Darci deu toda assistência para Ney, Jaqueline e Andrea, até mesmo, para conseguirem assistir às cerimônias de entrega de barrete e anel cardinalício. Os integrantes da comissão da arquidiocese de Aparecida ficaram maravilhados com tudo que viram: "Ah! Que emoção, eu sonho com aquela viagem até hoje, quero um dia voltar. Em Roma por tudo quanto é lado que se olha tem monumentos, é muito bonito".[576]

Foto: a Basílica de São Pedro lotada com cardeais, neo cardeais, arcebispos, bispos, sacerdotes, religiosos(as) e fiéis,[577] Vaticano, novembro de 2010.

No sábado, a entrega do barrete foi de manhã, a igreja estava lotada para o Consistório dos Novos Cardeais, quando houve a elevação de Dom Damasceno ao Cardinalato. Atenção toda especial para as palavras do Santo Padre:

> "Venerados Irmãos eleitos à dignidade cardinalícia, a missão para a qual Deus vos chama no dia de hoje torna-vos capazes de um serviço eclesial ainda mais repleto de responsabilidade, exige uma vontade cada vez

---
[576] Claudinei Mariano da Silva, Aparecida-SP, 1º de novembro de 2017; EPEO.
[577] Foto: Acervo da Cúria Metropolitana de Aparecida, ACMA.

Bloco 6 – Cardinalato

maior de assumir o estilo do Filho de Deus, que veio entre nós como Aquele que serve (cf. Lc 22,25-27). Trata-se de segui-lo na sua doação de amor humilde e total à Igreja, sua esposa, na Cruz: é no madeiro que o grão de trigo, que o Pai deixa cair no campo do mundo, morre para se tornar um fruto maduro. Para isto é necessário um arraigamento ainda mais profundo e sólido em Cristo. A relação íntima com Ele, que transforma cada vez mais a vida, de tal modo que podemos dizer com São Paulo: 'Já não sou eu quem vivo; é Cristo que vive em mim' (Gl 2,20), constitui a exigência primária para que o nosso serviço seja tranquilo e jubiloso, e possa dar o fruto que o Senhor espera de nós."[578]

O grupo de Aparecida trazia uma bandeira do Brasil. Todos quietos, só olhando. Porém, havia um grupo do lado, de outro país, que fez a maior festa quando entregaram o barrete para o cardeal deles. Ney achou meio esquisito aquela manifestação dentro de uma igreja, com gritos e palmas, perguntou ao padre ao lado se era normal, ele disse que era momento de júbilo. Ney pensou: deixa comigo. E na hora que chamaram Dom Raymundo Damasceno Assis, ele não conseguiu ficar quieto, gritou várias vezes: "Viva Dom Raymundo... é o nosso cardeal..."[579]

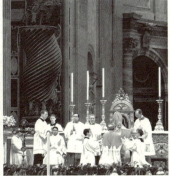

Fotos: papa Bento XVI entregando o barrete cardinalício para Dom Raymundo Cardeal Damasceno Assis,[580] Vaticano, novembro de 2010.

---
[578] PAPA BENTO XVI. Homilia – Consistório Ordinário Público para a criação de novos Cardiais, 2010.
[579] Claudinei Mariano da Silva, Aparecida-SP, 1 de novembro de 2017; EPEO.
[580] Foto: Acervo da Cúria Metropolitana de Aparecida, ACMA.

No instante solene, quando Dom Damasceno recebeu o título de cardeal, o Papa Bento XVI disse: "Raymundo Damasceno Assis, receba esta púrpura em sinal da dignidade e do ofício de Cardeal. Ela significa que você está pronto para executar com força, de modo a dar o seu sangue para o aumento da fé cristã".

Logo que retornou ao seu lugar, junto aos novos cardeais, o cardeal Raymundo Damasceno Assis recebeu os cumprimentos deles.

Foto: Papa Bento XVI olhando a festividade dos novos cardeais cumprimentando o novo cardeal Dom Raymundo Cardeal Damasceno Assis,[581] Vaticano, novembro de 2010.

Expressiva foi a frase do Papa ao findar seu discurso aos novos cardeais, recomendando-os a Nossa Senhora: "A Maria, Mãe da Igreja, confio os novos cardeais e o seu serviço eclesial, a fim de que, com ardor apostólico, eles possam proclamar a todos os povos o amor misericordioso de Deus. Amém!"[582]

---

[581] Foto: Acervo da Cúria Metropolitana de Aparecida, ACMA.
[582] PAPA BENTO XVI. *Homilia – Consistório Ordinário Público para a criação de novos Cardiais*, 2010.

Bloco 6 – Cardinalato

Foto: Dom Raymundo Cardeal Damasceno Assis em frente à estátua de São Pedro, segurando o decreto de sua nomeação de cardeal,[583] Vaticano, novembro de 2010.

A imagem do novo cardeal brasileiro, em pé sob a estátua de São Pedro, na Cátedra de Pedro, remete-nos a uma lembrança singular das palavras de Dom José Newton que, em seu discurso na ordenação episcopal de Dom Damasceno, fez questão de frisar que o novo bispo auxiliar de Brasília era, também, bispo-titular de Nova Pietra. Em unidade com a Santa Madre Igreja... "a pessoa do bispo é chamamento e fonte de unidade com Pedro e sob Pedro".[584] Uma frase profética de Dom Newton, arcebispo que acreditou que aquele seminarista que lhe foi ofertado de Minas Gerais, nascido em uma chácara no arredor da pequena cidade de Capela Nova, tão simples, tão humilde, tão estudioso, deveria partir para terras distantes, estudar em Roma e ali solidificar sua fé. Uma menção ao

---
[583] Foto: acervo da Cúria Metropolitana de Aparecida, ACMA.
[584] Dom José Newton de Almeida Baptista. *Discurso na ordenação episcopal de Dom Raymundo Cardeal Damasceno Assis*, 1986, p. 3.

visionário primeiro arcebispo de Brasília, é o mínimo que podemos fazer ao vermos seu primeiro seminarista chegar ao grau de cardeal. Viver na alegria do Senhor é acreditar que a unidade da Igreja se faz com Jesus Cristo, que é Pedra Angular sobre a qual está edificada a Igreja a que pertencemos, e temos em Pedro e seus sucessores o alicerce seguro para nossa fé.

Segundo a Santa Igreja Romana, por meio de seu cardinalato, Dom Raymundo Cardeal Damasceno Assis tornou-se Titular Cardinalício da Igreja Imaculada Conceição da Virgem Maria no Tiburtino,[*][585] sendo precedido nesses títulos pelos cardeais Peter Thomas Cardeal McKeefry (1969-1973), arcebispo de Wellington na Nova Zelândia; Reginald John Cardeal Delargey (1976-1979), arcebispo de Wellington na Nova Zelândia e Ernesto Cardeal Corripio y Ahumada (1979-2008), arcebispo do México, portanto, o cardeal Damasceno é o quarto Cardeal a ser designado titular dessa Igreja.

***

V. Ser cardeal

> "A partir de hoje, eles começam a fazer parte daquele *coetus peculiaris*, que presta ao Sucessor de Pedro uma colaboração mais imediata e assídua, ajudando-o no exercício do seu ministério universal."
> (Papa Bento XVI)

Ser cardeal é pertencer a um grupo seleto nomeado pelo Papa; grupo de elite de assessores no Vaticano e no resto do mundo, aos quais o pontífice dá a incumbência de guiar o futuro da Igreja, escolhendo homens que o ajudarão a formular políticas e tomar importantes decisões.

---

[585] LINK – III PARTE – EMBAIXADOR DE NOSSA SENHORA.

Inclusive são os que poderão participar do Conclave. Mas nem todos os purpurados entram no Conclave. O grupo máximo dos cardeais eleitores é constituído de 120 cardeais,[586] participam do Conclave somente os cardeais que não superaram a idade de 80 anos.[*][587] Outro privilégio é a cidadania vaticana e o passaporte diplomático vaticano em latim, língua oficial do Estado do Vaticano juntamente com o italiano.

Por causa dos Papas anteriores terem nomeado maior número de cardeais eleitores nos países em desenvolvimento e o Papa Bento XVI nomear muitos europeus, havia certa pressuposição de que isso seria uma preparação de Bento XVI para que o próximo Papa fosse europeu.

Foto: os novos cardeais se cumprimentando após receberem os barretes cardinalícios,[588] Vaticano, novembro de 2010.

No domingo de manhã foi a missa da entrega do anel cardinalício, o grupo da arquidiocese de Aparecida chegou quatro horas antes; mesmo assim, enfrentou muita fila e quase não conseguiu entrar. Padre

---
[586] Constituição Apostólica – *Romano Potífici Eligendo.*
[587] LINK – II PARTE – CONCLAVE.
[588] Foto: Acervo da Cúria Metropolitana de Aparecida, ACMA.

Darci conseguiu ajuda de Dom João Aviz[589] para que o grupo fosse ágil na fila, depois o grupo conseguiu passar por toda a triagem e chegou a um lugar onde pudesse assistir à cerimônia mais de perto. Ao finalizar a cerimônia, correram para cumprimentar o novo cardeal brasileiro Dom Damasceno, que estava perto da estátua de São Pedro. Abraçaram muito o cardeal, parabenizaram-no e tiraram muitas fotos com ele.

Fotos: entrada dos novos cardeais para receber o anel cardinalício, Papa Bento XVI entregando o anel para Dom Raymundo Cardeal Damasceno Assis,[590] Vaticano, novembro de 2010.

---

[589] *Dom João* Braz de *Aviz* nasceu em Mafra-SC, 24 de abril de 1947, é cardeal católico romano brasileiro, atual prefeito da Congregação para os Institutos de Vida Consagrada e as Sociedades de Vida Apostólica no Vaticano e Arcebispo-emérito de Brasília.
[590] Fotos: Acervo da Cúria Metropolitana de Aparecida, ACMA.

Os cardeais, além do barrete, recebem um anel cardinalício. O título específico é: Cardeal da Santa Igreja Romana *Ecclesiae Sanctae Romanae Cardinalis*.

Em atenção aos símbolos cardinalícios, o Papa Bento XVI relacionou a imagem do Crucifixo gravada no anel que entregou aos cardeais, com o vermelho púrpura da roupa. Significam a precisão em permanecer com Maria ao lado de Jesus, que morre na cruz e dela reina sobre o universo: *stat crux dum volvitur orbis*. Com a única finalidade de anunciar seu senhorio: "A primazia de Pedro e dos seus Sucessores — ressaltou — está totalmente ao serviço desta primazia de Jesus Cristo" para que o seu amor venha e transforme a terra.[591]

No fim da tarde daquele inesquecível sábado, das 16h30 às 18h30, na *Sala Paulo VI*, havia lugares destinados para que os novos cardeais recebessem cumprimentos de seus convidados. A fila para abraçar e parabenizar Dom Raymundo Cardeal Damasceno Assis era enorme; uma espera de horas para quem quisesse abraçá-lo, e ninguém saía da fila. Seus amigos do clero e os leigos, seus familiares e conhecidos, todos radiavam felicidade e marcaram presença, congratulando o novo cardeal Damasceno.

Foto: Dom Raymundo Cardeal Damasceno Assis e familiares Damasceno/Assis;[592] Vaticano, novembro de 2010.

---

[591] Jornal *L'Osservatore Romano. O anel Cardinalício*, 2010.
[592] Foto: Acervo da Cúria Metropolitana de Aparecida, ACMA.

Foto: Conhecidos e amigos cumprimentando Dom Raymundo Cardeal Damasceno Assis,[593] Vaticano, novembro de 2010.

Foto: Dom Raymundo Cardeal Damasceno Assis recebendo cumprimentos de amigos,[594] Vaticano, novembro de 2010.

No Brasil, uma grande festa aguardava a volta do recém-nomeado cardeal brasileiro; amigos, parentes, religiosos e conhecidos mandavam cumprimentos por meio de cartas. A imprensa brasileira pulverizou a notícia

---
[593] Idem.
[594] Idem.

por meio das redes de televisão, em diversos programas de rádio, pela internet, em publicações impressas: jornais e revistas. Em Aparecida, Dom Damasceno foi recebido com júbilo, missa festiva, jantar e presentes, inclusive uma obra de arte, pintura em tela, retratando o cardeal.

Como presidente do *Conselho Episcopal da América Latina e Caribe*, Dom Damasceno foi saudado pelo monsenhor Guillermo Melquizo, secretário-adjunto, que fez um histórico dos presidentes e fez questão de citar que era a primeira vez que um presidente do Celam, enquanto em seu cargo, foi nomeado cardeal.

***

Uma importante atividade do cardeal é escolher um novo Sumo Pontífice para a Igreja, sendo que a maioria pode se tornar elegível. Muitos cardeais, na história da Igreja, não tiveram o privilégio dessa escolha e, nem mesmo, de ser eleito. Dom Raymundo Cardeal Damasceno Assis, três anos depois de ser nomeado cardeal, foi convocado e participou do Conclave no qual foi eleito o Papa Francisco. Em uma situação atípica... a renúncia do Papa Bento XVI.

***

BLOCO

7

CONCLAVE

I. A renúncia

> "E eu rogarei ao Pai, e Ele vos dará outro Consolador, para que fique convosco para sempre; O Espírito de Verdade, que o mundo não pode receber, porque não o vê nem o conhece; mas vós o conheceis, porque habita convosco, e estará em vós."
> (João 14,16)

O dia 11 de fevereiro parecia um dia normal de atividades na agenda de Dom Damasceno. Naquela segunda-feira, o arcebispo de Aparecida gravou, às 9h da manhã, para a RCC (Renovação Carismática Católica), o tema "Carnaval e Posição da Igreja". Dali a meia hora, começou, na residência episcopal, a reunião com o padre Francisco e Ellen, cuja pauta era o 7º *Congresso do Sine*. Durante a reunião, eles foram "surpreendidos com a notícia da renúncia do Papa Bento XVI".[595] O Sumo Pontífice havia acabado de anunciar durante um consistório, no Vaticano, a sua intenção de renunciar ao pontificado, no dia 28 de fevereiro, às 20h. Segundo o porta-voz do Vaticano, padre Federico Lombardi, essa decisão era desconhecida pelos colaboradores próximos do Papa e os deixou "incrédulos".[596]

---

[595] *Diário de Atividades do Sr. Arcebispo de Aparecida, Dom Raymundo Cardeal Damasceno Assis*, 2013, p. 2. Inédito.
[596] In: site *pt.wikipedia.org*; acesso em 10 de novembro de 2017. A decisão do Pontífice de renunciar à liderança é inédita na era moderna, tendo acontecido pela última vez quando o Papa Gregório XII o fez em 1415.

Sem mais pronunciamento do Papa Bento XVI, a imprensa procurou na Alemanha, em Ratisbona, o sacerdote Georg Ratzinger, irmão do Papa, que explicou que o médico havia recomendado a Bento XVI não realizar viagens transatlânticas, que a dificuldade para caminhar iria progredir sensivelmente, e que a decisão do Sumo Pontífice foi um processo natural. O peso da idade era grande, por isso Bento XVI precisa de mais descanso.

No dia 16 de fevereiro, entretanto, o porta-voz do Vaticano declarou que o Conclave poderia ser antecipado para a primeira quinzena de março, se todos os cardeais já estivessem presentes no Vaticano. Nos bastidores, comentava-se que uma disputa prolongada poderia arranhar a imagem da Igreja, já que a Páscoa poderia chegar, sem que a instituição tivesse escolhido um novo líder.

O Papa Bento XVI renunciou no dia 28, como ele havia pronunciado. A previsão canônica do ato de renúncia está normatizada no Código de Direito Canônico,[597] que declara: "Se acontecer que o Romano Pontífice renuncie ao cargo, para a validade requer-se que a renúncia seja feita livremente e devidamente manifestada, mas não que ela seja aceita por alguém". A partir do dia 28 de fevereiro, uma quinta-feira, a Sé Apostólica ficou considerada vacante até a data da eleição de um novo pontífice. Nesse período, os assuntos da Igreja foram entregues ao cardeal decano;[598] uma de suas missões é a de convocar o Sagrado Colégio dos Cardeais, para que se reúnam em Conclave, o qual elegerá o novo Papa.[599] O direito de eleger o Papa é exclusivo dos cardeais, apenas excetuando-se aqueles que tenham cumprido os 80 anos antes do anúncio da Sé Apostólica vacante. O número total de cardeais eleitores não pode ser superior a 120.

---

[597] Cân. 332, § 2

[598] Se for por questão de morte do Papa, o decano tem igualmente o encargo de recolher o selo e o anel pontifícios, encerrando os aposentos e dependências onde o pontífice defunto viveu e trabalhou, para que ninguém possa ter acesso a eles. Se o Papa for sepultado na Basílica vaticana, cabe ao notário do capítulo da Basílica, ou ao cônego arquivista, a redação do documento oficial comprovativo.

[599] O último Papa que não era cardeal foi Urbano VI, em 1378; os últimos Papas que eram laicos à data da eleição datam do século X: João XII e Leão VIII.

II. Convocação

> "O Espírito de verdade, que o mundo não pode receber, porque não o vê nem o conhece; mas vós o conheceis, porque habita convosco, e estará em vós."
> (João 14,16)

Antigamente, era mais difícil reunir todos os cardeais votantes em curto prazo de tempo, essa lei é da época em que, viajar até Roma, a partir de qualquer parte do mundo cristão, era tarefa para demorar semanas. Atualmente, com a ponte aérea fluindo bem, é apenas questão de horas. Porém, manteve-se esse intervalo denominado *novemdiales*. É um breve período em que os "cardeais aproveitam para fazer reuniões entre si nas quais se debate o estado da Igreja ou, embora esteja teoricamente proibido, sondar alianças e candidatos".[600]

Ao ser convocado para estar no Vaticano para debates antecedentes, abertura e participação ao Conclave, Dom Damasceno fez suas malas e partiu para Roma em uma nobre missão. Hospedou-se no Colégio Pio Brasileiro.[601]

O Colégio Pio Brasileiro é bem conhecido do cardeal Dom Raymundo Damasceno Assis, onde estudou na época do Concílio Vaticano II e teve oportunidade de ouvir pronunciamentos de famosos teólogos e filósofos, época em que houve sérias mudanças dentro da Igreja. Foi ali que o seminarista Raymundo esteve em formação, aprendendo, ajustando ideias e ideais, sendo forjado pelo fogo do Espírito Santo. Aguentou firme o vento impetuoso das mudanças, vento que o deixou mais forte, mais determinado em seguir o caminho do sacerdócio. Em 2013, depois de 48 anos de sua primeira tonsura, realizada em Roma, o arcebispo de Aparecida fazia parte de um número expressivo de cardeais que ia dar novo rumo à Igreja.

---

[600] In: site *pt.wikipedia.org*; acesso em 10 de novembro de 2017.

[601] O Colégio Pio Brasileiro abrigava entre 90 e 100 sacerdotes que cursavam mestrado e doutorado na capital italiana, em sua maioria, formada por brasileiros, com alguns latino-americanos e outros de países de língua portuguesa na África.

Fotos: Raymundo Damasceno Assis, foto oficial de Seminarista no Pio Brasileiro (1962) e a de Cardeal da Igreja Católica (2010), ambas registradas em Roma.[602]

III. Cinco brasileiros

> "Aquele que tem os meus mandamentos e os guarda esse é o que me ama; e aquele que me ama será amado de meu Pai, e eu o amarei, e me manifestarei a ele."
> (João 14,21)

Dos cardeais brasileiros cinco podiam participar do Conclave, não só votando, mas também com direito a ser votado: Dom Odilo Pedro Scherer, arcebispo metropolitano de São Paulo; Dom Cláudio Hummes, prefeito-emérito da *Congregação para o Clero*; Dom Geraldo Majella Agnelo, arcebispo emérito de Salvador; Dom João Braz de Aviz, prefeito da *Congregação para os Institutos de Vida Consagrada* e as *Sociedades de Vida Apostólica*; e Dom Raymundo Damasceno Assis, arcebispo de Aparecida e presidente da CNBB; eles atenderam ao chamado do cardeal decano e foram para Roma.

---

[602] Fotos: APRCDA.

Em Roma, no dia primeiro de março, uma sexta-feira, os cinco cardeais brasileiros que se preparavam para votar no Conclave almoçaram juntos, no refeitório do Colégio Pio Brasileiro. Nesse dia, estiveram em encontros do Colégio Cardinalício e, a partir da segunda-feira, dia 4, participaram da primeira Congregação Geral, tendo dois encontros por dia, um de manhã e outro à tarde, era o começo da organização pelo bom andamento do Conclave.

O porta-voz do Vaticano informou que, a partir daquela terça-feira, dia 5 de março, as portas da Capela Sistina foram fechadas à visitação pública para que fosse preparada para receber os cardeais. A capela teve o piso elevado e sobre ele foram colocadas mesas e cadeiras para acomodar os cardeais.

IV. Sede vacante

> "Mas aquele Consolador, o Espírito Santo, que o Pai enviará em meu nome, esse vos ensinará todas as coisas, e vos fará lembrar de tudo quanto vos tenho dito."
> (João 14,26)

No período de Sé Vacante há duas espécies de Congregações dos Cardeais: uma Geral, isto é, de todo o Colégio, e a outra Particular. Nas Congregações Gerais, presididas pelo cardeal decano, participam todos os cardeais não legitimamente impedidos. Ela trata de questões mais graves e merecedoras de um exame mais profundo. A Congregação Particular é presidida pelo cardeal decano também e constituída por três cardeais,[603] sorteados em cada três dias. É responsável apenas pelas questões funcionais diárias.

---

[603] Um de cada Ordem do Colégio Cardinalício.

As Congregações Gerais que antecedem o início da eleição, chamadas "preparatórias", iniciaram-se no dia 4 de março de 2013 e foram diárias até o dia 11 de março de 2013.

Foto: reunião Cardinalícia dos que irão participar do Conclave,[604] Vaticano, março de 2013.

Nos dias que antecederam o Conclave, os cardeais estiveram sob a mira da mídia. Jornalistas do mundo inteiro queriam uma palavra deles, uma posição, afinal, cada católico, ou não, tinha seu cardeal preferido e apostava nele, em esperança, pois muitos não entendiam a razão da renúncia do Papa Bento XVI e queriam um resultado rápido para preencher aquela lacuna.

A responsabilidade dos cardeais era muito grande. Todos os holofotes eram para eles, tinham de ser ponderados em suas falas. A Igreja estava com uma ferida aberta por causa da renúncia de Bento XVI; qualquer mal-entendido poderia piorar a situação. Muitos não entendiam a razão do Papa deixar seu posto de Pastor dos Cristãos, e outros

---

[604] Foto: *Serviço Fotográfico de L'Osservatore Romano*, Vaticano.

queriam fazer sensacionalismo. Porém, os cardeais estavam seguros da competência deles em eleger um novo Papa, poderiam demorar cinco dias ou, até mesmo, um dia apenas; votariam o que o Espírito Santo inspirasse no coração de cada um. Elegeriam um novo Papa.

Por mais que se esquivassem para não falarem aos jornalistas, para ficarem sossegados, principalmente para ter um tempo recluso para as orações, os cardeais eram procurados, insistentemente, pela mídia. Os cardeais brasileiros, unidos pelo bem da Igreja, sempre apareciam juntos, alegres em poder participar de um grande ato da Igreja Católica. Afinal, o Brasil era... e é o país com maior número de católicos, e essa grande massa de brasileiros orava para que o Espírito Santo suscitasse no coração de cada cardeal o nome certo para escrever na cédula de votação.

No encalço aos cardeais, a mídia estava atenta a todos os passos deles, os brasileiros eram muito requisitados para entrevistas. Os jornalistas faziam seus discursos de saberes, querendo levar novas informações a cada hora para as redes de televisão, rádio, imprensa e internet. Alguns cardeais brasileiros estavam hospedados no Pio Brasileiro e, outros, em uma chácara perto de Roma. Eles viviam esperando o pré-conclave, estavam ansiosos para que a Igreja tivesse um novo líder religioso. De plantão, a *BBC Brasil* perguntou ao arcebispo de Aparecida quem deveria ser eleito Papa... Sem demora, em poucas palavras, o cardeal Dom Damasceno deu sua opinião: "Acho que um Papa latino-americano seria uma bênção".[605] Foi uma profecia?! Talvez... se pensarmos que os católicos do mundo inteiro e, até mesmo, muitos que não são católicos, oravam pedindo para que o Espírito Santo agisse intensamente no coração, alma e intelecto dos cardeais que participariam do Conclave. A harmonia da oração produzia frutos do Espírito Santo em todos os 117 cardeais.

---

[605] In: site *Terra*; acesso em 17 de novembro de 2017.

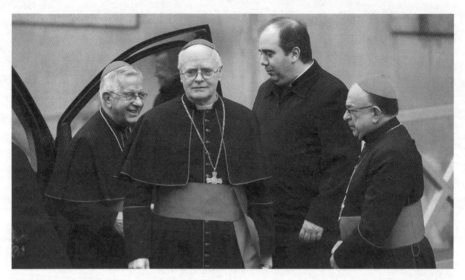

Foto: Dom Geraldo Majella, Dom Odilo Scherer e Dom Raymundo Damasceno,[606] chegando para a 4ª reunião.

Todos os dias, os cardeais reuniam-se e enfrentavam dificuldades para definir a data de início do Conclave. Também estavam presentes os cardeais com mais de 80 anos, que não votariam, mas que poderiam ser votados. No terceiro encontro dos cardeais, uma terça-feira, foi enviado ao Papa emérito um telegrama em agradecimento pela atuação dele como Sumo Pontífice. No dia 6 de março, Dom Geraldo Majella Agnelo, Dom Odilo Scherer e Dom Raymundo Damasceno, foram à Sala Paulo VI, no Vaticano, para a quarta reunião de preparação ao Conclave. Nesse dia, alguns jornalistas entrevistaram Dom Damasceno, queriam a informação da data de abertura do Conclave. O arcebispo de Aparecida, sempre procurado para dar atenção aos jornalistas, falou à repórter: "Espero que comece no dia 11. Estou com saudades de Aparecida", disse com alegria.

---

[606] Foto: crédito de *Lalo de Almeida*. In: *Folhapress*; acesso em 12 de novembro de 2017.

―――― Bloco 7 – Conclave ――――

Foto: Dom Raymundo Damasceno, Dom Geraldo Majella, Dom Odilo Scherer,[607]
Roma, março de 2013.

A espera continuava, pois ainda não havia sido definida a data oficial para a abertura do Conclave. Naquela quarta-feira, estavam em Roma 113 cardeais participantes do Conclave, faltavam dois. Por essa razão, a data de abertura do Conclave ainda não estava definida, anunciou Lombardi, que todos os dias, sempre às 13h, fazia um pronunciamento à imprensa.

Dentro de um novo decreto estipulado pelo Papa Bento XVI, escrito 16 dias antes de sua renúncia, existe uma possível antecipação do Conclave; mudando assim a tradição da Igreja que determinava o começo dele entre 15 e 20 dias depois do período da Sé Vacante. Quem teria de decidir era o Colégio Cardinalício, que se reunia até duas vezes por dia para resolver além dessa, outras questões. Dois cardeais ainda não se encontravam em Roma, eram o polonês e o vietnamita. Na reunião daquela manhã, do dia 6 de março, os cardeais debateram diversos temas, fizeram quase 20 intervenções, dentre elas, a questão da evangelização e a missão da Igreja no mundo, o ecumenismo também foi um tema escolhido. Cada cardeal que se

―――――――――――
[607] Foto: crédito Juliana Cardilli. In site *G1.globo*; acesso em 12 de novembro de 2017.

manifestava tinha direito a cinco minutos para expor seu pensamento e sua proposta. No final da tarde, os cardeais foram à Basílica de São Pedro rezar. O porta-voz do Vaticano, nesse dia, respondendo ao desejo dos jornalistas à estipulação de uma data para a abertura do Conclave, assegurou que o Colégio Cardinalício estava ciente de que definir aquele dia, uma data para o Conclave, "poderia forçar, de alguma maneira, a dinâmica da discussão".[608] A quinta Reunião Cardinalícia de preparação ao Conclave foi, também, no Vaticano, na quinta-feira, 7 de março, às 9h30, na Sala Nova do Sínodo. Na reunião estavam 113 dos 115 cardeais eleitores. Os dois cardeais que faltavam se apresentariam naquele dia.

No total, desde o início das reuniões preparatórias para o Conclave, foram 51 intervenções. Os cardeais que faltavam chegaram e ficou definida a data de 12 de março para o início do Conclave. Então, a partir de terça-feira, Dom Damasceno e os outros quatro cardeais brasileiros estariam junto como outros 110 cardeais, dentro da Capela Sistina, para escolher quem seria o novo chefe da Igreja Católica. Enquanto acontecesse o Conclave, os cardeais só sairiam da Capela Sistina para os seus aposentos, na Casa de Santa Marta. Sem falar em público, sem se comunicar com o mundo, em reclusão total.

***

V. O conclave

"Vinde Espírito Criador, a nossa alma visitai e enchei os corações com vossos dons celestiais."[609]

---

[608] In: blog *JBPS Verdade*; acesso em 18 de novembro de 2017.
[609] *Veni Creator Spiritus!* Vem, Espírito Criador! É um hino da Igreja Católica, em honra ao Espírito Santo. Desde que foi composto, no século IX, esse texto litúrgico nunca deixou de ser ressoado na Igreja em momentos importantes, sobretudo, na Festa de Pentecostes. Foi com essa oração solene, que o Papa Leão XIII consagrou o século XX à Terceira Pessoa da Santíssima Trindade.

A palavra "Conclave"[610] vem do latim, *cum clave*, e significa, precisamente, "fechado à chave". Antigamente, os cardeais eleitores ficavam trancados à chave na Capela Sistina, ou outro local, até que um novo Pontífice fosse eleito. O Conclave realiza-se, obrigatoriamente, dentro do Estado do Vaticano, na Capela Sistina, decorrendo suas sessões no maior segredo e isolamento.

O Conclave, ao longo dos anos, passou por várias normas. A que comandava o conclave de 2013 foi resultado das que foram revistas pelo Papa João Paulo II, em um documento de 34 páginas, a *Constituição Apostólica Universi Dominici Gregis*, de 22 de fevereiro de 1996, na qual ele fez modificações em alguns pontos do disposto sobre a reunião plenária dos cardeais para a eleição do Papa; introduziu uma grande novidade, ao restringir a eleição do Papa a uma só modalidade: 'por votação', ou seja, *per scrutinium, post-scrutinium*, que compreende três passos. O primeiro é a contagem dos votos, o segundo a sua verificação e o terceiro a sua destruição pelo fogo. Sim, foi mantido o antigo princípio de que é *o Espírito Santo quem guia as decisões de cada cardeal* durante o Conclave. Em 2007, Papa Bento XVI, por meio do Motu Proprio *Normas nonnullas*, fez alterações retomando a norma tradicional sobre a maioria necessária na eleição do Sumo Pontífice e, em 2013, estabeleceu o preceito de que após 34 votações só são elegíveis nas votações seguintes os dois cardeais mais votados na eleição anterior.

Apenas os cardeais com menos de 80 anos de idade, até a data do início da Sé Vacante, são eleitores no Conclave. Assim, do total de 207 cardeais, 117 eram eleitores no Conclave de 2013. Após a confirmação de duas ausências, foram 115 os cardeais eleitores presentes. O cardeal Julius Riyadi Damaatmadja, SJ, arcebispo emérito de Jacarta, comunicou, em 21 de fevereiro, que não iria participar do Conclave, devido a problemas de saúde, e o cardeal Keith Michael Patrick O'Brien, arcebispo emérito

---

[610] O Conclave é um ritual praticamente inalterado há oito séculos: foi o Papa Gregório X que usou pela primeira vez a palavra, em 1274, e instituiu a base dos atuais Conclaves, por meio da constituição apostólica *Ubi periculum*. Isto se deveu à demorada sucessão do Papa Clemente IV, que demorou mais de um ano e meio. O Papa quis, então, prevenir que a escolha do Sumo Pontífice demorasse tanto tempo, obrigando que a reunião tivesse que ser conclusiva.

de Edimburgo, comunicou, em 25 de fevereiro, que não iria participar do Conclave por estar envolvido em uma investigação.

No dia 12 de março compareceram ao Conclave: 60 cardeais eleitores da Europa; 20 cardeais eleitores da América do Norte; 13 cardeais eleitores da América do Sul; 11 cardeais eleitores da África; 10 cardeais eleitores da Ásia; 1 cardeal eleitor da Oceania; em total de 115 cardeais. Dentre os cardeais eleitores da América do Sul estava o cardeal Raymundo Damasceno Assis, arcebispo de Aparecida. Naquela terça-feira de março deu-se o primeiro dia do Conclave. Na Casa Santa Marta os quartos estavam prontos aguardando que cada um dos cardeais se acomodasse. Somente nesse dia eles ficaram sabendo se pertenciam a uma das 105 suítes com sala de espera independente, ou ficariam acomodados em um dos 26 quartos individuais. Os cardeais não souberam com antecedência em que quarto ficariam, o diretor da Sala de Imprensa da Santa Sé, o sacerdote Federico Lombardi[611] SJ, informou que esse era um procedimento para evitar que os participantes do Conclave entrassem em contato com seus vizinhos de quarto.

Na residência dos cardeais, com tantos quartos ocupados por candidatos ao cargo de Sumo Pontífice, o 201 era o único quarto vago, toda arrumado, aguardando o neo-pontífice que ali ficaria residindo por uma semana, até que seu apartamento ficasse pronto, reformado de acordo com seu desejo.

A presidência do Conclave cabe ao decano do Colégio de Cardeais ou, não sendo este eleitor, ao cardeal-bispo eleitor presente no Conclave com maior precedência. Como o cardeal decano Angelo Sodano e o cardeal Vice-decano Roger Etchegary não são eleitores, o cardeal Giovanni Battista Re, cardeal-bispo de Sabina-Poggio Mirteto, por ser o cardeal-bispo eleitor de maior precedência foi quem presidiu o Conclave.

***

---

[611] Federico Lombardi, SJ, nasceu em Saluzzo, Itália, no dia 20 de agosto de 1942, é sacerdote jesuíta, presbítero e teólogo italiano. Em 1984, foi eleito Provincial dos jesuítas na Itália, cargo que exerceu até 1990, quando se tornou diretor de programas e, depois, diretor geral da *Radio Vaticana*. Foi de 2001 a 2013, diretor geral do CTV, Centro Televisivo do Vaticano.

VI. A missa

> "Vós sois chamado o Intercessor de Deus excelso dom sem par, a fonte viva, o fogo, o amor, a unção divina e salutar."[612]

Ficou marcada para terça-feira, às 10h, a *Missa pro eligendo Romano Pontifice*, com a presença de todos os cardeais na Basílica de São Pedro, para, em seguida, dar-se início ao Conclave.

As pessoas que quisessem um lugar para sentar tiveram de madrugar até a Basílica, especialmente os que desejavam um lugar perto do altar, para ver os cardeais de perto. Alguns seminaristas, padres, freiras e, também, fiéis, conseguiram ficar perto do altar; todos atentos às orações e respeitando os ritos cerimoniais. A celebração Eucarística foi basicamente em latim e italiano, com a primeira leitura em inglês e a segunda em espanhol, além de orações dos fiéis em cinco idiomas, inclusive o português. Uma hora antes do início da missa, os lugares sentados já estavam ocupados e, mesmo assim, pessoas chegavam a todo instante, elas ficaram em pé nas laterais.

No momento em que os 115 cardeais, usando suas vestimentas vermelhas, entraram na Basílica de São Pedro, acompanhados de canto gregoriano, quase todos que ali estavam se emocionaram, a grande maioria acionou câmeras fotográficas para registrar as imagens dos compenetrados cardeais que tinham grande responsabilidade de eleger um novo Sumo Pontífice. Os cardeais que estavam em Roma, eleitores ou não, participaram da Santa Missa.

A celebração eucarística foi presidida por Dom Angelo Sodano. Ele enfatizou a necessidade da união, o decano pediu aos cardeais a colaboração para edificar a unidade da Igreja e a cooperar com o sucessor de Pedro. "Eu os exorto a se comportarem de maneira digna, com toda humildade, mansidão e paciência, suportando-se reciprocamente com

---

[612] *Veni Creator Spiritus!* Vem, Espírito Criador!

amor, tentando conservar a unidade do espírito por meio do vínculo da paz", disse Sodano, em referência à carta de São Paulo aos Efésios.

Ao citar o Papa emérito, o cardeal decano foi bastante aplaudido ao afirmar que o pontificado de Bento XVI foi "luminoso":

> "Queremos agradecer ao Pai que está nos Céus pela amorosa assistência que sempre reserva a sua Santa Igreja e, em particular, pelo luminoso pontificado que nos concedeu com a vida e as obras do 265° sucessor de Pedro, o amado e venerado pontífice Bento XVI, ao qual, neste momento, renovamos toda a nossa gratidão."[613]

O cardeal invocou Deus para dar outro bom pastor para sua Santa Igreja. "Oremos para que o próximo Papa possa continuar esse incessante trabalho de nível mundial", pediu Dom Angelo Sodano.

Foto: *missa pro eligendo Romano Pontífice*,[614] *Vaticano, março de 2013.*

---

[613] Dom Angelo Sodano. Homilia. *Missa pro eligendo Romano Pontífice*, 2013.
[614] Foto: site *G1.globo.com*, acesso em 11 de novembro de 2017.

Nem todos que queriam conseguiram um lugar na Basílica de São Pedro para participar da missa; na Praça de São Pedro, uma multidão de fiéis enfrentou chuva, inclusive de granizo, e muitas trovoadas para assistir à missa por meio dos telões, no Vaticano. Quietos e contritos... oravam; como foi pedido durante a missa: "Vamos rezar para os cardeais que devem eleger o pontífice romano. Que Deus os preencha com seu Espírito Santo com compreensão e bons conselhos, sabedoria e discernimento".

VII. Na Capela Sistina

> "Sois o doador dos sete dons e sois poder na mão do Pai, por Ele prometido a nós, por nós seus feitos proclamai."[615]

Na Capela Sistina, duas mesas foram introduzidas, sendo colocadas na área do altar-mor. A primeira foi coberta com um pano de cor púrpura e sobre ela foram colocados três grandes vasos de vidro transparente e uma bandeja de prata. A segunda foi reservada aos três cardeais escrutinadores.

Finda a liturgia, os cardeais em fila foram encaminhados para a Capela Sistina. Depois, ouviram uma meditação feita pelo cardeal mais velho e prestaram juramento, com a mão sobre o Evangelho, prometendo manter segredo sobre o encontro e as votações, conforme manda a Constituição Apostólica, sob o risco de excomunhão.

À tarde, os cardeais eleitores, em fila, dirigiram-se à Capela Sistina. Durante o percurso, eles cantaram a *Ladainha dos Santos*, pedindo a intercessão dos santos, e o hino *Veni Creator Spiritus*, para que o Espírito Santo os iluminasse durante as votações.

---

[615] *Veni Creator Spiritus!* Vem, Espírito Criador!

Foto: cardeais a caminho da Capela Sistina,[616] Vaticano, março de 2013.

Ao chegarem à capela, eles se acomodaram nos lugares devidamente marcados com seus nomes.

Foto: os cardeais se instalam em seus lugares,[617] Capela Sistina, Vaticano, março de 2013.

[616] Foto: site *G1.globo.com*; acesso em 11 de novembro de 2017.
[617] Idem.

O Mestre das Celebrações Litúrgicas Pontifícias, monsenhor Guido Marini, começou a dirigir o cerimonial protocolar do Conclave, proferiu a frase *Extra omnes* (Todos para fora).

Foto: momento em que a porta da Capela Sistina é fechada[618] pelo monsenhor Guido Marini,[619] março de 2013.

É a ordem para que todos os estranhos abandonem rapidamente a Capela Sistina. Os elementos do coro que participaram na missa, os jornalistas, as equipes de televisão etc., todos saem do local, cujos acessos são fechados ao exterior. Momento de reclusão, a porta da capela é lacrada; poucos assistentes ficaram dentro da capela, mas eles saíram na hora da votação.

Todos os cardeais eleitores são obrigados a manter segredo absoluto a respeito das sessões do Conclave. É proibido a eles comunicar-se com o exterior por correio, via telefone ou qualquer outro meio. A regra do sigilo é extensiva a todas as pessoas chamadas a prestar apoio técnico ou

---

[618] Foto: site *G1.globo.com*; acesso em 11 de novembro de 2017.
[619] Monsenhor Guido Marini é sacerdote católico italiano e atual Mestre das Celebrações Litúrgicas Pontifícias.

logístico durante as sessões do Conclave: alguém apanhado a utilizar um receptor ou transmissor, será imediatamente expulso e punido com sanções canônicas que podem chegar à gravidade da excomunhão, a qual não se aplica aos Cardeais eleitores, uma vez que estão obrigados, em consciência, a respeitar a regra do sigilo, *graviter onerata ipsorum conscientia*.

***

VIII. Ritual

"Nossa mente iluminai, os corações enchei de amor, nossa fraqueza encorajai, qual força eterna e protetora."[620]

O decano leu, solenemente, o juramento que requer a todos os cardeais eleitores aceitarem as condições do elegendo, rejeitarem todas as influências externas e manterem secretas as suas deliberações. Feita esta leitura, ele procedeu à chamada dos eleitores.

Foto: cardeais na Capela Sistina se dirigem para o juramento,[621] Vaticano, março de 2013.

---

[620] *Veni Creator Spiritus!* Vem, Espírito Criador!
[621] Foto: site *G1.globo.com*; acesso em 11 de novembro de 2017.

Ao ouvir seu nome, cada cardeal levantou-se e dirigiu-se para a mesa na qual estão três vasos e uma bandeja, perante a qual, em voz alta, declarou o juramento com a mão direita sobre as Escrituras, por exemplo:

Et ego, Raymundo, Cardinális Damasceno Assis, spóndeo, vóveo ac iuro. Sic me Deus ádiuvet et hæc Sancta Dei Evangélia, quæ manu mea tango.

"Eu, Raymundo Cardeal Damasceno Assis, prometo, me obrigo e juro. Que Deus me ajude, e também estes Santos Evangelhos, que toco com a minha mão."

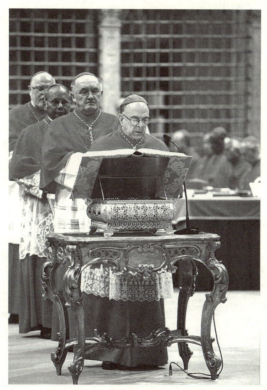

Foto: momento em que o cardeal Dom Raymundo Damasceno Assis fez o juramento,[622] março de 2013.

---

[622] Foto: *Serviço Fotográfico de L'Osservatore Romano*, Vaticano. APDRCDA.

Ao terminar o juramento de todos os eleitores, o decano chama a atenção dos cardeais para a importância das suas decisões e a necessidade de guardarem bem vivo "o bem da Igreja". Conclui: "Que o Senhor vos abençoe a todos!"

As votações realizam-se em sessões de manhã e à tarde, duas em cada período, com exceção do primeiro dia quando se realiza apenas uma votação.

Chegada a hora da votação, cada cardeal pega um boletim, de papel branco e forma retangular, que tem escrito na parte superior *Eligo in summum pontificem* (Elejo como Sumo Pontífice), com espaço para escrever o nome escolhido.

***

IX. A espera

"Nosso inimigo repeli, e concedei-nos a vossa paz, se pela graça nos guiais, o mal deixamos para trás."[623]

Na Praça de São Pedro uma multidão enfrentou a chuva e o frio para orar pedindo a ação do Espírito Santo na eleição de um novo Papa.

Foto: multidão a espera do resultado do Conclave,[624] Vaticano, março de 2013.

---

[623] *Veni Creator Spiritus!* Vem, Espírito Criador!
[624] Foto: site *G1.globo.com*, acesso em 11 de novembro de 2017.

Bloco 7 – Conclave

A expectativa era de que a primeira votação para escolher um novo pontífice, o 266º da história da Igreja, ocorresse ainda naquela terça-feira. Mas, segundo o padre Federico Lombardi, ela provavelmente não deveria definir ainda o nome do novo Papa. A fumaça branca, caso um novo pontífice fosse escolhido, e a preta, após uma votação inconclusiva, sairia da chaminé da capela depois da votação.

Pela chaminé apareceu uma fumaça preta, os cardeais ainda não tinham eleito um novo Papa. O Conclave continuaria na quarta-feira, com duas votações previstas pela manhã e mais duas à tarde. Segundo os vaticanistas, a primeira votação serve para "colocar os nomes na mesa" e definir quais os cardeais que estão, realmente, na disputa. Em 2005, Bento XVI foi eleito no segundo dia do Conclave, após a primeira votação da tarde.

Os cardeais reunidos na Capela Sistina, fizeram na manhã quarta-feira, dia 13 de março, mais tentativas para eleger o novo Papa.

Mas a fumaça preta voltou a sair da chaminé da capela, indicando que nenhum participante obteve a maioria de dois terços dos votos necessária para eleger o novo pontífice. O porta-voz do Vaticano, padre Federico Lombardi, afirmou que é normal o fato de nas três eleições não terem ainda um resultado. À tarde, a expectativa era que nova "fumaça" aparecesse por volta das 19h, no Vaticano.

A informação do porta-voz do Vaticano era de que o Papa emérito Bento XVI, que repousava em sua residência papal de Castel Gandolfo, acompanhava pela imprensa os passos do Conclave.

Após o almoço na Casa Santa Marta, os cardeais voltaram ao Palácio Apostólico, às 16h local (13h em Brasília). Cerca de 50 minutos depois, eles começaram a votar na Capela Sistina.

***

X. Fumaça branca no Vaticano

"Ao Pai e ao Filho Salvador, por vós possamos conhecer que procedeis do Seu amor, fazei-nos sempre firmes crer."[625]

Os cardeais chegaram a um consenso. Uma vez realizada canonicamente a eleição do novo Papa, o último dos cardeais diáconos chama dois cardeais: o Secretário do Colégio dos Cardeais, e o Mestre das Celebrações Litúrgicas Pontifícias. Então, nesse Conclave o cardeal Giovanni Battista Re, em nome de todo o Colégio de eleitores, pediu o consentimento do cardeal que foi eleito Papa, com as seguintes palavras:

– *Acceptasne electionem de te canonice factam in Suumum Pontificem?* (Aceitas a tua eleição canónica como Sumo Pontífice?)

– *Aceito em nome do Senhor.*[626]

O decano volta a inquirir:

– *Quo nomine vis vocare?* (Com qual nome queres ser chamado?)

O novo Papa diz o nome que deseja adotar. A seguir, os cardeais eleitores aproximam-se para saudar e prestar obediência ao recém-eleito PAPA.

A caixa que contém os votos, os apontamentos dos cardeais e as tiras do sorteio dos escrutinadores foi queimada dentro do fogão da Capela Sistina, sem palha molhada. E, naquele fim de tarde, do dia 13 de março de 2013, uma multidão de fiéis, na Praça de São Pedro, orava e aguardava ansiosa a eleição de um novo Pontífice da Igreja Católica. Às 19h07, viu uma fumaça branca começar a sair da chaminé no Vaticano. Era a indicação do fim da votação com a escolha do substituto de Bento XVI. Em seguida, os sinos da Basílica de São Pedro começaram a soar com toda a força, como nos dias de festividades, confirmando a escolha de um novo Papa, cuja revelação deveria ser feita dentro de meia hora.

---

[625] *Veni Creator Spiritus!* Vem, Espírito Criador!
[626] O cardeal pode rejeitar e volta-se a fazer uma nova votação.

Esse seria o tempo de espera para saber quem era o novo Pontífice da Igreja; foi necessário aguardar.

Foto: fumaça branca na chaminé do Vaticano,[627] 2013.

A multidão na Praça de São Pedro estava em delírio, cantava e pulava, gritando "Viva o Papa".

Foto: multidão celebra a eleição do novo Papa,[628] Vaticano, março de 2013.

---

[627] Foto: site *G1.globo.com*; acesso em 11 de novembro de 2017.
[628] Idem.

Muitos choravam, outros ajoelhavam, abraçavam-se, oravam agradecidos. Aguardavam que o protodiácono, o cardeal francês Jean-Louis Tauran, aparecesse para fazer o anúncio oficial: *habemus papam;* e que o novo Pontífice aparecesse no balcão da Basílica de São Pedro. "Foi eleito o Papa Francisco, cardeal Jorge Mario Bergoglio, arcebispo de Buenos Aires, Argentina. Foi eleito no 5º Escrutínio."[629] Um fato inesperado é que o novo Papa é um jesuíta, membro de uma das mais poderosas e experientes ordens da Igreja católica. O primeiro jesuíta a assumir o comando da Igreja.

Foto: Papa Francisco aparecendo na sacada do Vaticano,[630] 2013.

XI. Ida para a Casa Santa Marta

> "Oremos: Ó Deus que instruístes os corações dos vossos fiéis, com a luz do Espírito Santo, fazei que apreciemos retamente todas as coisas segundo o mesmo Espírito e gozemos da sua consolação. Por Cristo Senhor Nosso. Amém."[631]

---

[629] *Diário de Atividades do Sr. Arcebispo de Aparecida Dom Raymundo Cardeal Damasceno Assis*, 2013, p. 4. Inédito.
[630] Foto: *Serviço Fotográfico de L'Osservatore Romano*, Vaticano.
[631] Oração: *Vinde Espírito Santo!*

Bloco 7 – Conclave

"Logo após sua eleição, o Papa Francisco inaugurou um novo estilo de exercer o pontificado. Eis algumas inovações: foi residir na Casa de Santa Marta e não no Palácio Apostólico; seu carro é modelo Idea, da *Fiat*; toma as refeições no refeitório comum",[632] com os cardeais. No dia seguinte a sua eleição como Sumo Pontífice, na Casa Santa Marta, ao fazer a oração antes da refeição, no almoço, esboçando um sorriso, disse em tom de brincadeira: "Bem, eu vou começar perdoando aos senhores cardeais o pecado que cometeram, de terem me elegido Papa".

Na tarde desse mesmo dia, Francisco dispensou o carro oficial, uma limusine, e o motorista, a que tinha direito, como Papa, e, de repente, sem que os cardeais esperassem, ele surpreendeu-os. "Os cardeais já estavam no ônibus que os levaria à Basílica, eu estava sentado sozinho no banco da frente, atrás do motorista. Os bancos de trás estavam ocupados pelos cardeais. De repente, para surpresa de todos, aparece o Papa Francisco na porta do ônibus! Ninguém imaginava que ele iria de ônibus conosco. Entrou no ônibus, foi aplaudido e veio espontaneamente sentar-se ao meu lado."[633] Você pode imaginar a grande emoção que Dom Damasceno sentiu. O missionário brasileiro Frederico Oliveira, da *Canção Nova*, registrou o momento desse encontro tão significativo para Dom Raymundo Damasceno Assis, uma mostra que o Santo Padre era essencialmente o cardeal Bergoglio. Durante o trajeto da Casa Santa Marta até o Palácio Apostólico, o Papa Francisco e Dom Damasceno tiveram tempo para uma breve conversa.

---

[632] *Diário de Atividades do Sr. Arcebispo de Aparecida, Dom Raymundo Cardeal Damasceno Assis*, 2013, p. 4. Inédito.

[633] ASSIS, Raymundo Damasceno de; HUMMES, Cláudio. *Nossa Senhora Aparecida e o Papa Francisco: dois cardeais conversam sobre o Papa e a devoção pela padroeira do Brasil*, p. 89.

Foto: Papa Francisco com o cardeal Dom Raymundo Damasceno Assis,[634] sentados dentro do ônibus a caminho da primeira missa celebrada pelo Sumo Pontífice, Roma, março de 2013.

Andréa Moroni foi assessora de imprensa de Dom Damasceno e comenta que o "cardeal Bergoglio sempre teve um bom relacionamento com Dom Damasceno, ainda mais depois da V Conferência... Dom Damasceno é conhecido do Papa Francisco".[635] A repercussão da foto foi grande, em jornais, revistas, redes de televisão e internet; em matérias nas quais o comentário geral era sobre a alegria da presença do Papa Francisco no ônibus, junto aos cardeais e, especialmente, ao lado do cardeal Damasceno.[*][636]

A missa para o início do ministério petrino do Papa Francisco foi celebrada na terça-feira, 19 de março; por feliz coincidência, era dia do aniversário de sacerdócio de Dom Damasceno,[637] o cardeal completava 45 anos de vida consagrada a Cristo. Na Praça de São Pedro havia uma verdadeira multidão, inclusive com a presença de líderes religiosos e políticos, que aguardavam para cumprimentar o novo pontífice, após a celebração de sua primeira missa.

---

[634] Foto: crédito de *Frederico Oliveira*; Canção Nova.
[635] Andrea Moroni, Aparecida-SP, 1º de novembro de 2017; EPEO.
[636] LINK – II PARTE – DOIS PAPAS EM APARECIDA – PAPA FRANCISCO.
[637] *Diário de Atividades do Sr. Arcebispo de Aparecida Dom Raymundo Cardeal Damasceno Assis*, 2013, p. 4. Inédito.

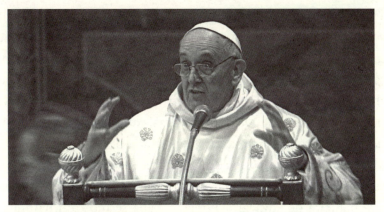

Foto: Papa durante a homilia da celebração de sua 1ª Missa,[638] Roma, março de 2013.

Em sua homilia, Francisco comentou que naquele dia, "juntamente com a festa de São José, celebravam o início do ministério do novo bispo de Roma, sucessor de Pedro, que inclui também um poder. É certo que Jesus Cristo deu um poder a Pedro, mas de que poder se trata?"[639] Com a batuta de Pedro em suas mãos, regendo a orquestra, composta por milhares de cristãos no mundo inteiro, o Papa ensinou como afinar nossos instrumentos e agirmos harmoniosamente para que a sinfonia cristã possa beneficiar a humanidade sob a regência do sucessor de Pedro. A resposta é a mesma dada "por Jesus, quando à tríplice pergunta de Jesus a Pedro sobre o amor, segue-se o tríplice convite: *apascenta os meus cordeiros, apascenta as minhas ovelhas*. Não esqueçamos jamais que o verdadeiro poder é o serviço, e que o próprio Papa, para exercer o poder, deve entrar sempre mais naquele serviço que tem o seu vértice luminoso na Cruz; deve olhar para o serviço humilde, concreto, rico de fé, de São José e, como ele, abrir os braços para guardar todo o Povo de Deus e acolher, com afeto e ternura, a humanidade inteira, especialmente os mais

---

[638] Foto: site *publico.pt*; acesso em 21 de novembro de 2017.
[639] PAPA FRANCISCO. Homilia. *Solenidade de São José*, 2013.

pobres, os mais fracos, os mais pequeninos,"[640] igual aos ensinamentos descritos por São Mateus[641] a respeito da caridade para com os que têm fome, sede, é estrangeiro, está nu, doente, na prisão. O amor é capaz de proteger. Essa proteção é a Igreja. Porém, o novo Pontífice fez menção à rocha sobre a qual a Igreja é construída. A dualidade entre casa e Igreja, entre a palavra de Deus e as pedras, completando o ensinamento de que "Deus não deseja uma casa construída pelo homem, mas quer a fidelidade a sua Palavra, ao seu desígnio; e é o próprio Deus que constrói a casa, mas de pedras vivas marcadas pelo seu Espírito".[642] Um marco na nova maneira de edificar a Igreja, o Papa se mostrou naturalmente próximo aos ensinamentos de São Francisco de Assis, santo italiano que escutou e atendeu ao pedido de Cristo: "Vai e constrói a minha Igreja, que está em ruína". Então, Francisco de Assis, começou a reconstrução material da igrejinha de São Damião. Porém, Deus queria dele outra reforma, mediante o caminho da santidade, vivendo pobre junto aos pobres. Francisco reuniu alguns companheiros, com os quais procurou "reformar a Igreja", no sentido mais profundo e institucional; por meio da santidade e da penitência.

Depois de mais de oito séculos, Papa Francisco assume a cátedra de Pedro e faz um alerta de como e por que devemos imitar São Francisco, independentemente de religião, basta ter a vocação de guardião; "ter respeito por toda a criatura de Deus e pelo ambiente onde vivemos. É guardar as pessoas, cuidar carinhosamente de todas elas e cada uma, especialmente das crianças, dos idosos, daqueles que são mais frágeis e que, muitas vezes, estão na periferia do nosso coração. É cuidar uns dos outros na família: os esposos guardam-se reciprocamente, depois, como pais, cuidam dos filhos, e, com o passar do tempo, os próprios filhos tornam-se guardiões dos pais. É viver com sinceridade as amiza-

---

[640] Idem.
[641] cf. Mt 25,31-46
[642] PAPA FRANCISCO. Homilia. *Solenidade de São José*, 2013.

des, que são um mútuo guardar-se na intimidade, no respeito e no bem. Fundamentalmente, tudo está confiado à guarda do homem, e é uma responsabilidade que nos diz respeito a todos. Sede guardiões dos dons de Deus".[643]

A Igreja é formada por guardiões que se deixam guiar pela vontade de Deus, que estão atentos aos acontecimentos a sua volta e tomam sensatas decisões, respondendo com disponibilidade e prontidão a Cristo.

***

Sempre disponível e atendendo ao chamado da Igreja, Dom Raymundo Cardeal Damasceno Assis, desde 1994, participou dos Sínodos Ordinários e Extraordinários, quando foi solicitado. Compartilhando toda experiência sinodal para que a Igreja no Brasil cresça com Fé, Sabedoria, Comunhão, Amor e Fraternidade.

***

---

[643] Idem.

BLOCO

8

SÍNODOS

I. Viagens por Cristo... em Cristo...

"A vossa obediência se tornou notória em toda a parte, razão por que eu me alegro a vosso respeito."
(Romanos 16,19)

Uma forte questão que moldou a vida religiosa de Dom Damasceno é o voto de obediência, aceitar o que a Santa Madre Igreja lhe propõe, jamais se negar a assumir uma nomeação, do mesmo modo que jamais solicitar um cargo. Desde sua ida para os maristas, na infância, seu desejo era ser de Cristo e nunca se desviou desse propósito. Ciente de que o amor de Cristo em seu coração sempre deveria ser um chamado, um constante caminhar, jamais ficar obsoleto, jamais deixar-se desanimar; abraçar com alegria todas as atividades que o Senhor colocasse para ele. Por isso, ser padre, bispo auxiliar de Brasília, arcebispo de Aparecida, presidente do Celam, presidente da CNBB, cardeal, arcebispo emérito de Aparecida, são cargos que exerceu e exerce com alegria. Mesmo que sua agenda esteja repleta de compromissos, tem dinamismo para atender a todos eles, sem ficar chateado, cansado ou doente. Estar a serviço do Senhor é a sua realização desde criança e o faz com amor e alegria.

Muitas pessoas que convivem com Dom Damasceno sabem desses diversos cargos que ele possui. Já chegou a se deslocar de um ponto do planeta ao outro em apenas um dia, para cumprir seus compromissos. Seu sim à Igreja é o suporte para ter alegria no coração e paz na alma. Um pequeno exemplo de seu dinamismo eclesial é sua agenda entre os dias 27 de abril de 2014, domingo, e o dia 17 de maio do mesmo ano. Dia 27 de maio ele estava em Roma, concelebrando com o Papa Francisco, na Canonização dos Papas João XXIII e João Paulo II, na Praça de São Pedro. Na terça-feira, o arcebispo de Aparecida esteve na reunião do Consep, em Aparecida. Na quarta-feira, dia 30 até o dia 9 de maio, o presidente da CNBB participou da 52ª Assembleia Geral dos Bispos do Brasil. No dia 10 de maio, o arcebispo de Aparecida celebrou a Crisma na Matriz São Francisco, em Guaratinguetá e no domingo, dia 11, de manhã celebrou a Santa Missa no Santuário Nacional. No mesmo dia, à tarde, o presidente da CNBB chegou a Roma para participar da Reunião Preparatória do Sínodo Extraordinário da Família e lá ficou até o dia 16 de maio; e no dia 17, sábado, o cardeal esteve presente na missa de posse de Dom José Valmor César Teixeira, em São José dos Campos. Esse é um exemplo da agenda normal de Dom Damasceno.

Se existe uma pessoa que conhece bem como era a agenda de Dom Damasceno é Jaqueline Pereira França, que foi sua secretária por 13 anos. Ela explica o quase inexplicável:

> "Dá para imaginar como era sua agenda: viagens, reuniões, palestras, entrevistas, imprensa, retiros, compromissos pastorais... Às vezes, eu brincava com ele dizendo: 'a semana deveria ter uns 10 dias para encaixar tanto compromisso', ou, então, 'o que o senhor vai fazer da meia-noite às 6h? Tem um *monte* de gente querendo marcar reunião e só tem esse horário na agenda'. Eu ficava (e continuo) admirada com a disposição de Dom Damasceno. Quando ele chegava de suas viagens (várias delas da Europa), ao invés de ir descansar, ia direto para minha

sala e perguntava: 'tudo bem por aí? Alguma novidade? Tem alguma coisa para resolver?' Eu dizia: 'vai descansar, Dom Damasceno, depois a gente vê isso'. Nunca vi tanta disposição e saúde!!!"[644]

Uma das atividades que Dom Raymundo Cardeal Damasceno Assis participa é o Sinodo!

II. Sínodo

"O Deus da perseverança e da consolação vos conceda o mesmo sentimento uns para com os outros, segundo Jesus Cristo, para que com um só coração e uma só voz glorifiqueis a Deus Pai de Nosso Senhor Jesus Cristo."
(Romanos 15,5-6)

A palavra sínodo tem sua origem no idioma grego, *sýnodos*, e quer dizer "caminhar juntos". A unidade cristã é possível desde que os caminhantes estejam com a mesma meta que é Jesus. Não existe unidade cristã sem Cristo. Por isso, o fazer-se um junto com todos é ser um com Cristo. Se eu comungo com Deus, todos que estão em comunhão com Ele estão comigo no caminho.

O Sínodo dos Bispos, como organismo representativo do Episcopado Católico, foi solicitado pelo Concílio Vaticano II, *Decreto Christus Dominus* n. 5, e o Papa Paulo V, pelo *Motu Proprio Apostólica Sollicitudo* de 15 de setembro de 1965, determinou a existência, natureza e composição desse organismo.

"É uma instituição eclesiástica, que nós, interrogando os sinais dos tempos, e ainda mais procurando interpretar em profundidade os desígnios divinos e a constituição da Igreja Católica, estabelecemos, após o Concílio Vaticano II, para favorecer a união e a colaboração

---

[644] Jaqueline Pereira França, Aparecida-SP, 27 de novembro de 2017; EPEO.

dos bispos de todo o mundo com essa Sé Apostólica, por meio de um estudo comum das condições da Igreja e a solução concorde das questões relativas a sua missão. Não é um Concílio, não é um Parlamento, mas um Sínodo de particular natureza."[645]

Na verdade, o Sínodo consta de uma reunião de vários dias, convocada pelo Papa, com cardeais, arcebispos, bispos, padres, religiosos, religiosas e alguns convidados do mundo todo, para tratar de um assunto específico da Igreja, que pode ser de doutrina ou de pastoral. A cada três anos acontecem os Sínodos ordinários e, existem os extraordinários, que o Papa convoca a qualquer tempo.

Existe uma comissão que avalia as sugestões de tema a ser debatido no Sínodo, é o Conselho da Secretaria Geral do Sínodo dos Bispos, que sugere os temas ao Papa que decidirá o tema final. Quando então, prepara-se o documento que apresenta as linhas principais do tema, o *Lineamenta*, que, se for aprovado pelo Papa, será enviado para estudo do episcopado. Depois dessa fase, os bispos enviam sugestões a partir das perguntas do *Lineamenta* para a Secretaria Geral, para ser redigido o *Instrumentum laboris*, documento que é ponto de referência durante a Assembleia sinodal. Dentro da metodologia de trabalho, existe uma dinâmica colegial, desde a preparação até as conclusões das assembleias. São feitas análises e apresentadas as sínteses, permitindo a constatação de um resultado e, se necessário, fazendo novas propostas.

Há também os sinodos por continentes, que são uma modalidade dos sínodos estraordinários. Exemplos: Assembleia Especial para a África, realizada em 2009, e a Assembleia Especial para o Oriente Médio, realizada em 2010. Após o Sínodo, o Papa normalmente publica um documento chamado *Exortação Apostólica* Pós-Sinodal, que é o documento oficial e conclusivo do sínodo.

***

---

[645] PAPA PAULO VI. Discurso na hora do Ângelus, setembro de 1974.

III. Convocações

> "Cada qual seja submisso às autoridades constituídas. Porque não há autoridade que não venha de Deus, as que existem foram instituídas por Deus."
> (Rm 13,1)

Como secretário do Conselho Episcopal Latino-Americano e Caribenho – Celam, Dom Raymundo Damasceno Assis foi inúmeras vezes chamado a participar dos Sínodos Ordinários e Extraordinários. "É de praxe o Papa nomear o presidente e secretário do Celam para participar do Sínodo. De tal modo que, a partir de 1994, eu praticamente participei de quase todos os Sínodos como secretário e, depois, como presidente do Celam, e presidente da CNBB. O único ao qual fui convidado por meio de uma eleição foi o Sínodo para a América."[646]

Participou como Padre Sinodal (1994), nomeado pelo Papa João Paulo II, na 1ª Assembleia Especial para a África do Sínodo dos Bispos, em Roma. E, no mesmo ano, convocado pelo Papa João Paulo II, tomou parte na IX Assembleia Geral Ordinária, do dia 2 a 9 de outubro de 1994, cujo tema foi: "A vida consagrada e a sua missão na Igreja e no mundo". Nesse Sínodo participaram o arcebispo de Buenos Aires, Jorge Bergoglio, e, também, Madre Teresa de Calcutá.

> "O papel da vida consagrada na Igreja é tão notável que decidi convocar um Sínodo para aprofundar o seu significado e as suas perspectivas em ordem ao novo milénio, já iminente. Na Assembleia sinodal, quis que, ao lado dos padres, estivesse também presente um número considerável de pessoas consagradas, a fim de não faltar a sua contribuição para a reflexão comum."[647]

---

[646] Dom Raymundo Cardeal Damasceno Assis, 22 de novembro de 2017; EPEO.

[647] PAPA JOÃO PAULO II. *Exortação Apostólica Pós-Sinodal Vita Consecrata ao Episcopado e ao Clero, às Ordens e Congregações Religiosas, às Sociedades de vida Apostólica, aos Institutos Seculares e a todos os fiéis sobre a Vida Consagrada e a sua Missão da Igreja e no Mundo*, março de 1996, p. 3.

Este nono Sínodo ordinário bateu o recorde de participantes: mais de 240 padres sinodais (sendo a maioria bispo), com alguns superiores religiosos e sacerdotes; 53 mulheres e 22 homens, ouvintes, que foram convidados pelo Santo Padre; 20 colaboradores do secretário-geral; 12 ouvintes, de Igrejas não católicas; no total de 348 participantes, contando com o Papa João Paulo II. Estavam presentes 53 Institutos femininos e 55 masculinos.

Durante o sínodo, com muito interesse, diariamente o Sumo Pontífice participava, fielmente, das assembleias gerais. "João Paulo II, armado de bengala, foi centro de comunhão e também de alegria, com seu humor; sua afabilidade e seu senso de diálogo."[648] Para ter melhor contato com os participantes, o Papa, a cada dia, convidava um grupo diferente para almoçar e cear com ele; reuniu todos no último dia para um amplo almoço de confraternização.

> "Se, para fazer ressoar o anúncio evangélico no âmbito das realidades temporais, tem uma missão particular a vida laical, no âmbito da comunhão eclesial um ministério insubstituível é desempenhado por aqueles que estão constituídos na Ordem sagrada, de modo especial pelos Bispos. Estes têm a tarefa de guiar o Povo de Deus, mediante o ensinamento da Palavra, a administração dos Sacramentos e o exercício do poder sagrado ao serviço da comunhão eclesial, que é comunhão orgânica e hierarquicamente ordenada."[649]

Um dos pontos altos desse Sínodo foi a presença de religiosos, monges do Oriente, do Ocidente e, também, de monges ortodoxos, que fizeram ótimas intervenções, por meio de extraordinários testemunhos que surtiram efeito na evangelização ao longo dos séculos. Dentre as

---

[648] VIGANÓ, Egídio (Reitor-Mor da Congregação dos Padres Salesianos). *O Sínodo Sobre a Vida Consagrada*, p. 2.
[649] PAPA JOÃO PAULO II. *Exortação Apostólica Pós-Sinodal Vita Consecrata ao Episcopado e ao Clero, às Ordens e Congregações Religiosas, às Sociedades de vida Apostólica, aos Institutos Seculares e a todos os fiéis sobre a Vida Consagrada e a sua Missão da Igreja e no Mundo*, março de 1996, p. 23.

religiosas consagradas, a especial figura de Madre Teresa de Calcutá[650] foi ponto de apoio ao trabalho no Sínodo.

Foto: Santa Madre Teresa de Calcutá e Dom Raymundo Damasceno Assis,[651] Sínodo a Vida Consagrada, Vaticano, outubro de 1994.

A presença de Madre Teresa de Calcutá foi marcante por causa de sua humildade, por estar sempre atenta às palestras e em oração. Madre Teresa viveu o Amor intensamente, enxergando no irmão sofrido o próprio Cristo ressuscitado. Um exemplo para nossa vida cristã: "Viver o Sacramento do Amor, presente na Eucaristia, com gestos ca-

---
[650] Anjezë Gonxhe Bojaxhiu M.C. nasceu em Skopje, no dia 26 de agosto de 1910, faleceu em Calcutá no dia 5 de setembro de 1997, conhecida como Madre Teresa de Calcutá ou Santa Teresa de Calcutá, foi religiosa católica de etnia albanesa, nascida em território sob Império Otomano, na capital da atual República da Macedônia, naturalizada indiana e beatificada pela Igreja Católica em 2003 e canonizada em 2016. Considerada, a missionária do século XX, fundou a congregação religiosa das Missionárias da Caridade, tornando-se conhecida ainda em vida pelo codinome de *"Santa das Sarjetas"*.
[651] APDRCDA. Inédito.

ridosos e fraternos".[652] Ela foi uma presença particularmente admirada e, ao mesmo tempo, discreta e humilde durante todo o transcorrer do Sínodo. Ela teve uma "audição";[653] fez uma comovente intervenção na assembleia, "que fez pensar na genialidade feminina no testemunho do valor da consagração religiosa tanto para a Igreja como para o mundo".[654]

O fruto desse Sínodo foi a Exortação Apostólica Pós-sinodal *Vita Consecrata*, do Papa João Paulo II, publicada no dia 25 de março de 1996. Ano em que Dom Damasceno foi convidado, por meio de eleição, à participação do Sínodo Especial para a América, e esteve presente.

O secretário-geral Jan P. Cardeal Schotte, CICM, na apresentação dos *Lineamenta* para o Sínodo Especial para a América, 1996, disse que em preparação para a celebração do Jubileu do Ano 2000, enfatizando que Jesus Cristo está vivo no centro da Igreja, sendo Ele caminho de conversão, de comunhão e de solidariedade, a Igreja realizará, com maior eficiência, uma nova evangelização, para que todos os habitantes das Américas recebam mensagens da salvação. E informou que "levando em consideração as propostas do Conselho, o Santo Padre escolheu o seguinte tema para esta Assembleia Especial: *Encontro com Jesus Cristo vivo, caminho para a conversão, a comunhão e a solidariedade na América*. A formulação do tema procura responder ao contexto das circunstâncias da Igreja na América e, ao mesmo tempo, abranger uma realidade que atinge tanta gente e tantas culturas do continente americano".[655]

Do dia 5 ao dia 26 de outubro de 1997, Dom Damasceno foi convocado, pelo Papa João Paulo II, a participar do Sínodo dos Bispos na Assembleia Especial para a América, também em Roma. A designação

---

[652] Dom Raymundo Cardeal Damasceno Assis. In: *Palavra do Arcebispo*. Revista de Aparecida, p. 2.

[653] Exposição especializada de um tema pelo espaço de 15 a 20 minutos, no Sínodo.

[654] VIGANÓ, Egídio. *O Sínodo Sobre a Vida Consagrada*, p. 3.

[655] Sínodo dos Bispos. *Lineamenta*. Assembleia Especial para a América. Encontro com Jesus Cristo vivo, caminho para a conversão, a comunhão e a solidariedade na América. In: Site do Vaticano; acesso em 8 de dezembro de 2017.

---Bloco 8 – Sínodos---

Sínodo "da América" e não "das Américas" foi decisão do Papa João Paulo II. A América é uma. A do Norte mais desenvolvida tem algo a oferecer à do Sul, e a do Sul tem muito a oferecer de sua religiosidade à do Norte. E, no ano de 2008, Dom Damasceno teve participação como Padre Sinodal, na XII Assembleia Geral Ordinária, *Sínodo da Palavra*, nomeado pelo Papa Bento XVI, em Roma, ocasião em que foi debatido o tema: "A Palavra de Deus na vida e na missão da Igreja".

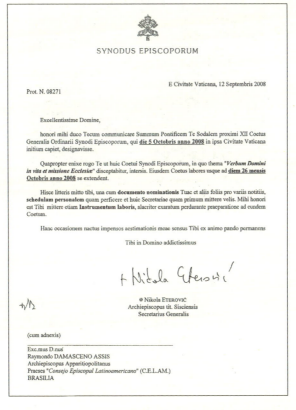

Foto: carta-convite para Dom Damasceno participar do Sínodo da Palavra,[656] Vaticano, setembro de 2008.

---

[656] Documento: APDRCDA. Inédito.

Fotos: Dom Raymundo Damasceno Assis participando da Assembleia do Sínodo "A Palavra de Deus na vida e na missão da Igreja",[657] Vaticano, outubro de 2008.

Essa assembleia sinodal teve como um dos presidentes delegados o cardeal Dom Odilo Pedro Scherer, arcebispo de São Paulo. O documento conclusivo escrito pelo Papa Bento XVI foi a carta *Exortação Apostólica Pós-sinodal Verbum Domini*, publicada em 30 de setembro de 2010.

Já no ano de 2009, Dom Damasceno era presidente do Celam e participou do II Sínodo Especial dos Bispos para a África, realizado em Roma no mês de outubro. O tema desse Sínodo foi: *A Igreja na África a serviço da justiça, da reconciliação e da paz*.

---

[657] Fotos: APDRCDA. *Serviço Fotográfico de L'Osservatore Romano*, Vaticano. Inédito.

Bloco 8 – Sínodos

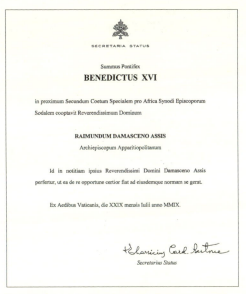

Foto: carta-convite para Dom Raymundo Damasceno Assis participar o Sínodo da África,[658] julho de 2009.

Dom Damasceno comentou com sua secretária, Blanca de Inger, que para ele seria muito interessante partilhar com as igrejas irmãs que têm culturas tão diferentes das nossas, possuindo problemas sociopolíticos muito complexos. "Claro que para ele e para os outros integrantes, essa participação também permite que eles reconheçam e tenham, ainda mais, presentes a grande população afrodescendente que existe no nosso próprio continente e os desafios pendentes para com eles na pastoral."[659]

O arcebispo de Aparecida foi convocado pela Secretaria Geral do Sínodo para fazer parte do Sínodo como *Membro ex officio*, na Assembleia Especial para o Oriente Médio, em outubro de 2010. Respondeu a carta-convite e, logo depois, foi nomeado pelo Papa Bento XVI para comparecer ao Sínodo.

---
[658] Documento: APDRCDA. Inédito.
[659] Blanca González de Inger, Bogotá, Colômbia, 26 de novembro de 2017; EPEO.

Fotos: carta-resposta de Dom Raymundo Damasceno Assis à convocação de participação do Sínodo Especial para o Oriente Médio e sua participação,[660] Vaticano, outubro de 2010.

Foi durante esse sínodo que Dom Damasceno recebeu a carta do Santo Padre Bento XVI, informando-o de sua nomeação para cardeal. [*][661]

---

[660] Documento e foto: APDRCDA. Foto: *Serviço Fotográfico de L'Osservatore Romano*, Vaticano.
[661] LINK – II PARTE – CARDINALATO.

Bloco 8 – Sínodos

Foto: assembleia Especial para o Oriente Médio,[662] participação de Dom Raymundo Damasceno, Vaticano, outubro de 2010.

Em maio de 2014, Dom Damasceno foi nomeado um dos copresidentes pelo Papa Francisco para participar do Sínodo Extraordinário da Família. Esse Sínodo abrangeu alguns temas que, até então, eram desafiadores para a Igreja católica. "Para estar ao seu lado na condução dos grupos de discussão, polêmicos e antagônicos, desde antes do início da reunião, Bergoglio nomeou três cardeais – e chamou-os de 'copresidentes'. Entre eles, o brasileiro Dom Raymundo Damasceno de Assis, 77 anos, arcebispo de Aparecida (SP), presidente da Conferência Nacional dos Bispos do Brasil (CNBB) e membro, até então discreto, da hierarquia católica brasileira, cuja divisão entre progressistas e conservadores é histórica."[663]

> "O anúncio do Evangelho da família constitui uma parte integrante da missão da Igreja, porque a revelação de Deus ilumina a realidade da relação entre o homem e a mulher, do seu amor e da fecundidade do seu re-

---
[662] Foto: APDRCDA; *Serviço Fotográfico de L'Osservatore Romano*, Vaticano.
[663] Revista *Isto É*, outubro de 2014, p. 72.

lacionamento. Na época contemporânea, a difundida crise cultural, social e espiritual constitui um desafio para a evangelização da família, núcleo vital da sociedade e da comunidade eclesial. Tal anúncio põe-se em continuidade com a Assembleia sinodal sobre A nova Evangelização para a transmissão da fé cristã e o *Ano da fé*, proclamado por Bento XVI."[664]

A 3ª Assembleia Geral Extraordinária, de 5 a 19 de outubro de 2014, cujo tema era: "Os desafios pastorais da família no contexto da evangelização", foi o primeiro Sínodo realizado em duas etapas: a primeira em 2014 e a segunda em 2015, quando encerrou as discussões na 14ª Assembleia Geral Ordinária.

Alguns pontos primordiais foram exaltados nesse Sínodo, como a relevância da vida afetiva familiar; a família no desígnio salvífico de Deus; a atenção pastoral às pessoas com tendência homossexual; a alegria do casamento e sua indissolubilidade; o papel da família na evangelização; dentre outros que ficaram marcantes como temas que deveriam ser apresentados pós-sínodo em todas as paróquias da Igreja.

Foto: mesa composta pelo presidente Papa Francisco e presidentes delegados, dentre eles cardeal Dom Damasceno,[665] Sínodo da Família, Vaticano, outubro de 2014.

---

[664] III Assembleia Geral Extraordinária do Sínodo dos Bispos. Os desafios Pastorais da Família no Contexto da Evangelização *INSTRUMENTUM LABORIS*. 2014.
[665] Foto: APDRCDA, *Serviço Fotográfico de L'Osservatore Romano*, Vaticano.

A colocação de Dom Damasceno no Sínodo foi no sentido de amparo da Igreja às difíceis situações da família. "A Igreja tem que ter um olhar de compreensão para todos os dramas que vivem hoje muitos casais e suas famílias. É preciso atitudes de misericórdia, aproximação e compreensão para com essas pessoas."666

Durante o Sínodo, a imprensa ressaltou a proximidade de Francisco e Damasceno, dois antigos conhecidos; citaram a V Conferência Geral do Episcopado da América Latina e Caribe, quando o cardeal Mário Bergoglio e o arcebispo de Aparecida estiveram mais próximos, em Aparecida;[*]667 lembraram do pedido feito pelo cardeal Damasceno para que o Papa olhasse com carinho para o processo de canonização de padre José de Anchieta, que naquele ano foi reconhecido como santo. Analistas religiosos comentaram que foi necessário que um cardeal brasileiro ocupasse uma posição de proa dentro da instituição nesse momento delicado da Igreja. Afirmaram que uma das reconhecidas capacidades de Dom Damasceno é a de estar no lugar certo, na hora certa.668 "Ele é prudente, moderado, e foi escolhido por ser o presidente da conferência episcopal católica de maior importância hoje."669

Foto: Papa Francisco e Dom Raymundo Damasceno Assis670 caminhando para a aula sinodal no Sínodo Extraordinário da Família, Roma, outubro de 2014.

---

666 Dom Raymundo Cardeal Damasceno Assis. In: site *Diocese de Osasco*; acesso em 8 de dezembro de 2017.
667 LINK – II PARTE – DOIS PAPAS EM APARECIDA – PAPA FRANCISCO.
668 Revista *Isto É*, outubro de 2014, p. 72.
669 Luiz Alberto Gomes de Souza, sociólogo e diretor do Programa de Estudos Avançados em Ciência e Religião da Universidade Cândido Mendes. In: *Revista Isto É*, 15 de outubro de 2014, p. 72.
670 Foto: crédito de *Alessandra Tarantino*. In: *Revista Isto É*, 15 de outubro de 2014, p. 72.

No encerramento dos trabalhos sinodais, Papa Francisco convocou os presentes para maior união participativa na Igreja. Finalizar o Sínodo significou voltar a, realmente, caminhar juntos, "para levar a todas as partes do mundo, a cada diocese, a cada comunidade e a cada situação, o sustento da misericórdia de Deus".[671]

Depois da finalização do Sínodo, na Praça de São Pedro, o Papa, cardeais, arcebispos, bispos, padres, religiosos, religiosas e fiéis do mundo inteiro estiveram unidos para a beatificação do Papa Paulo VI. Na homilia, Francisco comentou que durante aqueles dias, no Sínodo, os participantes sentiram a força do Espírito Santo guiando e renovando a Igreja, que urgentemente foi chamada para "assumir as feridas abertas e para devolver a esperança a tantas pessoas que a perderam". Agradeceu a Deus pela colaboração de todos que participaram com espírito construtivo e seu desejo de que o Espírito Santo que, naqueles dias intensos, concedeu-os trabalhar generosamente com verdadeira liberdade e humilde criatividade, "acompanhe-os agora, nas igrejas de toda a Terra, o caminho de preparação do Sínodo Ordinário dos Bispos, no mês de outubro de 2015".[672]

Logo após o término do Sínodo da 3ª Assembleia Geral Extraordinária, novembro de 2014, o cardeal Damasceno recebeu convocação para, novamente, ser presidente delegado do Sínodo em 2015. A notícia foi divulgada aos bispos do Conselho Episcopal Pastoral, Consep, que estavam reunidos na sede da CNBB, em Brasília, quando Dom Damasceno comentou que recebeu com alegria mais aquela "nomeação para ser um dos presidentes delegados da próxima etapa do Sínodo ordinário sobre a Família".[673]

> "O arcebispo de Aparecida e presidente da Conferência Nacional dos Bispos do Brasil, CNBB, cardeal Raymundo Damasceno Assis, foi nomeado, pelo Papa Francisco, presidente delegado da 14ª As-

---

[671] PAPA FRANCISCO. *Homilia de beatificação do Papa Paulo VI*, outubro de 2014.
[672] Idem.
[673] Dom Raymundo Cardeal Damasceno Assis, Aparecida-SP, 22 de novembro de 2017; EPEO.

sembleia Ordinária do Sínodo dos Bispos, que acontecerá em outubro de 2015, no Vaticano. O evento abordará o tema 'A vocação e a missão da família na Igreja e no mundo contemporâneo.'"[674]

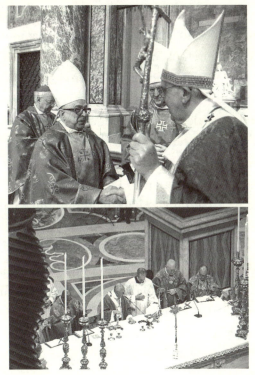

Fotos: celebração Eucarística, Altar a Confissão, presidida pelo Papa Francisco, concelebrada por Dom Raymundo Damasceno Assis, Vaticano, 2015.

Durante o Sínodo, Dom Damasceno foi um dos concelebrantes da missa. "Foi uma honra muito grande, verdadeira alegria, estar celebrando no *Altar da Confissão* junto com o Papa Francisco."[675] Momento de muito apreço para o cardeal, pois sob o baldaquino desse altar encontra-se um

---

[674] In: sites *CNBB, RCCJundiaí*; acesso em 8 de dezembro de 2017.
[675] Dom Raymundo Cardeal Damasceno Assis, Aparecida-SP, 22 de novembro de 2017; EPEO.

bloco de mármore branco, o qual foi colocado verticalmente sobre o túmulo de São Pedro. Por isso, é conhecido por Altar da Confissão, pois está situado no lugar conhecido como *Confessio*, o túmulo do apóstolo que confessou sua fé por meio do martírio. O baldaquino sobre o altar é sustentado por colunas em espiral, feitas de bronze, que remetem ao Templo de Salomão e simbolizam a força e a estabilidade. No alto do baldaquino está escrito em latim a frase de São Cipriano: "Aqui se espalha por todo o mundo a única e verdadeira fé, aqui nasce a unidade do sacerdócio". O sacerdócio deu ao cardeal Damasceno a honra de viver na alegria do Senhor, impulsionado pela fé, deixou-se levar pelo chamado e, aquele menino de apenas seis anos de idade, que alegremente celebrava missa em sua casa para seus pais e ir- mãos, consagrando-se ao Mistério do que sentia na época, concelebrou com o Papa, sobre a pedra fundamental da Igreja, Pedro.[*][676]

As duas etapas do Sínodo da Família foram muito importantes para a Igreja, pois a família é a base da sociedade. O tema foi amplamen- te abordado em vários aspectos religiosos e, também, socioeconômicos. Essa temática teve grande relevância para uma dinâmica mundial sobre a formação atual da família... "Da família depende o futuro da huma- nidade e da Igreja. É na família que se formam os cristãos, os cidadãos. Os filhos aprendem os valores que vão orientá-los quando adultos. Da família depende o bem da sociedade."[677]

IV. Visitando o Pio Brasileiro

> "Não vos conformeis com este mundo, mas transformai-vos pela re- novação de vosso espírito, para que possais discernir qual é a vontade de vosso Deus, o que é bom, o que lhe agrada e o que é perfeito."
> (Romanos 12,2)

---

[676] LINK – II PARTE – CARDINALATO.

[677] Dom Raymundo Cardeal Damasceno Assis. In: sites *CNBB, RCCJundiaí*, acesso em 8 de dezembro de 2017.

Bloco 8 – Sínodos

Os cardeais brasileiros, que participaram da 3ª Assembleia Geral Extraordinária, foram convidados para uma noite de reflexão no Pontifício Colégio Pio Brasileiro, em 17 de outubro de 2015, para falarem a respeito dos trabalhos que foram desenvolvidos durante o Sínodo da Família.

> "Estiveram presentes o arcebispo de Aparecida-SP e presidente da Conferência Nacional dos Bispos do Brasil, CNBB, cardeal Raymundo Damasceno Assis; o arcebispo de São Paulo-SP, cardeal Odilo Pedro Scherer; o prefeito da Congregação para os Institutos de Vida Consagrada e as Sociedades de Vida Apostólica, cardeal João Braz de Aviz; o arcebispo do Rio de Janeiro, cardeal Orani João Tempesta. O evento contou também com a presença de Dom Geraldo Majella Agnello, arcebispo emérito de Salvador-BA, que foi a Roma para a cerimônia de beatificação do Papa Paulo VI; do reitor do Colégio, padre Geraldo Maia; do presidente do Conselho dos Estudantes, padre Leonísio Leal; e do diretor de estudos do Pio Brasileiro, padre Domingos Barbosa, que dirigiu os trabalhos."[678]

Foto: cardeais participando de uma reflexão a respeito do Sínodo da Família,[679] Colégio Pio Brasileiro, Roma, 2015.

---

[678] Informações do Colégio Pio Brasileiro, Roma.
[679] Foto in: site *arquidiocese de São Paulo*; acesso em 8 de dezembro de 2017.

Nessa reunião, cada um dos cardeais teve sete minutos para fazer suas apreciações a respeito dos assuntos tratados durante o Sínodo. Dom Odilo discursou sobre a instituição do Sínodo e suas características, Dom João Braz e Dom Orani abordaram os aspectos pastorais desta assembleia, atendo-se mais ao tema e aos grandes desafios que assolam a vida familiar e exige uma reposta da Igreja, e Dom Damasceno, presidente delegado do Sínodo, falou sobre a organização do encontro, sua estrutura e o funcionamento dos trabalhos.[680] Os cardeais finalizaram o encontro com algumas palavras a respeito do recém-beato Papa Paulo VI. A sessão foi encerrada com o canto de *Salve Regina*.

Ao retornar para o Brasil, Dom Damasceno convocou membros da Pastoral Familiar e de outros movimentos ligados à família para um Congresso, que reuniu cerca de 300 pessoas de diversas arquidioceses da região do Vale do Paraíba e litoral norte de São Paulo: Aparecida, Lorena, Caraguatatuba, Taubaté e São José dos Campos. Nesse evento, os integrantes tiveram formação e fizeram troca de experiências, refletindo os resultados e avanços do Sínodo dos bispos. Um dos temas de estudo e cuidado foi a Eucaristia para casais de segunda união. No encerramento do congresso, o cardeal Damasceno deu "um panorama geral do que foi abordado no Sínodo".[681]

Participante dos trabalhos sinodais, desde 1994, o cardeal Damasceno Assis sente-se alegre de ter colaborado nos importantes trabalhos de várias temáticas em diversos Sínodos. Contribuindo assim, para que a Igreja seja sempre Luz para os fiéis. "Ultimamente fui copresidente para os dois Sínodos da Família, foi no Sínodo Extraordinário em 2014 e no Sínodo Ordinário em 2015; nos Sínodos o Papa é o presidente (o Papa delega outros presidentes para estar com ele na direção dos trabalhos). Terminei honradamente essa etapa como copresidente dos dois Sínodos da Família."[682]

---

[680] Informações do Colégio Pio Brasileiro, Roma.
[681] Jornal *Santuário de Aparecida*, novembro de 2015, p. 4.
[682] Dom Raymundo Cardeal Damasceno Assis, Aparecida-SP, 22 de novembro de 2017; EPEO.

Raymundo Damasceno Assis foi cativado, desde a infância, pelo Amor Incondicional de Jesus Cristo. Seu desejo de ser sacerdote o levou a trilhar caminhos que o conduzem ao Senhor. Concelebrar com o Papa Francisco no *Altar da Confissão,* local sagrado, foi importante para o cardeal Dom Raymundo Damasceno, pois ele sabe que é na confissão da fé que se chega ao coração de Jesus e que se tem a unidade dos fiéis.

***

III

— PARTE —

"O cardeal Raymundo Damasceno foi Arcebispo de Aparecida por quase 13 anos, sucedendo grandes nomes da Igreja, como os cardeais Motta e Aloísio Lorscheider. Ressalto sua expressiva contribuição no fortalecimento daquela Igreja particular e na consolidação do Santuário Nacional como lugar privilegiado da evangelização, para o Brasil e para o mundo!"

† *Dom Darci José Nicioli, C.Ss.R.*
Arcebispo de Diamantina, MG

APRESENTAÇÃO DA III PARTE

Esta terceira parte tem três blocos distintos e cada um deles é iniciado com uma contextualização historiográfica a respeito do assunto que será abordado. Depois abrange informações a respeito da atuação de Dom Raymundo Cardeal Damasceno Assis, no período de Arcebispo e Arcebispo Emérito de Aparecida:

Bloco 1:
Dom Raymundo Damasceno Assis na direção da arquidiocese de Aparecida. Os 13 anos de atuação de Dom Raymundo como Arcebispo de Aparecida.

Bloco 2:
Santuário Nacional de Aparecida: a idealização, construção e acabamento da Basílica Nova. O comprometimento de Dom Raymundo Cardeal Damasceno Assis com essas obras.

Bloco 3:
Embaixador de Nossa Senhora: a imagem de Nossa Senhora Aparecida e alguns acontecimentos importantes recorrentes a ela. As viagens de Dom Damasceno para as entronizações da imagem de Nossa Senhora Aparecida em diversos países.

BLOCO 1

ARCEBISPO DE APARECIDA

I. Quarto arcebispo de Aparecida

> *"Três dias depois, celebravam-se bodas em Caná da Galileia, e achava-se ali a mãe de Jesus. Também foram convidados Jesus e os seus discípulos. Como viesse a faltar vinho, a mãe de Jesus disse-lhe: Eles já não têm vinho. Respondeu-lhe Jesus: Mulher, isso compete a nós? Minha hora ainda não chegou. Disse, então, sua mãe aos serventes: Fazei o que ele vos disser. Ora, achavam-se ali seis talhas de pedra para as purificações dos judeus, que continham cada qual duas ou três medidas. Jesus ordena-lhes: Enchei as talhas de água." (Jo 2,1-7)*

Campanha dos Devotos

Foto: logotipo da Campanha dos Devotos.

A equipe de redentoristas que administrava o Santuário Nacional criou a Campanha dos Devotos, inspirada no Clube dos Sócios, que foi um grande incentivo ainda do padre Vítor de Almeida para a *Rádio Aparecida;* uma forma de o devoto colaborar com a evangelização. Dar apoio aos romeiros com a ajuda do romeiro que sabe o quanto é necessária essa ajuda. Padre Darci então pensou... "nós com essa dificuldade econômica, tenho a absoluta certeza que o devoto de Nossa Senhora ajudará se pedirmos e dissermos para que servirá essa ajuda. Então, assim foi, montamos a *Campanha dos Devotos* com o apoio de Dom Aloísio Lorscheider, que sempre apoiava a administração do Santuário Nacional. Eu me sentia sempre apoiado por ele, apoio que, muitas vezes, não vinha nem dos superiores da congregação, mas Dom Aloísio bancava. Iniciamos a Campanha dos Devotos, graças a Deus ela foi e é uma campanha vencedora, no sentido de que o devoto de Nossa Senhora compreendeu".[1] Sim, o devoto compreendeu que, com essa ajuda, não somente ele e sua família, mas também outros romeiros poderiam usufruir dos benefícios de uma infraestrutura que garantiria mais conforto e segurança ao visitar o Santuário de Aparecida.

> "Com a participação dos romeiros e com outras atividades desenvolvidas dentro do santuário, como o próprio lucro com as lojas do Centro de Apoio aos Romeiros, que são alugadas, começamos a quitar as dívidas. O estacionamento pago, foi outra luta imensa para quebrar paradigmas, porque ninguém aceitava que se pagasse estacionamento no santuário, diziam até: Ah! Eu vou pagar para rezar?! Daí havia a explicação: Não!... Você vai pagar para ter seu veículo assegurado de forma que você possa ficar sossegado, rezando em paz, sem preocupações, garantindo a segurança. Igualmente fizemos uma quebra de paradigmas naquilo que o santuário poderia fazer dentro do seu objetivo de evangelização, por exemplo, comercializar: velas e água engarrafada etc. Por isso, foi possível construir a *TV Aparecida*."[2]

Nesse tocante administrativo, no caminhar diário para sanar danos, pagar dívidas, construir um shopping, dar melhores condições aos

---

[1] Dom Darci José Nicioli, C.Ss.R., Brasília - DF 29 de novembro de 2017, EPEO.
[2] Idem.

romeiros, padre Darci foi criando raízes em Aparecida. Aliás, ali estava seu berço religioso, pois em 1974, saiu do Sul de Minas, Jacutinga, aos 15 anos de idade, para ingressar no Seminário Santo Afonso, em Aparecida. Sua devoção por Nossa Senhora é grande. Quando foi chamado para ajudar na administração do Santuário, em 1996, "a ideia era a que eu fosse para Aparecida e ficasse ali por uns três meses, até eles encontrarem alguém com perfil para administrar o Santuário. Eu era muito jovem na época. Acabei ficando por quase 20 anos à frente do Santuário Nacional".[3] Missão que desempenhou com extremo desvelo em seu amor a Cristo, à Igreja, a Nossa Senhora da Conceição e aos romeiros.

***

O trabalho de Dom Damasceno, como secretário-geral da CNBB, já havia terminado há alguns meses quando ficou a par, extraoficialmente, que o nome dele foi citado para substituir Dom Aloísio Lorscheider, OFM, como arcebispo de Aparecida.

Foto: Dom Raymundo Damasceno Assis,[4] Aparecida-SP.

---

[3] Idem.
[4] Foto: Acervo da Cúria Metropolitana de Aparecida, ACMA.

Por isso, em suas férias de fim de ano (2003) e começo de ano (2004), Dom Damasceno foi a Aparecida, com sua mãe, um irmão e duas irmãs. Eles se hospedaram em um hotel que oferecia condições precárias para acolher qualquer hóspede.

> "Naquele momento já se falava ao pé do ouvido, que eu seria nomeado arcebispo de Aparecida, não havia nada de oficial, mas como havia esse 'boato' eu preferi ficar no anonimato nos dois dias em que estive em Aparecida, visitei o Santuário, participei da missa... mas, no fundo da Basílica, para não me identificar, ali naquele momento poderia ser mal interpretada minha presença, como se eu já quisesse conhecer para onde eu iria, quase como se eu estivesse desejando ou, até mesmo, sabendo de minha ida para Aparecida, então... eu preferi ficar no anonimato durante esses dias em Aparecida."[5]

Dom Damasceno e seus familiares voltaram para Conselheiro Lafaiete, pois era época de férias na arquidiocese de Brasília.

Ao chegar a Brasília, no dia 13 de janeiro[6] de 2004, o núncio apostólico, Dom Lorenzo Baldisseri, chamou-o para uma conversa, na nunciatura[7], e lhe entregou pessoalmente uma carta[8], comunicando que o Papa João Paulo II o designava arcebispo da arquidiocese de Aparecida, em substituição ao cardeal Dom Aloísio Lorscheider.

Uma das primeiras reações de Dom Damasceno foi escrever uma carta ao Santo Padre, agradecendo e respondendo com "Sins", como sempre fez, aceitando as transferências e nomeações que vinham direto do Vaticano, ou do episcopado brasileiro. Na carta que enviou ao Papa, Dom Damasceno comentou seus sentimentos:

---

[5] Dom Raymundo Cardeal Damasceno Assis, Aparecida-SP, 22 de novembro de 2017; EPEO.
[6] Festa do grande bispo, Santo Hilário de Poitiers.
[7] Uma nunciatura apostólica é um alto nível das missões diplomáticas da Santa Sé, equivalente a uma embaixada. Seu titular, o núncio apostólico, é, portanto, como um embaixador da Santa Sé no país a que foi designado.
[8] Protocolada com o n. 2191/04.

Bloco 1 – Arcebispo de Aparecida

"Aceito a decisão de Vossa Santidade com um misto de alegria e de sofrimento, considerando, que vivo em Brasília há quarenta e três anos, para onde vim como primeiro seminarista da nova arquidiocese da Capital Federal, a pedido do então arcebispo de Mariana, Dom Oscar de Oliveira. Para mim, essa transferência é mais uma experiência do mistério pascal de Cristo. É com temor e tremor e, igualmente, com profunda gratidão, que assumo mais essa nova responsabilidade na Igreja, que Vossa Santidade confiante me entrega."[9]

Quantos anos Dom Damasceno se dedicou à Cúria de Brasília... a grande missão de ser um dos pilares de uma das arquidioceses mais importantes do Brasil. Sua transferência de Brasília para Aparecida foi aos 67 anos de idade. Pela vivência de tantos "Sins" à Igreja, tantas mudanças, aquele menino Raymundo, que mora dentro de seu coração, aceitou mais essa tarefa, que parecia grandiosa... cuidar da casa da Mãe!

"Peço a Deus, por intercessão de Nossa Senhora Aparecida, a boa Mãe, que ilumine e conduza minha caminhada; conceda-me sensibilidade e discernimento pastoral; mantenha-me em comunhão com o Vigário de Cristo, garante da unidade da Fé, e com meus irmãos no episcopado, em especial, com os bispos do Brasil, a fim de que a minha missão, neste novo campo de trabalho pastoral, seja coroada do êxito, que o Desígnio divino espera de mim."[10]

Ao finalizar a carta, Dom Damasceno pediu ao Santo Padre que orasse por ele, e que lhe desse a bênção apostólica. Uma nova jornada começava. A resposta à carta veio no dia 21 de fevereiro, quando o prefeito da Congregação dos Bispos, cardeal Giovanni Battista Re, informou que, em audiência com João Paulo II, leu a carta de Dom Damas-

---

[9] Carta de Dom Raymundo Damasceno Assis ao Santo Padre João Paulo II, Brasília-DF, dia 13 de janeiro de 2004.
[10] Idem.

ceno e o Papa "se alegrou, concedendo-lhe a sua Bênção Apostólica e assegurando-lhe as preces para um frutuoso ministério na arquidiocese de Aparecida".[11]

A nomeação oficial saiu no final de janeiro de 2004, dia 28. Vários jornais noticiaram: "Em Aparecida, Raymundo Damasceno Assis, 66 anos, atual bispo auxiliar de Brasília, substituirá o cardeal Aloísio Lorscheider, 79 anos, que havia anunciado sua renúncia em 2000".[12] Depois da nomeação foram necessários dois meses em Brasília para que Dom Damasceno preparasse sua mudança para a cidade de Aparecida.

"Logo após a notícia de sua nomeação, Dom Damasceno ligou para Dom Aloísio para agendar uma visita à arquidiocese, que ficou marcada para o dia 4 de março."[13] Foi uma visita para estreitar laços entre dois pastores que foram escolhidos a pastorear no mesmo campo sagrado. "Não fostes vós que me escolhestes, mas fui eu quem vos escolhi e vos designei para irdes e produzirdes fruto e para que vosso fruto permaneça" (Jo 15,16). No dia seguinte, Dom Damasceno retornou a Brasília.

***

II. Despedida em Brasília

Na hierarquia da arquidiocese de Brasília, Dom Raymundo Damasceno Assis é embrião primário, chegou como seminarista e, no ano de 2004, deixava aquela arquidiocese para cumprir sua designação como arcebispo de Aparecida. Para se despedirem de Dom Damasceno os brasilienses pre-

---

[11] Carta do Prefeito da Congregação para os Bispos, Cardeal Giovanni Battista Re, Vaticano, 21 de fevereiro de 2004.

[12] Folha de São Paulo, dia 29 de janeiro de 2004. In: Papa Anuncia os novos arcebispos de Aparecida, Belo Horizonte e Brasília.

[13] Jaqueline Pereira França, Aparecida-SP, 1 de novembro, 2017.

pararam uma missa festiva, em 19 de março, dia de São José e, também, aniversário de 36 anos de Ordenação Sacerdotal de Dom Damasceno. Em comemoração, também, aos 20 anos de pastoreio de Dom Falcão.

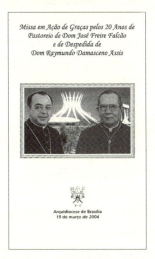

Foto: folheto da Missa em Ação de Graças pelos 20 anos de Pastoreio de Dom José Freire Falcão e de despedida de Dom Raymundo Damasceno Assis[14], Brasília-DF, março de 2004.

O clero, amigos pessoais, políticos, entidades religiosas, familiares, enviaram mensagens de felicitações a Dom Damasceno pelo novo cargo no episcopado brasileiro. Foram 63 cartas (muitas escritas à mão), 29 cartões, 37 telegramas, 12 fax, 24 e-mails e centenas de telefonemas. Uma mostra de júbilo pela nomeação do amigo Damasceno para ser o 4º arcebispo da capital mariana nacional.

Dentre as correspondências que Dom Damasceno recebeu ao ensejo de sua nomeação a arcebispo de Aparecida estão:

Do Superior Geral da Companhia de Jesus, padre Peter-Hans Kolvenbach, SJ, que ao ler o jornal *L'Osservatore Romano*, em Roma, no

---

[14] Foto: documento, APDRCDA.

dia em que saiu a nomeação, escreveu uma carta a Dom Raymundo felicitando-o e "pedindo ao Senhor da messe para que o assista sempre em sua nova missão pastoral que a Igreja lhe confia".[15]

Do *Pontifício Conselho para a Família*, Vaticano, Dom Karl Josef Romer, mostrou-se alegre com a nomeação e acrescentou: "Aproveito esta oportunidade para agradecer-lhe tudo aquilo que o senhor, certamente com sacrifício e abnegação, tem realizado em prol de uma Igreja viva e sempre mais fiel e mais autêntica no Brasil".[16]

Em nome da *Adveniat*, o presidente da Comissão Episcopal, bispo Dom Franz Grave, enviou felicitações e ofereceu orações, "com votos para que o Espírito Santo derrame os seus preciosos dons e as suas luzes no cumprimento desse serviço à Igreja".[17]

Do *Pontifício Conselho para as Comunicações Sociais*, o presidente cardeal Dom Patrick Foley, parabenizou-o e lembrou que a nomeação é uma mostra da confiança que o Santo Padre tem por Dom Damasceno. "Que a santa Mãe de Deus, seja para Vossa Excelência, inspiração e consolo nesta nova etapa do serviço pastoral".[18]

O Superior Provincial dos Sulpicianos, Canadá, enviou uma carta parabenizando pela nomeação como arcebispo e fez questão de lembrar que Dom Damasceno está vinculado à *Companhia de São Sulpício* desde 1976, inclusive foi o primeiro colaborador brasileiro e membro da primeira equipe de formadores com os padres sulpicianos, na época da implantação do seminário em Brasília. Citou a colaboração permanente e a fiel amizade entre eles... "são tantos motivos para nos alegrar com sua Excelência pela confiança que o Santo Padre João Paulo II acaba de lhe manifestar com sua nomeação como arcebispo de Aparecida".[19]

---

[15] Carta do Superior Provincial da Companhia de Jesus, padre Peter-Hans Kolvenbach, S.J., Roma, 28 de janeiro de 2004. Inédito.

[16] Carta do bispo Dom Karl Josef Romer, Vaticano; 29 de janeiro de 2004. Inédito.

[17] Carta do Presidente da Comissão Episcopal de Adveniat; Essen, Alemanha, em 11 de fevereiro de 2004. Inédito.

[18] Carta do presidente do Pontifício Conselho para as Comunicações Sociais, cardeal Dom Patrick Foley, Vaticano, em 2 de fevereiro de 2004. Inédito.

[19] Carta do Superior Provincial, padre Lionel Gendron, pss.; Montreal, em 9 de março de 2004. Inédito.

Do marista Irmão Egídio Luiz Setti, FMS, lembrando que Dom Damasceno foi marista e com plena devoção à Virgem Maria, tão querida a São Marcelino Champagnat. E completou que dessa devoção veio a recompensa... "ser arcebispo de Aparecida, onde reina a Virgem Maria, Padroeira e Rainha do Brasil".[20]

Do presidente do *Rabinato*, rabino Henry I. Sobel, que desejou a Dom Raymundo uma boa sorte em Aparecida e "que sua nova missão seja coroada com as mais lindas bênçãos de Deus".[21]

Do *Conselho de Conferência Episcopal da Europa*, por meio do secretário-geral, bispo Dom Aldo Giordano, informando que foi com alegria que receberam a notícia da nomeação e enviaram "um grande desejo europeu para esta nova etapa de seu serviço como sucessor dos apóstolos".[22]

De Roma, a *Opus Dei*, por meio do prelado Dom Javier Echeverría, assegurava orações pela felicidade da nova missão pastoral, também "querendo que a Misericórdia de Deus se faça sempre mais profunda evangelização em todos os ambientes da sociedade".[23]

III. A chegada

Thomas Merton disse que um sinal de que a vontade de Deus atua na vida de cada um é quando individualmente a pessoa se deixa modelar, de acordo com o que Ele planejou. Jamais Dom Damasceno planejou seu futuro, nunca pensou que um dia seria arcebispo de Aparecida. Ainda mais porque ele não teve grande contato com a arquidiocese de Aparecida. Apenas, uma vez, no dia 14 de abril, ele esteve "com os demais

---

[20] Carta do Irmão Marista Egídio Luiz Setti, fms, São Paulo-SP, em 29 de janeiro de 2004. Inédito.
[21] Carta do presidente do Rabinato, Rabino Henry Sobel, São Paulo-SP, em 2 de fevereiro de 2004. Inédito.
[22] Carta do Secretário-geral do CCEE, Conselho de Conferência Episcopal da Europa, Gallen, Suíça, em 18 de fevereiro de 2004. Inédito.
[23] Carta do Prelado da Opus Dei, monsenhor Javier Echevarría, Roma, 2 de fevereiro de 2004. Inédito.

bispos, em uma peregrinação para marcar o Jubileu de Ouro da criação da CNBB, durante a 40ª Assembleia Geral".[24] Ocasião em que houve celebração eucarística presidida pelo presidente da CNBB e concelebrada pelos senhores cardeais, arcebispos, bispos e sacerdotes presentes, com a participação dos fiéis em peregrinação ao Santuário. Foi essa uma visita que marcou a memória de Dom Damasceno.

A chegada de Dom Damasceno a Aparecida foi marcante para a equipe que há anos já trabalhava naquela arquidiocese. Na véspera de sua cerimônia de posse, o novo arcebispo chegou com sua mudança definitiva. Jaqueline Pereira era uma das funcionárias que o aguardava, ela se lembra bem daquela tarde... "estávamos todos ansiosos esperando sua chegada. Dom Damasceno chegou de carro, vindo de Brasília, com o amigo Francisco Julho, que na época, trabalhava na CNBB, como ecônomo. Ele vestia calça jeans, camisa branca e, se não me falha a memória, calçava botinas. Muito simples... senti um misto de alegria, emoção, ansiedade e dúvidas. 'Quem era Dom Damasceno? Como seria trabalhar com ele? Será que ele vai me aceitar aqui?'"[25] Em seus pensamentos pairavam muitas dúvidas e incertezas geradas pela questão de estar diante de uma grande mudança. Só o tempo diria...

Na cidade de Aparecida a notícia da nomeação e posse de Dom Damasceno causava contentamento entre as congregações religiosas, os políticos, as obras assistenciais, os comerciantes e os romeiros. Muitos escreveram cartas e cartões a Dom Raymundo, felicitando-o e acolhendo-o em Aparecida.

O vigário-Geral da arquidiocese de Aparecida, monsenhor Jalmir Carlos Herédia, enviou correspondência parabenizando e dizendo que a nomeação de Dom Raymundo era motivo de alegria, pois ele é um zeloso Pastor, dedicado à Igreja. A presidente do *Movimento Serra Brasil*, Maria

---

[24] Dom Raymundo Cardeal Damasceno Assis, Aparecida-SP, 22 de novembro de 2017; EPEO.
[25] Jaqueline Pereira França, Aparecida-SP, 1 de novembro de 2017; EPEO.

Aparecida Brás, em carta, deu as boas-vindas e colocou o Movimento à disposição do novo Pastor. Em nome das *Irmãs Mensageiras do Amor Divino*, a secretária-geral Irmã Maria Inês V. Ribeiro MAD, comparou a chegada de Dom Damasceno em Aparecida como um novo amanhecer que traz a surpresa de uma nova vida, desejando que a terra da Padroeira do Brasil fosse uma rica seara no seu episcopado. Os acadêmicos da *Academia Marial de Aparecida*, representados na pessoa do diretor padre José Luiz Majella Delgado, C.Ss.R., cumprimentaram o novo arcebispo e desejaram-lhe muitos e consoladores êxitos na missão de servir a Igreja e os irmãos na terra da Padroeira do Brasil. O prefeito municipal, José Luiz Rodrigues, em carta, parabenizou Dom Raymundo e se colocou para juntos trabalharem pelo engrandecimento do Santuário Nacional e da cidade de Aparecida. O presidente da Câmara Municipal de Aparecida, João Luiz Mota, em seu nome e de todos os vereadores, enviou os mais sinceros e carinhosos votos de que o desempenho do novo arcebispo frente à nova missão fosse coroado de bênçãos. O superior provincial da *Congregação do Santíssimo Redentor*, padre José Ulysses da Silva, C.Ss.R, em seu nome e dos demais Missionários Redentoristas confrades de sua província, em carta, disse que Dom Raymundo saberia conduzir com sabedoria e fraternidade o grande centro de Evangelização de todo o Brasil. Em cada uma dessas cartas estava o pedido de bênção de Nossa Senhora ao novo arcebispo de Aparecida.

O acolhimento fraternal dos que, já há algum tempo, viviam em Aparecida deixou explícito que o novo arcebispo era benquisto e as portas se abriam para recebê-lo, assim como acontecia nos corações dos devotos de Nossa Senhora. Dom Damasceno tem em seu lema *Viver na Alegria do Senhor*. Essa alegria vem da aceitação de ser orientado por Deus. Existe, também, uma mensagem de Thomas Merton que bem ilustra esse contexto, é a de que "a parte mais importante na educação de um homem é formar-lhe uma consciência capaz de ver corretamente, sob essa luz, a vontade de Deus".[26] Essa é a verdadeira sabedoria que se leva alguns anos para aprender... e aquele menino que, com apenas 10 anos de idade, disse "Sim" ao chamado de Cristo, permanece alegre na alma de Dom Raymundo que cumpria, novamente, a vontade de Deus.

***

IV. A posse

A felicidade compartilhada é como a chama de uma vela que acende outra e outra vela até que a luz reine em todo aquele lugar. Já dizia o poeta e romancista alemão, Hermann Hesse, que ninguém sente uma vibração positiva nos outros, sem a experimentar primeiro em si mesmo. Estando feliz, a felicidade é compartilhada. Foi o que aconteceu no momento da posse de Dom Raymundo Damasceno Assis como arcebispo de Aparecida. A luz que brilhava nele iluminou todos que compareceram à cerimônia. "Foi uma festa! A família de Dom Damasceno estava presente: a mãe, Dona Carmen; irmãos; sobrinhos; amigos... muita gente, muita alegria!"[27] O início da Celebração Eucarística foi presidida por Dom Aloísio que, em seguida, passou a presidência ao novo arcebispo de Aparecida, Dom Damasceno, com a entrega do báculo. O Núncio Apostólico, Lorenzo Baldisseri, representante do Santo Padre no Brasil, em sua mensagem, expressou a Dom Aloísio Lorscheider o agradecimento pelos nove anos de seu pastoreio em Aparecida, e sua atuação dinâmica e eficaz produzindo grandes progressos na área de atendimento aos romeiros.

---

[26] MERTON, Thomas. *Homem algum é uma ilha*, p. 68.
[27] Jaqueline Pereira França, Aparecida-SP, 1 de novembro de 2017; EPEO.

─────────── Bloco 1 – Arcebispo de Aparecida ───────────

Foto: Dom Aloísio Lorscheider passando o bastão de arcebispo para Dom Raymundo Damasceno Assis[28], Aparecida-SP, março de 2004.

Ao novo arcebispo, o núncio afirmou que, o Papa, ao nomear Dom Damasceno na sede da arquidiocese de Aparecida, cumpre um ato de particular relevância, não só para a Igreja no Brasil, mas para a Igreja em geral:

> "Mas, a posse em Aparecida significa muito mais para a Igreja do Brasil e do mundo. Aparecida é o Santuário de Nossa Senhora, sob o título de Aparecida, Padroeira do Brasil. É a Casa da Mãe dos brasileiros. É lugar de encontro, de comunhão, de conversão e de obtenção de graças. É o centro, o coração espiritual do Brasil, meta espiritual de peregrinos do mundo inteiro".[29]

A missa festiva no Santuário de Aparecida estava completamente lotada, peregrinos de várias regiões do Brasil e de diversas partes do mundo; amigos e parentes de Dom Damasceno, políticos e o clero em geral. Uma das grandes e comoventes alegrias de Dom Damasceno e seus familiares foi a entrada de dona Carmen, levando a imagem de Nossa Senhora Aparecida.

---

[28] Foto: APDRCDA.
[29] Mensagem do Núncio Apostólico Brasileiro, na posse do novo arcebispo de Aparecida, Dom Raymundo Damasceno Assis; Aparecida-SP, 25 de março de 2004.

Fotos: dona Carmen Damasceno Assis e Dom Raymundo Damasceno Assis, com a Imagem de Nossa Senhora Aparecida[30], na cerimônia de posse de Dom Damasceno como arcebispo de Aparecida, Aparecida-SP, março de 2004.

Quando Dom Raymundo informou a sua mãe a respeito da nomeação dele à arquidiocese de Aparecida ela lhe disse: "Meu filho, eu rezei tanto para você ser transferido para Aparecida". Esse é um dos Mistérios de Maria. Inácio Larrañaga era apaixonado por Nossa Senhora e queria desvendar alguns de seus mistérios; ele nos deixou o ensinamento de que "o mistério de Maria projeta-se como uma luz sobre a mãe eterna, aquela que nunca morre e que sempre sobrevive. A figura de Maria Mãe assume e resume a dor, o combate e a esperança das infinitas mães que perpetuaram a sua vida sobre a Terra". Essa luz que ficou projetada em dona Carmen, desde o tempo de gestação, no nascimento e, mais tarde, no tempo da saudade de seu querido Tilica[31], que atendeu ao chamado de Cristo e foi para terras distantes, em Mendes... e, desde que se entregou a Cristo ele

---
[30] Fotos: acervo Comissão para o Patrimônio Histórico – C.Ss.R, Aparecida-SP.
[31] Maneira carinhosa com que a família Damasceno/Assis chamava Raymundo Damasceno Assis.

se pôs a caminho. E era somente o começo da caminhada. Dona Carmen assumiu a dor de uma mãe que sentia saudade do filho ausente, mas combateu a tristeza, sabendo que o caminho traçado por Deus só podia ser modificado por intermédio de Maria, como nas bodas de Caná. O tempo passou e dona Carmen continuou diariamente unida à Mãe, orando pelo filho Raymundo, por meio das contas de um Rosário. Ela sabia que seu filho seguiu o caminho por Deus preparado; porém, depois de tantos anos de devoção constante, de aceitação, ela pediu para Nossa Senhora conduzir seu Raymundo para a casa da Mãe Aparecida. Na verdade, Maria vive em cada mãe que busca o bem de seu filho. Foi o que dona Carmen fez. E, a esse respeito, no dia do seu aniversário, ela comentou com um amigo: "Raymundo será arcebispo de Nossa Senhora Aparecida. Nem em Brasília, onde trabalhou muito, nem em Belo Horizonte, perto dos parentes e conterrâneos, mas junto de Nossa Senhora Aparecida que irá guiar o seu ministério para o louvor e glória da Virgem Maria que nos conduz ao Redentor".[32] Ah!... Quantas conversas dona Carmen teve com Nossa Senhora, pedindo pelo filho Raymundo. Muitas vezes ela ficou de joelhos, aos pés da imagem de Nossa Senhora da Expectação do Parto, pedindo que a Imaculada Conceição iluminasse o caminho de seu filho. Dom Raymundo sabia que ela sempre pedia por ele, sabia que sua mãe na Terra era sua intercessora junto à Mãe no Céu. Só não sabia que as duas tinham em comum o acordo da ida dele para cuidar da casa da Mãe, em Aparecida. Tarefa grandiosa, cuidar da casa da Mãe. E... havia chegado o dia.

A posse foi em 25 de março, dia da *Anunciação do Senhor*. Uma das mais belas festividades marianas é quando comemoramos o anúncio, pelo anjo São Gabriel, da Encarnação do Filho de Deus, à Virgem Maria. Foi quando Deus entrou em nosso mundo fazendo-se humano como nós, por meio da encarnação do Verbo Divino. Dessa maneira, elevou a natureza humana a um grau de dignidade que jamais poderíamos imaginar. Maria tornou-se

---

[32] Padre Wagner Augusto Portugal. In: *Damasceno: um Cardeal ungido!* Crônica site *Catequisar*, acesso em 4 de dezembro de 2017.

o primeiro sacrário vivo da história, recebeu dos cristãos o título de Nossa Senhora da Anunciação. E, submeteu-se ao grande ato de fé e de humildade, dizendo 'Sim' diante do anúncio do anjo Gabriel. Aceitou sua parte na missão salvífica da humanidade. Maria aceitou a dignidade e a honra da Maternidade Divina, mas também, os sofrimentos e os sacrifícios que a ela estavam ligados, aceitou fazer a vontade de DEUS, incondicionalmente. Tornou-se a Serva do Senhor e, como serva, passou a não ter mais direitos, colocou-se em uma atitude de total disponibilidade ao Seu Senhor.

Foi nessa data tão significativa que Dom Damasceno tomou posse como Pastor na Casa da Mãe, aos pés de Maria, sem enaltecer o título de arcebispo, ele se fez "Servo de Cristo". Era novamente uma doação total do "Ser" Raymundo Damasceno para Cristo, deixando-se levar pelo oceano infinito de Deus, como um barco que atracado há 36 anos em um porto, de repente, é guiado para outro cais, conduzido pelo sopro do Espírito Santo. Deixou-se levar na alegria do Senhor!

***

V. Ser arcebispo de Aparecida

Foto: Dom Raymundo Damasceno Assis[33], Aparecida-SP.

---
[33] Foto: in site *Canção Nova*; acesso em 6 de fevereiro de 2018.

Bloco 1 – Arcebispo de Aparecida

No dia seguinte a sua posse em Aparecida, Dom Damasceno viajou a Belo Horizonte onde esteve na posse de Dom Walmor de Oliveira e, logo depois, foi a Brasília e participou da posse de Dom João Braz de Aviz, que havia sido designado para arcebispo de Brasília, cuja nomeação saiu no mesmo dia da dele.

Enquanto isso, em sua nova residência, em Aparecida, sua secretária Jaqueline França e os funcionários: Ney, Deize, Leila e Luzia, trabalhavam "para colocar tudo em ordem e nos seus devidos lugares: roupas, imagens, objetos de decoração, livros etc... A agenda também já começava a ser feita"[34]. Contando com os funcionários que há alguns anos trabalhavam na arquidiocese, no período de Dom Aloísio Lorscheider. Mas, ainda não sabiam de seu futuro, pois cada novo arcebispo pode compor uma nova equipe de trabalho.

Assim que Dom Damasceno retornou da viagem, na primeira manhã de trabalho, Jaqueline foi direto ao assunto: "Dom Damasceno, tive a honra de trabalhar com Dom Aloísio e gostaria de continuar trabalhando aqui, mas quero que o senhor se sinta livre para decidir o que achar melhor, em relação a minha permanência".[35] O novo arcebispo de Aparecida respondeu: "Você pode ficar, depois a gente vê..." Jaqueline ficou muito feliz e agradecida; mas, ao mesmo tempo, sentiu uma insegurança, certo medo... No entanto, ela pensou: "É um desafio.... vou tentar fazer o melhor..."[36] E, assim, ela foi ficando!

Ao tomar posse, Dom Damasceno começou suas atividades normais de um bispo que iniciava seus trabalhos em nova arquidiocese, confirmou os padres em seus cargos, depois, também, procurou inteirar--se dos problemas, das dificuldades, dos desafios e de tudo que havia de bom na arquidiocese. "Senti-me muito honrado por substituir o grande arcebispo Lorscheider que foi presidente da CNBB, presidente do Ce-

---

[34] Jaqueline Pereira França, Aparecida-SP, 1 de novembro de 2017; EPEO.
[35] Jaqueline Pereira França, Aparecida-SP, 1 de novembro de 2017; EPEO.
[36] Idem.

lam, teólogo, cardeal; de modo que, significava uma responsabilidade a mais, suceder um pastor do porte de Dom Aloísio; cardeal amado por toda Igreja".[37] Um ano antes o Papa João Paulo II havia falado que a eficácia da missão pastoral do bispo é unicamente o fato de lhes ter garantido que Cristo agiria por meio deles, colocaria-os em condições de realizar a missão.[38] Nessa fé absoluta e em total disposição a Cristo, Dom Damasceno começou sua nova missão.

Havia muitos anos que os redentoristas cuidavam da casa da Mãe Aparecida, tanto na questão pastoral como administrativa. Receberam o novo arcebispo com muita alegria. Victor Hugo Lapenta, um dos mais antigos redentoristas em Aparecida, lembra que Dom Aloísio Loscheider quando tomou posse como arcebispo de Aparecida "encontrou a parte administrativa financeira do Santuário em mau estado. E ele teve de dinamizar todo esse processo, inclusive criando a Campanha dos Devotos, o projeto de construção do Centro de Apoio aos Romeiros e iniciar a parte de decoração da Basílica. Daí chegou Dom Damasceno, ele assumiu o que Dom Aloísio estava tocando e levou para frente com muito dinamismo e competência".[39]

Foram passando os primeiros dias, depois os primeiros meses... e, aos poucos, a equipe, que já trabalhava com o arcebispo na arquidiocese de Aparecida, foi sendo mantida. Foi conhecendo melhor Dom Damasceno. Jaqueline se lembra desses primeiros meses, o arcebispo "sempre muito simpático, acolhedor, paciente com meus erros e compreensivo quando eu o chamava, sem querer, é claro, de "Dom Aloísio". Ele sorria e dizia: "é a força do hábito".[40]

***

---

[37] Dom Raymundo Cardeal Damasceno Assis, Aparecida-SP, 22 de novembro de 2017; EPEO.
[38] PAPA JOÃO PAULO II. Homilia. Por ocasião do 25º aniversário de pontificado, Praça de São Pedro, Vaticano, 16 de outubro de 2003.
[39] Padre Victor Hugo Silveira Lapenta, C.Ss.R., Aparecida-SP; EPEO.
[40] Jaqueline Pereira França, Aparecida-SP, 1 de novembro de 2017; EPEO.

VI. Academia Brasiliense de Letras

> "Ao tomar assento neste cenáculo das letras brasilienses, confesso-
> -me mais atônito do que desvanecido. Pergunto-me, até, se não terá
> sido por obra e graça de um esbanjamento de generosidade que vos
> decidistes a abrir-me as portas desta Casa, mais afeita à frequentação
> de sábios e letrados do que de despojados pastores de almas."[41]

Faleceu Dom Newton, em 2001, e a Academia Brasiliense de Letras decidiu que houvesse um sucessor para assumir a cadeira em que ele atuava, "a sugestão era Dom Falcão, uma equipe foi até ele para formular o pedido, pois ele teria que se candidatar à vaga", mas o cardeal declinou do convite. O grupo de acadêmicos pediu para Dom Falcão pensar melhor e que voltaria outro dia. Realmente, dali a 10 dias o grupo voltou a procurar o cardeal que não havia mudado sua decisão, disse que o mundo acadêmico não era o que ele desejava.

O grupo queria que ocupasse essa cadeira vacante um religioso que tivesse histórico de ligação à arquidiocese de Brasília. A decisão foi unânime por Dom Raymundo Damasceno Assis, que além de bispo auxiliar em Brasília, foi professor na Universidade de Brasília. "Na verdade, seguimos um processo de seleção pela hierarquia, morreu um arcebispo assume um arcebispo, tínhamos de manter a hierarquia, mas se o arcebispo não quis assumir, havia mais opções, porém nem cogitamos, pois o nome de Dom Damasceno tem peso dentro da Universidade e da arquidiocese"; ele aceitou o convite e foi preparada a posse dele.

Existe, há alguns anos, um convívio salutar entre padre Aleixo e Dom Raymundo. No entendimento de bons vizinhos, padre Aleixo, Dom Damasceno e amigos (padre João Rhor, padre Ernane Pinheiro), regularmente faziam caminhada pela manhã, às seis horas. Durante esse trajeto os amigos caminhantes conversavam. Eram assuntos agradáveis e de conteúdo. Uma

---

[41] Dom Raymundo Damasceno Assis. In: *Discurso de posse à ABL, Academia Brasiliense de Letras*, Brasília-DF, junho de 2004.

parada era obrigatória para tomar água de coco. O dono da banca, onde o coco é vendido, senhor Assis, tem devoção a Nossa Senhora Aparecida; todo ano, ele e a esposa fazem peregrinação até o Santuário Nacional, participam da missa e agradecem à santa os benefícios recebidos e, procuram sempre encontrar o amigo, que se tornou arcebispo de Aparecida.

A cerimônia de posse realizou-se no Centro de Convenções Israel Pinheiro, dos Salesianos, em Brasília, um auditório com boa acústica e com ótima localização.

Dom Raymundo Damasceno Assis tomou posse na Academia Brasiliense de Letras no dia 23 de junho de 2004, ocupando a cadeira n. 33, que pertenceu a Dom José Newton de Almeida Batista. O patrono dessa cadeira é Jorge de Lima.

Foto[42]: Dom Damasceno assinando o termo de posse ao lado do presidente do Congresso Nacional, Dr. José Sarney, e o presidente da Academia Brasiliense de Letras, Dr. Antônio Carlos Osório. Ao fundo (em pé) padre José Carlos Brandi Aleixo, secretário da ABL.

Assim ficou definida a composição da Mesa: Dom João Bosco Oliver de Faria, bispo de Patos de Minas; Dom Geraldo Ávila, arcebispo do Ordinariato Militar do Brasil; Dom José Freire Falcão, cardeal arcebispo-emérito de

---

[42] Foto: integrantes ao opúsculo: *Discurso de Posse do Acadêmico Dom Raymundo Damasceno Assis, arcebispo de Aparecida-SP e Discurso de Recepção do Acadêmico Padre José Carlos Brandi Aleixo, SJ.*

Brasília; doutor Antônio Carlos Osório; doutor José Sarney; doutor Carlos Ayres de Brito, ministro do Supremo Tribunal Federal; padre Darci José Nicioli, administrador do Santuário Nacional de Nossa Senhora Aparecida.

A Academia Brasiliense de Letras levou em consideração a importância de Dom Raymundo Damasceno Assis no campo literário, há vários anos escrevendo artigos para diversos jornais e revistas brasileiras. Um reconhecimento brasiliense ao pastor que usa também de publicações para levar palavras de fé, amor e esperança aos leitores.

Dom Damasceno foi saudado pelo padre José Carlos Brandi Aleixo, secretário-geral da Academia Brasiliense de Letras. "Ele me deu a honra de fazer o discurso de saudação, de padre para padre."

> "D. Damasceno! Sua eleição para nosso grêmio ocorreu quando se admitiam várias hipóteses sobre seu futuro, inclusive a de continuar residindo entre nós. Sua promoção para arcebispo de Aparecida cria mais um estreito vínculo entre as duas urbes (Brasília e Aparecida). Brasília orgulha-se de haver sido, durante várias décadas, cenário e beneficiária de seus edificantes ministérios eclesiais, docentes e culturais. Agora, lá na capital espiritual do Brasil, sua nova grei já sabe, e saberá melhor com o tempo, que seu novo Pastor muito ensinou, mas também aprendeu do nobre povo de Brasília (...)"[43]

O discurso de padre Aleixo foi uma verdadeira biografia de Dom Damasceno, citando desde o nascimento até o dia da posse. Muitos se emocionaram e muitos ficaram o conhecendo mais, do quanto o novo acadêmico foi e é participativo da história de Minas Gerais, Brasília e, profetizando, passaria a mudar o rumo da história de Aparecida.

Membros da família Damasceno/Assis, amigos do clero, amigos leigos, políticos e conhecidos estiveram presentes para cumprimentar o novo imortal da ABL.

---

[43] Padre José Carlos Brandi Aleixo, SJ. In: *Discurso de Recepção à posse do acadêmico Dom Raymundo Damasceno Assis*, 23 de junho de 2004.

Fotos: Dom Damasceno, familiares e amigos[44]; posse da Academia Brasiliense de Letras, Brasília-DF, junho de 2004.

VII. Seminário Bom Jesus

Logo que começaram seus trabalhos na arquidiocese de Aparecida, a questão do seminário foi o que mais lhe chamou atenção: "Me preocupou de imediato o seminário, a formação de novos presbíteros. Encontrei os seminaristas em condições muito precárias, porque o prédio estava, realmente, muito deteriorado, então eu comecei logo a pensar na reforma daquele edifício e, também, na formação dos seminaristas"[*][45].

Ao celebrar a missa festiva em comemoração aos 110 anos do lançamento da Pedra Fundamental do Seminário Bom Jesus, no dia 6 de agosto de 2004, o arcebispo de Aparecida já tecia, em seu coração, um projeto de restauro ao prédio do seminário.

O reitor do Seminário Menor, na época, padre Matusalém, dedicado e trabalhador; acumulava várias funções de grande responsabilidade na arquidiocese de Aparecida: era o coordenador de pastoral, ecônomo e, também, reitor do Seminário Maior. Para uma boa formação aos seminaristas era necessária a presença permanente e acompanhamento do reitor no seminário. Pensando no maior benefício aos seminaristas, logo nas primeiras reuniões,

---

[44] Fotos integrantes do opúsculo: *Discurso de Posse do Acadêmico Dom Raymundo Damasceno Assis, arcebispo de Aparecida-SP e Discurso de Recepção do Acadêmico Padre José Carlos Brandi Aleixo, SJ.*
[45] LINK – II PARTE – SEMINÁRIO BOM JESUS.

Dom Damasceno levou a questão ao conselho presbiteral, e recebeu toda a liberdade de tomar as decisões que achasse melhor para sanar esse grave desafio. O problema maior era que o número de padres era pequeno, então havia necessidade de, pelo menos, mais um padre para estar no seminário, para acompanhar os seminaristas, inclusive, até a apresentação para a ordenação. "Como é que um padre sozinho na formação vai fazer um juízo correto sobre a idoneidade dos candidatos para ordenação? Então, fui buscar ajuda na província dos padres Lazaristas, Vicentinos, da Colômbia, encontrei todo apoio do provincial que me cedeu, de imediato, dois padres: padre Francisco e padre Guilhermo".[46] Em fevereiro de 2005, na reunião do clero na arquidiocese de Aparecida, foram apresentados os padres Lazaristas, para dirigir o Seminário Bom Jesus.[47]

A partir dessa ajuda dos padres colombianos, o seminário de Aparecida começou a imprimir um novo estilo, uma nova pedagogia no trato com os seminaristas, de modo que o seminário iniciou uma nova fase, com mais segurança, conduzidos pela experiência desses dois padres que têm esse carisma da formação. Foi também acrescentado à equipe o padre André. Desde essa época, o seminário deu ênfase à pastoral vocacional, que foi mais e melhor incentivada e ficou como prioridade na diocese. Em vista disso, prosperou em vocacionados. "Graças a Deus eu ordenei padres e diáconos, nesse período em que fui arcebispo em Aparecida, e deixei o seminário com número razoável de seminaristas, alguns já concluindo o curso de teologia, portanto se preparando para a ordenação diaconal e futuramente sacerdotal. Os mais recentes, que serão ordenados sacerdotes, o diácono Sidnei eu encaminhei para Madri, com uma bolsa de estudos, cursou toda a teologia na Espanha, no Seminário Conciliar da Arquidiocese de Madri; o outro, Moisés, terminou a teologia em Aparecida e fez a experiência de um ano na diocese de Santarém, Pará".[48] Eles já voltaram de suas experiências, prontos

---

[46] Dom Raymundo Cardeal Damasceno Assis, Aparecida-SP, 22 de novembro de 2017; EPEO.

[47] *Diário de Atividades do Sr. arcebispo de Aparecida Dom Raymundo Cardeal Damasceno Assis*, 2005, p. 4. Inédito.

[48] Dom Raymundo Cardeal Damasceno Assis, Aparecida-SP, 22 de novembro de 2017; EPEO.

para daqui um tempo receberem a ordenação sacerdotal. "Além deles, outros seminaristas, que finalizarão a teologia, deverão fazer alguma experiência em locais distantes de Aparecida, tudo dependerá da ordem do novo arcebispo de Aparecida."[49]

[50]Apoiou o desejo do padre Luiz Fernando de fazer uma experiência missionária na arquidiocese de Boston, Estados Unidos. Após mais de um ano de preparação e um contrato com o cardeal Sean Patrick O'Malley, OFM Cap[51], o padre Luiz Fernando foi enviado à arquidiocese de Boston.

O Seminário Maior de Aparecida iniciou também uma nova experiência na formação dos seminaristas, principalmente no âmbito da formação pastoral. Dom Damasceno sempre insistiu muito com os padres lazaristas que era importante fomentar a mística missionária no seminarista, porque ele queria que a arquidiocese de Aparecida, mesmo pequena, fosse missionária e que, no futuro, deveria colaborar com missionários na Igreja no Brasil e no exterior.

Por isso, a arquidiocese iniciou com Dom Flávio Giovenale, bispo de Santarém-PA, um intercâmbio que consiste no envio de seminaristas da arquidiocese de Aparecida, após conclusão do curso de teologia, para um trabalho missionário naquela diocese.

Ao longo dos anos em que Dom Damasceno permaneceu na arquidiocese de Aparecida, várias foram as ordenações diaconais e sacerdotais que o arcebispo celebrou, algumas em outras arquidioceses:

- Dia 11 de dezembro de 2005: sacramento da Ordem Sacerdotal ao diácono Antonio Leonel de Oliveira, da Ordem Diaconal; aos seminaristas José Carlos de Oliveira e André Gustavo de Souza, em Guaratinguetá-SP.

---

[49] Idem.

[50] Idem

[51] Sean Patrick O'Malley é um cardeal estadunidense, arcebispo de Boston. Nasceu em 29 de junho de 1944, em Lakewood, Ohio. Dia 7 de fevereiro de 1985, foi feito Comendador da Ordem do Infante Dom Henrique. Dia 28 de junho de 2016, foi elevado a Grã-Cruz da mesma ordem.

Bloco 1 – Arcebispo de Aparecida

- Dia 25 de novembro de 2006, o sacramento da Ordem Sacerdotal aos diáconos André Gustavo de Souza e José Carlos de Melo, da Ordem Diaconal; ao seminarista Marcelo Motta, em Guaratinguetá-SP.
- Dia 1º de dezembro de 2007, conferiu o sacramento da Ordem Sacerdotal ao diácono Marcelo Motta, em Guaratinguetá-SP.
- Dia 27 de setembro de 2009, o sacramento da Ordem Diaconal aos seminaristas Renan, Luiz Fernando e Ismael, em Guaratinguetá-SP.
- Dia 18 de março de 2010, conferiu o Sacramento da Ordem Sacerdotal aos diáconos Adriano e Rosemar, no Mosteiro da Sagrada Face, em Roseira-SP.
- Dia 30 de setembro de 2010, conferiu o Sacramento da Ordem Sacerdotal aos diáconos Luiz Fernando e Ismael, na paróquia de Nossa Senhora de Lourdes, em Guaratinguetá-SP.
- Dia 1º de outubro de 2012, conferiu o Sacramento da Ordem Sacerdotal ao diácono Renan, na paróquia Nossa Senhora da Glória, em Guaratinguetá-SP.
- Dia 3 de março de 2012, conferiu o Sacramento da Ordem Sacerdotal ao frei Jefferson Broca, na paróquia Nossa Senhora da Glória, em Guaratinguetá-SP.
- Dia 1º de setembro de 2012, conferiu o Sacramento da Ordem Sacerdotal ao padre Daniel Antônio da Silva, CSsR, na Catedral de Guarulhos-SP.
- Dia 8 de novembro de 2014, conferiu o Sacramento da Ordem Sacerdotal ao diácono André Pizani, na paróquia Nossa Senhora do Rosário, em Guaratinguetá-SP.
- Dia 31 de janeiro de 2016, conferiu o Sacramento da Ordem Sacerdotal ao diácono Paulo Sérgio Motta, OCS, na Paróquia Santa Isabel, em Piranguinho-MG, diocese de Pouso Alegre.

- Dia 17 de julho de 2016, conferiu o Sacramento da Ordem Diaconal para: Mairon Gavlik Mendes, Renan Aparecido de Oliveira e Rafael Fantini, dos Legionários de Cristo, em Arujá-SP.
- Dia 7 de janeiro de 2017, conferiu o Sacramento da Ordem Diaconal aos seminaristas: Moisés dos Santos Júnior e Sidnei Lino da Cruz, na Paróquia Nossa Senhora de Lourdes, em Guaratinguetá-SP.

Para a reforma do Colegião, os Seminários Menor e Maior foram instalados na Fazenda Sant'Anna, em Aparecida, até o ano de 2010[*][52], quando ficou pronta a ala destinada ao Seminário Bom Jesus. O arcebispo de Aparecida continuou enviando seminaristas para experiência na Amazônia, Santarém e Madri.

***

VIII. A Identidade da arquidiocese de Aparecida

Ao assumir seu novo cargo no pastoreio da arquidiocese de Aparecida, Dom Damasceno sentiu que era necessário reforçar o trabalho pastoral de todas as paróquias que compõem a arquidiocese de Aparecida; mostrar que cada uma delas tem um perfil, um rosto próprio. Afinal, a arquidiocese está inserida no Vale do Paraíba, um lugar de grandes tradições religiosas e de rica história política-econômica-social. Além do Santuário Nacional da Padroeira do Brasil, existem outras paróquias. Preocupava o novo arcebispo de Aparecida o fato de conciliar a característica de um santuário desse porte, recebendo milhões de romeiros por ano, com a identidade da Igreja local. "Era fundamental manter a pastoral específica do Santuário, que é o acolhimento e atendimento ao romeiro, a promoção da devoção a Nossa Senhora Aparecida, confiado aos padres redentoristas. Eles prestam um grande tra-

---

[52] LINK – II PARTE – SEMINÁRIO BOM JESUS.

balho, há mais de 100 anos que estão presentes em Aparecida".[53] Mas, era fundamental, também, não deixar de lado a consciência de que o Santuário está dentro de uma Igreja particular dentro de uma arquidiocese, que tem outras funções além do Santuário Nacional, ela não se reduz ao Santuário. Existem paróquias com comunidades urbanas e rurais, movimentos apostólicos, congregações religiosas femininas e masculinas, por isso, o arcebispo não pode esquecer que, além do Santuário, existe também essa outra realidade na arquidiocese, pois o Santuário está dentro de uma arquidiocese que possui outras paróquias. "Dom Damasceno fez muito pela arquidiocese, tanto no âmbito pastoral, como no administrativo. Ele deu uma 'identidade' para a nossa arquidiocese. Em suas homilias, fazia questão de saudar seus arquidiocesanos e os devotos."[54]

A cidade teve origem devido à aparição e devoção à imagem da Virgem Maria e foi por causa dessa devoção que muitas congregações religiosas instalaram-se na cidade. A missão de um pastor é curar as ovelhas feridas, ir em busca da ovelha perdida, cuidar do rebanho, deixá-lo sempre unido, levá-lo às verdes pastagens e abrigá-lo nas noites frias e escuras. Em Aparecida o fluxo diário de ovelhas é bem grande, os peregrinos que visitam a Mãe também vão buscar orientação espiritual. Por conhecer essa realidade, Dom Damasceno sempre esteve junto ao seu rebanho.

> "Nós, padres diocesanos e demais religiosos, devemos trabalhar em conjunto, apoiando o Santuário e o Santuário também apoiando a pastoral da arquidiocese. Eles se complementam, a comunhão é para a missão e a missão é para criar comunhão com corresponsabilidade pela missão, que Cristo confiou a sua Igreja. Eu procurei sempre valorizar o trabalho dos padres redentoristas, relacionei-me sempre muito bem com eles, embora, como pastor dessa Igreja local eu não era exclusivo do Santuário; portanto tinha que dar atenção pastoral, tanto aos romeiros quanto aos fiéis da arquidiocese. Isso foi muito importante, conseguimos criar

---

[53] Dom Raymundo Cardeal Damasceno Assis, Aparecida-SP, 22 de novembro de 2017; EPEO.
[54] Jaqueline Pereira França, Aparecida-SP, 1 de novembro de 2017; EPEO.

um apreço, uma consciência de Igreja local, junto ao clero diocesano, aos fiéis, sempre em uma relação muito fraterna com os religiosos que vivem em Aparecida e em especial com os missionários redentoristas no Santuário e nas outras áreas que eles trabalham: Rede Aparecida de Comunicação[55], Seminário Menor, Editora Santuário etc."[56]

Os que conviveram diariamente com o arcebispo de Aparecida reconheceram nele um dom especial, o de olhar mais distante do que normalmente vemos. Dom Damasceno é um homem que buscou e conseguiu substancialmente dar uma qualidade de vida espiritual, tanto para os paroquianos das diversas paróquias da arquidiocese, quanto aos devotos do mundo inteiro, que oram aos pés de Nossa Senhora.

Interessante lembrar que a arquidiocese já surgiu grande. "A arquidiocese de Aparecida é muito atípica, mas graças a Deus, hoje, o clero está crescendo, vários padres foram ordenados, o Seminário Bom Jesus está em pleno funcionamento, procurando dar uma formação mais qualitativa ao seu clero."[57] O clero diocesano bem formado vai prestar um bom serviço à diocese e vai colaborar com os redentoristas no imenso trabalho no santuário, que não alcança somente a diocese de Aparecida, mas o Brasil todo, por meio dos meios de comunicação. Os redentoristas precisam da colaboração do clero da arquidiocese, da mesma forma que a arquidiocese precisa da colaboração deles que ajudaram na reestruturação da Igreja local. Esse dinamismo espiritual criou um ciclo progressista que favoreceu o turismo da Fé no Vale do Paraíba.

O padre redentorista Victor Hugo, de 87 anos de idade, há 20 anos morando em Aparecida, onde tem vários pacientes em seu trabalho de atendimento psicológico, comenta que Dom Damasceno organizou de uma maneira firme a autonomia da arquidiocese dentro do Santuário.

---

[55] A Rede Aparecida de Comunicação é um conglomerado de mídia brasileiro oficial da Igreja Católica do Brasil. É proprietária do principal canal do Santuário de Aparecida, a Rede Aparecida de Televisão. Em geral, as concessões são feitas por meio da razão social Fundação Nossa Senhora Aparecida.

[56] Dom Raymundo Cardeal Damasceno Assis, Aparecida-SP, 22 de novembro de 2017; EPEO.

[57] Idem.

"Antes, a arquidiocese dependia inteiramente do Santuário para tudo, do ponto de vista financeiro. Ele organizou a vida administrativa da arquidiocese para uma caminhada progressiva de autonomia. Até hoje estão muito integrados a arquidiocese e Santuário, porque essa arquidiocese foi criada em função do Santuário, se Aparecida não fosse Santuário Nacional de Nossa Senhora Aparecida não seria arquidiocese."[58] E se não fosse a arquidiocese, Dom Damasceno não seria nomeado para pastorear o rebanho de Aparecida. Aparecida, a imagem de Nossa Senhora Aparecida é a imagem da Imaculada Conceição. Imaculada Conceição que é a mesma da Expectação do Parto. Expectação do Parto que se tornou Nossa Senhora das Dores... de Capela Nova...onde nasceu Raymundo Damasceno Assis. Deus tece algumas semelhanças, que por não sabermos como identificar, colocamos o nome de "coincidências".

***

IX. Redes de Comunicação Aparecida

Dom Aloísio Lorscheider esteve à frente da arquidiocese de Aparecida por quase nove anos, vindo de Fortaleza, já era cardeal, realizou um grande trabalho como arcebispo. Quando ele chegou "o Santuário passava por grandes dificuldades financeiras, Dom Aloísio conseguiu, com a ajuda dos redentoristas, sanear toda essa situação financeira[*][59], deu grandes passos no andamento das obras do Santuário, sem dúvida nenhuma. Fez os primeiros contatos em Brasília para a concessão de um canal de televisão educativa, junto ao ministro das Comunicações, Pimenta da Veiga".[60] Os padres César Moreira e Darci Nicioli acompanharam Dom Aloísio durante

---

[58] Padre Victor Hugo Silveira Lapenta, C.Ss.R., Aparecida-SP, 10 de janeiro de 2018; EPEO.
[59] LINK – III PARTE – SANTUÁRIO NACIONAL DE APARECIDA.
[60] Dom Raymundo Cardeal Damasceno Assis, Aparecida-SP, 22 de novembro de 2017; EPEO.

o processo legal para a concessão do canal de televisão para Aparecida. Eles tinham dado os primeiros passos, por meio da Fundação Nossa Senhora Aparecida, para a obtenção de um canal de TV, e conseguiram a concessão do canal 59 UHF de Aparecida, *TV Educativa*, e coube a Dom Damasceno "a honra de inaugurar a *TV Aparecida*, por ocasião dos 75 anos da coroação de Nossa Senhora, com a presença do Legado Pontifício, Dom Eugênio de Araújo Salles".[61] O canal entrou no ar no dia 7 de setembro de 2004, para os habitantes da região. E o sinal teve cobertura para todo o Brasil no dia 8 de setembro de 2005. Em 11 de setembro de 2005, passou a ser a geradora da missa das 8h de domingo para a *TV Cultura* de São Paulo e no dia 11 de outubro do mesmo ano, transmitiu, ao vivo, em parceria com outras TVs Católicas, o 1º Show pela Paz e Solidariedade, realizado no pátio Papa João Paulo II, na área sul do Santuário Nacional.

Foto: inauguração da Rede de TV Aparecida[62], 2004, Aparecida-SP.

---

[61] Idem.
[62] Foto: Centro Documentação e Memória CDM – Santuário Nacional.

A TV foi expandindo, cada vez mais, por meio da parabólica, em todo Brasil e, hoje, está presente pelas TVs a cabo, cada vez crescendo mais, mantida pela colaboração da *Campanha dos Devotos*, de onde chegam os grandes recursos à manutenção da Rádio, da Televisão, da própria estrutura do Santuário etc.

"Quando Dom Damasceno chegou, a estrutura organizacional do Santuário Aparecida já estava mudada, e ele teve o grande mérito de acreditar e apoiar essa administração dos missionários redentoristas e esforçar-se para que continuasse crescendo."[63] Tanto que, visualizando o futuro, Dom Damasceno deixou encaminhado um pedido ao Ministério das Comunicações para a concessão de um canal comercial à *Rede de Televisão Aparecida.*[64]

> "Temos aqui em Aparecida todos os meios de comunicação: a rádio, a televisão, a imprensa, a editora Santuário; os redentoristas têm em mãos a Aparecida, como contratados para as atividades pastorais e administrativas, e Dom Damasceno conviveu com eles em paz, sem atritos ou conflitos, sem dificuldades maiores. Uma figura intermediária de grande peso foi Dom Darci."[65]

***

X. Incentivo à cultura

Ao se estabelecer como arcebispo de Aparecida, Dom Damasceno foi determinante em aprimorar seus conhecimentos a respeito da arquidiocese. "Mostrou-se, de imediato, interessadíssimo. Tanto é que no ano de 2006 a *Comissão para os Bens Culturais e Históricos* organizou um 'Se-

---

[63] Dom Darci José Nicioli, Brasília-DF, 29 de novembro de 2017; EPEO.
[64] Dom Raymundo Cardeal Damasceno Assis, Aparecida-SP, 22 de novembro de 2017; EPEO.
[65] Padre Victor Hugo Silveira Lapenta, C.Ss.R., Aparecida-SP, 10 de janeiro de 2018; EPEO.

minário de História da arquidiocese de Aparecida', e Dom Damasceno participou de todas as sessões, do começo ao fim, interessadíssimo, dialogando com os expositores, tomando informações, ele se mostrou um homem que mesmo tendo pouco conhecimento inicial, imediatamente, mergulhou a fundo nesses conhecimentos."[66]

Para expandir o conhecimento histórico e cultural de Aparecida, Dom Raymundo Damasceno Assis incentivou novas pesquisas, criação de acervos, promoveu a capacitação de funcionários, a fim de mantê-los atualizados, em cursos na capital do estado, para melhoria de mão de obra especializada em manutenção dos acervos; estimulando historiadores, pesquisadores, folcloristas, religiosos e professores a participarem de uma comissão em prol dos bens histórico-culturais de Aparecida. Padre Victor Hugo Silveira Lapenta, C.Ss.R., pertence a essa comissão e comenta que:

> "Dom Damasceno, desde o começo, deu grande apoio para a Comissão para os Bens Culturais e Históricos da arquidiocese, que tinha sido criada por Dom Aloísio, o qual atendeu a uma proposta da Santa Sé. Em um acordo entre a arquidiocese, a Província de São Paulo da Congregação Redentorista e o Santuário Nacional. Dom Damasceno ao conhecer a Comissão deu todo apoio e orientação e utilizou fortemente os trabalhos da Comissão. Por exemplo, no ano de 2008, 50 anos da arquidiocese de Aparecida, a Comissão fez parte da Comissão Central de Celebração do cinquentenário, com sugestões que foram acatadas e teve plena liberdade de organizar, inclusive, conferências, palestras, pesquisas... Dom Damasceno levou adiante dinamizando todo trabalho de bens culturais e históricos. Um homem de grande dinamismo".[67]

Uma das atuações em prol dos bens histórico-culturais foi o Decreto Prot.: Lei 12475/15, publicado em Boletim Oficial e redigido no dia

---

[66] Idem.
[67] Idem.

Bloco 1 – Arcebispo de Aparecida

30 de setembro de 2015 (memória de São Jerônimo), em que o arcebispo de Aparecida orienta a respeito dos procedimentos para a proteção, conservação, manutenção, divulgação e implementação de todos os bens culturais, históricos e arquitetônicos da arquidiocese de Aparecida, determinando que as mesmas orientações sejam seguidas e colocadas em prática por todos, para o devido resguardo do patrimônio. Na Apresentação da Orientação para o proceder com os Bens Culturais e Históricos da arquidiocese de Aparecida, Dom Damasceno deixou registrado:

> "A caminhada da comunidade cristã nestas terras abençoadas da arquidiocese de Aparecida, vem sendo agraciada pela preciosa constituição de um patrimônio de bens culturais, históricos e de arquitetura de profundo significado de fé, de piedade, de arte e de história".[68]

Para o entendimento à cultura e história regional, o arcebispo se inteirou do rico histórico de todo o Vale do Paraíba. Os primórdios do encontro da imagem da santinha, no rio Paraíba do Sul, a evolução devocional à imagem; históricos das cidades que compõem a arquidiocese etc. Em um aprimoramento de informações percorreu acervos e museus, lendo documentos, livros, revistas, apreciando fotografias, gravuras, películas e obras de arte. "A personalidade de Dom Damasceno é de uma grande cultura pessoal, um estudioso, competente e um homem de grande habilidade relacional, um homem tranquilo e pacífico, que procura sempre dialogar e convencer com bons modos, sem conflitos e sem atritos, que facilitou uma caminhada da história em Aparecida."[69]

***

---

[68] Livreto de *Orientações para o proceder com os Bens Culturais e Históricos da Arquidiocese de Aparecida*. Editora Santuário, 2015.
[69] Padre Victor Hugo Silveira Lapenta, C.Ss.R., Aparecida-SP, 10 de janeiro de 2018; EPEO.

XI. Redentoristas na administração do Santuário

"Sem dúvida foi Dom Aloísio quem deu grandes passos tanto na parte material do Santuário, como foi ele quem criou a 'Família Campanha dos Devotos', junto com padre Darci Nicioli que, na época, era o ecônomo do Santuário e foi o braço direito de Dom Aloísio."[70] Padre Darci continuou como ecônomo do Santuário no primeiro ano de atuação de Dom Damasceno como arcebispo de Aparecida e, um ano depois, em 2005, padre Darci foi transferido para Roma, como Superior da *Casa Geral da Congregação Redentorista* e do *Santuário Internacional de Nossa Senhora do Perpétuo Socorro*, em Roma, e o padre Joércio foi nomeado bispo de Coari-AM[71], em seu lugar foi destinado em dezembro de 2005, padre Mauro Matiazzi, nomeado reitor do Santuário Nacional e Superior da Comunidade Redentorista; e como ecônomo, no lugar de padre Darci, o padre Hélcio Vicente Testa. Eles ficaram durante três anos nessas funções.

Todos realizaram seus trabalhos com muita dedicação no Santuário, durante esses anos, como reitor e como ecônomo. Certamente, Deus retribuirá a todos eles com copiosas bênçãos em suas missões.

Depois, foram substituídos: o padre Matiazzi pelo padre Domingos Sávio,[72] e no lugar de padre Hélcio, o padre Luiz Cláudio Alves de Macedo. Após o retorno de padre Darci de Roma, em 2008, ele foi nomeado, por Dom Damasceno, reitor do Santuário Nacional de Aparecida, no lugar do padre Domingos Sávio. Padre Darci tomou posse no dia 15 de fevereiro de 2009, e o padre Luiz Cláudio Alves de Ma-

---

[70] Dom Raymundo Cardeal Damasceno Assis, Aparecida-SP, 22 de novembro de 2017; EPEO.

[71] A Diocese de Coari é uma circunscrição eclesiástica da Igreja Católica no Brasil, pertencente à Província Eclesiástica de Manaus e ao Conselho Episcopal Regional Norte I da Conferência Nacional dos Bispos do Brasil, sendo sufragânea da arquidiocese de Manaus. A sé episcopal está na Catedral Diocesana de Sant'Ana e São Sebastião, na cidade de Coari, no estado do Amazonas.

[72] Padre Domingos Sávio da Silva, conhecido como padre Domingos, nasceu no dia 17 agosto de 1947, em Lorena. Ordenou-se diácono no dia 30 de novembro de 1974, aos 27 anos, e foi ordenado padre no dia 29 de junho do ano seguinte, na Catedral de Lorena. É também doutor em Ciências da Religião com concentração em Bíblia pela Universidade Metodista de São Paulo.

cedo na mesma data foi empossado como o novo ecônomo; em missa solene "presidida pelo arcebispo de Aparecida-SP, Dom Raymundo Damasceno Assis".[73]

Foto: Dom Darci José Nicioli[74], Brasília-DF, dezembro de 2017.

O pedido de um bispo auxiliar sempre é feito pelo arcebispo que necessita de um ajudante para as atividades na arquidiocese. Para satisfazer melhor as necessidades pastorais da arquidiocese, o arcebispo de Aparecida pediu formalmente, em carta, ao Papa Bento XVI um bispo auxiliar, e foi categórico na indicação do nome de padre Darci José Nicioli. Em 15 dias saiu a nomeação, o Santo Padre atendeu ao pedido e nomeou padre Darci como bispo auxiliar em Aparecida. "Em Roma, o cardeal Ouellet[75] comunicou a Dom Damasceno a aprovação pelo Papa Bento XVI, do nome indicado."[76]

---

[73] In: site *Gaudium Press Mundo*; acesso em 1 de dezembro de 2017.
[74] Foto: crédito de *Rita Elisa Sêda*.
[75] Marc *Ouellet* P.S.S., nasceu em La Motte, França, no dia 8 de junho de 1944, é *cardeal* canadense e prefeito da Congregação para os Bispos na Santa Sé.
[76] *Diário de Atividades do Sr. arcebispo de Aparecida Dom Raymundo Cardeal Damasceno Assis,* 2012, p. 29. Inédito.

"Como bispo auxiliar Dom Darci não ficou tanto tempo, foram três anos e quatro meses e, finalmente, foi transferido para Diamantina-MG como arcebispo, em 9 de março de 2016. Foi, sem dúvida, um grande colaborador, apoiador de meu trabalho como arcebispo, prestou um grande serviço à arquidiocese de Aparecida. "[77]

Com a eleição de um novo provincial, o missionário redentorista Padre Rogério Gomes,[78] C.Ss.R, que residia em Roma, houve uma mudança no Santuário. Foi proposto o padre João Batista como reitor e o padre Daniel como ecônomo. Todos os que passaram pelo Santuário Nossa Senhora Aparecida, como reitores e como ecônomos, sempre ajudaram e apoiaram o arcebispo em Aparecida, além dos demais missionários redentoristas, cada um no seu trabalho, nas suas áreas de atuação, na rádio, na televisão, na imprensa, na editora, no santuário... "grande parte do que é realizado no santuário deve-se ao trabalho zeloso, competente, dedicado dos redentoristas"[79]; família religiosa que possui o carisma confiado por Santo Afonso Maria de Ligório, fundador da Congregação Redentorista. Essa vocação é assumida por pessoas que foram chamadas por Deus a doarem sua vida e as religiosas redentoristas Filhas do Amor Divino têm como carisma serem sinais visíveis do amor de Jesus Cristo pela sua Igreja e pelo mundo.

A arquidiocese de Aparecida, quando criada, não passou pelo processo natural de antes ser uma diocese, ela já foi criada como arquidiocese, em homenagem a Nossa Senhora Aparecida. E Dom Damasceno soube integrar as duas, dando uma autonomia progressiva à arquidiocese. Ele fez, inclusive, uma política muito habilidosa junto ao clero, para que os padres da arquidiocese ficassem menos dependentes do Santu-

---

[77] Dom Raymundo Cardeal Damasceno Assis, Aparecida-SP, 22 de novembro de 2017.
[78] Padre Rogério Gomes nasceu em Alterosa-MG, no dia 7 de outubro de 1974. Redentorista, formado em filosofia e teologia, graduado com doutorado em Teologia Moral. Lecionou no ITESP e na Academia Alfonsiana de Roma. Atualmente é o Superior Provincial da Província de São Paulo.
[79] Dom Raymundo Cardeal Damasceno Assis, Aparecida-SP, 22 de novembro de 2017; EPEO.

Bloco 1 – Arcebispo de Aparecida

ário. Dom Damasceno foi criando um fundo próprio da arquidiocese para a sua manutenção. Ele viveu praticamente em paz com a Congregação Redentorista, que tem uma responsabilidade central na pastoral e na administração do Santuário e na paróquia de Aparecida. [80]

***

XII. Melhorias em Aparecida

Uma mãe quando recebe seus filhos quer festa, arruma toda a casa, acomoda os filhos em bons lugares e lhes oferece boa comida, pois sabe que vieram de longe, do jeito que puderam, mas vieram... para estar junto com ela. Então, a casa da mãe deve estar bonita, agradável, para que os filhos se sintam acolhidos com dignidade.

O movimento de romeiros em Aparecida, desde os anos 90, veio crescendo. Aumentou bastante por causa da *Rádio Aparecida*, os ouvintes foram chamados a conhecer Aparecida. Depois, com a transmissão de missa pela *TV Aparecida*, intensificou-se o acesso dos devotos ao Santuário, que faziam o propósito de, pelo menos, uma vez por ano ir à casa da Mãe Aparecida, pagar promessas, confessar, participar das missas, pedir novas graças, sob a intercessão da Mãe de Jesus.

Os brasileiros, a partir do segundo milênio, passaram a ter melhores condições econômicas, compravam carros, viajavam mais. "O fluxo turístico na Capital Mariana Nacional aumentou e Aparecida precisava de uma mudança positiva no setor de acolhimento aos romeiros. Houve empreendimento no Centro de Apoio aos Romeiros e, logo em seguida, com a vinda da V Conferência (2007), surgiu uma necessidade

---

[80] Padre Victor Hugo Silveira Lapenta, C.Ss.R., Aparecida-SP, 10 de janeiro de 2018; EPEO.

maior de outras melhorias para a acolhida de presbíteros, religiosos, com destaque aos senhores bispos que viriam participar da Conferência em Aparecida".[81]

Desde a criação da área de Apoio ao Romeiro, grande área restrita ao Santuário, melhorou tanto o atendimento aos romeiros que, em poucos anos de atuação, o movimento de visitantes à Basílica Nova aumentou consideravelmente. O fluxo de romeiros ficou muito grande, muitos vinham de bem longe.

Em 2006, Dom Damasceno passou a visitar alguns hotéis que constavam em um cadastro da arquidiocese, para acolher os bispos da V Conferência. A partir dessas visitas, como bom observador, ele percebeu que houve um salto de qualidade no serviço prestado aos romeiros, pelos hotéis.[82] Criou-se um espírito de concorrência entre eles, com isso, a rede hoteleira começou a fazer melhorias. As exigências até que eram poucas, só as básicas, porém era necessária uma boa infraestrutura para ser colocadas em prática: internet e telefone; não poderia haver mais de duas camas por quarto; alimentação deveria seguir o cardápio proposto pela arquidiocese. Além das acomodações para os integrantes da V Conferência, 266 participantes, havia necessidade de acomodações para a imprensa nacional e internacional e, também, para os turistas.

> "Outra grande preocupação era a qualidade de alimentação, tanto que no posto médico do Centro de Apoio muitas pessoas eram atendidas por causa da péssima alimentação que adquiriam em Aparecida, por meio dos marmitex. Muitos apresentavam problemas digestivos, com vômitos, diarreia, dor de cabeça e outros sintomas. Hoje em dia, existem bons restaurantes na cidade que oferecem ótima comida."[83]

---

[81] Irmão José Mauro Maciel, C.Ss.R, Aparecida-SP, 27 de outubro de 2017; EPEO.
[82] Diário de atividade do Sr. Arcebispo de Aparecida Dom Raymundo Cardeal Damasceno Assis, 2005, p. 27.
[83] Irmão José Mauro Maciel, C.Ss.R, Aparecida-SP, 27 de outubro de 2017; EPEO.

Muitos hotéis não foram selecionados porque não tinham condições de receber os participantes da V Conferência, comitivas e mídias internacionais. Os hoteleiros que aceitaram as propostas assinaram um contrato e se responsabilizaram em atender a todos os requisitos, inclusive o de manter durante 20 dias o cardápio estabelecido pela arquidiocese, para cada dia, contribuindo para a boa alimentação dos hóspedes. No final foram cinco hotéis selecionados para hospedagem dos bispos da V Conferência: *Catedral*, *Marge*, *Panorâmico*, *Central* e *Fenícia*, além do *Seminário Bom Jesus*.

Os bispos que participaram da V Conferência saíram de Aparecida felicíssimos, e até mesmo, alguns hoteleiros disseram que foi a primeira vez que viram bispos com lágrimas nos olhos, porque se emocionaram ao se despedir dos amigos que fizeram em Aparecida. Eles foram acolhidos com muito carinho, com muita atenção.

A partir dessa fase de triagem de hotéis bons e regulares, começou uma nova mentalidade na rede hoteleira de Aparecida; todos procuraram adaptar-se à nova realidade. A construção do *Hotel Rainha do Brasil* provocou ainda mais melhorias nos outros estabelecimentos hoteleiros; pois, se não garantissem melhores acomodações iriam perder os fregueses. Na área de alimentação as melhorias foram poucas, dois bons restaurantes, um no Hotel Rainha que atende 24 horas por dia, o outro, na Pousada do Bom Jesus, que tem nível de excelência.

> "Atualmente, a cidade de Aparecida é muito visitada. Temos até dificuldade em saber quem é o romeiro puro e quem é turista. Existe um turismo também, pessoas que vem a Aparecida, alguns até que nem tem religião; até mesmo, de outras religiões. Interessante ver Mães de Santo, Pais de Santo, de várias regiões do Brasil que vem visitar Aparecida, porque sentem que Nossa Senhora é a Mãe deles, assim como nós católicos acreditamos que ela é nossa Mãe. Da mesma forma, devotas judias, fazem visita para Nossa Senhora. Na verdade, Maria Santíssima, Mãe de Jesus continua sendo figura

de uma grande personalidade do ocidente. Aliás, tem alguns pensadores, cristãos ou não, que dizem que Nossa Senhora é a mulher mais poderosa no Ocidente nos últimos dois mil anos, porque passada sua história da vida nessa terra, ainda é uma pessoa de grande influência no Ocidente. Por exemplo, segundo pesquisa da *Data Folha* recente, divulgada no dia 12 de outubro de 2017, existem 38 milhões de devotos de Nossa Senhora Aparecida, no Brasil, isso sem contar os devotos da América Latina. Até mesmo da China existem romarias a cada dois anos, outros grupos da Europa, romarias do Japão etc. Neste ano, 2017, Aparecida recebeu 12 milhões de devotos, sendo 1/3 dos devotos de Nossa Senhora, no Brasil, que frequentam Aparecida. Isso requer um aperfeiçoamento, uma atualização, a cada ano para dar bom acolhimento aos devotos, com melhoramento no atendimento em todos os sentidos. Esses 2/3 restantes, com certeza, um dia irão a Aparecida."[84]

***

XIII. Santuário Santo Antônio de Sant'Anna Galvão

"Sim, não deixemos de louvar ao nosso Deus. Louvemos todos nós, povos do Brasil e da América, cantemos ao Senhor as suas maravilhas, porque fez em nós grandes coisas. Hoje, a Divina sabedoria permite que nos encontremos ao redor do seu altar em ato de louvor e de agradecimento por nos ter concedido a graça da Canonização do Frei Antônio de Sant'Anna Galvão."[85]
(Papa Bento XVI)

Jaqueline que, na época, era secretária do arcebispo de Aparecida, lembra com carinho que depois de terminada a reforma do Seminário Bom Jesus, pensou "que Dom Damasceno ia sossegar um pouco, daí ele

---

[84] Irmão José Mauro Maciel, C.Ss.R, Aparecida-SP, 27 de outubro de 2017; EPEO.
[85] PAPA BENTO XVI. *Homilia*. Aeroporto "Campo de Marte", 2007.

apareceu com a novidade: *Santuário de Frei Galvão*. Eu não aguentei e falei para ele: 'nunca vi uma pessoa gostar tanto de um grande projeto como o senhor, saiu de um bem grande (a reforma do Colegião) e já procurou outra enorme'".[86] Ela conhece bem o dinamismo do cardeal Damasceno.

O arcebispo de Aparecida dedicou especial atenção a Santo Antônio de Sant'Anna Galvão, filho de Guaratinguetá, "tínhamos que homenagear esse primeiro santo brasileiro, criar um meio de perpetuar a memória dele e difundir o culto ao santo personagem maior de Guaratinguetá"[87]. Então, em dezembro de 2010, por decreto de Dom Damasceno, foi criado o *Santuário Arquidiocesano de Santo Antônio de Sant'Anna Galvão*. Decreto assinado no dia 8, data da solenidade da Imaculada Conceição. Segundo Dom Damasceno, a criação do santuário foi o primeiro passo para separar a igreja de Frei Galvão da Paróquia Nossa Senhora de Fátima. "E como santuário podemos dar uma estrutura melhor para os devotos que visitam a igreja. E, também, será mais fácil fazer um planejamento mais global para o santuário."[88] Visando o bem-estar dos devotos do primeiro santo, legitimamente, brasileiro.

A capela que era dedicada a Frei Galvão e a São José passou a ser *Santuário Frei Galvão*, tirou-se o nome São José porque havia certa ambiguidade, as pessoas não discerniam se a capela era dedicada a São Frei Galvão ou a São José. Dom Damasceno desmembrou o santuário da paróquia Nossa Senhora de Fátima, elaborou um estatuto e nomeou, como primeiro reitor, o padre Roberto Lourenço da Silva. A capelinha era simples e o santuário foi criado canonicamente.

---

[86] Jaqueline Pereira, Aparecida-SP, 27 de outubro de 2017; EPEO.
[87] Dom Raymundo Cardeal Damasceno Assis, Aparecida-SP, 9 de outubro de 2017; EPEO.
[88] In: blog *turismo Guará,* acesso em 28 de outubro de 2017.

Foto: Santuário Frei Galvão[89], Guaratinguetá-SP, novembro de 2017.

Então, Dom Damasceno começou a se informar a respeito do terreno e do entorno da capela. Ficou ciente que ali, antigamente, era uma grande fazenda da família Byngton e que ela doou o terreno para a prefeitura. A prefeitura criou uma empresa, a CODESG[90], para administrar esse terreno com o retorno financeiro para a família Byngton, que receberia uma porcentagem do dinheiro de venda das terras. Outra notícia era que o patriarca da família era o renomado político Paulo Egydio Martins[91], ex-governador do estado de São Paulo.

Ao certificar-se que Paulo Egydio morava na cidade de São Paulo, o arcebispo de Aparecida marcou uma visita para conversarem. Nessa visita, Dom Damasceno se apresentou e falou a respeito da criação do Santuário Frei Galvão, do direito patrimonial da família Byngton às terras do entor-

---

[89] Foto: crédito de *Rita Elisa Sêda*.
[90] A Companhia de Desenvolvimento de Guaratinguetá – CODESG é uma empresa pública municipal, sob a forma de sociedade civil de fins econômicos, dotada de personalidade jurídica de direito privado, com patrimônio próprio e autonomia administrativa e com prazo de duração indeterminado. Foi criada em outubro de 1974, pela Lei Municipal n. 1.350, possui estatuto social e regimento interno próprio. Seu objetivo fundamental é a execução de programas e obras de desenvolvimento do município.
[91] Paulo Egydio Martins nasceu em São Paulo no dia 2 de maio de 1928, é empresário e político brasileiro. Paulo Egydio foi o décimo segundo governador do estado de São Paulo, eleito indiretamente durante o governo de Ernesto Geisel, pelo então colégio eleitoral.

no do Santuário e pediu a colaboração de Paulo Egydio e da família para o futuro Santuário Frei Galvão, área da qual a CODESG era proprietária. O patriarca Egydio, prontamente, respondeu: "Da nossa parte não tem problema, estamos aqui para colaborar, temos o José Augusto Byngton, que é o representante nos negócios da família e ele será o intermediário para dialogarmos".[92] E as negociações começaram.

Porém, houve certa dificuldade de diálogo entre o José Augusto Byngton e o prefeito de Guaratinguetá[93]; conversavam e não chegavam a um acordo. Em 2012, o candidato a prefeito de Guaratinguetá, Francisco Carlos[94], começou a se interessar pelo Santuário Frei Galvão. Ele foi eleito e houve várias reuniões, em uma delas, no dia 21 de fevereiro de 2013, a família Byngton, que tinha o direito a 30% do valor da venda dos terrenos, estava disposta a doar ao Santuário Frei Galvão a sua porcentagem de direito.[95]

Foram vários meses de reuniões entre o prefeito, o arcebispo de Aparecida e o representante da família Byngton, porém o acordo não se concretizava, "pois havia pendências da CODESG com a família Byngton"[96].

Foi durante a gestão de Júnior Filippo que começaram as negociações, "mas elas se concretizaram na gestão do prefeito Francisco Carlos".[97] Quando, então, o prefeito resolveu desapropriar a área de 96 mil m² e informou ao arcebispo de Aparecida a respeito dessa decisão. Ao ser notificado da desapropriação, Dom Damasceno avisou a família Byngton que houve uma questão de penhora sobre a doação, mas depois com muito diálogo, com muita cordialidade, chegaram a escritura definitiva da área como doação.

---

[92] Dom Raymundo Cardeal Damasceno Assis, Aparecida-SP, 9 de outubro de 2017; EPEO.

[93] Aos 34 anos, foi eleito prefeito de Guaratinguetá tornando-se o prefeito mais jovem e realizador da história. Em 2008, foi reeleito com 74 % dos votos.

[94] Francisco Carlos Moreira dos Santos nasceu em 28 de fevereiro de 1954 em Guaratinguetá. Casado, é servidor público estadual e advogado. Foi eleito prefeito de Guaratinguetá, pelo PSDB, em 2012.

[95] Dom Raymundo Cardeal Damasceno Assis. In: *Diário de atividades do Sr. arcebispo de Aparecida, anos 2011 a 2016*. 2013, p. 3. Inédito.

[96] Dom Raymundo Cardeal Damasceno Assis, Aparecida-SP, 9 de outubro de 2017; EPEO.

[97] Denir de Campos, Aparecida-SP, 27 de outubro de 2017; EPEO.

O prefeito de Guaratinguetá, Francisco Carlos, anunciou dia 25 de outubro de 2014, sábado, no final da missa solene da Festa de Frei Galvão a doação dessa grande área "para a construção de um novo santuário dedicado ao primeiro santo brasileiro na cidade".[98]

Após a Santa Missa das 19h, no Santuário de Santo Antônio de Sant'Anna Galvão, dia 13 de maio de 2016, foi assinada a escritura de doação do terreno, pela Prefeitura Municipal de Guaratinguetá à arquidiocese de Aparecida, para ampliação do Santuário de Frei Galvão.[99] Foi com muito contentamento que os devotos de São Frei Galvão receberam essa notícia.

***

XIV. Estátua Frei Galvão

> "De elevado significado foi, neste sentido, aquilo que a Câmara do Senado de São Paulo escreveu ao Ministro Provincial dos Franciscanos no final do século XVIII, definindo Frei Galvão como 'homem de paz e de caridade'."[100]
> (Papa Bento XVI)

Para dar início ao projeto do Santuário Frei Galvão foi necessário tirar a estátua de São Frei Galvão[101] da rotatória perto da Dutra, na entrada de Guaratinguetá, e levar para o novo Santuário. Essa tarefa

---

[98] In: site *Meon*; acesso em 25 de outubro de 2017.

[99] Dom Raymundo Cardeal Damasceno Assis. In: *Diário de atividades do Sr. arcebispo de Aparecida, anos 2011 a 2016.* 2016, p. 15.

[100] PAPA BENTO XVI. *Homilia.* Aeroporto "Campo de Marte", 2007.

[101] Desde 1998, quando foi esculpida pelo artista plástico Irineu Migliorini, a estátua ficava no principal acesso à cidade natal de Frei Galvão. De acordo com a arquidiocese de Aparecida, a Prefeitura de Guaratinguetá assinou um decreto autorizando a retirada da peça da entrada da cidade para que após a bênção a estátua fosse levada para o Santuário de Frei Galvão, no Jardim do Vale, em Guaratinguetá.

Bloco 1 – Arcebispo de Aparecida

não foi fácil, houve certa resistência, "nossa... que barreira Dom Damasceno e Dom Darci encontraram, não foi fácil. O lugar era de difícil acesso aos peregrinos e devotos do santo, era perigoso chegar perto e, à noite, virou ponto de prostituição. Então, o melhor a ser feito era remover a imagem para o Santuário Frei Galvão, nada mais óbvio".[102] Porém, algumas pessoas eram contra, e a maioria a favor. Deu um grande problema tirar a imagem de lá. Conseguiram remover a estátua no dia 16 de junho de 2013. Ela foi retirada da entrada da cidade de Guaratinguetá e, por causa de infiltrações e das trincas, ela passou por um processo de restauração, no ateliê do seu escultor, Irineu Miglioni, em Pindamonhangaba, e, no dia 20 de junho, à tarde, chegou ao Seminário Bom Jesus.[103] Podendo permanecer no seminário por três meses, conforme consta no Decreto N. 7.754,[104] expedido pela Prefeitura Municipal de Guaratinguetá, levando em considerações: a visita do Papa Francisco ao Brasil e sua hospedagem no Seminário Bom Jesus; que Guaratinguetá é integrante ao Roteiro da Fé; e busca de melhorias para o Santuário Frei Galvão.

Dom Raymundo Damasceno acompanhou o trabalho e comunicou que a estátua ficaria por três meses no Seminário Bom Jesus. "Aqui é uma casa temporária para a estátua, justamente pela presença do Papa que não poderá ir até Guaratinguetá. Após a missa, o Papa será acolhido, receberá buquês de flores e, em seguida, virá abençoar a imagem".[105] Como previsto, no dia 24 de julho de 2013, o Papa Francisco esteve no Seminário Bom Jesus, abençoou a imagem de Santo Frei Galvão e plantou uma muda de árvore Pau-Brasil. [*][106]

---

[102] Jaqueline Pereira, Aparecida-SP, 27 de outubro de 2017; EPEO.

[103] Autorização Judicial de Permanência da Imagem de Frei Galvão no Seminário Bom Jesus no Município de Aparecida, Decreto N. 7.754 de 3 de julho de 2013. Expedida pela Prefeitura Municipal de Guaratinguetá-SP.

[104] Autorizado pelo doutor Francisco Carlos Moreira dos Santos, prefeito de Guaratinguetá, especialmente, das constantes do artigo 106, I da Lei Orgânica do Município de Guaratinguetá.

[105] In: site G1 Vale do Paraíba e Região, acesso em 28 de outubro de 2017.

[106] LINK – II PARTE – PAPAS EM APARECIDA – PAPA FRANCISCO.

Viver na alegria do Senhor

Fotos: bênção da imagem de Frei Galvão[107], Seminário Bom Jesus, Aparecida-SP, 2013; estátua de Frei Galvão[108], Guaratinguetá-SP, novembro de 2017.

A estátua restaurada, e com a bênção papal, foi transportada para o Santuário Frei Galvão em Guaratinguetá, onde é ponto de peregrinação para os devotos do primeiro santo brasileiro. Muitos devotos ali fazem suas orações de agradecimento e, também, pedem ajuda ao santo, que intercede por todos junto a Deus Pai. Tornou-se costume que, no gradil em volta da imagem, os peregrinos amarrem fitinhas coloridas.

---
[107] Foto: APDRCDA.
[108] Foto: crédito de *Rita Elisa Sêda*.

XV. Projeto Santuário Frei Galvão

> "A fama da sua imensa caridade não tinha limites. Pessoas de toda a geografia nacional iam ver Frei Galvão que a todos acolhia paternalmente. Eram pobres, doentes no corpo e no espírito que lhe imploravam ajuda."[109]
> (Papa Bento XVI)

O projeto ficou esquematizado e encaminhado para ser concretizado; a parte burocrática foi realizada, até mesmo a assinatura de compromisso com o ministério público e com a prefeitura, as cartas topográficas, medição exata do terreno; em um preparo minucioso para que fosse começada a execução do projeto. É um projeto para ser realizado a longo prazo. O principal foi feito, adquirir o terreno, pois sem uma área nada se faz. "A tratativa para conseguir a escritura do terreno durou quatro anos. Esse é um projeto com execução de obra para 20 ou 30 anos. Estamos em crise financeira, mas temos que ter confiança de que vai dar certo",[110] acredita o cardeal Damasceno.

A argumentação jurídica para adquirir o terreno foi aprovada, unanimemente, pela Câmara Municipal de Guaratinguetá, inclusive com voto de vereador evangélico. O prefeito fez a doação, lavrou a escritura, foi assinado compromisso com o ministério público sobre questões ambientais, também as questões viárias, acesso, permanência e a saída dessa área, compromisso assinado, depois de longos tempos de diálogos. Dom Damasceno deixou o caminho aberto para a execução desse projeto, "com muita confiança em Deus".[111]

O enfoque de Dom Damasceno foi o de trabalhar para conseguir essa nobre área para a construção do Santuário Frei Galvão e, também, "colocar a cidade de Guaratinguetá dentro do roteiro do turismo religioso que antes

---

[109] PAPA BENTO XVI. *Homilia*. Aeroporto "Campo de Marte", 2007.
[110] Dom Raymundo Damasceno Assis, Aparecida-SP, 9 de outubro de 2017; EPEO.
[111] Idem.

era somente Aparecida".[112] Para fomentar o turismo na região, por Decreto Lei, o município de Guaratinguetá passou a ser *Estância Turística*.

Para que houvesse aprovação dos projetos, a arquidiocese necessitou atender várias condições, de diversas origens: primeiramente um plano básico, que é um plano de massa, em que apresenta e distribui o projeto total que será executado na área. Logo após, foi exigido o projeto de arborização e reflorestamento. "Obra essa que incluirá um belo parque com lazer, conforto e total segurança para os visitantes."[113]

XVI. Programa Floresta do Futuro

> "Por isso, sinto-me feliz porque a elevação do Frei Galvão aos altares ficará, para sempre, emoldurada na liturgia que hoje a Igreja nos oferece."[114]
> (Papa Bento XVI)

Logo em seguida, Dom Damasceno convidou a *ONG Mata Atlântica* para uma parceria, a criação do bosque *LAUDATO SI*"[115] – Louvado Sejas; em homenagem à Carta Encíclica do Santo Padre Francisco, escrita no dia 24 de maio de 2015, sobre o cuidado da casa comum, nosso planeta Terra. Na abertura da encíclica o Papa relembrou São Francisco de Assis que cantava louvores ao Senhor e, recordou-nos que podemos comparar a nossa casa comum a uma irmã com quem partilhamos a existência e, também, a uma boa mãe, que nos acolhe nos seus braços: "Louvado sejas, meu Senhor, pela nossa irmã, a mãe terra, que nos sustenta e governa, e produz variados frutos com flores coloridas e verduras".[116] Singular é a parte dessa carta que ficou denominada *Alegria*

---

[112] Idem.

[113] Ata da 99ª Reunião do COE – Conselho Arquidiocesano para Assuntos Econômicos da arquidiocese de Aparecida--SP, Realizada em 17 de novembro de 2015. In: *Livro do Tombo da arquidiocese de Aparecida, de 2005 a 2015.*

[114] PAPA BENTO XVI. *Homilia.* Aeroporto "Campo de Marte", 2007.

[115] PAPA FRANCISCO. Carta Encíclica *LAUDATO SI' Sobre o Cuidado da Casa Comum, 2015.*

[116] *O Cântico das Criaturas.*

e Paz, quando o Santo Padre comenta sobre o feliz amadurecimento do ser humano por meio da própria paz.

> "Por outro lado, ninguém pode amadurecer numa sobriedade feliz, se não estiver em paz consigo mesmo. E parte duma adequada compreensão da espiritualidade consiste em alargar a nossa compreensão da paz, que é muito mais do que a ausência de guerra. A paz interior das pessoas tem muito a ver com o cuidado da ecologia e com o bem comum, porque, autenticamente vivida, reflete-se num equilibrado estilo de vida aliado com a capacidade de admiração que leva à profundidade da vida."[117]

Quatro meses depois, na câmara municipal de Guaratinguetá, houve audiência pública sobre o Projeto de Lei para instituir o *Dia Nacional do Patrono da Construção Civil e dos Profissionais de Engenharia Civil* e tornar Frei Galvão o patrono desse dia. "A audiência pública foi um requisito da câmara federal para aprovação do Projeto Lei."[118]

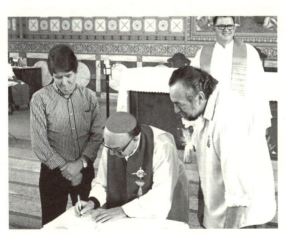

Foto: Dom Raymundo Cardeal Damasceno Assis, assinando o convênio com a ONG SOS Mata Atlântica. Guaratinguetá-SP, junho de 2016.[119]

---

[117] PAPA FRANCISCO. Carta Encíclica *LAUDATO SI' Sobre o Cuidado da Casa Comum*, 2015.
[118] Jaqueline Pereira França. Síntese: *Santuário Arquidiocesano Santo Antônio de Sant'Anna Galvão* – Breve Histórico do projeto de ampliação do Santuário Frei Galvão – etapas percorridas.
[119] Foto: in site *Santuário Frei Galvão*; acesso em 23 de outubro de 2017.

Foi com o amadurecimento de viver na alegria do Senhor, em paz, que Dom Damasceno, no dia 2 de junho de 2016, presidiu a Celebração Eucarística no Santuário Frei Galvão, às 15h, e, logo depois da santa missa, assinou o convênio entre a arquidiocese de Aparecida e a SOS Mata Atlântica.[120] Com a certeza de que é preciso ajudar ecologicamente a criação de uma área verde para que os devotos de São Frei Galvão sintam-se em paz no Santuário.

O empreendimento para o bosque foi de, mais ou menos, 8 mil mudas de diversas espécies da mata nativa, sem custo nenhum para a diocese. Ficou ao encargo da *ONG Mata Atlântica* plantar e cuidar das árvores durante cinco anos, conforme ficou acordado com a diocese.

> "A SOS Mata Atlântica representa as organizações não governamentais com uma história muito grande de restauração, milhões de árvores já foram plantadas em nosso país. Essa parceria institucionalizada entre a igreja e a sociedade civil é muito importante pela possibilidade de fazer esse trabalho de reflorestamento também neste Santuário."[121]

Na realidade, a preocupação de Dom Damasceno não era só com o Santuário, era com a cidade de Guaratinguetá, também. Oferecer uma área verde à cidade, onde as pessoas pudessem descansar, passear e respirar melhor; parte do projeto conjunto do Santuário Frei Galvão. Uma atenção especial, também, para as nascentes, a preservação do meio ambiente naquela área. A empresa *LOTUS*, com mais um escritório com sede em São Paulo e o arquiteto Guimarães começaram a trabalhar no projeto do santuário, em seu conjunto. "Isso está sendo feito de uma forma legal, gradual e atendendo todos os parâmetros: ambientais, pastorais; importantes para que surja um novo Santuário Frei Galvão."[122]

---

[120] Dom Raymundo Cardeal Damasceno Assis. In: *Diário de atividades do Sr. arcebispo de Aparecida, anos 2011 a 2016*. 2016, p. 18.

[121] Mario Mantovani, diretor de Políticas Públicas da *SOS Mata Atlântica*, em ocasião da assinatura do convênio entre SOS Mata Atlântica e arquidiocese de Aparecida.

[122] Denir de Campos, Aparecida-SP, 27 de outubro de 2017; EPEO.

Nesse conjunto, Dom Damasceno listou mais de 20 itens que deveriam constar no projeto, com todos os detalhes, a partir de sua experiência no Santuário de Aparecida. A ideia inicial era começar o bosque e o monumento a São Frei Galvão, que foi projetado pelo artista sacro Cláudio Pastro, um monumento grandioso que poderá ser visualizado de uma boa distância.

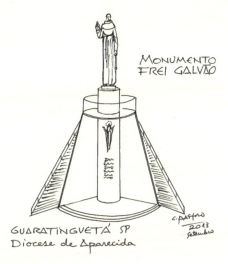

Foto: projeto conceitual desenvolvido por Cláudio Pastro, 2013.[123]

O artista Cláudio Pastro, em setembro de 2013, começou a fazer os esboços e a desenvolver a concepção geral do monumento para ser erguido ao lado da atual igreja, no local onde, hoje, está colocada a imagem de São Frei Galvão. "O conceito foi transformado em um projeto executivo e agora está sendo revisado para se adequar às novas necessidades, considerando-se que será construído novo espaço."[124] Espaço projetado com muita atenção, para o uso dos fiéis devotos do primeiro santo brasileiro.

---

[123] Imagem cedida por *Eric Pelogia Pieri*. Diretor, Lótus Implantação de Projetos, 24 de outubro de 2017; EPEO.
[124] Eric Pelogia Pieri. São Paulo-SP, 24 de outubro de 2017; EPEO.

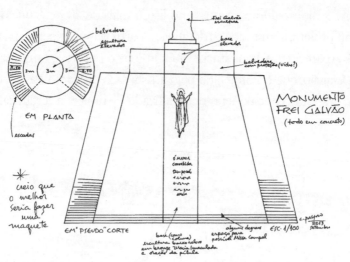

Foto: projeto conceitual desenvolvido por Cláudio Pastro, 2013.[125]

Informações técnicas: Diâmetro do Mirante: 8,75 m; Diâmetro da Base: 15,20 m; Altura do Mirante: 12,00 m; Altura Total: 24,50 m (da base até o topo da imagem, desconsiderando-se o platô sobre o qual será erigido).[126]

A primeira fase do projeto está em andamento, são obras distintas e que vão requerer alguns anos de execução: "Implantação do Parque *Laudado Si* (Trilha e Plantio); Monumento a Frei Galvão; Alameda de Acesso ao Monumento; Construção de Portarias e Edificações de Apoio (sanitários, cabines de energia etc.); Fechamento das Divisas do Santuário".[127] Atualmente, os principais envolvidos com a execução do projeto são: gerenciamento: Lótus Implantação de Projetos; arquitetura: Renato Bianconi; paisagismo: Jair Pinheiro; conceituação do Espaço Litúrgico e Arte Sacra: Apostolado Litúrgico Arquitetura.

---

[125] Imagem cedida por Eric Pelogia Pieri. Diretor, Lótus Implantação de Projetos, em 24 de outubro de 2017.
[126] Eric Pelogia Pieri. São Paulo-SP, 24 de outubro de 2017; EPEO.
[127] Idem.

Bloco 1 – Arcebispo de Aparecida

De dois em dois meses Dom Damasceno participou de reuniões com o prefeito de Guaratinguetá, vários engenheiros e arquitetos que estão acompanhando o desenvolvimento desse projeto, inclusive a SOS Mata Atlântica.

> "É um projeto amplo, admirável. Há um esforço muito grande de Dom Damasceno que, desde lá atrás, plantou essa sementinha e fez isso com muito amor e dedicação. Porque quando Dom Damasceno direciona o foco dele, é muito bem encaminhado, ele abraça com muito amor, muita dedicação, fora outros fluxos de trabalhos que ele tem, que são muitos, você vê nos olhos dele, como brilham, quando as coisas estão caminhando bem, tanto na parte do Seminário Frei Galvão, quanto na Pousada Bom Jesus... que foi ele quem iniciou a Pousada."[128]

Futuramente, há projetos que deverão ser definidos pela arquidiocese, serão desenvolvidos os projetos executivos e realizadas as obras para: igreja; áreas de apoio (administração, praça de alimentação, sanitários, ambulatórios); Via-Sacra (integrada ao *Parque Laudato Si*); Edifício Garagem; Casa dos Religiosos; Centro de Memória e Cultura.[129] Não podemos deixar de ressaltar que se trata de um projeto ímpar, que será responsável ainda mais pelo desenvolvimento exponencial da região do Vale do Paraíba, o qual, juntamente com o Santuário Nacional, formarão um conjunto de obras importantes e significativas,[130] tornando o Vale do Paraíba uma região de grande potencial no turismo religioso.

Para chegar ao resultado atual, houve um árduo procedimento que envolveu todas as etapas e aprovações em um processo moroso, por causa das "exigências de alguns órgãos públicos, onde incluíram aprovações do estado, município e contatos políticos. As dificuldades foram vencidas, para que o projeto seja coroado de êxito".[131]

---

[128] Denir de Campos, Aparecida-SP, 27 de outubro de 2017; EPEO.

[129] Eric Pelogia Pieri. São Paulo-SP, 24 de outubro de 2017; EPEO.

[130] Ata da 99ª Reunião do COE – Conselho Arquidiocesano para Assuntos Econômicos da arquidiocese de Aparecida-SP, realizado em 17 de novembro de 2015. In: *Livro Ata Arquidiocese de Aparecida*, de 2005 a 2015.

[131] Idem.

Foto: Sala dos Milagres[132], Santuário Frei Galvão, Guaratinguetá-SP, novembro de 2017.

Dentro do Santuário Frei Galvão existe uma "Sala dos Milagres" com ex-votos de devotos que conseguiram curas e libertação de muitos males por meio da intercessão de São Frei Galvão a Deus Pai. O Santuário é muito procurado pelos fiéis cristãos que conhecem a vida do primeiro santo, genuinamente, brasileiro e, também, de pessoas que, pela primeira vez, procuram informações a respeito do santo.

Assim como fez o planejamento e acompanhou de perto a execução e finalização do Seminário Bom Jesus, o cardeal Dom Raymundo Cardeal Damasceno Assis participa do processo de concretização do Santuário Frei Galvão. A valorização da piedade brasileira sempre é importante para ele.

***

---

[132] Foto: crédito de *Rita Elisa Sêda*.

XXI. O pastor acolhedor

Com o passar dos anos, as atividades diárias de Dom Raymundo Damasceno Assis foram potencializadas. Além da arquidiocese de Aparecida[133], o cardeal era responsável por várias atividades dentro da Igreja. Sendo uma só pessoa, ficava limitado no estar em um só lugar, não tinha e não tem o poder de bilocação; ele é humano, limitado no "ser". Mesmo assim, Dom Damasceno se desdobrava em dois, três e, até mesmo, em quatro cargos ao mesmo tempo. Em uma alusão ao ditado mineiro: "Só Deus é quem conhece por inteiro o risco do bordado", identificando a teia do bordado como sendo a teia da vida, quando a presença de Deus é constante na vivência do ser, mesmo que nos escape a dimensão e a significação do estar presente. A grande diferença é saber doar-se com alegria, Deus não quer um filho triste e frustrado. Ele tece sonhos no interior de cada um e dá condições para que esses sonhos se realizem. Por isso, a atribulação passa a ser uma parte do mistério. Não existe realização sem atribulação, não existe vitória sem passar por batalhas.

E nessa vida agitada de arcebispo de Aparecida, presidente da CNBB, participante de Sínodos, e demais ocupações, Dom Damasceno ainda tinha tempo para atender pessoas que o procuravam, tanto que "ao final de cada celebração, ele fazia questão de cumprimentar, dar uma bênção, tirar uma foto, com todos aqueles que lhe pediam atenção. Isso acontecia sempre..."[134] Um amor gratuito, que mergulhado nos valores do espírito, naquilo que é enigmático, complexo e essencial à condição do ser humano, o "Cuidado" ao próximo, a atenção ao que necessita de um gesto amigo vindo do arcebispo, um sorriso, um abraço, uma foto, uma bênção, uma palavra, uma oração, um "sim", dentro de um universo traumático de "nãos" que, geralmente, acomettem tantos romeiros que

---

[133] A arquidiocese conta com 18 paróquias, 4 foranias, 3 santuários, 1 capelania militar, 27 padres diocesanos, 2 diáconos permanentes, 1 seminário diocesano, 1 seminário Redentorista e 1 Seminário Franciscano, 31 casas religiosas femininas, 11 casas religiosas masculinas e 3 comunidades de fiéis leigos.

[134] Jaqueline Pereira França, Aparecida-SP, 1 de novembro de 2017; EPEO.

vão em busca de paz em suas peregrinações. Afinal, um pastor para conhecer suas ovelhas...deve conviver com elas. Por isso, Dom Raymundo fazia e faz questão de ficar perto dos romeiros.

Toda vez, após a missa celebrada por ele, em Aparecida, Dom Damasceno acolhe, atende, abençoa, faz *selfie*, abraça os romeiros que, sabendo dessa disposição do arcebispo, fazem fila para estar com ele. Naquela época, como arcebispo de Aparecida, gastava para celebrar o mesmo tempo que ele levava do Altar para chegar à Sacristia. No caminho do Altar à Sacristia ele cumprimentava os romeiros, dava a bênção. O romeiro humilde, pobre, que veio de longe ou perto, precisa dessa proximidade do pastor. Quantos não têm a oportunidade nem de cumprimentar o seu pároco. Mesmo que tivesse repórteres a sua espera, para gravar entrevista, o arcebispo não deixava de cumprimentar e atender a todos da fila. Hoje, como arcebispo emérito, continua da mesma forma, com o mesmo dinamismo.

Foto: Dom Damasceno cumprimentando os fiéis depois da missa das 8h[135], domingo.

[135] Foto: Acervo da Cúria Metropolitana de Aparecida, ACMA.

Acontece que essa é uma das características de Dom Raymundo. Quando morava em Aparecida, ele recebia em sua casa pessoas de várias classes sociais, desde Ministros de Estado até o mais humilde servidor, sempre com a mesma simpatia e alegria. Jaqueline Pereira, sua secretária por mais de 12 anos, lembra que Dom Raymundo "gostava de ir sozinho ao banco, onde é correntista, para 'bater um papo'. Ao chegar, cumprimentava cada um dos funcionários com um aperto de mão. Quem me contava isso era a própria gerente da sua conta, que ficava admirada com a simplicidade e o carinho de Dom Damasceno para com as pessoas".[136]

Por várias vezes ele recebia romeiros que, passando por Aparecida, dirigiam-se até a residência do arcebispo para conhecê-lo. "Essas pessoas nem marcavam horário. Tinham apenas o desejo de falar, pessoalmente, com ele. Mesmo muito ocupado, ele dava um jeito de receber quem o procurava, sempre com um sorriso acolhedor".[137] O romeiro é um viajante em busca de Deus. Certa vez, São Francisco de Assis e alguns Irmãos foram a Roma, a viagem durou vários dias e noites, ele deixou escrito por intermédio de seu biógrafo, Frei Leão, que se não cantassem ao longo da estrada, se não conversassem com Deus, se não sentissem que Cristo seguia à frente deles, virando-se de vez em quando e sorrindo, eles não teriam suportado tanto cansaço.[138] Quando Cristo está adiante, Ele sorri, o cansaço desaparece; quando sorrimos para as pessoas, é Cristo refletido em nós. Estar a serviço de Cristo é estar de coração aberto.

> "Lembro-me, em particular, de uma pessoa (acho que era do Mato Grosso, não tenho certeza), que me ligou solicitando um encontro com Dom Damasceno. Como de costume, perguntei qual era o assunto, uma vez que não conhecia a pessoa que estava ao telefone.

---

[136] Jaqueline Pereira França, Aparecida-SP, 1 de novembro de 2017; EPEO.
[137] Idem.
[138] NIKOS, Kazantzakis. *O Pobre de Assis*, p. 134.

Este senhor explicou que seu pai, já com idade avançada, 85 anos, tinha o sonho de conhecer Dom Damasceno. Queria apenas vê-lo, conversar e pedir uma bênção. Então, falei com Dom Damasceno sobre aquele pedido e retornei ao interessado informando o dia e horário da visita. No dia marcado, lá estava aquele senhor, todo emocionado. Ele entrou no escritório para falar com Dom Damasceno e eu fiquei conversando com o seu filho, na recepção. O rapaz me disse: 'você não imagina a alegria que está proporcionando ao meu pai. Quando meu pai me disse que queria conhecer Dom Damasceno, imaginei que seria muito difícil marcar um encontro, pelo fato dele ser um cardeal', e prosseguiu: 'Daí quando liguei aqui e você disse que marcaria uma data para a visita, quase não acreditei...' Fiquei feliz por ter contribuído para que aquele momento acontecesse, pois senti o quão importante era para aquele senhor ter conhecido pessoalmente Dom Damasceno. E se pude contribuir com esse momento e tantos outros, foi porque Dom Damasceno me dava essa permissão."[139]

O poeta Mallarmé (1842-1898) disse uma grande verdade que nem todos têm conhecimento... "um lance de dados jamais abolirá o acaso". Esse senhor que queria falar com Dom Damasceno já tinha certa idade, porém desejava muito esse encontro, seu filho, sabedor disso, resolveu lançar os dados, mesmo que o acaso viesse com a resposta: "não venha, agenda lotada"; mas o acaso poderia ser também... "sim, venha". Tudo depende de tentar, acreditar que pode dar certo. Essa é a diferença. Ela pode ajudar a todos, aos que se permitem um tempo; aos que pedem um tempo e aos que estão agendando o tempo. "Sempre admirei essa postura de Dom Damasceno. As pessoas sentem falta de atenção, de carinho, de uma palavra amiga. E quando encontram alguém que usa dessa bondade para com todos, sentem-se felizes e agraciadas".[140] Deus não acende uma luz para colocá-la embaixo de uma mesa.

---

[139] Jaqueline Pereira França, Aparecida-SP, 1 de novembro de 2017; EPEO.
[140] Idem.

———————————— Bloco 1 – Arcebispo de Aparecida ————————————

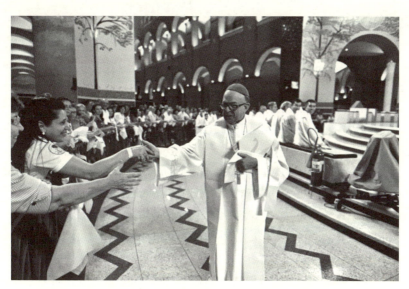

Foto: Dom Raymundo Damasceno Assis cumprimentando os fiéis no Santuário de Aparecida[141], Aparecida-SP, 2016.

Quando completou 75 anos de idade, no dia 15 de fevereiro de 2012, em obediência às disposições da santa Igreja Católica, Dom Raymundo Cardeal Damasceno Assis apresentou ao Papa Bento XVI sua carta de renúncia ao ofício de arcebispo da arquidiocese de Aparecida. Agradeceu o privilégio de ter recebido o Papa para inaugurar a V Conferência Geral do Episcopado Latino-americano e Caribenho (2007) e pela confiança em torná-lo cardeal da Santa Igreja (2010). Terminou a carta agradecendo a Cristo Jesus que sempre deu forças para o cardeal arcebispo de Aparecida cumprir a sua missão apostólica e, também, à Virgem Maria pela maternal proteção. O Papa decidiria quando aceitar esse pedido.

***

---

[141] Foto: in site *A 12*, acesso em 6 de fevereiro de 2018.

XXII. Liderança

Há um estudo a respeito de liderança que pretende provar que, para ser um grande líder, é preciso nascer com as características certas. Outros estudos, também, estão sendo feitos para demonstrar, ao contrário, que a liderança pode ser aprendida! Existe uma equidade entre esses estudos; é a compreensão de que para ser líder é preciso agir da maneira correta para inspirar, motivar e conseguir os melhores resultados da sua equipe. Para isso, o líder precisa ter controle sobre suas emoções, não intimidar e não tentar controlar os outros. O líder é pacificador e neutralizador. O verdadeiro líder não expõe seus problemas pessoais. O líder permite que as pessoas expressem opiniões e sabe ajudá-las a manter a paixão pelo trabalho. O melhor líder sabe que não tem a resposta para tudo e nem precisa ter. O ótimo líder é aquele que conversa com as duas partes, tanto os que estão do lado problemático, quanto os que estão do lado do consenso ao líder. Excelente líder não teme que seu lugar seja ocupado, pois sabe que há espaço para mais gente.

Foto: Dom Raymundo Cardeal Damasceno Assis e a Lunic[142], Aparecida-SP, 2017.

---

[142] Foto: Acervo da Cúria Metropolitana de Aparecida, ACMA.

Bloco 1 – Arcebispo de Aparecida

Não quero e nem devo analisar o líder Dom Damasceno. Apenas vou colocar aqui algumas características dele que envolvem liderança. Desde seus seis anos de idade sabia o que queria ser na vida. Aos dez anos decidiu atender ao "chamado" e seguir por um caminho muito distante de sua casa; aos 15 anos não teve medo de dizer "não" e ir em busca do que alegrava o seu coração, o sacerdócio; aos 24 anos aceitou o desafio de ir para outro continente; com 31 realizou seu primeiro sonho, que almejava desde os seis anos de idade. A partir daí ele já era um líder. Pois a liderança começa nas atitudes que envolvem decisões pessoais. Como ouro da lavra mineira que é purificado no cadinho, para derreter e ser moldado conforme o ourives deseja, Raymundo Damasceno Assis foi formado no crisol da Igreja e moldado por Cristo.

Durante os 13 anos em que Dom Damasceno foi arcebispo de Aparecida, sua secretária Jaqueline Pereira França aprendeu que:

> "Dom Damasceno consegue ser um bom chefe, delegar tarefas, ser objetivo e prático; mas, acima de tudo, é um líder. Sua espiritualidade inspira, desperta confiança, encoraja e motiva quem está ao seu lado. Sabe identificar em cada pessoa seu potencial, sua habilidade, sua aptidão. Dom Damasceno tem um *feeling* muito apurado para identificar a pessoa certa para uma determinada missão".[143]

Também seu motorista particular, que trabalhou para ele durante os anos em que morou em Aparecida, comenta:

> "Eu agradeço a Deus os momentos vividos com Dom Raymundo, nesses quase 13 anos de trabalho, agradeço por ter aberto as portas da casa do senhor para eu trabalhar, a amizade que criamos; que não é mais para mim, o patrão e o empregado e, sim, o amigo. O senhor está presente nas minhas orações e nas da minha família que o senhor conhece muito e que gostam demais do senhor. O senhor

---

[143] Jaqueline Pereira França, Aparecida-SP, 1 de novembro de 2017; EPEO.

fez história aqui nessa arquidiocese, como também no episcopado brasileiro, como o grande sacerdote que é".[144]

Dom Darci tentou, em poucas palavras, definir a rica personalidade de Dom Raymundo, dizendo que o cardeal é "senhor de uma obra imaterial, que até mereceria ser tombada pelo patrimônio nacional: sua peculiar mineirice"[145], o que faz parceria com Dom Darci que também é mineiro, de Jacutinga, mesmo que tenham deixado Minas tão cedo... Minas não saiu deles. "Ele diz sem dizer, faz sem fazer..."[146] porque não se põe vinho novo em odres velhos, senão eles arrebentam; o vinho quanto mais velho... melhor. E quando chega certa idade, os olhos dizem por si mesmo, e as pessoas entendem sem precisar pedir ou mandar. "Nunca o encontramos em cima do muro, mas nos dois lados dele"[147]. A diplomacia cristã tem timbre na palavra do próprio Cristo, perpetuada pelos evangelistas Marcos e Mateus: "Não são os sãos que necessitam de médico, mas, sim, os que estão doentes; eu não vim chamar os justos, mas, sim, os pecadores ao arrependimento" (Mc 2,17). "Ide, porém, e aprendei o que significa: quero a Misericórdia, e não o sacrifício. Porque eu não vim chamar os justos, mas os pecadores, ao arrependimento" (Mt 9,13). E para que isso acontecesse, Jesus sentava-se com eles, conversava com todos, dando atenção, da mesma maneira que fazia com os apóstolos e seus seguidores. Por isso, era perseguido e incompreendido, até mesmo, entre os cristãos. "Numa palavra, Dom Raymundo é uma fábula memorável!"[148] Vamos optar pela palavra "memorável"! Sim, Dom Damasceno marca uma época na história mundial da Igreja. Marcas que ficam para sempre, como veremos no próximo capítulo em que constam os projetos realizados para o acabamento da Basílica do Santuário Nacional de Aparecida.

***

---

[144] Claudinei Mariano da Silva, Aparecida-SP, 1 de novembro de 2017; EPEO.
[145] Dom Darci José Nicioli, Brasília-DF, 29 de novembro de 2017; EPEO.
[146] Idem
[147] Idem
[148] Idem

BLOCO

2

SANTUÁRIO NACIONAL DE APARECIDA

I. Os devotos de Nossa Senhora

Foi somente no ano de 1928 que a vila de Aparecida (ou da Capela), finalmente conseguiu sua emancipação de Guaratinguetá, e sua história de fé prosseguiu por meio do apoio de arcebispos, bispos, padres, diáconos, religiosos, religiosas e leigos que, sempre estão de joelhos, orando aos pés da imagem de Nossa Senhora Aparecida; assim como os peregrinos que por ali passaram e passam pedindo e agradecendo os favores que a Mãe concede por intermédio de seu Filho Jesus.

Dom Duarte Leopoldo e Silva, primeiro arcebispo de São Paulo, era devoto de Nossa Senhora Aparecida. "Impressionante e, sobretudo, edificante era a sua acendrada devoção a Nossa Senhora Aparecida. Frequentemente demandava a cidade de Aparecida do Norte, em visita à excelsa Padroeira do Brasil. Humilde e contrito, longo tempo passava aos pés da Sagrada Imagem." [149]

No dia 13 de novembro de 1938, faleceu Dom Duarte em São Paulo. Era tão devoto de Nossa Senhora que, logo no começo de seu testamento, que o escreveu em perfeita saúde e em pleno gozo de todas suas faculdades mentais, mas ignorando quando seria sua morte,

---

[149] ASSIS, Monsenhor Victor Rodrigues de. *Dom Duarte Leopoldo e Silva*, p. 94.

fez o testamento, escrito de seu próprio punho... aos pés de Nossa Senhora Aparecida.[150] Após sua morte a direção da arquidiocese ficou vacante por alguns meses e, no dia 29 de julho de 1939, o Papa Pio XII nomeou Dom José Gaspar de Afonseca e Silva para arcebispo de São Paulo, sucedendo Dom Duarte. No dia 23 de novembro de 1939, o nomeado arcebispo, visitou a recém-cidade de Aparecida e, depois de orar aos pés da imagem da Aparecida, teve a visão de uma linda Basílica, com muitos devotos. Ali mesmo fez os votos de construir uma Basílica para Nossa Senhora Aparecida, "prometeu ao povo que construiria um novo templo, digno da Padroeira do Brasil".[151]

Dom Gaspar tomou posse como arcebispo de São Paulo no dia 17 de setembro de 1939, e recebeu o pálio a 6 de janeiro de 1941. O escudo de Dom Gaspar obedece às regras heráldicas para os eclesiásticos. Uma parte dele é assim interpretado: o campo de blau representa o firmamento celeste e, ainda, o manto de Nossa Senhora, sendo que este esmalte significa: justiça, serenidade, fortaleza, boa fama e nobreza; o monograma é abreviação de Imaculada Conceição da Virgem Maria e a cruz representa Nosso Senhor Jesus Cristo, dela nascido, e pelo seu metal argente (prata) simboliza a inocência, a castidade, a pureza e a eloquência, virtudes essenciais em um sacerdote (...)[152]

A primeira providência para a construção da Basílica era adquirir o terreno. Padre Oscar Chagas e outros sacerdotes estavam encarregados de encontrar o lugar ideal. Porém, o que eles desejavam e fizeram oferta pelo terreno, não tiveram êxito, o dono das terras se negou vendê-las. Então, partiram para outra opção que era comprar o morro do Cruzeiro. O terreno foi comprado, lavrado em escritura no dia 13 de setembro de 1940. Convidado pelo padre Valentim

---

[150] Testamento de Dom Duarte J.M.J. In: ASSIS, Monsenhor Victor Rodrigues de. *Dom Duarte Leopoldo e Silva*, p. 98.
[151] BRUSTOLONI, Pe. Júlio C.SS.R. *A Senhora da Conceição Aparecida – História da Imagem, da Capela, das Romarias*, p. 194.
[152] In: site *arquidiocesedesaopaulo*; acesso em 2 de fevereiro de 2018.

Mooser, o arquiteto doutor Clemente Holzmeister apresentou um primeiro esboço de projeto para a Basílica. Foi preparada uma pedra fundamental que seria lançada no dia 8 de setembro de 1942, entretanto o local foi avaliado, estudado em sua estrutura e a conclusão foi de que não servia para a construção da Basílica, por se tratar de um terreno inconsistente.[153]

Então, uma gleba de 60 alqueires, entre a estrada Rio-São Paulo e a *Ferrovia Central do Brasil* foi escolhida por Dom Gaspar, juntamente com o superior provincial dos redentoristas, padre Geraldo Pires de Souza e, também, o reitor do santuário, padre João Batista Kiermaier, para ser construída a Basílica. Terras que iam do morro das Pitas em direção ao Porto de Itaguaçu, lugar histórico do encontro da imagem de Nossa Senhora. No dia 12 de fevereiro de 1943, Dom Gaspar esteve em Aparecida para inspecionar melhor o terreno, que foi adquirido no valor de 300 contos de réis.

Pela visão que Dom Gaspar teve, quando orava aos pés de Nossa Senhora, seu projeto tinha que ser e foi grandioso. Em atenção especial aos peregrinos que procediam da zona rural, junto à Basílica teriam parques, escolas, exposição agrícola e outras obras sociais. Ficou de entregar a escritura assinada em agosto de 1943. Porém, no dia 28 de agosto de 1943, quando em viagem aérea, levava a minuta de compra do terreno, o avião denominado "Cidade de São Paulo", ao baixar voo para aterrissar no aeroporto Santos Dumont-RJ, chocou-se com a torre da Escola Naval e provocou um grande acidente. Dom Gaspar e o jornalista Cásper Líbero morreram. Todo o clero nacional sentiu com tristeza a morte do arcebispo de São Paulo e, também o povo, que durante a cerimônia, com muito pesar, despediu-se de Dom Gaspar. Seu corpo foi sepultado na cripta da Catedral Metropolitana de São Paulo.

---

[153] III Livro do Tombo de Aparecida, fls. 47, 48, 51, 52, 56, 61, 70 e 81.

II. Pedra fundamental

Foi marcante o dia 10 de setembro de 1946, em Aparecida, quando o cardeal Manuel Gonçalves Cerejeira, com a presença de dois cardeais brasileiros, um representante do presidente da República, o governador do Estado, vários bispos, sacerdotes e inúmeros devotos, deu a bênção à Primeira Pedra do novo Templo. Naquele local, que fora escolhido por Dom Gaspar, em um terreno elevado de onde se descortinava uma paisagem muito bonita.[154]

Foto: lançamento da Pedra Fundamental[155], Santuário de Aparecida Basílica Nova, setembro de 1946.

Para a elaboração desse grandioso projeto, foi contratado o doutor Benedito Calixto de Jesus Neto, arquiteto que era conhecido de Dom

---
[154] Revista *Ecos Marianos*, suplemento do Santuário de Aparecida, 1949, p. 45.
[155] Foto: Acervo da Cúria Metropolitana de Aparecida, ACMA.

Duarte Leopoldo e Silva e de Dom José Gaspar de Afonseca e Silva. Na época em que padre Duarte Leopoldo e Silva era vigário da paróquia de Santa Cecília, em São Paulo, Benedito Calixto trabalhou na reforma da igreja. Foi ele que, entre 1907 e 1917, trabalhou na decoração interna dessa igreja, pintando várias telas, além de dois murais que representam a vida de Santa Cecília.[156]

Em 19 de março de 1948, na cúria metropolitana de São Paulo, o arcebispo Dom Motta inaugurou um escritório em São Paulo, para tratar somente da questão da construção da Basílica de Aparecida. Nele trabalhavam: o arquiteto Calixto Neto e seu desenhista auxiliar, onde sempre recebiam personalidades do clero que estavam ligadas ao projeto.

Na expectativa da construção da Basílica Nacional de Nossa Senhora Aparecida, no dia 8 de setembro de 1948, Dom Motta fez um apelo aos devotos de Nossa Senhora para que acompanhassem com suas orações o arquiteto Benedito Calixto e os que tinham responsabilidade nas comissões, suplicando a Nossa Senhora para que lhes desse assistência para a glória de seu nome e exaltação de sua querida imagem no Templo Novo, a fim de que ele seja, deveras, o Palácio Real de Nossa Mãe e Padroeira e o Sacrário dos nossos corações. Pedindo ao povo que orasse para que o projeto fosse elaborado com muito discernimento e sabedoria vindos do Espírito Santo.[157]

Ansiosos para dar um Palácio Real à querida e amada Nossa Senhora, em 1949, o projeto inicial de construção da Basílica Nova estava pronto e era destaque nacional. Benedito Calixto de Jesus Neto concebeu esse projeto dois anos depois de ter feito uma excursão a vários países americanos e, ele se inspirou no Santuário da Imaculada Conceição, que fica em Washington, capital dos Estados Unidos.

---

[156] Batismo de Valeriano (marido de Santa Cecília), imposição das mãos de Urbano em Santa Cecília.

[157] Revista *Ecos Marianos*, suplemento do Santuário de Aparecida, 1949, p. 45.

Foto: desenho projeto arquitetônico da Basílica de Nossa Senhora Aparecida[158], 1949.

A partir da aprovação do projeto inicial, para que não fosse articulado apenas pelo arquiteto Benedito Calixto, o arcebispo de São Paulo, Dom Motta, convocou uma Comissão Consultiva, integrada de engenheiros e com a colaboração do urbanista Prestes Maia.

Foto: escritório técnico[159], (primeiro da esquerda para a direita de quem olha de frente) Benedito Calixto; bispo auxiliar de São Paulo, Dom Paulo Rolim; desenhista auxiliar; provincial dos padres redentoristas. Na parede do fundo a planta da fachada principal do Santuário Novo.

---

[158] Foto: revista *Ecos Marianos*, suplemento do Santuário de Aparecida, 1949, p. 45. In: Centro Documentação e Memória – CDM, Aparecida-SP. Desenho do projeto de Benedito Calixto de Jesus.
[159] Idem, p. 47.

Em união, eles trabalharam para que toda a área fosse aproveitada ao máximo, na lembrança de que a Basílica seria visitada por devotos de todo Brasil. No ano de 1949 apresentaram o projeto, avaliado e aprovado pelo arcebispo de São Paulo.

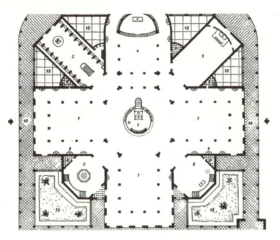

Foto: desenho projeto arquitetônico, interior da Basílica de Nossa Senhora Aparecida[160], sendo que o n. 1 corresponde ao Altar destinado a imagem de Nossa Senhora Aparecida, 1949.

Ficou definido que a nova Basílica de Aparecida seria projetada em forma de cruz grega. Dentro do templo, bem no centro, ficaria o Altar com a imagem da padroeira, bem no cruzamento das naves, sob uma imensa cúpula. Para a Igreja daquela época, compreende-se que a colocação da imagem em um Altar-Mor ocupando uma grande plataforma visava favorecer a circulação dos romeiros, bem como a melhor visibilidade, relativamente próxima de todos os fiéis na Basílica. Ao redor dessa plataforma estavam previstos mais oito pequenos altares, o que permitiria "celebração de nove missas simultaneamente em torno da Senhora Aparecida".[161]

---
[160] Foto: revista *Ecos Marianos*, suplemento do Santuário de Aparecida, 1949, p. 45. In: Centro Documentação e Memória – CDM, Santuário Nacional, Aparecida-SP. Desenho do projeto de Benedito Calixto de Jesus.
[161] Revista *Ecos Marianos*, suplemento do Santuário de Aparecida, 1949, p. 47.

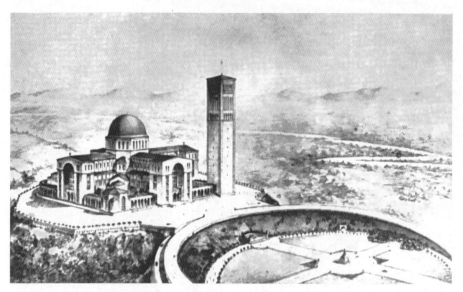

Foto: desenho do projeto arquitetônico e urbanístico da Basílica Nacional de Nossa Senhora Aparecida[162], Aparecida-SP, 1953.

A concepção da Basílica era audaciosa. Quatro anos depois de apresentada essa proposta de projeto, em 1953, atendendo a um pedido para aumentar o número de altares para celebrações Eucarísticas, por causa da previsão de maior número de romarias em Aparecida, a Basílica continuou em sua forma de cruz grega, porém, o arquiteto Benedito Calixto, fez uma alteração interna, continuaria "com o altar da imagem milagrosa exatamente no centro geométrico do cruzeiro".[163] A novidade era o aumento do número de altares, de nove para treze, para que os padres celebrassem a Eucaristia para os romeiros de suas paróquias.

Externamente continuou com o projeto da Torre monumental localizada ao lado da Basílica, destinada a abrigar o carrilhão e serviços anexos

---

[162] Idem, 1953, p. 30.
[163] Idem.

do templo. Seria construída uma capela fora da igreja, destinada para os romeiros acenderem velas com a intenção de pedir ou agradecer graças. É comum essas velas medirem o tamanho da pessoa agraciada, por isso a Capela das Velas teria de ter o pé direito muito alto, por causa do risco de incêndio.

O serviço de terraplanagem iniciou em 7 de setembro de 1952 e terminou em 1954. A estrutura básica começou a ser construída em 11 de novembro de 1955, com a concretagem das colunas da Nave Norte. Depois seguiu para a construção da Torre Brasília, que teve sua estrutura metálica doada, pelo então, presidente Juscelino Kubitschek. Terminada a torre, as obras seguiram para a cúpula central, depois, já em meados de 1972, para a Capela das Velas e para a Nave Sul, passando depois para as Naves Oeste e Leste e, finalmente, as alas intermediárias.

III. A passarela da fé

No ano de 1971 foi apresentado o projeto de uma passarela unindo as duas igrejas. Nesse ponto foi necessária a intervenção do ministro do transporte Mário Andreazza. A cidade de Aparecida vivia muito fechada em si mesma. Quando teve início a construção da Basílica Nova houve uma reação da própria comunidade de Aparecida contra a passarela, porque havia interesse financeiro, os donos de comércio no centro da cidade protestavam que os romeiros não mais iriam à Basílica Velha, pois a verdadeira imagem de Nossa Senhora Aparecida estaria sempre na nova Basílica; eram mudanças demais para eles. Quando foi apresentado o projeto da passarela ao prefeito de Aparecida, ele foi contra, em apoio à opinião dos comerciantes que argumentaram que o centro da cidade estava fadado a ficar vazio.

Foto: passarela da Fé[164], Aparecida-SP, 2017.

Com grande habilidade política, o ministro Andreazza usou de um artifício... "transformou aquela rua de entrada da cidade de Aparecida em uma BR, uma rodovia, a menor rodovia federal do Brasil, porque aí ele poderia passar aquela passarela sobre a rodovia e o prefeito não teria poder para impedir".[165] A passarela começa em um terreno no Santuário Nacional e termina em um terreno da congregação do Santíssimo Redentor, dos missionários redentoristas, no quintal do Hotel Recreio, que também pertence aos redentoristas. Só assim foi possível construir a passarela. E ao final tudo acabou dando muito certo. Naquela época, Aparecida não tinha uma dimensão internacional como tem hoje.

Em plena estação de inverno, no dia 21 julho de 1972, Benedito Calixto acompanhava o cardeal Dom Carlos Carmelo de Vasconcelos Motta e outros diretores da obra em uma inspeção de rotina para verificar o andamento das obras no Santuário, quando passou mal e foi levado

---

[164] Foto: crédito de *Rita Elisa Sêda*.
[165] Dom Darci Nicioli, Brasília-DF, em 29 de novembro de 2017; EPEO.

Bloco 2 – Santuário Nacional de Aparecida

para a Santa Casa de Misericórdia de Aparecida, onde, às 14h30, faleceu aos 68 anos de idade, vítima de ataque cardíaco.[166]

Após o falecimento de Benedito Calixto as plantas das Naves Sul, Leste, Oeste e, também, seis "Diários da Construção", em que constavam informações sobre a Torre, a Nave Norte e a Cúpula, não foram entregues à administração do santuário. Então, doutor Luís Alves Coelho refez o projeto, procurando deixá-lo na íntegra, com pouca interferência. A Nave Sul teve a intervenção de um aumento de 16m, as outras naves continuaram iguais ao projeto inicial.[167] As obras continuaram com a supervisão de padre Noé Sotilo.

Em 1980, a Basílica Nova foi consagrada pelo Papa João Paulo II, que lhe outorgou o título de Basílica Menor. O translado definitivo da imagem milagrosa da Igreja Velha para a Basílica Nova marcou as atividades religiosas no santuário, que passaram a ser realizadas a partir do dia 3 de outubro de 1982. Em 1983, a Conferência Nacional dos Bispos do Brasil – CNBB, oficialmente declarou a Basílica de Aparecida como *Santuário Nacional*.

***

IV. Novos tempos para a Basílica

Dom Darci chegou a Aparecida no ano de 1974, pré-adolescente, para iniciar o colegial no *Seminário Redentorista Santo Afonso*, ficando interno, sem participação na sociedade de Aparecida. "Eu me recordo daqueles bons tempos em que Aparecida era uma cidade muito provinciana e como estância turístico-religiosa, o prefeito era nomeado pelo governo militar".[168] Por ser um pouco provinciana, havia a questão do acolhimento ao romeiro, a Basílica Nova ainda estava em construção,

---

[166] Jornal *Correio da Manhã*, Rio de Janeiro, 1972, p. 3.
[167] BRUSTOLONI, Pe. Júlio C.SS.R. *A Senhora da Conceição Aparecida – História da Imagem, da Capela, das Romarias*, p. 202.
[168] Dom Darci José Nicioli, Brasília-DF, 29 de novembro de 2017; EPEO.

muito precariamente, nessa época. Recebia os romeiros somente nos fins de semana para celebração, de modo que, a imagem de Nossa Senhora Aparecida, de manhã, era levada da Basílica Velha para a Nova e voltava para a Velha, todo fim de semana. É que não havia segurança adequada para abrigar a imagem original na Basílica Nova.

Também, a cidade não tinha infraestrutura para acolher os romeiros, os hotéis eram estruturados como se fossem alojamentos, "dormiam 10, 15 e, até mesmo, 20 pessoas em um só quarto e o banheirinho ficava no fim do corredor, essa era a realidade de Aparecida, uma hospedagem muito tacanha, sem profissionalismo. Recordo-me que havia muitos problemas relacionados à comida, dava indigestão, problemas de ordem fisiológicas etc".[169]

O Papa João Paulo II veio a Aparecida em 1980 e a Basílica estruturalmente já estava terminada, porém sem nenhum tipo de acabamento, nem mesmo no piso, que era de cimento bruto e as paredes de tijolos bem simples, desiguais, rústicos demais, até era possível ver nas colunas de sustentação alguns pedaços de ferro, "bem no corredor central da Basílica tinha uma ponta de ferro onde muitos romeiros tropeçavam..."[170] Tudo era muito precário, porém a estrutura estava erguida. Então, João Paulo II inaugurou e consagrou a Basílica de Aparecida.

∗∗∗

V. Mudanças pelo Concílio Vaticano II

Benedito Calixto de Jesus Neto idealizou a arquitetura do Santuário Nacional em estilo românico, já que na liturgia da época não existia uma missa concelebrada, todo padre celebrava a sua missa, então todas as igrejas tinham um altar central e muitos outros altares laterais. "Como

---

[169] Idem.
[170] Idem.

Aparecida sempre foi visitada por romarias, cada padre celebrava uma missa para seu grupo, era normal conceber o espaço sagrado da Basílica como um conjunto de muitos altares, para que cada padre pudesse celebrar a Eucaristia com o seu grupo."[171] Essa concepção proporcionava certa dinâmica interna no santuário. Na época, a concepção da Basílica tinha cunho marianista, "se o Santuário é de Nossa Senhora, então quem vem até Aparecida vem para visitar Nossa Senhora, então vamos colocá-la no centro, com os outros altares ao redor".[172]

Houve uma grande mudança na Igreja depois das normas estabelecidas pelo Concílio Vaticano II, que fez renovações: no culto, na celebração, na liturgia e, muito particularmente, a teologia da Liturgia influenciou uma nova construção do espaço sagrado. Após o Concílio Vaticano II se tem outra ideia de Igreja como espaço celebrativo.

> "Ora veja como tudo mudou. A Igreja que antes era compreendida no estilo piramidal: Papa, bispos, padres, religiosos e leigos na base da pirâmide, teve outra leitura, ela passou a ser igreja circular... de comunhão. A partir dessa nova visão ficou marcante ao cristão de que não é mais o padre quem celebra, somos todos batizados celebrantes, o padre... preside. E o centro da Igreja, é Jesus Cristo, e nenhum santo, nem mesmo a Virgem Maria. Uma concepção dessa mudou completamente a visão do espaço da Igreja, então teve que haver uma adaptação, mudou-se tudo, já estava celebrando no presbitério, no altar central e Nossa Senhora havia sido colocada em uma das alas, na Ala Sul, ao fundo do espaço da Basílica. Em um espaço completamente separado do local de celebração Eucarística, de forma que a devoção a Nossa Senhora Aparecida pudesse ser praticada como ela é hoje, em uma grande passarela onde as pessoas passam para visitar a Imagem, enquanto a celebração Eucarística vai acontecendo no altar central, no presbitério."[173]

***

---

[171] Idem.
[172] Idem.
[173] Idem.

O *Artista Sacro Cláudio Pastro*

No fim da década de 1990, o santuário já se encontrava estabilizado economicamente [*][174] e os missionários redentoristas que atuavam na diretoria administrativa do santuário, inclusive o padre ecônomo Darci Nicioli, começaram a sonhar com o acabamento interno do santuário, porque já não podia continuar do jeito que estava, destoava da grandeza da edificação. Dom Aloísio Lorscheider deu todo o apoio nesse sentido e foram em busca de quem poderia ser o mentor de um digno acabamento para aquele monumental espaço sagrado.

Em uma reunião do grupo administrativo do santuário foram mencionados os nomes de arquitetos e artistas sacros que poderiam colaborar com projeto de acabamento interno do santuário. Um dos nomes citados foi o de Cláudio Pastro.

***

VI. Quando menos é mais!

Cada vez, Cláudio Pastro usava Menos traços para mostrar Mais a Beleza do Sagrado, uma maneira de mostrar que a simplicidade é que dá forma a uma obra de arte. Ele começou a ficar conhecido pelo clero nacional. Destacava-se como artista sacro de muita habilidade. Por isso, ele foi um dos chamados para apresentar um projeto de acabamento para o Santuário Nacional de Aparecida. Dom Aloísio Lorscheider escreveu uma carta para Pastro, pedindo que ele comparecesse a uma reunião em que estariam presentes os colaboradores para a definição do acabamento da Basílica Nova. Nessa época, 1997, Pastro esteve internado durante três meses, era o começo de sua doença no fígado, hepatite C, por isso, declinou ao convite, mas colaboraria de longe, precisava de repouso absoluto. Ao receber do grupo de

---

[174] LINK – II PARTE – ARCEBISPO DE APARECIDA.

Bloco 2 – Santuário Nacional de Aparecida

estudos para o acabamento da Basílica um projeto para o nicho de Nossa Senhora, Pastro considerou-o um horror: "Era cafona demais. A figura da Nossa Senhora estava dentro de um baldaquino de concreto muito feio".[175] Enviou uma carta a Dom Aloísio, colocando essa opinião.

A doença o fez ficar mais recluso, todavia, não deixava de se abastecer com estudos, criações e orações constantes.

Quando Pastro havia melhorado da doença no fígado, em 1999, o arcebispo de Aparecida renovou o convite para que ele estivesse presente à reunião, a que ele prontamente atendeu. Na reunião encontrou duas arquitetas conhecidas por ele: irmã Laíde Somoda e Regina Machado; além de artistas e outros arquitetos que somavam mais de vinte pessoas. Cada um dava seu parecer a respeito de como deveria ser o acabamento. Depois houve nova reunião, Pastro foi convidado e o grupo havia diminuído para 10 pessoas; depois, em outro encontro, apenas cinco compareceram. Em todos os encontros Pastro falava abertamente tudo o que pensava... "E acredito que foi por isso que eu fui ficando".[176]

***

VII. O coma

> "A aventura espiritual de nossa vida, portanto, consiste em que Deus nos procura na sua Palavra e nós devemos escutá-la para podermos responder-lhe. Sim, meus Irmãos e Irmãs, procurar a Deus é, ao mesmo tempo, encontrá-lo." [177]
> (Madre Martha Lúcia Ribeiro Teixeira, Obl. Osb.)

A igreja do Mosteiro de Nossa Senhora da Paz estava em obras de ampliação, no ano 2000. Aproveitando o trabalho das obras, Cláudio Pastro

---

[175] *Cláudio Pastro: Autobiografia*. Prof. Dra. Wilma Steagall De Tommaso, 2011.

[176] Cláudio Pastro entrevista de Egidio Shizuo Toda, 7 de setembro de 2012. In: *A Arte Sacra de Cláudio Pastro na Basílica de Aparecida e sua Contemporaneidade, História, Cultura e Leitura de suas Obras*, p. 150-151.

[177] Oblato: *Um cristão desejoso de viver mais plenamente a vida cristã, segundo espiritualidade beneditina*. Ir. Madre Martha Lúcia Ribeiro Teixeira, OSB.

confidenciou à madre Martha Lúcia que seu sonho era ser sepultado no mosteiro, mais precisamente, perto da igreja. Consultando a comunidade as irmãs concordaram. E conseguiram na prefeitura uma licença para ter uma sepultura externa. Então, irmã Martha Lúcia[178] escreveu uma carta para Pastro, avisando que tinha conseguido a licença na prefeitura e podia fazer um anexo, uma sepultura. Essa carta, Pastro guardou-a com seu testamento.

Precisavam decidir o lugar, só não poderia ser dentro da igreja, porque há uma regra que proíbe isso. Cláudio começou a procura pelo lugar ideal de seu túmulo. Até que, certo dia, encontrou o lugar e explicou para madre Martha: "Eu já sei, será aqui, porque essa árvore é uma cerejeira e debaixo da asa da igreja; ficarei sempre unido a vocês, eu ficarei ouvindo a salmodia, as orações de vocês, que me acompanharão eternamente".[179] Quando as obras da calçada estavam sendo feitas, foi providenciada essa sepultura, toda de concreto, muito funda, fecharam a laje com a própria calçada, de um jeito que ninguém sabia que ali havia um jazigo. Da família, Pastro avisou somente a sobrinha a esse respeito. Nessa mesma época sua saúde ficou muito abalada.

No dia 9 de agosto, Cláudio passou mal e foi internado no *Hospital Santa Catarina,* em São Paulo, entrou em coma... seu fígado estava comprometido, por causa da hepatite C. Teve uma experiência impressionante. Posteriormente, atendendo ao pedido de uma irmã do Mosteiro Nossa Senhora da Paz, Pastro escreveu o que lhe acontecera:

> "Em agosto de 2001, perdi o fígado. Durante o coma de um mês, tive várias visões. Em certo momento, visões de vários ícones da Mãe de Deus e, posteriormente, da face do Cristo. Essas faces vinham distantes e, pouco a pouco, ficavam imensas até um grande face a face comigo. A penúltima visão foi a de uma face de Cristo coroado de espinhos e todo ensanguentado. Quando ela se aproximou de mim, a

---

[178] Abadessa Irmã Martha Lúcia Ribeiro Teixeira, OSB, entrou no mosteiro em 1981. Há 19 anos é abadessa do Mosteiro Nossa Senhora da Paz, em Itapecerica da Serra-SP.

[179] Abadessa Irmã Martha Lúcia Ribeiro Teixeira, Itapecerica da Serra-SP, 12 de outubro de 2017; EPEO.

face era minha. Fiquei desnorteado e só pedia perdão, dizendo: 'Não, eu não sou o Cristo. O Cristo é Nosso Senhor, aquele que eu amo; eu sou apenas um pecador'. Depois disto, tive a visão de um Cristo muito belo, tranquilo, sério e misericordioso. Foi a última visão".[180]

Quando Pastro saiu do coma, deitado naquela cama na UTI, um médico que ele nem sabia quem era começou a falar com ele e logo apareceram sua mãe e sua tia para visitá-lo. Ele ficou ciente de que estava vivo e exclamou: "Ah!...não... de novo aqui!" Essa sensação de tristeza pela volta à vida o acompanhou por mais de ano. Confessou que não queria ter voltado, que isso foi a coisa mais triste de sua vida.[181] Depois disso, sempre que falava no assunto, lembrava-se de tudo com certa saudade.

Pastro ficou angustiado porque queria muito reproduzir a imagem que o visitou durante aqueles dias no hospital. Ele foi melhorando e, enquanto isso, a igreja do Mosteiro Nossa Senhora da Paz que, desde 2000, estava em reforma, no ano de 2002 ficou pronta e precisava de uma obra de arte no painel central. Quando Cláudio saiu do hospital, começou a reproduzir aquele Cristo luminoso no painel da igreja. Ele tinha muito medo de morrer sem terminar a obra, estava magro demais e precisava de ajuda. Escreveu em sua carta:

> "Meses depois, quando saí do hospital, com a ajuda de um empregado (Mário e seu filho), pintei o Pantocrator na abside da igreja abacial do Mosteiro Nossa Senhora da Paz, o mais próximo possível daquela última visão durante o coma. Na ocasião, estávamos reformando a igreja do Mosteiro e tinha medo de morrer sem ter concluído todo o trabalho de reforma, inclusive a pintura".[182]

Mário, motorista de Pastro, trabalhou durante 30 anos com ele; foi um dos que ajudou a passar a tinta amarela em lugares específicos na obra, tam-

---

[180] Texto copiado à mão por Cláudio Pastro na 2ª feira da Oitava da Páscoa, 2014. In: *Crônica de Cláudio (Ir. Martinho, oblato, OSB) Pastro*. Irmãs Beneditinas do Mosteiro Nossa Senhora da Paz, Itapecerica da Serra, março de 2017.
[181] *Cláudio Pastro: Autobiografia*. Prof. Dra. Wilma Steagall De Tommaso, 2011.
[182] Texto escrito à mão por Cláudio Pastro na 2ª feira da Oitava da Páscoa, 2014. In: *Crônica de Cláudio (Ir. Martinho, oblato, OSB) Pastro*. Irmãs Beneditinas do Mosteiro Nossa Senhora da Paz, Itapecerica da Serra, março de 2017.

bém a irmã Martha Lúcia e madre Doroteia ajudaram um pouco, mas era o mínimo, pois o artista tinha o domínio da obra e, mesmo doente, só aceitava ajuda quando indicasse um lugar, qual tinta usar e como pintar naquela parte. Madre Martha Lúcia conviveu com Cláudio Pastro e essa época, especialmente, ficou marcada em seu coração... a dedicação dele em retratar o Cristo Pantocrator para que todos pudessem encantar-se ao vê-lo.

> "Ele fez o Cristo, no centro da nossa vida, o Cristo da Vitória, ao lado são palmas da vitória e nós voltadas para o Cristo, porque Ele é o único necessário em nossa vida. Esse Cristo é fruto dessa experiência do coma, tanto que ele nunca mais conseguiu reproduzir um Cristo tão iluminado assim, muito sereno, a gente sente muita paz. As pessoas que ficam hospedadas no mosteiro, dizem que ali diante do Cristo têm experiências impressionantes."[183]

Fotos: duas fases do painel, a primeira foto é de quando ainda estava sendo executada a obra por Pastro, e a segunda mostra a obra pronta.

Para essa nova igreja do mosteiro, Cláudio fez mais duas obras, a imagem de Nossa Senhora da Paz, que ficou do lado da porta que dá acesso à clausura, dessa forma, quando as irmãs entram pela porta é como se Ela as

---
[183] Abadessa Irmã Martha Lúcia Ribeiro Teixeira, Itapecerica da Serra-SP, 12 de outubro de 2017; EPEO.

estivesse conduzindo. E depois, bem depois, na porta de acesso ao público, Pastro pintou São Bento e Santa Escolástica, apontando, trazendo para o Cristo, as pessoas que entram.

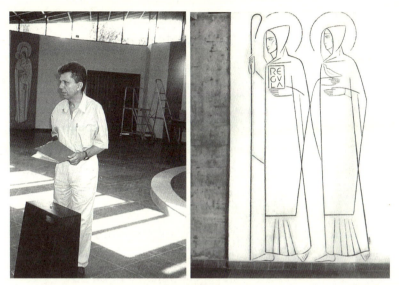

Fotos: primeira – Cláudio Pastro apresentando os novos painéis, ao fundo o de Nossa Senhora da Paz, 2002; segunda – São Bento e Santa Escolástica, 2017.[184]

***

VIII. O transplante

> "Escutar e executar eficazmente o conselho de um bom pai, nada mais é do que fazer parte desse rebanho do Bom Pastor. Meus Irmãos: Jesus é o Bom Pastor, Deus é esse bom Pai que conhece a cada um e que dá a sua vida por cada um de nós." [185]
> (Madre Martha Lúcia Ribeiro Teixeira, Obl. Osb.)

---

[184] Fotos: primeira – Acervo do Mosteiro Nossa Senhora da Paz; segunda – crédito de *Rita Elisa Sêda*.
[185] Oblato: *Um cristão desejoso de viver mais plenamente a vida cristã, segundo espiritualidade beneditina*. Ir. Madre Martha Lúcia Ribeiro Teixeira, OSB.

Pastro precisava de um novo fígado com urgência e não dava tempo de esperar na fila de transplantes. Então, familiares e amigos oferece-ram-se para doar o fígado para ele; o irmão tentou doar, mas durante a cirurgia no irmão, para a retirada de um pedaço do fígado, viram que ele tinha três artérias do fígado que se ligam às outras partes do organismo, e isso seria um risco para o Cláudio, pois ele poderia usar apenas duas e a terceira, por não ser usada, colocaria em risco a vida dele. Foi uma frustração muito grande para ambas as partes. Muitos amigos também se colocaram como doadores, mas não eram compatíveis. Até que um amigo, Plínio, passou na triagem e tinha condições para doar, até mesmo perdeu peso como orientou o médico, era uma cirurgia de risco. Cláudio Pastro se preparou espiritualmente, recebeu unção dos enfermos e, em julho de 2003, foi submetido ao transplante. Correu tudo bem durante as cirurgias.

Quando teve alta do hospital, Pastro passou um período de quatro meses se recuperando nas andrelinas, Irmãs de Santo André, na Pom-peia, São Paulo, onde tem uma capela muito bonita, um residencial. A recuperação foi lenta, com o auxílio de muitos medicamentos que, ele sabia, iria ter de fazer uso por toda a vida. Eram 20 comprimidos por dia, inclusive para não ter rejeição do fígado. Daí por diante, ele sabia que sua vida teria de mudar. E mudou muito, mesmo. Porque até en-tão, quando ele tinha saúde, viajava, podia comer qualquer que fosse o alimento, depois do transplante tinha de sempre estar sob supervisão médica; as reações medicamentosas o deixavam indisposto. Quando en-tupia as artérias do fígado, ele ficava com uma coceira no corpo inteiro, como se fosse uma alergia interna, ele tinha vontade de se arranhar todo, porque vivia, dia e noite, com aquela coceira. Para ajudar, começaram as intervenções cirúrgicas, cateterismo para colocação de *stent*, para abrir passagem nas artérias.

***

IX. Pastro e a Basílica

A Igreja sabia e respeitava a vocação artística de Pastro. Ele era um artista que estava se tornando um expoente da nova política religiosa artística da Igreja. Poderia muito bem ser o responsável pelas obras sacras de acabamento da Basílica de Aparecida; com um foco diferenciado na evangelização, Pastro conhecia bem as Escrituras Sagradas e poderia fazer delas uma aliada na conquista catequética dos romeiros. O arcebispo de Aparecida foi em busca dessa decisão.

> "Depois, quando eu já tinha sido transplantado do fígado, um belo dia, Dom Aloísio Lorscheider veio me visitar no hospital e disse: 'Cláudio, a partir de agora é só você, fica nas suas mãos'. Aí eu ainda brinquei com ele: 'Vocês ainda acreditam em um pré-defunto?' Eu achava que ia morrer logo, porque é muito duro o coma, transplante, de fato até hoje estou metido nisso. Mas eu tento (me) desafiar. Trabalho sem parar."[186]

Ele foi o escolhido e mostrou uma nova concepção para o espaço Litúrgico, explicou que "a razão do edifício cristão está, primeiro, na celebração litúrgica – o Mistério Pascal, Santa Missa, Eucaristia".[187]

Para entender Pastro é preciso saber que antes do Concílio Vaticano II havia certa desfiguração e descaracterização do culto original cristão. Havia necessidade de retornar ao verdadeiro espírito do culto da Igreja, por isso, no início do século XIX aconteceu uma volta à nascente da verdadeira liturgia, tradição e arte cristã, a primitiva.

> "O movimento de renovação da liturgia, nascido na Europa no fim do século XIX, responsável por traçar os contornos do Concílio Ecumênico Vaticano II (1962-1965) e a promulgação da Consti-

---

[186] Cláudio Pastro entrevista de Egidio Shizuo Toda, 7 de setembro de 2012. In: *A Arte Sacra de Cláudio Pastro na Basílica de Aparecida e sua Contemporaneidade, História, Cultura e Leitura de suas Obras*, p. 150-151.
[187] Cláudio Pastro, Natal de 2002. In: *Santuário de Aparecida*. Fotos de Fabio Colombini e textos de Cláudio Pastro, p. 12.

tuição *Sacrosanctum Concilium*, originou-se nas reformas empreendidas nos ambientes monásticos, sobretudo beneditinos, iniciadas na França e espalhadas pela Bélgica e, particularmente, pela Alemanha. Nesta chave, a arte e a arquitetura das igrejas ganharam também espaço, sempre tendo em vista uma liturgia clara. O simbolismo e a contenção das formas (arquitetônicas e decorativas) tornaram-se elementos essenciais para nortear a compreensão de qualquer espaço litúrgico, alcançando o grau máximo com a noção de Beleza. O centro da liturgia, o Mistério Pascal, deveria sobressair, ressaltando o Altar único, símbolo do Cristo, devendo a arte levar à contemplação direta e objetiva do sagrado, longe de devocionismos. É nesta chave compreensiva que Pastro se insere e produz sua arte sacra."[188]

Dessa forma, ao ser chamado para projetar suas obras no santuário, Cláudio Pastro marcou uma linha divisória, do que era o projeto antigo, em que Nossa Senhora ficava no centro da Basílica, para uma nova história da Igreja no Brasil, tornando o Santuário Nacional de Nossa Senhora da Conceição Aparecida um Centro de fé nacional pós-Conciliar.

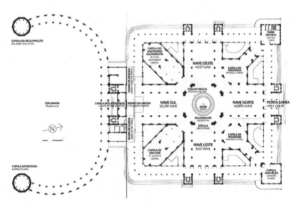

Foto: planta do projeto pós-Concílio, onde tem várias alterações, dentre elas a localização do altar e do nicho da imagem de Nossa Senhora. Aparecida-SP.

---

[188] João Paulo Berto – *A arte a serviço do sagrado: a arte sacra de Cláudio Pastro (1948-) e o santuário nacional de Nossa Senhora da Conceição Aparecida* – VIII EHA – Encontro de História da Arte – 2012, p. 278.

Mesmo que Cláudio Pastro fosse o protagonista do projeto de acabamento do Santuário Nacional, que entendesse teologicamente da arte, ele tinha que passar pelo crivo de uma equipe, para que não fosse um monólogo, mas que, na verdade, fosse um diálogo. Junto dessa equipe, a presença constante de padre Darci: "Mas Cláudio Pastro, embora sendo o gênio, o artista sacro, da Basílica Nacional, ele não fez isso sozinho, nós convocamos uma equipe de biblistas, teólogos, liturgistas e todo projeto feito por Cláudio Pastro era discutido por todos, para depois ser executado. Mas, é claro, que a genialidade, tudo que foi feito na Basílica Nacional, nasce da teologia, da inspiração, e da arte desse grande homem chamado Cláudio Pastro".[189]

Na primeira reunião da equipe de acabamento do Santuário Nacional de Aparecida em que Cláudio Pastro estava presente, a questão levantada foi: "onde vai ficar Nossa Senhora?! E ele disse assim: vamos pensar primeiro onde vai ficar o Altar, porque depois que colocarmos o Altar, que é o Cristo, que é o centro, tudo mais vai para seu lugar".[190]

Foi apresentada, na reunião, a questão do acabamento estrutural nas paredes. Cada um deu sua opinião. Um opinou por paredes em mármore, outro, que fossem em gesso barroco. Pastro nunca foi de meias palavras, ele sempre ia direto ao ponto nevrálgico, em resposta ao acabamento em mármore disse que seria como entrar em um grande túmulo; para o gesso barroco afirmou que "o barroco já morreu faz três séculos. No Brasil ficou um pouco mais, mas já morreu. Não há nada de barroco na vida atual. Ainda mais depois do Concílio Vaticano II".[191] Disse que a arte sacra no Brasil precisava entrar em uma nova fase, criar uma identidade, algo novo. E seu argumento para revestir as paredes foi sustentado pela brasilidade: "Eu sempre pensei no tijolo, porque o tijolo é a terra brasileira".[192] Tijolos

---

[189] Dom Darci Nicioli, Brasília-DF, 29 de novembro de 2017; EPEO.
[190] Abadessa Irmã Martha Lúcia Ribeiro Teixeira, Osb., Itapecerica da Serra-SP, 12 de outubro de 2017; EPEO.
[191] Cláudio Pastro entrevista de Egidio Shizuo Toda, 7 de setembro de 2012. In: *A Arte Sacra de Cláudio Pastro na Basílica de Aparecida e sua Contemporaneidade, História, Cultura e Leitura de suas Obras*. Dissertação de Egidio Shizuo Toda, São Paulo, 2013, p. 152.
[192] Idem.

são acústicos e térmicos, absorvem o som e não deixam o ambiente esquentar e nem mesmo esfriar. Ideal para o revestimento.

A razão dos painéis serem em azulejos é porque duram mil e até dois mil anos. A natureza em si não destrói o azulejo. Mas eles precisam de limpeza a cada ano, podendo ficar até dois anos sem faxina. Por incrível que pareça, ficam impregnados nos azulejos o suor com sal e a gordura das pessoas que vão ao santuário. E, assim, ficou definido para o acabamento: paredes em tijolos e painéis de azulejo. Logo depois, vieram os vitrais. O vidro foi incorporado ao acabamento.

Logo que ficaram definidos os materiais com que Pastro ia conceber o projeto, era momento de saber por onde começar... "Nós vamos pensar no acabamento da Basílica a partir do presbitério e do Altar central, porque nós temos a intenção de ter no centro Cristo Jesus". A explicação é dada por Dom Darci:

> "A Igreja é cristocêntrica, não é marianista, mudou completamente a arquitetura sacra. Então começamos o acabamento pelo presbitério, pelo altar central. Construindo aquele presbitério com entorno de escadas em que o altar da celebração está no centro, relembrando que no alto do madeiro do lado aberto de Cristo emanou sangue e água, segundo antiga teologia da Igreja do coração de Cristo emanam todos os sacramentos da Igreja, e a Liturgia é o principal sacramento da Igreja, é ali que se celebra a Eucaristia, por isso, o Pastro fez o altar central e os degraus para chegarmos até o altar central na forma de água, de ondas, para dizer: do Cristo altar, da Eucaristia, emanam todas as Graças e bênçãos para que todos que da assembleia participam, ninguém mais está atrás, ninguém mais está à frente, todos nós estamos em comunhão celebrando, pode ver que o altar está no centro da Basílica e todos aqueles que participam nas quatro alas, formam uma única assembleia, ninguém está às costas, todos são em igualdade de condições... celebrantes. Fundamental na teologia do Vaticano II, na concepção litúrgica que influenciou e mudou completamente a construção sacra... a arte sacra. Por isso, nós começamos por lá".

Bloco 2 – Santuário Nacional de Aparecida

Foto: altar da Basílica de Nossa Senhora Aparecida[193], Aparecida-SP, 2018.

Com dinamismo e perseverança, trabalho e alegria, a equipe projetou, analisou e esteve presente à execução dos acabamentos em diversas áreas do Santuário Nacional. O início se deu pelo Altar, feito de pedra granito maciço, é o lugar mais importante de toda a Basílica, porque ali acontece o Mistério Pascal em cada Celebração Eucarística. Pastro explicou que, para os cristãos, "o Altar é o centro do Cosmo, o umbigo do mundo, o coração do Corpo Místico de Cristo, o lugar da relação entre Deus e os homens".[194]

Em julho de 2002 foi inaugurado o Altar central da Basílica Nacional de Nossa Senhora Aparecida; cerca de 30 mil fiéis estiveram presentes na Celebração Eucarística, que foi presidida pelo cardeal Aloísio Lorscheider, arcebispo de Aparecida.

---
[193] Foto: Crédito de *Rita Elisa Sêda*.
[194] *Santuário de Aparecida*. Texto de Cláudio Pastro, fotos de Fabio Colombini, p.55.

X. Novo arcebispo faz parte da equipe

No ano em que Dom Damasceno tomou posse como arcebispo de Aparecida a execução dos projetos para os acabamentos internos no Santuário Nacional estava muito lenta, pois naqueles primeiros anos o grupo ainda discutia quais os tipos de material usar. "A partir de 2004, Dom Damasceno participou de todas as reuniões, com os teólogos, liturgistas e biblistas para definir o acabamento do Santuário Nacional e, também, as reuniões administrativas. Nós tínhamos reuniões mensais com a participação do arcebispo de Aparecida, e o primeiro do conselho econômico do santuário formado por redentoristas, mas sempre com aquele obséquio de respeito à pessoa do arcebispo que era quem dava a última palavra, no sentido de acabamento do Santuário, no encaminhamento das obras, em geral, então a participação dele foi muito intensa."[195]

Sempre respeitando e admirado com as criações que Pastro apresentava à equipe, Dom Damasceno incentivava o artista a continuar no caminho da arte sacra.

***

XI. Oblação – Irmão Martinho

"É comum as pessoas ao quererem saber o que significa oblato de São Bento, perguntarem: "o que faz um oblato"? Eu costumo responder que ele não faz, mas é. É um cristão (leigo ou sacerdote), que desejoso de viver mais plenamente a vida cristã, filia-se a determinado mosteiro. Após a oblação são membros da comunidade do respectivo mosteiro, participando dos bens espirituais da comunidade,

---

[195] Dom Darci Nicioli, Brasília-DF, 29 de novembro de 2017; especialmente para esta obra.

e, na medida do possível, acompanham a vida do mosteiro. Eles são chamados a viver a conversão dos costumes, cultivando a sobriedade e a simplicidade; a uma vida de oração, de união com Deus, por meio da Celebração Eucarística e da recitação do Ofício Divino."[196] (Madre Martha Lúcia Ribeiro Teixeira, Obl. Osb.)

Aquele desejo juvenil de Cláudio de ingressar na vida monástica, com uma comunidade de monges igual a que ele conheceu no Paraná, em Curitiba, ardia por tantos anos em seu coração. "A vida dele sempre foi em busca dessa interiorização, dessa complementação da vida espiritual; ele sempre sentiu a necessidade de ser algo por inteiro, naquilo que fazia".[197]

Naquele ano de 2004, houve uma grande mudança na vida de Cláudio Pastro. No dia 17 de outubro, três anos após o coma, conseguiu realizar o antigo desejo de se tornar um oblato beneditino do Mosteiro Nossa Senhora da Paz. Faz parte da tradição que o novo oblato receba um novo nome. Pastro pediu à madre Martha Lúcia que, se fosse permitido, ele queria que madre Doroteia escolhesse o seu nome. Na véspera do dia de oblação, Cláudio Pastro foi surpreendido ao receber o nome de Martinho. Uma das causas foi a grande amizade que a comunidade do Mosteiro tinha com o abade Martinho Michler[198], do mosteiro beneditino do Rio, e, também, em homenagem a São Martinho de Tours[199].

---

[196] Oblato: *Um cristão desejoso de viver mais plenamente a vida cristã, segundo espiritualidade beneditina.* Ir. Madre Martha Lúcia Ribeiro Teixeira, OSB.

[197] Abadessa Irmã Martha Lúcia Ribeiro Teixeira, Itapecerica da Serra-SP, 12 de outubro de 2017; EPEO.

[198] Antes mesmo do Concílio Vaticano II, o Mosteiro de São Bento era afamado e uma atração para os intelectuais e universitários, com o abade Dom Martinho Michler.

[199] Martinho nasceu na Hungria, por volta do ano 316, e pertencia a uma família pagã; despertou para a fé quando ainda menino e depois, mesmo soldado da cavalaria do exército romano, jamais abandonou os ensinamentos de Cristo. A sua vida foi uma verdadeira cruzada contra os pagãos e em favor do cristianismo. Ficou marcante em sua biografia o episódio do manto. Um dia, um mendigo que tiritava de frio pediu-lhe esmola e, como não tinha, o cavalariano cortou seu próprio manto com a espada, dando metade ao pedinte. Durante a noite, o próprio Jesus apareceu-lhe em sonho usando o pedaço de manta que dera ao mendigo e agradeceu a Martinho por tê-lo aquecido no frio. Dessa noite em diante, ele decidiu que deixaria as fileiras militares para dedicar-se à religião. Martinho exerceu o bispado por vinte e cinco anos. Morreu, aos oitenta e um anos, na cidade de Candes, no dia 8 de novembro de 397. Sua festa é comemorada no dia 11, data em que foi sepultado na cidade de Tours.

Pastro tornou-se o terceiro oblato do Mosteiro Nossa Senhora da Paz, a primeira oblata fez sua oblação em 1980, a segunda, em 1999.

Durante a missa de oblação, depois da leitura do Evangelho e da homilia, tem um diálogo do oblato, que se compromete a viver a espiritualidade beneditina no mundo, depois ele lê a carta escrita, de próprio punho, e na hora ele assina em cima do altar essa carta. Cláudio fez questão de cantar em latim, como era costume antigamente, a antífona do Salmo 118: "Recebe-me, Senhor, segundo a vossa palavra. E não confundas a minha esperança". Depois da oblação a comunidade toda abraçou o novo membro como oblato. Em seguida, a abadessa Martha Lúcia Ribeiro Teixeira, e o padre que presidiu, abade Joaquim de Arrudas Zamith[200], que era abade emérito do mosteiro de São Bento, em São Paulo, muito ligado a Cláudio, também colocaram sua assinatura.

Fotos: a oblação de Cláudio Pastro;[201] Mosteiro Nossa Senhora da Paz, Itapecerica da Serra-SP, 2004.

Depois da oblação Cláudio Pastro passou a assinar: Irmão Martinho, Obl. Osb.

---

[200] Dom Joaquim de Arruda Zamith nasceu em Campinas, SP, no dia 28 de julho de 1924. Sua família era de Amparo, sendo seus pais o Dr. Uberto de Siqueira Zamith e Dona Collatina de Azevedo Arruda Zamith. Fez seus estudos primários no Externato Assis Pacheco e secundários no Colégio de São Bento de São Paulo.
[201] Fotos: acervo do Mosteiro Nossa Senhora da Paz, Itapecerica da Serra-SP.

Bloco 2 – Santuário Nacional de Aparecida

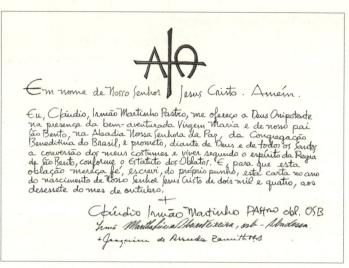

Foto: a carta de Oblação;[202] Mosteiro Nossa Senhora da Paz, Itapecerica da Serra-SP, 2004.

Depois da Oblação de Pastro houve uma pequena confraternização onde estiveram presentes a família, as irmãs beneditinas e os amigos dele.

"O agora oblato Ir. Martinho acompanhava, como dedicado irmão, as nossas festas monásticas e atendia ao desejo das irmãs de, em suas cartas de profissão, ter desenhos dele, isto é, a letra inicial da fórmula de profissão!"[203]

Nos domingos em que Irmão Martinho, Obl. Osb., participava de Celebração Eucarística no Mosteiro e encontrasse uma pessoa na missa que estivesse com uma roupa muito precária, providenciava algumas de suas roupas para oferecer a essa pessoa. Vivia na prática o que fez o seu padroeiro de oblação, o bispo São Martinho de Tours.

***

---

[202] Foto: acervo do Mosteiro Nossa Senhora da Paz, Itapecerica da Serra-SP.
[203] *O artífice do belo foi encontrar-se com a eterna Beleza.* Abadessa Martha Lúcia Ribeiro Teixeira, Obl. Osb., 2017.

XII. Obras no Santuário Nacional

> "Pastro, se não o maior, pelo menos, era um dos grandes artistas sacros do Brasil. Homem muito competente, que teve seu despertar para a arte no Mosteiro Nossa Senhora da Paz."[204]
> (Dom Raymundo Cardeal Damasceno Assis)

As obras no Santuário Nacional eram executadas segundo os projetos que Cláudio Pastro apresentava à equipe. Participativo, Dom Raymundo Damasceno sempre dava seu parecer a favor. "Pastro apreciava muito Dom Damasceno, a vibração que ele passava pelos trabalhos do Cláudio, o valor que ele percebia. Então, realmente, Dom Damasceno foi uma pessoa chave para todo esse trabalho, como cardeal e arcebispo de Aparecida, apoiou a realização de suas obras. Sempre presente nas reuniões que faziam quando era apresentado um novo trabalho e ele apoiava, tinha uma confiança absoluta no que o Cláudio fazia e apresentava."[205]

Seu processo criativo vinha de muita instrução teológica e artística. Ele "bebeu, sobretudo, da Sagrada Escritura, pois como bom filho de N.P. São Bento, era fiel a sua lectio divina, tantas vezes feita no meio da noite, quando sua saúde o impedia de dormir",[206] explica madre Martha Lúcia.

Os projetos eram apresentados à equipe, que analisava, opinava, e depois, quando todos estivessem em consenso e o projeto aprovado, começavam as obras. No aperfeiçoamento artístico Pastro não parou de estudar, criar e usar novos elementos: metal e azulejo. Ele sabia que o artista, uma hora, ficaria limitado pela idade e, ele, ainda mais, por causa da doença; então começou a desenvolver outras técnicas. Todas foram usadas por ele no acabamento do Santuário Nacional.

Ao longo dos anos, até o jubileu de 300 anos do encontro da Imagem de Nossa Senhora Aparecida no rio Paraíba do Sul, em 2017, mui-

---

[204] Dom Raymundo Cardeal Damasceno Assis, Conselheiro Lafaiete-MG, janeiro de 2018; EPEO.
[205] Abadessa Irmã Martha Lúcia Ribeiro Teixeira, Osb., Itapecerica da Serra-SP, 12 de outubro de 2017; EPEO.
[206] *O artífice do belo foi encontrar-se com a eterna Beleza.* Abadessa Martha Lúcia Ribeiro Teixeira, Obl. Osb., 2017.

tos projetos foram feitos, analisados, aprovados e executados. Pastro participou ativamente durante 17 anos, com projetos espetaculares para a Basílica de Aparecida.

Dom Raymundo Damasceno Cardeal Assis, durante os quase 13 anos de arcebispo de Aparecida e, também, no ano de 2017, já arcebispo emérito, participou da equipe de avaliação, decisão, vistoria e inauguração de várias obras assinadas por Cláudio Pastro. Eis algumas delas:

NAVE SUL – O projeto que Pastro apresentou para o Retábulo de Nossa Senhora Aparecida tem 45m de altura, foi inspirado na citação bíblica: "[1]E viu-se um grande sinal no céu: uma mulher vestida do sol, tendo a lua debaixo dos seus pés, e uma coroa de doze estrelas sobre a sua cabeça. [2]E estava grávida, e com dores de parto, e gritava com ânsias de dar à luz" (Ap 12,1-2).

> "Pensamos, então, no grande retábulo da imagem de Nossa Senhora Aparecida que ficou lá no canto, continuando com aquele princípio, a devoção é feita dentro de um espaço da igreja, porém o centro da Igreja é Cristo Jesus, não é Maria. Foram construídos grandes retábulos que ligam o Céu à Terra, pela Escada de Jacó, em uma figura Bíblica, onde Jacó, em seu sonho, vê anjos descendo e subindo, quer dizer, anjos que levam nossos pedidos e trazem as graças, passando por Maria que é a mulher que fica na divisão de águas entre o antigo e o novo Testamento, pode ver que ela está no meio de um conjunto de mulheres que ali estão representadas, desde as mulheres guerreiras do antigo Testamento. Maria é o divisor de águas, quer dizer, termina um tempo e começa um novo, porque do seio de Maria nasce o Salvador, Jesus Cristo." [207]

O portal da Mãe de Deus tem uma grande parte feita em porcelana branca e dourada. A parte branca representa uma via de acesso em que os arcanjos Rafael, Miguel e Gabriel se manifestam levando até Deus os pedidos dos romeiros, que ali fazem suas súplicas, e os agradecimentos dos que

---

[207] Dom Darci Nicioli, Brasília-DF, 29 de novembro de 2017; EPEO.

o louvam pelas graças recebidas. A via começa no nicho de Nossa Senhora Aparecida, porque ela é a porta entre o humano e o divino, ela é Rainha dos Anjos. Esse nicho é de metal dourado composto por 2x2 m formado por peixes em alto relevo com diferentes movimentos, que estão valsando ao redor do oratório, criando uma gigante moldura de sustentação à verdadeira imagem de Nossa Senhora Aparecida, como se ela estivesse ainda nas águas do rio Paraíba do Sul, envolvida por peixes que se tornam dourados por conviver com a Mulher Vestida de Sol, que reflete a Luz do Cristo que leva em seu ventre Imaculado. Metaforicamente, é uma alusão aos romeiros que vão em busca da Mãe Santíssima para dela receber a Luz Divina e voltarem para casa aliviados das dores e reestruturados espiritualmente. Uma relação com a pesca milagrosa. Emoldurando o nicho a frase "O Espírito e a Esposa dizem: Amém, vem, Senhor Jesus", e o sol no entorno do Nicho, corresponde à Mulher vestida de Sol, como no livro do Apocalipse. Existe um vidro blindado de 205 kg para proteger a imagem.

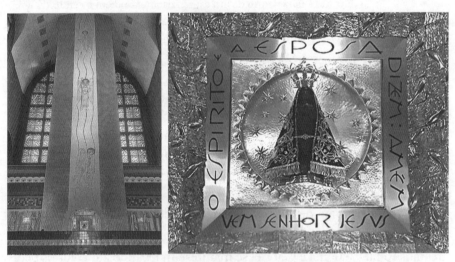

Fotos: nicho de Nossa Senhora Aparecida, Retábulo, Basílica de Nossa Senhora Aparecida[208], Aparecida-SP, 2017.

---

[208] Foto: crédito de *Rita Elisa Sêda*.

Ao lado da rampa de subida que dá acesso ao nicho de Nossa Senhora Aparecida existe um grande arco onde é retratado o encontro da imagem e o milagre da pesca, no outro painel uma parte da Ladainha de Nossa Senhora, flores amarelas e pássaros brasileiros; na descida, os primeiros milagres e ex-votos compõem o grande arco e, no outro painel, a continuação da Ladainha. Todos feitos de azulejos.

O retábulo de Nossa Senhora Aparecida tem painéis, a sua direita e a sua esquerda, compostos por imagens de mulheres do Antigo Testamento, de Eva até a rainha Ester. No alto, flores de tamareiras que indicam que aquele é um lugar de repouso, um oásis no deserto. Um convite para o peregrino descansar. Ainda na Nave Sul, existem 10 painéis em azulejos tons de azul real e dourado que figuram a infância de Jesus.

PISO: os pisos externos são todos em granitos brasileiros e têm a forma de água em movimento, na lembrança de que é o Espírito Santo que dá vida ao Santuário; lembram-nos a água do Batismo e, ainda mais, são como se fossem as águas do Paraíba do Sul, onde encontraram a imagem. É como se a Virgem Santa estivesse, de novo, mergulhada em águas onde recebe seus devotos. Nos ângulos externos existem os pisos redondos que são compostos por peixes, Jerusalém, o sol e a lua, monograma de Jesus e o Brasão da Basílica.

Foto: piso peixes, Basílica de Nossa Senhora Aparecida[209], Aparecida-SP, 2017.

---
[209] Foto: crédito de *Rita Elisa Sêda*.

PORTA SANTA: ela é de bronze com detalhes em ouro (doado pelos devotos) e foi aberta no Ano Santo da Misericórdia por Dom Raymundo Cardeal Damasceno Assis, no dia 13 de dezembro de 2015. De um lado ela retrata a Anunciação do Anjo Gabriel à Virgem Maria. As letras gregas *alfa* e *ômega* no alto da porta simbolizam Cristo-porta do Paraíso. Do anjo e de Nossa Senhora saem linhas com elasticidade visual, flexíveis, que representam a proteção de Deus sobre o povo. O anjo tem em sua mão um coração dourado marcado por uma cruz, anúncio do Amor e da Paixão de Jesus. Maria envia sua resposta... *FIAT* (Faça-se).

Fotos: Dom Raymundo Cardeal Damasceno Assis, em cerimônia de abertura da Porta Santa, Ano da Misericórdia,[210] 2016.

NAVE NORTE: o painel "Cristo Sol e o cortejo das mulheres na história da Igreja" tem ao centro a figura de Cristo Pantocrator sendo cortejado por santas mulheres que fazem diferença na história da Igreja. É composto por azulejos em tons de azul, dourados e brancos. Também,

---

[210] Foto: centro de Documentação e Memória – CDM, Aparecida-SP. Crédito de *Thiago Leon*.

existem oito painéis de azulejos em azuis, dourados e brancos representando a Vida Pública de Jesus.

NAVE OESTE: o painel "A Evangelização do Brasil" é feito com azulejos em tons azuis, lilases e verdes, com a figura de leigos, sacerdotes e bispos que foram evangelizadores em alguma fase dos 500 anos de história no Brasil. No centro fulgura a Mãe de Deus, Virgem do Sinal, Mãe da Igreja. Emoldurando a parte de cima estão as palmas da vitória e, abaixo, em azulejos vermelhos, a simbologia do dragão querendo devorar o menino. Sob o dragão existe um mar vítreo.

NAVE LESTE: o painel "Os Fundadores de nossa Fé" traz azulejos em tons de azul, laranja e vermelho e são compostos com os patriarcas, Profetas e Apóstolos, emoldurado em cima e embaixo pela videira. Sustentado por folhas. Centralizado está o Cordeiro Pascal, inserido ao cavalo branco do amado que virá, representando a segunda vinda. Existem oito painéis de azulejos, em tons turquesa e verde, que simulam a Ressurreição do Senhor.

Foto: no centro o Cordeiro Pascal, dos lados os Patriarcas, Profetas e Apóstolos, Basílica de Nossa Senhora Aparecida[211], Aparecida-SP, 2017.

---

[211] Foto: crédito de *Rita Elisa Sêda*.

VITRAIS: segundo Pastro esses vitrais têm a função de filtrar a luz, levando variados tons ao espaço e aos peregrinos, porque a luz é a imagem do Ressuscitado sob a conotação da Transfiguração.

Foto: vitral na Basílica de Nossa Senhora Aparecida[212], Aparecida-SP, 2017.

CAPELA DA RESSURREIÇÃO: o nome foi designado pelo arcebispo de Aparecida Dom Damasceno, quebrando paradigmas como: capela Mortuária, Cripta; em uma mostra de fé de que a morte é a passagem para outra vida onde está Cristo Ressuscitado e que haverá a ressurreição de todos os mortos. Ela localiza-se na *Esplanada Papa João Paulo II*. Nela estão os restos mortais dos arcebispos de Aparecida: Dom Carlos Carmelo de Vasconcelos Motta; Dom Antônio Ferreira de Macedo; Dom Geraldo Maria de Morais Penido. Possui um virtual Memorial dos Devotos, em memória de todos os colaboradores da Campanha dos Devotos que faleceram.

---

[212] Idem.

A inauguração foi às 9h, do dia 27 de novembro de 2007, com missa presidida pelo arcebispo de Aparecida Dom Raymundo Damasceno. Participaram também da celebração membros da Comissão episcopal pró-santuário: Dom Geraldo Lyrio Rocha, Dom Eduardo Benes de Sales, Dom Bruno Gamberini, padre Mauro Matiazzi, padre Hélcio Vicente Testa. O artista sacro Cláudio Pastro fez uma explanação a respeito da obra.

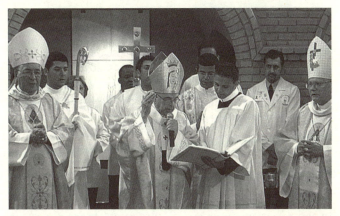

Foto: Dom Raymundo Cardeal Damasceno Assis em bênção de inauguração da Capela da Ressurreição,[213] Basílica de Nossa Senhora Aparecida, Aparecida-SP, 2017.

Dom Darci comenta que a Capela da Ressurreição foi apressada por causa da doença de Dom Aloísio, "achávamos que ele ia falecer em breve e agilizamos sua construção".[214]

CAPELA DO BATISMO: inaugurada em agosto de 2009, pelo arcebispo de Aparecida Dom Raymundo Damasceno Assis, é o lugar onde nasce o cristão. É a incorporação do homem ao reino de Deus. A porta é feita de bronze, na entrada ela tem o desenho de uma árvore da vida e internamente possui a inscrição igual ao Batistério de Latrão, em Roma. A capela foi doada pela família de chineses católicos: *Sieh*.

---
[213] Foto: Centro de Documentação e Memoria-ACM, Aparecida-SP.
[214] Dom Darci Nicioli, Brasília-DF, 29 de novembro de 2017; EPEO.

Foto: Dom Raymundo em cerimônia de inauguração da Capela do Batismo,[215] Santuário Nacional de Aparecida, 2018.

CAPELA DO SANTÍSSIMO: o portal de entrada é de ferro com trabalhos de ramos de videiras onde os pássaros bicam os dourados cachos de uva. Tem em letras vazadas a frase: *Panis angelorum cibus viatorium* – "Pão dos anjos, alimento dos viajantes"; os pisos laterais são em forma de peixe, e o piso do caminho central retrata água em movimento. O sacrário está inserido em uma parede com cinco quadros de mosaicos: evangelistas e Cordeiro Pascal. Esses mosaicos foram presentes do Papa João Paulo II. A cúpula em ouro significa a presença do Divino. Tem em sua borda feixes de trigo e pássaros.

Foto: capela do Santíssimo, Basílica de Aparecida[216], Aparecida-SP, 2017.

---

[215] Foto: Centro de Documentação e Memoria-ACM, Aparecida-SP. Crédito de *Erasmo Ballot*.
[216] Foto: crédito de *Rita Elisa Sêda*.

CAPELA DE SÃO JOSÉ: tem um grande portal de ferro na entrada com a frase: *Dominus domum Joseph concredidit* – "O Senhor confiou a casa a José"; e lírios, símbolo do homem justo e puro. O painel representa o sonho de José quando é visitado pelo Anjo Gabriel, anunciação. Nas paredes laterais existem duas artes sacras do artista Adélio Sarro. A cúpula é toda dourada indicando a presença do Divino, com a borda emoldurada por lírios e pássaros.

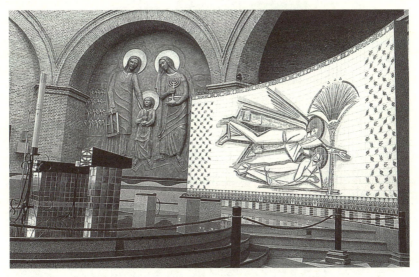

Foto: capela de São José, Basílica de Aparecida[217], Aparecida-SP, 2017.

COLUNA PASCAL: obra trabalhada em baixo relevo (Adão e Eva, Madalena com o Rabuni, a serpente de bronze no bastão de Moisés, o Cordeiro Pascal), em mármore branco de Carrara, tem 5 metros de altura. Foi trazida da Itália para a Páscoa de 2012. Simboliza a luz de Cristo manifestada na Vigília Pascal, a Ressurreição. A coluna Pascal foi uma doação da arquidiocese de Juiz de Fora-MG.

---

[217] Foto: crédito de *Rita Elisa Sêda*.

Foto: coluna Pascal, Basílica de Aparecida[218], Aparecida-SP, 2017.

BALDAQUINO: é composto por quatro colunas que juntas representam os biomas brasileiros: Mata de Araucárias, Caatinga, Mata Atlântica, Cerrado e Floresta Amazônica. As estações do ano são representadas por ipês e uma fase da reprodução humana.

Fotos: baldaquino da Basílica de Aparecida[219], Aparecida-SP, 2017.

---
[218] Idem.
[219] Idem.

No alto de cada coluna do baldaquino, existe um anjo representando uma raça brasileira: indígena, branca, cabocla e negra. Quando as colunas se encontram e formam o capitel, nele está inserida a saudação do Arcanjo Gabriel à Virgem Maria e, também, a de Isabel ao encontrar Maria.

Estão vinculados a esse projeto, a Orsoni Esmaltes Venezianos, em Veneza, na Itália, que produziu a matéria-prima para o mosaico e a *Fruil Mosaic*, um ateliê italiano gerido pela família de William Bertoja; família de raiz profundamente católica.

CÚPULA CENTRAL: acima do Altar Central existe a copa de uma grande Árvore da Vida no centro do Paraíso, gigantesco mosaico de diversas formas e cores que foi produzido em Veneza, elaborado com cinco milhões de tesseras. O tronco dessa árvore é a CRUZ VAZADA. Uma representação simbólica de que para chegar ao Paraíso é preciso passar pela Cruz de Cristo. Na árvore existem vários pássaros, uma analogia aos romeiros que vão em busca de um lugar sagrado para fazer suas preces a Deus.

Foto: Cúpula Central, Basílica de Aparecida[220], funcionário lavando os azulejos abaixo da Cúpula Central, Aparecida-SP, 2017.

---

[220] Idem.

"A cúpula da Basílica nos revela que Deus é luz! Essa luz que quando penetrada em nós, faz-nos ver toda a realidade transfigurada. (...) Na cúpula da Basílica está a árvore da vida onde os pássaros vêm se aninhar, como nós, os cristãos, aninhamo-nos na Igreja para nela nos alimentarmos. Essa imagem de que a beleza é a vida. É o que ganhamos da vida em terras brasileiras. Não há nada na arte de Cláudio que não tenha um significado, um sentido, uma simbologia. Na arte sacra não há enfeites."[221]

SOL: no centro da Cúpula, está o SOL, o primeiro elemento criado por Deus sendo que, no centro, é o Próprio Espírito de Deus que brilha para dar Vida à Árvore.

CRUZ VAZADA: a cruz suspensa sobre o Altar é feita de aço Corten, possui 8m de altura, com a figura vazada do Cristo, indicando a presença do Invisível entre os humanos. Conforme o ângulo em que o visitante estiver na Basílica poderá ver o molde vazado do Coração de Jesus ser preenchido pelo vermelho vivo do vitral ao fundo.

Foto: cruz vazada, Basílica de Aparecida[222], Aparecida-SP, 2017.

---

[221] *O artífice do belo foi encontrar-se com a eterna Beleza*. Abadessa Martha Lúcia Ribeiro Teixeira, Obl. Osb., 2017.
[222] Foto: crédito de *Rita Elisa Sêda*.

Bloco 2 – Santuário Nacional de Aparecida

MONUMENTO A NOSSA SENHORA DE FÁTIMA: feito para homenagear os 100 anos das aparições de Nossa Senhora em Fátima para os três pastorzinhos. O cilindro que envolve a imagem é uma representação da Cova da Iria; as aves, com ramo no bico, simbolizam a paz; no alto, o Sol que é a Luz do Espírito Santo, e, na parte de trás do monumento, tem a azinheira.

Foto: inauguração do Monumento em homenagem a Nossa Senhora de Fátima[223]; Aparecida-SP, 2017.

MONUMENTO A NOSSA SENHORA APARECIDA: tem como base uma canoa, os três pescadores, uma rede que é formada de peixes e, no alto, a imagem de Nossa Senhora a "Aparecida" [*][224].

Todas as obras de acabamento interno e os monumentos na área externa do Santuário Nacional, previamente, passaram pela avaliação de uma equipe composta pelo artista sacro Cláudio Pastro, o arcebis-

---
[223] Foto: acervo Centro de Documentação e Memória-CDM, Aparecida-SP. Crédito de *Thiago Leon*.
[224] LINK – PARTE III – EMBAIXADOR DE NOSSA SENHORA.

po de Aparecida, o bispo auxiliar de Aparecida, o reitor do Santuário Nacional, o ecônomo do Santuário Nacional, um padre da Diocese de Nova Iguaçu e por uma religiosa que, também, presidiam as inaugurações.

***

XIII. Aparecida – O Espaço Sagrado

A magnitude do trabalho realizado por Cláudio Pastro desperta o sentido do sagrado em todos que visitam o Santuário Nacional, independentemente de religião. Pastro possuiu identidade artística e por meio dela conduz o expectador para o Mistério Divino. Suas obras são magníficas.

Dom Damasceno tem grande apreciação pelo artista e pelas suas obras, sempre diz que "o Santuário Nacional Nossa Senhora Aparecida tem um preito de gratidão pelo trabalho que Cláudio Pastro fez no santuário, eu diria que o cartão de visita dele para todos os romeiros é o Santuário Nacional, não conheço nenhuma obra desse porte, feita por ele, que tem trabalhos na Alemanha, França e Itália, em diversas catedrais, igrejas e capelas, em conventos e mosteiros no Brasil e no exterior. Mas, nenhum se iguala a este, lugar tão visitado como é a Basílica Nacional, de modo que ali está espelhada a grande obra do Cláudio Pastro".[225]

A arte dentro da Basílica de Aparecida traz serenidade aos romeiros É para ser contemplada em silêncio. Meditar cada detalhe, tirar suas conclusões e levar consigo essa lembrança. Quando se contempla uma arte sacra, procura-se ver Deus, na verdade, quem contempla é tomado

---

[225] Dom Raymundo Cardeal Damasceno Assis, Aparecida-SP, em 22 de novembro de 2017; EPEO.

por Ele, arrebatado pela beleza da obra. "A obra de Cláudio em Aparecida dá dignidade a muitas pessoas que ali vão, maltratadas pela vida. A arte dá a essas pessoas, o seu real valor. Aquela Basílica é para o povo de Deus. Portanto, certamente, quando o Cláudio pintava, era nas pessoas que ele pensava. Se ele tinha consciência disso, ele deu dignidade às pessoas. Os espaços que ele interveio para fazer, para corrigir, para refazer, as pessoas que lá iam, podiam se sentir dignas, e se sentiam, pelo modo em que as coisas estavam dispostas. Não se precisa de mais nada para que o coração seja elevado, não precisa de floreios. Ele sempre repetia uma frase quando fazia a reforma do Pateo do Colégio: 'as pessoas precisam entrar aqui e se sentirem rezadas'."[226]

Sem tentar formular explicações lógicas do processo criador, vale lembrar Rainer Maria Rilke, ao descrever Deus sendo observado pelos anjos, porque o Criador não conseguia desviar sua atenção da Terra, onde Ele via um homem, orando com as mãos curvadas, isto é, usando suas mãos para fazer uma obra de arte, e a sua obra tornou-se o centro da atenção divina. Até que um dos anjos desceu à Terra, para sondar melhor o artista que, sem parar, mesmo doente, esculpia uma enorme pedra de mármore. Deus não aguentou e gritou: "Michelangelo... quem é que está aí dentro da pedra?" Michelangelo ouviu e, com as mãos a tremer, respondeu em voz abafada: "Sois vós, meu Deus, quem é que haveria de ser?! Mas, eu não consigo chegar a vós". E, então, Deus se fez de fato na pedra e sentiu-se apreensivo e limitado, porém com esperança de que as mãos de Michelangelo em breve o libertassem.[227]

Certamente, Deus mora em cada obra de Pastro; para vê-lo, o peregrino só precisa contemplar. Deixar-se levar pela beleza da criação, envolver-se dentro do Mistério das linhas sacras traçadas pelo artista que as conduz ao coração de Deus.

---

[226] Padre Carlos Alberto Contieri, SJ. In: *O artífice do belo foi encontrar-se com a eterna Beleza*. Abadessa Martha Lúcia Ribeiro Teixeira, Obl. Osb., 2017.
[227] RILKE, Rainer Maria. *Histórias de Deus*, p. 94.

A abadessa do Mosteiro Nossa Senhora da Paz ilumina nosso conhecer com este acontecimento que Pastro lhe narrou:

"Conto aqui um fato narrado, por ele mesmo, quando estava pintando a borda da entrada do prédio da torre Brasília, do Santuário de Aparecida: ele estava retratando os diversos fiéis que acorriam ao santuário, e pintava os Papas que lá estiveram em visita, quando desceu dos andaimes para descansar um pouco. Viu, então, uma senhora muito pobrezinha que se dirigia para o balcão dos devotos que oferecem doações para o santuário. Ela trazia nas mãos um lenço que envolvia uns trocados. Ele a ouviu dizer ao entregar esse dinheirinho que aquela oferta era da venda de todos os ovos que as suas galinhas tinham produzido naquele mês. Comovido com esse relato, subiu no andaime e, imediatamente, estampou, para as futuras gerações, aquela senhora carregando nas mãos uma cesta com as suas galinhas."[228]

Foto: pintura de Cláudio Pastro: Mulher e suas Galinhas[229], no afresco na entrada da Torre Brasília, Aparecida-SP.

---
[228] *O artífice do belo foi encontrar-se com a eterna Beleza.* Abadessa Martha Lúcia Ribeiro Teixeira, Obl. Osb., 2017.
[229] Foto: crédito de *Rita Elisa Sêda*.

Um artista sacro se alimenta espiritualmente desses acontecimentos e de reconhecer que tudo que temos e somos vem de Deus, que devemos ser, realmente, instrumentos de Deus e para Deus; sua obra torna-se eterna Ação de Graças ao criador.

Pastro contou para Luizita, sua mãe, que ao finalizar as obras na Cúpula, ele foi junto com a equipe para ver o resultado. Ficou muito impressionado, era como se tivesse superado as suas próprias expectativas, emocionou-se e teve vontade de chorar. Mas, como estavam perto dele alguns padres e engenheiros, ficou com vergonha e aguentou firme. "Quando ele chegou a sua casa, foi tomar um banho e, debaixo do chuveiro, ele chorou muito, de tanta emoção de ver o resultado, que foi além do que esperava."[230] A humildade consiste em saber que a obra é de Deus e que, por meio do artista, Deus se faz presente. Muitas vezes, Cláudio Pastro exclamava... "Nossa, como ficou bonito!"

***

XIV. Visita ao santuário – Pastro e Irmãs

> "Não temos dúvidas de que o Cláudio Pastro foi um marco da arte sacra e o Santuário de Aparecida é a sua obra-prima pelo volume de seus trabalhos. Foi por causa desse trabalho que ele foi chamado de 'Michelangelo brasileiro.'"[231]
> (Madre Martha Lúcia Ribeiro Teixeira, Obl. Osb.)

Sempre era dia festivo quando Pastro e as irmãs do Mosteiro Nossa Senhora da Paz iam a Aparecida para ver as obras dele. As irmãs conheciam o desenvolvimento de seu trabalho até chegar à maturidade.

---

[230] Abadessa Irmã Martha Lúcia Ribeiro Teixeira, Osb., Itapecerica da Serra-SP, 12 de outubro de 2017; EPEO.

[231] *O artífice do belo foi encontrar-se com a eterna Beleza*. Abadessa Martha Lúcia Ribeiro Teixeira, Obl. Osb., 2017.

Sabiam que ele era um homem preocupado com o sagrado. "Ele soube traduzir os conceitos litúrgicos para que fossem entendidos e compreendidos por todos. E, assim, ele conseguiu transmitir a grandeza da fé cristã."[232]

Foto: Cláudio Pastro e irmãs do Mosteiro Nossa Senhora da Paz em visita ao Santuário de Nossa Senhora Aparecida[233], 2004.

Em todas as visitas, ao saírem da Basílica, as irmãs sentiam-se plenamente felizes. Elas percebiam que aquele encontro com Cristo durante o coma, a Luz que recebeu, que foi transmitida a ele por meio de sua transfiguração em ver-se em Cristo, levou Pastro a introduzir feixes de Luz Divina em cada uma de suas obras, para que cada pessoa que as apreciasse fosse tocada pelo Espírito Criador de Deus, como aconteceu com ele no hospital. "A experiência de quem visita o Santuário Nacional de Aparecida é de renascimento. A Basílica é um útero e o fiel precisa renascer."[234]

---

[232] Idem.
[233] Foto: acervo do Mosteiro Nossa Senhora da Paz, Itapecerica da Serra-SP.
[234] *O artífice do belo foi encontrar-se com a eterna Beleza*. Abadessa Martha Lúcia Ribeiro Teixeira, Obl. Osb., 2017.

——————— Bloco 2 – Santuário Nacional de Aparecida ———————

Esse renascimento está dentro da obra de Cláudio Pastro, em que deixou estampado seu desejo de que cada peregrino encontre seu caminho, que cada penitente seja liberto de seus pecados, que cada fiel continue no caminho de Cristo, que cada romeiro volte para sua casa em paz. Afinal, como diz madre Martha Lúcia: "O artista sacro tem essa missão de fazer o fiel encher-se de Deus e de levar essa presença para a labuta da sua vida".[235]

Foto: Cláudio Pastro e irmãs do Mosteiro Nossa Senhora da Paz em visita ao Santuário de Nossa Senhora Aparecida[236], 2011.

Certa vez, em um desses passeios a Aparecida, com as irmãs oblatas beneditinas, ocasião em que a Moderadora internacional das Beneditinas, Sister Judith Ann Heble, estava com o grupo, ela quis saber dele como podia imaginar tão majestosa obra. Com simplicidade, Pastro respondeu que "muitas vezes, durante a noite, ele acordava e aquilo que tinha lido nas Escrituras se transformava em imagem".[237] Realmente, à

---
[235] Idem.
[236] Foto: acervo do Mosteiro Nossa Senhora da Paz, Itapecerica da Serra-SP.
[237] *O artífice do belo foi encontrar-se com a eterna Beleza*. Abadessa Martha Lúcia Ribeiro Teixeira, Obl. Osb., 2017.

noite, o descansar das atividades, o repouso do ser no silêncio do sono é o momento ideal para uma catarse. Frei Inácio Larrañaga disse que quando dois silêncios se cruzam, até se consumarem, estalam em uma grande explosão. Só o silêncio pode abranger *Aquele Que É*, e está acima de conceitos e palavras,[238] que se mostrava a Pastro em linhas, com cada vez menos traços. O artista sacro Cláudio Pastro, por 17 anos, dedicou-se a criar obras para o Santuário de Aparecida.

***

XV. A obra de Deus!... Onde o menos aparece mais!

> "Porque a única forma de conciliar doçura e leveza de uma parte e estrita exigência e ascese de outra é buscando uma resposta no amor; pois nada é penoso quando se ama. 'Onde está o teu tesouro, aí estará, também o teu coração'. Como tão bem expressou o salmista, 'pelos prados e campinas verdejantes ele me leva a descansar (Sl 22)'."[239]
> (Madre Martha Lúcia Ribeiro Teixeira, Obl. Osb.)

O escritor russo, Máximo Gorki, registrou que quanto maior o homem, mais audacioso seu sonho. Isso quer dizer que a medida do homem é a medida de seu sonho. Quando criança, sonhamos como crianças, agora que somos adultos nossos sonhos se tornam imensos. Assim foi a vida de Cláudio Pastro, quando criança queria apenas desenhar em uma folha de papel usada, que vinha no embrulho do açougue ou da padaria; com o passar dos anos, suas folhas eram paredes enormes, onde podia retratar sua criatividade. Ele alargou a alma por

---

[238] LARRAÑAGA, Inácio. *Mostra-me seu rosto*, p. 280.
[239] Oblato: *Um cristão desejoso de viver mais plenamente a vida cristã, segundo espiritualidade beneditina*. Abadessa Martha Lúcia Ribeiro Teixeira, OSB. In: site *oblatos da paz*; acesso em dezembro de 2017.

meio do conhecimento mais importante ao ser humano... deixar-se esvaziar para que Cristo viva dentro de nós. Quando se tem o Paraíso dentro de si, o sonho não pode ser pequeno. Para isso, Deus nos esvazia de nós mesmos, até que, dentro desse enorme vazio, Ele se faz presente. É como se o humano saísse para deixar o Divino aparecer. Ele se torna obra-prima de Deus.

Irmã Martha Lúcia, durante 36 anos, teve convívio com Cláudio Pastro. Ela explica que o artista sacro "falava muito da *Opus Dei*, que é a Obra de Deus. Então a obra de Deus, quando a gente reza não somos nós rezando é Deus que está realizando em nós uma obra. E o Cláudio, quando ia fazer um trabalho, um estudo, ele rezava muito e pedia a Luz do Espírito Santo. Nas agendas dele, a cada dia, ele sempre colocava um escrito, em forma de oração, antes de começar seu trabalho: 'que o Espírito Santo me ilumine como instrumento!'; 'Que as minhas mãos sejam conduzidas por Deus!'; 'Que a Virgem Maria me proteja!' É muito impressionante. Ele se reportava muito a Deus. Eu acredito, por tudo que nesses anos em que eu convivi com o Cláudio, que o Espírito Santo o foi moldando, é claro, ele estava aberto para a ação do Espírito. E cada vez ele traçava menos linhas, ele dizia: o Menos... é Mais!" Durante sua vida, Cláudio foi abrindo espaço para Cristo brilhar cada vez mais. No tempo certo. Com calma.

Pastro usava o exemplo da argila. Quem trabalha o barro sabe que tem de respeitar os tempos do barro; tempo de amassar, tempo de tirar as bolhas, tempo de esperar a secagem, tempo de recomeçar, precisando acompanhar as temperaturas e os graus de umidade... e não pode seguir o próprio ímpeto. "Não é o barro que obedece as minhas ordens, sou eu que devo entrar no seu ritmo e natureza para, assim, juntos realizarmos uma bela obra." O tempo certo para Deus.

O tempo certo para a arte em aperfeiçoamento. Para Pastro o mosteiro passou a ser seu lugar de criar e recriar. Tanto que fez três painéis, em tempos diferentes, na mesma parede, porque ali ele podia fazer e desmanchar, pois sabia que passava a uma nova fase. Certa época, quando ele havia passado um bom tempo na Europa, visitando catacumbas, museus arqueológicos, viu muitos fragmentos, diferenciou as tonalidades da terra; em sua criatividade, passou a usar as cores pastéis, trabalhar com a pigmentação da terra. No mosteiro, ele pintou um painel usando pigmento natural, com tons de terra. "Porque era a fase que ele dizia: nós viemos da terra, voltaremos para a terra! Período em que foi abrindo a mente do artista e o desejo de fazer algo que tenha relação com o mais antigo, o mais puro."[240]

Tudo que ele leu, observou, tocou, sentiu o aroma, experimentou, desenvolveu a sua sensibilidade artística e marcou sinestesicamente a sua maneira de desenvolver novos trabalhos.

> "Por exemplo, quando ele fez na Basílica de Aparecida, aquela parede que fica atrás do coral, perto de onde está o nicho de Nossa Senhora. Onde tem azulejos em tons de azul com dourado, esse trabalho foi feito na mesma época do painel das mulheres, ao lado de Nossa Senhora Aparecida. Ele disse que quando ele terminou aquele trabalho ele disse: 'Meu Deus, está parecido com algo que eu já vi. Mas o que é? – e de repente ele se lembrou – isso lembra um fragmento do muro do Palácio da Babilônia, que está no museu de Berlim'. Ele cristianizou o fragmento, ficou no inconsciente dele a imagem e dali formou-se essa maravilhosa obra-sacra. Essa evolução dos traços dele foi algo que eu considero a obra do Espírito Santo nele, porque ele foi chegando à simplicidade, ao despojamento. A simplicidade do artista sacro, sobretudo, vem com isso."[241]

Nessa contemplação do belo, Pastro via o Mistério de Deus, mesmo que fosse em um velho fragmento de cerâmica. Padre Contieri disse que toda a arte de Pastro, todo o seu trabalho, toda a sua vida, era fruto dessa contemplação do mistério de Deus. E que tinha como função "a

---

[240] Abadessa Irmã Martha Lúcia Ribeiro Teixeira, Osb., Itapecerica da Serra-SP, 12 de outubro de 2017; EPEO.
[241] Idem.

elevação do coração das pessoas a Deus, que não nos abstrai deste mundo, mas que faz com que nós reconheçamos que tudo é dom, inclusive a nossa vida e a nossa salvação".[242]

***

XVI. Capelas particulares

A simplicidade beneditina foi pêndulo para o relógio das horas artísticas de Cláudio Pastro, tanto na criação quanto na execução dos projetos. Fazia questão de estar em plena oração e, muitas vezes, em jejum. Durante os anos em que Dom Raymundo e ele conviveram, muitas alegrias tocaram seus corações. Imensos projetos para a Basílica de Aparecida, grandes murais. Porém, da mesma forma que Cláudio Pastro criava um grande projeto, com o mesmo amor e dedicação, ele fazia projetos menores.

Alguns deles foi para Dom Damasceno. "Ele me ajudou pessoalmente na capela de minha casa em Brasília, uma capela muito simples, mas me ajudou a criar um espaço para oração."[243] Lugar sagrado onde a luz da manhã é filtrada por blocos de vidros coloridos que deixam o ambiente propício para a comunhão com Deus. Um pequeno Altar, o Sacrário, dois nichos onde estão as imagens de São José e de Nossa Senhora Aparecida, o Crucifixo na parede diante do Altar e poucas cadeiras. A madeira é o material predominante.

Na época de preparação para a vinda do Sumo Pontífice, o Papa Bento XVI, a Aparecida, em 2007, Pastro interveio pela capela da residência episcopal, onde Dom Raymundo morava, pois o artista disse que precisava mudar a sobriedade daquele ambiente, então, "fez uma linda pintura, atrás do altar".[244]

---

[242] Padre Carlos Alberto Contieri, SJ. In: *O artífice do belo foi encontrar-se com a eterna Beleza*. Abadessa Martha Lúcia Ribeiro Teixeira, Obl. Osb., 2017.

[243] Dom Raymundo Cardeal Damasceno Assis, Aparecida-SP, em 22 de novembro de 2017; EPEO.

[244] Idem.

Fotos: projeto Capela Casa Conselheiro Lafaiete[245], 2017.

O artista sacro, a convite de Dom Damasceno, também, ajudou a compor artisticamente a capela, na casa onde moravam os pais do cardeal, em Conselheiro Lafaiete, "uma capela dedicada a São Francisco, eu creio que a última obra que ele fez foi o vitral em honra a São Francisco de Assis nessa capelinha em Lafaiete".[246] Esse vitral, feito pelo artista, já se encontra na casa em Conselheiro Lafaiete. Essas foram algumas das obras que Pastro criou para os lugares sagrados onde Dom Damasceno faz suas orações diárias e, de vez em quando, uma Celebração Eucarística entre amigos. A presença de Pastro é sentida em cada uma dessas capelas.

***

---
[245] Fotos: APDRCDA.
[246] Dom Raymundo Cardeal Damasceno Assis, Aparecida-SP, em 22 de novembro de 2017; EPEO.

XVII. Falecimento de Pastro

> "Artífice do Belo foi encontrar-se com a eterna Beleza!"
> (Lápide do artista sacro Cláudio Pastro – Irmão Martinho, Obl. Osb.)

O dia a dia de Cláudio era uma eterna batalha contra a doença, várias vezes quase desistiu da luta, porém para continuar suas obras em Aparecida, ele sempre reagia e vivia de novo. Na última reunião em Aparecida, Cláudio estava com dor intensa, cólica intestinal de alto nível e, mesmo assim, ele foi fazer os últimos acertos. Tinha um sonho de fazer as duas últimas capelas com as imagens cristológicas.[247]

Depois de ser transplantado, durante oito anos, foi submetido a 54 cirurgias para manter-se com um pouco de saúde, todas com anestesia geral. E ele só fazia isso por amor à Igreja, à arte e ao Mistério. Ele não tinha medo de morrer e sempre dizia: "Eu só quero viver para terminar minha obra". Mas, ele saiu da última cirurgia desanimado e disse: "Agora eu acho que não tem mais jeito mesmo".[248]

A saúde de Cláudio piorou e, apesar disso, ele não parava, prosseguia com os trabalhos em Aparecida e recebendo muitos pedidos de trabalho. Porém seu corpo precisava de um descanso. No dia 7 de outubro de 2016, ele passou mal e foi internado na UTI do *Hospital Oswaldo Cruz*, São Paulo, onde foi constatada uma grave obstrução na artéria do fígado. Novamente, foi submetido a um cateterismo para a desobstrução dessa artéria. "O quadro era muito delicado. Recebeu várias visitas e a Unção dos Enfermos. No domingo, 9, sofreu um AVC de grande extensão e foi sedado. Entubado, recebia oxigênio continuamente."[249]

---

[247] Abadessa Martha Lúcia Ribeiro Teixeira, Osb. In: site *Youtube*; acesso em 19 de fevereiro de 2018.

[248] Idem.

[249] *Crônica de Cláudio (Ir. Martinho, oblato, OSB) Pastro*. Irmãs Beneditinas do Mosteiro Nossa Senhora da Paz, Itapecerica da Serra, março de 2017.

Sua mãe ficou muito triste e esperava vê-lo melhorar, como das outras vezes. Aliás, dezenas de vezes. Por isso, preferiu não visitá-lo na UTI. Uma pequena melhora veio no dia 15 de outubro, dia do seu aniversário. A família, amigos, conhecidos, rezavam por sua melhora. No dia de aniversário da oblação de Pastro, 17 de outubro, as irmãs do mosteiro beneditino, durante todo o dia, deixaram exposta a carta de oblação de Pastro perto de uma imagem de Nossa Senhora, um ícone do Cristo e uma vela acesa. Foi na madrugada do dia 19, às 2h20, que o Senhor veio buscá-lo.

Madre Martha Lúcia, logo que recebeu o telefonema com a informação da morte de Pastro, dirigiu-se para o cemitério do Araçá, de madrugada, para ajudar nos preparativos do corpo. E tinha uma tarefa a cumprir... providenciar o caixão. Pastro, além de decidir o lugar de seu sepultamento, também expressou sua vontade de como queria seu caixão e as suas exéquias. Conseguiram o caixão que Pastro recomendou: "O mais simples, o mais pobre, igual ao que enterram os pobres". E... assim foi feito.

Dom Damasceno foi avisado, e chegou ao mosteiro antes mesmo do almoço. O cardeal quis ver tudo que tinha no mosteiro que tivesse ligação com o artista que ele tanto admirava. A abadessa mostrou os trabalhos que Cláudio fez para o mosteiro, levou o cardeal à loja, que estava fechada. "Dom Damasceno estava impactado, mergulhando naquilo que era o tesouro do Cláudio, onde ele se reabastecia, onde ele vivia a espiritualidade beneditina, onde ele desenvolvia sua arte. Dom Damasceno sempre exclamava: 'Então era aqui que ele vivia!'"[250]

O arcebispo de Aparecida esteve com dona Luizita, mãe de Pastro, e pôde confortá-la nesse momento de dor. À tarde foram chegando amigos para prestar uma homenagem a Cláudio (Ir. Martinho, oblato, OSB) Pastro. Dom Damasceno, introspecto em seus pensamentos, fez

---

[250] Abadessa Irmã Martha Lúcia Ribeiro Teixeira, Osb, Itapecerica da Serra-SP, 12 de outubro de 2017; EPEO.

sua homenagem particular ao artista com quem conviveu durante doze anos. "Eu presidi o funeral dele, no Mosteiro Nossa Senhora da Paz, com Celebração Eucarística realizada com alguns padres e, também, representante do cardeal de São Paulo, Dom Devair Araújo da Fonseca, bispo auxiliar."[251] Foi missa de corpo presente, o semblante calmo de Pastro passava a certeza de que o Cristo de Luz o havia visitado novamente e, dessa vez, levou-o para contemplar o Mistério da Beleza Suprema.

São Bento nos ensina que Deus nos vê em todo lugar, mas ao homem cabe escutar a voz de Deus. Para São Bento o monge é aquele que escuta e obedece. Desse modo pode voltar a Deus (RB Prol. 2) e buscar a Deus (RB 58,7).[252] Como oblato beneditino, Pastro escutou o chamado de Deus e foi para o Paraíso. "A missa foi muito participada, com muitos amigos dele, eu nem sabia que ele tinha tantos amigos, a capela ficou repleta na hora da missa, que foi toda cantada, organizada pelas monjas beneditinas."[253] Um ritual de despedida, em que a simplicidade predominava, havia o misto de tristeza e alegria. A tristeza de saber que Pastro não mais estaria entre eles, e a certeza de que ele se doou por inteiro para deixar para nós a arte de luz em que reflete o Cristo Pantocrator que se aninhara em seu espírito. "Na homilia, Dom Damasceno falou sobre o testemunho cristão de Cláudio por meio de sua arte. Grande número de monges e monjas estiveram presentes: além de Dom Abade Mathias Tolentino Braga, do Mosteiro de São Bento de São Paulo, Dom Emanuele Bargellini, camaldolense, Madre Escolástica Ottoni de Matos, abadessa da Abadia de Santa Maria e outros."[254]

---

[251] Dom Raymundo Cardeal Damasceno Assis, Aparecida-SP, em 22 de novembro de 2017; EPEO.

[252] Oblato: *Um cristão desejoso de viver mais plenamente a vida cristã, segundo espiritualidade beneditina*. Abadessa Martha Lúcia Ribeiro Teixeira, Osb. In: site *oblatos da paz*; acesso em dezembro de 2017.

[253] Dom Raymundo Cardeal Damasceno Assis, Aparecida-SP, em 22 de novembro de 2017; EPEO.

[254] *Crônica de Cláudio (Ir. Martinho, oblato, OSB) Pastro*. Irmãs Beneditinas do Mosteiro Nossa Senhora da Paz, Itapecerica da Serra, março de 2017.

Fotos: exéquias de Cláudio Pastro,[255] presidida por Dom Raymundo Cardeal Damasceno Assis, Mosteiro Nossa Senhora da Paz, Itapecerica da Serra-SP, 2016.

Madre Martha Lúcia atendeu a sua intuição de pegar a carta de oblação, que estava guardada no arquivo abacial e colocou-a no caixão, aos pés do Pastro, para que as pessoas vissem e lessem a carta, escrita a punho, para saberem que ele era oblato e a ligação dele com o mosteiro, pois nem todos sabiam. Dom Damasceno, quando chegou, leu

---

[255] Foto: crédito de *Fabio Colombini*. Acervo Mosteiro Nossa Senhora da Paz.

esse compromisso escrito por Cláudio Pastro como oblato e ficou muito comovido. O irmão de Cláudio também ficou um longo tempo lendo a carta. Quando começou a missa, a abadessa retirou a carta e guardou-a novamente no arquivo. Essa carta tocou muito as pessoas que entenderam a missa e as exéquias sem pompa, sem luxo, porque Pastro queria ter, até mesmo na morte, a espiritualidade beneditina, o despojamento, a pobreza, a simplicidade, porque assim foi a sua vida. Ele tinha muita cultura, mas era despojado, simples; com elegância, mas com sobriedade.

Foto: sepultamento de Cláudio Pastro[256]; lápide do túmulo onde ele foi sepultado[257], Mosteiro Nossa Senhora da Paz, Itapecerica da Serra-SP, 2016.

O grande artista sacro foi sepultado no local onde escolheu para passar sua eternidade na terra. Agora, diante de Cristo Pantocrator, brilhante, que lhe apareceu durante o coma, vive criando obras no Paraíso, usando cores celestiais.

***

---

[256] Foto: crédito de *Fabio Colombini*. Acervo Mosteiro Nossa Senhora da Paz.
[257] Foto: crédito de *Rita Elisa Sêda*.

XVIII. Inaugurações em Aparecida

Como vimos, foram 13 anos de intensas atividades para o arcebispo de Aparecida. "O santuário deu grandes avanços do ponto de vista material, no período em que Dom Damasceno permaneceu em Aparecida. Ele teve o privilégio de inaugurar, na Basílica Nacional, inúmeras obras."[258]

MUSEU DE CERA – em março de 2016, ocorreu a inauguração do *Museu de Cera*, uma parceria entre o Santuário Nacional e a empresa *Rex Turismo*. Contém dezenas de estátuas, figurando personalidades que se destacam no cenário religioso, político e civil brasileiro, por terem devoção a Nossa Senhora Aparecida. Para a inauguração houve missa presidida por Dom Raymundo Cardeal Damasceno Assis; Dom Darci Nicioli; padre João Batista de Almeida; padre Daniel Antônio da Silva; também com a presença de vários sacerdotes. Dom Raymundo cortou a fita inaugural do Museu de Cera.

Fotos: os três pescadores encontrando a imagem de Nossa Senhora Aparecida; Dom Raymundo Cardeal Damasceno Assis[259], Museu de Cera, Aparecida-SP, 2016.

---

[258] Dom Darci José Nicioli, Brasília-DF, 29 de novembro de 2017; EPEO.
[259] Fotos: crédito de *Rita Elisa Sêda*.

CINEMA: a história da devoção a Nossa Senhora é apresentada em um filme de 20 minutos, exibido no cinema, com projeção em enorme tela que, sinestesicamente, atinge o expectador e o leva à emoção.

MONUMENTO AOS TRABALHADORES: uma grande estátua de Nossa Senhora da Assunção, produzida em bronze, entronizada em um obelisco de 12 metros. Obra do artista Francisco Bussacca, italiano. Emoldurando o pátio, placas de bronze, onde foram registrados os nomes das pessoas que colaboraram na construção da Basílica.

Foto: Dom Raymundo Cardeal Damasceno Assis em bênção de inauguração do Monumento aos Trabalhadores[260], Santuário Nacional de Aparecida, Aparecida-SP, 2017.

BONDINHO AÉREO: o bondinho foi projetado para dar conforto e segurança no deslocamento dos peregrinos até o topo do Morro do Cruzeiro. São 47 cabines com capacidade para seis pessoas. O trecho é feito sobre a cidade e a rodovia Presidente Dutra, em uma extensão de quase 1.170 metros. O desnível é de 115 metros. A empresa responsável pelos bondinhos é a *BonTur*. A inauguração ocorreu em 2014. Estiveram presentes Dom Raymundo Damasceno, Dom Darci Nicioli e convidados.

---

[260] Foto: Acervo Centro de Documentação e Memória-CDM, Aparecida-SP. Crédito de *Thiago Leon*.

Viver na alegria do Senhor

Foto: Dom Raymundo Cardeal Damasceno Assis em evento de inauguração e bênção do Bondinho Aéreo[261], Dom Darci Nicioli e prefeito Márcio Siqueira, cortando a fita. Aparecida-SP, 2014.

CAMPANÁRIO: a idealização do Campanário da Basílica Nacional aconteceu em outubro de 2012. Com a composição de 13 sinos. Dom Damasceno apresentou a proposta ao arquiteto Oscar Niemeyer que aceitou e projetou o Campanário. Para a concretização desse projeto, "o padre Luiz Cláudio Macedo pediu ao Irmão José Mauro Maciel para pesquisar e apresentar os treze bispos e arcebispos mais ligados à história de Nossa Senhora Aparecida. A pesquisa foi feita e o elenco apresentado, cujos nomes foram gravados nos sinos. As notas musicais dos sinos, também a pedido do mesmo padre, foi obra genial do organista aparecidense, Sílvio Lino dos Santos. Com esses sinos podem-se tocar os grandes hinos de Nossa Senhora Aparecida".[262]

Complementando biblicamente a composição do Campanário, cada sino também é dedicado a um apóstolo e o 13º sino, o maior, é

---

[261] Idem.
[262] Irmão José Mauro Maciel, C.Ss.R, Aparecida-SP, janeiro de 2018; EPEO.

dedicado à Virgem Maria e São José. Todos os sinos foram produzidos na Holanda. O novo Campanário foi inaugurado em 24 de dezembro de 2016. Momentos festivos são quando os sinos tocam em um ritmo alegre, anunciando a *Hora do Ângelus*.

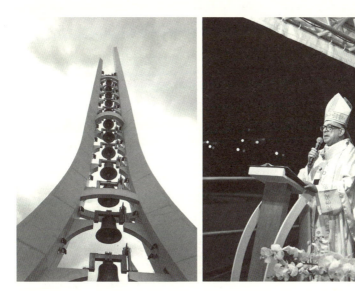

Fotos: Campanário[263], inauguração do Campanário por Dom Raymundo Cardeal Damasceno Assis[264], Santuário Nacional de Aparecida, Aparecida-SP, 2017.

***

XIX. Raymundo Damasceno – São João Damasceno

Na ascendência familiar de Raymundo Damasceno Assis encontra-se o sobrenome Damasceno que procede de João de Souza Damasceno, neto do Coronel Manoel de Souza Freitas, 1730, Congonhas-MG, que,

---

[263] Foto: crédito de *Rita Elisa Sêda*.
[264] Foto: Acervo Centro de Documentação e Memória – CDM, Aparecida-SP. Crédito de *Thiago Leon*.

por nascer dia 4 de dezembro, tomou para si o sobrenome DAMASCE-NO, dia do santo do mesmo nome; uma homenagem ao santo doutor da Igreja.

Na primeira parte deste livro foi explicada a razão do cardeal bispo emérito de Aparecida receber o nome Raymundo, na segunda parte o esclarecimento é a respeito do sobrenome Assis[*][265]. Para esta terceira e última parte ficou a questão do sobrenome Damasceno. Foi proposital esta finalização, pois é como se fosse um amálgama entre Raymundo e Assis. Vejamos!

***

XX. São João Damasceno

> "O ensinamento de São João Damasceno insere-se assim na tradição da Igreja universal, cuja doutrina sacramental prevê que elementos materiais tomados da natureza possam tornar-se pontes de graça em virtude da invocação (epiclese) do Espírito Santo, acompanhada pela profissão da verdadeira fé."[266]
> (Papa Bento XVI)

Na bela cidade de Damasco, Síria, em 675, nasceu João Mansur. Seus pais eram árabes-cristãos, possuíam boa situação financeira e tinham muito prestígio na cidade; amigos dos sarracenos, que naquela época eram senhores do país. O pai de João foi nomeado prefeito de Damasco quando o filho era ainda jovem.

Ao conhecer as Sagradas Escrituras, João ficou ciente e encantado com o amor de Cristo pelos pobres. A passagem do Evangelho, em que Jesus diz que será difícil um rico entrar no Reino de Deus, fez com que João repensasse os valores espirituais e os temporais. Após ter perdido o pai, aos vinte e três anos de idade, ele deu seus bens aos pobres e retirou-

---

[265] LINK – II PARTE – SEMINÁRIO BOM JESUS.
[266] PAPA BENTO XVI – Audiência Geral – Praça de São Pedro, quarta-feira, 6 de maio de 2009.

-se para o convento de São Sabas, perto de Jerusalém, onde ficou conhecido como João Damasceno (aquele que nasce em Damasco) e passou a viver com humildade, caridade e alegria.

João Damasceno foi ordenado sacerdote e se dedicou aos estudos das Sagradas Escrituras, ao recolhimento, ao silêncio e à penitência. Saía do mosteiro apenas para pregar na igreja do Santo Sepulcro, onde era esperado pelos fiéis por causa de suas homilias em defesa da fé e da doutrina da Igreja, que tocavam os corações.

XXI. Movimento iconoclasta

> "As testemunhas e ministros da palavra transmitiram o ensino da Igreja não apenas pela escrita, mas também por tradições não escritas. Se nós negligenciamos costumes não escritos, como não tendo muita influência, nós enterramos no esquecimento os fatos mais pertinentes conectados com o Evangelho."
> (São Basílio Magno)[267]

Nessa época do Império Bizantino houve o movimento iconoclasta[268], que se tornou um dos mais importantes conflitos político-religiosos contra a veneração, contemplação ou adoração de ícones e imagens de cunho religioso. Foi durante o império de Leão III.[269]

A preocupação dos iconoclastas era de ordem política e religiosa. Eles estavam receosos, porque a religião católica estava se expandindo

---

[267] Basílio de Cesareia, nasceu em 330, Kayseri, Turquia, faleceu 1 de janeiro de 379, na mesma cidade que nasceu. É também chamado de São Basílio Magno ou Basílio, o Grande, foi o bispo de Cesareia, na Capadócia, e um dos mais influentes teólogos a apoiar o Credo de Niceia.

[268] Do grego, a palavra Iconoclasta surge da união dos termos "*eikon*" (imagem) e "*klastein*" (quebrar) que significa "quebrador de imagem", ou seja, os iconoclastas se opõem as crenças baseadas nas imagens de Cristo, Virgem Maria, santos, anjos, líderes religiosos, dentre outros.

[269] Leão III (717-741) o Isáurio, militar enérgico, foi imperador bizantino; nasceu na antiga província Síria Comagena; derrubou o último monarca da dinastia heracliana e tomou o poder. *Leão III* foi denominado Salvador do Império por ter salvado o Império Bizantino quando esta foi assediada pelos árabes.

pelo Império Bizantino por meio de mosteiros e igrejas. Eles queriam evitar a aproximação com os católicos, mais ainda porque temiam o poder e a influência econômica e política da Igreja em suas terras. Os imperadores bizantinos entraram nessa luta, mais por motivos políticos do que por razões religiosas.

Foi no ano de 730 que aconteceu o primeiro levante iconoclasta, por meio de uma publicação do imperador Leão III, ordenando a destruição de imagens. Um dos interesses para essa ordem era diminuir a influência dos monges que realizavam a fabricação de imagens sacras. Fato que acarretou grande conflito político-religioso contra a veneração, contemplação ou adoração de ícones e imagens de cunho religioso. Não tardou para que Constantino V apoiasse essa ideologia iconoclasta e houvesse outra onda de destruição de imagens pelas cidades cristãs.

O estudioso das Escrituras Sagradas, João Damasceno, a favor dos ícones, escreveu e endereçou ao patriarca Germano três cartas, em forma de discurso, para dar sustentação à prática da imagem. No discurso, João Damasceno rebate o argumento iconoclasta de que os cristãos teriam se tornados idólatras por adorarem imagens, o que era proibido pelo Antigo Testamento (cf. Êx 20,4). Ele alegou que a atitude dos cristãos diante dos ícones não era de adoração, mas sim de veneração. Damasceno fez questão de frisar as diferenças entre adoração e veneração. A adoração seria o mais alto grau do culto, que deve ser apresentado somente a Deus. Explicou que existe uma enorme diferença entre *latreia* (termo grego[270] para adoração) e *proskinesis* (termo grego para veneração), "a primeira só pode dirigir-se a Deus, sumamente espiritual; a segunda, no entanto, pode utilizar uma imagem para se dirigir àquele que é representado na própria imagem. Obviamente, em nenhum caso o Santo pode ser identificado com a matéria que compõe o ícone".[271]

---

[270] O texto original de João Damasceno foi escrito em grego.
[271] PAPA BENTO XVI – Audiência Geral – Praça de São Pedro, quarta-feira, 6 de maio de 2009.

Os iconoclastas questionaram se todo cristão possuía pleno conhecimento para diferenciar um culto de veneração de um de adoração e, mais ainda, se observavam essas sutis diferenciações durante sua prática de culto. Os iconoclastas acreditavam nessa suposta fusão e determinaram que somente a destruição dos ícones acabaria com a atração que esses exerciam sobre os cristãos.

Então, a defesa dos ícones feita por Damasceno veio a ser também uma defesa ao culto dos santos, pela função atribuída à obra de pintura de conduzir a oração do fiel ao protótipo nele representado.

João Damasceno esclarecia, em suas cartas, que os cristãos não veneravam os ícones por acreditarem que eles possuíssem algum tipo de santidade em si mesmo, mas pelas pessoas que eles representavam. Frisou, ainda, que a matéria do ícone é um meio para conduzir o fiel a realidades inteligíveis, considerando que as coisas corpóreas são necessárias para se alcançar as incorpóreas.[272] "Eu reverencio e honro a matéria, honro aquele que tem conduzido minha salvação. Eu honro, não como Deus, mas como um canal da força e graça divina."[273]

Para justificar a veneração aos ícones, João Damasceno afirmou que "uma imagem é uma semelhança e representação de alguém, não contendo em si a pessoa que ela representa. O ícone não é uma reprodução exata do original. O ícone é uma coisa, a pessoa representada, outra".[274] Damasceno afirmou que argumentar contra os ícones seria o mesmo que argumentar contra as ações divinas. Um claro exemplo dessa relação é o fato da Encarnação divina, apresentada pelo monge como a primeira e mais importante justificativa para a existência dos ícones. Com seus escritos, ele defendeu a Igreja contra os iconoclastas.

---

[272] Pensamento do pseudo Dionísio, o Areopagita (final do século IV e início do V).
[273] João Damasceno: *Contra aqueles que caluniam imagens sagradas*. In: site *fordham*, acesso em 12 de fevereiro de 2018.
[274] Idem.

XXII. Concílio Ecumênico de Niceia

A polêmica a respeito da iconoclastia foi apresentada no Concílio Ecumênico de Niceia, ano de 787. João Damasceno, a convite de João V, bispo de Jerusalém, participou do Concílio e defendeu a posição da Igreja a favor do culto das imagens, de veneração e não de adoração. Dessa forma, foi reafirmada a validade do seu culto.

> "Outrora, Deus nunca fora representado em imagens, uma vez que era incorpóreo e sem rosto. Mas dado que agora Deus foi visto na carne e viveu no meio dos homens, eu represento aquilo que é visível em Deus. Não venero a matéria, mas o criador da matéria, que por mim se fez matéria e se dignou habitar na matéria e realizar a minha salvação por meio da matéria. Por isso, não cessarei de venerar a matéria por meio da qual chegou a minha salvação. Mas não a venero, de modo algum, como Deus! Como poderia ser Deus, aquilo que recebeu a existência a partir do não-ser?... Mas venero e respeito também todo o resto da matéria que me propiciou a salvação, enquanto plena de energias e de graças santas. Não é por acaso matéria o madeiro da cruz três vezes santa?... E a tinta e o livro santíssimo dos Evangelhos não são matéria? O altar salvífico que nos dispensa o pão de vida não é matéria?... E, antes de tudo, não são matéria a carne e o sangue do meu Senhor? Deves suprimir o sagrado de tudo isso, ou deves conceder à tradição da Igreja a veneração das imagens de Deus e a dos amigos de Deus, que são santificados pelo nome que têm, e por essa razão, são habitados pela graça do Espírito Santo. Portanto, não ofendas a matéria: ela não é desprezível, porque nada do que Deus fez é desprezível."[275]

O teólogo Damasceno estudava incansavelmente as Escrituras Sagradas. Redigiu textos muito usados pela Igreja. Era humilde, simples e tranquilo, porém tornava-se uma fera se precisasse defender a verda-

---

[275] *Contra imaginum calumniatores*, I, 16, ed. Kotter, págs. 89-90. Citado In: PAPA BENTO XVI. Audiência Geral, Praça de São Pedro, quarta-feira, 6 de maio de 2009.

de contida em suas obras. As mais importantes são: "A Fonte da Ciência", "A Fé Ortodoxa", "Sacra Paralela" e "Orações sobre as Imagens Sagradas". Porém, nem todos aprovaram seu livro contra o conceito dos iconoclastas, obra em que defende o culto das imagens nas igrejas. Foi perseguido pelos hereges que conseguiram fazer com que o Califa acreditasse que João Damasceno havia traído a amizade entre eles. Alimentou ódio por Damasceno e ordenou que lhe cortassem a mão direita, a fim de que ele não escrevesse mais.

XXIII. A Virgem das Três Mãos

> "No Sinai, o Verbo de Deus tinha gravado a Lei sobre tábuas de pedra, pelo Espírito, dedo divino; aqui, pela ação do Espírito Santo e pelo sangue de Maria, o próprio Verbo encarnou, dando-se à nossa natureza como um remédio de salvação mais eficaz. Antes, era o maná; aqui, está Aquele que deu o maná e a sua doçura."[276]
> (São João Damasceno)

A dor maior de João Damasceno era pela questão de não mais poder escrever. Afinal, foi por meio das palavras escritas que ele conseguiu maior número de fiéis para a Igreja, acabar com a iconoclastia e aumentar a devoção a Nossa Senhora. Suplicante, chorando, ele implorou a intercessão da Virgem Maria, prometendo continuar defendendo as doutrinas da Igreja... adormeceu profundamente. Foi acordado pela Virgem Maria que lhe restituiu a mão e disse: "Meu filho, tua mão está curada, fazei dela o uso conforme prometestes". Ao ver-se novamente com sua mão, cantou hinos de louvores à Misericórdia de Deus. Quando o Califa soube do acontecido, reconheceu a intervenção divina amparando João Damasceno e pediu-lhe perdão. Damasceno aceitou o pedido de perdão e voltaram a ser amigos.

---

[276] São João Damasceno. *Do humilde monge e presbítero João Damasceno, homilia para o nascimento de nossa santíssima Senhora, a Mãe de Deus e sempre virgem Maria*. In: site *ecclesia*; acesso em 13 de fevereiro de 2018.

Para expressar sua gratidão por Deus e por Nossa Senhora, João Damasceno decidiu escrever uma obra teológica dedicada à Virgem Maria e que foi o início da teologia mariana.

"Mãe de Deus, no sentido firme e verdadeiro, é assim que proclamamos a santa virgem. Porque, uma vez que aquele que dela nasceu é em verdade Deus, ela é em verdade mãe de Deus, e foi ela quem trouxe ao mundo o Deus verdadeiro encarnado em seu próprio seio. Deus, nós o afirmamos, nasceu dela, não no sentido em que a divindade do Verbo tenha recebido dela o princípio de seu ser, mas na medida em que o próprio Deus o Verbo, que foi gerado pelo Pai antes dos séculos intemporalmente e que existe sem começo e eternamente junto com o Pai e o Espírito, nos últimos dias e para nossa salvação veio habitar em seu seio, dela tomando a carne e nela sendo gerado sem transformação. Pois a santa virgem não trouxe ao mundo um puro homem, mas o verdadeiro Deus, não nu, mas encarnado, cujo corpo não desceu do Céu passando por ela como se fosse um canal, mas que dela tomou uma carne consubstancial à nossa e dotada nele de subsistência. Com efeito, se o corpo houvesse sido transportado desde o Céu e não emprestado à nossa natureza, que necessidade haveria de Encarnação? A encarnação de Deus o Verbo aconteceu, com efeito, para que esta natureza pecadora, decaída e votada à corrupção obtivesse a vitória sobre o tirano que a seduziu e, fosse assim, libertada da corrupção. Assim o afirma o divino Apóstolo: 'Pois se foi por intermédio de um homem que veio a morte, também por um homem veio a ressurreição dos mortos'. Se a primeira afirmação é verdadeira, também o é a segunda." [277]

Como forma de gratidão à Virgem Maria, João Damasceno mandou esculpir, em prata, a mão em posição de súplica/agradecimento e a inseriu na parte inferior de um ícone da Virgem Mãe. Esse quadro recebeu o nome de "A Virgem das Três Mãos".

---

[277] São João Damasceno. Escrito 56 III, 2 – *Que a santa virgem é mãe de Deus*. In: site *ecclesia*; acesso em 13 de fevereiro de 2018.

Bloco 2 – Santuário Nacional de Aparecida

Foto: ícone de Nossa Senhora das Três Mãos.

A explicação simbólica para a terceira mão é que se trata daquela mão da Mãe de Deus que nos ampara quando precisamos de ajuda, na lembrança do milagre acontecido com a mão de João Damasceno. Esse ícone se tornou a padroeira dos injustiçados, é uma devoção conhecida na Estônia. Roguemos à Virgem Mãe que nos ajude sempre a testemunhar a fé e a verdade, e que São João Damasceno nos inspire a viva confiança na Justiça Divina.

> "Senhora Imaculada, eu vos imploro em nome de Seu Santo Filho Jesus, que da mesma forma que reparaste a injustiça feita contra São João Damasceno, que interceda a meu favor na situação que me encontro (faça o pedido), se o Pai todo-poderoso o permitir. Que assim seja. Amém."[278]

---
[278] Oração a Nossa Senhora das Três Mãos.

São João Damasceno deixou várias importantes obras para a Igreja. Foi ele quem tornou presente a doutrina sobre a Imaculada Conceição, Maternidade divina, Virgindade perpétua e Assunção de corpo e alma de Maria. São Damasceno faleceu em 749, quase centenário. Foi declarado *Doutor da Igreja* pelo Papa Leão XIII em 1890.

***

XXIV. Viver na Alegria do Senhor

Muito significativo analisarmos que o primeiro nome que Deus deu a uma criança seja Isaac, que na língua hebraica significa "sorrir". Jesus disse que o Reino do Céu é das crianças. Dante Alighieri sintetizou que o Paraíso é um eterno e universal sorriso. A alegria tornou-se estrutura para a criança crescer e tornar-se Homem... criativo, contemplativo e determinado. Há mais de 2.400 anos Platão escreveu o poema:

> Criança,
> brinca e dança,
> não tenhas medo.
> Brinca, criança, o dia todo,
> de tarde, de noite e de manhã cedo.
> Deus também gosta de brincar.
> O universo que ele criou
> é seu divino brinquedo.

O Mistério de Deus está em brincar com o universo, para fazer as pessoas felizes. Deu ao homem o poder de sentir alegria espiritual, aquela que só sentimos com a presença plena do Espírito Santo. Essa é a verdadeira alegria. E quando a encontramos, nada poderá mudar a direção, nem mesmo as dificuldades.

Bloco 2 – Santuário Nacional de Aparecida

Os enigmas de Deus são infinitos. No século VIII o monge João Mansur ficou conhecido como João Damasceno; por meio de seus estudos bíblicos foi capaz de mostrar a razão de usarmos a imagem para veneração, e a iconoclastia que reinava, na época, foi derrubada por ele. Teve a mão decepada e Nossa Senhora reconstituiu a mão do santo monge, que usou suas mãos para escrever louvores e orações à Virgem Maria. Doze séculos depois, veio ao mundo Raymundo Damasceno Assis, que traz timbrado em seu sobrenome uma homenagem para o Mansur de Damasco.

Vale aqui uma lembrança. Na antiga igreja de Nossa Senhora Aparecida, em Aparecida-SP, quando foi inaugurada a reforma no ano de 1888, dentre as obras de arte pintadas diretamente na madeira que recobria o teto, nos ângulos do templo, desenhadas a óleo, havia: São Cirilo de Alexandria, *São João Damasceno*, Santo Anselmo e São Boaventura[279]. As pinturas desses santos no teto da igreja velha "provavelmente foram feitas porque eles são os doutores da Igreja"[280], foi uma maneira de homenageá-los e de catequizar os fiéis. Durante muitos anos a pintura de São Damasceno ficou perto da imagem de Nossa Senhora Aparecida. Uma coincidência?! Talvez uma profecia para o que aconteceria dali a 116 anos, a nomeação de Dom Damasceno como arcebispo de Aparecida. Não podemos afirmar que foi profecia, mas podemos dizer que Deus tece alegrias no caminho, e que elas são atemporais, pois para o PAI o tempo não tem hora.

O amor de Deus está nas entrelinhas da vida. O menino Raymundo, desde seu nascimento, foi agraciado pela intercessão de sua mãe Carmen à Imaculada Conceição. Nossa Senhora sempre agiu na vida dele, ininterrupta e, sempre, silenciosamente.

A alegria é fruto do Espírito Santo. Mesmo quando estamos tristes, existe uma alegria sobrenatural que pode ser alcançada por meio

---

[279] BARBOSA, Benedicto Lourenço. Nossas Origens, p. 53.
[280] Padre Victor Hugo Silveira Lapenta, C.Ss.R., Aparecida-SP, 10 de janeiro de 2018; EPEO.

da comunhão com Deus, pela certeza de que Ele está conosco até a consumação do século (cf. Mt 28,20). Na lembrança do ensinamento de que no mundo temos aflições, mas que devemos nos espelhar em Jesus, que se fazendo homem, venceu o mundo (cf. Jo 16,33), passar pela luta e vencer a batalha.

Escolher o caminho da alegria é viver sob a ação do Espírito Santo. Afinal... Para onde iremos longe do Espírito de Deus? Se jubilosos subimos ao Céu, ali o encontraremos, se formos às catacumbas, o encontraremos, também. Se voarmos, ou mergulharmos nos confins do mar, ali o acharemos. O segredo é deixar-se levar pelo Espírito Santo. Ter alegria não é ficar o tempo inteiro sorrindo, porque todo humano tem desapontamentos, tristezas, dores, mas esse "viver com alegria" acontece na vida quando compreendemos que Jesus jamais deixa de nos olhar. Eis a razão da nossa alegria... não depender das circunstâncias para viver em Cristo Jesus.

Com essa alegria de viver é que Dom Raymundo Cardeal Damasceno Assis leva a imagem de Nossa Senhora Aparecida para diversas paróquias. No próximo capítulo abordaremos as viagens internacionais do cardeal, em que ele entronizou a imagem da Padroeira do Brasil. Por esse motivo, é conhecido como Embaixador de Nossa Senhora Aparecida.

**

BLOCO

3

EMBAIXADOR DE NOSSA SENHORA

I. A imagem

As imagens sacras introduzidas no Brasil no século XVI pelos membros da Companhia de Jesus foram usadas como recurso didático de evangelização. Movidos pelo processo de renovação doutrinária, inicialmente as importavam e, posteriormente, com a chegada de outras ordens religiosas, que tinham o mesmo compromisso de evangelizar, começaram, também, a produzi-las em oficinas monásticas.[281]

A produção de imagens sacras no Brasil sofreu nítidas influências das que eram feitas em Portugal e na Espanha. O estado de São Paulo tornou-se o grande produtor de imagens sacras confeccionadas de barro que, geralmente, eram feitas por artistas ligados às oficinas das ordens religiosas, baseados em imagens lusitanas.

Segundo os relatos em documentos da época e por meio da oralidade popular, a aparição da imagem de Nossa Senhora da Conceição ocorreu na segunda quinzena de outubro de 1717, quando Pedro Miguel de Almeida Portugal e Vasconcelos passava por Guaratinguetá, em viagem para Mariana-MG, para solenemente tomar posse como governador da capitania de São Paulo e Minas Gerais.

---

[281] ALCÂNTARA, Ailton S. de. *Paulistinhas: Imagens Sacras, singelas e singulares*, p. 11.

A imagem de Nossa Senhora da Conceição "Aparecida" na rede dos pescadores foi recolhida em duas partes: o corpo e a cabeça [*][282]. Ela é a retratação de uma jovem de apenas 15 ou 16 anos, possui o rosto arredondado, um pouco gordinha, com as mãos juntas em sinal de oração. Os cabelos são lisos até a altura da cintura e possui um volumoso manto, além da fita amarrada acima da cintura, para fazer-se notar que está grávida. Sendo que a cabeça não tinha o nariz, "pois havia se perdido nas águas".[283]

A imagem mede 37 cm de altura, sem a base de prata, e 39,5 cm com a base de prata. Sua largura é de 18,5 cm e profundidade de 11 cm.[284] A imagem original tem uma ligeira inclinação para trás, que era costume dos artistas do barroco darem essa inclinação a suas esculturas de Nossa Senhora.[285] O motivo é o discernimento de artistas do século XV para uma retratação do "Colóquio Angélico" mostrando Maria assustada e, ao mesmo tempo, submissa; como era feito pelos renascentistas. "A maior parte das Anunciações do século XV é identificada como Anunciações de Perturbação ou de Submissão, ou ainda – muito menos facilmente distinguíveis entre si – de Reflexão e/ou de Interrogação"[286], esse estilo foi aplicado às obras do começo do barroco no Brasil, século XVI, para remeter ao sentimento de perturbação davam uma ligeira inclinada no corpo da Virgem Maria para trás, como se mostrasse surpresa com a presença do Anjo. Dessa forma, os artistas sacros demonstravam a importância da representação do mistério da Anunciação para a esfera religiosa e artística da sociedade seiscentista. Foi por causa dessa inclinação da imagem que foi feita uma base de prata, para que ela ficasse em uma nova posição, mais ereta. A base é um suporte circular de prata com duas asas laterais em círculos menores, furadas, obra do prateiro

---

[282] LINK – III PARTE – SANTUÁRIO NOSSA SENHORA APARECIDA.

[283] CHARTUNI, Maria Helena. *A história de dois restauros: meu encontro com Nossa Senhora Aparecida*, p. 94.

[284] Ibidem, p. 21.

[285] Ibidem, p. 97.

[286] BAXANDALL, M. *O Olhar Renascente: Pintura e Experiência Social na Itália da Renascença*, p. 60.

com a marca F.L.C., e com a seguinte inscrição: "Thesoureiro JMM, Vgrio BIS/6 de março de 1875". Isso quer dizer que 158 anos depois do encontro foi adicionada à Imagem essa base de prata, feita, talvez, por Felipe Lopes Cardoso[287], marca de ourives do Porto, com registro de 1869, por Vicente Manuel de Moura.

A imagem foi confeccionada em terracota, argila que depois de modelada é cozida em um forno apropriado. Em estilo seiscentista, como atestado por diversos especialistas que a analisaram, acredita-se que, originalmente, apresentaria uma policromia, como era costume à época, embora não haja documentação que comprove tal suspeita. A argila utilizada para a confecção da imagem é oriunda da região de Santana do Parnaíba, na grande São Paulo. "Achou-se pequeno sinal de cor vermelha, mas devido à permanência nas águas, essa policromia se perdeu"[288], explica a estudiosa em arte sacra e restauradora Maria Helena Chartuni[289], que reparou a imagem quebrada no atentado de 1978. Ela também nos certifica que "a cor acanelada é devido às águas barrentas e que depois absorvendo as fumaças do fogão a lenha e dos candeeiros, acentuou-se".[290]

Partindo de um estudo comparativo, é atribuída ao frei Agostinho de Jesus a autoria da imagem de terracota encontrada no rio Paraíba, sob a invocação de Nossa Senhora da Conceição. Ela possui características estilísticas iguais às demais atribuídas a ele e, também, "o tipo do barro, que é da região de Santana do Parnaíba, na grande São Paulo, local onde esse artífice tinha sua oficina e produziu inúmeras peças de boa

---

[287] Segundo consta no livro *Marcas de Contrastes e Ourives Portugueses*, desde o Séc. XV até 1950, editado pela Casa da Moeda de Portugal, página 98. In: CHARTUNI, Maria Helena. *A história de dois restauros: meu encontro com Nossa Senhora Aparecida*, p. 22.

[288] Ficha Técnica escrita por Maria Helena Chartuni durante o restauro. In: CHARTUNI, Maria Helena. *A história de dois restauros: meu encontro com Nossa Senhora Aparecida*, p. 21

[289] *Maria Helena Chartuni* nasceu em São Paulo no dia 7 de dezembro de 1942; é uma escultora, pintora, restauradora, desenhista e ilustradora brasileira. Participou de diversas exposições no Brasil e no exterior e integrou a VII edição da Bienal Internacional de São Paulo.

[290] CHARTUNI, Maria Helena. *A história de dois restauros: meu encontro com Nossa Senhora Aparecida*, p. 93.

feitura".[291] Tais características incluem a forma sorridente dos lábios, queixo encavado, flores em relevo no cabelo, diadema de três pérolas na testa e porte empinado para trás.

Para os estudiosos da comunicação social religiosa, uma obra de arte sacra só é comunicável, dentro de um segmento social, "se contiver elementos iconográficos bem articulados para a empatia dos devotos mais fervorosos, subsídios que as convertiam em símbolos religiosos".[292]

O santeiro[293] confeccionou a imagem de Nossa Senhora com um diadema, igual aos usados pelas rainhas; quatro flores, duas em cima dos ombros e duas acima das orelhas. A imagem tem o corpo todo coberto por um manto; apenas deixando aparecer suas mãos em forma de "amém". Seu corpo é sustentado por um anjo querubim e, debaixo de seus pés, está a Lua. Aqui existe um simbolismo muito grande:

– o diadema: por ser a imagem de uma jovem e, portanto, teria de ser uma princesa e não poderia ser uma rainha; o escultor a torna rainha colocando nela um grande manto e um diadema de rainha. Ela é a Rainha Celeste, tal qual nos representa o Evangelho de São Lucas.

– as mãos postas em oração: Nossa Senhora grávida visita Isabel e entoa em "Oração" um hino de louvor a Deus, o *Magnificat* (cf. Lc 1,46-55).

– a barriga saliente: representa o momento da sua concepção ou conceição, portanto sua maternidade divina.

– o anjo que sustenta seu corpo: representa o momento da Anunciação (cf. Lc 1,26-28).

– a Lua debaixo dos pés: representa a figura de Maria no Livro do Apocalipse (cf. Ap 12,1). São João apresenta Maria, aquela que é protegida por Deus. Escolhida, traz para nós o Salvador, seu Filho Jesus e, com isso, derrota as forças do mal. Maria então se faz Corredentora de toda a humanidade.

---

[291] ALCÂNTARA, Ailton S. de. *Paulistinhas: Imagens Sacras, singelas e singulares*, p. 41.

[292] Ibidem, p. 17.

[293] Muitos dos santeiros que produziram estas pequenas imagens sacras se encontram no anonimato, por não estarem vinculados a uma oficina de convento, ou mesmo, por não deixarem uma marca identificável.

Bloco 3 – Embaixador de Nossa Senhora

Foto: imagem original, tal como ela era, quando foi encontrada no rio Paraíba do Sul[294].

Frei Agostinho de Jesus era conhecido por sua habilidade artística na confecção de imagens sacras, com características que incluem a forma sorridente dos lábios, queixo encavado, flores em relevo no cabelo, diadema de três pérolas na testa e porte empinado para trás. O motivo pelo qual a imagem se encontrava no fundo do rio Paraíba é por causa de uma superstição que havia durante o período colonial[295], as imagens sacras quando quebradas eram jogadas em rios ou enterradas.

A imagem de Nossa Senhora da Conceição Aparecida foi tombada pelo *Conselho de Defesa do Patrimônio Histórico, Arqueológico, Artístico e Turístico do Estado* (Condephaat), em 2012, sendo considerada patrimônio do Estado de São Paulo.

***

---
[294] Foto: Acervo da Cúria Metropolitana de Aparecida, ACMA.
[295] Em algumas regiões do Brasil ainda permanece esse costume.

II. Embaixador de Nossa Senhora Aparecida

> "Sou um embaixador da imagem.
> Estamos divulgando a devoção a Nossa Senhora Aparecida, mas... Ela é uma só, invocada com milhares de títulos pelo mundo todo!"
> (Dom Raymundo Cardeal Damasceno Assis)

Foto: imagem de Nossa Senhora Aparecida com a bandeira do Brasil e Rosário.

"Somos, pois, embaixadores de Cristo, é como se Deus mesmo exortasse por nosso intermédio" (2Cor 5,20). Além de embaixador de Cristo, como São Paulo, Dom Damasceno é também embaixador de Nossa Senhora Aparecida.

O arcebispo emérito de Aparecida, Dom Raymundo Damasceno Assis, mesmo antes de ser nomeado arcebispo de Aparecida, já divulgava, incansavelmente, a devoção a Nossa Senhora da Conceição por meio da entronização da imagem, ao presentificar Aparecida em diversos lugares no Brasil e em outros países. Nacionalmente, Dom Raymundo já entronizou solenemente e doou, reservadamente, a imagem da Senho-

Bloco 3 – Embaixador de Nossa Senhora

ra Aparecida para amigos, parentes, clero, leigos, seus conhecidos e até desconhecidos. Dentre as inúmeras cidades em que Dom Damasceno entronizou a imagem, no Brasil, estão: Brasília, Nova Trento, Tubarão, Brusque etc.

Nas solenes entronizações, a Celebração Eucarística e as orações são pontos principais para uma evangelização, pois Nossa Senhora Aparecida sempre suscita a fé popular.

O arcebispo emérito tem divulgado a devoção à Conceição Aparecida em diversos países. No ano de 2017 fez várias peregrinações, em que levou uma imagem para ser entronizada no Líbano, França e Argentina; por tanta dedicação à Mãe Aparecida, cardeal Damasceno recebeu a denominação de "embaixador" de Nossa Senhora Aparecida. Para Dom Raymundo, além de divulgar em outros países essa genuína devoção do povo brasileiro, também ajuda os devotos brasileiros que moram em outros países, "é uma oportunidade que eles têm de se lembrarem do Brasil. É um momento em que podem rezar pela nossa pátria, seja como turista, romeiro ou habitante desses países. Sempre com coração voltado ao Brasil, quando encontram a imagem de Nossa Senhora relembram a Padroeira que intercede por todos nós brasileiros".[296]

Ter conhecimento de outros idiomas foi indispensável para Dom Raymundo, quando esteve nos países em que entronizou a imagem de Aparecida. Sua habilidade para aprender, desenvolver e dominar diversos idiomas, desde seus nove anos de idade, aprimorou seus contatos no aspecto religioso, político e civil; no mundo todo. O cardeal sempre estimulou seus parentes, alunos, amigos e conhecidos para a necessidade da compreensão de vários idiomas. Hoje, por causa da internet, o mundo globalizado exige esse conhecimento. O visionário Dom Damasceno, além da nossa língua pátria, lê o latim e fala fluentemente o francês, o espanhol e, razoavelmente, o inglês e o alemão. Aprendidos desde a

---

[296] In: site *G1 Vale do Paraíba*; acesso em 7 de fevereiro de 2018.

década de 1940, quando nem sonhávamos com a tecnologia digital, o seminarista Raymundo já pensava em estudar e compreender, pelo menos, cinco idiomas diferentes dos usuais para um sacerdote: português e latim.

***

III. Entronização da Imagem de Nossa Senhora Aparecida em Praga (setembro de 2007)

O embaixador brasileiro Affonso Massot, junto ao governo Tcheco, falou sobre a iniciativa de unir as duas devoções e explicou que o número de brasileiros e latino-americanos que visitam Praga é muito grande, então pensou que seria interessante juntar as duas devoções, pois Nossa Senhora Aparecida é o ícone da devoção do povo brasileiro. O embaixador brasileiro na República Tcheca, Affonso Massot, lançou essa iniciativa, pois muitos brasileiros vivem na Europa e visitam, anualmente, o Menino Jesus de Praga. Além de contar com o aval da Igreja Católica, a Federação das Indústrias do Estado de São Paulo (FIESP) e o Instituto Arruda Botelho, também apoiaram a iniciativa.

No dia 14 de setembro de 2007, Dom Damasceno e comitiva "partiram do aeroporto da Escola de Especialistas da Aeronáutica, em um avião fretado pela Camargo Corrêa. Houve um pernoite em Natal e acolhida na Base Aérea. A imagem de Nossa Senhora Aparecida entrou na capital, em carro aberto, com o arcebispo de Aparecida e a governadora do estado. No dia seguinte, a imagem foi para Recife, na Base Aérea, de onde voaram para Praga, via Ilhas Canárias, com parada em Tenerife, para abastecimento".[297]

---

[297] *Diário de Atividades do Sr. Arcebispo de Aparecida Dom Raymundo Cardeal Damasceno Assis*, 2007, p. 22.Inédito.

Bloco 3 – Embaixador de Nossa Senhora

Foto: Dom Raymundo Damasceno Assis, cardeal Miloslav Vlk, arcebispo de Praga, Celebração da Palavra para a entronização da imagem de Nossa Senhora Aparecida[298], Praga, setembro de 2007.

A cerimônia de entronização ocorreu no dia 17 de setembro, às 12h, em Praga; quando a imagem *fac-símile* de Nossa Senhora Aparecida foi levada em procissão solene pelo arcebispo primaz da *República Checa*, cardeal Dom Miloslav Vlk, e pelo arcebispo de Aparecida. Miloslav Vlk presidiu a liturgia da palavra e falou de sua alegria em receber a imagem, recordando que a República Tcheca não possui uma forte história religiosa, em decorrência dos 40 anos do Regime Comunista. Comentou que o Brasil é a maior nação católica, possui forte expressão de fé, e que representa para os Tchecos um convite para se apoiarem nos valores cristãos.

A cerimônia foi também prestigiada pela primeira-dama da República Tcheca, Livia Klausov, o primeiro-ministro, Mirek Topolanek, grande número de embaixadores e houve a participação de uma comi-

---
[298] Foto: Acervo da Cúria Metropolitana de Aparecida, ACMA.

tiva brasileira: Paulo Antônio Skaf e Luzia Helena Pamplona de Menezes, Fernando de Arruda Botelho e Rosângela Arruda, e padre Darci Nicioli. "Nesse dia foi comemorada, na Embaixada do Brasil, a Festa da Pátria – 7 de setembro, transferida para essa data."[299]

Foto: Dom Damasceno aplaudindo Nossa Senhora da Conceição Aparecida[300], Praga, setembro de 2007.

Em uma cerimônia rica de beleza e significação, a imagem foi entronizada na igreja de Nossa Senhora da Vitória, no altar do Menino Jesus de Praga, enquanto era entoada a "Ave Maria", do compositor Schubert. Ali permanece em sinal da ligação entre os dois países. A igreja de Nossa Senhora das Vitórias recebe numerosas peregrinações do mundo inteiro, ela é mais conhecida como *Igreja do Menino Jesus de Praga*.

---

[299] *Diário de Atividades do Sr. Arcebispo de Aparecida Dom Raymundo Cardeal Damasceno Assis*, 2007, p. 22. Inédito.
[300] Foto: APDRCDA.

Bloco 3 – Embaixador de Nossa Senhora

Foto: a imagem entronizada[301], Praga, setembro de 2007.

O arcebispo de Aparecida destacou que, a partir daquele dia, os brasileiros que visitam Praga encontram a Mãe Aparecida ao lado de outra grande devoção popular, o Menino Jesus de Praga, tendo assim oportunidade de rezar pelo povo brasileiro e, também, pelo povo da República Checa.

O Papa Bento XVI, por meio de uma mensagem, expressou sua proximidade espiritual à cerimônia; em lembrança da recente viagem ao Brasil e da devoção do povo brasileiro a Nossa Senhora Aparecida, enviou sua Bênção Apostólica a todo o povo Tcheco por intercessão de Nossa Senhora Aparecida.

Curiosidade: o avião teve um defeito no sistema de comunicação, em Recife, e não pôde seguir viagem. A *Camargo Corrêa* fretou outro avião e, para surpresa do arcebispo, o avião era do Edir Macedo, fundador da Igreja Universal do Reino de Deus. No avião, viajaram doutor Paulo Skaf e a esposa Luzia Helena, o empresário Fernando Botelho e esposa Rosângela, o arcebispo de Aparecida, o piloto e copiloto.[302] Com eles... a imagem de Nossa Senhora Aparecida.

***

---
[301] Foto: APDRCDA.
[302] *Diário de Atividades do Sr. Arcebispo de Aparecida Dom Raymundo Cardeal Damasceno Assis*, 2007, p. 23. Inédito.

IV. Entronização da Imagem de Nossa Senhora de Aparecida em Roma – Tiburtino (março de 2011)

O título: *Conceptionis Immaculatae Beatae Mariae Virginis ad viam Tiburtinam* (Conceição Imaculada Santa Virgem Maria em Tiburtino), foi instituído pelo Papa Paulo VI, em 1969. Dom Raymundo Cardeal Damasceno Assis recebeu esse título no consistório de 2010, em seu cardinalato.

Novamente, vemos os desígnios de Deus na vida do arcebispo emérito de Aparecida. Não foi ele quem procurou, pediu ou determinou que teria o título de uma igreja paroquial dedicada à Imaculada Conceição da Virgem Maria. Foi decisão do Papa Bento XVI, não foi ele quem procurou nem pediu que o Papa lhe desse o título de uma igreja paroquial, em Roma, dedicada à Virgem da Conceição. Outra "coincidência" é que essa igreja foi "consagrada pelo arcebispo de Malines-Bruxelas, S. Excia. Desiré-Félicien-François-Joseph Cardeal Mercier, em 19 de março de 1909",[303] no dia de São José, assim como a ordenação presbiteral de Raymundo Damasceno foi, também, no dia do Esposo de Maria.

No ano seguinte ao cardinalato, dia 3 de março, Dom Damasceno tomou "posse na Igreja da Imaculada Conceição, confiada aos padres Josefinos, em Tiburtino. A missa foi presidida pelo cardeal arcebispo de Aparecida, e concelebrada pelos bispos da Presidência do Celam, vários sacerdotes, com a participação dos fiéis da Paróquia e presença dos Embaixadores Seixas Corrêa e José Viegas Filho, respectivamente Embaixadores junto à Santa Sé e ao Governo Italiano".[304]

---

[303] Dom Hugo Cavalcante, Osb, Vigário-Judicial da Arquidiocese de Uberaba, Presidente da Sociedade Brasileira de Canonistas. In: *Raymundo Cardeal Damasceno Assis e o Título Presbiteral da Imaculada Conceição da Virgem Maria no Tiburtino*. Documento avulso. APDRCDA.

[304] *Diário de Atividades do Sr. Arcebispo de Aparecida Dom Raymundo Cardeal Damasceno Assis*, 2011, p. 7. Inédito.

———————— Bloco 3 – Embaixador de Nossa Senhora ————————

Foto: cardeal Raymundo Damasceno Assis, padre, bispos, arcebispos e cardeais[305]; Tiburtino, março de 2011.

Momento solene foi quando o cardeal Damasceno beijou o Crucifixo ao tomar posse da paróquia em Tiburtino.

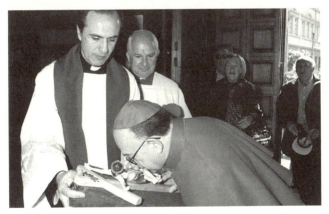

Foto: cardeal Raymundo Damasceno Assis, beijando o Crucifixo[306]; Tiburtino, março de 2011.

---

[305] Foto: APDRCDA. Crédito de *L'Osservatore Romano*, Serviço Fotográfico do Vaticano.
[306] Idem.

Nesse dia, Dom Raymundo fez a entronização da imagem *fac-símile* de Nossa Senhora da Conceição Aparecida, que foi doada pelo Santuário Nacional para veneração dos fiéis da comunidade em Tiburtino.

Foto: cardeal Raymundo Damasceno Assis, entronizando a imagem de Nossa Senhora Aparecida[307]; Tiburtino, março de 2011.

***

V. Entronização da imagem de Nossa Senhora de Aparecida em Bratislava (janeiro de 2012)

O cardeal Dom Damasceno aceitou o convite feito pelo arcebispo de Bratislava, Dom Stanislav Zvolensky, e pela embaixadora do Brasil na Eslováquia, Marilia Sardenberg, para a entronização de uma imagem de Nossa Senhora Aparecida em Bratislava.

---

[307] Foto: APDRCDA. Crédito de *L'Osservatore Romano*, Serviço Fotográfico do Vaticano.

Bloco 3 – Embaixador de Nossa Senhora

Bratislava é a capital, sede da presidência, do parlamento e do governo eslovacos; também é a maior cidade da Eslováquia, situada a sudoeste do país, perto da fronteira com a Áustria.

No dia 16 de janeiro de 2012, o cardeal Raymundo Damasceno, arcebispo de Aparecida, e monsenhor Darci José Nicioli, bispo auxiliar de Aparecida, chegaram a Viena e foram recepcionados pelo embaixador Júlio Zelmer.

No dia 18 de janeiro, seguiram viagem, de carro, 65 km até Bratislava, sob a responsabilidade da Embaixada de Viena. Em Bratislava receberam calorosa hospedagem na residência do Sr. Núncio.[308]

O dia 20 de janeiro foi o dia marcado para a entronização da imagem Nossa Senhora Aparecida, na igreja da paróquia de "Nossa Senhora das Dores, que fica em um bairro nos arredores de Bratislava, construída no tempo do regime comunista que não se preocupava com a construção de templos".[309]

Foto: cardeal Raymundo Damasceno Assis, Núncio Apostólico, padre Darci Nicioli, demais padre e fiéis, cerimônia de entronização da imagem de Nossa Senhora Aparecida[310]; Bratislava, janeiro de 2012.

---

[308] *Diário de Atividades do Sr. Arcebispo de Aparecida Dom Raymundo Cardeal Damasceno Assis*, 2012, Anexo 1. Inédito.
[309] Idem, p. 1.
[310] Fotos: APDRCDA e Acervo da Cúria Metropolitana de Aparecida, ACMA.

Foto: cardeal Raymundo Damasceno Assis, Núncio Apostólico, padre Darci Nicioli, demais padre e fiéis, cerimônia de entronização da imagem de Nossa Senhora Aparecida[311]; Bratislava, janeiro de 2012.

Naquela sexta-feira, o cardeal arcebispo de Aparecida presidiu a celebração para entronização da imagem *fac-símile* de Nossa Senhora Aparecida na igreja de Nossa Senhora das Dores em Bratislava, padroeira da Eslováquia. "Estavam presentes o Sr. Núncio Apostólico, a Embaixadora do Brasil, Sra. Marília Sardenberg, e seu esposo, sacerdotes, seminaristas e numerosos fiéis."[312]

Foto: cardeal Raymundo Damasceno Assis, recebendo um lindo bolo com a bandeira do Brasil[313]; Bratislava, janeiro de 2012.

---

[311] Fotos: APDRCDA e Acervo da Cúria Metropolitana de Aparecida, ACMA.
[312] *Diário de Atividades do Sr. Arcebispo de Aparecida Dom Raymundo Cardeal Damasceno Assis*, 2012, p. 1. Inédito.
[313] Foto: APDRCDA.

A Comunidade da paróquia fez uma carinhosa acolhida para os brasileiros. As crianças usando trajes típicos entregaram diversos presentes para Dom Damasceno, inclusive uma estátua de Nossa Senhora das Dores, padroeira da Eslováquia, feita em madeira, uma cesta com frutas e um lindo bolo salgado, onde havia, feita com muita arte, uma bandeira do Brasil.

***

VI. Entronização da imagem de Nossa Senhora Aparecida na Eslovênia - Liubliana (março de 2014)

O pedido para a entronização da imagem de Nossa Senhora Aparecida, na Eslovênia, partiu do Monastério de Sticno; após diversos jovens terem conhecido a devoção brasileira a Nossa Senhora Aparecida, quando estiveram no Rio de Janeiro, durante a *Jornada Mundial da Juventude*, em julho em 2013. A ideia foi acolhida pelo embaixador do Brasil em Liubliana, Gilberto Guimarães de Moura, e Dom Damasceno, presidente da CNBB, prontamente atendeu ao convite.

No dia 2 de março de 2014, Raymundo Damasceno, presidente da CNBB, após sua viagem a Roma por ocasião do Consistório com Papa Francisco, levou a imagem *fac-símile* de Nossa Senhora Aparecida para ser entronizada em Liubliana, capital da Eslovênia.

No domingo de manhã, dia 2, houve visita à igreja de Nossa Senhora de Brezje e do lago de Bled e, logo depois, o almoço no Mosteiro de Sticno, do século XII, que é referência para a juventude da Eslovênia. Às 16h, Celebração Eucarística de entronização da imagem de Nossa Senhora Aparecida na igreja de São José, na Capela de São Bernardo, em Liubliana.

Foto: cardeal Raymundo Damasceno Assis, cerimônia de entronização da imagem de Nossa Senhora Aparecida[314]; Liubliana, março de 2014.

A Celebração Eucarística foi precedida de uma encenação feita pelos jovens eslovenos, a respeito do encontro da imagem nas águas do rio Paraíba. Padre Renan, que estudava no Colégio Pio Brasileiro, acompanhou Dom Raymundo Damasceno em Liubliana. Entre as autoridades presentes, estavam o embaixador do Brasil, o núncio apostólico e vários bispos da Província Eclesiástica.[315]

***

VII. Entronização da imagem de Nossa Senhora Aparecida em Miami (setembro de 2014)

No dia 5 de setembro de 2014, o arcebispo de Aparecida chegou a Miami e, no dia seguinte, participou da missa na casa do arcebispo

---

[314] Foto: Acervo da Cúria Metropolitana de Aparecida, ACMA.
[315] *Diário de Atividades do Sr. Arcebispo de Aparecida Dom Raymundo Cardeal Damasceno Assis*, 2014, p. 4. Inédito.

de Miami. Depois visitou a paróquia San Patrick, a escola Marista, o Santuário Nacional de Nossa Senhora da Caridade (padre Juan Rumin) e, à noite, visitou a Paróquia em Margate, ao norte de Fort Lauderdale, paróquia St. Vicent, onde há comunidade de brasileiros, cuidada por padres Carlistas.

Foto: convite postado na Web para a entronização da imagem de Nossa Senhora em Miami, EUA, 2014.

No dia 6 de setembro, sábado, às 11h, houve a missa de entronização da imagem *fac-símile* de Nossa Senhora Aparecida na igreja de San Patrick, em Miami Beach, em que o pároco é o padre Roberto M. Cid.[316] A entronização da imagem partiu de um pedido da arquidiocese de Miami, Flórida, Estados Unidos, cujo arcebispo é Thomas Gerard Wenski[317].

---
[316] Idem, Anexo 3.
[317] Thomas Gerard Wenski nasceu do dia 18 de outubro de 1950. Bispo da Igreja Católica, nomeado arcebispo de Miami pelo Papa Bento XVI em 20 de abril de 2010 e tomou posse no dia 1º de junho de 2010.

Foto: cardeal Raymundo Damasceno Assis, arcebispo de Miami, Thomas Gerard Wenski, cerimônia de entronização da imagem de Nossa Senhora Aparecida[318]; Miami, setembro de 2014.

Devido a sua localização, a igreja de St. Patrick é frequentada por cerca de duas mil famílias de várias classes sociais e de diferentes países. Padre Roberto M. Cid, na época, também era diretor da primeira rádio católica em língua espanhola nos Estados Unidos, a *Pax Communications Católicos*, um ministério de evangelização da arquidiocese de Miami, WACC 830 AM – Rádio Paz.

***

---

[318] Foto: Acervo da Cúria Metropolitana de Aparecida, ACMA.

VIII. Entronização da imagem de Nossa Senhora Aparecida em Fátima (maio de 2015)

Na missa das 8h, em Aparecida, domingo, dia 10 de maio de 2015, aconteceu a bênção e envio da imagem *fac-símile* de Nossa Senhora Aparecida que, à noite, seguiu viagem para Portugal, com o grupo de peregrinos, coordenado pela *Agência de Viagens Demarré*.[319]

Foto: cardeal Raymundo Damasceno Assis, Dom Darci Nicioli, padre João Batista e grupo de amigos;[320] chegada no aeroporto de Lisboa, Portugal, 2015.

No dia 11 de maio, em Lisboa, houve uma calorosa recepção à Imagem. Na terça feira, dia 12, antes da entronização, durante uma coletiva de imprensa o arcebispo Dom Raymundo Damasceno Assis apresentou aos jornalistas a Imagem *fac-símile* de Nossa Senhora, que seria entronizada naquele templo mariano.

A imagem de Nossa Senhora Aparecida foi entronizada no Santuário de Nossa Senhora de Fátima, em retribuição da imagem de Nossa Senhora de Fátima trazida por Dom Antônio Marto, entronizada em Aparecida.

---
[319] *Diário de Atividades do Sr. Arcebispo de Aparecida Dom Raymundo Cardeal Damasceno Assis*, 2015, p. 13. Inédito.
[320] Foto: Acervo da Cúria Metropolitana de Aparecida, ACMA.

Foto: cardeal Raymundo Damasceno Assis, cerimônia de entronização da imagem de Nossa Senhora Aparecida[321]; uma das entradas principais do átrio da Basílica, Fátima, maio de 2015.

A celebração foi presidida às 18h30, horário de Portugal, pelo arcebispo de Aparecida, cardeal Dom Raymundo Damasceno Assis, e concelebrada pelo bispo auxiliar de Aparecida, Dom Darci José Nicioli; o bispo de Leiria e Fátima, Dom Antônio Marto; o reitor do Santuário de Fátima, padre Carlos Cabecinhas; e o reitor do Santuário de Aparecida, padre João Batista de Almeida. Milhares de peregrinos lotaram o Santuário de Fátima, com a participação de visitantes de 30 países, a presença de cerca de mil brasileiros, dos quais 400 partiram de Aparecida, em peregrinação oficial, organizada pela arquidiocese. A entronização da imagem foi ao som da canção "Ave-Maria". Nossa Senhora Aparecida foi colocada em um nicho especial ao lado da Capela das Aparições; então o silêncio deu lugar aos brados de vivas dos que saudavam a Padroeira do Brasil.

---

[321] Idem.

Bloco 3 – Embaixador de Nossa Senhora

Foto: cardeal Raymundo Damasceno Assis, Dom Antônio Marto, cerimônia de entronização da imagem de Nossa Senhora Aparecida;[322] Fátima, maio de 2015.

O arcebispo de Aparecida demonstrou seu desejo de que a presença da imagem seja sinal da união do povo português e brasileiro, sinal de laços históricos, pela mesma fé, pelo mesmo amor a Nossa Senhora. Dom Raymundo lembrou a todos que ela é nossa Mãe, pois Jesus nos deu Maria como mãe ainda na Cruz, no calvário. Jesus quis não só nos fazer irmãos na filiação paterna, mas também na filiação materna. O cardeal expressou seu desejo de que as comemorações significassem momentos de comunhão entre Brasil e Portugal, e que marcassem o crescimento da nossa fé, e que as pessoas ao passarem pelos santuários de Fátima e de Aparecida pudessem ser, cada vez mais, "discípulos de seu filho Jesus".[323]

Essas comemorações, em Fátima e no Santuário Nacional de Aparecida, culminaram no ano de 2017, quando foram celebrados os 300 anos do encontro da Imagem de Nossa Senhora nas águas do rio Paraíba do Sul e o centenário das aparições de Nossa Senhora de Fátima aos pastorinhos.

***

[322] Foto: Acervo da Cúria Metropolitana de Aparecida, ACMA.
[323] In: site *A 12*; acesso em 10 de fevereiro de 2018.

IX. Entronizações na Colômbia

– Entronização da imagem de Nossa Senhora Aparecida na Cidade de Bogotá

Dom Raymundo Damasceno, a convite do cardeal Dom Pedro Rubiano Sáenz, presidiu a Eucaristia e, também, entronizou a imagem *fac-símile* de Nossa Senhora Aparecida, na primeira paróquia dedicada à Padroeira do Brasil, criada pelo cardeal Pedro Rubiano Saenz, primaz da Colômbia e arcebispo metropolitano de Santa Fé de Bogotá. O arcebispo de Aparecida também doou à paróquia uma cópia das plantas da Basílica Nacional de Aparecida, para se inspirarem na construção desse novo templo, do Hino de Nossa Senhora Aparecida e do Documento Final da V Conferência do Episcopado Latino-Americano e Caribenho.

Cardeal Rubiano participou da V Conferência Geral do Episcopado Latino-Americano e Caribenho [*][324]e, em comemoração a esse acontecimento, decidiu criar a *Paróquia Nossa Senhora Aparecida* por meio do Decreto Arquidiocesano n. 1382, do dia 2 de abril de 2008, quando foi nomeado Administrador Paroquial o presbítero Benito de Jesús María Mesa Ramírez e, pelo Decreto n. 1383, o diácono permanente Luís Eduardo Heredia Díaz, ligado à Freguesia. Mais tarde, o arcebispo de Bogotá, cardeal Rubén Salazar Gómez, nomeou os diáconos permanentes: Germán Olmos Olmos e Obías Goyeneche Niño, também ligados à paróquia. Além disso, mais seis padres colaboram nas celebrações litúrgicas. A Paróquia de Nossa Senhora Aparecida foi destacada da Paróquia de Jesus Cristo Redentor. Em 2017, os paroquianos da paróquia de Nossa Senhora Aparecida se despediram do padre Jesús Mesa e receberam o padre Hernán Báez Álvarez.[325]

---

[324] LINK – II PARTE – CELAM.
[325] Informações enviadas pelo Centro de Atenção da Paróquia – Capela de Nossa Senhora Aparecida, Bogotá-Colômbia, em 9 de maio de 2018.

Bloco 3 – Embaixador de Nossa Senhora

– Entronização do quadro da imagem de Nossa Senhora Aparecida em Bogotá – Zipaquirá (junho de 2015)

No domingo, dia 14 de junho de 2015, Dom Damasceno, acompanhado do padre João Batista, reitor do Santuário Nossa Senhora Aparecida, foi recepcionado no aeroporto em Bogotá, pelo monsenhor Hector Peña, bispo de Zipaquirá, e pelo núncio apostólico, monsenhor Ettore Balestero, que o levaram até a Casa Episcopal, em Zipaquirá.[326] No outro dia, foram à Catedral de Sal.

A Catedral de Sal é dedicada a Nossa Senhora do Rosário, Padroeira dos Mineiros. Ela foi construída dentro de uma antiga mina de sal, a 2.600 metros acima do nível do mar, no município de Zipaquirá, na Savana de Bogotá. São mais de 150 metros cavados em uma mina de sal, ainda ativa. Esse santuário, que faz memória do Via Crucis de Jesus Cristo, é um dos mais célebres do país.

A Catedral de Sal inicial tinha três naves grandes, com colunas improvisadas, dominadas por uma grande cruz iluminada. Com o passar dos anos, essa primeira Catedral tornou-se insegura e foi fechada no ano de 1990.

Foto: nave central da Catedral de Sal, Zipaquirá.

---

[326] *Diário de Atividades do Sr. Arcebispo de Aparecida Dom Raymundo Cardeal Damasceno Assis*, 2015, p. 17. Inédito.

A catedral atual começou a ser feita em 1991, 60 m por baixo da catedral antiga. Foi executada segundo o projeto do arquiteto Roswell Garavito Pearl, que empreendeu trocas estruturais no túnel de ingresso, na cúpula e na sacristia. O desenho compreende três seções principais:

1) *Via Crucis* – a porta de ingresso conduz ao túnel, ao longo do qual se encontram as estações da Via-Sacra, que consistem em pequenos altares talhados em rocha de sal. O túnel conduz para a cúpula.

2) *Cúpula, rampa de descida e varandas* – chega-se então à rampa da descida principal. A seção intermédia parte da cúpula, desde a qual se pode observar a cruz em baixo-relevo. De onde se pode descer para as varandas sobre as câmaras, o coro e as escadas do labirinto do nártex[327].

3) *Naves da catedral* – o trecho final conduz ao centro da catedral onde se dividem as estruturas espaçais. Essas estruturas estão intercomunicadas por uma fenda que simboliza o nascimento e morte de Cristo. Na nave central está a cruz de 16 m, o altar-mor e o comungatório que separa o santuário da assembleia; na profundeza da nave encontra-se "A Criação do Homem", homenagem a Michelangelo, obra talhada em mármore do escultor Carlos Enrique Rodríguez Arango. Quatro imensas colunas cilíndricas simbolizam os quatro evangelistas e essas estão atravessadas por uma fenda que simboliza a Natividade. Ela foi inaugurada em dezembro de 1995.

A igreja subterrânea faz parte do complexo "Parque do Sal", espaço cultural temático dedicado à mineração, à geologia e aos recursos naturais.

No dia seguinte, 15 de junho, segunda-feira, às 11h, aconteceu a cerimônia de entronização de Nossa Senhora Aparecida, na Catedral do Sal[328]. Estiveram presentes o senhor núncio apostólico; o bispo de Zipaquirá; o reitor do Santuário Nacional, padre João Batista de Al-

---

[327] O termo arquitectónico nártex (em latim narthex, com origem no grego narthikas, νάρθηκας, gênero de planta de grandes dimensões, possivelmente similar à cana) refere-se, em sentido lato, à zona de entrada de um templo. Também outras designações podem surgir associadas a este termo, como pronaos, **átrio**, vestíbulo, galilé ou paraíso.

[328] A Catedral de Sal foi construída no interior das minas de sal de Zipaquirá, na Savana de Bogotá, na Colômbia. Esse santuário, que faz memória do Via Crucis de Jesus Cristo, é um dos mais célebres do país. A igreja subterrânea faz parte do complexo cultural "Parque do Sal", espaço cultural temático dedicado à mineração, a geologia e os recursos naturais.

meida, C.Ss.R, a embaixadora do Brasil, numerosos sacerdotes e fiéis.[329] O convite foi feito pelo bispo da Diocese de Zipaquirá, Dom Hector Cubillos Peña, à arquidiocese de Aparecida.

Foto: cardeal Raymundo Damasceno Assis, cerimônia de entronização do quadro de Nossa Senhora Aparecida[330]; Zipaquirá, junho de 2015.

O quadro entronizado tem a imagem de Nossa Senhora Aparecida no centro, rodeada pelos brasões dos estados brasileiros e as bandeiras do Brasil e do Vaticano. Ele foi esculpido em mogno pelos irmãos: Claudio (conhecido como Lota) e Paulo Henrique (conhecido como Sodem), artistas de Campanha-MG. O quadro tem 95 cm de altura por 60 cm de largura e foi uma doação do Santuário Nacional.

Uma boa lembrança de Dom Damasceno é que a primeira paróquia dedicada a Nossa Senhora Aparecida, em Bogotá, foi criada pelo cardeal Dom Pedro Rubiano, que participou, como delegado, na V Conferência Episcopal Latino-Americana e Caribenha, no Brasil em 2007[*][331].

---

[329] *Diário de Atividades do Sr. Arcebispo de Aparecida Dom Raymundo Cardeal Damasceno Assis*, 2015, p. 17. Inédito.
[330] Foto: Acervo da Cúria Metropolitana de Aparecida, ACMA.
[331] LINK – II PARTE – CELAM.

―――― Viver na alegria do Senhor ――――

Fotos: quadro Nossa Senhora Aparecida e placa comemorativa[332], Zipaquirá, junho de 2015.

Curiosidade: na Catedral em Zipaquirá não poderia ser entronizada uma imagem de Nossa Senhora Aparecida igual à qual, geralmente, é destinada para essas ocasiões, porque é feita de material que não suporta os efeitos do sal; por isso optaram pelo quadro de Nossa Senhora, feito de madeira nobre, que permanecerá inalterado nesse ambiente.

***

X. Inauguração do monumento à imagem de Nossa Senhora Aparecida no Jardim do Vaticano (setembro de 2016)

Quando Dom Damasceno sugeriu ao Papa Francisco a instalação de uma imagem de Nossa Senhora Aparecida no jardim do Vaticano, o Sumo Pontífice aceitou a ideia, com satisfação.

---

[332] Foto: Acervo da Cúria Metropolitana de Aparecida, ACMA.

Bloco 3 – Embaixador de Nossa Senhora

Foto: Papa Francisco e cardeal Raymundo Damasceno Assis, cerimônia de inauguração do monumento Nossa Senhora Aparecida[333]; Vaticano, setembro de 2016.

Na manhã de sábado, dia 3 de setembro de 2016, aconteceu a inauguração e bênção do Monumento a Nossa Senhora Aparecida, por Dom Damasceno, nos Jardins do Vaticano. O evento contou com a honrosa presença do Papa Francisco;[334] o redentorista Dom Darci Nicioli, C.Ss.R., e, mais ou menos, 200 pessoas que participaram do evento. Nessa ocasião, o Papa expressou sua devoção a Nossa Senhora Aparecida e pediu a ela proteção ao país e ao povo brasileiro. Durante a cerimônia, Dom Damasceno agradeceu ao Papa Francisco permitir a instalação do monumento dedicado à Padroeira do Brasil e, também, agradeceu ao autor do monumento, o artista plástico Cláudio Pastro, que não estava presente por questão de saúde.

---

[333] Foto: APDRCDA. Crédito de *L'Osservatório Romano*, Serviço Fotográfico do Vaticano.
[334] *Diário de Atividades do Sr. Arcebispo de Aparecida Dom Raymundo Cardeal Damasceno Assis*, 2016, p. 27. Inédito.

Fotos: Papa Francisco, cardeal Raymundo Damasceno Assis, cerimônia de inauguração do monumento Nossa Senhora Aparecida[335]; Vaticano, setembro de 2016.

O monumento é uma retratação do encontro da imagem de Nossa Senhora da Conceição por três pescadores nas águas do rio Paraíba do Sul. Ele é feito de aço e tem mais de quatro metros de altura. Uma grande barca traz as silhuetas dos pescadores, enaltecendo o primeiro milagre – após a aparição da imagem a pescaria se tornou abundante. No centro do monumento, uma imagem de Nossa Senhora de oito quilos foi reproduzida em bronze dourado.

Foto: Papa Francisco na cerimônia de inauguração do monumento, rezando a Nossa Senhora Aparecida[336]; Vaticano, setembro de 2016.

***

---
[335] Foto: APDRCDA. Crédito de *L'Osservatório Romano*, Serviço Fotográfico do Vaticano.
[336] Foto: crédito de *L'Osservatório Romano*, Serviço Fotográfico do Vaticano.

XI. Inauguração do monumento à imagem de Nossa Senhora Aparecida, nos jardins do Santuário Nacional (outubro de 2016)

No dia 8 de outubro de 2016, sábado, após a missa no Santuário Nacional houve a inauguração do Monumento a Nossa Senhora Aparecida no Jardim Noroeste do Santuário Nacional. É uma réplica do monumento inaugurado nos Jardins do Vaticano.[337] A bênção foi realizada pelo cardeal arcebispo de Aparecida, em comemoração ao Jubileu dos 300 anos do encontro da Imagem de Aparecida.

A obra é assinada pelo artista sacro Cláudio Pastro e tem curadoria do estúdio de design italiano *Progetto Arte Poli*. Ela retrata a imagem de Nossa Senhora Aparecida, em bronze dourado, com uma canoa na base com os três pescadores e uma rede. A escultura tem 3,42 metros de altura com o corpo do monumento feito com dois centímetros de espessura em aço corten, com uma base de 1,13 metros de largura frontal e pesa 1.713 quilos.

Fotos: cardeal Raymundo Damasceno Assis, cerimônia de inauguração do monumento Nossa Senhora Aparecida[338]; monumento Nossa Senhora Aparecida[339], Aparecida-SP, outubro de 2016.

---

[337] *Diário de Atividades do Sr. Arcebispo de Aparecida Dom Raymundo Cardeal Damasceno Assis*, 2016, p. 32. Inédito.
[338] Foto: Acervo da Cúria Metropolitana de Aparecida, ACMA.
[339] Foto: crédito de *Rita Elisa Sêda*.

Durante a inauguração, Dom Damasceno fez a saudação aos padres, religiosos e romeiros presentes. Padre Daniel Antônio, administrador ecônomo do santuário, falou da importância de celebrar os momentos sagrados, ainda mais o encontro da Imagem de Nossa Senhora Aparecida, que tem em sua história 300 anos de bênçãos e milagres.

Foto: cardeal Raymundo Damasceno Assis e padres, na cerimônia de inauguração do monumento Nossa Senhora Aparecida[340]; Aparecida, outubro de 2016.

Padre João Batista, reitor do Santuário Nacional, falou que, por meio da devoção a Nossa Senhora Aparecida, o Brasil tem a capacidade e oportunidade de ser restaurado, assim como os três pescadores fizeram com a Imagem de Nossa Senhora.

***

---
[340] Foto: Acervo da Cúria Metropolitana de Aparecida, ACMA.

XII. Inauguração do monumento a Nossa Senhora Aparecida nos Jardins da CNBB (dezembro de 2016)

No dia 27 de dezembro de 2016, foi o dia da inauguração do monumento a Nossa Senhora Aparecida nos Jardins da CNBB, em Brasília, Distrito Federal; evento que fez parte das comemorações dos 300 anos do encontro da Imagem de Aparecida.

A obra de arte foi abençoada por Dom Raymundo Cardeal Damasceno Assis e contou com a presença de Dom Giovanni D'Aniello, núncio apostólico no Brasil; Dom Sérgio Rocha, presidente da CNBB; Dom Darci Nicioli, arcebispo de Diamantina-MG; padre João Batista de Almeida, reitor do Santuário de Aparecida; padre Daniel Antônio da Silva, ecônomo do santuário; arcebispos e bispos do Conselho Permanente e dos colaboradores do secretariado-geral da Conferência Nacional dos Bispos do Brasil. Durante a bênção, Dom Damasceno fez lembrança à memória do autor da obra, Cláudio Pastro.

Foto: monumento Nossa Senhora Aparecida; cardeal Raymundo Damasceno Assis e arcebispo de Brasília, cardeal Dom Sérgio da Rocha[341], na inauguração do monumento, Brasília, dezembro de 2016.

---
[341] Foto: Acervo da Cúria Metropolitana de Aparecida, ACMA.

"Os dois primeiros monumentos, inaugurados no Vaticano e em Aparecida, apresentam uma canoa na base, a presença de três pescadores e uma rede estilizada, que mostra o milagre dos peixes. Esta terceira obra em Brasília é diferente, sendo em forma de pirâmide, tem na base pessoas que representam o povo brasileiro em súplica à Senhora Aparecida. No topo, uma cruz mostra que a Mãe é Aquela que nos aponta o Cristo."[342] A imagem de Nossa Senhora, feita em bronze dourado, faz alusão à Virgem vestida de Sol. O católico povo brasileiro tem a Senhora de Aparecida como Protetora, Padroeira e Rainha do Brasil.

O monumento é feito em aço corten e bronze, tem 6 m de altura, 3 cm de espessura e pesa 4.110 quilos. A concepção artística é de autoria do artista Cláudio Pastro e tem produção da *Progetto Arte Poli*, de Verona, na Itália. A instalação foi feita pela *Lótus Implantação de Projetos*.

***

XIII. Arcebispo Emérito de Aparecida

A data limite para Dom Raymundo Cardeal Damasceno Assis continuar como arcebispo de Aparecida era 15 de fevereiro de 2017, ao completar 80 anos. Por isso, no fim do ano de 2016, ele foi comunicado que o Papa havia aceitado o pedido de renúncia que o cardeal Damasceno havia enviado à Santa Sé, em 2012.

Em sua mensagem de despedida da arquidiocese de Aparecida, Dom Raymundo traçou, cronologicamente, sua missão de arcebispo desde sua nomeação, em janeiro de 2004, até aquela data, 16 de novembro de 2016. Fez questão de frisar que foi, em Aparecida, que o Senhor lhe conferiu a alegria de viver as mais agradáveis e enriquecedoras expe-

---

[342] Parte do pronunciamento do padre Daniel Antônio da Silva, ecônomo do santuário, na inauguração do monumento a Nossa Senhora Aparecida nos Jardins da CNBB em Brasília-DF.

riências, colhidas no âmbito do relacionamento humano com todas as pessoas com quem ele conviveu; a visita de dois Papas, a V Conferência, e tantas realizações da arquidiocese, durante 13 anos de atividades como Pastor. Ao se despedir, fez uma prece para que Deus Pai misericordioso, por intercessão de Nossa Senhora Aparecida, derramasse muitas bênçãos sobre o querido povo daquela arquidiocese.[343]

A missa de despedida de Dom Raymundo Damasceno da Arquidiocese de Aparecida aconteceu no dia 13 de janeiro de 2017, às 20h, no Santuário Nacional. Oito dias depois, ele passou seu cajado de arcebispo de Aparecida para Dom Orlando Brantes e tornou-se arcebispo emérito de Aparecida.

Sua agenda de atividades desse ano de 2017, mesmo não mais participante das atividades diárias na arquidiocese de Aparecida, foi intensa. Em compensação, pôde aceitar os convites para permanecer mais tempo nas regiões onde foram entronizadas as imagens de Nossa Senhora Aparecida.

***

XV. Entronização da imagem de Nossa Senhora Aparecida no Líbano – Harissa (1º de outubro de 2017)

No dia 25 de setembro de 2017, o cardeal Dom Damasceno, acompanhado pelo bispo Maronita do Brasil e Dom Edgar Madi, viajou para Beirute, em peregrinação para entronizar a Imagem de Nossa Senhora Aparecida em Harissa. Uma comissão da *Canção Nova* também acompanhou, com a presença dos fundadores: Monsenhor Jonas Abib, Luzia Santiago e Wellington da Silva Jardim, mais conhecido como Eto.

---

[343] *Mensagem do arcebispo de Aparecida, Dom Raymundo Cardeal Damasceno Assis, por ocasião da aceitação da sua renúncia pelo Papa Francisco*, 16 de novembro de 2016.

Durante os dias em que esteve no Líbano, Dom Damasceno visitou a casa e o mosteiro onde São Charbel viveu; o museu onde está sepultado Gibran Kalil; o bosque de Cedros do Líbano, Bachari; o mosteiro de Santo Antão e o Vali de Kadisha. No mosteiro ele se confessou com o eremita monge Jean e dele ganhou dois terços bentos. Também visitou a cidade de Edhen; o Vale de Kadisha ou Vale dos Santos onde funcionou o Patriarcado dos Maronitas durante o período do Império Otomano. Visitou a Sede antiga do Patriarcado e a Capela de Santa Marina.

No dia 29 de setembro, o cardeal foi conhecer o Santuário Nacional de Nossa Senhora do Líbano; onde, durante vários dias, havia um telão mostrando a cerimônia da entronização da imagem de Nossa Senhora Aparecida.

Fotos: Dom Raymundo Cardeal Damasceno Assis, no Santuário de Nossa Senhora do Líbano[344], Harissa, setembro de 2017.

---

[344] Foto: registro feito por meio da câmera do celular de Dom Raymundo Cardeal Damasceno Assis.

Bloco 3 – Embaixador de Nossa Senhora

Ainda no dia 29, com o Embaixador do Brasil e Dom Edgar, Dom Raymundo participou de uma entrevista na *TV Lumiére* para falar da entronização da Imagem.

Fotos: apresentador da TV Lumiére, Dom Raymundo Cardeal Damasceno Assis, embaixador do Brasil e Dom Edgar;[345] Harissa, setembro de 2017.

Quando esteve no santuário o arcebispo emérito de Aparecida notou "muitos mulçumanos(as) visitando o Santuário de Nossa Senhora do Líbano, o que mostra o seu amor por Maria", "a mulher mais bela e pura entre todas".[346] Nossa Senhora do Líbano é visitada e venerada em Harissa. Do alto da colina, em cima da cúpula do santuário, existe uma grande imagem de Nossa Senhora. Maria abençoa o Líbano.

---
[345] Idem.
[346] Dom Raymundo Cardeal Damasceno Assis, Harissa, 29 de setembro de 2017.

Foto: Nossa Senhora do Líbano e a cidade de Harissa[347].

Dia 30 de setembro, sábado, o arcebispo emérito de Aparecida visitou Byblos, Líbano, cidade fundada pelos Fenícios, três mil anos a.C., foram eles que inventaram o alfabeto; o mosteiro onde viveu e morreu São Charbel, monge maronita, na cidade de Annaya; o Mosteiro de Justina e Cobrianus onde o Beato Stephanus e São Kassab Al-Hardini[348] estão sepultados.

No final do dia, o cardeal visitou a corveta Almirante Barroso, atracada no Porto de Beirute, em missão da ONU, no Líbano, onde foi recebido com honras militares pelo Almirante e pelo Comandante.

Foto: Dom Raymundo Cardeal Damasceno Assis, embaixador do Brasil, Dom Edgar, almirante e comandante da corveta Almirante Barroso,[349] Harissa, setembro de 2017.

---

[347] Foto: domínio Público, *Ficheiro* Internet.
[348] São Kassab Al-Hardini é ascendente do Ministro Kassab.
[349] Foto: crédito do Santuário Harissa.

No dia 1 de outubro, domingo, dia de Santa Teresinha, o cardeal Damasceno visitou o mosteiro que tem o nome da santa e colocou um buquê de rosas ao lado da urna, onde tem uma relíquia da santa de Lisieux. Em seguida, ele visitou o Mosteiro de Nossa Senhora de Tamich, dos monges maronitas.

À tarde, às 18h, foi à missa para a entronização da imagem de Nossa Senhora Aparecida nas dependências do Santuário mariano de Nossa Senhora do Líbano.

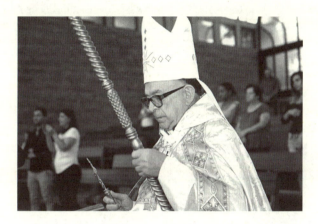

Fotos: Dom Raymundo Cardeal Damasceno Assis, missa no Santuário de Nossa Senhora do Líbano[350], Harissa, setembro de 2017.

A cerimônia religiosa ocorreu no rito maronita e contou, também, com a presença do bispo Dom Edgard Madi e do monsenhor Jonas Abib. Foi transmitida ao vivo, no Líbano, pela *Tele Lumière*, e, no Brasil, pela *TV Canção Nova*.

---

[350] Fotos: crédito do Santuário Harissa.

Fotos: Dom Raymundo Cardeal Damasceno Assis, monsenhor Jonas Abib, bispos maronitas, Missa no Santuário de Nossa Senhora do Líbano[351], Harissa, setembro de 2017.

A missa foi presidida por Dom Raymundo Cardeal Damasceno Assis, celebrada em rito maronita.

Fotos: Dom Raymundo Cardeal Damasceno Assis, missa no Santuário de Nossa Senhora do Líbano, Imagem de Nossa Senhora Aparecida que foi entronizada em Harissa[352], setembro de 2017.

---

[351] Idem.
[352] Fotos: crédito do Santuário Harissa.

Bloco 3 – Embaixador de Nossa Senhora

A imagem de Nossa Senhora Aparecida foi levada em procissão, no final da missa, até seu altar no Santuário de Harissa, onde os fiéis poderão prestar-lhe culto.

Fotos: procissão com a Imagem de Nossa Senhora Aparecida sendo levada pelo embaixador do Brasil, escoltados pelos militares da Marinha do Brasil, no Santuário de Nossa Senhora do Líbano[353], Harissa, setembro de 2017.

Momento de grande emoção a entronização perpétua da Imagem de Nossa Senhora Aparecida no Santuário em Harissa. Quase duas mil pessoas estiveram presentes na cerimônia.

No dia 2 de outubro, o cardeal visitou a cidade de Hemlaya, onde nasceu Santa Rebeca (1832-1914). À tarde, visitou Tiro, na costa do Mediterrâneo, de onde Paulo saiu para Antioquia. Em seguida, visitou Sidon, na região de Maghdouche, onde, segundo a tradição, Maria ficou esperando Jesus voltar de seu trabalho missionário, pois não podia entrar em cidades pagãs (Tiro e Sidônia). Era região dos Cananeus. Aí Jesus curou a filha da Cananeia (Mt 21,15). No lugar, há uma gruta (Capela) com o nome de Nossa Senhora da Espera (onde esperou a volta de Jesus de seu trabalho missionário). Dom Raymundo visitou, também, a

---
[353] Idem.

cidade de Ebadiyeh, e no outro dia, 3 de outubro, regressou a Brasília. Essa viagem ficou marcada em sua vida.

> "Foi uma viagem maravilhosa. Eu não conhecia o Líbano e fiquei surpreso positivamente em relação a esse país. É um país muito bonito. Eu resumiria a paisagem do Líbano em três pontos: montanhas, vales e mar. A costa do mar. Fui levar a Imagem de Nossa Senhora Aparecida, uma réplica, e a entronizamos em Harissa, que é um belíssimo santuário dedicado a Nossa Senhora do Líbano. Fica no alto de uma montanha, ao lado da Catedral da Igreja Melquita. E da cidade de Beirute pode-se contemplar, olhando para cima, aquele belíssimo santuário, no topo de uma montanha. Um santuário moderno, grande e arrojado, com capacidade para quatro mil pessoas."[354]

***

XVI. Entronização da imagem de Nossa Senhora Aparecida na França – Lyon (28 de outubro de 2017)

No dia 27 de outubro, às 19 horas, na catedral de São João Batista, em Lyon, Dom Damasceno celebrou a Santa Missa. O cardeal Philippe Barbarin a presidiu e o arcebispo emérito de Aparecida fez a homilia.

O cardeal Barbarin fez o convite:

> "Aparecida, o grande santuário do Brasil, comemora o terceiro centenário da sua pequena e famosa Virgem. É o lugar onde o coração da Igreja do Brasil e toda a América Latina bate. Nosso Papa Francisco contribuiu, fortemente, para o 'Documento de Aparecida', um texto importante, destinado a dar um novo ímpeto missionário ao continente. Comemoremos

---

[354] Dom Raymundo Cardeal Damasceno Assis. *Imagem de Aparecida no Líbano, sinal de solidariedade ente os povos.* In: Rádio Vaticano, 23 de outubro de 2017; acesso em 10 de fevereiro de 2018.

Bloco 3 – Embaixador de Nossa Senhora

Maria com os brasileiros e todos os latinos da região de Lyon, em Fourvière, nesse dia 28 de outubro. Nossa Senhora de Aparecida se junta às outras 10 Virgens, presentes na cripta da Basílica Notre-Dame de Fourvière. Teremos o maior prazer em que você se junte a nós para este evento."

No sábado, 28 de outubro, de manhãzinha, logo ao nascer do sol, o cardeal Raymundo Damasceno Assis contemplou o Mont Blanc. À distância de pouco mais de 100 km estava a maior montanha coberta de neve e que faz parte da divisória de águas entre o mar Adriático e o Mediterrâneo. Era um dia muito especial para o arcebispo emérito, dia da entronização da imagem de Nossa Senhora Aparecida na Basílica de Fourvière,[355] em Lyon.[356]

No fim da tarde, às 17h30, Dom Damasceno presidiu a Santa Missa na Basílica de Fourvière.

Fotos: Dom Raymundo Cardeal Damasceno Assis, cardeal Philippe Barbarin, entronização da imagem de Nossa Senhora Aparecida[357], Lyon, outubro de 2017.

---

[355] A Basílica de Fourvière foi visitada por São Marcelino Champagnat, fundador dos Irmãos Maristas, por São João Bosco e por Santo Cura D'Ars, Santa Teresinha do Menino Jesus e tantos outros peregrinos conhecidos.
[356] Lyon (Lugdunum) foi a capital federal das três Gálias (a Céltica, a Arquitania e a Bélgica). A cidade de Lyon é a segunda Igreja do Ocidente depois da de Roma. Já estava plenamente constituída no momento da perseguição do ano 177, sob o imperador Marco Aurélio. Este fato é narrado por Eusébio de Cesareia, no século IV. Dentre os Mártires, são citados: Potinho, Blandina, Alexandre, Alcibíades.
[357] Foto: registro feito por meio da câmera do celular de Dom Raymundo Cardeal Damasceno Assis.

Depois da missa, uma grande multidão de fiéis acompanhou o cardeal Raymundo, enquanto ele levava a imagem da Conceição Aparecida para o momento solene de entronização da imagem, que se juntou com outras nove devoções marianas relacionadas a outras grandes peregrinações que existem pelo mundo: Lourdes (França), Fátima (Portugal), Czestochowa (Polônia), Velankani (Índia), Loreto (Itália) e Guadalupe (México).

Fotos: Dom Raymundo Cardeal Damasceno Assis, entronização da imagem de Nossa Senhora Aparecida,[358] Lyon, outubro de 2017.

A Basílica foi construída sobre uma colina, nas ruínas de um fórum, o que deu origem ao nome Fourvière, pois antes de ser uma Basílica, o lugar era ocupado por um Fórum Romano. A Basílica foi construída entre 1872 e 1876. A edificação neobizantina foi projetada pelo arquiteto Pierre Bossan. Seu objetivo era simbolizar a grandiosidade da fé com artefatos de tamanhos majestosos, como murais de mosaico e vitrais que representam a pureza da Virgem Maria, adornados com ouro e luz. A ideia base desse projeto arquitetônico era mover o peregrino ou visitante da escuridão para a luz da fé. Segundo a tradição local, Nossa Senhora salvou a cidade de uma praga.

---

[358] Idem.

Foto: Basílica de Notre Dame de Fourviére,[359] Lyon, outubro de 2017.

Da Basílica se tem uma vista incrível de toda a cidade de Lyon e arredores. Em 1998, a Basílica de Notre Dame de Fourviére foi incluída no Patrimônio Mundial da UNESCO.

Foram vários os lugares que Dom Damasceno visitou em sua passagem por essa região da França. O domínio da língua francesa que aprendeu com os maristas, desde os nove anos de idade, foi, na certa, muito útil durante sua jornada, nessa viagem, principalmente quando presidiu/participou das missas, falando francês. Até o dia de sua partida, 5 de novembro, Dom Raymundo participou de missas: na abadia de Ainay, na cidade de Ars, missa na "cela" de Saint Photin; fez suas refeições com paroquianos, cônsul brasileiro, família brasileira Comunidade do Caminho Novo, as irmãs de Saint Charles, o cardeal Barbarin, no *Brasil Clube Business*; visitou a cidade de Lyon; abadia de Dombes; cidade de Ars; o museu Gallo-Romano; abadia de Hautecombe e Chambery; Antiquaille; Paul Bocuse; Avignon – cidade dos Papas.

***

---

[359] Foto: registro feito por meio da câmera do celular de Dom Raymundo Cardeal Damasceno Assis.

XVII. Entronização da imagem de Nossa Senhora Aparecida na arquidiocese de Salta na cidade de Vaqueros – Argentina (dezembro de 2017)

No dia 9 de maio de 2011, na cidade de Vaqueros, o arcebispo de Salta, monsenhor Mário Antônio Cargnello, celebrou uma missa em cima de um tablado, onde foi colocado o altar e uma imagem de Nossa Senhora Aparecida, ao ar livre, em um terreno doado pela Província, para ser construída uma nova igreja, uma casa sacerdotal e salas para fomentar a promoção humana. Nessa missa, diante de mais ou menos 100 pessoas, foi o início da futura paróquia da Ressurreição do Senhor e Nossa Senhora Aparecida. Nessa celebração estiveram: o vice-governador, Andrés Zottos; o sacerdote que foi responsável pelo trabalho, Martín Farfán; o prefeito local, Alberto Alemán e seu sócio eleito, Daniel Moreno.[360] O que era apenas um sonho, com a graça de Deus e sob a proteção de Nossa Senhora Aparecida, com ajuda monetária, mão de obra e tempo dos moradores de Vaqueros, depois de cinco anos, o templo ficou pronto.

Para sagração, inauguração e entronização da imagem de Nossa Senhora Aparecida, na nova igreja, o arcebispo de Salta convidou o arcebispo emérito de Aparecida. Dom Damasceno agradeceu e aceitou o convite.

> "No próximo domingo, 10 de dezembro, o arcebispo emérito de Aparecida, o cardeal Raymundo Damasceno Assis, visitará a cidade de Vaqueros Salta, juntamente com o arcebispo de Salta, monsenhor Mario Cargnello, fazem a sagração do templo e o altar da paróquia de Nossa Senhora de Aparecida. O pároco, padre Martín Farfán, convidou a comunidade de Vaqueros a compartilhar esta festa de fé que ele considerava 'uma carícia de Deus'."[361]

---

[360] In: site *Salta*, acesso em 10 de fevereiro de 2018.
[361] In: site *Aica*, acesso em 10 de fevereiro de 2018.

——————— Bloco 3 – Embaixador de Nossa Senhora ———————

Foto: região da igreja Ressurreição do Senhor e Nossa Senhora Aparecida; e ao fundo a cidade de Vaqueiro[362], 2017.

Por meio de um decreto do governador da Província de Salta, doutor Juan Manuel Urtubey, expedido em Salta, no dia 7 de dezembro de 2017, e publicado oficialmente, Dom Raymundo Damasceno Assis foi recebido como hóspede de honra na localidade de Vaqueros[363].

Foto: Dom Raymundo Cardeal Damasceno Assis recebendo documento do senhor governador de Salta doutor Juan Manuel Urtubey[364], Vaqueros, dezembro de 2017.

---
[362] Foto: captura de imagem In: Facebook vídeo *ernesto.vater*, acesso em 10 de fevereiro de 2018.
[363] Vaqueros é uma linda cidade no departamento de la Caldera, província de Salta, no norte da Argentina. Uma terra de prodigiosos artesãos e local de nascimento do poncho de Salta. Lugar para apreciar artes e ofícios populares em madeira, couro, argila e lã.
[364] Foto: captura de imagem feita pela câmara do celular de Dom Raymundo Cardeal Damasceno Assis.

A missão de Embaixador não é apenas levar a Imagem para ser entronizada, Dom Damasceno faz questão de nas homilias, palestras, conversas particulares ou em grupo, nas diversas regiões para onde levou a Imagem, explicar toda a história de Aparecida, desde seu encontro nas águas do Paraíba do Sul, até o tempo atual. Sempre com alegria de estar a serviço da Virgem da Conceição, o arcebispo emérito de Aparecida, também, esclarece teologicamente a iconografia da Imagem e a respeito do lugar onde ela está entronizada no Santuário Nacional, no Brasil.

Foto: Dom Raymundo Cardeal Damasceno Assis falando a respeito da imagem de Nossa Senhora Aparecida[365], Vaqueros, dezembro de 2017.

Em conversa com os sacerdotes da arquidiocese de Salta, ao mostrar a Imagem de Nossa Senhora Aparecida, Dom Damasceno contou toda a história do encontro dela, a devoção dos brasileiros, os lugares pelo mundo, para onde ele, como Embaixador de Nossa Senhora Aparecida, levou a imagem da santa e, durante essa pequena palestra, ao dizer: "E agora eu trago aqui, a Salta, na Argentina, para ser entronizada na primeira paró-

---

[365] Foto: captura de imagem. In: Facebook vídeo *La Hora Palestrista*, acesso em 10 de fevereiro de 2018.

Bloco 3 – *Embaixador de Nossa Senhora*

quia Ressurreição do Senhor e Nossa Senhora Aparecida, com os votos de que a Madona Conceição Aparecida seja sempre um sinal de solidariedade entre argentinos e brasileiros e que ela derrame bênçãos a todo povo da Argentina, em especial aos de Salta", o cardeal Damasceno foi ovacionado pelo grupo de sacerdotes, que, atentamente, escutava-o. Foi um belíssimo momento de devoção mariana.

> "É necessário saber a importância da piedade popular, porém não basta a piedade popular... tem que aprofundar essa piedade para levar essa gente de fé para Cristo, uma fé testemunhal, frutífera, operosa, na vida da gente."[366]

No dia 10 de dezembro, às 18h, *Hora do Ângelus*, aconteceu a Celebração Eucarística, na igreja Ressurreição do Senhor e Nossa Senhora Aparecida, com a presença do arcebispo de Salta, do arcebispo emérito de Aparecida, do pároco da nova paróquia e fiéis paroquianos. Dom Mario Cargnello levou a Imagem de Nossa Senhora durante a procissão de entrada.

Fotos: entronização da imagem de Nossa Senhora Aparecida na igreja Ressurreição do Senhor e Nossa Senhora Aparecida, Vaqueiro[367], dezembro de 2017.

---

[366] Dom Raymundo Cardeal Damasceno Assis. In: Facebook vídeo *La Hora Palestrista*, acesso em 10 de fevereiro de 2018.
[367] Fotos: captura de imagens feita por meio da câmara do celular de Dom Raymundo Cardeal Damasceno Assis.

Durante a celebração aconteceu a sagração do Altar. As bandeiras do Brasil e Argentina hasteadas, lado a lado, demonstrando a união dos dois países vizinhos.

Fotos: entronização da imagem de Nossa Senhora Aparecida na igreja Ressurreição do Senhor e Nossa Senhora Aparecida, Vaqueiro[368], dezembro de 2017.

Depois da missa houve a entronização da imagem *fac-símile* de Nossa Senhora Aparecida. Momento de júbilo e de emoção para os paroquianos. A imagem foi entronizada em um trono de luz, onde está como intercessora do povo de Vaqueros, que a escolheu como padroeira.

---

[368] Idem.

"Onde o novo templo de Nossa Senhora Aparecida está localizado, no coração de Vaqueros, há cinco anos não havia nada além de terras e pastagens. A devoção, o compromisso e a energia conjunta tornaram possível a construção do pulmão desse lugar sagrado, onde os moradores da região norte da capital e as cidades que rodeiam Vaqueros se orgulham de cultivar o espírito."[369]

Foto: igreja Ressurreição do Senhor e Nossa Senhora Aparecida, Vaqueiro[370], 2017.

A passagem do cardeal Dom Damasceno por Vaqueros marcou uma nova época na comunidade de católicos dessa cidade que, unidos, promovem o bem social. Como disse o padre Martín Farfan, é uma mostra do "grande milagre da solidariedade, a revolução do compromisso e da generosidade".[371]

Uma placa comemorativa foi colocada na igreja Ressurreição do Senhor e Nossa Senhora Aparecida, para marcar esse dia tão especial:

---

[369] In: site *Aica*, acesso em 10 de fevereiro de 2018.
[370] Foto: captura de imagem In: Facebook vídeo *ernesto.vater*, acesso em 10 de fevereiro de 2018.
[371] Padre Martín Farfan. In: site *Aica*, acesso em 10 de fevereiro de 2018.

— Viver na alegria do Senhor —

" Para maior glória de Deus e de sua Santa Igreja, o arcebispo emérito de Aparecida – Brasil, sua Eminência Reverendíssima, o Senhor Cardeal Raymundo Damasceno Assis, dedica esse Templo paroquial em honra de "A ressurreição do Senhor e de Nossa Senhora Aparecida" em seu Altar.

Vaqueros, 10 de dezembro do ano do Senhor de 2017.
Louvado seja Deus a Virgem Mãe!
Em memória aos 300 anos do encontro da Imagem de
Nossa Senhora Aparecida (1717-2017) "

Foto: Dom Raymundo Cardeal Damasceno Assis em frente à placa comemorativa ao Jubileu de 300 anos do encontro da Imagem de Aparecida[372], Vaqueros, dezembro de 2017.

***

---
[372] Foto: captura de imagem feita por meio da câmara do celular de Dom Raymundo Cardeal Damasceno Assis

XVIII. O mistério

> "Levo a Imagem para lugares de importância, dioceses e santuários de peregrinação. Todos os brasileiros ficam felizes em encontrar a Imagem de Nossa Senhora."
> (Dom Raymundo Cardeal Damasceno Assis)

O mistério de Deus, para cada ser humano, é programado desde a concepção do ser, vem da eternidade e passa pelo tempo, que é a vida humana na Terra, até que se acabe o tempo e continue para a eternidade. Durante esse breve tempo em que vive o humano, o mistério de Deus tece capítulos, unidos em pluralidade essencial ao Ser (Àquele que É). Nessa caminhada que vem do Infinito para o Infinito, precisamos estar atentos às "coisas que os olhos não viram, nem os ouvidos ouviram, nem o coração humano imaginou (Is 64,4), tais são os bens que Deus tem preparado para aqueles que o amam" (1Cor 2,9).

Decifrar em capítulos a vida de Dom Raymundo Cardeal Damasceno Assis não é tarefa fácil, porque nos maravilham os espantosos mistérios revelados a cada etapa. Desde o nascimento, a devoção de dona Carmen, aos pés de Nossa Senhora da Expectação do Parto, representação da Imaculada Conceição, pedindo pela vinda saudável daquela criança em seu ventre e que, se assim fosse..., seria batizado Raymundo. Depois, a determinação de Raymundinho, desde seus seis anos de idade, em servir ao Senhor o fez viver com alegria. A cada etapa vivida o ponto dominante foi a obediência, incansável em seus trabalhos para a maior glória de Deus e da humanidade. Atualmente, vive seu melhor capítulo, o de propagar a sabedoria que adquiriu. Ele pode desvendar alguns dos mistérios em sua vida, porque viveu em comum união com Deus. Para esse discernimento, Raymundo Damasceno Assis sempre recorreu a Maria Mãe de Jesus.

Ser Embaixador de Nossa Senhora Aparecida não é uma questão de luxo, de título, ou de *status* religioso, é questão de sentimento, de amor e de agradecimento a Deus, que nos permite ter Maria Santíssima como

Mãe. Não é para se mostrar, é para tornar comum o que vive em sua vida, na casa. Sim, na casa de Dom Damasceno existe uma capela e, nela, está entronizada a Imagem de Nossa Senhora Aparecida; lugar de oração que para ele tem o gostinho de "sagrado", ele o estima, porque para Raymundo... a Mãe tornou os mistérios de Deus mais compreensíveis.

***

No decorrer dos anos, o cardeal Raymundo Damasceno Assis além de suas atividades normais de arcebispo de Aparecida, foi presidente do Conselho Episcopal Latino-Americano e Caribenho – CELAM, presidente da Conferência Nacional dos Bispos do Brasil – CNBB, participante nos Sínodos, era também Membro do Pontifício Conselho para as Comunicações Sociais, Membro da Pontifícia Comissão para a América Latina, Conselheiro da Comunidade Solidária (presidente doutora Ruth Cardoso).

Muitas vezes, Dom Damasceno recebeu títulos, comendas, bênçãos, diplomas, medalhas etc; sentindo-se muito honrado pelo reconhecimento de suas atividades. Agradece a todos que sempre estiveram e estão unidos a ele em preces pela sua jornada junto à Igreja Católica Apostólica Romana.

***

XIX. Jubileu de ouro de ordenação sacerdotal

> "Toda a sua vida foi um tesouro inestimável para a Igreja, tanto no Brasil, na América Latina e junto à Santa Sé. São João Bosco escreve que *'não basta amar uma pessoa, ela precisa saber que é amada'*. A Igreja o ama."[373]
> (Dom Orlando Brandes)

---

[373] Carta de Dom Orlando Brandes, arcebispo de Aparecida, em comemoração ao Jubileu de Ouro de Ordenação Sacerdotal de Dom Raymundo Cardeal Damasceno Assis, 19 de março de 2018, Aparecida-SP.

———————— Bloco 3 – Embaixador de Nossa Senhora ————————

Foto: Dom Raymundo Cardeal Damasceno Assis na missa comemorativa ao seu Jubileu de Ouro Sacerdotal[374], Conselheiro Lafaiete-MG, 19 de março de 2018.

    A comemoração do jubileu de ouro sacerdotal de Dom Raymundo Cardeal Damasceno Assis iniciou com a missa solene, na mesma igreja onde, há 50 anos, o seminarista Raymundo Damasceno Assis foi ordenado sacerdote. Muitos familiares, bispos, sacerdotes, diáconos, religiosos e amigos, estiveram presentes para festejar com Dom Damasceno. Na homilia, Dom Geraldo Lyrio teceu comentários sobre a importância da data comemorativa a São José, esposo de Maria, pai adotivo de Jesus. Em congratulação aos 50 anos de ordenação sacerdotal do cardeal Dom Raymundo Damasceno Assis, pediu que a assembleia reunida, por meio da celebração Eucarística, invocasse o nome do Senhor, com o coração agradecido pelo dom do sacerdócio confiado ao cardeal Damasceno. Com alegria, louvaram e agradeceram a Deus as atividades apostólicas de Dom Raymundo no exercício do ministério presbiteral:

---

[374] Foto: captura de imagem feita por meio da câmara do celular de Dom Raymundo Cardeal Damasceno Assis. APDRCDA.

"Ergue-se nosso louvor, acompanhado de nossa ação de graças, pois, pela unção do Espírito Santo, o Pai constituiu seu filho Jesus, Pontífice da nova e eterna aliança e, com inefável bondade, escolheu Dom Damasceno e lhe confiou o sagrado ministério. Por essa razão, celebrando seu Jubileu de Ouro de Ordenação Sacerdotal, com o salmista, proclamamos jubilosos: *Senhor, quero cantar eternamente o vosso amor e vossa fidelidade de geração em geração* (Sl 88,2). AMÉM!"[375]

Fotos[376]: arcebispos, bispos, sacerdotes e diáconos que participaram da missa comemorativa ao Jubileu de Ouro Sacerdotal de Dom Raymundo Cardeal Damasceno Assis, Conselheiro Lafaiete-MG, 19 de março de 2018.

As belas recordações de um tempo de frutífera amizade entre Dom Damasceno e Dom Lyrio, no Pontifício Colégio Pio Brasileiro, em Roma, e também, durante o presbiterado e episcopado, afloraram na lembrança de

---
[375] Homilia de Dom Geraldo Lyrio Rocha, arcebispo de Mariana-MG, na comemoração ao Jubileu de Ouro de Ordenação Sacerdotal de Dom Raymundo Cardeal Damasceno Assis, 19 de março de 2018, em Conselheiro Lafaiete-MG.
[376] Fotos: captura de imagens feitas por meio da câmara do celular de Dom Raymundo Cardeal Damasceno Assis. APDRCDA.

Dom Lyrio, que enfatizou sua admiração ao jubilado sacerdote, pelo testemunho de serviço, sincera amizade, jeito simples e fraterno, facilidade no relacionamento, amor e dedicação à Igreja. Realçando que Dom Damasceno foi ricamente revestido com dons do Senhor Jesus Cristo. E, que, após esses 50 anos de caminhada sacerdotal, o jubilado pode repetir a máxima expressão de São Paulo: *Combati o bom combate!* (2Tm 4,7).

XX. Combatendo o bom combate!

> "Tenho certeza que o senhor sabe que é muito amado por milhares de pessoas leigas, religiosos (as), bispos e Papas. Seu ministério é uma marca indelével no coração da Mãe da Igreja e nos nossos corações."[377]
> (Dom Orlando Brandes)

O sacerdote é forjado por Deus para guiar suas ovelhas por meio do caminho, tornando-o mais suave, ajudando as mais necessitadas, curando as machucadas, alimentando as famintas, salvando as que estão em perigo, protegendo do ataque de lobos, vivendo com elas, dias e noites, em atenção e cuidados de pastor. É ele quem entra em combate para proteger seu rebanho.

Ao longo deste livro, conhecemos a vida do menino Raymundo Damasceno Assis, que sempre enxergou Luz Divina em seu caminho, eliminando as sombras. Desde sua infância sabia qual era seu ideal, não sabia como, mas sabia onde queria chegar: o sacerdócio. Jamais fixou seu olhar nas pedras, que sempre surgem nas estradas, sua atenção era para a Luz que o guiava. Aquela pequena esperança de um dia ser sacerdote, que parecia algo tão fácil... acompanhar o Irmão marista... não foi simples, houve muitos percalços que, mesmo parecendo difíceis demais, foram um aprendizado para vencer os entraves, para romper correntes, para crescer na fé. A pequena esperança passou a ser determinação e,

---

[377] Carta de Dom Orlando Brandes, arcebispo de Aparecida, em comemoração ao Jubileu de Ouro de Ordenação Sacerdotal de Dom Raymundo Cardeal Damasceno Assis, 19 de março de 2018, Aparecida-SP.

para isso, o seminarista Damasceno aprendeu que a felicidade consiste em aceitar os projetos que para ele o Senhor traçou! Seu lema passou a ser: *Viver... na alegria do Senhor!*

A alegria de ser seminarista, de estudar para catequizar, de dominar vários idiomas, de cumprir a tarefa determinada pela Igreja, de sonhar alto e realizar os sonhos, de sonhar em grupo, de carregar pouca roupa na bagagem de mão e muito amor na bagagem do coração, encheu de tal modo seu coração de alegria que a tem de sobra, para distribuir a todos que encontra ao longo do caminho. Por onde passa, as pessoas percebem nele o dom da felicidade de servir a Deus. Chegou ao cardinalato, por saber que a alegria maior nasce e cresce no coração despojado do EU para tornar-se UM em Cristo. Muito lhe foi cobrado, porém, sua maior obediência à Igreja foi um ato voluntário de amor a Cristo, mesmo que precisasse estar um pouco distante de sua família; que precisasse mudar-se repentinamente para outra cidade ou, até mesmo, outro país; que precisasse bater às portas, pedindo doações; em tudo isso... em primeiro lugar vinha sua alegria de servir ao Senhor. Esse é seu mote de vida, a alegria que ninguém poderá lhe tirar. Mesmo nos momentos mais difíceis.

XXI. O caminho

> "Nós queremos cantar com o senhor, o *Magnificat* e o *Te Deum* pela grande dádiva que são para todos nós sua pessoa e seu sacerdócio."[378]
> (Dom Orlando Brandes)

"Recordando o caminho pontilhado de luz e marcado, também de sombras, de momentos de alegria e de tristeza, de júbilo e de sofrimento, de esperança no futuro e de saudades do passado, ao longo destes 50 anos de vida sacerdotal, o dileto Irmão, certamente, tem percebido a mão do senhor

---

[378] Idem.

Bloco 3 – Embaixador de Nossa Senhora

a conduzi-lo"[379], essas palavras de Dom Lyrio mostram-nos que a dualidade entre a alegria e a tristeza, seja qual for o caminho, a segurança está em ser conduzido por meio das mãos santas de Jesus Cristo. Ainda mais significativo foi o comentário do amigo arcebispo de Mariana, dizendo que na intimidade do coração de Dom Raymundo "ecoa a voz do Mestre a dizer: *Não mais vos chamo de servo, porque o servo não sabe o que seu amo faz; mas eu vos chamo de amigos, porque tudo que ouvi do Pai eu vos dei a conhecer* (Jo 15, 15)".[380] Palavras que ecoam e são ouvidas pelos milhares de fiéis durante as missas, palestras, retiros espirituais, mensagens, cartas, pronunciamentos, livros e diários de Dom Raymundo Cardeal Damasceno Assis.

XXII. Chafariz de Queluz

> "A arquidiocese de Aparecida deve-lhe muita gratidão e reconhecimento pelo seu grande pastoreio, pela admirável administração da arquidiocese, pelo zelo e cordialidade para com nossos sacerdotes, religiosos (as) e de, modo especial, pelo carinho e empenho comprovados pelo Santuário Nacional."[381]
> (Dom Orlando Brandes)

Em uma singela homenagem o prefeito municipal de Conselheiro Lafaiete, doutor Mário Marcus Leão Dutra, na missa comemorativa ao Jubileu de Ouro de Ordenação Sacerdotal de Dom Damasceno, fez um belo pronunciamento e entregou ao cardeal arcebispo emérito de Aparecida uma réplica do chafariz de Queluz – Conselheiro Lafaiete.

A primeira captação de água para o abastecimento público na Villa de Queluz veio do Morro da Mina e foi doada pelo velho Felicíssimo

---

[379] Homilia de Dom Geraldo Lyrio Rocha, arcebispo de Mariana-MG, na comemoração ao Jubileu de Ouro de Ordenação Sacerdotal de Dom Raymundo Cardeal Damasceno Assis, 19 de março de 2018, em Conselheiro Lafaiete-MG.
[380] Idem.
[381] Carta de Dom Orlando Brandes, arcebispo de Aparecida, em comemoração ao Jubileu de Ouro de Ordenação Sacerdotal de Dom Raymundo Cardeal Damasceno Assis, 19 de março de 2018, Aparecida-SP.

Candido de Meirelles. A canalização da água da mina até a vila foi patrocinada pelos senhores: Joaquim Lourenço Baeta Neves Filho – Barão de Queluz; José Ignácio Gomes Barbosa – Barão de Suassuhy e Joaquim Afonso Baeta Neves, e por esse empreendimento cada um deles recebeu uma pequena vazão de mil litros de água.

Consta que, em 1858, a *Companhia União e Indústria* havia fundido um chafariz destinado à Villa de Queluz e, estando pronto no prazo certo, precisava entregar a encomenda, "sabendo que o empreiteiro do chafariz de Queluz contratou, com a companhia, a condução dos objectos necessários e, no entanto, está em risco de pagar uma multa, pois por falta de condução não entregou a obra no tempo certo",[382] isso quer dizer que a União e Indústria não ia conseguir entregar a encomenda dentro do prazo. Vinte anos depois, em 26 de julho de 1878, a Câmara de Queluz pedia a providência da entrega de 13 mil réis para o abastecimento de água potável daquela cidade, dinheiro que estava depositado em juízo pelo Barão de Queluz, "ex-membro da comissão encarregada das obras do referido encanamento",[383] para dar vazão à água para abastecer a população com água potável, cujo receptáculo era um chafariz que seria instalado no Largo da Matriz.

Foto: chafariz na Praça do Largo da Matriz[384], Conselheiro Lafaiete-MG, s/d.

---
[382] *A Pátria, Jornal da Província do Rio de Janeiro*, 1858, p. 3.
[383] Jornal *A Atualidade: Órgão do Partido Liberal*, Minas Gerais, 23 de julho de 1878, Edição 00050, p. 2.
[384] Acervo de Mauro Dutra de Faria.

A instalação do chafariz foi em cima de um suporte de granito com quatro degraus, consta que são os mesmos que antigamente (1790) foram usados no pelourinho. Do chafariz as águas jorravam por meio de quatro bicas de bronze e logo abaixo delas, para dar suporte às latas e/ou potes de barro, utensílios usados para captação de água, estavam fixadas redondas mesinhas de ferro; entre elas e as bicas tinha um delicado ornamento, em bronze, imitando folhas de fumo. Na parte superior do chafariz existe uma grinalda de flores, contendo diversos tipos de frutas, onde o abacaxi está em evidência, por ser o símbolo da realeza.

XXIII. O simbolismo

"É uma grande honra tê-lo como amigo, pastor e Cardeal da Santa Igreja.
Grande abraço e prece, com sentimentos de gratidão, admiração e profunda estima."[385]
(Dom Orlando Brandes)

Há um simbolismo muito grande no presente que Dom Damasceno recebeu do prefeito Dutra. O chafariz é o lugar onde jorra água em abundância. Uma das missões de um pastor é matar a sede de suas ovelhas. O sacerdote sabe como aliviar a sede de paz, amor e justiça dos fiéis. A água do Batismo elimina o Pecado Original; a água Benta é um sacramental que nos alcança o perdão dos pecados veniais, livra-nos dos acidentes e, até mesmo, pode curar doenças; o primeiro milagre de Jesus foi transformar água em vinho; na crucificação de Jesus, ao ser lancetado seu lado, dali jorraram sangue e água. Nosso planeta é composto de 70% de água e o corpo humano tem a mesma quantidade. Afinal, a água é

---

[385] Carta de Dom Orlando Brandes, arcebispo de Aparecida, em comemoração ao Jubileu de Ouro de Ordenação Sacerdotal de Dom Raymundo Cardeal Damasceno Assis, 19 de março de 2018, Aparecida-SP.

essencial para nos mantermos vivos. Além de saciar nossa necessidade primária de subsistência, a água é necessária para o uso doméstico e comunitário. Ao pastorear, Dom Damasceno sacia a sede de suas ovelhas, distribui a água que busca no reservatório natural do Amor de Deus.

Foto: prefeito doutor Mário Marques Leão Dutra, na entrega da réplica do chafariz durante a missa comemorativa ao Jubileu de Ouro Sacerdotal Dom Raymundo Cardeal Damasceno Assis[386], Conselheiro Lafaiete-MG, 19 de março de 2018.

Foi muito expressivo esse presente da réplica do chafariz. Podemos nos atentar para um detalhe, a inscrição na placa que está implantada, há pelo menos 137 anos, no chafariz que resiste ao tempo e está fixado na praça, em frente à igreja Matriz. A frase está em latim: *assiduo vir propositi Tenax Omnia Vincit*, traduzindo para o português: *pela persistência, o homem de propósito firme, tudo vence.* Uma frase que venceu o tempo. Forjada para identificar os fortes. Especialmente se nos lembrarmos da-

---

[386] Foto: captura de imagem feita por meio da câmara do celular de Dom Raymundo Cardeal Damasceno Assis. APDRCDA.

quele menino Raymundinho, que era encarregado, em Capela Nova, de ir cedinho até o chafariz em frente à Matriz para encher os vasilhames de água, para abastecer a casa... porém, antes ia participar da missa, para abastecer seu coração com a Água Viva do Amor de Deus. E devemos a esses momentos intensos, dedicados a Cristo, nossa alegria de comemorarmos o Jubileu de 50 anos de Ordenação Sacerdotal de Dom Raymundo Cardeal Damasceno Assis, que sempre nos brinda com um gole de água pura, colhida no reservatório que construiu... vivendo na Alegria do Senhor.

***

HOMENAGENS A DOM RAYMUNDO CARDEAL DAMASCENO ASSIS

Título de *Cidadão Honorário de Conselheiro Lafaiete*, prestados à comunidade, pelos relevantes serviços, emitido pelo Município de Conselheiro Lafaiete. Nos termos da resolução n. 14/89 de 19 de maio de 1989. Emitido no dia 22 de setembro de 1989.

Homenagem do *Serviço de Assistência Religiosa das Forças Armadas da Venezuela*. Emitido em setembro de 1991, em Caracas – Venezuela.

Bênção Apostólica do Papa João Paulo II, por ocasião do Jubileu de Prata de Ordenação Sacerdotal. Emitida no dia 19 de março de 1993, Vaticano.

Título de *Cidadão Honorário Carmopolitano*, concedido pelo povo e seus representantes, pelos serviços prestados ao município, por meio do Decreto Lei n. 102/99. Emitido no dia 26 de dezembro de 1999, em Carmópolis-MG.

Título de *Cidadão Honorário de Brasília*, emitido pela Comarca Legislativa do Distrito Federal, nos termos do Decreto Legislativo n. 293 de 17 de junho de 1998. Emitido no dia 6 de novembro de 2000.

Diploma da *Ordem do Mérito Judiciário Militar*, concedido pelo Conselho da Ordem do Mérito Judiciário Militar, criado pelo Superior

Tribunal Militar, em sessão de 12 de junho de 1957. Emitido no dia 20 de novembro de 2002, em Brasília-DF.

Título de *Cidadão Honorário e Benemérito Aparecidense*, concedido pela Prefeitura Municipal. Emitido no dia 15 de dezembro de 2005, em Aparecida-SP.

Diploma de *Honra ao Mérito*, concedido pela Câmara Municipal. Emitido no dia 17 de maio de 2007, em Potim-SP.

Diploma de *Amigo do Batalhão*, concedido pelo Exército Brasileiro. Emitido no dia 9 de novembro de 2007, em Lorena-SP.

Diploma de *Mérito Legislativo Câmara dos Deputados*, concedido pela Câmara dos Deputados, em Brasília-DF. Emitido no dia 21 de novembro de 2007.

Diploma de *Membro Honorário da Força Aérea Brasileira*, concedido pela Escola de Especialistas de Aeronáutica. Emitido no dia 25 de março de 2008, em Guaratinguetá-SP.

Medalha Comemorativa do Estado de Minas Gerais. Concedida pelo Governo Municipal de Mariana. Lei número 561 de 10 de junho de 1980, Decreto Lei n. 1238. Emitida no dia 16 de julho de 2008.

Diploma no grau de *Comendador da Ordem do Mérito de Defesa*, concedido pelo Ministério da Defesa. Criado pelo Decreto Lei n. 4263 de 10 de junho de 2002. Emitido no dia 2 de agosto de 2010, em Brasília-DF.

Medalha Brigadeiro Tobias concedida pela Polícia Militar do Estado de São Paulo. Criado pelo decreto n. 45648 de 7 de dezembro de 1965. Emitida no dia 15 de dezembro de 2010, em São Paulo-SP.

Colar do Mérito Judiciário Militar, concedido pelo Tribunal de Justiça Militar do Estado de Minas Gerais, no dia 9 de novembro de 2011, em Belo Horizonte-MG, resolução n. 34/2000, Tribunal de Justiça Militar de Minas Gerais. Emitido no dia 9 de novembro de 2015.

Congratulação pelo Jubileu de Prata Episcopal, emitido pelo Poder Executivo e Legislativo de Conselheiro Lafaiete. Emitido no dia 8 de dezembro de 2011, em Conselheiro Lafaiete-MG.

Medalha da Inconfidência, concedida pelo Governo do Estado de Minas Gerais. Por meio da Lei n. 882 de 28 de junho de 1952. Emitida no dia 21 de abril de 2012, em Belo Horizonte-MG.

Diploma da *Ordem do Mérito Judiciário do Trabalho* no grau de *Grande Oficial*, concedido pelo Tribunal Superior do Trabalho. Resolução n. 58 de 11 de novembro de 1970. Emitido no dia 8 de agosto de 2012, em Brasília-DF.

Comenda de *Liberdade e Cidadania*, concedida na fazenda do Pombal-MG. Decreto conjunto 001/2011, de 6 de setembro de 2011. Emitida no dia 10 de novembro de 2012.

Título de Ilustre Visitante, emitido pelo Prefeito da Cidade do Panamá, em comemoração ao marco de 500 anos da criação da primeira Diocese de Terra Firme Santa Maria de La Antigua e dos 500 anos no descobrimento do Oceano Pacífico. Emitido no dia 15 de maio de 2013.

Diploma de *Colaborador Emérito do Exército*, concedido pelo Exército Brasileiro. Emitido no dia 17 de março de 2014, em São Paulo-SP.

Diploma de *Comendador Ministro João Nogueira de Rezende*, concedido pelo Hospital e Maternidade São José. Pelo Decreto Lei instituído em 16 de março de 2014. Emitido no dia 16 de agosto de 2014, em Conselheiro Lafaiete-MG.

Comenda Ambiental da Estância Hidromineral de São Lourenço, concedida pela prefeitura de São Lourenço Minas Gerais-MG, Instituída pelo Decreto Lei Municipal n. 2967. Emitida no dia 22 de março de 2015.

Certificado *Comenda Cônego Hermógenes*, concedido pela Paróquia do Santíssimo Sacramento, por meio do decreto episcopal n. 1 de 7 de abril de 2014. Emitido no dia 31 de maio de 2015, em Sacramento-MG.

Comenda Dom Luciano Mendes de Almeida. Criada em 1º de julho de 2008, resolução n. 004 do Conselho Permanente da Comenda. Emitida no dia 27 de agosto de 2015 em Mariana-MG.

Título de *Cidadania Aurorense*, concedido pela Câmara Municipal de Aurora – Ceará. Por meio do Decreto Lei n. 01/2013. Emitido no dia 20 de fevereiro de 2016.

Título de *Cidadania Honorária Guaratinguetaense*, concedido pela Câmara Municipal de Guaratinguetá. Por meio do Decreto Lei n. 002-2016. Emitido no dia 19 de maio de 2016.

Título de *Cidadão Americanense*, concedido pela Câmara Municipal de Americana. Emitido dia 27 de maio de 2016.

Outorga do diploma histórico de *Honra ao Mérito FAESP* – Federação de Agricultura e Pecuária do Estado de São Paulo, concedido pelo presidente da Faesp: Doutor Fábio Meirelles. Emitido no dia 29 de junho de 2016.

Título de *Cidadão Roseirense*, concedido pela Câmara Municipal de Roseira. Por meio do Decreto Lei n. 002-2016. Emitido no dia 8 de agosto de 2016.

Outorga do *Grande Colar do Mérito Judiciário*, da Justiça do Trabalho da 15ª Região de Campinas, concedida pelo Tribunal Regional do Trabalho da 15ª Região. Emitido no dia 14 de outubro de 2016.

Gratidão pelos Serviços Prestados à Igreja do Brasil, pela atenção e acolhimento em Aparecida. Emitido por: Canto Pastoral Nacional, Corais da Região Sul I, Grupo de Canto Pastoral de São Paulo, Coral Diocesano de Catanduva, Coral Santa Cecília – Apiaí-SP, Coral São Francisco de Assis – Pindamonhangaba-SP, Coral Nossa Senhora da Glória – Guaratinguetá-SP, Coral Santa Terezinha – Campos do Jordão-SP, Coral Litúrgico – Santa Cruz – Ubatuba-SP. Emitido no dia 13 de janeiro de 2017.

Moção de *Parabenização pelos Trabalhos* prestados como Líder da Igreja na arquidiocese de Aparecida-SP. Emitido no dia 14 de fevereiro de 2017, pela Câmara Municipal de Roseira–SP.

Título de *Benemérito do Brasília Country Club – BCC*, pelos relevantes serviços prestados. Emitido no dia 24 de março de 2017, em Brasília-DF.

Placa de *Excelência Acadêmica* pela Associação dos Docentes da Universidade de Brasília – ADUnB, pela notável trajetória na Universidade de Brasília. Emitido no dia 28 de outubro de 2017, em Brasília-DF.

Hóspede de Honra da Cidade de Salta. Expedido n. 262 – 293981/17, pela visita e consagração do templo e altar da Paróquia A Ressurreição do Senhor e Nossa Senhora Aparecida, na localidade de Vaqueros. Decretado e protocolado pelo governador de Salta, Dr. Juan Manuel Urtubey e pelo secretário do governador, Dr. Ramiro Símon Padrós. Emitido no dia 7 de dezembro de 201, em Salta, Argentina.

Hóspede de Honra da Cidade de Salta. Decreto n. 1331, emitido pelo Departamento Executivo do Município de Salta e publicado em Boletim Oficial, assinado pelo prefeito, Dr. Gustavo A. Ruberto Sáenz, e pelo secretário geral, Dr. Juan Carlos Villamayor. Por visitar o projeto do templo Nossa Senhora Maria Rainha da Paz, no bairro Santo Ignácio, Salta. Emitido no dia 7 de dezembro de 2017, em Salta, Argentina.

Diploma emitido pela Câmara Municipal, em Agradecimento aos Serviços Prestados à arquidiocese de Lagoinha, Alegria do Senhor. Emitido no dia 8 de dezembro de 2017.

FIM

AGRADECIMENTOS

– Alice Aparecida Bittencourt dos Santos, do Arquivo Memória de Guaratinguetá, *Museu Frei Galvão*, por disponibilizar várias pastas com vasto material a respeito da cidade de Aparecida-SP.

– Andrea Moroni, assessora de imprensa da *Arquidiocese de Aparecida*, por seu depoimento e pela triagem de fotografias especiais para este livro.

– Blanca González de Inger, que por 46 anos foi secretária executiva do presidente; secretária do secretário-geral e do secretário-adjunto do *Conselho Episcopal Latino-Americano e Caribenho*, por seu depoimento e por sua ajuda para identificar as pessoas na fotografia onde constam as secretárias do Celam.

– Carolina dos Santos, bibliotecária e arquivista, pelo acolhimento e disponibilidade de fazer a triagem de material iconográfico por meio do *Acervo da Comissão para o Patrimônio Histórico*, Aparecida-SP, para o engrandecimento desta obra.

– Carolina Tirelli, estagiária na *Imprensa Comunicação Institucional do Santuário Nacional de Aparecida*, Aparecida-SP, que localizou uma foto importante para este livro.

– Claudinei Mariano da Silva, por confiar ao livro suas aventuras ao conhecer Papa Bento XVI e Papa Francisco, quando estiveram em Aparecida.

– Denir de Campos, coordenador da parte administrativa e operacional da *Arquidiocese de Aparecida*, por contribuir com detalhes a respeito do empreendimento de reforma do *Seminário Bom Jesus*.

– Dom Antônio Afonso de Miranda, por contribuir com informações a respeito da primeira peregrinação Mariana Luso-brasileira da imagem de Nossa Senhora Aparecida.

– Dom Darci José Nicioli, arcebispo de Diamantina-MG, por seu depoimento sobre o Santuário Nacional, a cidade de Aparecida, as visitas de dois Papas a Aparecida, a reforma no Seminário Bom Jesus e sua participação na arquidiocese como bispo auxiliar.

– Dom José Freire Falcão, pela consideração do cardeal arcebispo emérito de Brasília em escrever a apresentação deste livro.

– Dom Marcony Vinícius Ferreira, bispo auxiliar de Brasília, por encontrar e disponibilizar para este livro importantes documentos a respeito das paróquias: *Vila Planalto*, *Santíssimo Sacramento* e *Catedral* – Brasília--DF, e, até mesmo, decifrar partes de documentos.

– Dorothea Barboza, por nos auxiliar na captação de imagens e documentos no *Centro Documentação e Memória* – CDM, Santuário Nacional, Aparecida-SP.

– Eduardo Mundim Pena, engenheiro aposentado da *Novacap*, por ser cicerone da autora, durante a estadia dela na cidade de Brasília.

– Eliete Galvão Reis da Silva, administradora do *Arquivo da Cúria Metropolitana de Aparecida*, por fazer a triagem de documentos e fotografias para aprimorar este livro.

– Eric Pelogia Pieri, engenheiro, diretor da *Lótus Implantação de Projetos*, por ceder imagens complementares para a parte do Seminário Frei Galvão e por seus esclarecimentos sobre esse assunto.

Agradecimentos

– Família de Dom Raymundo Cardeal Damasceno Assis; senhora Maria de Assis Pereira (Marizita); senhor Jairo Damasceno Assis e padre Evandro Luiz de Assis Pereira, pelos importantes depoimentos que abrilhantaram esta obra. Senhora Carmen de Assis Barbosa e senhor Marcelino José de Assis, pelo apoio logístico durante a etapa de revisão do livro em Conselheiro Lafaiete. Hélio Damasceno, pela gentileza em disponibilizar fotografias de Capela Nova de seu acervo particular, registradas por ele e por seu pai, senhor João Bento, que fazia o Cinema Itinerante naquela região de Minas Gerais.

– Gabriel Abreu, D. A Press Multimídia, por encontrar importante crônica no *Acervo Correio Braziliense*, para constar nesta biografia.

– Irmã Vanézia, por assessorar por meio de e-mails, enviando documentos e textos necessários para a composição deste livro; e Conceição, pela atenção dispensada à autora, fazendo companhia em Brasília-DF.

– Irmão José Mauro Maciel, redentorista desde 1984, pela terceira vez residente em Aparecida (1993-1998; 2010-2015; 2017), por nos acolher na *Comunidade Redentorista Padre Gebardo Wiggermann* – Convento Velho, pela disponibilidade de ajudar na procura das crônicas redentoristas e que abrilhantou a obra, falando sobre a evolução da hospedagem e alimentação aos romeiros que chegam a Aparecida.

– Irmão Roque Plínio Loss, marista, e ao professor Manoel Martins Falqueto, que, por meio do CEM – *Centro de Estudos Maristas*, Belo Horizonte-MG, deram seus testemunhos sobre o Colégio Marista de Mendes.

– Jaqueline Pereira França, durante quase 13 anos secretária executiva do arcebispo Dom Raymundo Cardeal Damasceno Assis, por muito nos ajudar com seu depoimento e seu texto, que abrilhantou esta biografia.

– Juiz doutor Rafael Andrade Leite, pelo depoimento sobre a época em que foi seminarista em Mariana.

– Madre Martha Lúcia Ribeiro Teixeira, Osb, abadessa do *Mosteiro Nossa Senhora da Paz*, Itapecerica da Serra, por prestigiar esta obra com seu depoimento e disponibilizar fotos e textos a respeito de Cláudio Pastro. Também, por sua acolhida e orações.

– Maria Angélica L. Targhett, gerente de acervo bibliográfico do *Arquivo Público do Distrito Federal*, por disponibilizar vídeos, matérias em periódicos com informações relevantes para este livro.

– Maria Lúcia Chad, Aparecida-SP, com suas informações a respeito do tempo de permanência de Dom Mário Bergoglio (Papa Francisco) no *Hotel Marge*, durante a V Conferência Geral do Episcopado Latino-Americano e Caribenho.

– Mário Gáspare Giordano, doutor e escritor, pelo envio do livro *Memórias de Um Convento: Conquistas de uma Educação e Formação Maristas*; que ajudou no aprimoramento desta obra no contexto histórico dos maristas de Mendes.

– Monsenhor Guillermo Arturo Melguizo, por nos ajudar com informações sobre a *IV Conferência do Episcopado Latino-Americano e Caribenho*.

– Monsenhor Juan Espinoza Jiménez, secretário-geral do *Conselho Episcopal Latino-Americano e Caribenho*, que gentilmente enviou documentos e fotografias para aprimorar a parte referente ao Celam.

– Padre Décio Batista Teixeira, Brasília-DF, pelo esclarecimento a respeito dos últimos dias de vida do presidente Tancredo Neves.

– Padre Fábio Evaristo, C.Ss.R., por prestigiar a obra, acolhendo-a junto com o conselho editorial para compor a lista dos títulos da *Editora Santuário*.

– Padre José Carlos Brandi Aleixo, SJ, Cidadão Honorário de Brasília, por ajudar nesta obra com seu depoimento a respeito da *Academia Brasiliense de Letras* e da *Universidade de Brasília*.

Agradecimentos

– Padre Manoel Godoy, SJ, Belo Horizonte-MG, pela ajuda a respeito da *Conferência Nacional dos Bispos do Brasil* – CNBB.

– Padre Oscar Duque Estrada, PPS, colombiano, pelas informações a respeito da época em que veio para o Brasil, transferido para o *Seminário Menor de Brasília*, onde deu formação a inúmeros padres.

– Padre Victor Hugo Lapenta, por gentilmente falar sobre a importância de contribuir com a *Comissão para os Bens Culturais e Históricos de Aparecida* e o dinamismo do arcebispo na arquidiocese.

– Rita Sêda Pinto, professora, e ao historiador Ivon Luiz Pinto, pela revisão historiográfica, feita especialmente para este livro.

– Senador José Sarney, por enviar informações a respeito da *Santa Missa de Exéquias* do presidente eleito Tancredo Neves.

– Stella da Costa César e senhor Juarez da Costa César, pela consulta feita no CEMEG – *Centro Mineiro de Estudos Genealógicos*, a respeito dos primórdios da família DAMASCENO /ASSIS.

– Suélen Cristina de Oliveira, pedagoga, pesquisadora, por ajudar na triagem de material no acervo do *Museu Frei Galvão*, Guaratinguetá-SP.

– Sônia Gomes de Oliveira secretária-adjunta da *Conferência Nacional dos Bispos do Brasil* – CNBB, que gentilmente ajudou na triagem de documentos no Arquivo CNBB, Brasília-DF.

– Vanilda Pereira, do Acervo da *Biblioteca Dom Tarcísio Amaral*, Comunidade C.Ss.R., Aparecida-SP, por ajudar a encontrar crônicas redentoristas importantes para compor este livro.

– Secretaria de Comunicação – SECOM, *Universidade de Brasília*, que por meio da assessora de imprensa Jessica Louza, indicou-nos importantes acervos em Brasília, onde fizemos pesquisas.

ACERVOS

Agradecimentos à diretoria/presidência dos acervos/arquivos consultados:

– Arquivo da Cúria Metropolitana de Aparecida – ACMA, Aparecida-SP.

– Arquivo Imprensa Arquidiocese de Brasília-DF.

– Arquivo Metropolitano da Arquidiocese de São Paulo-SP.

– Arquivo Público do Distrito Federal, Brasília-DF.

– Arquivo Memória de Guaratinguetá – Museu Frei Galvão, Guaratinguetá-SP.

– Arquivo Nacional. Ministério da Justiça e Segurança Pública. Rio de Janeiro-RJ.

– Arquivo Público do Distrito Federal, Brasília-DF.

– Arquivo Público Mineiro, Belo Horizonte-MG.

– Biblioteca Dom Tarcísio Amaral, Comunidade Redentorista, Aparecida-SP.

– Central dos Estudantes, DCE, UnB, Honestino Guimarães.

– Centro Cultural de Brasília – DF.

– Centro Documentação e Memória – CDM, Santuário Nacional, Aparecida-SP.

– Centro de Estudos Marista, CEM, Belo Horizonte-MG.

– Conferência Nacional dos Bispos do Brasil – CNBB, Brasília-DF.

– Conselho Episcopal Latino-Americano e Caribenho, CELAM, Bogotá, Colômbia.

– Comissão para o Patrimônio Histórico – Redentoristas – Aparecida-SP.

– Correio Braziliense, D. A Press Multimídia – DF.

– Cúria Metropolitana de Brasília-DF.

– Família Chad, Marge Hotel, Aparecida-SP.

– Fundação Darcy Ribeiro, Brasília-DF.

– Imprensa Comunicação Institucional do Santuário Nacional de Aparecida, Aparecida-SP.

– Lótus Implantação de Projetos, São Paulo-SP.

– Particular Dom Raymundo Cardeal Damasceno Assis – Brasília-DF.

– Secretaria de Comunicação – SECOM, Universidade de Brasília– DF.

– Seminário Maior de Brasília-DF.

– Universidade de Brasília, UnB, por meio do Cedoc/UnB Agência.

ENTREVISTAS
(Especialmente para esta obra – EPEO)

– Abadessa Irmã Martha Lúcia Ribeiro Teixeira, Itapecerica da Serra--SP, 12 de outubro de 2017.

– Andrea Moroni, Aparecida-SP, 1 de novembro de 2017.

– Blanca González de Inger, Bogotá, Colômbia, 26 de novembro de 2017.

– Claudinei Mariano da Silva, Aparecida-SP, 1 de novembro de 2017.

– Denir de Campos, Aparecida-SP, 27 de outubro de 2017.

– Dom Antônio Affonso de Miranda, Taubaté-SP, 6 de setembro de 2017.

– Dom Darci José Nicioli, Brasília-DF, 29 de novembro de 2017.

– Dom Marcony Vinícius Ferreira, Brasília-DF, 22 de agosto de 2017.

– Doutor Rafael Andrade Leite, Divinópolis-MG, 25 de abril de 2017.

– Eric Pelogia Pieri, São Paulo-SP, 24 de outubro de 2017.

– Irmão José Mauro Maciel, C.Ss.R, Aparecida-SP, 27 de outubro de 2017.

– Irmão Roque Plínio Loss, Belo Horizonte-MG, maio de 2017.

– Jairo Damasceno de Assis, Conselheiro Lafaiete-MG, 17 de abril de 2017.

– Jaqueline Pereira França, Aparecida-SP, 27 de outubro de 2017.

– Maria de Assis Pereira, Conselheiro Lafaiete-MG, 18 de abril de 2017.

– Maria Lúcia Chad, Aparecida-SP, 5 de dezembro de 2017.

– Padre Décio Batista Teixeira, Brasília-DF, 23 de agosto de 2017.

– Padre Evandro Luiz de Assis Pereira, Brasília-DF, 23 de novembro de 2017.

– Padre José Carlos Brandi Aleixo, SJ, 24 de agosto de 2017.

– Padre Oscar Duque Estrada, PPS, Brasília-DF, 23 de agosto de 2017.

– Padre Manoel Godoy, SJ, Belo Horizonte-MG, 15 de novembro de 2017.

– Padre Victor Hugo Silveira Lapenta, C.Ss.R., Aparecida-SP, 10 de janeiro de 2018.

– Professor Manoel Martins Falqueto, Belo Horizonte-MG, maio de 2017.

REFERÊNCIAS BIBLIOGRÁFICAS

1) Material Primário e Secundário:
diários, atas, homilias, discursos, textos avulsos, cartas, livros,
opúsculos, artigos e teses

– *A Arte Sacra de Cláudio Pastro na Basílica de Aparecida e sua Contemporaneidade, História, Cultura e Leitura de suas Obras.* Dissertação de Egidio Shizuo Toda para Mestre em Educação, Arte e História da Cultura, Universidade Presbiteriana Makenzie, São Paulo, 2013.

– *A Dignidade da Pessoa e o Bem Comum no Concílio Vaticano II.* Artigo. Pe. Ailbe O'Reilly ORC. S/D.

– AEAM – CRUZ, Dom Frei Manuel da. *Relatório do Episcopado de Mariana à Sagrada Congregação do Concílio de Trento.* 1, 1a, 17, 1757.

– ALCÂNTARA, Ailton S. de. *Paulistinhas: Imagens Sacras, singelas e singulares.* Dissertação de Mestrado Programa de Pós-Graduação em Artes, UNESP Universidade Estadual Paulista – Campus São Paulo Júlio de Mesquita Filho, Instituto de Artes, 2008.

– ALEIXO, José Carlos Brandi. *Discurso de Recepção do Acadêmico Padre José Carlos Brandi Aleixo.* Brasília, Academia Brasiliense de Letras, 23 de junho de 2004.

– *Almanak Administrativo Civil e Industrial da Província de Minas Gerais do Anno de 1874 para servir no de 1875.* Organizado e Redigido por

Antonio de Assis Martins, propriedade da Província. Ouro Preto Thypographia de J.L. de Paula Castro.

– *Anais do II Encontro Nacional do GT História das Religiões e das Religiosidades*. Revista Brasileira de História das Religiões – ANPUH, Maringá (PR) v. 1, n. 3, 2009.

– Afonso Maria de Ligório, Santo. *A prática do amor a Jesus Cristo*. Tradução Gervásio Fábri dos Anjos, 7ª Edição, Aparecida-SP: Editora Santuário, 1996.

– Arquidiocese de São Paulo, *Histórias dos Bispos Diocesanos*. In: site *arquisp*; acesso em 4 de novembro de 2017.

– Assembleia Geral Extraordinária do Sínodo dos Bispos – III. Os desafios Pastorais da Família no Contexto da Evangelização *INSTRUMENTUM LABORIS*. Cidade do Vaticano 2014.

– ASSIS, Monsenhor Victor Rodrigues de. *Dom Duarte Leopoldo e Silva*. Catanduva: Edições IBEL Tipografia São Domingos S/A, 1967.

– AVELIMA, Luís. *Seminário Missionário Bom Jesus*. Rio de Janeiro: Capivara Editora, 2012.

– AZEVEDO, Álvares de. *Na Minha Terra*. In: *As mais belas Poesias*. Livro escolar, Equipe EBSA, gráfica da Editora do Brasil, Coleção Didática de Minas Gerais, 1973, 3º volume.

– BAPTISTA, José Newton de Almeida. *Palavra do Pastor IX. Notas Históricas do Seminário de Brasília*

– BARBOSA, Benedicto Lourenço. *Nossas Origens*. Aparecida: Edição do Autor, Coleção O Lince, 2007.

– BAXANDALL, M. *O Olhar Renascente: Pintura e Experiência Social na Itália da Renascença*. Tradução Maria Célia Preto da Rocha de Almeida. Coleção Oficina das Artes, Rio de Janeiro: Editora Paz e Terra, 1991.

Referências Bibliográficas

– BOSCHI, Caio César. *A Universidade de Coimbra e a formação intelectual das elites mineiras coloniais. Estudos Históricos.* Rio de Janeiro, 1991.

– BRUSTOLONI, Pe. Júlio C.Ss.R. *A Senhora da Conceição Aparecida – História da Imagem, da Capela, das Romarias.* Aparecida: Editora Santuário, 6ª Edição, 1986.

– *Cânon 351 do Código de Direito Canônico Promulgado por S.S. o Papa João Paulo II.* Lisboa: Editorial Apostolado da Oração – Braga, 4ª edição, Lisboa, 1983.

– CARDEAL MOTTA. *Reminiscências.* São Paulo: Edições Loyola, 1990.

– CARRATO, José Ferreira. *Igreja, iluminismo e escolas mineiras coloniais.* São Paulo: Cia Ed. Nacional, 1968.

– CASCUDO, Luís da Câmara. *Superstições e Costumes.* 1ª ed. Rio de Janeiro: Antunes & Cia. LTDA, 1958.

– CÉSAR, José Vicente. *História de Capela Nova.* Belo Horizonte: Editora O Lutador, 1990.

– Cf. C. O'DONNELL; S. PIE-NINOT, *"Conferências episcopales".* In: DEcl, San Pablo, 2001.

– CHARTUNI, Maria Helena. *A história de dois restauros: meu encontro com Nossa Senhora Aparecida.* Aparecida: Editora Santuário, 2016.

– *Cláudio Pastro: Autobiografia.* Prof. Dra. Wilma Steagall De Tommaso. Transcrição de entrevistas realizadas e gravadas na casa do artista, na cidade de São Paulo, no bairro das Perdizes, entre os meses de junho a dezembro de 2011.

– CLARET, Martin. *A essência da vontade.* São Paulo, Editora Martin Claret, 1999.

– *CNBB, Doc. 58, Pronunciamentos da CNBB 1992-1996.*

– COELHO, Beatriz. Organizadora. *Devoção e Arte, Imaginária Religiosa em Minas Gerais*. São Paulo, Editora da Universidade de São Paulo EDUSP, 2005.

– *Conferência Nacional dos Bispos do Brasil, Doc. CNBB-78, Assembleias Gerais de 1997 a 2003*. São Paulo: Edições Paulinas, 2004.

– CONY, Carlos Heitor. *JK Memorial do Exílio*. Artigo. In: Revista Manchete Color, n.12.

– COSTA, Cláudio Manoel da. *Poemas*. São Paulo: Editora Cultrix, 1966.

– COUTO, Ronaldo Costa. *Juscelino Kubitscheck*. Brasília: Câmara dos Deputados, Edições Câmara Senado Federal, Edições Técnicas, 2011.

– *Crônica da Comunidade Redentorista de Aparecida, 1929-1940* – IV° Volume, p. 198. Acervo da Biblioteca Dom Tarcísio Amaral, Comunidade CSsR, Aparecida-SP, Santuário Nacional.

– *Crônica de Cláudio (Ir. Martinho, oblato, OSB) Pastro*. Irmãs Beneditinas do Mosteiro Nossa Senhora da Paz, Itapecerica da Serra, março de 2017.

– *Devoção e Arte, Imaginária Religiosa em Minas Gerais*. Org. Beatriz Coelho. São Paulo, Editora da Universidade de São Paulo EDUSP, 2005.

– *Documento de Aparecida*, Texto Conclusivo da V Conferência Geral do Episcopado Latino-Americano e do Caribe, CELAM, Edição: CNBB, Paulus, Paulinas, 2007.

– *Documento Final, V Conferência Geral do Episcopado Latino-americano e do Carib*e, Aparecida, 13-31 de maio de 2007.

– Dom Angelo Sodano. Homilia. *Missa pro eligendo Romano Pontifice*, dia 12 de março de 2013

Referências Bibliográficas

– D'OLIVEIRA, Brigadeiro José Joaquim Machado. *Quadro Histórico da Província de São Paulo até o anno de 1822.* 2ª ed. São Paulo, 1897.

– ESTÉS, Clarissa Pinkola. *O Jardineiro que tinha Fé: uma fábula sobre o que não pode morrer nunca.* Tradução de Waldéa Barcellos. 1ª ed. Rio de Janeiro: Editora Rocco, 1996.

– ENGLISCH, Andreas. *Francisco: o papa dos humildes.* Tradução de Gabriela França, São Paulo: Universo dos Livros, 2013.

– FERRARI, Salvador. *Cardeal Motta Reminiscências.* Arquidiocese de Aparecida, São Paulo: Edições Loyola, 1990.

– FIGUEIREDO, Jadilney Pinto de. *Dom José Newton de Almeida Batista, 50 anos de sacerdócio.* Brasília: Senado Federal Centro Gráfico, s/d.

– FONSECA, L. Gonzaga da. *Histórias de Oliveira.* Divinópolis: Editora Centenário, 1961.

– FRAGA, Plínio. *Tancredo Neves o príncipe civil.* 1ª ed. Rio de Janeiro: Editora Objetiva, 2017.

– FONSECA, Pe. Devair Araújo da. *O surgimento do Celam na América Latina.* Artigo. In: site *Evangelizando com Maria*, documentos do CELAM.

– FREIRE, José Ribamar Bessa; MALHEIROS, Márcia Fernanda. *Aldeamentos Indígenas do Rio de Janeiro.* Rio de Janeiro: 2ª ed. EDUERJ, 2009.

– FURET, Jean-Baptiste. *Vida de São Marcelino José Bento Champagnat.* São Paulo: Loyola: SIMAR, 1999.

– GIORDANO, Mario Gáspare. *Memórias de um convento: Conquistas de uma Educação e Formação Maristas.* 1ª ed. Rio de Janeiro: Edição do Autor, 2017.

– GROPPO, Luiz Antônio. Ensaio – *Movimento estudantil: A revolta mundial da juventude e o Brasil.* In: *Revista Teoria e Debate*, 1 de maio de 2008.

– GUIMARÃES, Eder D´Artagnam Ferreira. *Desejo que todo mundo seja idoso – o processo de envelhecimento na vida religiosa Consagrada Marista.* Brasília: Universidade Católica de Brasília, Dissertação Pós-Graduação Stricto Sensu para Mestre em Gerontologia, 2012.

– GRÜN, Anselm. *Seja fiel aos seus sonhos.* 2ª ed. Petrópolis: Editora Vozes, 2007.

– GRÜN, Anselm. *Se quiser experimentar Deus*; 2ª ed. Petrópolis: Editora Vozes, 2001.

– HESSE, Hermann. *Caminhada.* 1ª ed. Rio de Janeiro: Editora RECORD, s/d.

– *Homilia da Missa de Bodas de Ouro de Sr. Francisco Solano Lopes de Assis e Sra. Carmen Damasceno Assis*, Padre José Vicente César. Capela Nova-MG, 25 de julho de 1928.

– HÜTTNE, Édison. *São Marcelino Champagnat: dos Braços ao Coração de Maria.* 1ª ed. Porto Alegre: EDIPUCRS Pontifícia Universidade Católica do Rio Grande do Sul, 2000.

– J.C. César. In: Jogral *O Presépio do Menino que é do Menino Jesus – Fantasia do Nascimento de Dom Raymundo Cardeal Damasceno Assis.* Setembro de 2011.

– J.I. SARANYANA, *Cem anos de Teologia na America Latina.* São Paulo, Editora: Paulinas-Paulus.

– Jaqueline Pereira França. Textos avulsos: *Santuário Arquidiocesano Santo Antônio de Sant'Anna Galvão* – Breve Histórico do projeto de ampliação do Santuário Frei Galvão – etapas percorridas. / *13 anos de convívio com Dom Raymundo Cardeal Damasceno Assis.*

– J. M. Laboa, *Historia de la Iglesia – IV Época Contemporânea*, BAC, 2002.

Referências Bibliográficas

– João Paulo Berto – *A arte a serviço do sagrado: a arte sacra de Cláudio Pastro (1948-) e o santuário nacional de Nossa Senhora da Conceição Aparecida* – VIII EHA – Encontro de História da Arte – 2012.

– Juscelino Kubitschek. In: Discurso ao ingressar na *Academia Mineira de Letras*, 3 de maio de 1975.

– LARRAÑAGA, Ignácio. *O Silêncio de Maria*. 21ª ed. São Paulo: Edições Paulinas, 1977.

– LEITE, José. *Santos de cada dia*, Editorial A.O., Braga, Portugal, 1994, pp. 416-418.

– LELOUP, Jean-Yves. In: *Terapeutas no Deserto, de Fílon de Alexandria e Francisco de Assis a Graf Dürckheim*. 4ª ed. Petrópolis: Editora Vozes, 1999.

– LIBANIO, Pe. J. B. Artigo. *Conferência de Aparecida, novembro-Dezembro de 2007*.

– Livreto de *Orientações para o proceder com os Bens Culturais e Históricos da Arquidiocese de Aparecida*. Editora Santuário, 2015.

– *Livro da Instituição da Capela*, Aparecida-SP, fl 9, 1750.

– *Livro do Tombo de 1757-1873, p. 2*. Paróquia Santo Antônio de Guaratinguetá-SP. Arquivo da Cúria Metropolitana de Aparecida, Paróquia Santo Antônio de Guaratinguetá-SP.

– Livro do Tombo (III) da Paróquia de Nossa Senhora da Conceição Aparecida, 1933 a1960, Ano de 1940.

– *Livro da Instituição da Capela*, 1750, fl 9. Acervo da Cúria Metropolitana de Aparecida, ACMA.

– MEIRELES, Cecília. In: *As mais belas poesias*. Livro didático. Editora do Brasil em Minas Gerais S.A., 1973.

– *Memórias da Academia Real das Sciências de Lisboa*, Volumes 2-3, Lisboa Typographia da Academia, *MDCCCLXV*.

– MERCADANTE, Paulo. *Os Sertões do Leste, estudo de uma região a Mata Mineira*. Rio de Janeiro: Editora Zahar. S/D.

– MERTON, Thomas. *Homem algum é uma ilha*. Campinas-SP: Verus Editora, Tradução: Timóteo Amoroso Anastácio, 2003.

– MIRANDA, Antônio Affonso de, SDN. *Maria, Mãe da Divina Graça*. 3ª ed. Belo Horizonte: O Lutador, 2014.

– MONTEIRO, Bruno da Costa. *Planejamento e Vulnerabilidade na Nova QNR, Ceilândia*. Monografia de Bacharelado Departamento de Geografia, da Universidade de Brasília – UnB. Brasília, Distrito Federal, junho de 2009.

– *Nossa Senhora da Conceição Padroeira e Rainha de Portugal e de todos os Povos de Língua Portuguesa*. Artigo. José Aníbal Marinho Gomes, Revista *Risco Contínuo*, 8 de dezembro 2013.

– NIKOS, Kazantzakis. *O Pobre de Assis*. Tradução de Milton Persson, São Paulo: Círculo do Livro S.A., 1987.

– *Notas Históricas do Seminário de Brasília*. Ano I. Discurso da Pedra Fundamental.

– *Notas Históricas do Seminário de Brasília*. Ano I. Palavra do pastor, n. 9.

– *O artífice do belo foi encontrar-se com a eterna Beleza*. Texto de Irmã Abadessa Martha Lúcia Ribeiro Teixeira, Obl. Osb., 2017.

– Oblato: *Um cristão desejoso de viver mais plenamente a vida cristã, segundo espiritualidade benedita*. Madre Martha Lúcia Ribeiro Teixeira, OSB.

– *Ordenação do Bispo, dos Presbíteros e Diáconos, Pontifical Romano Reformado por Decreto do Concílio Ecumênico Vaticano II*. 3ª ed. Conferência Episcopal Portuguesa.

– *Os Redentoristas no Brasil* – Um Esboço Cronológico. Cadernos Redentoristas, Padre Gilberto Paiva, CSSR. n. 8, maio de 1996.

Referências Bibliográficas

– *O verdadeiro Amor em São João da Cruz*. Org. Frei Patrício Sciadini, Rio de Janeiro: Lótus do Saber, 2001.

– PALLIÈRE, Arnaud Julien, 1784-1862. *Mon Voyage dans les mines génerales, de la Cap.ª de Rio de Janeiro em 1821*. Le 16 de Julliet de 1821.

– PAPA BENTO XVI. *Ângelus sobre a Divina Providência*. Domingo, 27 de fevereiro de 2011.

– PAPA BENTO XVI. *Audiência Geral*. Praça de São Pedro, quarta--feira, 15 de junho de 2005.

– PAPA BENTO XVI. *Audiência Geral* Praça de São Pedro, quarta--feira, 6 de maio de 2009.

– PAPA BENTO XVI. *Concílio Vaticano II, imagem da Igreja de Jesus Cristo que abraça todo o mundo*. Castel Gandolfo, na memória do bispo Santo Eusébio de Vercelas, 2 de agosto de 2012.

– PAPA BENTO XVI. Fragmento da *Oração para a V Conferência Geral do Episcopado da América Latina e do Caribe*, 2007.

– PAPA BENTO XVI. Homilia. *Santa Missa de Inauguração da V conferência Geral do Episcopado da América Latina e do Caribe*, Esplanada do Santuário de Aparecida VI Domingo de Páscoa, 13 de maio de 2007.

– PAPA BENTO XVI. Homilia – *Consistório Ordinário Público para a criação de novos Cardiais*. Basílica Vaticana, Sábado, 20 de novembro de 2010.

– PAPA BENTO XVI. *Homilia durante a Concelebração Eucarística para a Ordenação de 22 sacerdotes*. Domingo do Bom Pastor. Domingo, 29 de abril de 2007.

– PAPA BENTO XVI. *Viagem Apostólica de Sua Santidade Bento XVI ao Brasil por ocasião da V Conferência Geral do Episcopado da América Latina e do Caribe*. Discurso ao chegar no Brasil. Aeroporto de Guarulhos-SP, em 9 de maio de 2007. / Discurso. Fazenda da Esperança, Guaratinguetá Sábado, 12 de maio de 2007. / Discurso depois do Rosário na Basílica de Aparecida, Aparecida-SP, 12 de maio de 2007. / Discurso. Sala das Conferências – Santuário de Aparecida Domingo, 13 de maio de 2007./ Homilia da Santa Missa – Esplanada do Santuário de Aparecida. VI Domingo de Páscoa, 13 de Maio de 2007./ Homilia de Sua Santidade Bento XVI. Aeroporto Campo de Marte, São Paulo Sexta-feira, 11 de maio de 2007./ Santa Missa e Canonização de Frei Antônio de Sant'Anna Galvão, OFM./Pronunciamento. Aeroporto de Guarulhos-SP, 13 de maio de 2007./ Pronunciamento aos Jovens, Pacaembu, São Paulo-SP, 10 de maio de 2007.

– PAPA FRANCISCO. *A Igreja da Misericórdia: minha visão para a Igreja*. Org. Giuliano Vigini; tradução do prefácio Cristiana Mariani, 1ª Edição, São Paulo: Paralela, 2014.

– PAPA FRANCISCO. Carta Encíclica *LAUDATO SI' do Santo Padre Francisco Sobre o Cuidado da Casa Comum*. Copyright – Libreria Editrice Vaticana. *Dado em Roma, junto de São Pedro, no dia 24 de maio – Solenidade de Pentecostes – de 2015, terceiro ano do meu Pontificado.*

– PAPA FRANCISCO. Visita Apostólica ao Brasil por ocasião da XXVIII Jornada Mundial da Juventude./ Discurso. Encontro com o Episcopado Brasileiro, Arcebispado do Rio de Janeiro Sábado, 27 de Julho de 2013, 1-2./ Homilia. Santa Missa na Basílica do Santuário Nacional de Nossa Senhora Aparecida. Quarta-feira, 24 de Julho de 2013.

– PAPA FRANCISCO. Homilia. *Beatificação do Papa Paulo VI*. Vaticano, 19 de outubro de 2014.

– PAPA FRANCISCO. Homilia. *Santa Missa com os Cardeais*. Capela Sistina, quinta-feira, 14 de Março de 2013.

– PAPA FRANCISCO. Homilia. *Solenidade de São José* na Praça de São Pedro, terça-feira, 19 de Março de 2013.

Referências Bibliográficas

– PAPA JOÃO PAULO II. *Cânon 351 do Código de Direito Canônico Promulgado*. Lisboa: Editorial Apostolado da Oração – Braga, 4ª edição, 1983, Conferência Episcopal Portuguesa.

– PAPA JOÃO PAULO II. Carta. *Aos Bispos Diocesanos da América Latina*. In: *Santo Domingo – Conclusões. IV Conferência do Episcopado Latino-Americano Nova Evangelização, Promoção Humana e Cultura Cristã*. "Jesus Cristo ontem, hoje e sempre" (Hb 13,8), 7ª Edição, Tradução oficial da CNBB.

– PAPA JOÃO PAULO II. *Decreto concedendo indulgência pelo centenário de Coroação da Imagem de Nossa Senhora Aparecida e proclamação de Padroeira do Brasil*, 31 de março de 2004.

– PAPA JOÃO PAULO II. Discurso. *Encontro com os Seminaristas na Basílica de Aparecida*. Viagem Apostólica do Santo Padre ao Brasil (30 de junho – 12 de julho de 1980), 4 de julho de 1980.

– PAPA JOÃO PAULO II. Discurso. *Cerimônia de boas-vindas em Brasília*, dia 30 de junho de 1980. Viagem Apostólica do Santo Padre ao Brasil, de 30 de junho a 12 de julho de 1980.

– PAPA JOÃO PAULO II. Discurso. *Aos presidiários do Cárcere da Papuda*, Brasília-DF, 1º de julho de 1980. Viagem do Santo Padre ao Brasil, 30 de junho a 12 de julho de 1980.

– PAPA JOÃO PAULO II. *Exortação Apostólica Pós-sinodal Ecclesia in América*: sobre o encontro com Jesus Cristo vivo, caminho para a conversão, a comunhão e a solidariedade na América. São Paulo: Loyola, 1999.

– PAPA JOÃO PAULO II. *Exortação Apostólica. Pós-Sinodal Vita Consecrata* ao Episcopado e ao Clero, às Ordens e Congregações Religiosas, às Sociedades de vida Apostólica, aos Institutos Seculares e a todos os fiéis sobre a Vida Consagrada e a sua Missão da Igreja e no Mundo, 25 de março de 1996.

– PAPA JOÃO PAULO II. Homilia. Por ocasião do 25º aniversário de pontificado, Praça de São Pedro, Vaticano, 16 de outubro de 2003.

– PAPA JOÃO PAULO II. *Levantai-vos! Vamos!* Tradução Marcelo Gomes, São Paulo: Editora Planeta, 2004.

– PAPA JOÃO PAULO II. Mensagem. *Abertura da Campanha da Fraternidade no Brasil,* 2002.

– PAPA JOÃO PAULO II. *São Domingo, Conclusões.* Texto Oficial – CELAM. Edição didática elaborada por João Batista Libânio, SJ, São Paulo: Edições Loyola, 1993.

– PAPA JOÃO PAULO II. *Viagem Apostólica à República Dominicana,* Ângelus, Santo Domingo, Domingo, 11 de outubro de 1992.

– PAPA LEÃO XIII. Carta Encíclica *RERUM NOVARUM* – A Todos os Nossos Veneráveis Irmãos, os Patriarcas, Primazes, Arcebispos e Bispos do Orbe Católico, em Graça e Comunhão com a Sé Apostólica, sobre a condição dos Operários. 15 de maio de 1891.

– PAPA PAULO VI. *Carta Apostólica* de 5 de maio de 1970.

– PAPA PAULO VI. Discurso. *Hora do Ângelus,* 22 de setembro de 1974.

– PAPA PAULO VI. Discurso. *Para o Embaixador do Brasil para Santa Sé.* Segunda-feira 28 de agosto de 1973.

– PAPA PAULO VI. Radiomensagem. *Encerramento do Congresso Eucarístico Nacional,* Brasília, 31 de maio de 1970.

– PAPA PIO IX. Breve. *Mergulhos em Misericórdia.* 16 de novembro de 1877, Biblioteca de publicação do Vaticano.

– PASSETTI, Gabriel. *A ação dos tropeiros no Brasil dos Séculos XVIII e XIX.* Monografia, História – USP, 1999.

– PEALE, Norman Vincent. *Você pode se acha que pode.* São Paulo: Editora Cultrix, 1981.

Referências Bibliográficas

– PINTO, Ivon Luiz. *Pioneiros Visionários: Fragmentos da História de Santa Rita do Sapucaí*. 1ª ed. São José dos Campos: Editora ComDeus, 2015.

– PILETTI, Nelson; PRAXEDES, Walter, *Dom Hélder Câmara:* Entre o Poder e a Profecia.

– PRADO JÚNIOR, Caio: *História Econômica do Brasil*. 17ª ed. São Paulo: Editora Brasiliense, 1974.

– RAMOS, Duílio. *História da Civilização Brasileira*. 4ª ed. São Paulo: Edição Saraiva, 1964,

– RILKE, Rainer Maria. *Cartas a um jovem poeta*; Rio de Janeiro: Editora Globo, 1959, 1ª edição.

– RILKE, Rainer Maria. *Histórias de Deus*. Coleção Leituras Perfumadas, 1ª ed. Lisboa, Editora Padrões Culturais, 2001.

– SABINO, Claudia de Vilhena Schayer; DAMASCENO, Ana Maria. Artigo: *O Hino de Capela Nova – MG como ferramenta na Educação e Resgate da Cultura*. In: site *Revista Brasileira de Educação Básica*.

– SAINT-HILAIRE, Augusto de. *Segunda Viagem do Rio de Janeiro a Minas Gerais e a São Paulo – 1822*. São Paulo: Companhia Editora Nacional, 1932.

– SAINT-HILAIRE, Auguste. *Viagem pelas Províncias do Rio de Janeiro e Minas Gerais*. Belo Horizonte: Itatiaia; São Paulo: EDUSP, 1975.

– SANTOS, Francisco Marques dos. *A Guerra do Paraguay na Medalhística Brasileira*. São Paulo: Edição do Autor, Typografia Siqueira, 1937.

– *Santuário de Aparecida*. Texto de Cláudio Pastro, fotos de Fabio Colombini. Editora: Santuário, Aparecida-SP, 2017.

– SÊDA, Rita Elisa. *Nhá Chica Mãe dos Pobres*. São José dos Campos: Editora ComDeus, 2013.

– SÊDA, Rita Elisa. In: Crônica. *O Romeiro, os passos, a fé e a esperança de um Penitente*. Ecos Marianos, Almanaque de Nossa Senhora Aparecida, Aparecida: Editora Santuário, 2013.

– SETÚBAL, Paulo. *El-Dorado*. São Paulo: Companhia Editora Nacional, 1934.

– SHELKLE, Karl Hermann. *Maria Madre del Redentor*. Bogotá: Editora Herder, 1965.

– SOUZA, Prof. Dr. Pe. Ney de. Artigo. *Do Rio de Janeiro (1955) à Aparecida (2007), Um Olhar Sobre as Conferências Gerais do Episcopado da América Latina e do Caribe*. In: Revista de Cultura Teológica. v. 16 – n. 64 – JUL/SET 2008.

– SPIX e MARTIUS. *Viagem pelo Brasil (1817-1820)*. Tradução de Lúcia Furquim Laymeyer, revista por B.F. Ramiz Galvão e Basílio de Magahães, Rio de Janeiro: Edições Melhoramentos, 1976, Vol. 1, 2ª Edição.

– *Tancredo Neves: sua palavra na história*. Org. Lucília de Almeida Neves Delgado. Livraria Atheneu, Rio de Janeiro São Paulo, 1988.

– TRINDADE, Dom Frei José da Santíssima. *Relatório Decenal à Santa Sé*, 1827.

– VASCONCELOS, Diogo de, 1843-1927. *História antiga das Minas Gerais*. 4ª ed. Belo Horizonte: Editora Itatiaia, 1974.

– VICENTE, César José. *História de Capela Nova*; 1790-1990. 1ª ed. Editora O Lutador, Belo Horizonte, 1990.

– VIDIGAL, Pedro Maciel. *O Cardeal de Vasconcellos Motta*. Belo Horizonte: Imprensa Oficial, 1973.

– VIGANÓ, Egídio. Artigo. *O Sínodo Sobre a Vida Consagrada*. Atos do Conselho Geral Ano LXXVI – janeiro-abril, 1995 n. 351.

Referências Bibliográficas

– VILLALTA, Luiz Carlos. (Ex-Diretor do ICHS-UFOP) Artigo: *A criação do Seminário de Mariana, a Contrarreforma e as elites de Minas.*

– VITAL, J.D. *A revoada dos anjos de Minas (ou a diáspora de Mariana).* 1ª ed. Belo Horizonte: Autêntica Editora, 2016.

– WALSH, R. *Notícias do Brasil 1828-1829.* Coleção reconquista do Brasil, Belo Horizonte: Editora Itatiaia Limitada, Rio de Janeiro: Editora da Universidade de São Paulo, Segundo Volume, 1985.

– ZALUAR, Augusto-Emilio. *Peregrinação pela província de São Paulo 1860-1861.* Rio de Janeiro: Livraria B. – L. Garnier.

– ZEMELLA, Mafalda P.: *O abastecimento da capitania das Minas Gerais no século XVIII.* Coleção Estudos Históricos. São Paulo: Editora Hucitec-Edusp, 1990.

2) Periódicos – Revistas & Jornais

– *A Atualidade: Órgão do Partido Liberal*, Minas Gerais, 23 de julho de 1878, Edição 00050.

– *Agência Ecclesia.* Publicado no dia 6 de dezembro de 2015.

– *Almanach Sul-Mineiro para 1874.* Organizado, redigido e editado por Bernardo Saturnino da Veiga, Campanha, Typographia do Monitor Sul-Mineiro, 1874.

– *Anais da Biblioteca Nacional do Rio de Janeiro.* Rio de Janeiro-RJ. Publicados sob a administração de Rodolfo Garcia. Rio de Janeiro-RJ, 1943.

– *A Pátria, Jornal da Província do Rio de Janeiro*, Rio de Janeiro-RJ, 1858, Edição 00254.

– *Correio Braziliense*, Brasília-DF, 27 de junho de 1969, Edição 02922.

– *Correio Braziliense*, Brasília-DF, 1º de janeiro de 1970, Edição 03083.

– *Correio Braziliense*, Brasília-DF, 10 de fevereiro de 1971, Edição 3425.

– *Correio Braziliense*, Brasília-DF, 25 de outubro de 1973, Edição 04229.

– *Correio Braziliense*, Brasília-DF, 10 de maio de 2002, 1º Caderno.

– *Correio da Manhã*, Rio de Janeiro-RJ, 6 de novembro de 1968, 1º Caderno.

– *Correio da Manhã*, Rio de Janeiro-RJ, 5 de novembro de 1969, 1º Caderno, Edição 23484.

– *Correio da Manhã*. Rio de Janeiro-RJ, 1972, Edição 24318.

– *Diário do Paraná*, Curitiba-PR, 10 de fevereiro de 1971, 1º Caderno, Edição 04675.

– *Folha de São Paulo*, São Paulo-SP, dia 29 de janeiro de 2004.

– *Jornal do Brasil*, Rio de Janeiro-RJ, 18 de maio de 1970, Edição 00034.

– *Jornal do Brasil*, Rio de Janeiro-RJ, 24 de maio de 1970, Edição 00040.

– *Jornal do Brasil*, Rio de Janeiro-RJ, 21 de maio de 1970, Edição 00032.

– *Jornal do Brasil*, Rio de Janeiro-RJ, 28 de maio de 1970, Edição 00043.

– *Jornal do Brasil*, Rio de Janeiro-RJ, 8 de setembro de 2012.

– *Jornal do Brasil*, Rio de Janeiro-RJ, 1992, Edição 0027.

– Jornal *L'Osservatore Romano*. Roma– Itália, 23 de novembro de 2010.

– Jornal *O Estado de São Paulo* (ESTADÃO), São Paulo-SP, 13 de maio de 2007.

– Jornal *Santuário de Aparecida*, Aparecida-SP, 17 de maio de 1919.

– Jornal *Santuário de Aparecida*, Aparecida-SP, 8 de novembro de 2015.

Referências Bibliográficas

– *O Conservador de Minas*, Ouro Preto-MG, 24 março de 1870.

– *O Estado do Mato Grosso*, Cuiabá-MT, 17 de janeiro de 1985, Edição 9.925.

– *O Estado do Mato Grosso*. Cuiabá-MT, 15 de março de 1985, Edição 9.970.

– *O Estado de São Paulo*, São Paulo-SP, dia 27 de julho de 2009.

– *O Inesperado*, Capela Nova-MG, ano LIX, n. 22, 15 de setembro de 1986.

– *O Inesperado*, Capela Nova-MG, ano LXI, n. 23, 23 de julho de 1988.

– *O Inesperado*, Capela Nova-MG, ano LXI, n. 24, 25 de julho de 1988.

– Revista *Centro-Oeste*, Brasília-DF, n. 87, 1º de fevereiro de 1994.

– Revista *Ecos Marianos*, suplemento do Santuário de Aparecida. Aparecida-SP Anos: 1946, 1949, 1953, 1958.

– Revista *Ferroviária*, São Paulo-SP, junho de 1968.

– Revista *Gênero*, Niterói-RJ, n. 1, 2005.

– Revista *Isto É*, São Paulo-SP, n. 2342 de 15 de outubro de 2014.

– Revista *Manchete*, Rio de Janeiro-RJ, n. 12, julho de 1952.

– Revista *Manchete*, Rio de Janeiro-RJ, 1968.

– Revista *O Cruzeiro*, Rio de Janeiro-RJ, 10 de abril de 1964.

– Revista *O Cruzeiro*, Rio de Janeiro-RJ, 9 de junho de 1970.

– Revista *Veja BH*, Belo Horizonte-BH, 24 de dezembro de 2014.

– Revista *Veja*, São Paulo-SP, 16 de março de 1985.

– Revista *50 anos da Arquidiocese de Brasília*, Brasília-DF, 21 de abril de 2010.

3) Iconografia – Fotos & Vídeos

– Créditos fotográficos: Adão Nascimento/AE; Alessandra Tarantino/ AP; André Penner; Carlos Santos; Douglas Mansur; Deividson Francisco; Erasmo Ballot; Fabio Colombini; Frederico Oliveira; Gilberto Marques; Juliana Cardilli; Lalo de Almeida; Luiz Alencar; Luiz Carlos; padre Sílvio; Vera de Souza; padre Geraldo Martins Dias; Rita Elisa Sêda; Thiago Leon; Tuca Reiners.

– Acervos públicos e particulares: Canção Nova, Claudinei Mariano da Silva; Conselho Episcopal Latino-americano e Caribenho – CELAM, Colômbia; Conferência Nacional dos Bispos do Brasil – CNBB, Brasília-DF; Cúria Metropolitana de Aparecida, Aparecida-SP; Dom Raymundo Cardeal Damasceno Assis; Editora Santuário: Ecos Marianos; Ficheiro; Família Chad; Hélio Damasceno; Mauro Dutra de Faria; Mosteiro Nossa Senhora da Paz; padre Evandro Luiz Assis Pereira; Santuário Harissa; Serviço Fotográfico de L'Osservatore Romano, Vaticano.

Em sites:

– a12.com/source/files/originals/2007

– ansichtskarten-center

– arquivonacional.gov.br

– arquidiocesedesaopaulo.org.br/

– avisosdoceu.tv/2012/10/historia-da-devocao-nossa-senhora.html

– brasilianaiconografica.art.br/

– citybrazil.com.br/mg/capelanova

– classicalbuses.blogspot.com

Referências Bibliográficas

– commons.wikimedia.org/wiki/File:Igreja_Nossa_Sra_Conceicao

– estacoesferroviarias.com.br/efcb_mg_linhacentro/carandai

– facebook.com/pages/Paroquia-do-Santissimo-Sacramento

– facebook.com/cap.news/posts

– facebook.com/pages/Centro-Marista

– flickr.com

– folhamissionaria.wordpress.com/

– folhapress.folha.com.br/

– golocal.de/arnsberg/krankenhaeuser/karolinen-hospital-huesten-chir-
-abt-1rVWq/fotos

– juninhojornalismo.com

– mariamaedaigreja.net/textos/Nossa%20Senhora%20de%20Puy

– marista.edu.br/saojosebarra

– noticias.cancaonova.com/especiais/jmj/rio-2013/quarto-do-papa-em-
-aparecida/

– omunicipio.com.br/wp-content/uploads/static/fotos/noticias/2547/Papa_
Bento_Valter_CampanatoABr.jpg

– panoramio.com/photo

– pebesen.wordpress.com/2012/10/22/dom-aloisio-lorscheider-padre-
-da-igreja/

– pinterest.co.uk/explore/asa-sul/

– planalto.gov.br/presidencia/palacios-e-residencias-oficiais/palacio-da-
-alvorada

– prefeituramunicipaldecapelanova.blogspot.com.br

– pt.wikipedia.org/wiki/Vila_Planalto

– pt.wikipedia.org/wiki/Ficheiro

– p5.focus.

– rbeducacaobasica.com.br/o-hino-de-capela-novamg-como-ferramen-ta-na-educacao-e-resgate-da-cultura-local

– santosebeatoscatolicos.blogspot.com.br/2014/08/sao-raimundo-no-nato-religioso-da-ordem

– silvares.fotoblog.uol

– soqueriaentender.com.br/memorias-de-um-seminarista-parte-xix

– ssvpcmbh.org.br/category/familia-vicentina

– static.panoramio.com.storage.googleapis.com/photos/original

– s3.amazonaws.com/portala12/source/files/c/153570/724-483-0-0.jpg

– unb2.unb.br/noticias/galeria/images/INSTITUCIONAL/INVA-SAO/2008

– vatican.va/news_services/liturgy/saints/ns_lit_doc_19990418_cham-pagnat

– vfco.brazilia.jor.br/estacoes-ferroviarias/1960-sudeste-EFCB/

– youtube.com/watch?v=f96GpvvYpRg

– youtube.com/watch?v=OX-1oLTI-CQ

– youtube.com/watch?v=cWI6tPBSaWo

4) Vídeos

– *Aniversário de 8 anos de Brasília*, 1968. Filme de Alda Borges. In: *Youtube*.

Referências Bibliográficas

– *Brasília-50 anos, Fatos Importantes.* Arquivo Público do Distrito Federal.

– *Documentário Seminário Bom Jesus História de Vida e Fé*, 2007. TV Aparecida

– facebook.com/ernesto.vater/posts/888956557948406

– facebook.com/lahorapalestrista/videos/1275491029263049/

– *Papa Bento XVI Encontro com Jovens em São Paulo* – 2007, Arquivo Amazon Sat.

– *La Hora Palestrista.* In: Facebook.

5) Sites & Blogs

– a12.com/redacaoa12/opiniao/dom-helder-camara-e-a-cnbb

– a12.com/santuario/noticias/celebracao-em-fatima-portugal-realiza--entronizacao-da-imagem-de-nossa-senhora-aparecida

– acervo.oglobo.globo.com/em-destaque/antropologo

– al.sp.gov.br/noticia/?id=285344

– ansichtskarten-center/

– arcanjomiguel.net/papa_miguel.html#ixzz4yUsNjMBZ

– archive.org/stream/peregrinaope00zaluuoft#page/126/mode/2up

– arquisp.org.br/historia/dos-bispos-e-arcebispos/bispos-diocesanos

– arqaparecida.org.br/pdf/pressKitArquidiocese.pdf

– asminasgerais.com.br/Zona%20da%20Mata/Biblioteca/

– catolicosribeiraopreto.com/tomada-de-batina-e-tonsura

– 2.camara.leg.br/camaranoticias/radio/materias/

– cemebsite.xpg.uol.com.br/

– ciic.org.br/

– cnbb.net.br/

– commons.wikimedia.org/w/index.php?curid=7912925

– cronicasindigenistas.blogspot.com.br/l

– diocesedeosasco.com.br/noticias/noticias-gerais/

– dj.org.br/novo/rcc-promove-retiros-de-carnaval/

– doc.brazilia.jor.br/Ferrovia-Historia-Brasilia/

– escolamedianeira.com.br/index.php/a-escola/quem-somos

– estacoesferroviarias.com.br/trens_sp_3/trem%20de%20aparecida.htm

– estadao.com.br/noticias/geral,cnbb/

– folhamissionaria.files.wordpress.com/2010/11/dsc09334.jpg

– 1.folha.uol.com.br/fsp/poder/po1005201113.htm

– fundar.org.br/darcy_educa_unb_txtdarcyfull.html

– gaudiumpress.org/content/1851-Novo-reitor-do-Santuario-Nacional

– g1.globo.com/sp/vale-do-paraiba-regiao/

– indiraefel.wordpress.com/2008/12/05/invasao-a-unb/

– imgsapp2.correiobraziliense.com.br/app/noticia

– jb.com.br/informe-jb/noticias/2012/09/08/frei-mateus-rocha

– jbpsverdade.blogspot.com.br/

– klinikum-arnsberg.de/klinikum-arnsberg/standorte/karolinen-hospital/

– marista.edu.br/

– memoria.bn.br/pdf/402630/per402630_1943_00065.pdf

Referências Bibliográficas

– meon.com.br/

– migre.me/f52mT/

– miguelsalles.com.br/peca.asp?ID=2174229&ctd=119

– nominuto.com/noticias/brasil/candango

– noticias.cancaonova.com/brasil/em-coletiva-presidencia-da-cnbb

– noticias.terra.com.br/brasil/visitadopapa/interna/0,,OI1585024-
-EI8325,00.html

– noticias.unb.br/publicacoes/39-homenagem/1261-nos-20-anos-da-
-morte-de-darcy

– noticias.universia.com.br/destaque/noticia/2012/03/31/920980/

– oblatosdapaz.blogspot.com.br/2011/07/homilia-madre-martha-
-lucia-osb-no.html

– pousadadobomjesus.com/

– pracadesales.wordpress.com/tag/sinodo-dos-bispos/

– prefeituramunicipaldecapelanova.blogspot.com.br/

– pt.wikipedia.org/wiki/Companhia_dos_Padres_de_S%C3%A3o_
Sulp%C3%ADcio

– pt.wikipedia.org/wiki/Puris

– rainhastragicas.com/2013/06/16/1968-a-rainha-elizabeth-ii-visita-o-brasil

– realfamiliaportuguesa.blogspot.com.br/2016/12/

– revistagenero.uff.br/index.php/revistagenero/article/download/197/133

– salta.gov.ar/prensa/noticias/vaqueros-tendra-una-nueva-parro-
quia/12447

– saofreigalvao.org.br/

– scielo.br/scielo.php?script=sci_arttext&pid=S0101-47142014000200007

– seminariomaiordebrasilia.com.br/o-seminario/historia

– siaapm.cultura.mg.gov.br/modules/mapas_populacao

– soqueriaentender.com.br

– static.panoramio.com.storage.googleapis.com/photos/original/79026159.jpg

– sulpc.org/sulpc_fondateur_pt.php

– turismoguara.blogspot.com.br/

– uol.com.br/

– unb2.unb.br/administração/reitoria/ex-reitores/mateus_rocha

– unb2.unb.br/sobre/principais_capitulos/invasoes

– vfco.brazilia.jor.br

– youtube.com/watch?v=OX-1oLTI-CQ

– w2.vatican.va/content/paul-vi/pt/speeches/1970/documents/hf_p-vi_spe_19700531_congresso-eucaristico.html

– w2.vatican.va/content/paul-vi/es/speeches/1973/august/documents/hf_p-vi_spe_19730828_ambasciatore-brasile.html

– w2.vatican.va/content/john-paul-ii/pt/speeches/1980/july/documents/hf_jp-ii_spe_19800701_carcere-brasile.html

– w2.vatican.va/content/francesco/pt/homilies/2013/documents/papa--francesco_20130319_omelia-inizio-pontificato.html

Referências Bibliográficas

6) Discursos, homilias, mensagens, correspondências, opúsculos, livros, artigos, sites, notícias; escritos por e a respeito de Dom Raymundo Damasceno Assis

– *Ata da 24ª Reunião do COE – Conselho Arquidiocesano de Assuntos Econômicos da Arquidiocese de Aparecida*, 18 de junho de 2007.

– ASSIS, Raymundo Damasceno. *Nossa Senhora Aparecida e o Papa Francisco: dois cardeais conversam sobre o papa e a devoção pela padroeira do Brasil /Raimundo Damasceno Assis, Cláudio Hummes*. Org. Kater Filho; prefácio de Papa Francisco. São Paulo: Editora Planeta, 1ª Edição, 2017.

– *Bênção ao casal jubilado*, Capela Nova-MG, em 22 de julho de 1978.

– *Cardeal Damasceno: a Providencia sempre nos surpreende (1), Arcebispo de Aparecida narra sua trajetória*. 18 de novembro de 2010, por Alexandre Ribeiro.

– Carta do Arcebispo de Washington, Dom Theodores Edgar McCarrick, Washington, EUA, em 4 de fevereiro de 2004.

– Carta do Bispo Dom Karl Josef Romer, Vaticano; 29 de janeiro de 2004.

– Carta de Dom Orlando Brandes, arcebispo de Aparecida, em comemoração ao Jubileu de Ouro de Ordenação Sacerdotal de Dom Raymundo Cardeal Damasceno Assis, 19 de março de 2018, Aparecida-SP.

– Carta de Dom Raymundo Damasceno Assis ao Santo Padre João Paulo II, Brasília-DF, dia 13 de janeiro de 2004.

– Carta de Dom Raymundo Cardeal Damasceno Assis para Dom Lucas, Brasília-DF, 16 de dezembro de 1986.

– Carta do Irmão Marista Egídio Luiz Setti – fms, São Paulo-SP, 29 de janeiro de 2004.

– Carta do Prelado da Opus Dei, monsenhor Javier Echevarría, Roma, 2 de fevereiro de 2004.

– Carta do Prefeito da Congregação para os Bispos, cardeal Giovanni Battista Re, Vaticano, 21 de fevereiro de 2004.

– Carta do Presidente da Comissão Episcopal de Adveniat; Essen, Alemanha, em 11 de fevereiro de 2004.

– Carta do Presidente do Rabinato, Rabino Henry Sobel, São Paulo-SP, em 2 de fevereiro de 2004.

– Carta do Presidente do Pontifício Conselho para as Comunicações Sociais, cardeal Dom Patrick Foley, Vaticano, em 2 de fevereiro de 2004.

– Carta do Secretário-geral do CCEE, Conselho de Conferência Episcopal da Europa, Gallen, Suíça, em 18 de fevereiro de 2004.

– Carta do Superior Provincial da Companhia de Jesus, padre Peter-Hans Kolvenbach, S.J., Roma, 28 de janeiro de 2004.

– Carta do Superior Provincial, padre Lionel Gendron, pss.; Montreal, em 9 de março de 2004.

– *Diário de Atividades do Sr. Arcebispo de Aparecida Dom Raymundo Cardeal Damasceno Assis*. Anos: 2004; 2005; 2006; 2007; 2008; 2009; 2010; 2011; 2012; 2013; 2014.

– Dom Carlo Furno. *Discurso na ordenação episcopal de Dom Raymundo Damasceno Assis*, 15 de setembro de 1986, Brasília-DF.

– Dom Geraldo Lyrio Rocha, *Homilia Missa em Comemoração ao Jubileu de Ouro de Ordenação Sacerdotal de Dom Raymundo Cardeal Damasceno Assis*, 19 de março de 2018, Conselheiro Lafaiete-MG.

– Dom José Newton de Almeida Baptista. *Discurso na ordenação episcopal de Dom Raymundo Cardeal Damasceno Assis*, 15 de setembro de 1986, Brasília-DF.

Referências Bibliográficas

– Dom Raymundo Damasceno Assis. *João Paulo II e o Rumo da História.* Correio Braziliense, Brasília, 16 de abril de 2001.

– Dom Raymundo Damasceno Assis. *Correio Braziliense*, 1º Caderno, Brasília-DF, 13 de fevereiro de 2002.

– Dom Raymundo Damasceno Assis. *Correio Braziliense*, 1º Caderno, Brasília-DF, 8 de abril de 2002.

– Dom Raymundo Damasceno Assis. *Correio Braziliense*, 1º Caderno, Brasília-DF, 9 de maio de 2002.

– Dom Raymundo Damasceno Assis. *Correio Braziliense*, 1º Caderno, Brasília-DF, 29 de julho de 2002.

– Dom Raymundo Damasceno Assis. *Correio Braziliense*, 1º Caderno, Brasília-DF, 25 de dezembro de 2002.

– Dom Raymundo Damasceno Assis. *Correio Braziliense*, 1º Caderno, Brasília-DF, 5 de março de 2003.

– Dom Raymundo Cardeal Damasceno Assis. Discurso: *60º Aniversário e 50ª Assembleia Geral da CNBB: Memória, Ação de Graças e Compromisso.* Discurso, 19 de abril de 2012.

– Dom Raymundo Damasceno Assis. *Discurso inaugural do 3º Congresso Missionário, CAM3 e 8º Congresso Latino Americano (Comla 8)*, Quito, Equador, agosto de 2008.

– Dom Raymundo Damasceno Assis. *Discurso em sua Ordenação Episcopal*, Brasília-DF, 15 de setembro de 1986.

– Dom Raymundo Damasceno Assis. *Discurso de Posse à Academia Brasiliense de Letras,* 23 de junho de 2004, Brasília-DF.

– Dom Raymundo Cardeal Damasceno Assis, entrevista concedida ao jornalista Gerson Camarott, *Globo News*, 2018.

– Dom Raymundo Damasceno Assis. *João Paulo II e o Rumo da História*. L'Osservatore Romano; Correio Brasiliense, Brasília-DF, 16 de abril de 2001.

– Dom Raymundo Damasceno Assis. *Jornal do Brasil*, Rio de Janeiro--RJ, edição n. 320, 22 de fevereiro de 1996.

– Dom Raymundo Damasceno Assis. *Jornal do Brasil*, Rio de Janeiro--RJ, edição n. 086, 1997.

– Dom Raymundo Damasceno Assis. *Jornal do Brasil*, Rio de Janeiro--RJ, edição n. 024, 1998.

– Dom Raymundo Damasceno Assis. *Jornal do Commercio*, Rio de Janeiro-RJ, edição n. 00074, 1999.

– Dom Raymundo Cardeal Damasceno Assis, *Mensagem do Arcebispo de Aparecida, por ocasião da aceitação da sua renúncia pelo Papa Francisco*, 16 de novembro de 2016.

– Dom Raymundo Cardeal Damasceno Assis. *Palavra do Arcebispo*. Revista de Aparecida, agosto de 2008.

– Dom Raymundo Damasceno Assis. *Preparativos para a V Conferência do CELAM, Aparecida se prepara para receber Bento XVI e membros do CELAM*. 29 de março de 2006. *Site Canção Nova*.

– Dom Raymundo Damasceno Assis. Revista *Brasília em Dia*, Brasília--DF, N. 225, Ano 5, 10 a 16 março de 2001.

– Dom Raymundo Damasceno Assis. *Homilia na missa do Centenário do Nascimento de Juscelino Kubitschek*. Igreja da Candelária – RJ, 6 de setembro de 2002.

– Livreto *Ordenação Episcopal de Monsenhor Raymundo Damasceno Assis – Bispo Auxiliar de Brasília-DF e Titular de Novapietra*, 3ª capa.

– *Livro Ata Arquidiocese de Aparecida*, de 2005 a 2015.

Referências Bibliográficas

– *Livro Tombo Catedral de Brasília, Nossa Senhora Aparecida*, Brasília-DF, 1986.

– *Livro Tombo Paróquia Santíssimo Sacramento*, Brasília-DF, de 1969 a 1984.

– *Livro Tombo Paróquia Vila Planalto*, Brasília-DF, 1968.

– *Mensagem do Núncio Apostólico Brasileiro, na posse do novo arcebispo de Aparecida*, Dom Raymundo Damasceno Assis; Aparecida-SP, 25 de março de 2004.

– *Ordenação Episcopal de Monsenhor Raymundo Damasceno Assis – Bispo Auxiliar de Brasília-DF e Titular de Novapietra*. Discurso. Catedral Metropolitana de Nossa Senhora Aparecida, Brasília-DF, 15 de setembro de 1986.

– Padre José Carlos Brandi Aleixo, SJ. *Discurso de Recepção ao Acadêmico Dom Raymundo Damasceno Assis à Academia Brasiliense de Letras*, 23 de junho de 2004, Brasília-DF.

– Dom Raymundo Damasceno Assis. *Síntese do Ministério Sacerdotal Brasília* (1968 a 1986).

– Vídeo Jogral *O Presépio do Menino que é do Menino Jesus – Fantasia do Nascimento de Dom Raymundo Cardeal Damasceno Assis*. Setembro de 2011

Em Sites:

– aica.org/31559-el-card-damasceno-assis-consagrara-templo-salteno-nuestra-senora-de.html

– Áudio: Dom Raymundo Cardeal Damasceno Assis. *Imagem de Apa-*

recida no Líbano, sinal de solidariedade ente os povos. Rádio Vaticano: br.radiovaticana.va/news/2017/10/23/cardeal_raymundo_imagem_de_aparecida_no_l%C3%ADbano,_sinal_de_so/1344602

– g1.globo.com/sp/vale-do-paraiba-regiao/aparecida-300-anos/2017/noticia/embaixador-da-padroeira-cardeal-brasileiro-divulga-imagem-de-aparecida-pelo-mundo.ghtml

– noticias.terra.com.br/mundo/europa/renuncia-do-papa/

– noticias.cancaonova.com/brasil/dom-damasceno-se-despede-de-aparecida-no-dia-13-de-janeiro/

– rccjundiai.com.br/cardeal-damasceno-e-nomeado-presidente-delegado-da-14a-assembleia-do-sinodo-dos-bispos/

– terra.com.br/noticias/mundo/europa/renuncia-do-papa/simples-e-diplomatico-dom-damasceno-representa-a-igreja-da-americalatina/

– youtube.com/watch?v=2mNMCHoCGOA

***

INÉDITOS

O saldo da pesquisa resultante em material textual e iconográfico, que é inédito, foi devidamente registrado no "Cartório de 1º Ofício de Registro de Títulos e Documentos de Brasília-DF", a Título de Conservação de acordo com o Artigo 127, Parágrafo VII, da Lei n. 6.015, protocolado e registrado com o n. 943762.

Rita Elisa Sêda

A biógrafa, pesquisadora, genealogista, Rita Elisa Sêda é santarritense de nascença (MG), joseense de coração (SP) e tem título de cidadania vilaboense (GO), sendo então, conterrânea de Cora Coralina.

Membro da Academia Valeparaibana de Letras e Artes – AVLA; da União Brasileira de Escritores – UBE; da Confederação Brasileira de Letras e Artes – CONBLA; do Instituto Histórico, Geográfico e Genealógico do Grande ABC – IHGG.

Recebeu o Troféu Carlos Drummond de Andrade, Itabira-MG. É Embaixadora da Paz pela ordem da Coroa dos Arameus e dos Auranitas; Comendadora oficial pelo Estado de São Paulo com a Medalha Leão de Judá; Comendadora Medalha Monteiro Lobato, Taubaté-SP.

Fundadora e Diretora Cultural da Cia. Teatral FarriCora – Cidade de Goiás-GO; e do Grupo Litheratrupe – São José dos Campos-SP.

Possui diversas homenagens pela Câmara Municipal de São José dos Campos. É agraciada com duas Salas de Leitura Rita Elisa Sêda em São José dos Campos.

Possui 17 títulos no mercado livreiro. Escreveu sete densas biografias em 10 anos de intensa pesquisa e escrita, dentre elas coautora da obra *Cora Coralina Raízes de Aninha*, que livremente inspirou o filme *Todas as Vidas Cora Coralina* (recebeu várias premiações do cinema nacional). Suas obras são frutos de aprendizado na área de Jornalismo e Arqueologia que a moldaram para um novo conceito biográfico.

É mantenedora do blog: www.palavrasdeseda.blogspot.com
E-mail: ritelisa@gmail.com

A marca FSC® é a garantia de que a madeira utilizada na fabricação do papel deste livro provém de florestas que foram gerenciadas de maneira ambientalmente correta, socialmente justa e economicamente viável.

Este livro foi composto com as famílias tipográficas Caslon, Bodoni e Helvetica-35
e impresso em papel Pólen Soft 70g/m² pela **Gráfica Santuário**.